镇江市工商业联合会 镇江市总商会志

ZHENJIANGSHIGONGSHANGYELIANHEHUI
ZHENJIANGSHIZONGSHANGHUI

《镇江市工商业联合会 镇江市总商会志》编纂委员会 编

方志出版社

图书在版编目（CIP）数据

镇江市工商业联合会　镇江市总商会志 / 《镇江市工商业联合会　镇江市总商会志》编纂委员会编. -- 北京 : 方志出版社, 2021.12

ISBN 978-7-5144-5094-1

Ⅰ. ①镇… Ⅱ. ①镇… Ⅲ. ①中国工商业联合会—概况—镇江 Ⅳ. ①D665.4

中国版本图书馆CIP数据核字(2021)第276792号

镇江市工商业联合会

镇江市总商会志

编　者:《镇江市工商业联合会　镇江市总商会志》编纂委员会

责任编辑: 李　静

出 版 者: 方志出版社

地址　北京市朝阳区潘家园东里9号（国家方志馆4层）

邮编　100021

网址　http://www.zgfzcb.cn

发　行: 方志出版社图书经销中心

电话（010）67110500

经　销: 各地新华书店

印　刷: 镇江新民洲印刷有限公司

开　本: 889×1194　1/16

印　张: 36.75

字　数: 484千字

版　次: 2021年12月第1版　2021年12月第1次印刷

印　数: 0001～2000册

ISBN 978-7-5144-5094-1　**定价:** 380.00元

#《镇江市工商业联合会　镇江市总商会志》
编审机构与人员

一、编纂委员会

主　　任　卢道富

副 主 任　徐建锋（2016.05-2016.12）　时秋香（2016.12-2018.07）
　　　　　刘正泰（2018.07-2019.05）　张国华（2019.05-2020.11）
　　　　　王红卫（2020.11-　　　　）

委　　员　朱保卫（2016.05-2017.01）　张国华　刘　杰　吴银权
　　　　　胡舜根（执行）　左建香　朱　杰

二、编纂人员

主　　编　胡舜根

副 主 编　王礼刚　李德柱　王　芳（执行）

编　　辑　王礼刚　李德柱　王　芳　田瑜铭　刘　涛　张晓东
　　　　　周道琴　丁　静　姚　勇　蔡冬雨

市（区）编辑　杜雅琴　蒋苏娜　张孝明　张　盛　徐振平　李　志
　　　　　郑惠芳　叶明义

三、供稿人员（按姓氏笔画为序）

于冬云　王志平　方益民　叶明义　白丽萍　李　宁　刘志强　许　星
孙光义　杜雅琴　李　志　肖　涛　肖　斌　吴士琪　吴春波　何绍珍
张　玲　张　盛　张孝明　张小虎　陈国金　苟　波　郑惠芳　赵荣庆
宦　琴　秦荣凯　贾云平　徐　俊　徐　娟　徐　敏　徐少锋　徐凤莲
徐振平　高履霞　郭　荣　唐　震　黄祝山　盛俊武　董　瑞　蒋苏娜
蔡凡秀

四、审稿人员

初　审　王礼刚　李德柱　王　芳　刘　涛　张晓东　周道琴　丁　静
姚　勇　田瑜铭　蔡冬雨　杜雅琴　蒋苏娜　张孝明　张　盛
徐振平　李　志　郑惠芳　叶明义

复　审　卢道富　王红卫　张国华　刘　杰　吴银权　胡舜根　左建香
朱　杰　谢丰羽　王道银　张孝明　殷晓丹　朱裕根　季　莉
曹　军

终　审　徐　强　蔡晓彬　翁红霞　刘爱玲　郁有满　李学峙　徐　苏
赵昱霖　孟宪威

五、图照供稿人员（按姓氏笔画为序）

王　芳　王礼刚　田瑜铭　李德柱　张晶雅

六、《镇江市工商业联合会　镇江市总商会志》验收与批准出版单位

镇江市史志办公室　镇江市工商业联合会　镇江市总商会

封面设计　田瑜铭　张晶雅

封底国画　《百年商道》　作者　马军

▲2014年4月1日，中央统战部副部长、全国工商联党组书记全哲洙(前排左三)视察镇江市工商联，市工商联主席卢道富（右一）介绍镇江商会发展历程

▲2019年3月31日，中央统战部副部长、全国工商联党组书记徐乐江（中）视察镇江船厂，董事长郭琰（前排左二）介绍企业核心技术创新和防范化解风险情况

▲2015年5月25日，省委书记罗志军（左一）在市长朱晓明（右三）陪同下调研大全集团，总裁徐翔（右二）介绍企业发展情况

▲2017年4月10日，省委书记李强（左二）在市委书记惠建林（右二）、市长张叶飞（右一）陪同下，考察调研江苏仅一包装技术有限公司

▲2020年3月30日，省委书记娄勤俭（前排右二）在市委书记马明龙（前排右一）陪同下调研大全集团，董事长徐广福（前排左一）介绍新产品研发情况

▲2004年1月5日，省长梁保华（前排左）调研镇江中电电气集团，董事长陆廷秀（前排右）介绍企业发展情况

▲2018 年 5 月 4 日，省长吴政隆（中）调研镇江荣德新能源科技有限公司

▲2017 年 8 月 22 日，全国工商联副主席樊友山（右）听取镇江市政协副主席、工商联主席卢道富（左）创新工作专题汇报

▲2019年5月27日，全国政协副秘书长、全国工商联副主席黄荣(中）考察调研大全集团

▲2007年3月19日，省委副书记张连珍（前左）看望出席省工商联第九次会员代表大会的原工商业者，右一为镇江市工商联原副会长陈亦华

▲2012 年 9 月，省委副书记石泰峰（前右），调研江苏省镇江船厂（集团）有限公司

▲2020 年 11 月 27 日，省委副书记任振鹤（右二）在市委书记马明龙（左四）陪同下，出席省“万企联万村共走振兴路”现场会并听取镇江民营企业村企联建情况介绍

▲2006年8月14日，省委常委、常务副省长赵克志（左二）调研江苏省镇江船厂（集团）有限公司，董事长郭琰（前排右二）介绍企业发展情况

▲2004年10月11日，副省长张卫国（前排右一）调研江苏飞达工具集团有限公司，董事长朱国平（前排左一）介绍集团外向型经济发展情况

▲2007年5月28日，副省长张九汉（中）在市长许津荣（右一）陪同下调研江苏吉贝尔药业（集团）有限公司，董事长耿仲毅（左一）介绍企业发展情况

▲2011年10月25日，副省长史和平(前排右二)调研江苏沃得机电集团，董事长王伟耀（前排左二）介绍企业发展情况

◀2013 年 1 月 7 日，副省长何权（前排右一）调研江苏鱼跃医疗设备股份有限公司，听取董事长吴光明（前排左一）介绍企业发展情况

▲2018 年 7 月 18 日，省人大常委会副主任、省工商联主席许仲梓（右二）调研建华建材集团有限公司，听取董事长王刚（右一）介绍产品研发情况

▲2020年7月7日，省委统战部副部长、省工商联党组书记顾万峰(左)为句容茅山江苏省民营经济人士理想信念教育基地授牌

▲1998年6月5日，市委书记方之焯（右三）、市长周大平（右一）调研镇江三维塑料电子有限公司，听取董事长李光千（左二）汇报企业发展情况

▲2009 年 3 月 18 日，市委书记许津荣（前排右二）调研句容宁武化工有限公司，听取董事长应军（前排右一）介绍企业转型升级发展规划

▲2013 年 5 月 29 日，市委书记杨省世（中）调研大全集团，听取总裁徐翔（右一）介绍企业发展情况

▲2016 年，市委书记夏锦文（左二）调研天工国际集团有限公司，听取董事长朱小坤（右三）介绍企业发展情况

▲2017 年 4 月 7 日，市委书记惠建林（左二）赴恒神股份有限公司开展暖企惠民大走访活动

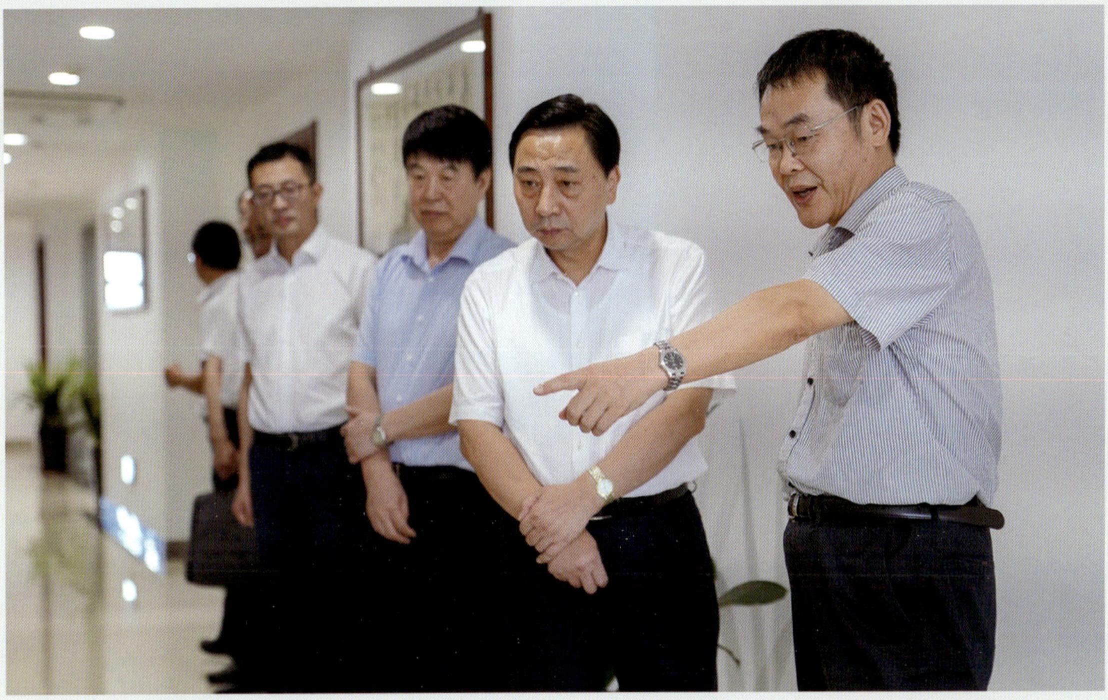

▲2020年8月14日，市委书记马明龙（右二）调研市工商联，听取市政协副主席、工商联主席卢道富（右一）介绍市工商联发展历程

▲1991年1月，市长钱永波（中）接见市工商联副主任委员、香港观塘区工商业联合会会长胡国祥（右）

◀2013 年 4 月 11 日，市长朱晓明（前排右）调研江苏恒顺集团，指导企业产业升级工作

▲2019 年 7 月 18 日，市长张叶飞（前排左二）出席省工商联在镇江举办的“百家民企乡村振兴镇江行”活动

▲2020 年 10 月 31 日，市长徐曙海（前排左二）赴肯帝亚集团调研，指导新材料项目建设，董事长郦海星（前排左一）介绍项目研发情况

◀1993 年 3 月，市政协主席黄选能（左一）考察市工商联，与主任委员陆汝纯（右二）亲切交谈

◀2019 年 4 月 25 日，市政协主席李国忠（前排右二）赴菲舍尔航空部件（镇江）有限公司调研

▲2012年9月4日，市委副书记李茂川（左二）视察市工商联机关，听取工作汇报，参观“百年商会”历史图片陈列室

▲2017年4月8日，市委副书记倪斌出席镇江山西商会协办的长三角区域产业协同发展恳谈会并致辞

▲2020 年 11 月 25 日，市委副书记、统战部部长巩海滨（右）与最高人民法院研究室副主任郭峰（左）为“镇江市总商会人民调解中心”揭牌

▲2018 年 10 月 17 日，市委常委、组织部部长、统战部部长李健(中)出席市工商联举办的新老企业家重阳节恳谈会

▲2019年8月28日，市委常委、宣传部部长、统战部部长孙晓南（右三）调研市工商联，听取市政协副主席、工商联主席卢道富（右二）介绍商会综合服务中心运转情况

▲2015年9月8日，市政协副主席、市委统战部部长宦祥宝（主席台左三）参加长三角城市民营经济和商会工作合作与交流机制第十三次会议

▲1956 年 12 月，市工商联副主任委员胡鲁璠在市工商界青年表扬奖励大会上作学习先进动员报告

▲ 市工商联副主任委员陆汝纯（左）向政治学习优秀会员颁授锦旗

▲1992年3月1日，镇江市工商联会同省、市政协、统战部、民建、工商联等单位联合举办著名民族工商业者陆小波先生诞辰110周年纪念会，对会员开展工商界“听党话，跟党走”的光荣传统教育。省政协主席孙颔出席陆小波先生诞辰110周年“纪念会”并讲话

◀1993年4月，市工商联举办镇江市工商业联合会成立四十周年纪念大会，弘扬工商界人士与党同心同德的光荣传统

▲2004年4月，市工商联会同有关部门开展镇江市首届“青年创业先锋”评选表彰活动，市委书记史和平（前排左六）、市长许津荣（前排左七）等领导与“青年创业先锋”合影

▲2007年11月26日，在市工商联、市民建协助下，民建江苏省委爱国爱会教育基地揭牌仪式在著名实业家、爱国民主人士冷遹故居举办，图为市工商联副会长柏新民在教育基地揭牌仪式上讲话

▲冷遹故居

◀2011年9月21日，市工商联会同市委组织部组织青年民营企业家赴井冈山开展理想信念主题教育活动

▶2011年9月6日，市工商联副主席、大全集团总裁徐翔（前排左四）和市商会副会长、江苏省镇江船厂董事长郭琰（前排左二）被授予镇江市人民奖章

▲2012 年 11 月 25 日，市工商联组织参加以“加强企业文化建设、促进企业健康发展”为主题的江苏民营企业家高层论坛，中电电气集团、江苏省镇江船厂（集团）、肯帝亚木业集团被认定为首批全省民营企业文化建设示范单位

▲2015 年 9 月 8 日，镇江市工商联举办长三角地区城市民营经济和商会工作与交流机制第十三次会议暨镇江市总商会成立 110 周年纪念活动

▲2015年5月至年底，镇江市工商联开展“三严三实”主题教育。图为市工商联会同市政协赴市中级法院、市检察院就“依法治市”情况展开调研

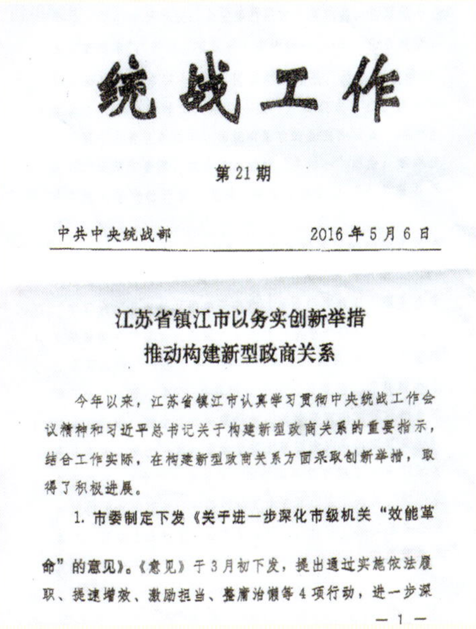

统战工作

第21期

中共中央统战部　　2016年5月6日

江苏省镇江市以务实创新举措推动构建新型政商关系

今年以来，江苏省镇江市认真学习贯彻中央统战工作会议精神和习近平总书记关于构建新型政商关系的重要指示，结合工作实际，在构建新型政商关系方面采取创新举措，取得了积极进展。

1. 市委制定下发《关于进一步深化市级机关“效能革命”的意见》。《意见》于3月初下发，提出通过实施依法履职、提速增效、激励担当、整庸治懒等4项行动，进一步深

— 1 —

▶2016年5月6日，镇江市工商联构建“亲”“清”政商关系工作得到中央统战部肯定并向全国推广

▲2016年5月至年底，镇江市各商（协）会党支部开展“两学一做”学习教育

◀2017 年 5 月起，镇江市工商联持续开展“商道酬信”主题活动，寻访镇江工商遗存

◀2017 年 5 月起，镇江市工商联开展《我在镇江挺好的》主题宣传教育活动，引导民营企业家认识镇江、深耕镇江、奉献镇江

▶2017 年，镇江市工商联深入推进民营企业文化建设，肯帝亚和百瑞吉被省委统战部和省工商联认定为民营企业文化建设示范单位

▲2018年10月17日，镇江市工商联举办“弘扬企业家精神、助力高质量发展”新老企业家恳谈会，会上举行《百年商道》赠书仪式

▲2018 年 6 月 15 日，镇江市工商联举办以“不忘创业初心、接力改革伟业”为主题的非公经济人士理想信念教育实践活动报告会

▲2018 年 11 月 14 日，市工商联党组召开扩大会议，学习贯彻习近平总书记在民营企业座谈会上重要讲话精神

▲2019 年 11 月 16 日，镇江市工商联组织部分民营企业家赴北京参观庆祝新中国成立 70 周年成就展

▲2019 年 9 月 20 日，镇江市工商联参加省工商联庆祝新中国成立 70 周年文艺展演

▲2019 年 4 月 28 日，市工商联、市委统战部联合开展以“学习先进促转型，文化引领助发展”为主题的年轻一代民营企业家理想信念教育培训活动

◆2020 年 7 月 7 日，市工商联举行句容茅山江苏省民营经济人士理想信念教育基地授牌仪式，邀请亨通集团党委书记、董事局主席崔根良作理想信念教育主题报告

◀2019 年 10 月 25 日，镇江市工商联组织学习贯彻十九届四中全会精神宣讲报告会

▲ 1905 年 7 月，镇江商会成立，租用城西龙王巷 36 号钱业公所用房为会所

▲ 原镇江商会办公处

▲1931 年，镇江商会会所搬迁至城西伯先路 73 号

▲1953年4月12日至14日，召开镇江市工商界首届会员代表大会，正式成立镇江市工商业联合会。图为出席大会人员在伯先公园合影

▲1959年12月，市工商联组织工商界人士参加金山人工湖劳动后的留影

▲1991年4月10日，市工商联组织成立“镇江市百货业同业公会”，在全省率先开展行业组织的探索实践工作

▲2009 年 5 月 8 日，全市首家社区商会正东路街道贺家弄社区商会成立

▲2014 年 11 月 28 日，市外首家异地商会苏州市镇江商会成立

▲2015 年 12 月 16 日，镇江市工商联召开中共镇江市商会联合委员会成立大会，市委统战部副部长、市工商联党委书记徐建锋（左三）任党委书记

▲2017 年 8 月 2 日，省外首家异地商会上海市镇江商会成立

▲2018 年 3 月 28 日，市委统战部副部长、市工商联党组书记时秋香（右二）率机关人员赴苏州、无锡调研商会党建工作

▲2019年3月22日，镇江高新区工商联正式成立，实现镇江八个板块工商联组织全覆盖

▲2019年8月22日，深圳市江苏镇江商会成立并举办2019中国镇江（深圳）产业项目推介会

▲2020年5月8日，镇江市工商联召开全市商会协会负责人座谈会，市委书记马明龙（左二）参加会议

▲2020年12月17日，镇江市高新技术企业商会成立并举行揭牌仪式。截至2020年年底，市直商（协）会数量达到37个

▲2017年1月9日，市工商联召开第十二次会员代表大会，选举新一届领导班子，卢道富当选市工商联主席。自市工商联成立至2020年底，历经十二届

◀1956年1月18日，市工商联主任委员陆小波（左）向市长戴瑛（右）报告全市各行业全部实现公私合营的喜讯

▶1956年1月18日，市工商联组织举行镇江市工商界盛大集会，庆祝全市资本主义工商业社会主义改造取得胜利

▲1958年1月28日，市工商联组织31位会员赴农村参加农业生产建设图为市工商联全体同志欢送会员时的合影

▲1959 年，市工商联主任委员陆小波动员全市工商界人士为经济建设服务

▲1981 年 11 月，市工商联、市民建联合举办经济咨询交流会。图为市工商联主任委员陆汝纯（右一）在会上讲话

▲1985 年，市工商联副主任委员吴慎裕（一排左四）出席江苏省各民主党派、工商联为“四化”建设服务经验交流大会并作经验介绍。与会者受到韩培信（一排左六）等省领导接见

▶ 1991 年夏，市工商联组织会员企业赴江西南昌参加华东六省一市工商联（商会）第四届商品交易会

▶2000年1月，市工商联会同市委统战部联合举办民营企业吸纳下岗职工招聘活动暨劳务洽谈会，市委副书记许晓霞（左二），市政协副主席、市委统战部部长吕顺洪（前排左四）亲临现场指导

▲2013年3月12日至14日，市工商联牵头组织“揭秘企业隐藏的生机”民企总裁主题培训活动，特邀世界华人工商促进会会长李农合等8位知名专家辅导授课

◀2014年6月18日，市政府召开第六次企业家圆桌会议，听取民营经济发展意见建议

◀2014 年 8 月 29 日，市工商联邀请中国航空综合技术研究所（301 所）专家来镇考察航空产业发展情况，市委副书记李茂川（前排右一）参加考察

▲2016 年 8 月 28 日，市工商联承办第二届百人“一带一路”高峰论坛，为民营企业参与“一带一路”建设提供智力支持

▲2016 年，丹阳市工商联组织“民企管理升级”培训·互联网＋时代丹阳企业家如何盈利

◀2018 年 11 月 7 日，组织民企参加中国首届进博会并现场签约采购

▶2017 年 12 月，市委常委、镇江高新技术产业开发区党工委书记詹立风出席镇江市工商联主办的“新医药发展与创新”论坛并致辞

▲2018 年 12 月 4 日，镇江市工商联在镇江液压股份有限公司举办“制造业单项冠军企业经验分享会”，引导民营企业走“专精特新”道路

◀2019 年 6 月 27 日，镇江市工商联与招商银行联合举办银企交流会，帮助民营企业解决“融资难、融资贵”等问题

▲2020年7月13日，市工商联系统独立举办“万企联万村 共走振兴路”联建项目签约仪式

▲2020年11月25日，镇江市总商会人民调解中心成立，开展个案受理，组织诉前调解，降低企业诉讼成本，助力民营经济健康发展

▲1957 年 1 月，市工商联主任委员陆小波（前排右三）参加市政协座谈会后在伯先公园的留影

▲1984 年 11 月，市工商联主任委员陆汝纯（主席台左二）出席市政协镇江市委员会经验交流表彰先进大会

►1993 年 7 月，市委书记钱永波（正面左二）和副市长应国根（正面左三）就建立对口联系制度与民建、工商联领导座谈。市工商联党组书记梅渡（正面左一）参加座谈会

▲1995年2月1日，市委书记方之焯（正面左五）与市各民主党派、工商联负责人座谈

▶市工商联积极履行民主监督职能，市工商联副主任委员陈亦华（左二）受聘担任政府相关部门行风监督员

◀1996年1月，市工商联邀请各民主党派和市政协委办负责人开展会商联谊活动，共谋参政议政大计。市政协副主席余耀中（左四）和市政协副主席、市委统战部部长陈冬姣（左五）应邀出席

▶ 2009 年 4 月 29 日，市政协副主席、市工商联会长孙志安（右）赴惠龙港国际钢铁物流中心调研，听取董事长施文进（中）介绍情况

◀ 2010 年 1 月 13 日，市政协副主席、市工商联主席孙志安在市政协六届三次全委会议上作题为《让民间投资成为可持续跨越发展的不竭动力》的大会发言

▶ 2012 年 9 月 22 日，市工商联主席卢道富（前排左二）赴中电电气集团专题调研，在省商会副会长、市工商联副主席、集团董事长陆廷秀（左一）陪同下听取情况介绍

◀ 2012 年 11 月 13 日，市工商联召开参政议政创新争先活动座谈会，市工商联主席卢道富（左三），市委统战部副部长、工商联党组副书记徐建锋（左二）出席

▲2013年1月8日，市工商联主席卢道富在市政协全委会议上作“把握机遇，积极应对宁镇扬同城化”的大会发言，发言材料被收入省政协大会书面交流材料汇编

▲2017年4月17日，镇江市工商联成立全省首家参政议政委员会，为非公有制经济人士建言献策开辟绿色通道

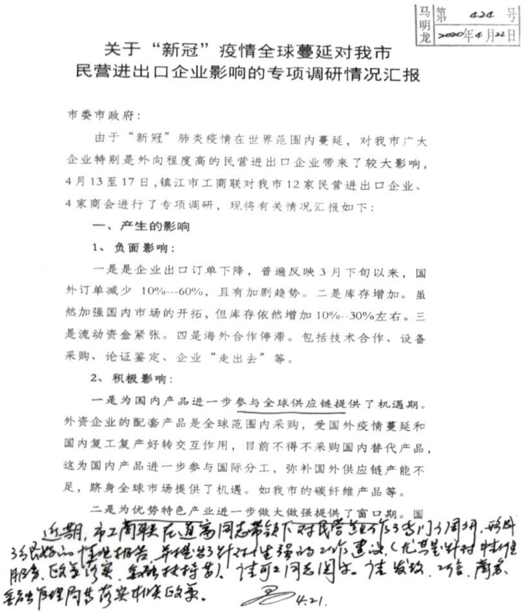

马明龙 第 424 号
2020年4月22日

关于“新冠”疫情全球蔓延对我市
民营进出口企业影响的专项调研情况汇报

市委市政府：

由于“新冠”肺炎疫情在世界范围内蔓延，对我市广大企业特别是外向程度高的民营进出口企业带来了较大影响，4月13至17日，镇江市工商联对我市12家民营进出口企业、4家商会进行了专项调研，现将有关情况汇报如下：

一、产生的影响

1、负面影响：

一是是企业出口订单下降，普遍反映3月下旬以来，国外订单减少 10%---60%，且有加剧趋势。二是库存增加。虽然加强国内市场的开拓，但库存依然增加10%--30%左右。三是流动资金紧张。四是海外合作停滞。包括技术合作、设备采购、论证鉴定、企业“走出去”等。

2、积极影响：

一是为国内产品进一步参与全球供应链提供了机遇期。外资企业的配套产品是全球范围内采购，受国外疫情蔓延和国内复工复产好转交互作用，目前不得不采购国内替代产品，这为国内产品进一步参与国际分工，弥补国外供应链产能不足，跻身全球市场提供了机遇。如我市的碳纤维产品等。

二是为优势特色产业进一步做大做强提供了窗口期。国

▶ 2020年，新冠疫情下民营进出口企业问题和困难专题调研报告得到市委书记马明龙的批示

▲江苏省人大常委会基层立法联系点授牌仪式

▲市工商联被确定为2019—2023年省人大常委会基层立法联系点

◀1951年9月7-9日，市工商联筹委会举行抗美援朝代表会议，决定认捐3架飞机和10万发子弹并开展慰劳、救济和优扶工作

▲1997年12月，市工商联在句容开展扶贫助学活动，会长潘吉森(左五)、党组书记陈伟（左三）参加

▶1998年8月20日，市工商联会长潘吉森（右一）与市各民主党派负责人慰问奋战在抗洪第一线的解放军和武警官兵

◀2008年5月12日汶川地震发生后，镇江市非公有制经济人士帮助灾区开展救灾和重建，累计捐款物超过8000万元。图为江苏沃得集团向四川绵竹市板桥镇捐赠10台挖掘机，价值近400万元

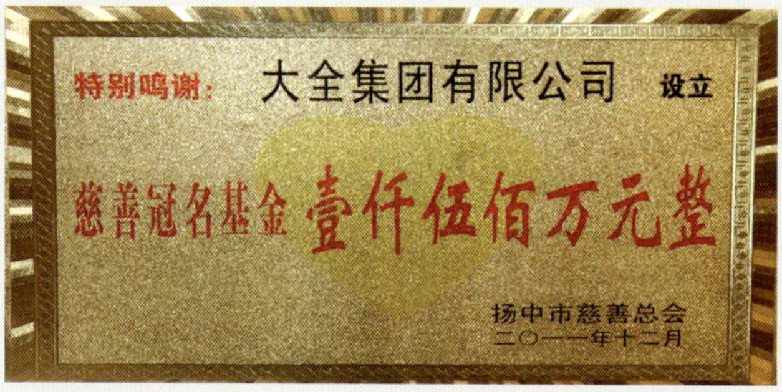

▶2011年12月6日，工商联副主席单位大全集团与扬中市慈善总会签订慈善救助基金认捐协议书，正式设立母本金为1500万元的大全慈善救助基金

◀2012年4月8日，镇江浙江商会参与“爱在镇江·慈善一日捐”活动。图为市慈善总会会长周大平（左）向商会会长钱国华（右）颁发捐款证书

▶2012年8月28日，由镇江市青年民营企业家商会筹资300多万元建设的袁相村公共服务中心举行开工仪式。图为市委统战部副部长、市工商联党组副书记徐建锋主持开工典礼

▲2013 年 5 月 20 日，市工商联组织部分民营企业家和市直商会为四川芦山地震捐款

◀2014 年夏，镇江安徽商会慰问驻镇部队

◀2015 年，镇江市餐饮协会慰问环卫工人

▲2016年，在市工商联积极引导下，镇江泰州商会、镇江安徽商会、镇江市江西商会、镇江市溧阳商会、镇江南通商会等各商(协)会参与“百企帮万村”和“百村万户达新标”扶贫攻坚行动

▲2017年2月27日，镇江市工商联副主席单位鱼跃集团向南京师范大学捐赠5000万元公益基金

◀ 2017 年 6 月 1 日，镇江市钢铁业商会设立助学基金，支援茅山老区教育事业

▶ 2017 年 12 月 4 日，市总商会副会长戴小川（前排右一）与句容袁相村签订协议，建立助学基金。市委组织部部长、统战部部长李健（后排左四），市委统战部常务副部长徐建锋（后排左二），市委统战部副部长、工商联党组书记时秋香（后排右三）等出席活动

◀ 2018 年，镇江市川渝商会组织西部地区贫困学生参与到镇江游学活动

▶ 2018 年，镇江市民企文化研究会开展端午节进社区送温暖活动

◀2018 年 5 月 31 日，镇江市政协副主席、市工商联主席卢道富与陕西省渭南市政协副主席、市工商联主席张开签订对口帮扶协议

▶2018 年，镇江泰州商会赴市社会福利服务中心慰问孤残儿童

▲2019 年，丹阳市工商联赴陕西富平县助力东西部扶贫，并与富平县工商联缔结友好商会

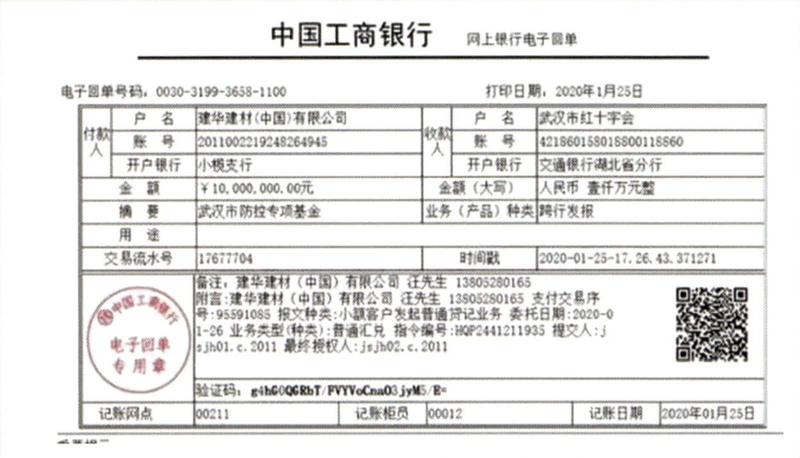

中国工商银行 网上银行电子回单

电子回单号码：0030-3199-3658-1100　　　　打印日期：2020年1月25日

付款人	户　名	建华建材(中国)有限公司	收款人	户　名	武汉市红十字会
	账　号	2011002219248264945		账　号	421860158018800118860
	开户银行	小概支行		开户银行	交通银行湖北省分行
金　额		￥10,000,000.00元	金额（大写）		人民币 壹仟万元整
摘　要		武汉市防控专项基金	业务（产品）种类		跨行发报
用　途					
交易流水号		17677704	时间戳		2020-01-25-17.26.43.371271

备注：建华建材（中国）有限公司 汪先生 13805280165
附言：建华建材（中国）有限公司 汪先生 13805280165 支付交易序号：95591085 报文种类：小额客户发起普通贷记业务 委托日期：2020-01-26 业务类型(种类)：普通汇兑 指令编号：HQP2441211935 提交人：jsjh01.c.2011 最终授权人：jsjh02.c.2011

验证码：g4hG0QGRbT/FVYVoCna03jyM5/E=

中国工商银行 电子回单专用章

记账网点	00211	记账柜员	00012	记账日期	2020年01月25日

◀2020年1月25日，镇江市工商联副主席单位建华建材(中国)有限公司向武汉市新冠疫情防控指挥部捐赠人民币1000万

▲2020年2月，市工商联机关人员奋战在丁卯社区一线，携手抗击疫情

▲2020年2月，镇江市福建商会率先向奋战在抗疫一线的相关单位捐赠抗疫物资

▲2020年2月，市工商联会员企业大全集团驰援武汉雷神山抗疫医院建设

▶市工商联会员企业蓝圈新材料有限公司驰援武汉火神山抗疫医院建设

▲2020年2月至3月，镇江南通商会、镇江浙江商会、镇江市河北商会、镇江市扬州商会、镇江市工商联女企业家委员会等单位主动捐款捐物，慰问奋战在抗疫一线的人员

◀2020年8月28日，市工商联系统召开“万企联万村 共走振兴路”村企联建项目现场会，市委副书记、组织部部长李健参观镇江安徽商会与马埂村中草药种植联建项目（上图），并参加镇江市创业精英联合会与李塔村联建项目茅山红色创业营启动仪式（下图）

序

一水横陈，连岗三面，做出争雄势。镇江地处江河交汇处，依江而生、因水而兴，自古漕运发达、商贾云集，历来为水陆要冲、商埠重镇。万里长江滚滚东流，千年运河沟通南北，不仅赋予了这座城市奔涌向前的豪迈气概，更植入了开放包容的城市基因，塑造了拼搏奋进的城市品格。

1905 年，镇江商会正式成立，风雨兼程已是 116 载。一代代镇江工商业者筚路蓝缕启山林，栉风沐雨玉汝成，实业报国薪火传，涌现出了冷遹、陆小波、严惠宇等一大批爱国工商业者，他们身上艰苦创业、厚德重信、造福桑梓的担当情怀，熠熠生辉，泽被后世。镇江商会收复英租界、冷遹延安见证“窑洞对”、陆小波迎接解放军渡江等重要历史事件，激荡磅礴，在民族工商业发展史上留下了浓墨重彩的镇江印记。

1953 年，镇江市工商业联合会成立后，始终紧紧围绕党在各个历史时期的路线、方针和任务，高举爱国主义、社会主义伟大旗帜，与党和国家同呼吸共荣辱，与镇江经济社会发展同风雨共命运，与全市工商届人士同奋斗共辉煌，走过了波澜壮阔的发展历程，创造了令人瞩目的光辉业绩，谱写了开拓创新的绚烂篇章。

进入新时代，镇江市工商业联合会团结带领广大工商业者奋楫争先、勇立潮头，敢于创新、诚信守法，积极投身产业强市、创新驱动、生态低碳、人才“镇兴”等发展实践，涌现出了钱云宝等一批优秀企业家，大全、天工、鱼跃等一批民营企业蓬勃发展，境内境外上市企业总数达 24 家，为时代进步贡献了智慧力量，为这座城市争得了更大荣光。

鉴往方知来，向史而明新。镇江市工商联（总商会）秉持促进非公有制经济健康发展和非公有制人士健康成长之初心，历时五年时间，编纂完成《镇江市工商业联合会　镇江市总商会志》，全书共分六编，从历史沿革、重要人物、大事专记、文献辑录等方面全面梳理了镇江工商业发展的百年历程，每一张图片都是历史的缩影，每一段文字都是时代的诗篇，每一个人物都是发展的见证，这是留给后人最宝贵的精神财富，必将绽放其资政育人的独特魅力。

站在“两个一百年”奋斗目标的历史交汇点上，全市上下正在全面贯彻中国共产党第十九届中央委员会第六次全体会议和中国共产党江苏省第十四次党代会精神，全面落实中国共产党镇江市第八次党代会部署，深入实施产业强市“一号战略”，以史为鉴、开创未来，扎实奋斗、激情奔跑，奋力将习近平总书记“镇江很有前途”殷殷嘱托变为生动现实。相信本书的面世，必将进一步激发全市广大工商业者深厚的家国情怀和强烈的责任担当，大力弘扬新时代企业家精神和新“四千四万”精神，坚决扛起“争当表率、争做示范、走在前列”光荣使命，创新实干、勇毅前行，在现代化建设新征程上奋力跑出昂扬态势！

是为序。

中共镇江市委书记
镇江市人大常委会主任

2021年12月

凡 例

一、本志以马克思列宁主义、毛泽东思想、邓小平理论、“三个代表”重要思想、科学发展观、习近平新时代中国特色社会主义思想为指导，坚持辩证唯物主义和历史唯物主义的立场、观点和方法，力求客观真实记载镇江商会和镇江市工商业联合会成立后发生的大事要事，反映在传承重组过程中的重大变化和取得的主要业绩。

二、本志记述时间上限主要从光绪二十九年（1903）镇江商会筹备起，下限至2020年底，地域范围以现时镇江行政区域为基准。

三、本志首列概述、大事记，结构上设编、章、节、目、子目五个层次。全志以概述、大事记为纲，志为主体，记述镇江商会、镇江市工商业联合会各个时期的发展变化和活动，辅以图表、照片等。

四、本志涉及地域或实体名称时，凡行政机构、行会组织、工商企业、店铺商号等，均以所在年代实际称呼记述。古地名以当时称呼书写，今地名以国家标准地名为准。旧时数字单位保留旧制单位。

五、本志人物传按“生不立传”原则，以卒年排序，收录近、现代镇江籍在本地、外地和外籍在镇江经营已故的部分工商界名人以及部分镇江商会主要负责人。人物简介以生年排序，收录镇江市工商业联合会主要负责人和部分获省级以上表彰的非公有制经济代表人士。

六、本志中因资料缺失或辨别不清之处，以“□□□□…”表示；部分年份因资料缺失无法查证，作空缺处理；因资料缺失，涉及人员不详处作相应说明，如“其他人员不详”等。

七、本志纪年，以中华人民共和国成立为界。1949年前以历史纪年为主，加注公元纪年；1949年后一律采用公元纪年。对日本人占领时期的傀儡政权称“日伪政权”，此时期称“日伪时期”。书中“解放”指1949年4月23

日镇江解放；“新中国”指1949年10月1日中华人民共和国成立。

八、本志所称的“镇江市”行政区划界定：镇江解放至1983年3月实行市管县体制前，镇江市（县级）行政区划为镇江城区，包括迎江区、北固区和金山区，不含镇江专区（地区）所辖各县。实行市管县体制后，镇江市（地级）行政区划为镇江城区①及下辖丹徒、丹阳、句容、扬中四县，之后辖县相继调整为辖市、区。至2017年6月，镇江市行政区划稳定为镇江城区②及下辖丹阳市、句容市、扬中市。

① 1983年9月撤销金山、北固两区改设为城区，撤销迎江区改设为郊区。1984年10月，城区更名为京口区，郊区更名为润州区。

②含京口区、润州区、丹徒区、镇江新区、镇江高新区。

目　录

第一编　清末与民国时期镇江商会
（1903—1949年）

第二编 镇江市工商业联合会（总商会）

（1949—2020年）

第三编　县级工商业联合会（商会）

第四编　人　物

第二章　人物简介

第五编　专　记

第六编　文献辑录

概 述

镇江地处长江和江南运河交汇处，拥有3000多年历史，自古为水陆要冲，交通便利，漕运发达，商贾云集，文化底蕴深厚。清末至民国时期，镇江已成为通商大埠，工商实业、金融业、民营水电业等，诸业兴旺，商会、同业公会、工商自卫团等各式团体、组织纷纷成立，镇江经济社会发展成就显著。

1949年4月23日，镇江解放。4月26日，镇江行政区(分署)辖镇江市及丹徒等8市县。1983年3月，实行市管县体制后，镇江市改为省辖市，辖原属镇江地区的镇江市(县级)以及丹阳、句容、扬中、丹徒4个县，总面积约3847平方千米。截至2020年年底，常住人口约321万人。

镇江是长江三角洲北翼中心，是苏南国家自主创新示范区的重要组成部分和南京都市圈核心层城市，拥有长三角优越的区位条件，是华东地区重要的交通枢纽，是国家历史文化名城，获全国文明城市、全国科技进步先进城市、国家创新型试点城市、中国制造2025试点示范城市等诸多荣誉称号。

一

镇江商会于清光绪二十九年(1903)开始筹备，清光绪三十一年(1905)七月正式成立，各同业公会为其团体会员。民国26年(1937)，镇江沦陷后，镇江商会解散，建立完全为日伪服务的伪镇江县商会。抗日战争胜利后，民国34年(1945)11月，镇江商会整理委员会成立，翌年5月选举产生理事会，镇江商会正式恢复组织活动。

镇江商会成立以后，广大民族工商界人士始终坚持民族利益至上，维护商界安全和民族工商业者利益，热心社会公益事业，在推翻帝制、反帝爱国、支持抗日等斗争中，在发展地方经济，参与交通、市政、教育、社会管理等方面发挥独特作用，为当时镇江经济发展和社会安定作出贡献。

二

1949年9月，镇江市工商业联合会(简称镇江市工商联、市工商联)开始筹建，1953年4月正式成立，并先后成立一批县(区、镇)级工商联。镇江市工商联成立初期，是以私营工商业者为主体，国营企业、合作社和公私合营企业等各类工商业者参加的，在中国共产党领导下的统一战线性质的人民团体，其主要工作对象是私营工商业者。在镇江市委领导下，镇江市工商联在引导私营工商业者搞好生产经营、维护私营工商业者合法权益、团结其遵守政府的政策法令，特别是在团结教育他们开展“三反”“五反”运动、拥护并支持资本主义工商业社会主义改造等方面发挥重要作用。一些有影响的镇江工商业者，如肖鹤忠等带头申请公私合营，在他们的影响下，资本主义工商业的社会主义改造在镇江市范围内取得较快进展。至1956年1月底，镇江市批准201个行业11537家私营工商业实行全行业公私合营或合作化改造，占总户数的96.93%。

社会主义改造基本完成以后，各级工商联实际上成为联系、教育工商业者的组织，利用举办的工商界政治学习班、业余政治学校和政治讲座等，组织广大工商业者进行学习和教育，帮助他们认识社会主义代替资本主义是历史发展的必然规律，坚定其走社会主义道路的信念，教育其“听毛泽东主席的话，跟共产党走，走社会主义道路”，为社会主义建设服务。面对国家遇到三年自然灾害造成的经济困难，镇江市工商业者始终与党委政府同心同向、同心同德、同心同行，共克时艰。1962年，镇江市工商界响应周恩来总理对工商界提出的集资办学的号召，主委陆小波带头出资创办团结中学，培养出一大批技术骨干。

三

1980年5月，镇江市工商联正式恢复活动，按照工商联全国代表大会提出的“坚定不移跟党走，尽心竭力为‘四化’”的行动指南，组织会员发挥经济管理、专业技能的特长，开展经济咨询服务、工商专业培训，创办学校，自办经济实体，助推镇江经济社会发展。发挥有海外关系的会员作用，开展同我国香港、澳门、台湾地区和海外侨胞的广泛联系，做好海外联络工作，助力镇江引进资金和技术，促进外向型经济发展。同时，推动各县陆续恢复和建立工商联组织，大力吸收新会员，不断壮大工商联组织队伍。

伴随1991年中共中央批转中央统战部《关于工商联若干问题的请示》和2010年中共中央、国务院颁发《关于加强和改进新形势下工商联工作的意见》的实施，工商联工作逐步进入新的历史阶段，镇江市工商联充分发挥桥梁纽带作用，团结镇江市广大非公有制经济人士，深入学习贯彻中国特色社会主义理论体系，开展“致富思源、富而思进”学习教育活动，动员私营工商业者投身国有企业改革，为镇江市经济社会转型升级作出贡献。

党的十八大后，中国特色社会主义进入新时代，特别是2018年、2020年习近平总书记分别在民营企业座谈会、企业家座谈会上作出重要讲话，党和政府对工商联工作提出新的更高要求，工商联工作逐步进入新的发展进程。镇江市工商联担负起新的历史使命，高举中国特色社会主义思想伟大旗帜，以习近平新时代中国特色社会主义思想为指引，坚持统战性、经济性、民间性有机统一，以促进“两个健康”①为目标，坚持政治建会、团结立会、服务兴会、改革强会，围绕中心工作，团结镇江市广大非公有制经济人士，认真履行政治引导、经济服务、参政议政、组织建设、协同管理的职能，努力构建“亲”“清”政商关系、培塑“商道酬信”、持续优化营商环境、开展“一人一重点、履职当表率”活动、启动“新时代企业家精神师承计划”等，为建设“强富美高”②新镇江、践行“三高一争”③新实践、谱写“镇江很有前途”④新篇章贡献智慧和力量。

---

①非公有制经济健康发展、非公有制经济人士健康成长。

②2014年12月，习近平总书记视察江苏时，对江苏提出“经济强、百姓富、环境美、社会文明程度高”的要求。

③推进高质量发展、创造高品质生活、实施高效能治理，在谱写‘镇江很有前途’新篇章中争得城市荣光”。

④习近平总书记2014年12月13日考察镇江时的殷殷嘱托。

大 事 记

清 末

道光十三年(1833)

徽州、江西帮木商在镇江鲇鱼套形成木材集散市场。

道光二十年(1840)

朱兆怀在西门城外创建朱恒顺糟坊(现镇江恒顺集团有限公司最早前身),初期产百花酒,后又制成风味独特的镇江香醋。

咸丰元年(1851)

丹徒县农村最早的金融业石马唐岗李记典当行开张。

咸丰八年(1858)

中英《天津条约》将镇江确定为首批对外国人开放的长江三个口岸之一。

咸丰十一年(1861)

一月二十三日,英国参赞官巴夏礼至镇江参见副都统巴栋阿、知府师荣光、知县田祚,议建署栈,择于云台山上建立公署,山下为各商建栈基址,城外银山门一带设英租界。

同治二年(1863)

从该年起,各国官商,陆续在镇江通商码头勘定基地建造栈署。

同治五年(1866)

建立米市公所,为长江下游重要米市。光绪八年(1882),镇江米市移往芜湖。

同治十一年(1872)

祖籍浙江余姚的绅商魏昌寿邀集其同乡联合出资,创建镇江江船义渡局。

同治十二年(1873)

中国招商局镇江分局成立。

光绪十九年(1893)

邑人马建忠以10万两银做资本,在日新街开办元同钱庄,这是镇江最早开办的钱庄之一。

光绪二十年(1894)

四经丝厂和大纶丝厂,相继成立资本额各15万两银,这是镇江创办最早的近代工业。

光绪二十六年(1900)

镇江商务分局成立。

光绪二十九年(1903)

镇江商会开始筹备。

光绪三十年(1904)

经商部注册,茂达树艺公司在崇德乡横山洼成立,笪世熊任经理。

光绪三十一年(1905)

七月,镇江商会成立。

十月,江苏省第一家民营电厂镇江大照电灯公司建成发电。翌年,取得清政府农工商部颁发的营业执照。

光绪三十二年(1906)

十二月十三日,江苏商船总会在镇江成立,又称镇江商船总公会,由朱冯寿担任总理。

光绪三十三年(1907)

镇江造纸厂、泰来(人记)机器面粉厂创立。

十月,镇江近代第一个地方教育行政机构丹徒县劝学所成立。

光绪三十四年(1908)

七月,镇江商会选举,朱绍周任总理。

宣统二年(1910)

创立义生火柴厂。

清宣统三年(1911)

镇江商会成立镇江商团。

镇江商会选举，于鼎源任总理。

中华民国

民国元年(1912)

10月20日，孙中山视察镇江商会，并在广肇公所公开演讲。

民国2年 (1913)

4月，镇江商会改组选举，吴兆恩任会长。

5月，于树深、朱朗轩等创立大源油饼厂，为长江下游各埠第一个机器榨油厂。

民国4年(1915)

丹阳县产阳绸参加巴拿马国际博览会展出。

民国5年(1916)

在南通张謇资助下，王秀芝在大港王家山嘴创办采石厂。

民国7年(1918)

8月，商人陶步蟾创办光华织绸厂，专织云霞等绸缎。

12月，丹阳人束秉勋等创办肇明电灯股份有限公司，在丹阳老北门城外建发电厂。

民国8年(1919)

6月7日，镇江商会宣布罢市向北京政府发电报，声援支持"五四"爱国运动。

民国9年(1920)

上海荧昌火柴公司在镇江金山河创办荧昌火柴三厂。

民国10年(1921)

3月，镇江商会改组，实行董事会制。

4月，王秀芝、马锡九等人在大港成立润东渔业公会。

是年，冷遹在黄墟创办永安蚕种场。

民国11年(1922)

4月，吴镜秋创办大理石矿公司。

民国12年(1923)

1月，镇江至六圩开设轮渡，为镇江有轮渡之始。

民国13年(1924)

8月，镇江第一救火会自来水厂建成并投入使用。

是年，镇江茂昌机器厂、李恒记船厂等合作建成镇江第一艘钢质蒸汽机客轮普济号。

民国14年(1925)

6月，镇江3万多人参加群众集会，声讨帝国主义制造"五卅惨案"的罪行，要求收回英领事馆。镇江外交后援会决定将对奸商贩卖日货处罚款项用于建设五卅演讲厅，作为镇江人民反帝斗争的纪念。

7月，邑人张怿伯创办无敌牌蚊香蛤油厂。

是年，李皋宇接盘朱恒顺糟酱淋坊。

民国15年(1926)

7月，陆小波、胡健春、冷遹、田甫祥等在北固山下筹办游民工厂，以救济本地无业游民。

8月，中国合众蚕桑改良会在四摆渡购山地260余亩，创立镇江合众蚕种场。

冷遹与黄炎培、唐儒箴等创设私立镇江女子职业学校。

是年，镇江自来水股份有限公司成立，开始向居民供水。

民国17年(1928)

3月24日，镇江商会会长陆小波率镇江商团团员接管英领事馆警权。

5月，曹裕兴纸伞厂所产纸伞获美国费城博览会金质奖。

5月，镇江商会改组实行委员会制，推选陆小波任主席。

民国18年(1929)

4月，镇江商会与英领事签约，以5万元收购英领事馆电灯厂与自来水厂，由本地厂家经营。

11月15日，在镇江英国领事署举行镇江英国领事馆交还仪式，外交部长王正廷、英公使代表爱斐灵参赞、英南京总领事许立德等出席。

严惠宇建成江苏省股份有限公司裕民油桐场和高资茶场。

民国19年(1930)

是年，镇江商会自西贡购进大米2万多包，以平抑物价。

民国20年(1931)

9月22日，镇江商会致电国民政府，要求对日宣战、查禁日货，翻印并散发《日本田中内阁侵略满蒙之积极政策》5000份。

民国21年(1932)

是年，潘氏染坊坊主潘建亭购置电力传动铁木织机8台，创办镇江第一家用电力织布的利华染织厂。

民国22年(1933)

6月8日，首都电厂句容分厂正式投产发电，句容县城300余户居民开始用电照明。

民国23年(1934)

10月1日，江苏省物品展览会在镇江开幕。

民国24年(1935)

10月，镇江商会选举，冷遹任主席。

民国25年(1936)

11月，镇江选区举行全国制宪国民大会代表选举，选举卢兆祺为区域代表，全省商界选举严惠宇为职业代表，冷遹被指定为特邀代表。

民国26年(1937)

3月，镇江商会选举陆小波任主席。

3月13日，陆小波、严惠宇等创办镇江私立京江中学，在大学山举行奠基仪式。

镇江商会开展抗日救亡运动，推动工商界认购救国公债40万元。

镇江商会及民船公会组织船只转移商店物资，疏散难民60万人。

镇江商会解体。

民国27年(1938)

冬，伪镇江县商会成立，曹朴安任会长，郭泳青、张敬堂任副会长。

民国34年(1945)

7月1日，在冷遹协调推动下，黄炎培、冷遹、褚辅成、章伯钧、左舜生、傅斯年6名国民政府参政员，应邀访问延安，受到毛泽东、周恩来、朱德等接见。

11月，成立镇江商会整理委员会。

民国35年(1946)

4月10日，中国纺织公司总经理束云章组织成立丹阳纱厂股份有限公司，筹建丹阳纱厂。

5月，镇江商会改选，实行理事会制，陆小波任理事长。

民国36年(1947)

是年，行宪国民大会代表选举，赵棣华当选区域性代表，卢兆祺为候补；陆小波当选职业性代表，祁仰希为候补。

民国37年(1948)

12月，镇江商会选举，陆小波任理事长。

镇江解放后

1949年

4月23日凌晨，镇江商会组织船只为解放军运输人员和物资，配合解放镇江。

9月8日，镇江市工商业联合会筹备委员会举行成立大会，选举陆小波为筹备委员会主任委员，黄青、向春亭为副主任委员。

9月12日，镇江市工商联筹备委员会接管镇江商会。

9月，丹阳县工商业联合会筹备委员会成立。

中华人民共和国

1949年

11月26日，镇江市工商联筹备委员会设立房地产接管整理委员会，负责办理原钱业公会辅宜堂房地产、冬赈局房地产和自来水厂股票的接管问题。

1950年

1月9日，设立工商界折实公债推销分会。

11月，设立保卫世界和平反对美国侵略委员会镇江市工商界分会。

12月，镇江市第一次进行工商企业登记，批准换证5938户，颁发“江苏省苏南人民行政公署工商登记证”。

1951年

年初，镇江市工商界捐献14000万元(旧币)用于慰问中国人民志愿军和救济朝鲜难民。

5月16日，设立镇江市城乡物资交流推进委员会。

6月5日，设立镇江市摊贩联合会。

9月7—9日，镇江市工商界举行抗美援朝代表会议，决定认捐3架飞机和10万发子弹，支持抗美援朝。

是年，吴慎裕等集资90万元(旧币)创建私营镇江大东造纸厂，1952年8月19日建成投产。

1952年

4月25日，镇江市工商联设立“五反”(反行贿、反偷税漏税、反盗窃国家财产、反偷工减料、反盗窃国家经济情报)办公室。

1953年

1月5日，镇江市迎江区工商界召开第一次代表会议，迎江区工商联成立。

1月，镇江水电公司率先实行公私合营。

2月1日，镇江市北固区、金山区工商界分别召开第一次代表会议，北固区、金山区工商联成立。

4月12—14日，镇江市工商业联合会召开第一次会员代表大会，正式成立镇江市工商业联合会。

1954年

11月9日，镇江市工商联设立改组同业公会办公室。

1955年

12月27日，中共镇江市委召开第四次党员代表会议，市委书记罗洛传达中央和省委对资本主义工商业社会主义改造的指示，讨论研究1956—1957年镇江市对私营工商业进行社会主义改造规划。

1956年

1月11日，毛泽东主席在南京接见江苏各地工商联负责人，市工商联主任委员陆小波受到接见。

1月18日，镇江市工商联组织工商界人士集会，庆祝镇江市资本主义工商业社会主义改造胜利完成。

2月28日，镇江市工商联选派陈亦华、蔡尉仪赴北京参加全国工商界青年积极分子代表大会，受到党和国家领导人的接见。

3月9—15日，在江苏省政治协商会议第一届第二次全体会议上，市工商联主任委员陆小波当选省政协副主席。

12月18日，镇江市工商联主任委员陆小波、副主任委员胡鲁璠、林静波参加中华全国工商业联合会第二次会员代表大会，受到毛泽东、刘少奇、朱德、陈云等党和国家领导人的接见。

1958年

6月22日，丹徒县建制撤销并入镇江市，丹徒县工商联并入镇江市工商联。

1959年

8月25—31日，镇江市工商联召开第二次会员代表大会，陆小波当选主任委员。

设立镇江市工商界生活互助金管理委员会，李友芳任主任。

1960年

2月12日，镇江市工商联主任委员陆小波、副主任委员陆汝纯参加中华全国工商业联合会第三次会员代表大会，受到党和国家领导人的接见。

1962年

5月，丹徒县建制恢复，丹徒县工商联与镇江市工商联分设。

9月5日，镇江市工商联主任委员陆小波等社会知名人士向国家捐献一批文物图书资料。

10月16—23日，镇江市工商联召开第三次会员代表大会，陆小波当选主任委员。

1963年

4月18日—5月18日，镇江市工商联动员工商业者子女上山下乡并参加农业生产。

1965年

8月，镇江市工商联动员工商界知识青年上山下乡，符合条件的有76人，批准66人。

1966年

镇江市工商联停止办公。

1979年

10月19日，镇江市工商联副主任委员吴慎裕参加各民主党派和中华全国工商业联合会代表大会，受到叶剑英、邓小平、李先念、邓颖超等党和国家领导人的接见。

1980年

5月，镇江市工商业联合会恢复组织活动。

12月12—14日，镇江市工商联在河滨饭店召开第四次会员代表大会，陆汝纯当选主任委员

1982年

8月，镇江市工商联与民革、民建、民盟、农工党联合创办润州业余学校。

1983年

11月17日，镇江市工商联主任委员陆汝纯、副主任委员胡鲁璠参加中华全国工商业联合会第五次会员代表大会，受到邓小平、彭真、邓颖超等党和国家领导人的接见。

1984年

9月，全国人大常委会副委员长、民建中央主席胡厥文视察镇江市工商联。

9月，镇江市工商联收回位于伯先路73号的镇江商会房产。

10月13日，镇江市工商联、镇江市民建联合创办镇江市中华职业进修学校。

11月23日，镇江市工商联召开第五次会员代表大会，陆汝纯当选主任委员。

1985年

6月，镇江市工商联主任委员陆汝纯等接见香港裕华国货公司余连庆率领的访问团。

1986年

4月，丹阳县工商业联合会恢复组织活动。

6月10日，原工商业者严惠宇女儿严忠婉遵父遗愿，将172件古字画捐献给镇江博物馆。

1987年

10月，香港观塘区工商业联合会副会长胡国祥等一行17人访问镇江市工商联。

1988年

1月9日，镇江市工商联主任委员陆汝纯当选镇江市政协副主席。

12月3日，镇江市工商联陆汝纯主任委员、朱仁和参加中华全国工商业联合会第六次会员代表大会和全国工商联成立35周年纪念大会，受到王震、荣毅仁等党和国家领导人的接见。

12月，句容县工商业联合会恢复组织活动。

1989年

12月14—16日，镇江市工商联召开第六次会员代表大会，陆汝纯当选主任委员。

1990年

2月16日，江苏省工商联副主任委员、香港中国银行董事、香港鸿图银行总经理刘汉良夫妇一行考察镇江市工商联。

3月12日，香港观塘区工商联会长胡国祥、江苏省旅日大阪华侨同乡会名誉会长许朝坤等考察镇江市工商联。

6月11日，中共镇江市委常委、常务副市长方之焯、市政府秘书长马德泾调研市工商联。

1991年

7月，镇江市工商联分批次组织学习中共中央批转的中央统战部《关于工商联若干问题的请示》(中发〔1991〕15号)文件,为实现工商联职能转变奠定思想基础。

夏,镇江市工商联副主任委员何畏带领部分会员企业,赴江西南昌参加华东六省一市工商联(商会)第四届商品交易会。

1992年

1月,镇江市工商联设立党组。

3月1日,省、市两级政协、统战部、工商联、民建等单位联合举行陆小波诞辰110周年纪念会,省政协主席孙颔出席会议并讲话。

6月10—13日,江苏省与港口城市工商联联谊会第三次会议在镇江举行。

1993年

1月8日,市工商联主任委员陆汝纯签署并发布《海内外华人商会友好宣言》。

3月,镇江市委批复市工商联增挂"镇江市商会"牌子。

7月,市委书记钱永波和市政府副市长应国根围绕建立对口联系会议制度等问题,与市民建、市工商联领导座谈。

7月,市长方之焯调研市工商联机关。

11月16—18日,镇江市工商联召开第七次会员代表大会,朱仁和当选会长。

1994年

4月,香港观塘区工商业联合会会长、原镇江市工商联副会长胡国祥投资兴建镇江商业城。

8月30日,海内外华人友好商会正式成立,镇江市商会成为首批会员。

10月,镇江市工商联通过海内外华人友好商会邀请美国企业家代表团到镇江开展投资考察活动。

1995年

3月3日,香港中信机电工程有限公司总经理周锦荣和日本三和贸易有限会社深圳办事处副主任程伟萍夫妇一行考察镇江市工商联。

3月15日,镇江市工商联特邀顾问香港隆泰行葛新访问镇江市工商联。

5月9—11日,镇江市工商联承办省工商联组织工作会议。

8月,镇江市工商联承办省工商联系统对外经济联络工作会议。

12月3—5日，镇江市工商联会长朱仁和率领民营企业家出席第三届世界华商大会暨泰中企业经贸讲座会。

1996年

7月，镇江市工商联组织民营企业家一行22人，赴泰国、新加坡、马来西亚等国家和我国香港、澳门地区进行考察活动。

9月18日，市工商联会长朱仁和率领部分企业家和辖市区工商联负责人出席“96海内外华人友好商会交流会”。

11月30日，镇江市商会商贸考察团一行11人赴泰国、马来西亚和我国香港地区访问考察，与泰国中华总商会缔结为友好商会。

1997年

7月29—30日，市工商联召开第八次会员代表大会，潘吉森当选会长。

10月14日，市委副书记陈家宝调研市工商联。

亚洲最大的造纸企业江苏金东纸业有限公司开工建设。京阳水泥有限公司建成并投产。

1998年

3月，以市工商联会长潘吉森为团长的商贸考察团赴东南亚进行商务考察。

6月5日，市委书记方之焯、市长周大平视察市工商联副会长单位镇江三维塑料电子有限公司。

8月18日，市工商联会长潘吉森等慰问奋战在抗洪第一线的解放军和武警官兵。

1999年

1月18日，中国首家县(市)级眼镜商会在丹阳市司徒镇成立。

4月15日，副市长张吉生到市工商联调研指导工作。

5月26日，市委副书记许晓霞到市工商联调研指导工作。

2000年

1月，市工商联联合市委统战部举办民营企业吸纳下岗职工招聘活动暨劳务洽谈会。

3月29日，市委统战部、市工商联召开非公有制经济代表人士《信誉守则》

发布会。

2001年

9月18日，中央统战部副部长、全国工商联党组书记胡德平，全国工商联副主席刘永好一行视察镇江市工商联。

9月，市工商联参加“世界华商镇江行”活动，市长史和平会见泰国中华总商会郑明如一行。

2002年

4月10—11日，镇江市工商联召开第九次会员代表大会，孙志安当选会长。

5月23—24日，全国工商联党组副书记、副主席瞿怀明到镇江市工商联调研考察基层组织建设工作。

10月，镇江市工商联组织22家民营企业赴连云港参加苏北投资考察和项目对接洽谈会。

2003年

4月10—11日，镇江市工商联会同市体改办召开镇江市利用民资改组国企项目推介会和镇江市国有企业重组投资融资担保见面恳谈会。

6月，镇江市工商联(商会)网站正式开通。

2004年

1月5日，省长梁保华视察镇江市工商联会员企业中电电气集团。

9月1日，由34位民营企业家捐资350万元兴建的镇江市飞达光彩学校举行竣工典礼。

10月11日，副省长张卫国视察市工商联副会长单位江苏飞达工具集团。

2005年

10月22日，国务院总理温家宝视察镇江市工商联会员企业中电电气集团。

11月26—27日，镇江市工商联组织民营企业参加苏北投资贸易洽谈会。

2006年

3月，全国“两会”期间，全国人大代表、市工商联副会长、江苏飞达工具集团股份有限公司董事长朱国平受到胡锦涛总书记亲切接见。

12月，江苏飞达工具集团董事长朱国平获第二届“全国优秀中国特色社会主义建设者”称号。

2007年

3月，镇江市工商联召开第十次会员代表大会，孙志安当选会长。

3月19日，省委副书记张连珍亲切看望出席省工商联第九次会员代表大会的镇江市原工商业者代表、市工商联原副会长陈亦华。

5月28日，副省长张九汉视察市工商联副会长单位江苏吉贝尔药业(集团)有限公司。

7月，镇江市工商联会员企业江苏肯帝亚木业有限公司在内蒙古投资设立“肯帝亚育林防沙基地”。

7月，镇江市工商联会员企业江苏肯帝亚木业有限公司董事长郦海星在人民大会堂受到中共中央政治局常委、全国政协主席贾庆林的接见。

11月26日，在市工商联、市民建协助下，民建江苏省委在冷遹故居设立爱国爱会教育基地。

2008年

3月，镇江市工商联会同清华大学举办“科学发展、共赢未来”企业家高峰论坛。

4月4日，省长罗志军视察市工商联副会长单位大全集团。

7月，镇江市工商联副会长单位大全集团在重庆万州投资的首期年产1500吨多晶硅项目建成投产。

11月5日，中共中央政治局委员、全国人大常委会副委员长、全国总工会主席王兆国视察市工商联副会长单位江苏省镇江船厂。

2009年

3月18日，市委书记许津荣视察市工商联副会长单位宁武化工有限公司。

5月18日，市委、市政府举行陆小波故居修缮竣工开放仪式，并批准设立为镇江市爱国主义教育基地。

2010年

4月18日，安徽省人大常委会副主任郭万清，市政协副主席宦祥宝出席镇江安徽商会成立大会。

7月，镇江新区总商会成立。

10月，南京市工商联领导率部分重点软件开发企业负责人到镇江新区相关企业进行项目对接。

2011年

5月31日，市政府授权镇江市工商联为镇江社会团体业务主管单位。

7月，市委统战部副部长、市工商联党组书记张永志用自己珍藏的毛泽东像章设立展室，组织工商界人士开展党史教育。

9月，市工商联设立“百年商会”历史图片陈列室，引导会员缅怀历史、弘扬传统、励志奋进。

10月25日，副省长史和平视察市工商联会员企业江苏沃得机电集团有限公司。

12月11日，市工商联会员企业江苏鹤林水泥有限公司总经理吕永忠获江苏省”十佳浙商称号，受到江浙两省领导的接见。

2012年

6月21日，镇江市工商联召开第十一次会员代表大会，卢道富当选主席。

9月，省委副书记石泰峰视察市工商联副主席单位江苏省镇江船厂(集团)有限公司。

9月4日，市委副书记李茂川、市政协副主席、市委统战部部长宦祥宝视察市工商联机关，参观“百年商会”历史图片陈列室。

12月7—9日，镇江市工商联主席卢道富、副主席苏启善出席中华全国工商业联合会第十一次会员代表大会。

12月19日，市委召开镇江市加强和改进新形势下工商联工作会议。

12月26日，镇江市工商联会同市司法局成立镇江市“同心”法律服务律师团，开通“12348”热线电话。

12月31日，市政协主席李国忠率部分政协委员视察市工商联副主席单位江苏省镇江船厂(集团)有限公司。

2013年

1月29日，乌克兰驻沪总领馆商务领事智娜到镇江考察访问，参观镇江船厂。

3月27日，全国政协副主席、全国工商联名誉主席黄孟复视察市工商联并题词。

4月9日，镇江市工商联与奥地利格拉茨市工商会进行工作座谈交流。

4月11日，省人大常委会副主任、省工商联主席许仲梓调研市工商联。

4月13日，设立“镇江市商会驻澳门联络处”，举行对外商务合作签约仪式暨澳大利亚经贸合作说明会。

6月18日，市工商联组织“宏观经济形势与中小企业发展”专题讲座，邀请著名经济学家徐滇庆教授作报告。

7月1日，由镇江市青年民营企业家商会捐资建设的“同心工程”实验区袁相村综合服务中心落成。

8月29日，福建省工商联副主席陈锋一行考察镇江市工商联。

10月16—20日，市工商联组织部分民营企业家赴港澳开展经贸交流，举行“镇江市商会驻澳门联络处”揭牌仪式。

11月3日，台湾港都会会长、秘书长一行到镇江市工商联考察交流。

2014年

1月8日，镇江新区工商联成立。

3月6日，市委常委、宣传部部长曹当凌到市工商联围绕“商道酬信”活动进行调研。

3月7日，副市长曹丽虹到市工商联调研。

3月23日，市委书记杨省世到市工商联调研。

4月1—2日，中央统战部副部长、全国工商联党组书记、常务副主席、中国民间商会副会长全哲洙到镇江调研中小微企业技术创新工作，考察部分市工商联会员企业，举行科技成果转化座谈会等活动。

4月4日，美国驻上海总领事馆官员访问镇江市工商联。

4月17日，淮安市政协副主席、淮安市工商联主席范更生访问镇江市工商联。

4月29日，盐城市工商联副主席、上海盐城商会会长戴春明访问镇江市工商联。

6月3—6日，市工商联主席卢道富等拜访全国工商联，就重点工作作专题汇报，考察中国航空技术综合研究所，组织江苏航科、巍华合金、恒神碳纤维3家企业参加首届民营企业高科技成果展。

8月12日，镇江市工商联组织万新光学、大全集团等民营企业负责人参加由市委书记、市人大常委会主任杨省世主持召开的座谈会。

8月20日，美国驻上海总领事馆外联处处长莫丽一行访问镇江市工商联。

8月29日，镇江市工商联邀请中国航空技术综合研究所所长梁丽涛率专家团到镇江考察交流，与镇江新区航空产业园签订合作框架协议。

9月26日，广西壮族自治区南宁市工商联到镇江市工商联考察。

9月28日，苏州市工商联访问市工商联。

10月16日，成立中共镇江市商会联合委员会。

10月24日，全国工商联会员部领导到镇江市工商联调研会员发展和组织建设工作。全国绿化基金会访问镇江市工商联，实地考察“同心工程”榉树林项目。

10月26日，省秦皇岛市工商联领导访问市工商联。

11月19—20日，省委统战部副部长、省工商联党组书记杨勇率省委督察组到镇江督查中央、省委关于加强和改进新形势下工商联工作的贯彻落实情况。

12月13日，习近平总书记视察镇江市工商联副主席单位惠龙易通国际物流股份有限公司。

12月16日，“镇江市商会”更名为“镇江市总商会”。

2015年

1月23日，《人民政协报》以《讲信用、树信誉、担信义》为题刊登镇江市工商联“商道酬信”活动做法。

3月24日，省工商联党组副书记、副主席桂德祥到镇江调研民营企业“走出去”情况。

4月8日，市委书记夏锦文视察市工商联会员企业中节能太阳能科技(镇江)有限公司。

5月12日，应市工商联邀请澳大利亚桑蕾西亚职业教育学院总监詹妮弗•格瑞格一行到镇江考察投资项目。

5月18日，应市工商联邀请，澳大利亚维多利亚州13家企业到镇江考察，参观恒顺醋业有限公司。

5月25日，省委书记罗志军调研市工商联会员企业大全集团有限公司和镇江文博科技有限公司。

5月28日，市委书记夏锦文视察市工商联副主席单位镇江船厂。

6月3—5日，市工商联承办省工商联系统宣教工作培训班。

6月10日，市长朱晓明赴市工商联会员企业鹤林水泥股份有限公司，调研环保综合治理工作。

7月21日，省工商联副主席何昌林到镇江市工商联调研组织建设工作情况。

8月3日，省工商联副主席姜成林赴市工商联会员企业扬中荣德集团、有能集团等调研企业文化建设。

9月8日，举办长三角地区城市民营经济和商会工作合作与交流机制第十三次会议暨镇江市总商会成立110周年纪念活动。

9月22日，市委副书记李茂川调研镇江市青年民营企业家商会和镇江盐城商会。

10月21日，镇江市工商联召开“商道酬信、义利兼顾——民营企业家谈家训家风”座谈会。

10月22—24日，镇江市工商联主席卢道富带队，围绕法律服务工作、港口经济建设、工商遗产保护等课题赴青岛调研。

11月5日，省委统战部副部长、省工商联党组书记杨勇一行到镇江市工商联调研。

12月3日，市委书记夏锦文等赴市工商联副主席单位大全集团视察企业党建工作。

12月16日，中共镇江市商会联合委员会第一次会议召开。

2016年

1月14日，市工商联主席卢道富当选政协镇江市第七届委员会副主席。

3月2—11日，市政协副主席、市工商联主席卢道富参加省工商联调研团，考察泰国、柬埔寨、越南等“一带一路”沿线国家投资环境。

3月8日，吉林省吉林市委统战部常务副部长、工商联党组书记任庆士一行到镇江市工商联访问交流。

3月24日，江苏省淮安市政协副主席、工商联主席范更生一行到镇江市工商联考察交流。

4月15日，香港地区原全国人大代表团到镇江市工商联考察调研。

4月25—28日，市政协副主席、市工商联主席卢道富与全国工商联新能源商会、医药商会、装备科技业商会和汽摩配商会等对接合作项目。

4月26—28日，中央统战部领导围绕构建“亲”“清”政商关系到镇江市工商联专题调研。

7月21日，安徽省滁州市工商联党组书记庆德超一行到镇江市工商联调研，考察镇江液压件股份有限公司。

8月26日，重庆市工商联访问镇江市工商联，就推进两地经贸合作进行交流探讨。

9月27日，连云港市工商联到镇江市工商联调研法律服务和构建亲清政商关系工作。

9月28日，河北省衡水市工商联党组书记多艳平一行访问镇江市工商联，考察大全集团。

9月30日，原全国政协副主席、全国工商联主席黄孟复视察镇江市工商联。

11月3日，辽宁省大连市工商联副主席汪昕到市工商联调研，双方就推动“亲”“清”政商关系展开交流。

11月24日，重庆市工商联党组副书记、副主席彭光远一行到镇江市工商联考察。

12月5日，中共中央政治局常委、中央纪律检查委员会书记王岐山在省委书记李强、市委书记夏锦文等陪同下，赴镇江市工商联副主席单位恒顺醋业集团考察党建工作。

12月7—8日，镇江市政协副主席、市工商联主席卢道富等参加“首届中国军民两用技术创新应用大赛决赛”，其间向全国工商联副主席黄荣汇报工作。

2017年

1月8日，镇江市工商联召开第十二次会员代表大会，卢道富当选第十二届镇江市工商联主席、市总商会会长。

3月9日，副市长詹立风到市工商联调研。

3月14日，副市长曹丽虹到市工商联调研。

3月15日，市委常委、组织部部长、统战部部长李健调研并指导市工商联工作。

3月16—17日，新疆农四师工商联主席戴远见到镇江市工商联考察交流，就农四师工商联干部到镇江培训以及民营企业赴疆投资考察进行洽谈。

4月4日，市委书记、市人大常委会主任、党组书记惠建林听取市工商联工作汇报。

4月6日，山西省忻州市党政代表团访问镇江市工商联。

4月12日，山东省滨州市政协副主席、市工商联主席侯学锋一行到镇江市工商联调研。

4月17日，镇江市工商联在江苏省工商联系统率先成立参政议政委员会，企业家副主席艾学平任主任。

5月11日，镇江市工商联与上海交通大学先进产业技术研究院签订战略合作协议。

5月12日，辽宁省抚顺市工商联到镇江市工商联调研考察。

5月17日，镇江市工商联组织企业家参加西班牙驻上海总领事馆经济商务处主办的“西班牙投资新机遇”推介会。

6月8日，省工商联副主席姜成林、宣教处处长徐洪军一行到市工商联就“万企大走访大调研”工作情况进行督查。

6月28日，市政协副主席、工商联主席卢道富出席在杭州举行的“2017中国镇江先进制造业(杭州)产业合作对接会”。

7月15日，市政协主席李国忠等到市工商联调研指导工作。

8月2—5日，镇江市工商联副主席吴银权一行赴四川省绵阳市，就高新技术产业发展情况进行调研。

8月11日，甘肃省金昌市统战部副部长、工商联党组书记李鹏荣一行到镇江市工商联考察交流。

8月22—24日，市政协副主席、市工商联主席卢道富，市工商联副主席张国华等赴全国工商联汇报工作，受到全国工商联党组副书记、副主席樊友山，全国工商联副主席黄荣等会见并听取汇报。

8月28日，镇江市工商联女企业家委员会成立，市总商会副会长鄂秀萍任主任。

9月3—7日，市政协副主席、市工商联主席卢道富参加"全国工商联市地级工商联新任主席党组书记培训班"并介绍工作经验。

9月5—8日，镇江市工商联副主席张国华、市总商会副会长李润仙参加第五届中国(绵阳)科技城国际科技博览会暨国际高新技术创新发展论坛。

9月18日，航天科研管理研究会2017年主题峰会在镇江市召开。

9月19—21日，省工商联民营企业调查工作推进会暨第四期联络员培训班在丹阳市举行。

10月18—19日，省工商联副主席陈京到镇江市工商联调研民营企业文化建设情况。

10月27日，镇江市首家商事类人民调解委员会镇江安徽商会民商事纠纷人民调解委员会成立。

10月31日—11月1日，宁波市委统战部副部长、工商联党组书记黄辉等一行访问镇江市工商联，双方就新时期如何做好工商联工作进行交流。

11月21日，江苏省司法厅副厅长周红养到镇江安徽商会调研人民调解工作。

11月23日，广西钦州市工商联到镇江市工商联调研。

12月4日，市总商会副会长戴小川与句容袁相村签订协议，建立助学基金。

12月12日，省人大常委会副主任、省工商联主席许仲梓、省工商联副主席丁荣余等到镇江调研制造业企业发展情况，考察鱼跃集团和肯帝亚集团。

12月14日，辽宁省抚顺市工商联主席卢军一行到镇江市工商联考察交流。

2018年

1月5日，召开企业家副主席、副会长"一人一重点、履职当表率"述职会议。

4月16日，省委统战部副部长、省工商联党组书记顾万峰等一行到镇江市工商联就“建立党委政府与商会组织、民营企业沟通协商制度”进行专题调研，赴宁武新材料和江苏美佳马达考察。

4月21日，全国政协副主席、全国工商联主席高云龙、全国工商联副主席黄立等到镇江市调研“民参军”企业发展工作，考察调研江苏美龙航空部件有限公司和大全集团有限公司。

4月25日，上海市崇明区人大常委会副主任、区工商联主席顾德昌，崇明区委统战部副部长、工商联党组书记茅红访问镇江市工商联。

5月8日，云南省工商联副主席、秘书长王志荣一行到镇江市工商联调研。

5月21日，镇江市政协副主席、市工商联主席卢道富等赴广东东莞市，实地考察东莞市总商会调解仲裁中心、东莞市工商联大数据中心、东莞市企业服务中心等。

5月23日，市委书记惠建林调研镇江液压股份有限公司等7家市工商联会员企业。

5月28—30日，镇江市政协副主席、市工商联主席卢道富，市工商联副主席吴银权等围绕飞机维修产业赴山东省济南市、吉林省吉林市调研。

5月30—31日，陕西省渭南市政协副主席、市工商联主席张开到镇江市工商联考察交流，双方签订对口帮扶协议。

6月5日，马鞍山市工商联界别政协委员围绕优化营商环境建设到镇江市工商联调研。

6月15日，举办以“不忘创业初心、接力改革伟业”为主题的非公经济人士理想信念教育实践活动报告会。

7月13日，镇江市工商联联合市科技局等部门开设的“双百菁英”科技企业家特训营第一期正式开班。

7月19日，海龙核科董事长戴金华一行访问镇江市工商联，商讨设立高新技术产业基金事宜。

8月2日，市政协副主席、市食药监局局长张红娣到市工商联调研。

9月17日，无锡市政协副主席、市工商联名誉主席孙志亮，无锡市委统战部副部长、市工商联党组书记钱文琴一行到镇江市工商联考察交流。

9月18日，盐城市工商联党组书记黄金文一行到镇江市工商联调研“一人一重点、履职当表率”活动和商会党建工作。

10月10日，省工商联副主席周洁到肯帝亚集团调研。

10月13—14日，镇江市工商联组织企业参观第四届高技术装备成果展览会，并举办首届“2018北京—镇江民参军项目对接会”。

10月16日，全国政协常委、西藏自治区政协副主席、自治区工商联主席、总商会会长阿沛•晋源等到市工商联就商会组织建设发展考察调研。

10月17日，市工商联联合市委统战部举办“弘扬企业家精神、助力高质量发展”新老企业家重阳节恳谈会。

10月22—23日，江苏省工商联在丹阳市召开所属商会改革和发展情况座谈会暨“四好”商会建设推进会。

10月27日，省委统战部副部长、省工商联党组书记顾万峰带领省政协工商联界别委员参政议政第一小组到镇江市，围绕如何引导工商资本助力乡村振兴展开调研。

10月30—31日，国防科工局采购部办公室常务副主任隋玉明、国防科工局资讯平台办公室主任沈弘刚、航天科技集团十一院测控部书记于德洋等到镇江市调研高新技术产业发展情况。

11月1—2日，全国工商联常委、海南省工商联副主席范红，全国工商联办公厅管理处副处长陈家喜等组成的第一联系调研组，围绕工商联所属商会改革发展到镇江市工商联专题调研。

11月7日，镇江市政协副主席、工商联主席卢道富，企业家副主席郭琰等参加首届中国国际进口博览会。

11月14日，市工商联党组召开扩大会议，专题学习贯彻习近平总书记在民营企业座谈会上重要讲话精神。党组书记刘正泰主持会议，部分企业家副主席、市总商会副会长参加会议。

11月29日，河南省济源市工商联党组书记翟和平一行到镇江市工商联调研，双方就规范商会建设、发挥企业家作用等进行工作交流。

12月5日，山东省滨洲市政协副主席、市工商联主席侯学锋率民政局负责人一行到镇江市工商联调研商会改革发展工作。

12月19日，镇江市工商联组织企业家参加省工商联庆祝改革开放40周年江苏民营经济图片展启动仪式。

12月26日，由市工商联副主席单位江苏吉贝药业有限公司承办的“2018年镇江新医药发展与创新论坛”召开。

2019年

1月11日，市委副书记、政法委书记倪斌到镇江安徽商会民商事调解中心调研推进“法治护航民营经济发展”工作。

1月24日，江苏省工商联系统宣教工作会议在镇江召开。

2月15日，省工商联副主席宜安控股董事长蒋东良访问市工商联。

3月8日，镇江市工商联由伯先路73号搬迁至南山路66号国控大厦A座10楼办公。

3月20—21日，天津市和平区工商联(商会)主席张青、党组书记孙安强一行到镇江市工商联调研，考察恒顺集团和大亚科技集团。

3月21日，镇江高新区工商联成立并召开第一次会员代表大会，选举曹军兼任工商联主席。

3月31日，中央统战部副部长、全国工商联党组书记徐乐江到镇江，围绕民营企业核心技术创新、民营企业运行及防范化解风险等情况进行专题调研，考察鱼跃医疗、镇江船厂。

4月22日，省工商联副巡视员陆静林一行调研市工商联，商讨在镇江举办省工商联十一届四次常委会并举行“百家民企乡村振兴镇江行”活动事宜。

4月25—27日，海军研究院专家凌青到镇江调研图南合金、大力神铝业、丹阳恒神等企业。

4月28—29日，镇江市委统战部、市工商联联合举办以“学习先进促转型，文化引领助发展”为主题的年轻一代民营企业家理想信念教育培训活动。

5月14日，辽宁营口经济技术开发区副主任冯长松、营口市鲅鱼圈区政府副区长刘小青一行调研镇江市工商联，考察惠龙易通国际物流股份有限公司。

5月20日，由镇江恒顺集团承办的“2019首届工业文化创新发展高峰论坛暨工业遗产保护峰会”在镇江召开。

5月27日，全国政协常委、副秘书长、全国工商联副主席黄荣一行调研大全集团、美龙航空、恒神股份、图南合金等民营企业。

5月27—28日，全国工商联“民参军”企业政策培训班在镇江举行。

6月16日，为庆祝中华人民共和国成立70周年，镇江市扬州商会邀请国家行政学院原副院长周文彰作《致敬共和国功臣，续写新时代篇章》主题报告。

7月4—7日，镇江市政协副主席、工商联主席卢道富带领市农业农村局、镇江福建商会相关人员赴福建开展招商活动，考察正兴养老院、火麒麟食用菌技术开发公司、光阳蛋业股份有限公司、漳州农业科技园等7家企业，与福清市农业农村局、蔬果协会进行工作交流。

7月18日，省人大常委会副主任、省工商联主席许仲梓到建华建材调研。

7月18—19日，市工商联承办省工商联十一届四次常委会，举办“百家民企乡村振兴镇江行”活动，共有12个项目成功签约。

7月24日，省工商联党组成员、副主席、省总商会党委书记陈京一行到镇江调研商会党建工作。

7月30日，民政部社会组织管理局登记处处长余永龙、全国工商联会员部组织处处长余法琴等到镇江调研，就《关于工商联所属乡镇、街道商会登记管理工作的办法》召开座谈会，听取意见，征求建议。

8月2日，由市科技局、市人才办、市工商联、团市委和润州区区委联合举办的第二期“双百菁英”科技企业家特训营开班。

8月20日，镇江市政协副主席、工商联主席卢道富等参加省检察院联合镇江市检察院开展的“检察护航民企发展”检察开放日活动并召开座谈会。

8月28日，市委常委、统战部部长、宣传部部长孙晓南调研市工商联，听取工作汇报，召开座谈会，走访江苏吉贝尔药业有限公司和镇江扬州商会。

9月18日，中国先进技术转化应用大赛半决赛航空航天专场在镇江举行，全国工商联经济部副部长袁媛参加会议。

9月19日，“不忘初心、牢记使命”主题教育动员大会暨市工商联理论学习中心组学习(扩大)会议召开。

9月29日，在中华人民共和国成立70周年之际，市委常委、统战部部长、宣传部部长孙晓南，在市政协副主席、工商联主席卢道富等陪同下，开展致敬“四老”(老党员、老战士、老劳模、老工商业者)走访慰问活动。

10月15日，市工商联举行新闻发布会，通报实施企业家接待日制度及引导民营企业参与公益慈善、精准扶贫有关工作，举行扶贫产品交易平台启动仪式。

10月22日，镇江市工商联组织系统代表参观“礼赞新中国、奋进新时代——江苏省庆祝中华人民共和国成立70周年大型成就展”活动。

11月13日，镇江市政协副主席、工商联主席卢道富会同市司法局、市中级人民法院相关人员及部分企业家赴安徽滁州市调研人民调解委员会工作，考察滁州市总商会人民调解委员会和驻南谯工作站。

11月16—18日，镇江市政协副主席、工商联主席卢道富率队赴北京参观“第五届高技术成果展”和“庆祝新中国成立70周年大型成就展。”调研中国科学院第十一化学研究所、北京航空航天大学博物馆，举办“第二届北京—镇江军地项目对接会”。

11月21日，省委统战部副部长、省工商联党组书记顾万峰组织召开镇江市民营经济高质量发展政策落实情况评估会。

11月22日，吉林省驻沪办副主任赵金敏、德惠市副市长刘海涛一行访问镇江市工商联。

11月25日，广西壮族自治区钦州市副市长李磊岩一行考察调研江苏肯帝亚木业有限公司、大亚科技集团有限公司。

12月10日，市工商联召开全市民营经济营商环境评估工作会议，通报市2018年民营经济营商环境评价工作情况，并作工作部署。

12月23日，市工商联举行十九届四中全会精神宣讲报告会，邀请市委党校副校长孙文平作辅导报告。

2020年

1月20日，市工商联党组召开“不忘初心、牢记使命”主题教育总结大会。

1月31日，市工商联召开抗击新冠疫情紧急会议，成立物资保障组，协助市政府筹措抗疫物资。

2月3—19日，《中国工商》《中国江苏网》《交汇点新闻》《镇江发布》等媒体刊登大全集团、大亚科技、恒神股份等民营企业援建火神山、雷神山医院，捐款捐物、复工复产等先进事迹。

2月23日，镇江市福建商会发挥闽商联络广泛的优势，第一时间筹措紧缺防疫物资，向市新冠肺炎疫情防控指挥部捐赠医用防护服、口罩等。

2月24—25日，市政协副主席、工商联主席卢道富率队分别赴镇江浙江商会、镇江市湖北商会及镇江禾润世家食品有限公司、江苏万宝瑞达高新技术有限公司、江苏千盛集团、镇江泰德科技有限公司等商会组织和民营企业调研复工复产情况，了解复工基本情况、面临的主要困难以及意见建议等。

3月6日，市委书记马明龙给企业家汤龙保写信，肯定他50年如一日艰苦创业、勇攀高峰的奋斗精神。

4月12日，市政协副主席、工商联主席卢道富和镇江军分区司令员杜新、镇江金融局副局长史强等调研镇江华龙公司，了解企业复工复产情况及生产经营中遇到的困难。

4月13—14日，省工商联副主席陈京、党组成员郭东升一行到达镇江，围绕新冠肺炎疫情下民营进出口企业遇到的突出困难和问题作专项调研，召开镇江市民营进出口企业专题座谈会，考察句容协鑫集成科技有限公司、句容茅山红色教育基地等。

4月30日，市委统战部、市工商联举行“新时代企业家精神师承计划”启动仪式。

5月8日，市委召开商会协会负责人座谈会，市委书记马明龙出席并讲话，市领导郭建、孙晓南、卢道富参加座谈会。

5月13日，中国人民银行镇江市中心支行行长张先忧一行到市工商联调研优化民营经济营商环境工作。

6月4日，市工商联、中国人民银行镇江市中心支行、市金融学会联合召开镇江市民营经济金融服务对接研讨会。

6月18日，省工商联党组成员郭东升一行到镇江，围绕扩内需做专题调研，召开政府相关部门参加的专题座谈会。

7月7—8日，省委统战部、省工商联，市委统战部、市工商联在句容茅山理想信念教育基地组织年轻一代民营经济人士理想信念教育培训活动。邀请亨通集团党委书记、董事局主席崔根良围绕“科技创新、产业报国”作主题报告，开展“不忘初心使命，探寻革命足迹”实境教学。市委书记马明龙会见崔根良一行。

7月13日，市委常委、政法委书记许文到市工商联调研法律服务工作。

7月23日，镇江市工商联召开连云港—镇江“万企联万村 共走振兴路”南北对接会，推动两地商会、企业间项目合作。

是日，省工商联副主席陈京赴镇江液压股份有限公司走访调研，了解企业经营状况，听取对民营经济统战工作的意见建议。

7月30日，召开《镇江市工商业联合会商会 镇江市总商会志》编纂工作专题研讨会，市政协副主席、市工商联主席卢道富，市工商联党组副书记、副主席张国华以及市工商联领导班子成员，各市、区工商联分管领导等参加会议。

8月7日，中国农业银行镇江分行党委书记、行长李松一行访问市工商联，商讨民营企业融资相关问题。

8月14日，市委书记马明龙到市工商联调研，看望工商联机关干部，了解市工商联的发展历程、基本职能、服务举措等情况，听取工作汇报并召开座谈会。

8月28日，市工商联召开镇江市工商联系统“万企联万村 共走振兴路”村企联建项目(商会专场)推进会。现场观摩长山薰衣草庄园、句容茅山红色创业营、马埂村中草药种植基地等三个项目，组织20个商会与村联建项目签约。

9月20日，市工商联、市科技局等部门联合主办的“双百菁英”科技企业家特训营第二期举行结业典礼。

10月23日，市工商联、市检察院、开发区检察院共同举行“服务‘六稳’‘六保’护航民企发展”(稳就业、稳金融、稳外贸、稳外资、稳投资、稳预期，保就业、保基本民生、保市场主体、保粮食能源安全、保产业链供应链稳定、保基层运转)检察开放日活动。

10月23日，由市工商联负责起草的《镇江市企业家参与涉企政策制定实施办法(试行)》经市委全面深化改革委员会第七次会议审议通过并实施。

10月27—28日，市政协副主席、工商联主席卢道富，市工商联党组副书记、副主席张国华等赴北京，向全国工商联副主席黄荣、经济部部长林泽炎专题汇报“十四五”时期镇江民营经济在服务构建新发展格局中先行先试等工作。

10月29—30日，省工商联在镇江组织召开民营企业调查点培训暨总结推进会。

11月2日，市委副书记、统战部部长巩海滨调研走访市工商联机关，与班子成员进行座谈。

11月3日，镇江市政协副主席、工商联主席卢道富会见云南省工商联党组成员、副主席岳黎松，云南省工商联经济处副处长王忠华、红河州开远市工商联主席田婧等。

11月25日，镇江市总商会人民调解中心、镇江市总商会仲裁分会、镇江市总商会人民调解中心驻润州区人民法院调解工作站、镇江市总商会仲裁巡回庭在润州区人民法院举行揭牌仪式。市委副书记、统战部部长巩海滨出席活动并讲话，最高人民法院研究室副主任、中国证券法学研究会会长郭峰等参加揭牌仪式。

12月2—3日，江苏省工商联会员组织统计工作暨数据库培训班在镇江市举办。全国工商联信息中心技术处李越、省工商联副主席陈京等出席会议。

12月10日，市委召开商会协会工作座谈会，市委副书记、统战部部长巩海滨出席会议并讲话。

12月17日，全国工商联经济部副部长、一级巡视员罗力，经济部综合处处长、二级巡视员沙霖，经济部发展处三级调研员刘小青，省工商联经济处副处长丁永坚等调研美龙航空、孚能科技、航空产业园、句容茅山民营经济人士理想信念教育基地。

第一编　清末与民国时期镇江商会
（1903—1949年）

镇江商会是镇江商品经济和社会发展的产物。随着商品经济的形成与发展，随着社会不同利益集团的形成和分化，镇江民族工商业者为维护自身利益而组织起一个自我管理、自我服务、自我教育的自治性社会团体——镇江商会，各同业公会为其团体会员，镇江商团、商学同志会、市民公会等为其办事机构。镇江商会的成立，促进镇江民族工商业的发展。

第一章　镇江商会

镇江商会于清光绪二十九年(1903)开始筹备，光绪三十一年(1905)正式成立。自成立至民国26年(1937)间，经改组先后实行董事会制和委员会制。抗日战争期间镇江商会解体，为日伪服务的伪商会成立。抗日战争胜利后，镇江商会经过整理恢复活动。镇江商会成立后，在支持镇江民族工商业发展、促进社会安定、维护工商业者的利益等方面发挥了独特的作用。

第一节　历史沿革

光绪二十六年(1900)，江南商务总局成立，总局委派邑绅茅谦与丹徒知县张德迪会商后，在城西狮子街创设镇江商务分局。光绪二十八年(1902)，茅谦就任高淳校官，局务由邑商吴兆恩代理。

光绪二十九年(1903)，商部颁布《奏定商会简明章程》，要求各省设立的商业公所和商务公会等，按照新颁发的章程，一律改为商会。成立三年的镇江商务分局撤销。同年，常镇通海道郭道直和丹徒县郭重光照会丹徒县商务分局代理局董吴兆恩、闵文銮等人，要求以《奏定商会简明章程》为依据兴办商会。“初名镇江商务分事务所，旋改名镇江商会，惟手续未备，致未正式成立。”经过筹备，光绪三十一年(1905)七月，镇江商会正式成立，选举吴兆恩任总理，闵文銮任协理，各同业公会为其团体会员。

民国9年(1920)，镇江商会筹备改组，派员进京赴商部请求设立镇江总商会，“祇以省总商会限定六处，镇江格于限制，请设总商会未准，又以镇江为通商大埠，经部令命名镇江商会”。民国10年(1921)，镇江商会改组，实行董事会制。民国17年(1928)镇江商会改组，实行委员会制。

日本侵华期间，镇江商会解体，完全为日伪服务的伪镇江商会成立。抗日战争胜利后，民国34年(1945)11月，成立镇江商会整理委员会；翌年5月，选举产生理事会，镇江商会正式恢复。

镇江商会成立之初，租赁镇江城西龙王巷钱业公所用房为会所。民国18年(1929)，镇江商会主席陆小波等人用北伐军归还镇江工商界20万元借款中的4万元作为建筑费，在位于伯先路73号原洋务局遗址上建成新会所(2006年公布为江苏省文物保护单位)。抗日战争爆发后，镇江沦陷，镇江商会会所被日军宪兵队强占使用。抗战胜利后，镇江商会会所部分房屋租给善后救济总处苏宁分处使用。

第二节　组织机构

镇江商会成立初期，其组织机构“设总理、协理、文牍庶务各1人，各业董议员38人，城内外铺户营业较大者均为会员(200余家)。遇事咸集会议，议员由会员于董事中公举，总、协理则于议员中公举，章定总理3年为满，年满另举。常年经费由各业按月捐助，每月多者五六元，少者一二元”。自光绪三十一年(1905)至宣统三年(1911)，镇江商会历届总理为吴兆恩、朱绍周、于鼎源。

民国10年(1921)镇江商会改组，实行董事会制，选举会董32人、特别会董8人，会董选举于树深任镇江商会会长。

民国17年(1928)实行委员会制，选举执行委员15人，候补执行委员8人，监察委员7人，候补监察委员4人，各业出席商会代表共480余人，执行委员会选举陆小波任主席。

民国18年(1929)至民国26年(1937)间，陆小波、冷遹先后任镇江商会主席。抗日战争胜利后，镇江商会恢复活动。民国35年(1946)5月，镇江商会实行理(监)事会制，选举理事15人，候补理事7人，理事会选举陆小波任理事长，常务理事4人，选举监事5人，候补监事2人。

镇江商会不仅在国内成立较早，在全省也有重要地位，商会会长于树深、陆小波、冷遹先后任江苏省商会联合会会长。

镇江商会机构负责人及领导成员设置情况一览表

表1—1

时间	负责人	成员
1905.7	总理：吴兆恩 协理：闵文銮	议员 38人
1908.7	总理：朱绍周	
1911	总理：于鼎源 协理：李振远	
1913.4	会长：吴兆恩	
1921.3	会长：于树深 副会长：仇承荣	会董30人
1923.6	会长：于树深 副会长：仇承荣	会董30人
1925.12	会长：陆小波 副会长：胡健春	会董30人
1928.5	主席：陆小波	
1931.4	主席：陆小波	常委3人、执委6人、监委2人
1935.10	主席：冷　遹	常委4人、执委10人、监委7人
1937.3	主席：陆小波	常委4人、执委5人、监委3人
1945.11	商会整理委员会 主委：陆小波； 副主委：严惠宇、徐国森、刘仰山、周道谦	委员10人
1946.5	理事长：陆小波	常务理事4人、事15人、监事5人
1948.12	理事长：陆小波	常务理事4人、常务监事1人

民国24年(1935)10月镇江商会机构行业代表职别设置情况一览表

表1—2

职别	姓名	年龄	籍贯	商业	行号	代表类别
主席	冷遹	53	镇江	蚕种	三益	商店会员
常务委员	严惠宇	40	镇江	蚕种	益民	商店会员
常务委员	杨殿八	51	镇江	车	交通	公会会员
常务委员	徐国森	30	镇江	烟纸	徐辉记	公会会员
常务委员	王远屏	54	镇江	油麻糖香	大昌丰	公会会员
执行委员	孙以康	58	浙江慈溪	药	厚生义	公会会员
执行委员	曹朴安	41	镇江	煤铁锅	和兴	公会会员
执行委员	葛敬中	43	浙江嘉兴	蚕种	镇江蚕种场	商店会员
执行委员	严少伯	64	镇江	米	源泰丰	公会会员
执行委员	金铸人	43	镇江	银行	中国	商店会员
执行委员	杨蕴闳	50	武进	银行	交通	商店会员
执行委员	赵樾亭	35	镇江	京广杂货	协隆	公会会员
执行委员	刘祝云	61	江都	酒酱	豫大	公会会员
执行委员	曹丽青	44	江都	木	裕记	公会会员
执行委员	刘仰山	45	泰兴	绸缎	大成	商店会员
监察委员	任玉书	43	镇江	南北杂货	福记	公会会员
监察委员	于小川	52	镇江	钱	泩记	商店会员

续表1—2

职别	姓名	年龄	籍贯	商业	行号	代表类别
监察委员	周子庚	51	镇江	布	源康祥	公会会员
监察委员	王敬亭	55	镇江	木	润大	商店会员
监察委员	吴季衡	61	镇江	保险	华商先施	商店会员
监察委员	蒋铭山	51	江都	旅	名利	公会会员
监察委员	马善之	47	镇江	布	福和祥	公会会员
候补执行委员	袁旭江	47	镇江	木	袁同茂	公会会员
候补执行委员	凌少曾	37	镇江	靛青颜料	增泰来	商店会员
候补执行委员	周道谦	31	镇江	油麻糖	大昌丰	公会会员
候补执行委员	蔡季纶	31	镇江	银楼	凤祥	商店会员
候补执行委员	华渭滨	37	丹阳	衣	德隆	公会会员
候补执行委员	孙如松	63	浙江吴兴	典	裕昌	公会会员
候补监察委员	杨鼎铭	33	镇江	自来水公司	镇江	商店会员
候补监察委员	钱饮春	57	镇江	茶叶	裕康	公会会员
候补监察委员	朱永升	46	浙江镇海	药	义昌	公会会员

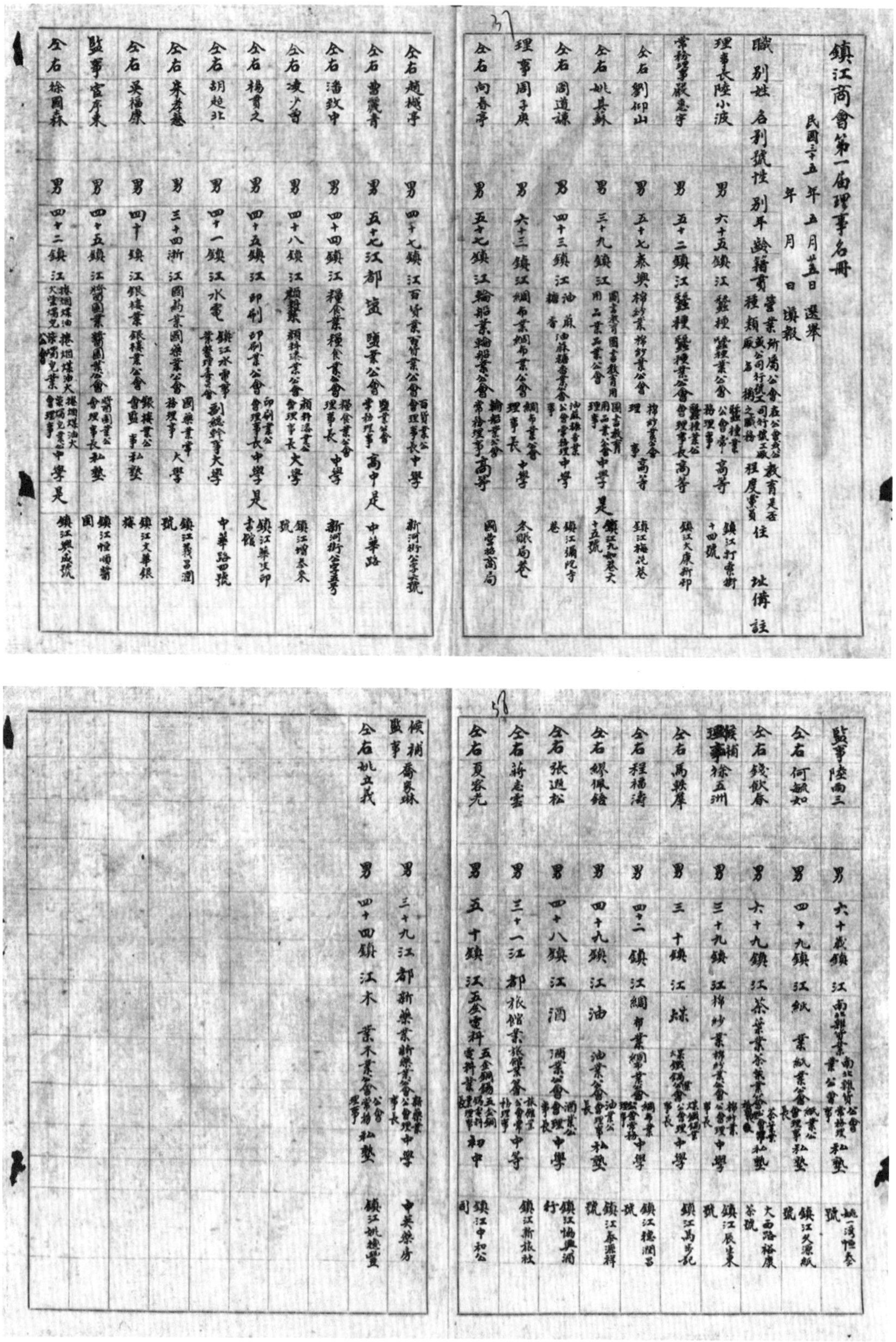

图1-1　民国35年(1946)镇江商会第一届理事名册

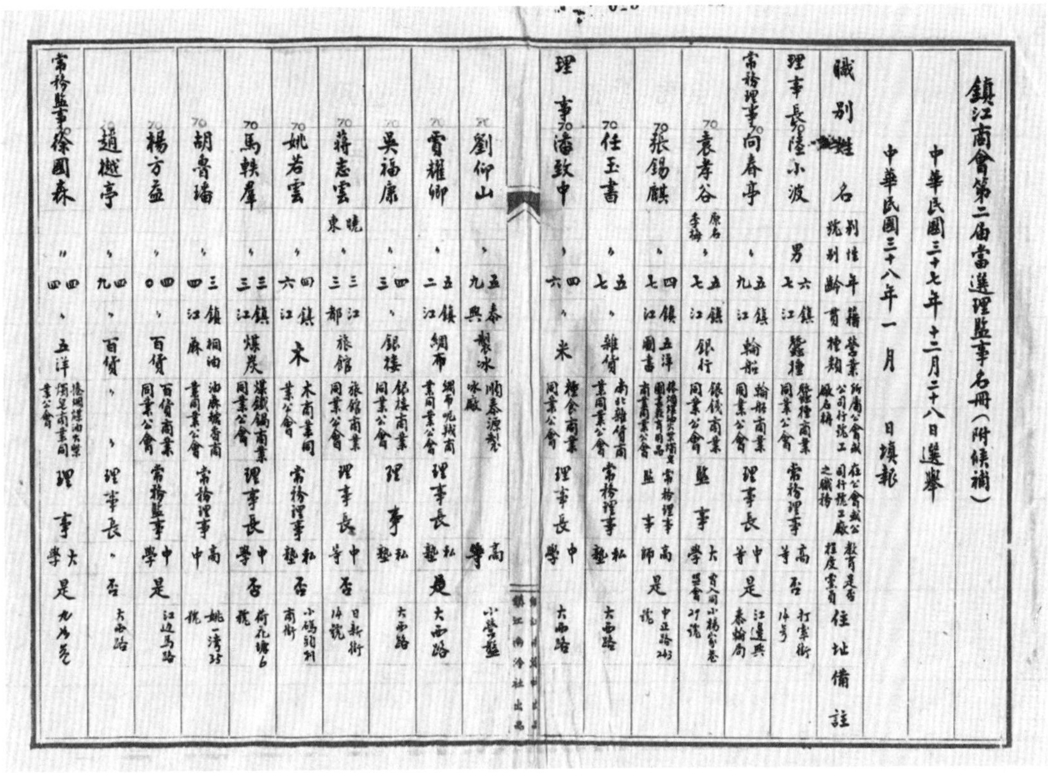

鎮江商會第二屆當選理監事名冊（附候補）

中華民國三十七年十二月二十八日選舉

中華民國三十八年一月 日填報

職別	姓名	別號	性別	年齡	籍貫	營業種類	所屬公會或公司行號工廠名稱	在公會或公司行號工廠之職務	教育程度	是否黨員	住址	備註
理事長	陸小波		男	六七	鎮江	醬槽	醬槽商業同業公會	常務理事	高等	否	打索街14号	
常務理事	向春亭		〃	五九	鎮江	輪船	輪船商業同業公會	理事長	中等	是	江邊興泰輪局	
	袁孝谷	原名季梅	〃	五七	鎮江	銀行	銀錢商業同業公會	監事	大學	是	小楊家巷27號	
	張錫麒		〃	四七	鎮江	五洋 圖書	[illegible]圖書商業同業公會	常務理事 監事	高等師範	是	中正路243號	
	任玉書		〃	五七	〃	雜貨	南北雜貨商業同業公會	常務理事	私塾		大西路	
理事	潘致中		〃	四六	〃	米	糧食商業同業公會	理事長	中學		大西路	
	劉仰山		〃	五九	泰興	製冰	順泰源製冰廠		高等		小營盤	
	賈耀卿		〃	五二	鎮江	綢布	綢布呢絨商業同業公會	理事長	私塾	是	大西路	
	吳福康		〃	四三	〃	銀樓	銀樓商業同業公會	理事	私塾		大西路	
	蔣志雲	曉東	〃	三三	江都	旅館	旅館商業同業公會	理事長	中等	否	日新街14號	
	姚若雲		〃	四六	鎮江	木	木商業同業公會	常務理事	私塾	否	小碼頭街南街	
	馬軼群		〃	三三	鎮江	煤炭	煤鐵鍋商業同業公會	理事長	中學	否	荷花塘6號	
	胡魯璠		〃	三四	鎮江	桐油 麻	油麻桐香商業同業公會	常務理事	高中		姚一湾25號	
	楊方益		〃	四〇	〃	百貨	百貨商業同業公會	常務監事	中學	是	江邊馬路	
	趙嶰亭		〃	四九	〃	百貨	〃	理事長	〃	否	大西路	
常務監事	徐國森		〃	四四	〃	五洋	捲煙煤油火柴[illegible]商業同業公會	理事	大學	是	九如巷	

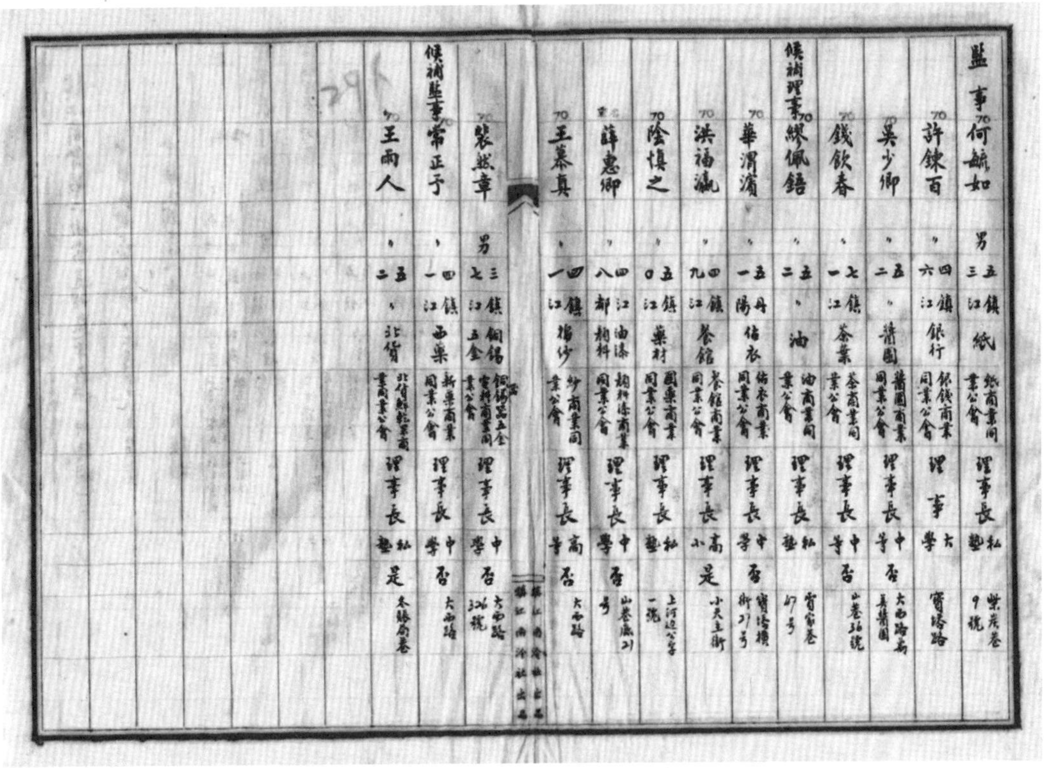

職別	姓名	別號	性別	年齡	籍貫	營業種類	所屬公會或公司行號工廠名稱	在公會或公司行號工廠之職務	教育程度	是否黨員	住址	備註
監事	何毓如		男	五三	鎮江	紙	紙商業同業公會	理事長	私塾		紫茂巷9號	
	許鍊百		〃	四六	鎮江	銀行	銀錢商業同業公會	理事	大學		寶塔路	
	吳少卿		〃	五二	〃	醬園	醬園商業同業公會	理事長	中等	否	大西路[illegible]	
	錢歆春		〃	七一	鎮江	茶葉	茶商業同業公會	理事長	中等	否	山巷56號	
候補理事	繆佩鍇		〃	五二	〃	油	油商業同業公會	理事長	私塾		[illegible]家巷47号	
	華渭濱		〃	五一	丹陽	估衣	估衣商業同業公會	理事長	中學	否	寶塔橫街27号	
	洪福瀛		〃	四九	鎮江	菜館	菜館商業同業公會	理事長	高小	是	小天主街	
	陰慎之		〃	五〇	鎮江	藥材	國藥商業同業公會	理事長	私塾		上河邊公字一號	
	薛惠卿		〃	四八	江都	油漆 顏料	顏料漆商業同業公會	理事長	中學	否	山巷底21号	
	王慕真		〃	四一	鎮江	棉紗	紗商業同業公會	理事長	高等	否	大西路	
	裘然章		男	三七	鎮江	銅錫 五金	銅錫器五金業商業同業公會	理事長	中學	否	大西路326號	
候補監事	常正予		〃	四一	鎮江	西藥	新藥商業同業公會	理事長	中學	否	大西路	
	王雨人		〃	五二	〃	北貨	北貨鮮乾果商業同業公會	理事長	私塾	是	[illegible]巷	

图1–2 民国37年(1948)镇江商会第二届理(监)事名册

镇江商会各行业会费概算(草案)一览表

表1—3

业别	会费	业别	会费
钱 业	480	丝厂业	36
银行业	228	木业汉帮	72
江广糖杂货业	564	木业镇帮	120
江绸业	240	木业行号厂等	300
绸厂业	72	茶业	84
绸缎洋货业	168	参药业	156
布业	240	北货业	72
广帮	60	典业	96
潮帮	24	漆业	60
浙宁帮	78	火腿业	48
银楼业	120	米业	132
箔业	60	皮丝业	12
纸业	60	烟业	48
煤铁业	156	丝行业	120
锅 业	72	酱园业	132
五金铜锡业	60	酒业	48
京广杂货业	252	棉纱业	24

续表 1—3

业别	会费	业别	会费
香油业	168	磁器业	36
衣 业	48	面粉业	60
转运业	84	洋烛皂业	84
转运航业	86	各公司楼厂行号	312
枯鲜杂货业	72	鞋帽业	36
茶食业	36	交通业	84
菜馆业	60		

说明：1. 本表会费以洋计（单位：圆）
2. 本表因时间匆促不免遗漏，此系大概预算，非精准之数
3. 各业互有上市歇业，故会费数目时有变动
4. 各业虽认定，会费每有欠缴之弊
5. 民国 15 年（1926）1 月 19 日制

1926年1月—1937年8月镇江商会支出预算(草案)一览表

表1—4

项别	款别	月支数（银元）	年支数（银元）	备考
第一项	公费	一百十元	一千三百二十元	主席月支三十元常务委员月各支二十元，各如上数
第二项	薪给	三百八十四元	四千六百〇八元	文书股干事一员，月支六十元；助理一员，月支四十元；又一员，月支三十四元
				办事员一员，月支二十五元；又一员兼职，不另支薪；事务股干事一员，月支四十元
				又一员，月支二十元；办事员一员，月支二十五元；财务科干事一员
				员，月支五十元；助理一员，月支三十元；商务科干事一员，月支三十元
				助理一员，兼职不另支薪；监委会干事兼书记一员，月支三十元，各如上数
第三项	法律顾问及交际员	八十元	九百六十元	法律顾问二员，交际二员，月各支二十元，各如上数
第四项	工资	六十八元	八百十二元	茶房三名，月各支十元；又三名，月各支八元；厨房一名，月支八元；下灶一名，月支六元，各如上数
第五项	福食	二百四十五元六角	二千九百四十七元二角	上饭十六，名每名七元五角；下饭十四名，每名五元四角，两共一百九十五元六角
				茶水煤，月支十五元；临时客饭添菜等，月支三十元；节菜年，定六十元，各如上数
第六项	电灯电话	五十七元	六百八十四元	电灯，月支四十五元；电话，月支十二元，各如上数

续表1—4

项别	款别	月支数（银元）	年支数（银元）	备考
第七项	邮电	二十元	二百四十元	上项本难预计，以系按照上年比例约计之数，各如上数
第八项	书报	二十元	二百四十元	沪镇各日报月支约十元，另各项公报及书籍等，月支约十元，各如上数
第九项	纸张笔墨	三十元	三百六十元	上项系指办公纸张笔墨及一切文件附属品，按往年比例及目前情形预计如上数
第十项	印刷油墨	二十元	二百四十元	上项系指印报告及一切印刷用品，油印蜡纸墨油等，均概括在内，按往年比例略增，年如上数
第十一项	广告 专刊费	一百元	一千二百元	广告，月支二十元；专利费，月支八十元，各如上数上项专利，已与新江苏日报约订；代出专刊，以后编辑商业专刊，由该报负责办理，附此声明
第十二项	购置	三十五元	四百二十元	
第十三项	修缮	三十元	三百六十元	
第十四项	杂支消耗	一百四十元	一千六百八十元	上项系本会一切杂用，如宾客之烟、茶、皮丝、大纸、毛巾、花木培养、租用盆景，国庆节日松柏门等，及洗干台布椅套、台布、窗挡等，并各项役力车资等，以及各项无所属之特别用费，均包括在内，按照往年比例如上数

续表1—4

项别	款别	月支数（银元）	年支数（银元）	备考
第十五项	交际费	二百元	二千四百元	上项系赠送，关于本外埠各界应酬礼物，及宴会招待等项，按往年支出比例
第十六项	旅费	三十元	三百六十元	
第十七项	地税		十元	
第十八项	联合会费		二百元	
第十九项	保险费		三百九十元	上项系因新屋落成，以防意外，故房至用具均保大险。

说明：1. 每月计支出一五六九．六银元；加第十七、十八、十九三项，年支出六〇〇银元。全年共计支出总额：一万九千四百三十五元二角银元

2. 每年利息未列入

第三节 活动纪要

镇江商会成立后，在维护工商业者正当利益，保护工商界安全的前提下，在推翻帝制、反帝爱国、参与公益事业以及参加社会管理等方面发挥应有作用。

一、光复镇江

宣统三年(1911)10月，武昌起义爆发后，镇江新军准备起义，镇江商会与县议事会共同劝降清军旗营副都统载穆，使3000多名旗兵缴械，镇江得以和平光复。

10月16日，杨振声、吴兆恩、于鼎源、魏小圃等在自治公所召开特别大会，邀请载穆率旗营军官及道、府、县等官员参加会议。会上镇江绅商宣布支持起义，杨振声等人宣布起义有关事项。

《镇江市志》记载：李竟成先后与承志学堂校长曹秉仁，大纶丝厂袁耀楣、袁佐良，警察所长张立瀛，镇江商团正副团长刘润泉、魏小圃等社会人士交流，达成光复镇江一致意见。又与镇江议事会议长杨振声、董事会董事吴兆恩、镇江商会总理于鼎源等取得联系，也得到支持。

二、安宁地方

民国2年(1913),镇江商会花费10余万元遣散32旅,该旅旅长赵念伯辞职离镇,并将收缴的军械送给张勋部队。在以后军阀混战期间,各系部队来往过境均要求地方应差筹饷,镇江商会为使工商界与市民免遭抢掠,多次通过筹款等多种途径协调应对。

三、反帝爱国

民国8年(1919)6月7日,镇江商会宣布罢市,并发电报给北京政府,声援、支持北京学生的"五四"爱国运动。《镇江市志》记载:"5月21日,镇江商界为青岛问题召开千人大会,决定对日经济绝交,不进日货,不卖日货,不用日本轮船运货,不为日商张贴广告,远销东洋的镇江江绸也停止发货。""6月1日,镇江商界决定与学生联合会统一行动,成立'镇江商学爱国团',并制订'爱国团'章程。"

四、声援上海

民国14年(1925),"五卅惨案"的消息传到镇江。6月3日下午,镇江商会和丹徒县议事会、参事会、益友社、六中青年励进会等社团,为支援沪案决定成立镇江外交后援会,领导镇江人民声援沪案的反帝斗争。

镇江外交后援会在6月9日成立募捐团,研究通过3种募捐办法:一是由外交后援会各团体会员首先认捐;二是印刷募捐收据,向各界劝募;三是在交通要道设置竹筒任人捐钱。荧昌火柴厂的工人收入微薄,但为支持上海工人坚持斗争,从基本生活费中挤出100元上交募捐团;镇江各钱庄6月中旬认捐1000元后,端午节全行业决定停止宴会,将宴会筵席款送给镇江外交后援会;烧饼店、面店等小店筹集小洋118角、铜元2921枚。救火会内义务救火人员,为援助上海罢工的工人,组织济工游艺会,入场券分一元、五角两种,由各救火会分担入场券的推销;说书艺人开设援工说书专场,筹集善款;设于石浮桥的竹筒劝捐处,从6月12日至19日的8天中,募捐大洋125元、小洋904角、铜元15824枚。6月中旬,镇江外交后援会向上海总工会汇出各界捐款2000元。募捐工作持续至9月上海工人逐渐复工为止。

五卅惨案发生后,镇江外交后援会宣布镇江人民对英日两国经济绝交,不买卖洋货，决定由镇江学生联合会负责稽查日货，委派10名工人与商界代表协助学联工作，在车站、码头设稽查处。

镇江外交后援会为抵制日货，惩罚奸商，先后收到罚款达30000元，《新镇江周报》主编陈斯白建议将此罚款在伯先公园建造一所公共演讲厅。民国14年(1925)7月6日，镇江外交后援会开会，决定将全部罚款作为建造演讲厅之用，定名为“五卅演讲厅”，作为镇江人民反帝斗争的纪念。

五、支持北伐

北伐战争开始后，民国16年(1927)3月，国民革命军抵达镇江，镇江商会向各行业筹款20万元借给国民革命军。此款由江苏省政府主席钮永建在任期内归还。

六、接管英国领事馆

民国16年(1927)3月24日，英领事怀雅特致商会陆小波公函，通知镇江商会接收英领事馆。接到怀雅特致函后，陆小波即派人转告丹徒县知事卢子衡、警察厅长袁季梅和交涉员贾士毅。同时，商会会长陆小波和副会长胡健春等率领镇江商团团丁100余人开进英领事馆，接收工部局。

链接——

驻镇英领事怀雅特致镇江商会会长陆小波函

敬启者：顷承枉顾，畅谈为慰。本领事拟于今天十二时，将所有租界内巡捕岗位全撤。一切均祈贵会长转请警察厅长遴派警弁、商团团员，接岗维持，以期相安，是为感盼，并乞于午前分别派出为荷！

此致

镇江商会会长陆

驻镇英领事馆怀雅特

三月二十四日十一时

七、支持抗日

民国20年(1931)“九一八事变”后，镇江商会致电国民政府要求对日宣战，并决定查禁日货，翻印并散发《日本田中内阁侵略满蒙之积极政策》5000份，揭露日本帝国主义亡我之心。《镇江市志》记载镇江工商界抗日的坚定性：“镇江工商界在国家危亡之际，大部分人都表现爱国热情。光华印刷公司9月28日在《新江苏报》上登出启事：‘日本肆虐，侵我东北，稍有血气，靡不痛心，凡各学校、各团体在此期间来印抗日文字及唤醒国民文字传单者，除纸墨费外，一概不收印工，以尽敝公司一点国民责任。’西药业各商店每月发售约3万多元，决定牺牲营业，自动将全部日货封存。镇江商会在10月6日开会议决，通知各业商店，限本月10日止，对各店所存日货一律封存完毕，如有故意隐匿或企图私售者，一经查获，一律充公焚毁”。

民国26年(1937)全民族抗战爆发，镇江商会支持抗日救亡运动，镇江工商界认购救国公债40万元。淞沪抗战爆发时，镇江商会主动支前，救治伤病员。日本侵略军到达镇江以前，商会及民船公会组织船只转移商店物资，疏散难民60万人。

八、兴办教育

镇江义学始于清雍正二年(1724)，盛于同治年间(1862—1874)，多为地方士绅、商会等慈善团体捐资举办的免费私塾，先后有京江、朋来、大觉、存仁、正诚、丹徒镇、安仁、谏壁镇、持恒、焦东和继抚等11所义学。辛亥革命后，在镇江商会组织下，各同业公会和商界人士分别举办或联合举办私立小学和中学，对适龄儿童及青少年进行教育。

同善堂。位于新河街12号与14号。光绪二十六年(1900)由邑人柳昕和其弟柳恂共同创办，作为义举的会所。他们先后开办同善小学1所，入学贫苦儿童140名，免收学费；创办义塾10余所和善化堂书局，并在东乡大港建育婴堂、保婴局各1所。同时，将赈灾义举延伸至晋、鲁、豫、陕等省，先后捐资逾10万银元。辛亥革命后，他们虽至耄耋之年，但依然参与救济旗民工作。

承志中学堂。光绪二十九年(1903)7月，镇江县商界曹秉仁在金山河曹家花园创设承志中学堂，辛必达任总监，顾华南任学监，招收学生50人。光绪三十年(1904),两江总督端方到镇江视察时,曾赴学校视察。

穆源小学。位于伯先公园东侧,光绪三十二年(1906),由回族工商实业家金恒仁、杨白山等出资,童琮、金恒仁、杨白山等创办。他们利用杨家门金氏祖遗地产建校办学,初名穆源两等学堂。《镇江市教育志》记载:穆源两等小学堂有学生84人,教职员11人。民国以后学堂改称学校,穆源两等小学堂改为私立穆源小学。

镇江私立孤儿院。位于原斜桥街70号,民国6年(1917)由邑人魏筱辅创办,收容苦儿,教养兼施。除开设高级小学外,并设缝纫、纸伞两工科,后增设木工。民国18年(1929)因经费困难,停办高级小学。民国25年(1936)有院生150余人,年支经费8400元,除产业息金800元和省、县补助2280元外,其余经费由院董事会募捐。

润商小学。民国9年(1920)春,由镇江商会胡健春等商界知名人士倡议,镇江钱、绸、江广(南北货和糖)三业联合创办私立润商小学,校址位于城外宝塔路横街审判厅旧址,李翰翔任校长。于树深、胡健春先后任润商学校董事会主席,陆小波任董事。民国23年(1934)胡健春去世后,陆小波继任董事会主席。润商小学创办旨在提高工商界商子女的文化水平,为从事商业工作打下基础,同时满足城外一般学龄儿童入学的要求。润商小学的创办,推动镇江各行各业利用会馆公所办学。

私立敏成学校。民国10年(1921),镇江染料商凌焕曾在道署街衙门旧址内创办私立敏成学校,招初中、小学各1班,茅乃功任校长。学校校舍宽敞,设备齐全,自然实验室里有仪器、模型、标本、挂图等,音乐室备有钢琴。校内设立科学馆、图书馆、美术馆、卫生室和体育场等。

南华小学。民国13年(1924),镇江旅津商人庄乐峰为培养家乡儿童,在竹竿巷(今中山桥附近)创办南华小学,聘请张伯苏主持校务。设一二年级合班、三四年级合班,学生60余人。

私立苦儿院小学。位于北门马祠巷,前身是北门苦儿院(附设在贫嫠教养所内),成立于清同治十一年(1872),邑人柳旭、鲍上传、袁淇、严作霖、韩逵元、李永生、杨金典、张保泰等8人联合创办。民国16年(1927)9月,由继抚塾董事陈庸吾等改名为私立苦儿院小学。民国18年(1929),开设小学6个年级单设班,学生180人,后改名私立北门苦儿院小学,顾召棠任校长。学校对年龄较大的学生另开设职业课程,分藤、柳、花竹、缝纫四科,学生免交学费,由学校供给书籍簿本,按月发给学生口粮1斗(合15市斤)。

私立大照职工子弟学校。民国17年(1928)2月,由郭礼征、郭霄庭等创办,校址附设在大照电气公司内,设立教务、训导、事物三部,招录学生40余名,叶肇基主持校务。民国18年(1929)学生增加到60余人,民国19年(1930)增设高级班。这是一座完全小学制学校,至民国25年(1936)共培养6届毕业生。抗战胜利至1949年间,公司从事电业工作的业务骨干,大多是大照职工子弟学校培养的学生。

私立达仁小学。民国18年(1929),由煤铁锅业商人黄伯符、马步洲等人创办,校址位于中华路煤铁锅业同业公会会所内,袁子高任校长。

私立航业小学。民国18年(1929),由镇江航业公会贾子彝等筹划创办,设4个学级,学生150余人,居林材任校长。

私立忠肃小学。民国20年(1931),由原镇江商会会长于树深创办,校址位于于氏宗祠内,法度任校长,设一二年级合班、三四年级合班、五六年级单设,学生120多人。

私立崇华小学。民国25年(1936),由赵棣华、李崇祜夫妇创办,校址位于千秋桥,李崇祜任校长。

私立镇江京江中学。民国26年(1937),由陆小波、冷遹、严惠宇筹划,柳诒徵、张海澄等具体创办,校址位于北门外大学山,陆小波任董事长,张海澄任校长。

私立卍慈小学。民国32年(1943),由镇江卍字会创办,校址位于京畿岭,开设5学级,学生246人。

除普通教育学校外,还在杨家门开办镇江商业、银行簿记学校等。

九、交通运输

20世纪20至30年代,镇江商会为促进地方经济和民族工商业发展,支持发展镇、扬两地交通运输事业。

汽渡联营。民国12年(1923),扬州至六圩汽车通车,在镇江设轮渡管理处,租用扬子轮船公司新镇江号,在镇江与六圩之间接运旅客,每日6班往返,这是镇江有轮渡的开端。民国17年(1928),镇江商会主席陆小波出任镇江至六圩普济轮船董事长,后又积极筹集资金,支援筹办镇扬长途汽车公司,为江苏省民办公路汽车、轮船和铁路联运之始。

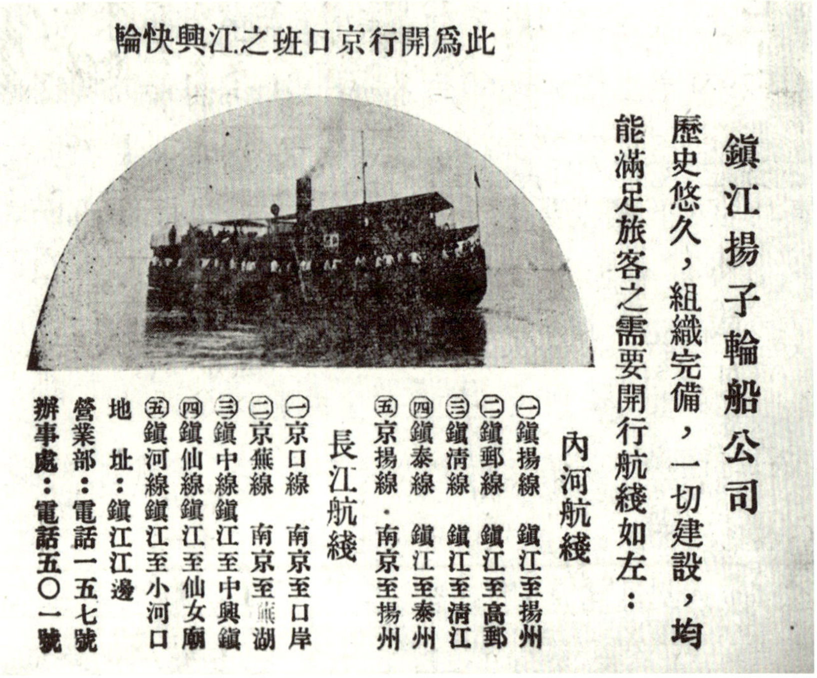

图1-3 镇江扬子轮船公司广告

建造客轮。镇江、扬州、仪征3县及瓜洲、十二圩2镇商会于民国13年(1924)耗资19.44万元,建成铁壳蒸汽机416客位的客轮1艘,取名普济号,投入轮渡运行。每晨由泗源沟开出,经十二圩、世业洲、瓜洲、六圩抵达镇江,然后单开六圩,至下午再由镇江返回泗源沟。普济轮渡最初运营时行慈善义举,帮助江北贫民无偿渡江。

设瓜镇义渡局。瓜镇义渡局初名舡船义渡局,成立于清同治十年(1871)9月,由浙商魏昌寿、魏铭、严宗廷等募款创立,初造渡船11只,最多时有渡船20只,免费专渡瓜州七濠口来往镇江之客商。后改设瓜镇义渡局,义渡运行常年经费由镇江钱庄、杂货、绸缎、洋药、洋行等五业捐助。民国11年(1922)至23年(1934)因经费困难,先后裁去渡船6只,余有14只。每船设正舵1名、副舵1名、篙夫3名、火佚1名,每年渡客约50万人次。

疏浚航道。镇江商会在长江运河交汇口航道疏浚中发挥重要作用。民国《江苏水利局卷调查报告》记载:镇江鲇鱼套浚江,王家港河开深四尺,经费由镇江木商摊认。民国江苏省建设厅档案记载:民国17年(1928)10月,镇江县商会会长、建设局局长、江北运河工程局局长会议议定征收小轮车公司附捐,作为浚江和治理运河2项经费支出，并支持航业公会开办学校，此捐由商会代征；民国24年(1935)，镇江商会租借挖泥机船，分年捞浚江岸淤滩，以便停泊民舟，以代征小轮船附捐充浚浅费用。

十、市政建设

兴办水厂电厂。 镇江商会为发展民族工商业和方便城市居民的需要，支持兴办水厂电厂。民国13年(1924)8月，镇江第一个救火会自来水厂建成，供消防用水。次年，镇江自来水股份有限公司成立，水厂扩大，开始向居民供水。民国18年(1929)4月，商会与英领事签约，以5万元购进英租界的电灯厂与自来水厂，由本地厂家经营。民国23年(1934)，胡健春去世后，陆小波、冷遹分别担任公司董事长、总经理。

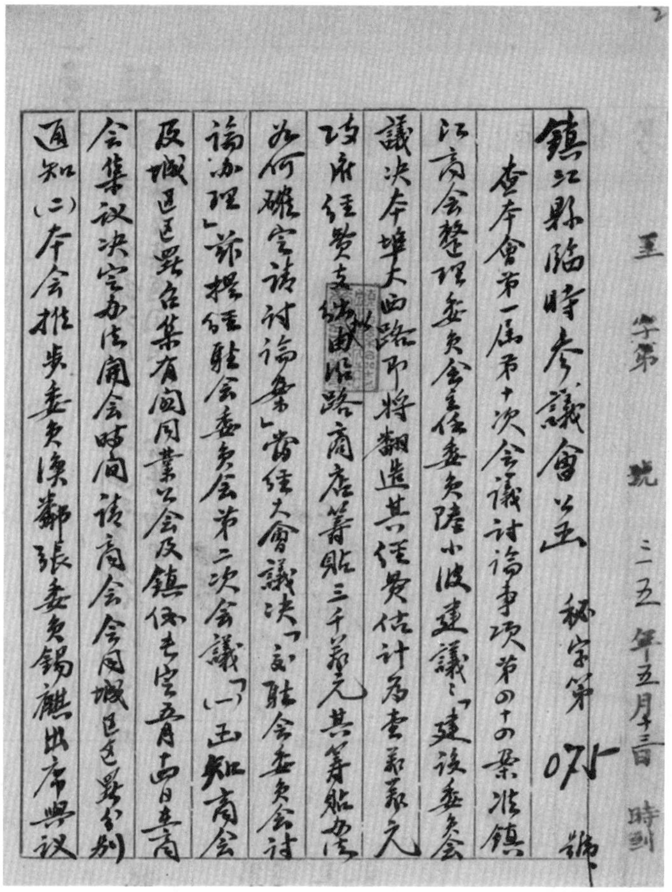
镇江县临时参议会笺　秘字第075号
至　字第　号　三五年五月十三日　时到
查本会第一届第十次会议讨论事项第四十一案准镇
江商会整理委员会主任委员陆小波建议：“建设委员
议决本埠大西路即将翻造，其经费估计为壹万元，
政府经费支绌，该路商店筹贴三千[illegible]元，其筹贴办法
如何确定，请讨论案”，当经大会议决：“交驻会委员会讨
论办理”。兹据经驻会委员会第二次会议：“（一）函知商会
及城区区长召集有关同业公会及镇江[illegible]定五月十四日在商
会集议决定办法，开会时函请商会会同城区区长分别
通知。（二）本会推[illegible]委员[illegible]、张委员锡麒出席与议

图 1-4　镇江临时参议会关于召开翻修大西路筹款事给镇江商会的信函

道路建设。 镇江商会负责人多次担任省会建委会、参事会负责人，参与市政道路的规划、筹款、建设等事项，得到商户大力支持，在镇江市内的道路交通建设中发挥重要作用。

十一、维护工商业者利益

民国21年(1932)2月，省政府向镇江商会借款20万元；6月，商会电请省政府还款以救济商业衰败；10月，分2次要回借款。

“九一八事变”后，民国21年(1932)至民国24年(1935)间，镇江市面出现金融呆滞、商业萧条、工业停业等状况，各业经营困难，绸缎业竞相减价，钱业一蹶不振，航业有破产危险，严重影响人们生活和社会稳定。镇江商会一方面协调政府救市，另一方面力所能及帮助商家减轻资金、产品销路等困难，最大限度维护商业稳定和社会安定。

十二、公益活动

社会公益活动在镇江具有悠久历史。清代后，镇江在云台山周边建成众多慈善公益机构。镇江商会成立后，组织工商业者参与公益活动，为缓解民众困难发挥作用。

1.慈善机构及活动

镇江慈善机构及公益活动情况表

表1—5

序号	名称（所在地）	创建时间	主要活动	停办时间
1	京口救生会（昭关洞）	南宋乾道年间	清咸丰时原产尽失，后复造舡船7只，专任巡江救险，打捞浮尸，施棺收埋，巡江区域自三江口至龙窝，抗日战争时期仅剩船3只	1950年合并改组成立镇江市义救所
2	育婴所（梳儿巷29号）	清康熙13年（1674）	育婴所由育婴社、育婴堂易名，雍正九年（1731）捐购梳儿巷房屋50余间，收养弃婴	（不详）
3	养老所	清乾隆51年(1786)	养老所除收养老残外，并为社会恤嫠500名，每月每人发养老金600文银	1950年接收改组
4	普仁施诊所（梳儿巷）	清道光初年	普仁施诊所原名普仁堂，为百姓提供诊疗服务，民国初曾改名京江医院	（不详）
5	安仁堂（山巷火星庙旁）	清道光年间	对夜间有暴病者施以急诊，并资助地方公益团体，津贴救火会、卫生诊所等。后因经费所限，只办施棺、修理小闸、义塾3项	民国26年（1937）停办
6	焦山救生总局（义渡局巷18号）	清道光年间	有救生船16只，救生区域自镇江运河以东至江都三江营，设丹徒、谏壁、圌山、三江营4个分局，抗日战争期间仅剩船7只	1950年接收改组并入义救所
7	公善堂	清同治8年（1869）	由油糖杂货业所办，经费来源为固定基金利息与市房租金收入，专恤本行业贫嫠，并在公善堂和万福堂创办义学	民国26年（1937）停办

续表 1—5

序号	名称（所在地）	创建时间	主要活动	停办时间
8	贫嫠教养所（北门马祠巷）	清同治11年（1872）	原名完节堂，民国17年(1928)改名贫嫠教养所，收容贫嫠及其子女。民国25年(1936)受恤者300余人，按月发给米面及柴菜钱，由其自炊。全年开支7000元左右，靠房地产收入及各类捐款维持。1949年尚有嫠妇80人、未成年子女25人；借住嫠妇24人、未成年子女32人	1950年接收改组，成立残老所
9	北门孤儿院（附设于贫嫠教养所内）	清同治11年（1872）	民国16年（1927）由继抚塾改名，民国18年（1929）9月起，经费由贫嫠教养所拨给，专收孤儿，施以教养。民国26年（1937）前有院生男193人、女82人，并设厂，于课后习石印花、竹柳条织布等工艺，学费书费全免，簿本费减半。镇江解放时有院生159人	1950年接收，与同善小学合并，易名同抚小学
10	恤灾公所	清朝末期	对火灾户施以救济，先供膳宿，后改给恤金，每灾户三五元不等，并办惜字、施棺、施药等	民国26年（1937）后停办
11	冬赈局（冬赈局巷）	清同治末年	每年隆冬放粥施米，经费由地方募集。民国10年（1921）起筹集基金，每年以息金办赈。民国25年（1936）以后，省财政厅每年补助3200元	民国26年（1937）后停办
12	玉英贫儿院（云台山）	清宣统元年（1909）	由王西星创办，经费由地方捐助，民国元年（1912）起，经费由县教育局每年拨给2325元，不足之款赖地方捐助。收养贫苦儿童，供读书兼习工艺（藤、竹工），另设产品分销处，由贫儿实习经营，民国25年（1936）有贫儿76人	民国26年（1937年）后停办

续表 1—5

序号	名称（所在地）	创建时间	主要活动	停办时间
13	镇江孤儿院（跑马山）	民国元年（1912）	由基督教长老会加拿大人包裴尔夫妇所办，经费由教会筹募。院生半工半读，有染织、刺绣、缝纫等工种，历年出院就业百余人。民国 25 年（1936）有院生 200 名，月需经费 700 元，生产自给约半数	民国 26 年（1937）后停办
14	生计互助社（地址不详）	民国 2 年（1913）	由蒙族人士创建，原名旗民生计所、蒙籍救济院，专办蒙族人的救济互助事业，年支 18000 余元，经费靠公产收入	民国 26 年（1937）后停办
15	普济轮渡	民国 12 年（1923）	由江北士绅捐资购造铁壳渡轮，载客 400 余人，行驶镇江至泗源沟，救济贫民渡江。民国 17 年（1928），全部资产赠与镇江、江都、仪征 3 县商会，聘请各地人士组成管理委员会，经费支出每月约 2300 元，省财政厅每年补助 2400 元，以供渡轮维修费用	1949 年由镇江航运部门接收
16	世界红卍字会镇江分会（京畿路 82 号）	民国 12 年（1923）	遇有兵灾、水灾、旱灾拨款救济灾民，平时办理拾骨、施棺、施药、冬赈事项，并办有卍慈小学一所。民国 26 年（1937）镇江沦陷后，曾协同伪镇江自治委员会掩埋露尸 1300 余具。经常费用月支 130 余元，由会员 700 余人担负，其他事业费用由会长临时募捐	1954 年接收后停办
17	江苏省会救济院（千秋桥）	民国 18 年（1929）8 月	公办慈善机构，下设游民习艺所、妇女救济所、残废养老所，分别办理收养游民、娼妓、残老等善举。全年经费约需 36000 元，除省拨款 34000 元外，余由院产及捐款弥补。其中游民习艺所于民国 34 年（1945）改为商办，经费由工商界募集	1949 年解放后由市人民政府接管，改建为镇江市生产教养院

续表1—5

序号	名称（所在地）	创建时间	主要活动	停办时间
18	佛教慈幼院（鹤林寺）	民国18年（1929）	由佛教会创办，设初小1所，学生50人，教养兼施	民国26年（1937）停办
19	私立慈幼院（伯先公园山上，今绍宗藏书楼址）	（创建时间不详）	亦名儒门慈幼院，专办义学，免费寄读，伙食、被服、医疗等由院负担，经费来源赖各项募捐。1949年有贫苦儿童55人	1950年接收后并入义救所。儿童大都由亲属领回，余转生产教养院和义救所收养

说明：民国19年（1930）育婴所、养老所和普仁施诊所合并，由冷遹、陆小波等组成董事会，管理三所慈善事宜。经费来源，除地方人士捐赠外，主要靠房地产、滩田租金收入

2.赈灾抚民。民国19年(1930),镇江遭受历史罕见的大水,为甲级灾情县,受淹农田28万多亩,被毁房屋近4000间,灾民11万多人,死亡30多人。省、县3次官赈款共1.9万元,地方商绅组织义赈协会,建立营救灾民的救济队,募款2万多元,使灾情略有缓解。灾荒使粮价大涨,镇江商会自西贡购进大米2万多包,以平抑物价。翌年,苏北水灾,镇江商会开展募捐并组团赴高邮、兴化等地慰问和救济灾民。

3.创办救火会。民国时期,镇江商会先后办17个救火会,当出现火灾时,第一时间组织灭火,尽力减少居民和商户生命财产损失。位于人民街原63号的镇江第一救火会遗址系三层楼建筑,一楼为救火车库,二楼为消防队员宿舍,三楼为瞭望台。曾有大字石横额、碑刻一块(封在墙内),后毁于抗日战争,仅存外壳,瞭望窗完整,现已拆除。

第四节 镇江商会整理委员会

抗战胜利后，出于控制并恢复经济的需要，国民政府非常重视工商团体这一社会资源，鼓励支持各地开始重新组建工商社团。

民国34年(1945)11月，民国镇江县政府重建，民国江苏省政府任命丁松林为县长，负责接收伪政权，组织成立镇江商会整理委员会，制定镇江县民众团体接收复员整理办法和组织章程等。经过筹备，选举镇江商会整理委员会经济委员会委员59名，分别是：陆小波、严惠宇、徐国森、姚其苏、殷慎伯、颜宗武、向春亭、胡鲁泉、陆元培、关友书、宦序东、任玉书、周道谦、徐节庵、李韧斋、张伯刚、周子庚、张遐松、潘致中、王雨人、曹丽青、杨贯之、赵樾亭、潘伯乾、何毓如、戴慕虞、石省三、徐五洲、朱孝慈、包明叔、杨祥鸿、凌咏春、凌幼曾、熊梦飞、马轶群、乔嘉琳、忻礼痒、陆瑞清、马国仁、刘柏森、李德宏、缪佩铻、吴春浦、徐蔚叔、茅子明、戴泽衢、夏景韩、蒋志云、李雨金、徐国桂、方玉衡、常 孝、郭晓峰、朱友芝、陶育群、陶幼兰、张明甫、段桐轩、朱发和。

民国35年(1946)5月25日，召开镇江商会整理委员会会议，标志着镇江商会正式恢复组织活动。会议选举产生镇江商会第一届理(监)事会理事15人(陆小波、严惠宇、刘仰山、姚其苏、周道谦、周子庚、向春亭、赵樾亭、曹丽青、潘致中、凌少曾、杨贯之、胡超北、朱孝慈、吴福康)、候补理事7人(徐五洲、马轶群、程福涛、缪佩铻、张遐松、蒋志云、夏荣光)、监事5人(宦序东、徐国森、陆雨三、何毓如、钱饮春)、候补监事2人(乔家琳、姚立义)。理事会选举陆小波任理事长，严惠宇、刘仰山、姚其苏、周道谦任常务理事。

民国36年(1947)10月27日，国民政府公布《工业会法》明确指出："凡敌伪指使成立者一律解散，其余依法调整；重要工商业团体尤应迅速重建；战前合法团体被敌伪解散或压迫停顿及经国民政府指导成立之秘密团体，得酌予恢复调整，指导推进。"从此，各地重建调整工商团体步伐明显加快。

第五节　镇江工商自卫团、商学同志会、市民公会

一、镇江工商自卫团

镇江工商自卫团(简称镇江商团)创建于宣统三年(1911),初名镇江工商自卫团体育会,民国元年(1912)改名镇江工商自卫团,为镇江商会执行机构。商团实行董事会制,董事32名,设团长1名、副团长2名。

《镇江指南》[中华民国11年(1922)11月初版]记载:镇江商团体育会在镇屏山上,清末时期由敖炳南发起成立,初设事务所于王家巷商立学校内,后因场所受限,迁设至镇屏山,另设操场于宝盖山下老宝凤戏院旧址。镇江商团旧址现保存原大门立柱和房屋数间,有纪念朱中孚的石碑一块。民国元年(1912)由刘润泉、王少卿等改组接办。随着会员增多,商团任务逐渐加重,不久后刘润泉辞职,地方公请朱中孚继任会长。民国11年(1922)奉部令改组,由镇江商会推选董事16人,会同商团体育会董事16人,合办一切。

民国13年(1924),江浙齐卢之战爆发。镇江商会招募专业团丁180人,维持地方秩序,月支出2000余元。民国23年(1934)4月,奉保安处令,将团丁改为特种保卫队,团员由保卫处派员负责督查和整训;同年6月14日,奉令取消团丁。民国24年(1935)12月,奉令改组为商界壮丁训练队,经费月支600元,由财政厅在铺捐内附加二成约500余元,不足之数由殷实商号捐款筹集。

镇江商团成立以后,分期轮训商界青年和职工。团员分两种:一种是商界青年,二种是团丁,团员达6560余人。民国8年(1919)第一届团员毕业,民国13年(1924)11月第二届团员毕业,民国16年(1927)12月第三届团员毕业,民国24年(1935)12月第四届团员毕业。

镇江商团存有各式枪支,分别有30式步枪130支、38式步枪60支、小口径步枪70支、格里斯手枪110支、九子毛瑟手枪20支。民国10年(1921),陆小波挚友安徽督军陈元调捐助步枪100支、子弹5万发,短枪10支、子弹300发,从而使镇江商团成为一支准军事力量性质的民间武装组织。

民国16年(1927)3月,北伐军即将进入镇江,英国领事致函镇江官府,为避

免发生类似汉口民众强行接管租界的暴力事件，决定于24日中午12时撤出。陆小波率镇江商团进入英领事馆，接收租界巡捕房，并将英国领事及外国侨民护送至外轮安置。从此，长达66年历史的镇江英国领事馆宣告结束。

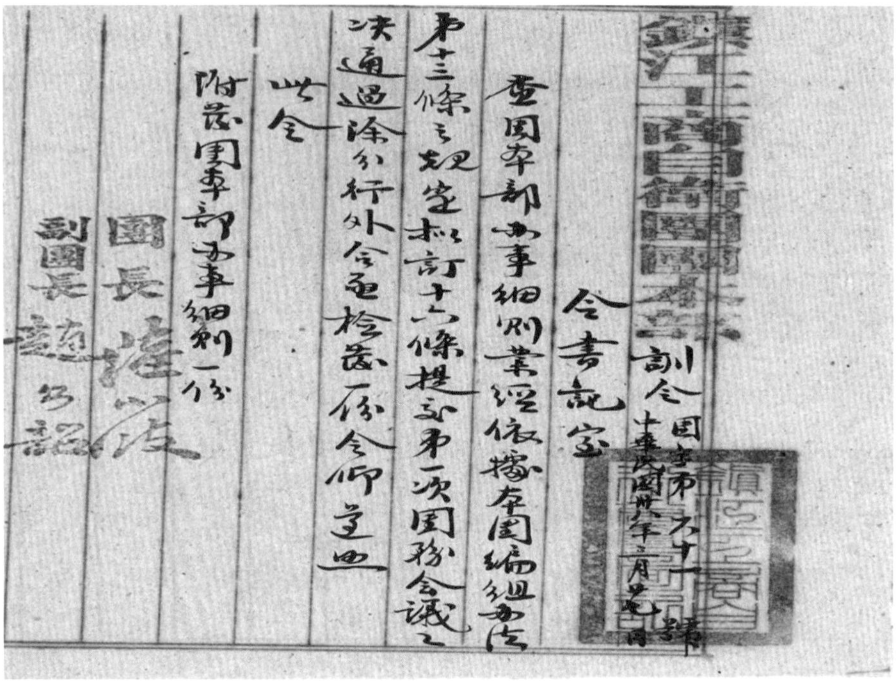
镇江工商自衛團團本部訓令
令書記室
查团本部办事细则業经依据本团编组办法第十三條之规定拟訂十六條提交第一次团務会议决通过除分行外合亟检发仰遵照
此令
附发团本部办事细则一份
團長 陆小波
副團長 趙

图1-5 民国38年(1949)3月镇江工商自卫团本部关于办事细则训令

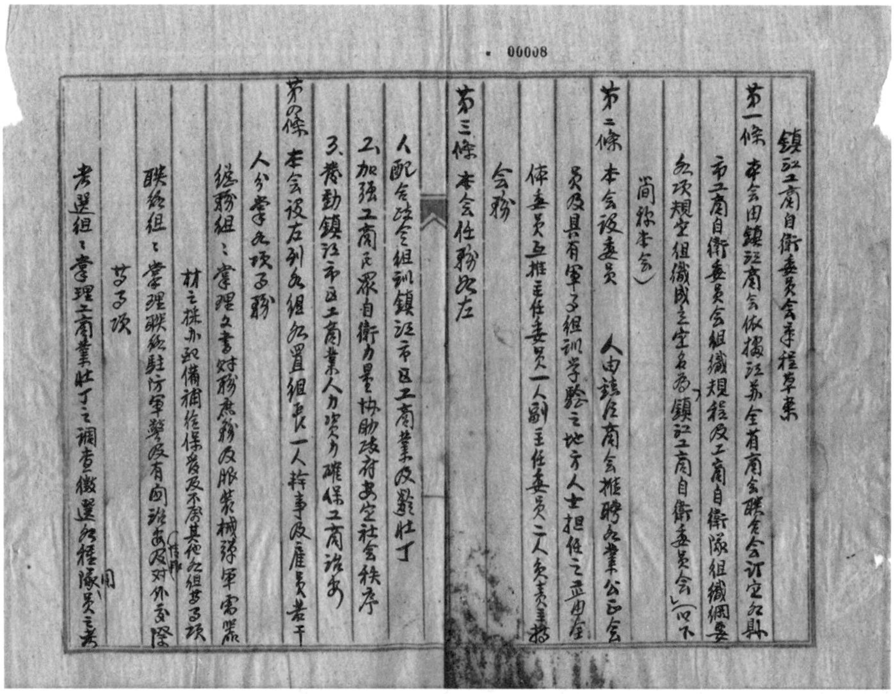
00008
镇江工商自衛委员会章程草案
第一條 本会由镇江商会依據江苏全省商会联合会订定之县市工商自衛委员会组织规程及工商自衛队组织纲要各项规定组织成立定名为镇江工商自衛委员会（以下简称本会）
第二條 本会设委员 人由镇江商会推聘各業公会会员及具有军事组训学验之地方人士担任之並由全体委员互推主任委员一人副主任委员二人负责主持会務
第三條 本会任務如左
1. 配合政府组训镇江市区工商業及壮丁
2. 加强工商民众自衛力量协助政府安定社会秩序
3. 发动镇江市区工商業人力资力确保工商治安
第四條 本会设左列各组各置组长一人干事及雇员若干人分掌各项事務
总務组：掌理文书财務庶務及服装械弹军需器材之採办配備補給保管及不屬其他各组事項
联络组：掌理联络驻防军警及有关治安及对外交际事項
考選组：掌理工商業壮丁之调查徵選

图1-6 镇江工商自卫团董事会章程草案

二、商学同志会

商学同志会位于镇屏山，附设商团体育会内。民国11年(1922)秋，由商学两界要人组织成立，宗旨是促进地方进步、促进社会事业，主要职责是研究地方教育、实业、交通及社会公共事业等。入会者须由会员介绍，并经理事会通过，名誉恶劣者不得入会。会中无会长等职务，凡会员均为理事部部员。每年开4次常会，时间定于每季度第2个月第2个星期。

三、市民公会

市民公会分为第一、第二2个公会，均为商界要人组织成立。第一市民公会在天主街第一救火会内，由商董胡健春发起，于民国11年(1922)成立；第二市民公会在山巷口万安救火会内，由商董杨光宇发起。宗旨是联络市民、改良市政。

附

中国国民党江苏省镇江县执行委员会训令

镇思字第2号

令接收员徐国森

案奉

中国国民党江苏省执行委员会，苏临字第一三四号，代电转准本省党政接收委员会通知。经会议议决，关于本省民众团体其有全省性质者，应由江苏省党部领导，其性质属于□□□县党部接收等，经转饬遵照办理。其报等因奉此经会同镇江县政府订定“镇江县民众团体接收复员及整理办法”。□□公布施行，□□令补兹派该员会同周子庚、周道谦、杨贯之、杨昆铭等，前往接受伪镇江县商会，合行抄发民众团体接收复员及整理办法一份，令仰遵照办理，并将接收情形□报汇转为要。

此令

计附发办法一份

中华民国三十四年(1945)十月十二日

书记长：李守之

监印：傅明

校对：郭泰来

中国国民党江苏省镇江县执行委员会训令

镇思字第4号

令镇江商会整理委员会：

案查

关于伪县商会接收事宜前经遵奉，省令派由徐国森等负责接收具报，并经依照镇江县民众团体接收复员及整理办法第四条之规定，会同县政府遴选镇江商会整理委员分别函聘各在案，兹应即日成立整理委员会负责进行各项事宜，除令接收员徐国森等将所接收伪县商会一切物件全部送交该会处理外，合行令仰该会即日成立并口具整理计划及期限，一面自刊图记，连同图模一并分呈工商联暨县政府核办为要！

此令！

附　发镇江县民众团体接收复员暨整理办法乙份

书记长：李守之

中华民国三十四年(1945)十月十四日

中国国民党江苏省镇江县执行委员会训令

镇思字第6号

令接收员徐国森

案查

关于接收各伪组织民众团体事宜，前经令饬该员等，分别遵照办理，呈报在案。惟关于接收手续，应按前发民众团体接收复员及整理办法第二项所列各项清册，分别点收并查核有无漏列事项，责令补列点交。于接收完毕后，依照上项办法第三项之规定，在原册上加章分呈，不得对伪团体出给收据或其他证明文件。至于接收之图记印戳，并应截角缴销，不得继续使用。除分令外，合行令仰该员，遵照毋违！

此令

书记长：李守之

中华民国三十四年(1945)十月十四日

中国国民党江苏省镇江县执行委员会
镇江县政府(公函)秘89号

案查关于伪县商会接收事宜，业经遵奉省令，由县党部派员接收，兹特依照会订公布之镇江县民众团体接收复员整理办公第四条一项之规定，会商遴选陆小波、严惠宇、冷遹秋、徐国森、姚其苏、周子庚、周道谦、凌少曾、包明叔、杨方震、忻礼羊、杨贯之、杨鼎铭、向春亭、马步洲、钱逢仙、曹丽青等十七人为镇江商会整理委员会委员，并指定陆小波、严惠宇、徐国森、姚其苏、周子庚常务委员。并指定陆小波为主任委员，除将聘书一并随函附送外，相应函达。即希查照，即日成立推进工作。见复。为荷。

此致

镇江商会整理委员会主任委员陆

书记长：李守之

县长：丁松林

中华民国三十四年(1945)十月十四日

镇江商会整理委员会通告
秘字第一号

案奉

镇江县党务执行委员会镇江县政府秘字第八九号函开：

案查，关于伪商会接受事宜案，经遵奉，省令由县党部派员接收，兹特依照会订公布之。镇江县民众团体接收复员及整理办法第四条一项之规定，会商遴选陆小波等十七人为镇江商会整理委员会委员，并指定陆小波、严惠宇、徐国森、姚其苏、周子庚为常务委员，并指定陆小波为主任委员。除将聘书一并随函附送外，相应函达，即希查照。即日成立，推进工作，见复。

等因遵，即于十月十八日开始成立工作。并暂停假姚一湾三十八号为临时会址，除呈报并分函外，特地通告。

镇江商会整理委员会

中华民国三十四年(1945)十月十八日

镇江商会整理委员会(代电)

镇江县县长张钧鉴：

案查，工商联奉令，整理为期七月，现已整理结束，改组有期。其选举理监事名额，自当遵照非常时期人民团体组织法第九条第一项，选举理事九人、监事三人之规定办理，惟在兴复之初，工商机构关系地方经济建设之重，与其他人民团体不同期，於集中力量共策进行。自以宽其名位使才能皆入彀中，庶可增强事功，集思广益。市工商联整理以来，指导成立之工商同业公会已达五十二单位，其未成立与非公会会员犹不在内。以镇江工商事业之繁复，人才之众多，若不广为罗致，任令向隅，不独於事业复兴，无以收群策群力之效，亦非所以谋繁荣。地方之意兹拟特设计划委员会，其委员名额规定为九人，于会员大会选举，理监事同时选举，以期与理监事之地位相等。并于理监事会议时，亦得列席，庶于遵守法令之中。顾全事实，需要这便，为此电呈。

钧长鉴核，予以转呈江苏省社会处备案，实为工商业之便。镇江商会整理委员会主任委员陆小波卯辰巧印。

民国三十五年(1946)五月十八日(章)

民国政府《财政部关于镇江裕隆钱庄呈请复业与该庄往来文书》

窃查裕隆钱庄，系于民国十七年(1928)设立于镇江西坞街，经营十载颇著信誉。至二十六年(1937)十月，敌寇侵逼镇江，商民爱国情切，不甘为敌伪利用，决定停业避乱后方。抗战八年，股东四散，未克在后方复业。胜利以后，乃复聚集筹划复业，曾于三十五年(1946)四月，呈请钧部“上海财政特派员公署，请予复业，当奉”。

特派员陈行财特字第(6504)号批示，“依照商业银行复员办法补充办法之规定，尚应补具证件一并迳呈财政部核夺”等因，兹谨遵照规定，检具有关证件，附册呈请。

鉴核，惟抗战军兴，敌寇侵入镇江，殊属仓卒，未遑检齐各物。同时，本庄亦遭焚毁，所有证件实无办法齐集。幸有本庄在南京办理追欠之首都地方法院批示等件存另一股东处，尚可影晃忆及。良以抗战时久随入后方者，咸奔走万里，衣物等件大半凌散，迨复员后交通不便，不必须者又大都存于亲友处。前次奉批后，便请友人代为寻觅邮寄，以致辗转需时。兹经本县商会作负责书面证明，伏乞体念事属实在，予以鉴原，赐准复业。俾增资筹设，为地方调剂金融是为德便。

谨呈

财政部部长俞

附呈证件清册一份

具呈人：镇江裕隆钱庄股东陶监明(章)

住址：镇江大西路332号豫泰隆后进

中华民国三十六年(1947)五月八日

收复区商业银行复员办法补充办法检呈证明文件《镇江久余钱庄申请复业及改名嘉泰钱庄案》

呈：为遵照《收复区商业银行复员办法补充办法》检呈证明文件，仰祈鉴核，俯准给照复业由：

窃问義，于民国十六年(1927)春间，在镇江西门大街(现名大西路)，合资开设久余钱庄，推问義担任经理，专营汇兑往来存放业务，信誉素著。于民国二十六年(1937)冬，因日寇侵及镇地，遂退避苏北仓皇出走，所有簿据未及携带，讵日寇抵镇尽其摧残之能事。繁盛市区，悉被放火焚毁。问義所设之久余庄址，及店底生财家具簿册等件，悉付焚。如此，为镇地人士所共知。现存历年营业证件，尚系于旧宿舍故纸堆中所检获。兹幸抗战胜利复兴建设，为适应地方金融需求周转起见，爰特召集股东计议增资复业，一次筹足资本法币两千万元，并遵照。

均部规程检具在证明文件六件仰祈。

鉴核俯赐准予给照复业，如有手续欠缺之处伏乞。

批示祇遵续行补正实为公便。

谨呈

财政部部长俞

附呈证明文件六件

具呈人：镇江久余钱庄复业筹备处，负责人藏问義(章)

年龄四十四岁 籍贯镇江 住址：镇江大西路三一О号

伪镇江县商会

民国26年(1937)12月8日，镇江沦陷。在日本侵略军"宣抚班"策划下，民国27年(1938)

1月建立镇江“自治委员会”，“委员”12名，柳衍斋任“委员长”，郭志诚任“副委员长”，日本顾问1名。“委员会”下设总务主任1名，设文书、司法、庶务、公安、商务、金融、救济、会计、文化等9个科。

民国27年(1938)冬，伪丹徒县知事郭志诚在各行业中遴选10余人为商会董事，指定曹朴安为“会长”，郭泳青、张敬堂为“副会长”。民国29年(1940)汪伪社会运动委员会指导处认定镇江县商会组织不健全，饬令改组为理(监)事制。受社会运动委员会江苏分会委派，于民国30年(1941)1月5日，成立镇江县“商会整理委员会”，“委员”15名，曹朴安为“委员会主席”；翌年5月1日，召开镇江县“商会”成立大会，选举产生“理事”15名，“监事”10人，“理事会”推选李武任“理事长”，“监事会”推选曹朴安任“监事长”。2年后，李武因患病与曹朴安对调职务。日本投降后，伪镇江县商会解体。

伪镇江县商会完全是日本侵略者为控制沦陷区经济的需要而设立的，是完全为日伪服务、窃取商民利益的机构。民国32年(1943)，日伪实行“清乡”，伪商会指派各商店为“清乡”献金600万元中储券。

呈请彻查苛捐重税案

1.镇江县第五区，分三乡区：即“平昌区”“大港区”“圌滨区”，而大港大路姚桥三镇，皆为乡区内之较大市镇，亦皆有港口，而大港并未设立统税所，大路、姚桥独有之。如此，则我二镇多此一重税，遇有本镇商民货物，则任意扣留勒索，(事前业经被迫勒令商店按月承包)故花费多，各货售价较他镇大，营业为之捣乱人民负担，加人一等，何以政府竟厚他镇而簿我镇耶？福彼民而虐我民哉？绝非政府本意。

2.历来“苛捐重税”，政府所不许，乃张主任、虽系“肩挑负担”者，都加以苛征，不估其本，不计其值，随意勒索，甚至乡间有自扬中县来我江南，赶“集场”小贩，挑卖竹筲箕淘箩者，也勒征二元八角。结果叩头作揖，以二元五角放行，又无收据税票；又七月十九日，有江北客，带有缎布鞋五双往泰县，经大路江口，凶汹然翻查一过，须征每双五角，(收税员姓陶)结果二元了事。

3.江口进出粮食，及小江中往来货船，亦须完纳统税，既为统税，则一经完过出口税，以后是否可直达目的地？中途应否再完他种捐税乎？事实不然，不出数里，仍须重完。(即如“土芋”“土烧酒”在大路、姚桥二镇，既有“芋酒特税所”经征特税，统税方面，又勒收二元一件。“芋酒”又征“每一六〇市斤”壹元。及至运出十数里,又须纳税,极重！)似此种种,直使民不聊生！

综上各项苛重事实,商民等畏避之而不得,只有“奉公守法”。但此种种,甚于猛虎之重征,民何以堪哉?

伏求钧院予以调查、调整,是否合法,倘荷。体恤民困,予以彻查。拯商民于火水之中,或拟定“税则”公布施行。民甘遵从,且感洪恩于无涯矣！临禀不胜惶悚待命之至,谨呈

国民政府行政院院长汪精卫

大路镇商联会(章)

姚桥商会(章)

武家桥商界联合会(章)

公民姚祥瑞(章)

公民仲瑞庭(章)

公民赵庆(章)

公民孙炎宗(章)

中华民国三十年(1941)八月十一日

《为镇江物资配给,关系商埠存亡,备具意见书暨请愿说帖,呈请转行友邦各机关,恳予尽量救济,以全民命由》

窃以镇江商埠,地当长江运河之会合点、为南北货物集散地。商埠商业,向恃长江运河裹河两地区为培养镇江之命脉,故镇江商业,销之于江北者,占十分之九,销之于本县者占十分之一。最近镇江特务班长,规定编制品二十七类,组织镇江物资配给委员会,配给标准,以全县人口为单位,而以镇江县区,隶属于金坛小地区,如果实施,则镇江商埠必全部崩溃。全埠商店必开去百分之九十以上。现查镇江计有五十六业,商店达二千余家,从事商业之店员职工达五万二千余人。其间接赖以生活者,何止二十万人。又况地瘠民贫、农业不足以自给实。实业工业均无可言。一旦商埠崩溃,无论城区乡区,均将失去生活之原素。全县五十万人,咸有啼饥号寒,乞食四方之虑。以镇江著名商埠,必一变而为穷乡僻壤。现有之市区繁荣,亦必顿时消灭。事关地方兴废、商埠存亡,迫不得已,惟有附具意见书,暨请愿说贴,伏乞:

俯念镇江民众,皆劫后余生,准予转行友邦各机关,将镇江划出配给区外,或配给办法

施之于镇江县之外围，最所感激，万不获已。亦乞在不违背物资配给之原则下，划江北各县为镇江配给区，而以镇江为配给之枢纽，保存商埠元气，免于摧残，以全民命，不胜迫切待命之至。谨呈：国民政府行政院。

附呈意见书暨请愿说帖各一份

（伪）镇江县商会整理委员会主席曹朴安（章）

中华民国三十年（1941）十一月日

镇江商民为"镇江物资配给"请愿说帖

镇江自事变后，因地方损失太重，虽渐渐走向繁荣的道路，可是地方元气，仍未恢复，表面上虽觉得有些可喜的景象，实际上还是金融枯竭，民生疾苦。因为镇江本身就是一个地瘠民贫的所在，已经遭了劫难，只有希望慢慢的培养，万不能再受打击。最近地方当局有组织镇江物资配给委员会的集议，组织要义，系以廿七类统制物品，拿全县人口为配给单位、如果实行，则镇江每一个人、都要受到严重影响。全县商人因关系切身，在惊惶考虑之下，根据镇江物资配给委员会章程第十四条之规定，在下面分别申述理由和请愿目的：

甲镇江商埠的特殊情形

1.构成商埠的天然条件

镇江当长江尾闾，为南北锁钥，是长江运河的会合点，是南北货物的集散地。尤其是长江北岸的总门户，这是构成商埠的天然条件。

2.市区繁荣是商埠之赐

镇江旧城区，本极渺小，洪杨乱后，居民寥落，满目荒凉。自咸丰八年（1858）间为商埠后，江边增设租界，客籍居民，逐年增多，市区建设，也逐渐扩大。如现在最繁荣的大西路，在当年确是从土山坟冢中，开关出来。按照城厢面积，共有一万零一百十九亩。其中三分之二，确因商埠的使命，而造成一个繁荣的大市区。三分之一是本籍居民的居住地，那种简陋闭塞的生活状况，还是19世纪的遗风。

3.镇江农民的生产力

镇江地形，从夸大的说，是襟山带江，形胜天然。从实质上说，确是穷山恶水，地瘠民贫。因为东北滨江，多属低田，遇旱年则稍可收获。西南多山，多高田，十年九荒。四乡农民，约八万六千余户，自耕农占百分之五十，佃农占百分之十五，雇农占百分之五。在这一个统计的数字看来，既可以证明城内靠田产过活的等于零。所以佃农只占百分之十五，又可以证明土地硗瘠，农产凋零。所以自耕农只占百分之五十，雇农也只占百分之五，因此更可推测到镇江的农民，真是生产薄弱生活艰苦到十二万分。不但不能拿土产来换取他人的物资，同时还要依赖商埠的生产力来维持他本身的生存。所以大片的荒地，不晓得养猪种菜，镇江人需要的菜蔬猪肉，是要靠扬州的供给。大片的荒山，不晓得造林植树，只晓得听他自然的长些荒草和树枝，不惜从几十里外，肩挑上来供给本地的人燃料，假使农产能自给自足，又何致有这样的状况。

4.镇江繁荣的骨干和镇江人的生活素

镇江商埠不但是维持镇江人民生活的骨干，便是镇江的行政、教育、公安、建设、财政、和一切救济事业，都是拿商埠的力量来支持的。商埠的能力又是从运销各地货品吸收外埠物资来集中的，若是没有商埠，则镇江的繁荣，随时可以消灭，镇江人的生活素，也随时可以断绝，这是毫不虚伪的事实。

5.配给恩赐和享受能力

物资配合的出发点，是否只注意到县区人口的消费力，而忘记了消费力的来源，这是不敢断定的。要知镇江人的生活线，既是依赖商埠，若是除去商埠，好似一个人的肢体，已经受了解剖。比如手和足已经分开，那里还有运用的可能，生存的余地，这是很明显的。所以镇江地方，若是不保存商埠，多数人民必将被迫而迁徙到另一地带去寻求生活，其不能迁动的遗民(也可算是老弱的镇江人)。你虽按照人口，每人配给他一尺布，一升米，一块肥皂，一两火油，一盒火柴，可怜他因为没有生产，失去依附的根据，好像是寡妇孤儿，只得促居在破屋里，吞声饮泣，忍饿待毙，你虽有配给的恩赐，除掉赈济施与，他却没有享受的能力，这真是一个值得研究的重大问题。

6.配给后的镇江商埠

镇江商家的货物，运销于江北各埠的占百分之九十，存销于本地的占百分之十。现在全镇江共计有五十六个业，商店达二千余家，从事商业的店员职工，达五万二千余人。若是把他的家属和附带依靠他生活的人计算起来，当在二十万人以上。一旦商埠崩溃，镇江商店至少要关去百分之九十，剩下来只有十分之一的商店，很可以把现有的市区，缩小至十分之一。从商埠区内，迁移到城里去，而变成一个金坛、句容、丹阳、仪徵、扬中等县的模样。现在商埠繁荣，必定要走上没落的途径，将来那种荒凉凄惨的现状，把镇江县改名叫做镇江村也是可能的。

乙镇江民众的愿望

7.最好配给在镇江邻县的外围

镇江的地位，和一切特殊情形，既如上述。要促进地方繁荣，唯有运用各种力量先使商场活跃和蓬勃滋长，万不能在等待活跃滋长其间，施以阻障滋长的压力。镇江商埠，本不健康，若再实施配给限制向外发展，镇江人民，便无生存的可能。因此最希望把配给办法施之于镇江邻县的外围，因镇江本县区，适处于和平区的中心。把外围物资配给起来，而使镇江商埠活跃于和平区内，这是镇江五十万民众的第一愿望。

8.请增加运销限制以代替配给

镇江自物品统制后，凡一切统制品，均由洋行支配，各商店不过是间接的贩卖商。主持业务，有棉系、砂糖等七个贩卖协议会。趸卖商店，批进货物，要先具保状，买卖须用军票。如售入非和平区，即受严重处分。一面搬出搬入均须先行呈请，然后核准。货运路线，均以采办证为根据。如此重重限制，办法虽严，尚无害于商埠，反比物资配给来得平和而有效。现在于开放统制后，不妨在限制运销方面，做进一步的努力。仍旧把七个协议会维持在镇江，加紧搬出搬入的限制，似乎比较有效而绝无弊害，这是镇江五十万民众的第二愿望。

万一物资配给，必须实施，不能把镇江豁免，镇江民众最低的请求，要把镇江看做上海以外的第一门户。江北运河沿线的宝应、高邮、扬州、仪徵、里河线的兴化、泰州、东台等县的物资，一律划归镇江来配给，组成一个镇江配给区，镇江遂变成一个“镇江区的配给中心”。把各县的配给数量，统计起来，通通由镇江来供给区内各县的需要。除镇江配给外，凡统制品不能有贩运的第二条路线。这种办法，不但容易收到配给的功效，且不妨碍镇江的繁荣，更可以增进镇江复兴的力量，这是镇江五十万民众的最低愿望。

上面所述的种种意见，实因物资配给，关系商埠存亡，地方兴废，有解决镇江五十万人生命线的重要性，不得不拿极诚恳的意思，和万分迫切的情状，来请求当局，俯念镇江民众。都是劫后余生，不堪再受打击，在此存亡关头，能予我们以同情的救济，能使镇江商埠保持原状，地方人民，免于迁徙游离，仍旧能安居乐业，这是镇江人民永久不忘的恩德。

9.请划江北各县为镇江配给区

(伪)镇江县商会整理委员会主席曹朴安(章)

中华民国三十年(1941)十一月 日

第二章　同业公会

镇江各同业公会是镇江商会的团体会员，是商会联系商户的直属组织。同业公会的请立缘由、立会资格须经商会审核，并由商会向政府部门申报立案。商会在维护各同业公会的发展利益以及处理各同业公会之间、同业公会内部之间的矛盾等方面，发挥组织协调作用。镇江因得长江运河之利，商业繁华。鸦片战争以后，镇江被辟为通商口岸，诸多省的客商和行业分别建立会馆公所，促进镇江贸易的发展。

第一节　发展概况

同业公会的前身是传统行会，是基于地缘或业缘的组织，具有悠久历史。清末民国初，传统行会开始向同业公会嬗变。

民国12年(1923)4月14日，北京政府农商部颁布第267号令，公布《修正工商同业公会规则》，明确同业公会为同行业商户自律性合法组织。民国18年(1929)8月，国民政府修订并公布《商会法》和《工商同业公会法》，规定实行"业必归会"原则，凡其宗旨符合《工商同业公会法》第二条规定"维持增进同业之公共利益及矫正营业之弊害"者，均视为依该法设立之同业公会，并在一年内改组完成。

民国18年(1929)，镇江商会依据《工商同业公会法》，对会馆、公所依法进行整理改组，成立工商各业同业公会。据《江苏省会辑要》记载：民国24年(1935)，镇江城区各业同业公会有35家。抗日战争结束后，经过整理后的镇江商会恢复组织活动，各同业公会经重组后恢复正常活动，民国35年(1946)有同业公会53家。

民国24年(1935年)镇江城区各业同业公会一览表

表1—6

序号	业别	地址	成立时间	负责人	出席商会代表（人）
1	米业	新河街	1924年8月	叶仲奎	21
2	旅业	日新街铭利栈	1930年2月	蒋铭山	21
3	书业	天主街大成书局	1930年6月	徐寿山	5
4	饭菜馆业	日新街万华楼	1930年6月	张南勋	16
5	京广杂货业	新河街	1930年6月29日	赵樾亭	21
6	煤铁锅业	石浮桥	1930年7月30日	傅瑞棠	13
7	茶叶业	西坞街	1930年8月5日	方镜清	11
8	建筑业	小门街	1930年8月	许成忠	7
9	五金业	中华路福润五金行	1930年8月	杨光宇	13
10	印刷业	新民印刷所	1930年8月	廖温音	18
11	制衣业	西门大街德隆衣庄	1930年8月	华渭滨	8
12	木业	小码头福临里口	1930年8月	汤耀庭	21
13	运输业	义渡码头街	1930年8月5日	沈瑞成	6
14	猪肉业	小门街	1930年	王明亮	9
15	报业	东坞街苏报馆	1931年3月	包明叔	16
16	典业	万家巷裕泰典	1931年4月	孙如松	14
17	烟纸业	镇屏街巷	1933年8月	徐国森	21
18	油麻糖香业	新河街安仁堂	1934年5月30日	王远屏	11
19	南北杂货业	新河街安仁堂	1934年5月30日	任玉书	15
20	鞋帽业	天主街老锦章号	1934年6月1日	李如庭	10

续表1—6

序号	业别	地址	成立时间	负责人	出席商会代表（人）
21	鲜北货业	小鱼巷	1934年6月	姜竹书	8
22	车业	曹裕兴伞厂	1934年6月	曹丽青	9
23	纸业	西坞街	1934年6月	赵锦春	7
24	药业	上河边	1934年7月	孙以康	21
25	西药业	西门大街济华堂	1934年7月	袁凤洲	5
26	漆业	爸爸巷口	1934年7月	张稷臣	5
27	酒酱业	爸爸巷内	1934年7月	刘祝云	21
28	江绸业	演军巷	1934年8月29日	李幼丹	7
29	布业	冬赈局巷	1934年8月	钱曙初	21
30	茶食业	西门大街新天禄号	1934年8月	许琅斋	15
31	航业	江边迎江路	1934年9月	忻礼庠	14
32	香油业	恒义和号	1935年5月	蒋文伯	7
33	银楼业	南马路全浙旅镇同乡会	1935年9月	蔡季纶	7
34	嫁妆盆桶业	太平庵	1935年12月	刘秀明	21
35	浴业	盆汤巷大观园	不详	夏云山	21

民国35年(1946)镇江同业公会一览表

表1—7

序号	名称	地址	负责人	会员数（人）
1	绸布业公会	龙王巷布业公所	周子庚	115
2	粮食公会	新河街米市场	潘致中	336
3	人力车公会	新马路大华行	邱一林	30
4	百货公会	新河街公字六号	赵樾亭	61
5	纸业公会	柴炭巷久源号	何毓如	45
6	旱烟公会	大西路瑞和号	戴慕虞	19
7	花席公会	大西路大同号	谢吉超	24
8	棉纱公会	银山门辰生东号	徐五洲	30
9	颜料油漆公会	中英药房内	凌少曾	27
10	轮船公会	江边扬子公司	忻礼庠	7
11	铜锡五金电料公会	杨家巷中和号	夏容光	50
12	国药公会	打索街义昌润号	阴慎之	41
13	棉织布公会	丹阳码头利华厂	吴辛伯	119
14	银楼公会	大西路文华银楼	杨祥鸿	24
15	餐馆公会	天主街宴春酒楼	屠栋庭	57
16	新药公会	大西路中英药房	乔嘉琳	25
17	茶食公会	大西路景阳斋号	丁云涛	47
18	印刷公会	大夫桥华生号	杨贯之	21
19	营造公会	仁章路腰刀巷四号	朱鸿翔	71
20	木业公会	小码头利商街14号姚德丰木行	汤耀庭	85
21	西服缝纫公会	九如巷四号	丁宝瑚	42

续表 1—7

序号	名称	地址	负责人	会员数（人）
22	豆食业公会	宝塔路汤大昌号	汤品端	80
23	盐业公会	中华路聘和盐号	曹丽青	14
24	洗染公会	山巷 137 号益大号	陈锡光	27
25	报业公会	中山路江苏省报	凌绍祖	6
26	鸡鸭公会	中华路二四八号	童介廉	25
27	旅馆公会	盆汤巷神州旅社	李锦昌	99
28	碾米公会	不详	不详	79
29	图书教育用品公会	中山路联合书店	潘伯乾	22
30	火柴公会	不详	不详	不详
31	运输业公会	小鱼巷永一号	茅子明	31
32	猪肉公会	缸瓦厂荣庆新邨二号	张增禄	175
33	浴室公会	小天主街公记商号	李德宏	24
34	估衣业公会	大西路恒泰号	刘伯森	18
35	油业公会	中华路泰源祥号	缪佩铻	25
36	南北杂货公会	新河街安仁里	徐蔚叔	21
37	油麻糖香公会	仝上	戴泽衢	74
38	煤铁锅公会	打索街震和号	马铁群	45
39	水路承揽公会	中华路祥记公司	袁德祥	21
40	理发公会	柴炭巷一乐号	梁栋臣	105
41	竹篾公会	新西门陈万源号	陈维海	28
42	水炉公会	天主街杨静记	杨超云	105
43	蚕种公会	中华路义丰厚	严惠宇	不详

续表1—7

序号	名称	地址	负责人	会员数（人）
44	面粉公会	小巷高源泰号	孟煦庭	48
45	驳运公会	浮桥巷十九号	刘世祥	23
46	民船公会	新河街尹家巷	徐国材	128
47	北货鲜干菜公会	中华路王雨记	王雨人	55
48	酒业公会	银山门协兴酒行	张遐松	56
49	酱园公会	大西路恒顺酱园	宦序东	45
50	茶叶公会	大西路裕康号	钱饮春	27
51	鞋帽公会	大西路南洋鞋号	李雨金	33
52	卷烟煤油烛皂	不详	不详	87
53	五　洋	伯先路卷书堂	徐国桂	不详

链接——

为请指示本业筹组同业公会由

窃，本业为谋团结与造福社会起见，自应依法成立同业公会，并阅报载。镇江县各业均应本月内筹组成立，士贵等有鉴于此，特于本月十二日集合本业各同仁假天生楼地点开临时筹备会，当场推选出史士贵、陈国民、李春荣、杨德贵、谈芷均、周启凤、吴复生等七人为筹备委员。并又推史士贵、陈国民、谈芷均等三人为召集人。为此，将本业临时筹备会情形呈请鉴核，祈即指示。

正式筹备，以期早日举行成立大会，不胜待命之至。

谨呈

镇江县商会整理委员会主席陆小波

民国三十五年(1946)三月十六日

第二节　同业公会选介

一、江苏(镇江)商船公会

随着外国轮运业逐步进入中国,使中国轮运业尤其是以木帆船为主的运输业遭到沉重打击。为求得生存,镇江招商局内河轮船公司委员朱冯寿禀呈农工商部,请求对华船"因势利导,拟请创设商船公会,照定章程,联络商情,保持航业,劝集各帮船户,愿挂华旗者,发给船旗、牌照,一律均归公会保护"①,并拟8条办法,请农工商部审核颁布。农工商部经与南洋、北洋大臣咨商,接受朱冯寿建议,拟订《商船公会简明章程》18条,于光绪三十二年(1906)2月21日颁布,这是中国最早的商船公会组织章程。

江苏商船公会根据简章精神筹组,于光绪三十二年(1906)12月13日在镇江成立,又称镇江商船总公会,由朱冯寿任总理。这是中国近代第一个航业组织,其宗旨和任务是联络商情,保持、保护、整顿中国航业,统管轮船、木帆船,兼办航政管理事项。

江苏商船公会成立后,动员镇江的小轮业和木帆船主参加公会,悬挂中国船旗,颁发清政府农工商部规定的船牌和执照,对受到关卡留难及地方差役勒索的船只出面斡旋等,在一定程度上发挥保护民族航业的作用,促进镇江航运事业发展。

二、茶叶公会

茶叶公会于民国14年(1925)组建,会所旧址位于镇江厉家塘前20号。面南,面阔三间10.1米;两厢,并列两套,中有火巷,总宽18米;火巷前有门楼,其上有"玉川遗泽"石门额,上款刻"民国十四年建",落款为"镇江茶叶公会立 道能述书"。②

三、煤铁锅业公会

旧址位于镇江中华路83号,原建筑已无,存石碑一块、石护门两块。镇江

① 1992年03期《民国档案》

② 1984年镇江市京口区《关于镇江市京口宋历史建筑的现状及分布的情况调查》记载

铁业经营原是山西的砂铁，开埠后，洋铁在镇江销售，先后有松茂盛、同源茂，上海属宁波帮的大铁号南顺记，属无锡帮的徵昌、兴仁、庆昌、永恒源、昇昌新、唐晋记等铁号在镇江经营。煤铁锅业公会是行会组织，接受镇江商会领导，配合政府部门协调城市煤炭供应。民国26年(1937)前，公会在会所内建达仁学校，存周佛海书写石门额一块，现为中华路中心小学。

四、油蔴业公会

位于镇江生产巷15号，在清代马市的基础上修建，存马市与油蔴业石碑两块，原建筑已翻建，曾为生产巷小学。桐油，又名洪油，民国时期主要以镇江为中转基地，向船舶业和江南地区的城市和农村销售为主。蔴主要在镇江本地销售为主，浙江和华北等地部分地区也前来采购。

五、镇江旅馆业公会

位于京畿岭地藏庵巷38号，建有安吉堂，系旅馆业公建机构。民国10年(1921)4月20日《民国日报》刊载："镇江各旅馆，向无统属机关，近日旅业同仁为推广营业，维持公益起见，特推董长源为旅业总董，组织安寓公所，并制订大纲，共同遵守。按月向各旅馆抽资，充作公用。现暂设机关于安吉堂，俟经济充裕时，再择相当地点，购地建筑完美公所。昨已禀准县署立案，并给予保护矣。"安吉堂也是为旅镇亡故人员停放灵柩之处。存三开间房屋两进两厢，另有侧房两间，石门额完整，曾为民宅。

六、理发业公会

民国25年(1936)9月15日《民众日报》刊载：镇江理发店有大光明、大光华、大同、香港、一乐、大中华、新东亚、德记、美丽、广寒宫、唯一、一美、福记、和记、新德记、同乐、炳记、福新等58家，从业人员近100人。理发从业者发起成立理发商业同业公会，推选高筱龙(大同理发店老板)为主席，并将大小理发店分为甲乙丙丁四等，统一确定理发价目，甲等理发三角，乙等二角五分，丙等二角，丁等一角。民国35年(1946)6月1日，镇江理发商业同业公会重新公布理发价目表。民国37年(1948)6月，镇江理发商业同业公会改选，推选大光明理发店仲学林任理事长。

民国35年(1946)镇江县绸布商业同业公会会员名册

表1—8

行号名称	主体人姓名	资本额（万元）	会费单位（家）	权数（个）	人数（人）	会员代表								行号地址
						姓名	性别	年龄	籍贯	营业种类	在号职务	教育程度	是否党员	
宏源	丁善甫	50	1	1	1	丁善甫	男	62	镇江	绸布京货	经理	私塾	非	山巷
新丰	巫汉臣	500	3	1	1	巫汉臣	男	46	江都	纱布	经理	中学	非	山巷139号
润丰	胡煜培	240	2	1	1	胡煜培	男	46	镇江	纱布	经理	私塾	非	大西路山巷口142号
清记	杨泽沧	160	2	1	1	杨泽沧	男	61	江都	绸布	经理	私塾	非	大西路459号
庆大祥	顾伯和	140	1.5	1	1	顾伯和	男	52	镇江	布		私塾	非	中华路71号
辛生	陶钧石	2000	9	2	2	唐天章	男	31	镇江	绸布	协理	中学	非	打索街35号
						吴懋功	男	64	镇江	绸布	协理	中学	非	打索街35号
振兴	缪祝三	600	4	1	1	缪祝三	男	45	仪征	绸布	经理	私塾	非	中华路
福源	张惠铭	500	3	1	1	张惠铭	男	33	淮安	纱布	经理	中学	非	中华路188号
福康祥	顾子山	800	5	2	2	顾子山	男	64	镇江	绸布	经理	私塾	非	中华路188号
						顾纲明	男	50	镇江	绸布	副理	私塾	非	中华路188号
长康	车家骅	1200	6	2	2	车家骅	男	39	镇江	绸布	经理	私塾	非	中华路108号
						车家富	男	33	镇江	绸布	副理	私塾	非	中华路108号
祥康	余祥文	700	4	1	1	余祥文	男	41	江都	棉布	经理	私塾	非	中华路112号
新泰	潘荣章	1500	7	2	2	潘荣章	男	56	镇江	绸布	经理	私塾	非	东坞街
						环家骅	男	22	镇江	绸布	店员	私塾	非	东坞街
恒和	贺沛泉	1000	5	2	2	贺沛泉	男	41	镇江	绸布	经理	私塾	非	东坞街
						莫洽南	男	35	镇江	绸布	协理	私塾	非	东坞街
丽新	顾捷三	1000	5	2	2	吴国平	男	29	镇江	布	协理	私塾	非	风神庙巷
						陆仲祺	男	35	镇江	布	店员	私塾	非	风神庙巷
鼎康	王养怡	600	4	1	1	王养怡	男	27	江都	绸布	经理	中学	非	日新街
福昌祥	梅爕臣	2000	9	2	2	梅爕臣	男	48	镇江	布	经理	私塾	非	天主街
						王瑞庭	男	33	镇江	布	副理	私塾	非	天主街
协兴	陆恩万	1000	5	2	2	陆恩万	男	31	镇江	绸布	经理	私塾	非	天主街
						周希程	男	35	镇江	绸布	协理	私塾	非	天主街
新记	吴焕如	500	3	1	1	吴焕如	男	56	镇江	布	经理	私塾	非	天主街
永昌	刘明甫	500	3	1	1	刘明甫	男	65	镇江	布	经理	私塾	非	天主街
德大昌	戴镛锡	2400	11	2	2	戴镛锡	男	40	镇江	布	经理	私塾	非	天主街
						周吉人	男	55	仪征	布	股东		非	天主街
大丰	张仲篪	1500	7	2	2	张仲篪	男	34	武进	绸布	经理	中学	非	天主街
						汪玉寿	男	28	武进	绸布	职员	中学	非	天主街

续表1—8

行号名称	主体人姓名	资本额（万元）	会费单位（家）	权数（个）	人数（人）	会员代表								行号地址
						姓名	性别	年龄	籍贯	营业种类	在号职务	教育程度	是否党员	
德源祥东	陆时雍	1200	6	2	2	陆时雍	男	40	镇江	绸布	经理	中学	非	大西路
						吴辛伯	男	50	镇江	绸布	店员	中学	非	大西路
元成	严耀南	900	5	2	2	严耀南	男	50	镇江	绸布	经理	中学	非	大西路
						蒋灿堂	男	34	镇江	绸布	职员	中学	非	大西路
裕纶	贾耀卿	1800	9	2	2	贾耀卿	男	50	镇江	绸布	经理	中学	非	
						严文庆	男	50	镇江	绸布	店员	中学	非	
信大	方受之	700	4	1	1	方受之	男	53	镇江	绸布	经理	私塾	非	大西路
德源祥西	于松泉	1350	7	2	2	于松泉	男	68	镇江	绸布	经理	私塾	非	大西路
						陈丽川	男	26	镇江	绸布	店员	私塾	非	大西路
东昇昶	季岳	500	3	1	1	季岳	男	52	江都	棉布	经理	私塾	非	大西路
长丰永记	汤伯智	1100	6	2	2	汤伯智	男	34	镇江	棉布	经理	中学	非	大西路
						巫启德	男	45	镇江	棉布	副理	私塾	非	大西路
万昌康	童康年	500	3	1	1	童康年	男	37	江都	棉布	经理	私塾	非	大西路
宏祥信记	刘仰枫	900	5	2	2	刘仰枫	男	46	镇江	纱布	经理	中学	非	三元巷
						许先涛	男	42	镇江	纱布	副理	大学	非	三元巷
广丰泰记	庄少臣	300	3	1	1	庄少臣	男	56	镇江	棉布	经理	私塾	非	柴炭巷
五昌泰记	郭建颐	300	3	1	1	郭建颐	男	46	镇江	棉布	经理	私塾	非	柴炭巷
协丰仁记	秦耀宗	300	3	1	1	秦耀宗	男	39	淮阴	绸布	经理	私塾	非	柴炭巷
金仁记	金辅民	700	4	1	1	金辅民	男	44	镇江	绸布	经理	私塾	非	大西路
协兴和	蒋北芹	2400	11	2	2	蒋北芹	男	41	镇江	绸布	经理	私塾	非	大西路
						汪祖琦	男	36	镇江	绸布	副理	私塾	非	大西路
鼎大祥	杜友梅	2100	10	2	2	杜友梅	男	43	镇江	绸布	经理	私塾	非	大西路
						关雨农	男	38	镇江	绸布	副理	私塾	非	大西路
九福	毕省吾	2000	9	2	2	毕省吾	男	43	镇江	绸布	经理	私塾	非	大西路
						范明道	男	43	镇江	绸布	协理	私塾	非	大西路
鸿翔	赵稚轩	1500	7	2	2	赵稚轩	男	43	镇江	绸布	经理	私塾	非	大西路
						李蓬仙	男	36	镇江	绸布		私塾	非	大西路
纶昶	王忠权	1200	6	2	2	王忠权	男	28	镇江	绸布	经理	私塾	非	大西路
						王铁民	男	36	镇江	绸布	副理	私塾	非	大西路

续表1—8

行号名称	主体人姓名	资本额（万元）	会费单位（家）	权数（个）	人数（人）	会员代表								行号地址
						姓名	性别	年龄	籍贯	营业种类	在号职务	教育程度	是否党员	
纬成	周竹君	2100	10	2	2	周竹君	男	55	镇江	绸布	经理	私塾	非	大西路
						潘明椿	男	34	镇江	绸布	店员	私塾	非	大西路
盛大祥	葛少章	2400	11	2	2	葛少章	男	43	江都	绸布	经理	私塾	非	大西路
						陆松南	男	39	江都	绸布	协理	私塾	非	大西路
永隆	张仲威	1000	5	2	2	刘啸岑	男	50	泰兴	纱布	监理	私塾	非	镇屏街
						张仲威	男	42	江都	纱布	股东	私塾	非	镇屏街
庆泰昶	邹廷鉴	1500	7	2	2	邹廷鉴	男	41	武进	绸布	经理	中学	非	三善巷
						吴志廉	男	37	武进	绸布	协理	大学	非	三善巷
中昶	史春江	1000	5	2	2	姜天龄	男	34	镇江	绸布	协理	私塾	非	大西路
						姚克元	男	38	镇江	绸布	店员	私塾	非	大西路
大隆	霍仁安	1600	8	2	2	霍仁安	男	36	镇江	绸布	经理	中学	非	大西路
						周子馀	男	38	镇江	绸布	经理	中学	非	大西路
天成	李运舫	600	4	1	1	蒋懋勋	男	43	镇江	绸布	副理	中学	非	大西路
协和祥	陈继吕	250	1.5	1	1	陈继吕	男	55	江都	绸布	经理	中学	非	大西路
万昌厚	童荣祺	400	3	1	1	童荣祺	男	24	镇江	绸布	经理	私塾	非	大西路
镇源昶	范阳和	600	4	1	1	范阳和	男	31	武进	绸布	经理	私塾	非	大西路
德润昌	程福涛	1600	8	2	2	程福涛	男	42	镇江	绸布	经理	中学	非	大西路
						王忠涛	男	36	镇江	绸布	协理	中学	非	大西路
福和祥	马善之	1600	8	2	2	马善之	男	58	镇江	绸布	经理	中学	非	大西路
						马茂如	男	55	镇江	绸布	副理	中学	非	大西路
天祥	周芸仲	600	4	1	1	赵步堂	男	34	镇江	棉布	副理	中学	非	大西路吉昌后进
义兴祥	潘锦东	600	4	1	1	潘锦东	男	66	镇江	绸布	经理	中学	非	鱼巷
钧记	范鑫波	2000	9	2	2	范鑫波	男	54	江都	棉布	经理	中学	非	鱼巷
						刘渭川	男	48	江都	棉布	店员	中学	非	鱼巷
泰源	廖敦荣	300	3	1	1	廖敦荣	男	32	江都	纱布	经理	中学	非	鱼巷
正记	林坚柏	200	2	1	1	林坚伯	男	47	江都	棉布	经理	中学	非	柴炭巷
成昶	强肇祺	200	2	1	1	强肇祺	男	45	无锡	棉布	经理	中学	非	大西路
庆成春记	鲍春浦	800	5	2	2	鲍春浦	男	49	仪征	绸布	经理	中学	非	大西路
						戴明堂	男	50	江都	绸布	副理	中学	非	大西路
镇大昌	俞镜普	400	3	1	1	俞镜普	男	48	江都	绸布	经理	中学	非	大西路
恒源昌俊记	杨俊芳	400	3	1	1	杨俊芳	男	77	镇江	绸布	经理	中学	非	大西路

续表1—8

行号名称	主体人姓名	资本额（万元）	会费单位（家）	权数（个）	人数（人）	会员代表								行号地址
						姓名	性别	年龄	籍贯	营业种类	在号职务	教育程度	是否党员	
宏大	祝耀南	1200	6	2	2	祝耀南	男	44	镇江	绸布	经理	中学	非	大西路
							男		镇江	绸布	理	中学	非	大西路
乾大昌	张鹤年	600	4	1	1	张鹤年	男	60	镇江	绸布	经理	中学	非	大西路
合记	仇大信	600	4	1	1	仇大信	男	47	镇江	绸布	经理	中学	非	大西路
丽华	丁瑞庭	550	4	1	1	丁瑞庭	男	42	江都	绸布	经理	中学	非	大西路
永康	史茂泉	500	3	1	1	史茂泉	男	61	淮安	绸布	经理	中学	非	大西路
天利	王慕真	50	1	1	1	王慕真	男	46	镇江	纱布	经理	中学	非	大西路
源康祥	周子庚	1200	6	2	2	周子庚	男	63	镇江	绸布	经理	中学	非	大西路241号
						李公雨	男	41	镇江	绸布	会计	中学	非	大西路241号
源丰祥	钱香九	300	3	1	1	钱香九	男	47	镇江	绸布	经理	中学	非	大西路241号
宏大祥	仇鼎彝	340	3	1	1	仇鼎彝	男	58	镇江	绸布	经理	中学	非	大西路241号
天福	印相山	590	4	1	1	印相山	男	57	镇江	绸布	经理	中学	非	大西路241号
天昌	唐少迟	1800	8	2	2	尹钧梅	男	47	镇江	绸布	协理	中学	非	大西路241号
						殷树声	男	39	镇江	绸布	协理	中学	非	大西路241号
精诚	尹幼臣	600	4	1	1	尹幼臣	男	26	镇江	布	经理	中学	非	九如巷
德昌	王介福	2200	10	2	2	吴善庆	男	24	镇江	绸布	协理	中学	非	鱼巷
						王介福	男	42	镇江	绸布	经理	私塾	非	鱼巷
恒昌祥	金芝宝	480	3	1	1	金芝宝	男	37	镇江	绸布	经理	小学	非	支家巷
永大	陆学道	500	3	1	1	陆学道	男	48	镇江	绸布	经理	小学	非	大西路
福康久记	乔良枝	1500	7	2	2	徐季庭	男	42	镇江	绸布	协理	中学	非	又新街
						乔良枝	男	39	镇江	绸布	经理	中学	非	又新街
永裕	吴晓岚	650	4	1	1	吴晓岚	男	60	镇江	绸布	经理	私塾	非	大西路
义和祥	王雨金	2000	9	2	2	王雨金	男	41	镇江	绸布	经理	私塾	非	大西路
						焦子琴	男	51	镇江	绸布	营业主任	私塾	非	大西路
福昌顺记	王云青	400	3	1	1	王云青	男	51	江都	布	经理	私塾	非	大西路
宏源祥	陆子开	400	3	1	1	陆子开	男	54	江都	布	经理	私塾	非	大西路
鼎丰隆永记	马同泰	600	4	1	1	唐丹如	男	56	镇江	绸布	协理	中学	非	大西路
福兴	王树坚	400	3	1	1	王树坚	男	31	镇江	布	经理	中学	非	大西路

续表1—8

行号名称	主体人姓名	资本额（万元）	会费单位（家）	权数（个）	人数（人）	会员代表								行号地址
						姓名	性别	年龄	籍贯	营业种类	在号职务	教育程度	是否党员	
裕和祥	王善馀	800	5	2	2	王善馀	男	33	镇江	绸布	经理	中学	非	大西路
						吴少臣	男	56	镇江	绸布	副理	中学	非	大西路
元大祥	何实秋	500	3	1	1	何实秋	男	54	镇江	绸布	经理	中学	非	大西路
源成	梁国安	350	3	1	1	東在山	男	52	镇江	绸布	协理	私塾	非	大西路
源泰丰	刘元钧	500	3	1	1	刘元钧	男	54	镇江	绸布	经理	私塾	非	大西路
悦大祥	程悦农	200	2	1	1	程悦农	男	37	镇江	绸布	经理	私塾	非	中山路
森利	何松尧	200	2	1	1	何松尧	男	33	镇江	布	经理	私塾	非	中正路
大吉祥	李鸿泽	400	3	1	1	李鸿泽	男	54	镇江	绸布	经理	私塾	非	中正路
时和	眭金和	150	1.5	1	1	眭金和	男	43	镇江	布	经理	私塾	非	中正路
义泰祥	朱恩义	30	1	1	1	朱恩义	男	54	镇江	布	经理	私塾	非	中正路
义顺	陶谦	100	1.5	1	1	陶谦	男	39	镇江	绸布	经理	中学	非	中正路
恒隆	倪鑫泉	300	3	1	1	倪鑫泉	男	58	镇江	布	经理	私塾	非	中正路
泰康	倪炳生	60	1.5	1	1	倪炳生	男	18	镇江	布	经理	私塾	非	中正路
泰丰	吴培芝	60	1.5	1	1	吴培芝	男	42	镇江	布	经理	私塾	非	南门外大街
益丰	吴国华	50	1	1	1	吴国华	男	62	镇江	布	经理	私塾	非	南门外大街
天源泰记	陈仲虞	500	3	1	1	陈仲虞	男	42	镇江	绸布	经理	私塾	非	大西路
顺昌	完鑫	80	1.5	1	1	完鑫	男	54	镇江	布	经理	私塾	非	中山路
仁义祥	徐明义	70	1.5	1	1	徐明义	男	36	镇江	布	经理	私塾	非	中山路
乾兴昌	蒋寅臣	400	3	1	1	蒋寅臣	男	57	镇江	绸布	经理	私塾	非	中山路
永兴	李凤石	150	1.5	1	1	李凤石	男	34	镇江	布	经理	私塾	非	剪子巷
泰昌	刘积亮	150	1.5	1	1	刘积亮	男	41	镇江	布	经理	私塾	非	中山路
泰来	朱荣生	170	1	1	1	朱荣生	男	66	镇江	布	经理	私塾	非	小码头
万顺	刘庚堂	90	1.5	1	1	刘庚堂	男	43	江都	布	经理	私塾	非	小码头
盛昌	刘学乾	90	1.5	1	1	刘学乾	男	43	镇江	布	经理	私塾	非	小码头
戴春林	虞荣宽	200	2	1	1	虞荣宽	男	36	镇江	绸布	经理	私塾	非	大西路
厚康祥	柳宗彝	5	1	1	1	柳宗彝	男	50	镇江	布	经理	私塾	非	大西路
鑫华	王仲南	300	3	1	1	王仲南	男	39	淮阴	绸布	经理	私塾	非	大西路

第三节　会馆公所

会馆公所是明清时期由同乡或同业组成的团体组织，均有各自行业规范。会馆主要以地域关系作为建馆的基础，是一种便益的同乡组织；公所是以一些超地域，以行业联系的组织。民国期间，多以此为基础成立同业公会，对于保护工商业者利益，规范行业经营等起到促进作用。

一、会馆选介

镇江商会会所。镇江商会会所位于伯先路73号。整个建筑为中西结合形制，一幢两进，占地面积1891.20平方米，房屋78.5间。青砖砌筑，砖混结构，正门朝南，迎街东面另造一大门楼，整个建筑呈长方形。

图1–7　镇江商会旧址

南面门楼为西式墙面，砌8个方形砖柱，中部大门上凸出，砖砌券形门洞上有逐层向内凹的圈带状装饰，券底落在圆白石柱上，门上嵌白石横额，有于右任书写的“镇江商会”四个大字。其内部为中式三进：第一进为走廊、天井，中为大厅，面阔三间，迎面朝南，采用中式隔扇，两旁为厢房，内部多为木立柱式，水磨石子地面，平顶天花。第二进为平房，后为两层楼，走廊、天花、地面均西式。第三进由东大门通道进入，设有楼梯，进入天井为一座三层楼房，有走廊与第二进相通。

民国20年(1931)，为中央银行镇江支行，前为营业大厅，后两层楼为办公用房，陆小波任银行经理。抗战时期被日军宪兵队强占使用，抗战结束后部分房屋用于苏宁善后救济总署，中华人民共和国成立后曾为镇江饭店。

广肇会馆(公所)。位于伯先路82号。为广州、肇庆两府旅镇客商的会馆，原会址在大京口(现中华路菜场南面)，清光绪三十三年(1907)由卓翼堂等组织移建。

图1-8　广肇公所

建筑坐东朝西，为中国传统风格建筑，砖木结构，有水磨砖雕花门楼及门额，卷棚式大三开间大厅保存完整。前后各有一个天井，有厅房、正房、厢房等二十余间和碑刻一块，占地面积600多平方米，由广州、肇庆两府旅镇客商投资兴建而成，主要是供来镇商人聚会和洽谈业务，故称广肇公所。

厅前南侧厢房中墙内嵌有“京江广肇公所记”石碑一方，记述广肇公所的由来及重建始末。现被公布为江苏省文物保护单位。

广东会馆。位于原大京口(今中华路)河边，即原中华路菜场对面，解放前为民众教育馆所在地。原存三开间大楼一栋，为镇江市群众艺术馆阅览室，现已经拆除(时间不详)。广东会馆是广州、惠州、潮州等地旅镇商贾聚集洽谈场所。广帮经销的是荷兰、印度、古巴等国的进口洋糖，以及台湾、广州、顺德等地的国产糖。广东会馆在阳彭山下购置阳彭山庄，用于安葬在镇去世的广东客商及其家属。

庐州会馆。位于芦州会馆巷41号，原称公济巷，后改芦州会馆巷，为清代合肥旅镇同乡会。会馆存房屋数间，碑刻一块，现为民宅。2010年，被镇江市文物局公布为镇江市优秀历史建筑。

图1-9　芦州会馆旧址

北五省会馆。位于黑桥东，为河南、河北、山东、山西、陕西五省的旅镇客商在镇江建立的会馆，现房屋全无，仅存北五省会馆巷的巷名。

焦山碑林《修复京江北五省会

馆纪略》碑刻记载，因为润州为南北冲衢，北五省会馆建于康熙年间，坐落于西门外大围坊，规模闳敞，章程尽善，主要联系乡谊、洽谈商情。由于战争，北五省会馆毁于兵乱，当时瓦砾场空，荆榛径满，以致该处馆基为流民强占，甚有偷葬浮厝情事，无人过问。光绪年间，北五省同乡诸君子周谘博访，搜得契据底簿一本，并碑坊记载北五省会馆界址，逐一清厘，同乡梁效颜等公议酌提货厘，重建瓦房五幢。

龙亭会馆。原坐落于德胜门，后迁至新河街龙亭巷内，因木材运输靠水力，因此木业供奉龙王为保护神，故木业公会称为"龙亭会馆"。清末民初曾创办龙亭会堂，民国初年改称木业公会。现房屋基本完整，为一般民宅和社区所用。

旧时，镇江放簰的簰工及木商较多，簰筏业的风俗亦较繁。木簰分头簰、中簰、梢簰3段。开簰时，头簰两旁竖立将军柱，即2个大椿将军柱，用桐木组成，直径约4尺，中设绞车，车盘直径约1丈。中簰搭木棚，棚中设龙王神位，两侧备工人食宿及存行簰用具。梢簰设猪尾，用桐木做成斜形，备挂缆用。头簰簰面满铺木板，前端设红门，上插小红旗。开簰时称为开红门，要选吉日，杀猪宰鸡，着神头即童男子焚香烛、烧神符、鸣鞭炮。簰筏业主要是敬龙王，但也有"先敬大王，后敬娘娘"之说。行簰时，簰上高竖大旗杆，悬天灯，另挂"杨泗将军"，即龙王和"××木号"大灯笼。行簰时，老板不得到簰头，只有工人才能到簰头。龙亭会馆不仅是簰帮会馆，各个簰帮的簰筏运送都要在这里请龙王，祈求龙王保护。龙亭会馆是每年都天庙会最大的行业之一。

泾太会馆(公所)。位于镇江新河街8—10号，为山西(太原)、陕西(泾河、泾阳)旅居镇江客商聚会洽谈场所，故称泾太会馆，又称泾太公所。《镇江市志》记载，泾太公所坐落在新河街8-10号，建筑于清同治年间。现存东西向四进平房，有雕花门楼与横门额，门额石刻"泾太公所"四

图1-10　泾太公所

字，现为民宅。泾太公所是国家级文保单位——新河街一条街的重点保护单位之一。

江北会馆(公所)。又称苏北公寓，位于万家巷45号，建于民国，面积154.86平方米。因年久木构件槽腐朽，损坏较重，主体结构尚存，现为一般民宅。

整体建筑属砖木结构，主体三层，由砖叠砌至顶，东部后现浇筑钢梁结构，前部设木楼梯至二楼，有一廊，廊北设房间，东部又设楼梯可上三楼，又有廊通各房间。墙立面已经维修，原水磨石地面改为水泥地面。其南有直通内天井，作通风采光之用。

除以上会馆外，镇江还有丹徒会馆位于镇屏街24号；福建会馆位于宝盖山黑桥附近；江西会馆位于观音洞下小码头街15号；新安会馆位于柴炭巷；西江会馆(公所)位于山巷底；任城会馆(公所)位于西坞街；莆田会馆(公所)位于曹家坡底；古闽会馆位于曹家坡；湖北同乡会位于姚一湾等。

二、公所选介

钱业公所(公会)。位于戥儿巷40号，清光绪十七年(1891)建，系镇江钱庄业同业公会。公所地址先后位于钱业公所巷和西坞街口。清末镇江实力雄厚的钱庄有32家，拥有资金达30多万两。钱业同行公所内集会交易，是议定兑换价格利率场所，又称“辅宜堂”。清末民国初曾创办增福会堂，用于社会公益。主体建筑高大，落地雕花隔扇较精美，曾为镇江市轻工业公司粮油综合利用研究所，现已拆除。

江广业公所(安仁堂)。位于新河街45号，原是清代慈善机构安仁堂，清末镇江开埠后，江广业(油、蔴、糖、南北杂货、洪油等)发展迅速，成为与钱、木、丝绸、绸布并立的镇江五大商业之一，遂将安仁堂改设江广业公所，后为私立安仁学校，现为民宅。今存六开间房屋三进，门额上尚留有门匾痕迹，曾创办万福会堂。

绸业公所。位于演军巷，又称景福公所，曾为江绸业公会。唐宋时期，镇江就有生产绫、罗、绸、缎等贡品的历史记载。19世纪70年代，镇江以手工木机织造的江绸畅销全国，远销海外，尤以朝鲜居多。光绪年间，镇江规模较大的绸缎业有裕记、裕康祥以及后来的泰康、鸿康等，以批零兼营为主。其中裕康祥实力雄厚，业务最大，年营业额达数十万两，但盈利甚微，过些年即紧缩规模；裕记实行股份形式，后因股东经营意见不一致，在民国12年至13年(1923—1924)间歇业。民国初期，绸业公所创办景福会堂，用于社会公益。

布业公所。先位于粥厂巷，后移至布业公所巷26号，又称多福公所，建于清光绪十三年(1887)。公所建筑为两进两层三开间两厢，每进面阔10. 5米，进深6.4米。存光绪年间水磨雕花砖门楼，“布业公所”石门额完整，现为民宅。2014年9月，被公布为镇江市文物保护单位。

图1-11　布业公所

镇江当时是鲁、赣、豫、皖通商要塞，产品以布业著称，全城近百家布业商家结为公会，在设立的布业公所内议定行规、共商发展，倡导诚信经营、童叟无欺。公会曾创办多福会堂，用于社会公益。

镇江布业，最先分为绸缎业和棉布业，绸缎业销售对象是富贵人家，棉布则是贫苦人家。因此，镇江布业曾依经营品种类型设立公所，如：位于演军巷的绸缎业景福公所，位于布业公所巷的棉布业多福公所，位于打索街、后移至西门桥附近经营洋货匹头的洋货公所以及位于贾家巷的夏布公所、大西路的国货公所。

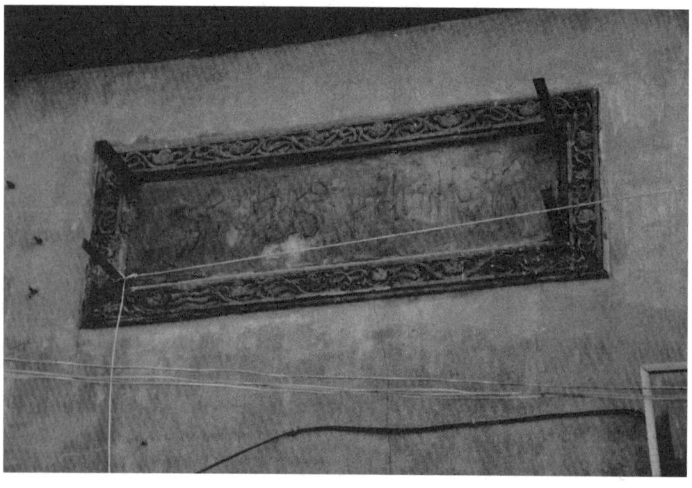

图1-12　米业公所

米业公所(公会)。清同治五年(1866)成立，位于新河街114号，是米业界的同业公会，俗称“牙行”(决定当日米价)。公所呈前后四进穿堂式建筑，现保存水磨砖雕花门楼和石门额1块，曾是镇江麻纺厂飞腾旅社，清末民初创办赐福会堂。

清咸丰八年(1858)镇江辟为通商口岸后，江海轮运四通八达。北有山东的卫船运来食油、土特产，并购回大米、绿豆等；南有浙闽一带的钓船运来木材及海味品，购回大米、豆类等杂粮；还有崇明、盐城一带的网船和沙船往来贩运粮食。湘、鄂、皖、赣及江苏省北部产粮区的米粮外销，大都沿长江、运河到镇江市场集散或转口，沿海诸省客商纷至镇江设庄采购，仅广肇帮设庄就达70家，宁波、福建等帮也有数十家，由此镇江粮食市场逐步兴盛，形成长江下游的一大米市。

清同治五年至光绪八年(1866—1882)的10余年间，是镇江米市鼎盛时期，最高年销白米达200万包(每包100公斤)，豆类杂粮达300万包。米粮销路北至青岛、烟台、威海，南至浙、闽、两广等省沿海口岸，米出口大部分销往日本，豆类、杂粮主要销往南洋各国。

光绪八年(1882)，李鸿章任两江总督时，米市迁往芜湖，广潮、宁波、福建客商也多数随迁，镇江粮米交易从此由盛转衰。

瓦木公所。位于西门桥附近原拖板桥小学内，是清代建筑，坐北朝南，占地近400平方米，前后两进两厢，中为天井，两侧各有厢房两间。瓦木公所原存砖雕大门楼和一进两厢房屋分别于1982年和1984年11月被拆除，其中一块石碑已碎。现仅存后一进五开间的二仙祠(鲁班和张班)，面南，廊柱与檐柱之间构成四檩卷棚，上有瓜柱、月梁，均雕刻花叶纹饰，檐椽交叠飞出，形成廊檐。现为镇江市文物保护单位。

图1-13　瓦木公所

现存有记载瓦木公所大小石碑2块。小碑于光绪二十九年(1903)闰五月二十八日立，碑文近300字，其中一段为“因物价上涨，瓦木工匠养家，生活艰难，邀集东伙公改，以后工资照米价涨落付给，一律永远，各匠亦不得酗酒滋事”，额首为“奉宪示谕勒不永远。”大碑于光绪三十二年(1906)6月立，碑文计2500余字。其中一段为：“因瓦工为涨工价把技聚众停工，出示严禁，并议定条规，为司务者涨钱二十文，即每工给钱一百二十文，徒工循照旧章给钱一百文，满师后再行照涨，今后如再聚众把技停工，概不准用。”两碑文反映出清末物价上涨，瓦木工匠要求增加工资等情况。

肉业公所(公会)。位于镇江市小门直街41号，亦称庆福堂。肉业公所成立于清光绪年间，由18家肉业同行共同建立，是肉(屠宰)业的行业公会。房屋呈三开间一进两厢楼上下，前有院落，正厅为硬山顶，面阔三间10.5米.进深七檩7.5米。曾用作拖板桥小学分部，后为拖板桥幼儿园。现已拆除。

裁缝公所(公会)。位于镇江市小门直街35号，是裁缝业的同业公会。清末建筑，面西，有三进房屋与厢房，占地面积176平方米。门厅为硬山顶，面阔三间10.5米，进深七檩7.5米，门上有石刻横额。其南为两层结构的绩善堂，已拆除。

夏布公所。位于镇江市贾家巷8号，原建筑已全部翻建，仅存明代石狮子样石刻两块，现为民宅。

夏布，也称为麻布，其原料是苎麻，优点是牢固、质细，穿着透风、凉爽，一般人家都用白夏布做蚊帐。清代是夏布发展的旺盛时期，镇江是重要的夏布销售地。据《分宜县志•物产》云：“每到夏布收购季节，上海、无锡、镇江、烟台以及朝鲜等国内外客商纷至沓来，坐地收购。”民国以后，夏布逐渐为丝纺所代替，该行业渐渐衰退。

药业公所(公会)。位于镇江市上河边132号石浮桥头，民国23年(1934)7月成立，孙以康任主席。后由国药业张秉衡等在此创办为培初小学，曾是上河边小学校址。现存半截雕花门楼及石额、石碑等。

药业为镇江十大行业之一。民国11年(1922)，镇江有中药店(行)30家、西药房9家。抗战胜利后，镇江有中西药店、药行79家。

图1-14　药业公所

镇江药业公所是在民国初期中医药受到冲击的背景下成立的。民国18年(1929)2月23日，国民政府卫生部通过“废止中医案”，立即遭到中医界的强烈反对。3月16日，中医界在全国发起声势浩大的请愿运动，要求撤销“废止中医案”。民国19年(1930)5月7日，通过设立“中央国医馆”的提案。民国20年(1931)4月16日，中央国医馆在南京成立，确立“以科学的方法整理中医药学术及开展学术研究”为宗旨的研究方法；负责制订学术标准大纲，统一病名，编审教材，在各省成立分馆；举办国医医院、国医传习所，确定每年3月17日为“国医节”。从此，开启近代中医诊疗、研究和教学的新模式。

除以上公所外，还有位于丹阳码头的茶食公所、位于曹家坡北口的酱业公所、位于观音桥巷东口的机业公所、位于太保巷的烟业公所、位于城隍庙街的江镇公所薙(剃)发业公所、位于京畿岭宝盖山下坡的安寓公所、位于火星庙的油漆业公所、位于太平庵隔壁的细木作业公所、位于小门大街的成衣公所、位于南门大街的丝经业公所、位于打索街的洋货公所、位于镇屏街的运输公所、位于薛家巷的衣业公所、位于新河街的油业公所、位于金山河的江汉公所、位于山巷底的西江公所、位于西坞街的任城公所、位于曹家坡的莆田公所、位于姚一湾的湖北同乡会、位于金山河的木业公所、位于薛家巷的茶叶公所、位于礼拜寺巷的旅业公所等。

民国初年，会馆公所参照都天会模式创设会堂，创办公共市场和学校，举办物资展览会，热心慈善事业。

民国11年(1922)1月公共事业会堂一览表

表1—9

商业名称	会堂堂名	地址
绸业	景福会堂	城内演军巷
煤铁五金业	甪端会堂	新河街
米业	赐福会堂	新河街
衣布业	多福会堂	布业公所巷
江广业	万福会堂	上河边

续表 1—9

商业名称	会堂堂名	地址
杂货业	金炉会堂	新河街
油酒业	敬香会堂	新河街
木业	龙亭会堂	新河街
书吏	净街会堂	县衙门口
钱业	增福会堂	钱业公所巷
百货水果业	蒋公会堂	粥厂巷
京货顾绣业	降福会堂	新河街

附

镇江都天会

镇江都天会曾是影响大江南北的盛会，既是镇江全城的狂欢节，又是镇江商民一年中经商的黄金季节，前后在镇江盛行200多年。1839年4月，清末著名诗人龚自珍辞官南归经过镇江，正赶上都天会，他被眼前似电光闪烁、风雷激荡的狂欢场面所感染，挥毫写下了《己亥杂诗》“九州生气恃风雷”一首。

镇江都天会所祭祀的都天大帝是唐代平叛“安史之乱”的英雄、睢阳守将张巡。张巡(709—757年)，河南南阳人，唐开元年间进士。“安史之乱”时任真源县令，组织军民抗击安禄山叛军，后在睢阳以极微弱的兵力抗击数十万叛军，苦守睢阳数月，牵制了叛军，“守一城，捍天下，以千百就尽之卒，战百万日滋之师”，保障了作为唐朝财源粮仓的江淮地区的安全，最后因粮尽援绝，与城同亡。在张巡死后50年，文学家韩愈写下了著名散文《张中丞传后叙》，为张巡、许远等英烈辩污，歌颂他们的英雄业绩。

后来的民间传说逐渐将张巡神话，演变成为生前忠烈、死后仍庇佑百姓的神仙，并演绎出许多“显圣”的故事广受民间敬畏，人们尊称他为“都天老爷”“都天菩萨”“都天大帝”，将他的塑像称作“王驾”“大驾”。南宋王朝偏安江南，为了激励民心，抗击金兵，追封张巡为“英济王”。

镇江对张巡的祭祀活动大约在宋代已开始；从明代起由摆设香贡、悬挂神像发展成为庙会活动；在清代中期发展成为大规模的民间活动；太平天国以后，随着镇江经济的崛起，庙会活动发展成为规模庞杂的大型盛会。1860年，镇江被辟为通商口岸以后，成为长江中下游最重要的商贸中心、物资集散中心、货物进出口口岸，经济繁荣，百业兴旺，各类行业公会应运而生。为扩大影响，多做生意，各行业公会竞相牵头举办都天会活动，花样翻新，争奇斗巧，使都天会进入了鼎盛时期。都天庙会期间，大江南北、运河沿岸的巨商大贾、善男信女、小商小贩、江湖艺人云集镇江，做生意，祭祖先，敬鬼神，展才艺，结新朋，会老友，通信息，镇江流动人口骤增，高峰时可达20万人以上。一时间镇江市面上人山人海，旅馆饭店人满为患，各行各业贸易额大增，仅木材、杂货、五金等几个行业的贸易额即可达到白银五六百万两之巨。

都天会由镇江主要的民间商会轮流牵头主办，一般在每年农历四月初十(公历5月上中旬)前后举办，会期一个月左右。为做好组织工作，通常在一个月以前由都天庙的住持和尚邀请各主要行业公会的负责人商讨筹办工作，确定庙会日期。日期确定以后，全市72家行会、会堂和城内关外的香供场所都会忙碌起来，查点供器、仪仗，整理陈设。城乡居民赶制会服，邀请外地亲友，选择看会地点，预定看台，重视程度不亚于春节。

进入农历四月，各行业公会都要设立堂会，供奉本行业始祖，并将参加都天会的仪仗、供器集中陈列，供人参观。市区西门外的上河边、新河街、姚一湾是市面繁荣、行会集中的地方，堂会期间，这里人群如流，熙熙攘攘。

临近庙会，各行会都会在市区的游行道路上划段预演练习。由于正式庙会那天表演时间较短，因此预演实际成了各行会扩大影响的表演活动，大家都十分卖力，一丝不苟，尽呈精彩。人们在看过堂会之后，又要忙着看演会。

庙会的前三天，全城男女老少都要到鼎石山上去“上庙”。上庙是专指上都天庙，主要是去祭祀都天大帝，请求都天大帝保佑全家平安、健康长寿、财源广进。在通往都天庙的运河上，外地专程来镇江参庙进香的大小民船一字排开，鳞次栉比，船前都悬挂“朝山进香”的黄旗，摆设香贡，十分庄严和虔诚。庙会的第一天，全城放假，万人空巷，男女老少，扶老携幼，起个大早，伫立街头，自带板凳椅子，守候庙会的行进队伍。庙会一般分“报会”“戏耍会”“王爷驾到”三个阶段进行。

都天会的游行路线要经过府、道、县衙和堂会的门口并相沿不变，大致是由东门出发，经范公桥到东门坡、小市口，过鼓楼岗、府衙前、千秋桥转中街，穿过五条街向西到大市口转北，经四牌楼向西出小西门，经上河边转新河街到姚一湾，穿鱼巷到银山门，从伯先路到新马路，并在新马路的都天行宫休息供茶，然后进新西门、双井路到大市口向南，过永安路到南门大街，出南门大街沿运河边回庙，行程结束。由于游行队伍庞大，通常有三万人左右，从开始到结束约需十五六个小时，各家行会都会在出会前一天晚上到东门集中，并在当天夜里在都天庙举行“诸神参典”。天一亮，各家行会就依次浩浩荡荡朝市区进发，从早上到中午不休息。到双井路时，一般天色已晚，这时就接着办灯会，沿街点上灯笼、火把，顿时火树银花，五光十色，把城市装扮得分外妖娆。

我国各地都有举办庙会的传统，但像镇江都天会这样规模宏大，吸引如此众多的人千里迢迢前来参加，并且历经战乱延续几百年之久而不衰，则是极为罕见的。到20世纪初，随着南北铁路运输的兴起，大运河失去了往日的漕运主动脉作用，镇江的城市交通地位也随之江河日下，加上近现代内外战火不断，经济凋敝，到抗日战争前后，镇江都天会活动已基本偃旗息鼓了。虽然都天会在镇江已中断了六七十年，但都天会积淀起来的民俗、民间文化至今仍在深深影响着这座城市的发展，尤其是先民们那种龙腾虎跃、生机勃发的奋斗精神，正激励着我们向现代化的目标迈进。①

①摘自金山网，作者：张大华

第三章　工商业

19世纪末，镇江已成为长江下游的商贸中心，转口贸易额位居全国前列。从光绪二十一年至宣统三年(1895—1911)的17年间，镇江转口贸易总额为49573万两白银，同时镇江也是苏、皖、鲁、豫等地物资输入输出的主要集散地。转口贸易的发展，带来金融、商业和手工业的发展，特别是钱庄、木材、绸布、江绸等业最为兴盛。

清朝末年，镇江先后创办四经、大纶丝厂和面粉厂、大照电灯公司、榨油厂、火柴厂等一批工厂，从而奠定了以机器生产为代表的镇江近代工商业基础。镇江商会成立后，作为以同业公会或无同业公会的公司、商店、行号为会员的工商业社会团体，坚持"以图谋工商业及对外贸易之发展，增进工商业公共之福利为宗旨"[①]，促进镇江工商业的发展。镇江生产的香醋、文明绸等产品在南洋劝业会上获奖，其中文明绸远销俄国、印度和南洋诸国，最高年销量27万匹，贸易值约450万两白银。

民国元年(1912)后，镇江先后创办省立第三工厂、慈幼织布厂、贻成面粉公司、江南制纸厂分厂、无敌牌镇江工厂以及仁章织绸厂等工厂。民国15年(1926)，在江苏省第三次地方物品展览会上，丝光锦缎呢、金山牌面粉、火柴、爱国花伞等9种产品获得一等奖，江绸、皮箱、露酒、肥皂、挂面、酱油、豆粉等50种产品获得二等奖。

---

①贾子彝：《江苏省会辑要》，1936年版

第一节 商 业

民国时期，镇江商业以钱业、木业、绸布业、江绸业、江广业等五大业为主。

一、钱业

钱庄。兴盛时期，镇江有钱庄60余家，其中规模较大的有25家，信用放款远及长江以北，年放款金额达3000余万银元。

银行业。民国16年(1927)，经江苏省财政厅厅长张寿镛提议，在镇江设立江苏农民银行总行，由孙传芳捐田筹款作为基金，并成立监理委员会，民国17年(1928)7月16日正式开业，以小额工商贷款为主要业务。民国22年(1933)12月改组，取消区管辖行制，实行总行营业制，放款方式分合作社、生产互助社、乡镇代表放款、个人放款、实物放款、储押放款和特种放款等。

据民国24年(1935)镇江银行业绩报告，全年营业额68980万余元、纯利润15.6748万元，分别比上年增加9419万元、5.49万元。其中合作社，青苗放款余额15.47万元，农仓储押余额303.9万元，合作运销农产品放款、农民组织放款、押汇等项余额300多万元。

清末民国初，镇江钱庄高度发达，人才资源丰富，上海华商银行设立初期，专门从镇江钱庄选聘一批经营管理人员和业务骨干，这些从镇江走出去的管理人员，后来成就了一批银行家、金融家和实业家，如：陈光甫、胡筠、赵棣华等，他们成为优秀的民族工商业者，为促进中国金融业的发展，发挥了重要作用，这是镇江永久的历史记忆。

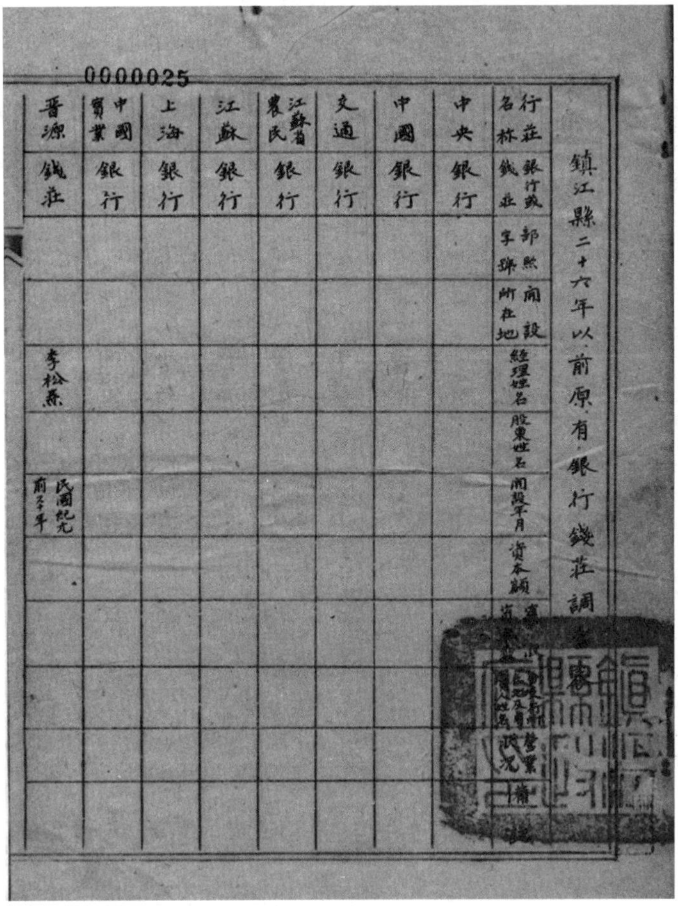

0000025

鎮江縣二十六年以前原有銀行錢莊調查表

行莊名稱	銀行或錢莊	部照字號	開設所在地	經理姓名	股東姓名	開設年月	資本額
中央	銀行						
中國	銀行						
交通	銀行						
江蘇省農民	銀行						
江蘇	銀行						
上海	銀行						
中國實業	銀行						
晉源	錢莊			李松燕		民國紀元前[illegible]年	

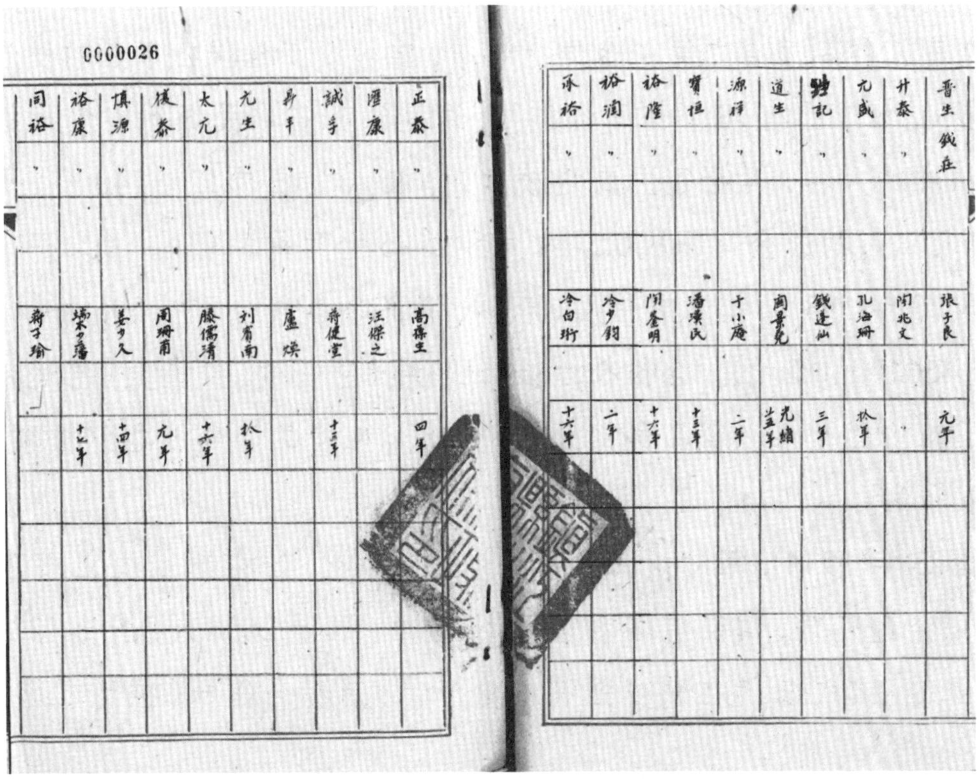

0000026

行莊名稱	銀行或錢莊			經理姓名		開設年月
晉生	錢莊			張子良		元年
升泰	〃			閔兆文		〃
允盛	〃			孔海珊		拾年
豔記	〃			錢逢仙		三年
道生	〃			闞景堯		光緒廿五年
源祥	〃			于小庵		二年
寶恒	〃			潘璞民		十三年
裕隆	〃			閔叁明		十六年
裕潤	〃			冷少鈞		二年
承裕	〃			冷伯琍		十六年
正泰	〃			高葆生		四年
滙康	〃			汪傑之		
誠孚	〃			蔣健堂		十三年
鼎丰	〃			盧焕		
允生	〃			刘宥南		拾年
太允	〃			滕儒清		十六年
儀泰	〃			周珊甫		九年
慎源	〃			姜少久		十四年
裕康	〃			端木少藩		十七年
同裕	〃			蔣子瑜		

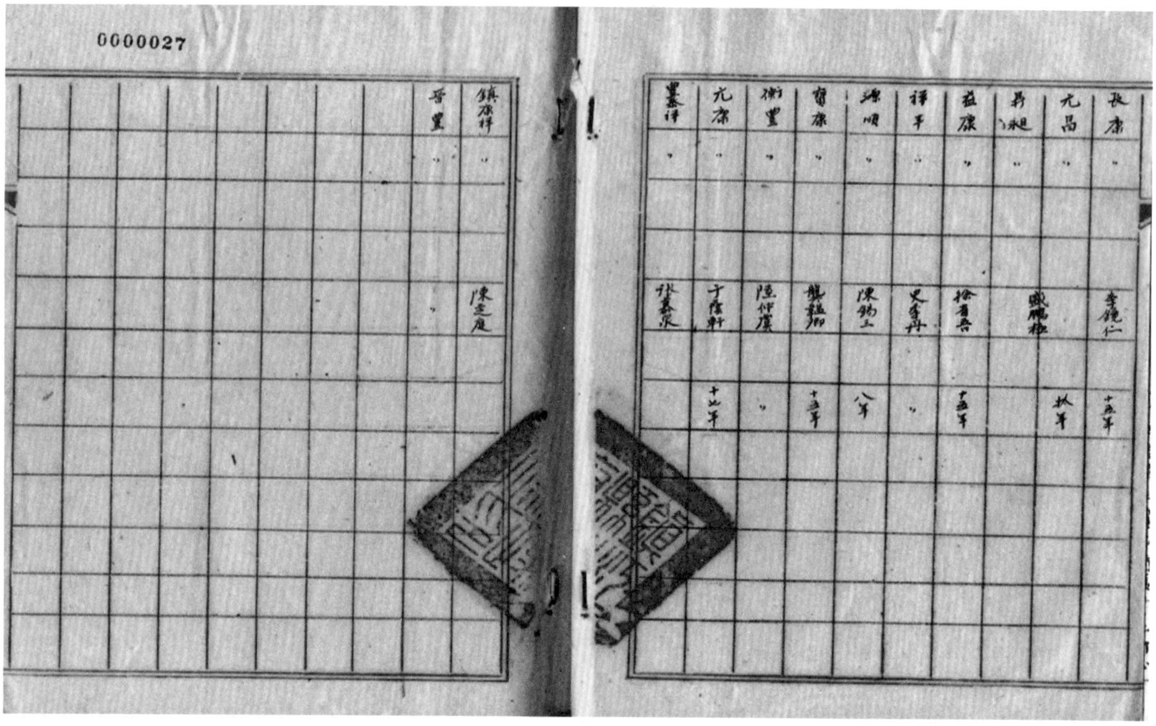
0000027

图1-15 镇江县民国15年(1926)以前原有银行钱庄调查表

合作社。民国17年(1928),国民政府推行合作社,指导合作社创设的机关是设置在镇江的江苏省立第一合作指导所,推动镇江合作社事业的发展。民国18年(1929),镇江已有10个信用合作社,这是江苏省农民银行在农村推广的合作社组织中的一种,其业务主要是放款,每社入股社员12—140人,平均20—30人,社员认缴的股金有每股0.5—1元和2—5元两种。

民国20年(1931),镇江有信用、产销、消费等各种合作社106个,社员4019人,股金46647元(银元)。合作社为社员提供低息贷款、扶持生产、运销农产品以及低于市价的生活必需品和部分农用物资,但有的合作社组织被豪绅操纵,从中谋取私利。

民国23年(1934),保险责任江苏省会信用合作社在镇江成立。至民国25年(1936),经过整合,镇江有各种合作社79个,社员2658人,股金13351元(法币)。镇江沦陷时,日伪在城乡强制组建产销、消费合作社,控制市场,掠夺农产品。

抗日战争胜利后，国民政府以接收日伪合作社资产为基础，于民国36年(1946)7月在镇江成立江苏省合作社物品供销处，向各地合作社配售种子、肥料等农用物资和棉布、白糖、肥皂、火柴等生活用品。同年，镇江县政府设立合作指导室，督导整理兴办合作社，至民国36年(1947)，镇江各种合作社有19个，社员1239人，股金9267元(法币)；民国37年(1948)2月至6月，镇江县成立9个信用合作社，其中3个为质押信用合作社，大都是高利息贷款，实为变相钱庄。镇江解放后，上述合作社自动停业。

二、木业

木业从商者曾划分为江汉帮和镇江帮。民国20年(1931)后，湖南益阳帮直接运销镇江，之后湖南宝庆、长衡等帮相继到镇江经营。木业的营业机关分行、号、厂三部分：行为中间商，专营代客买卖；号为贩卖商，专营批发；厂为转贩商，专营本地零销。镇江木业年营业额500余万元(法币)。民国35年(1946)镇江有9家木号、66家木行。

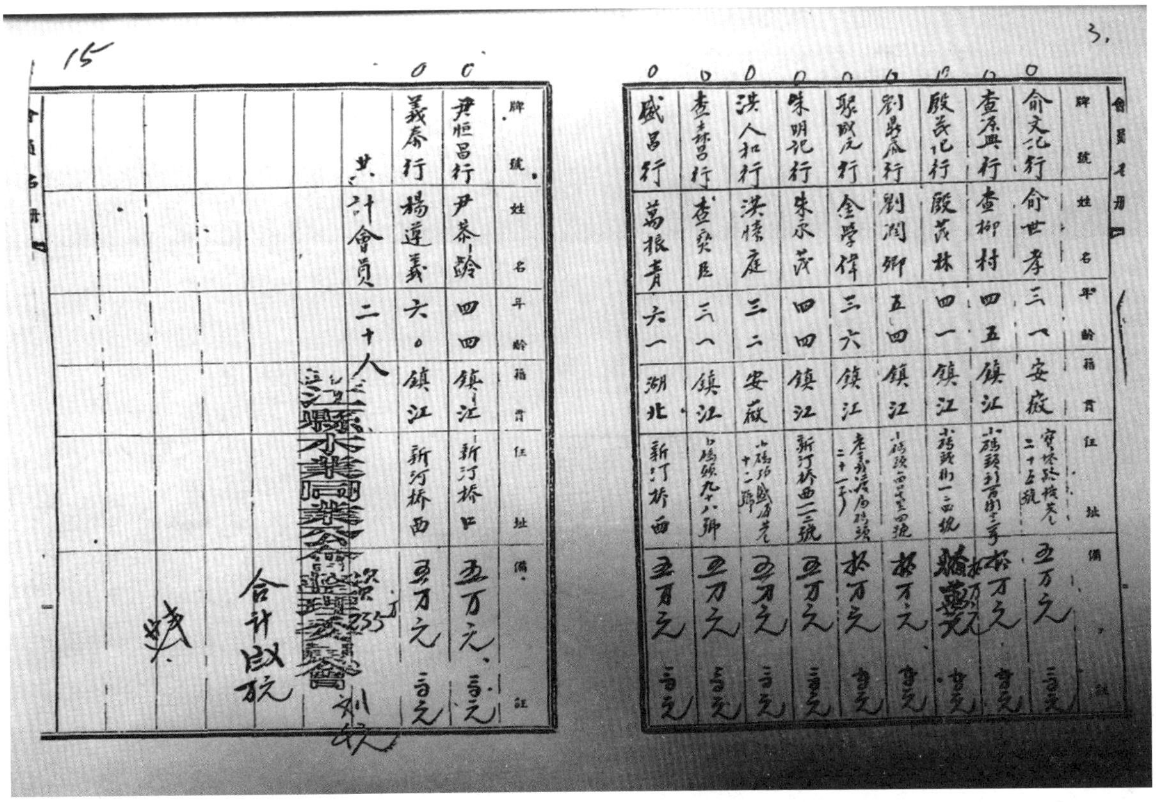

牌號	姓名	年齡	籍貫	住址	備註
俞文记行	俞世孝	三一	安徽	[illegible]二十五號	五万元 [illegible]
查源興行	查柳村	四五	镇江	小碼頭[illegible]	拾万元 [illegible]
殷義记行	殷義林	四一	镇江	小碼頭街一二四號	[illegible]
劉昌義行	劉潤卿	五四	镇江	小碼頭[illegible]號	拾万元 [illegible]
聚興元行	金學偉	三六	镇江	[illegible]二十一號	拾万元 [illegible]
朱明记行	朱永茂	四四	镇江	新河桥西二三號	五万元 [illegible]
洪人和行	洪幉庭	三二	安徽	小碼頭[illegible]十二號	五万元 [illegible]
查吉昌行	查燮臣	三八	镇江	小碼頭九十八號	五万元 [illegible]
盛昌行	萬根青	六一	湖北	新河桥西	五万元 [illegible]
尹恒昌行	尹恭齡	四四	镇江	新河桥下	五万元 [illegible]
義泰行	楊遠義	六〇	镇江	新河桥西	五万元 [illegible]
共计會員二十八人					合计股[illegible]

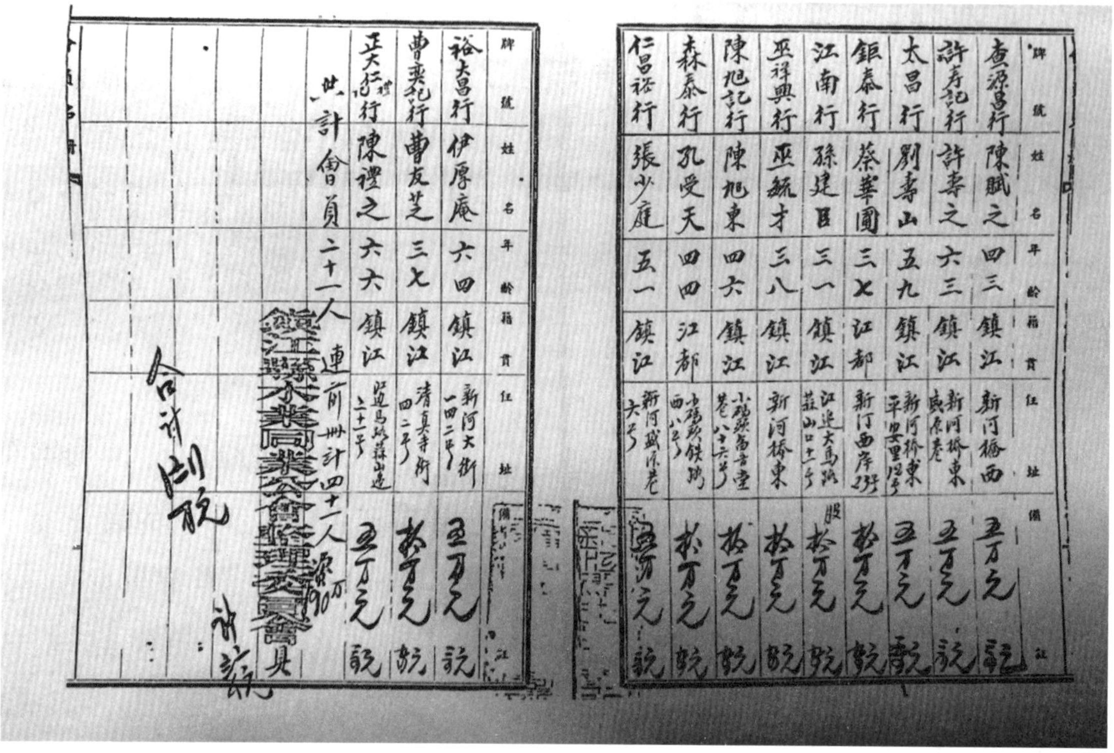

牌號	姓名	年齡	籍貫	住址	備註
查源昌行	陳賦之	四三	鎮江	新河橋西	五万元 訖
許壽記行	許壽之	六三	鎮江	新河橋東咸原巷	五万元 訖
太昌行	劉壽山	五九	鎮江	新河橋東平安里18号	五万元 訖
鉅泰行	蔡華園	三七	江都	新門西岸23号	拾万元 訖
江南行	孫建臣	三一	鎮江	江邊大馬路蒜山口十二号	股拾万元 訖
巫祥興行	巫毓才	三八	鎮江	新河橋東	拾万元 訖
陳旭記行	陳旭東	四六	鎮江	小碼頭鐵路富音堂巷八十六号	拾万元 訖
森泰行	孔受天	四四	江都	小碼頭鐵路西八号	拾万元 訖
仁昌裕行	張少庭	五一	鎮江	新河盛源巷六号	[illegible]元 訖
裕大昌行	伊厚庵	六四	鎮江	新河大街一四二号	五万元 訖
曹爽記行	曹友芝	三七	鎮江	清真寺街四二号	拾万元 訖
正大仁記行	陳禮之	六六	鎮江	迎江路蒜山邊二十一号	五万元 訖

共計會員二十一人　連前冊計四十一人　資790万

鎮江縣木業同業公會整理委員會　具

合計[illegible]訖

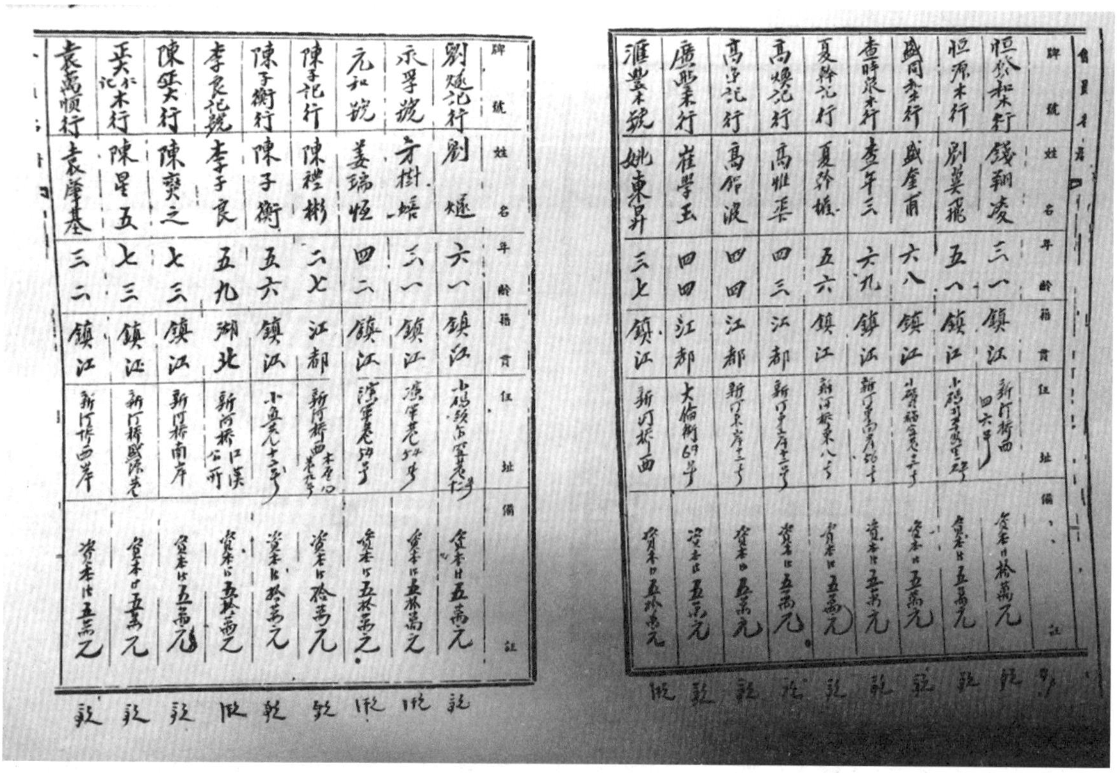

牌號	姓名	年齡	籍貫	住址	備註
恒發和木行	錢翔凌	三一	鎮江	新河街西四六号	資本廿拾萬元 訖
恒源木行	劉冀飛	五八	鎮江	小碼頭[illegible]	資本廿五萬元 訖
盛同泰木行	盛奎甫	六八	鎮江	小碼頭[illegible]	資本廿五萬元 訖
查時泰木行	查年三	六九	鎮江	新河東岸[illegible]	資本廿五萬元 訖
夏餘記行	夏餘雄	五六	鎮江	新河橋東八号	資本廿五萬元 訖
高煥記行	高帷渠	四三	江都	新河中岸十三号	資本廿五萬元 訖
高亨記行	高[illegible]浪	四四	江都	新河東岸十三号	資本廿五萬元 訖
廣興木行	崔學玉	四四	江都	大備街69号	資本廿五萬元 訖
滙豐木號	姚東昇	三七	鎮江	新河橋西	資本廿五拾萬元 訖
劉燧記行	劉燧	六一	鎮江	小碼頭[illegible]	資本廿五萬元 訖
永孚號	方樹[illegible]	三一	鎮江	演軍巷[illegible]	資本廿五拾萬元 訖
元和號	姜瑞煜	四二	鎮江	演軍巷[illegible]	資本廿五拾萬元 訖
陳子記行	陳禮彬	二七	江都	新河橋西[illegible]	資本廿拾萬元 訖
陳子衡行	陳子衡	五六	鎮江	小魚巷十二号	資本廿拾萬元 訖
李良記號	李子良	五九	湖北	新河橋江漢公所	資本廿五拾萬元 訖
陳興大行	陳爽之	七三	鎮江	新河橋南岸	資本廿五萬元 訖
正大木記行	陳星五	七三	鎮江	新河橋盛源巷	資本廿五萬元 訖
袁萬順行	袁庠基	三二	鎮江	新河橋西岸	資本廿五萬元 訖

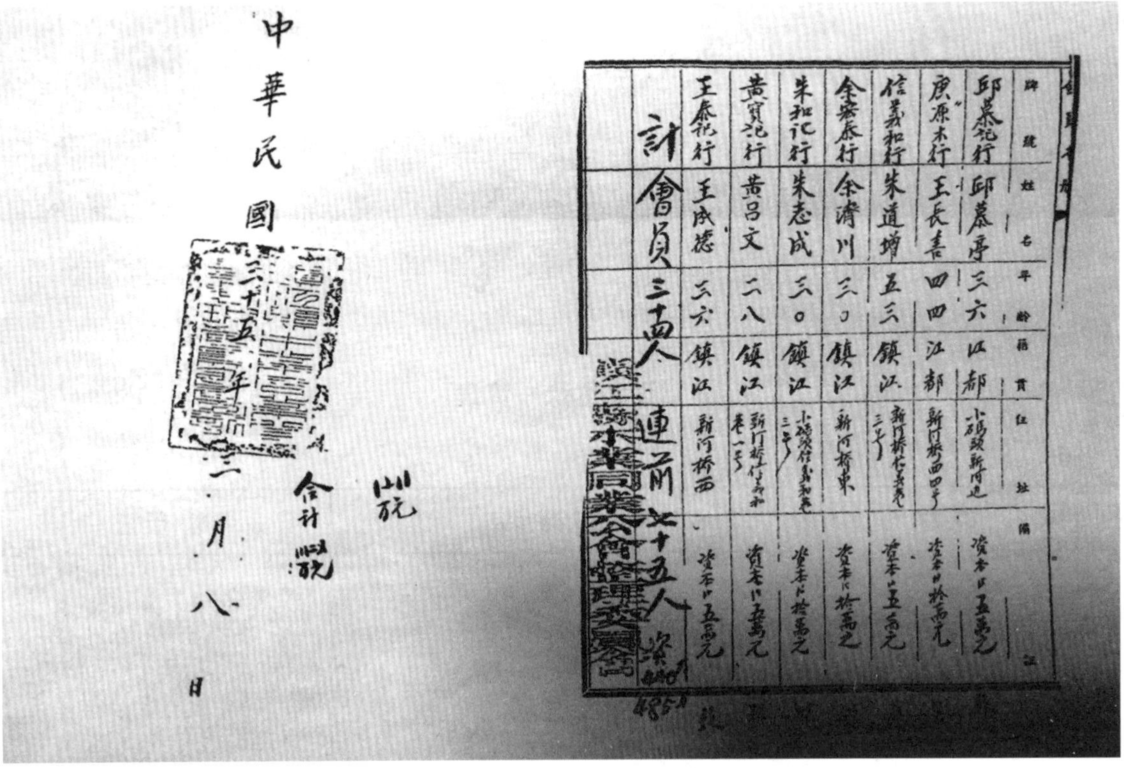

牌號	姓名	年齡	籍貫	住址	備註
邱慕記行	邱慕亭	三六	江都	小碼頭新河邊	資本五萬元
庚源木行	王長春	四四	江都	新河橋西四号	資本拾萬元
信義和行	朱道墉	五三	镇江	新河橋大街三号	資本五萬元
余森泰行	余濟川	三〇	镇江	新河橋東	資本拾萬元
朱和记行	朱志成	三〇	镇江	小碼頭信義和巷三号	資本拾萬元
黄寶记行	黄呂文	二八	镇江	新河橋信義和巷一号	資本五萬元
王泰記行	王成德	三六	镇江	新河橋西	資本五萬元

計會員三十五人　連前七十五人

中華民國三十五年三月八日

图1-16　民国35年(1946)镇江木业行号

三、绸布业

镇江有绸缎店3家，布店达百余家，疋(pi)头洋货店3家，全业营业额达千万元以上。

图1-17　1910年南洋劝业会现场

镇江棉布业历史悠久，清末民国初镇江有棉布商店30余家，经营较大的店号集中在银山门至山巷一带。其中恒元昌最早批零兼营，并售洋货，年业务额达30万元；福和祥门市兼批发，绸呢具备，花色齐全，兼收江绸、宫纱、缣丝等；泰成门面适中，花色齐备，经营活跃，盈记润夏布行入股，资力雄厚；源丰祥零售兼批发。这4家在当时是镇江布业中影响最大的商家。

四、江绸业

清光绪二十年(1894)前为镇江江绸业鼎盛时期，有织机数千台，主要有4个品种：线绉、绫绸、塔夫绸、缣丝，产品除销往两湖、北五省、东三省外，还远销朝鲜，年产值达300万两白银。陶聚茂、陈恒顺、毛凤记、蔡协记为著名的四大绸号。

江绸品种一览表

表1—10

类别	名称	品种特点	备注
绸	花素宁绸，旧名冲宁绸，又名宫绸、文明绸	有花、素两种，适用中西服装衣里	朝廷大典，用以赏赐臣僚，多为官服袍料，故又称宫绸。文明绸于1910年获南洋劝业会优等奖
绫	文绫，又名京口线绉	有花、素两种颜色，花有水纹、鱼口绣、叶花纹等	1908年生产花绉、杜鹃绉，在1910年南洋劝业会上获奖
缎	京江红缎小宫绸	素地无花，因红又称紫薇缎	
绉	京绉	有黄、紫两色，紫色为紫绸，淡黄色为密合绸	婚嫁一般采用此料，是江绸主要品种
绢	润州贡绢	丝缕较疏，与绢类似	主要销往琉球，光绪年间停织
纱	官纱	素地无花，有蓝白、雪灰等色，用于夏衣料	文明纱于1910年获南洋劝业会金牌奖
罗	衫罗、大花罗	1908年创文明罗	1910年获南洋劝业会获奖
丝	缣丝	疏薄如纱，素地无花，色微黄，炼染后有练白、元青、宝蓝等色，有生丝熟丝之分	夏衣料，主要销往苏、皖

五、江广业

江广业包括油、麻、糖、南北杂货、洪油等，区分邵帮和西帮。邵帮最先由邵伯人在洪江开采洪油，后由镇江人继续开采，并认定为镇江字号，称为邵帮。西帮由江西人经营，故称西帮。西、邵两帮洪油均集中于镇江销售。清末民国初至民国初期，年销洪油24万桶(每桶43公斤)，各地采购洪油客商、大多集中在镇江，年营业额达300万两白银。

民国初期，镇江除五大主要商业外，还有许多大小商业遍布城乡，主要有洋货业、丝经业、纱线业、衣业、皮货业、洋广货业、米业、煤铁业、糖香海味业、金珠业、铜锡五金业、玻璃五金业、纸业、锡箔业、西药业、药材业、中药业、参业、颜料业、漆业、烟业、皮丝业、茶业、瓷器业、琉璃业、锅铁业、棉花席子业、针织业、靴鞋业、帽勒业、皮鞋业、皮箱业、钟表眼镜业、酒业、酱业、茶食业、火腿业、染业、寿器业、料器业、家俱店、书局、书坊、笔墨业、印刷业、质当业、古董业、砖瓦业、石灰业、伞业、香粉业、膏药业、香业、烛业、保险业、转运公司等。

第二节　典当业

民国11年(1922)，镇江典当共计5家，分别是裕泰、忠裕、裕昌、继恒、恒和，均设于租界。民国13年(1924)，受第二次直奉战争影响，4家典当关闭。江苏省政府迁至镇江后，随着商业渐趋繁荣，典当又呈现上升势头，民国21年至24年(1932—1935)，镇江城乡规模较大的典当已达9家，另在六合县有3家代当，典业资本总额52.7万银元，营业额达197万银元，其中恒和、继恒、裕泰、裕昌、忠裕、义记6家为规模较大的典当，典押额高者约在50万元左右。民国23年(1934)4月，江苏省典业公会联合会改选，镇江裕泰典当经理被推选为常委。民国26年(1937)，受战争影响，镇江市内典当典押总额降至30—50万元。日伪时期，镇江共有典当8家。

抗日战争胜利后，镇江先后有协兴、恒源、鼎大等15家典当开业，其中安徽、湖北、上海、扬州、武进等外地人合资开设的有10余家。此时期典当的高利剥削，使民众苦不堪言，每当物1000元按月获利200元，另加手续费100元，不满1个月按1个月计息，超过1个月6天按2个月计息。为此，镇江市民朱敦义等3人联名上书，要求政府降低典当高利，以安民生，此举促使江苏省政府于民国35年(1946)11月发出训令，严加取缔典当业高利，但禁而不止。民国37年(1948)8月，南京政府实行币制改革，以金圆券替代法币，镇江典当资金大幅度贬值，勉强维持，至解放前夕，典当业均告停歇。

第三节　商埠商市

自古以来，镇江水陆交通便利，商业发达，市场繁荣。清咸丰十一年(1861)开埠后，镇江成为转口贸易的重要港口，外国洋行多达18家。镇江的京广杂货、丝绸、油蔴、木材、煤、铁矿产品等物资批发贸易在全国占有重要地位。

民国26年(1937)全民族抗战前，镇江形成具有相当规模的钱庄、木材、绸布、南北货、京广百货、粮油、油麻糖香、铜锡五金、煤铁锅、药材等十大行业。同年，民国政府颁布《商业登记法》，镇江县政府统一印制《江苏省镇江县政府商业证》进行商业登记，当年登记注册的商号计53业、1300余户。

民国26年(1937)12月8日，日本侵略军占领镇江，大市口、五条街、中华路、姚一湾、大西路等商业区受到严重破坏，市场被日商垄断。抗日战争胜利后，商业有所复苏，但美货充斥市场，国货受到排挤，后因内战，镇江经济急剧恶化，物价飞涨，市民购买力萎缩，商业萧条。

民国35年(1946)，镇江县商会统计工商号约3000户，其中经县府登记并发给工商登记证有2000余户。

1949年5月，在镇江城区进行工商业企业调查，共有行业112个、计6070户。其中，机器工业(指使用电力、汽力的工业)行业13个、106户；手工业行业37个、1337户；商业行业62个、4627户。商业企业申请登记的有38个行业、335户，其中批准登记的184户，转业、歇业的32户，未批准的119户；工业企业申请登记的16个行业、64户，其中批准登记63户。此外，有银楼30户，至10月底有21户转业，2户闭歇，其余7户停止营业。

一、商业区及商业网点

1.商业区

商业区主要有大市口商业区、大西路商业区、谏壁镇商业区。

大市口商业区。大市口位于城市中心，由此向东，居民住宅密集，往来旅客繁多，清末已形成繁华的商业区，有"五条街挤不开"之说。民国以后，闹市区逐渐向西发展，至1949年解放前夕，大市口十字路口有各类商店15家。往东有菜市场，并有众多的饮食店；往西有文化用品商店12家。在大市口附近，旅社、理发店、餐馆较多，有最大的旅社中央饭店和津帮同兴楼菜馆等。

大西路商业区。西门大街(即今大西路)原为市区连接西乡和长江渡口的通衢要道。自清代在今迎江路以西设立英领事馆和沪宁铁路通车以后，西门大街宝塔路至银山门段及附近街道逐步发展成繁华的商业区，主要经营绸布、百货、五金、中西药店等，并有多家酒楼菜馆和批发行庄。

谏壁商业区。谏壁镇位于镇江市东郊，一直是周围乡村农副产品的集散地，店铺众多，商业比较发达。1949年解放前夕，有大小杂货店29家，饮食店25家，还有木行、粮行、芦席行、药店、银楼、旅社等。

2.商业网点

清末民国初，镇江的商业网点呈现出多而小、综合经营的特点，至民国26年(1937)前，镇江有商业网点1300余家，在地段分布上，行业相对集中。文化用品和鞋类服装零售商店主要集中在大市口商业区附近；大西路商业区除零售商店比较密集外，大型绸布庄多设立于此；木行、鸡鸭行、运输行等大多开设在平政桥至小码头江边一线；蛋行、鱼行、地货行和油麻店主要集中在小闸口、中华路一带；专营批发的煤栈主要集中在大埂街、姚一湾和镇屏街一带。中华人民共和国成立初期，镇江有商业网点约4623家。主要商家有：谢馥春小百货商店、燎原文化用品商店、大市口五金商店、银山门商场、清真万祥副食品商店、清真福禄全副食品商店、同兴楼菜馆、一枝春素菜馆、清真九如菜馆、新旅社、扬子江浴室、清海泉浴室、大光明理发店。

谢馥春小百货商店。位于大西路又新街口，是一家具有百年历史的花粉老店。主要经营小百货、小五金、小针织品等3500个品种，批零兼营，是镇江唯一的小商品专营商店。

燎原文化用品商店。位于大西路西段，创办于民国34年(1945)，原名义盛字号。营业面积170平方米，经营纸张、纸制品、文具、笔类、体育用品、文娱用品、照相器材、运动鞋服等8大类、2000多个品种，批零兼营。

大市口五金商店。位于解放路、市政路口，创办于民国28年(1939)，原名盛昌五金店。营业面积1000平方米，经营五金、化工、交电3大类近3000个品种。

银山门商场。位于大西路西段，原名太平村茶食店，创办于抗日战争前。营业面积300多平方米，经营糖果、糕点、卷烟、酒类、杂货、营养保健品等6大类1300多个品种，是一家综合性副食品老店，其中糕点类食品继承前店后作的传统。

清真万祥副食品商店。位于中山东路松花巷口，民国25年(1936)创建，原称万祥南货店，主要以经营干果为主，特别是销售的桂圆量大质优，素有“桂圆大王”之称。

清真福禄全副食品商店。地处大西路中段，创办于民国30年(1941)，原名清真福禄全茶食店。经营糕点、糖果、南北杂货等600多个品种，其中清真糕点有90多个品种。

同兴楼菜馆。位于大市口，创建于民国18年(1929)，原以天津菜点为主，并吸收镇、扬、川等帮多种风味，主要供应白汁鮰鱼、炒软兜、翡翠蹄筋、甜食和多种面点。营业面积900多平方米。一楼经营甜食和多种面点；二楼经营点菜和中档宴席，三楼设有雅座，可接待外宾。

一枝春素菜馆。位于大西路双井路口，为三层仿古建筑，面积500多平方米。设有大餐厅、包厢各两个，罗汉斋、溜鹅皮、烧鸭、油鸡、烩鱼圆、糖醋桂鱼、素鸽蛋是其名菜。

清真九如菜馆。位于大西路九如巷口，建于民国28年(1939)，以供应牛、羊肉为主。早市有牛肉煎包，下午供应牛肉锅贴，冬季供应涮羊肉、牛肉汤。

新旅社。位于中华路日新街内，创建于民国14年(1925)。有大小100多个房间，床位175张，设有浴室、餐厅、会议室等。

扬子江浴室。位于苏北路平政桥西，创办于民国36年(1947)，原名新镇江浴室。设有男子部、女子部，服务项目齐全。浴室内附设旅馆、餐厅、理发室、小卖部。

清海泉浴室。位于日新街戳儿巷内，创办于清末民初，风貌古朴，环境幽静，服务项目齐全。

大光明理发店。位于大西路西端，创办于民国23年(1934)，原名合记大光明理发店。有营业面积90平方米，设有理发、烫发、美容等服务项目，并有特级理发师服务，该店是镇江知名老店。

二、行业经营

百货

鸦片战争前后，镇江只有前店后作和自产自销的花粉、绒线、耍货(玩具)、梳子、估衣(服装)、鞋帽等零星分散的小铺小店。清咸丰十一年(1861)镇江辟为通商口岸后，火柴、肥皂、镜子等百货商品开始进口。20世纪初，逐步出现综合经营的京广百货店，经营中外化妆品、搪瓷制品、牙膏、线袜等日用百货商品。

民国19年(1930)，有日用百货商店64家，主要分布在大市口、西门大街一带，其中从事批发业务的以义隆祥百货店为最大，经营小百货批发业务的以韩镇宝最著名，专营玩具批发业务的有裕顺昌，经营花粉的商店有谢馥春、广聚成、陈记顺等，专营绣货的有位于二马路的裕昌。合兴盛、协隆、泰丰、同仁等都是当年著名的老广货店。庆章鞋帽店前店后作共有加工人员80人。

民国20年(1931)九一八事变后，为抵制日货，镇江民族资本家杨公崖创办中国国货公司，专营国货。民国26年(1937)，镇江沦陷，百货行业遭到破坏。民国27年(1938)，日商先后开设白木实业公司(在今大市口城市客厅)、黄茂源(位于大西路鱼巷)等商店，专营日本百货商品。

抗战胜利后，镇江百货商店陆续发展到百余家，进货渠道以广州、上海、北京、天津为主，本地产品火柴、钮扣、无敌牌蚊香、蛤蜊油等远销全国各地。

文化用品

清末，镇江经营文化用品的主要是由笔庄和书坊。笔庄除出售毛笔外，还出售墨、砚、笔筒、笔架、水盂等，多为前店后作，自产自销，以单文华、戴文光牌号最老，生产的狼毫笔与湖州的纯羊毫笔齐名，远销朝鲜、日本及东南亚。

书坊除售书外，兼营手工纸张、宣纸、纸扇、八行书(信纸)、名帖(名片)、经折等，规模较大的书坊一般有作坊，以外加工或批发为主，店号常称斋或堂。

光绪三十三年(1907)，日商日清公司在镇江设分公司，经营纸张。同年，福昌饭馆朱瑞森创办天章专业商店，由外商处购进蘸水钢笔、墨水、铅笔、橡皮出售，这是最早的新型文具经营点。

民国19年(1930)，经营纸张的商店有凤林斋、中孚、天章、天丰、新泰旺、五伦等8家，主要分布在天主街一带，其中以经营宣纸为主的五伦纸张商店(批发兼零售)规模最大。兼营文具的善化堂书店、开通书局、启润书店、大华书局、大成书店(印刷兼营文具)等规模也较大。

民国27年(1938)，日商在镇江开设专营文化用品的日本堂。三井洋行、大井洋行、江南株式会社等也在镇江经营文化用品批发业务。

抗战胜利后，镇江文化用品业网点近70家。新开设的规模较大纸号有大丰、义盛、春华斋、天昌和永兴等。书店仅大市口至仁章路口就有11家之多，大都兼营文具。笔庄有20余家。

纺织品

鸦片战争前后，镇江绸布行业有绸缎业和棉织布业两种。绸缎业货源主要来自苏、杭与本地江绸。经营规模较大的商店，开设较早的有裕记、裕康祥、泰康、鸿康和大成，均零售兼批发。裕康祥资本最为雄厚，业务量也最大，职员40余人，年营业额达白银数十万两。棉织布业有30余家商店，货源除本地产品外，主要来自苏州、无锡、常州等地，其中恒元昌批零兼营业务量最大，每年销售额达白银30万两。

咸丰十一年(1861)镇江开埠后，经营洋货规模大的有新义和、协和2家，以批发为主，经营品种主要是英国纺织品，如泰西缎、18磅挺布、14磅挺布、漂白竹布、黑纱布等，还有法、意、荷等国的红标、细布、斜纹、漂白等。

辛亥革命后，日本人造丝和西洋呢绒相继倾销国内市场，江绸难以与之抗衡，细布、斜纹、漂白等棉织布比较旺销。民国26年(1937)镇江沦陷后，日本侵略军对纱布、棉织布进行管制，大绸号被迫全部停业。抗日战争胜利后，物价飞涨，抢购风潮此起彼伏，绸布业未能发展。

五金商品

镇江最早的五金行业是铁匠铺、剪刀铺、翻砂作、冷作。光绪年间，回民杨姓兄弟先在镇江创办华勇兴铜锡号，后在上海创办勇兴裕铜锡号，华勇兴成为勇兴裕分号，经营方式以批发为主。华勇兴铜锡号与淮河、里下河流域各城镇均有往来，在九江、汉口设分店，生产的铜制乐器经上海勇兴裕铜锡号远销国外。

20世纪20年代初，源康、永茂恒、勇泰昌、泉记、万祥、隆茂昌等铜锡店陆续开办。源康在西门大街设立分号，还在南京设立分号泰康铜锡店，主要经营铜、锡、日常生活用具，年营业额50—60万元。永茂恒在安徽芜湖开设谈永茂铜锡店，除经营铜锡器、乐器外，重点是铁钉、白铁、铁丝。

民国18年(1929)，在西门大街邹家巷口，时姓商人以9600元资金开设时庆记铜锡号，以经营原材料为主，与上海沈桂记、无锡朱永记号合称“三记”，跃居铜锡业之首。同年又新办经营玻璃五金业的福润、镇泰祥2家商店，业务较大。民国19年(1930)后，在江边码头口出现专营船舶五金的复顺昌商店，经营船用配件、阀门、葫芦、靠球、滚筒、油壶、力车等，并代售柴油。镇江沦陷后，铜锡等原料为日军控制，五金行业衰落。抗日战争胜利后，镇江大小五金商店有30家。

化工商品

明代以前镇江即有漆坊。民国初年，进口颜料(含染料)品种逐渐增多，有增泰来、润记、谢德兴、徐永泰、森茂、福泰来、恒记、钧源、严大生、杨永记等10多家专营商店，以增泰来、润记两店业务较大，主要销售染料和食用色素。

民国11年(1922)，经营漆业的有中兴、义兴祥、老忠兴、益成、晋康、贾永隆等10多家商店。国产漆原料大都来自四川、陕西、云南、贵州、安徽等地，化学漆均由上海振华油漆公司购进，销售以苏北为主。

民国27年(1938)，油漆业相继开业的有丰玉、大丰、德玉厚、德庆隆、大昌、和丰等。颜料业新开设的有公茂、晋丰、仁大、久大、周忠记等，多数集中在日新街一带。

交电商品

光绪三十一年(1905)兴办的大照电灯公司兼营电线、灯泡等电料。20世纪20年代中期，创办第一家电料商店福润号。民国19年(1930)后，裕康、中和、复昌、庆康、复兴、光明等20多家五金电料商店陆续开设，主要分布在大西路、中山路一带。裕康规模最大，批零兼营，同时在泰州设有分店，并与中和、庆康两家联合在上海设立申庄。光明五金店经营人力车、自行车零件及上海回力牌轮胎。抗战前夕，始有无线电行，声扬、华美、大华等家均以修理为主，兼营整机和零件。至解放前夕，镇江经营交电的商店有30多家。

副食品业

肉类 清宣统三年(1911)，镇江有源大、大利等猪行，有123家猪肉店铺。民国29年(1940)，源大猪行与扬州张复轩猪行合股组成公济猪庄，由日伪当局发给生猪搬运证，垄断苏南、浙江、安徽等地的猪市。公济猪庄时间不长即解体，源大猪行复业。民国34年(1945)，有猪行28家，肉店146家，日销售猪肉2500—3500公斤，同年成立猪业同业公会。

水产 镇江自古以来水产丰富。中华路、小闸口、鱼巷、虹桥门一带皆为鱼市场。民国时期鱼行、牙行垄断鱼货销售，鱼行向渔民收购后转批给鱼贩；牙行为渔民代销，收取7%—10%佣金。主要鱼行有赵祥兴、王德记、杨裕和等。也有渔民直接卖给小贩，或自己设摊及沿街叫卖。

禽蛋 清宣统三年(1911)，镇江有鑫记蛋行和张裕昌卞蛋坊。鑫记蛋行以经营鸭蛋为主，货源主要来自宝应、高邮等地。张裕昌卞蛋坊加工的卞蛋，少量在本地销售，大部分出售香港、新加坡等地。至民国24年(1935)，鸡鸭行有协泰、宏丰、镇兴昌、源大、马仁记、祥记和源兴等多家，其中以协泰和宏丰两家资本较大，经营鸭子为主，大部分整批销往上海。民国26年(1937)，蛋行有隆兴、公平、三鑫、鼎盛、鼎大、后太、圆和等17家，均兼营鸡、鸭，其中以隆兴生意最佳，在扬州、瓜洲设庄收购，销往上海。民国34年(1945)，苏北人到镇江开设蛋行10多家、鸡鸭行10多家，还经营地货(俗称地八鲜)，其中有的鸡鸭行设熟食店，出售板鸭、油鸡。

盐 清末，镇江府设盐运使运销浙江官盐。民国18年(1929)，镇江设盐务署。大盐号主要有大德盐业有限公司、通裕盐栈，主要供应苏南，部分远销广州。镇江沦陷时，伪松江区盐务管理局在镇江设办事处，由通源盐业公司(后改为裕华盐业公司)垄断盐业，市场经常发生盐荒。民国32年(1933)，城乡按户口造册，凭证配给每人每月4两食盐。抗日战争胜利后，镇江盐业由华安公司承办，设立松江盐务管理局镇江支局，征收盐税，查缉私盐。民国35年(1946)改供淮盐，改设淮南盐务局镇江分局，当时较大的盐号有恒丰、裕丰、四联、汇利等。

蔬菜　镇江的蔬菜经营，历来均为菜农、菜贩设摊出售或走街串巷叫卖。清光绪三十年(1904)，创办润兴菜市。民国19年(1930)，江苏省政府为整顿自银山门至西门桥一带街道两旁摊贩，在更楼巷、宝盖山下先后建菜市场；是年，由商人集资在宝安新街租赁宝安戏院旧址，创办宝安菜场，因摊贩不愿集中在菜场营业，仍习惯沿街叫卖，致使菜场亏损，于民国21年(1932)11月宣告停业。

镇江地产蔬菜以青菜、苞菜、青芹、辣椒、大葱、韭菜、萝卜、冬瓜等为主，大都集中在曹家坡、牌湾、吴家门、卡子门、山巷、北门、五条街、中华路一带销售，分早晚两市，以菜农自销为主。客地菜大都集中在小闸口、公共码头一带自行销售，或卖给本地菜贩，或经地货行作中间人与菜贩交易。镇江较早的地货行业出现于19世纪末20世纪初，最多时有13家，解放初有8家。

糕点　清宣统三年(1911)以前，镇江有景阳斋、回族春生阳等茶食店，前店后作，生产京江脐、京果粉、云片糕、蛤蟆酥等名特产品。民国以来，茶食业日益兴旺，至民国26年(1937)，陆续增设稻香村、天升斋、回族春生阳、回族天禄斋等11家商店，主要分布在西门大街及五条街一带。部分商店专营批发业务，其中产品较优、声誉较高的有稻香村、天禄斋、景阳斋等。民国30年(1941)，又增开爵禄、采芝斋、福禄全、太平村、新天禄等商店。至民国34年(1945)有茶食店53户，作坊50户，经营品种增加糖果、饼干、汽水、酒类等。

1949年解放前夕，镇江有糕点店铺80余家，并在运河边丹阳码头设同业公会。其中，爵禄茶食店规模最大，聘请苏州师傅精制苏式糕点，聘请广州师傅精制广式月饼，聘请宁波师傅制作夹沙面包，并经销冠生园、马宝山等名店的饼干、糖果等。

南北杂货　清咸丰十一年(1861)开埠后，镇江成为南北杂货的主要集散地，批发业务较大的是光绪末年开设的元生栈、曹桂记两家。光绪三十二年(1906)至民国初，南北杂货业一度衰落，大型老店仅剩春生和、曹桂记、同裕仁、义和顺等数家。民国3年(1914)，德商美最时洋行委托元生东、勤义恒、钜和等北货行收购杂货，元生东北货栈在河南周口及安徽亳州等地，设庄收购芝麻、金针菜等，同时经销美孚洋油，成为镇江巨贾；其他货栈业务也很发达，南北杂货业再度兴起。

民国19年(1930)，镇江糖杂货行号年销售国产食糖高达十六七万包，其中以福记、裕生祥与潮州人合营的鸿盛糖栈销量最大。镇江沦陷后，有大小南北杂货号约百家，业务较少，其中志成(初名春盛)专营南北货批发，为镇江最大的批发商，在上海、汉口等处均设联号，主营湘莲、木耳、皮纸、石膏、明矾等，有"汉口货店"之称。

抗日战争胜利后，镇江南北杂货业有近70户，另有代办庄五六家。中和裕为批零兼营的大店，经营糖、海味、纸烛、锡箔等百余种商品，零售销量为行业之最。蜡烛坊有和记、丰沅记、同裕和、同福和、同泰和等5家，同泰和库存最多时达100担。

烟酒 清光绪二十八年(1902)前，镇江有沅昌、福昌、协隆3家广货号经营旱烟批发业务。光绪三十三年(1907)卷烟输入，先后有沅昌广货号和南顺记广货号经销。后英商成立志晋丰洋行，独家经营卷烟批发，从此土烟业逐步萎缩，仅剩旱烟业11家，皮丝烟店铺6家。

宣统三年(1911)，英美烟草公司在镇江设立永泰和烟草公司，运销卷烟。随后，南洋兄弟烟草公司也在镇江设立分公司，推销当地国产卷烟。民国10年(1921)秋，镇江商界人士开设徐辉记烟号和华成、瑞伦、永太、人和等烟草公司以及委托经销的汉昌豪雪茄烟厂等，批零兼营公司及商店达百余家。由此，水烟、旱烟、皮丝烟销售更加受阻，中小皮丝烟店纷纷倒闭。

民国12年(1923)，烟酒加收附加赈捐一成，华商卷烟需增加印花税，成本增高，营业清淡。开设在租界内的商店经销英美烟草公司的各种卷烟，一律不贴卷烟印花税，使外商卷烟销路激增。民国14年(1925)上海发生五卅惨案，各界掀起抵制外货高潮，国货卷烟始占销量一半。民国27年(1938)，日本人在镇江创办华生烟店，销售烟草和卷烟组合；抗日战争胜利后，镇江旱烟店有14家，至民国37年(1948)尚存8家。

清末民国初，镇江生产土烧与高粱酒糟坊主要有明记、泰源、龙泉、源丰等，主要在本地消费；外产高粱酒来自苏北泗阳、泗洪等地。民国以后，镇江酒行、酒栈和小酒店逐渐增多，酒行有裕顺、万顺、高顺和等，主要业务是代客买卖，收取佣金；酒栈有逢泰、龙源、老万全、全泰、聚园永等；批发商有大源、汇源昌2家。民国35年(1946)，苏北洋河镇人到镇江开设多家酒店，货源以洋河、双沟、汤沟为主，还有地产百花酒、丹阳黄酒和绍兴黄酒。至民国37年(1948)，镇江有大小酒行、酒栈、酒店70余家。

饮食服务业

饮食业 清末民国初，镇江以镇扬菜点为主，兼收京津风味，且有西餐供应，较大菜馆有京江第一楼、天香楼、朝阳楼等30余家。万华楼、月华楼、中华园、天乐园是镇扬馆，以水晶肴蹄、蟹黄汤包为特色；鼎和居是天津馆，专做糟溜鱼片和狗不理包子；回民菜馆有天兴楼、听潮楼、大兴馆、元兴馆、奎羊馆，以烧烩牛羊肉、牛肉锅贴和包子为主；岭南春、美丽、大华、品芳等菜馆兼供西餐；名声较大的素茶馆有盛春、春生园、鸿翠、如意、龙江和天源楼。聚丰楼茶社经营淮安馄饨、宁波三鲜馄饨；小刀面为镇江地方特色，以小闸口杨大昌面店最有名，顾客自带各色佐料加工。另外，还有专为客家上门操办筵席的担子厨房，主要有魏厨房、吕厨房和梁厨房等。

民国13年(1924)开设的纯素一枝春菜馆，素菜以罗汉斋、溜鹅皮、挂卤、烧鸭、油鸡、烩鱼圆、糖醋桂鱼为主，冬菇面、素包、油糕等面点为其特色。民国18年(1929)，开设京帮顺兴园，川帮四川饭店，津帮永美居、同兴楼以及苏州馆苏州饭店，淮安小吃杨小楼等。至1949年，镇江有菜馆72家，素茶馆24家；另有面食铺400多家。

旅馆业 旅馆旧称客栈，清末镇江旅馆业已相当发达。沪宁铁路通车后，江边至西门火车站沿线纷纷新建旅社、公寓、客栈，仅日新街一带就有六吉园、鹿鸣、大庆楼、新旅社、名利栈、大安栈、三义栈等大小10余家。民国18年(1929)，新开设中央饭店、大中华饭店、扬子饭店、五洲饭店、镇江饭店等，其中扬子饭店设备齐全，冬有暖气，夏有电扇，供军政人员下榻；中央饭店(后改名旅游饭店)规模相对较大。中山路、南门大街一带，有多家中、小旅社，常住有省府的候缺官员及其家属。

抗日战争爆发前夕，镇江旅馆有100余家。镇江沦陷后，许多旅馆遭战火破坏，有的被日军占为仓库，有的为日本宪兵队进驻。民国28年(1939)后，新旅社、三山旅社等复业。抗日战争胜利前夕，镇江有旅馆100多家，但规模不及抗战前。

浴室业 民国初年，镇江有双凤池、第一泉、福康泉、清海泉等30余家浴室。镇江沦陷期间，10家浴室关闭，于民国29年(1940)和民国32年(1943)先后开设经济女子浴室、浴德女子浴室，中央浴室(后为甘露浴室)与大兴池均设女子盆汤部。抗日战争胜利后，4家浴室关闭，其中设备较好的中央、大观园等，顾客大都为官僚、富商。浴资采取记账方法，逢年过节，由账房上门收取。

水炉业 光绪年间，镇江水炉业有28家。民国13年(1924)镇江建成自来水厂后，水炉业逐步用上自来水。

理发业 清末，镇江有30多家剃头店。辛亥革命后，男子剪辫，女子留短发，剃头店演变为理发店。民国26年(1937)镇江沦陷后，部分理发店停业，在大市口新建巴黎理发店。抗日战争胜利后，镇江理发店发展到163家，从业人员335人，其中规模较大的有大光明、一乐、中华、大中华、桃园等。

洗染业 清咸丰十一年(1861)后，在丹阳码头先后开设潘义兴、汪义盛等染坊染店，时称为老布坊，主要用土法为来料加工染色。至清末民国初，规模较大的是位于小码头的德昌染店。20世纪20年代，西服逐步流行，出现新式洗染店(又名西式坊)，主要以洗烫为主，设备有烙铁(熨烫用)、刷子、搓板和盆桶等。

30年代后，毛织品服装增多，西式坊相应增加，主要承接成套西服、单件内衣洗烫、服装改色、贵重衣裳织补等业务。位于西门大街(大西路)的墨西哥洗染店，是西式坊中规模较大的。老布店染色所用的主要染料快靛从苏联进口，西式坊所用的各种染料大都产自英国、德国与日本。至抗日战争前夕，镇江有各式洗染店14家。

镇江沦陷初期，洗染业一度萧条，民国28年(1939)后部分老店先后复业，同时新开一些小洗染店。其中位于又新街口的大光明洗染店，已备有锅炉，以染绸为主，职工达20余人。解放前夕，镇江有老布坊和西式坊洗染店28家，其中位于山巷的老锦昶和位于宝安新街的德和2家，兼营老布坊与西式坊业务。

照相业　民国18年(1929),位于中山路镇江第一家专业的人人照相馆正式开业。抗日战争前夕,先后开设凌烟阁、宝记、蓬莱、大都会、新时代、光明、中华、云记、天然等15家照相馆,其中凌烟阁照相馆有美制长条摇头机2套。镇江沦陷后,照相馆发展到25家(含设摊),较大的有中国、美琪等,主要位于大西路。抗战胜利后,宝记、蓬莱2家主营拍摄艺术照片和剧照,中国、裕昌、中华3家兼营摄影器材。解放前夕,镇江有照相馆18家,从业人员35人。

镇江名菜名点

水晶肴蹄　又名肴肉,是镇江特有的名菜,至今已有300多年历史。肴蹄肉红皮白,光滑晶莹,卤冻透明,犹如水晶,故称水晶肴蹄。水晶肴蹄具有香、酥、鲜、嫩四大特点,瘦肉香酥,肥肉不腻,食时佐以姜丝和镇江香醋,更有风味。

图1-18　水晶肴蹄

清炖蟹粉狮子头　清炖蟹粉狮子头已有近千年历史,其状形态丰满,犹如雄狮之首。选用七成肥、三成瘦的猪肉,配以蟹肉和蟹黄加调料,剁成石榴米状制成肉圆,下垫青菜心焖制而成。猪肉肥嫩,蟹粉鲜香,菜心酥烂,须用汤匙舀食,食后清香满口。

百花酒焖肉　以镇江名酒百花酒为调料制成,百花酒性温和,具有香、甜、苦、辣、醇五大特点。以百花酒焖出的肉,酒香浓郁,肉酥入味,甜咸可口,肥而不腻。

翡翠蹄筋　采用水油发猪蹄筋制作而成,兼油发、水发蹄筋的优点,不仅涨发量大,而且入口韧、软、滑、糯。根据不同季节用时令绿色瓜果、蔬菜作为配菜,故称翡翠蹄筋,色呈半透明黄玉状,汤汁稠浓,味道醇和可口。

清蒸鲥鱼　鲥鱼为名贵鱼种之一,以镇江焦山、大港江域所产味道最美,北宋时被称为京口美味,是皇帝"御膳"的珍馐。鲥鱼鳞片富含脂肪,带鳞清蒸,色泽银白，肥嫩鲜美，爽口不腻。

白汁鮰鱼 镇江焦山所产鮰鱼，以鱼肉肥嫩刺少而著称，为长江中稀有的名贵品种。烹制时配以春笋，先用旺火烧沸，再以文火焖煮，汤汁似乳，稠浓粘唇，堪称水产肴馔中之精品。

炖鮰鱼肚 鮰鱼膘肥厚，是鱼肚中的上品。用鲜鮰鱼膘烹制的炖鮰鱼肚，色彩艳白，鱼肚软糯，菜心翠嫩，汤醇味鲜。

白烩鮰鱼肚 用鮰鱼膘制作而成，肥润松软，配以菜心、火腿，色彩分明，为镇江筵席上的大菜。

清蒸刀鱼 刀鱼肉质细嫩，为镇江初春时令名菜，被李渔誉为“春馔妙物”，烹制后鱼形完整，食之无刺，加入其他佐料，鲜嫩肥美，食之爽口。刀鱼一般在清明前食用味道鲜美，清明后鱼刺变硬、肉质转老。

拆烩鲢鱼头 是镇江传统名菜，镇江产花鲢鱼素以头大、肉肥、味鲜著称，小雪节气后，质量更为上乘。制作方法是先拆骨头，配以蟹肉、火腿、香菇、鸡肉、肫肝、鲜笋等，用鸡汤烩制而成，汤汁稠浓，鱼肉肥嫩粘糯，口味鲜美，实为冬令佳肴。

三鲜脱骨鱼 鲤鱼外皮不破，将其脱骨，在腹内填入鲜嫩馅料，烹制后鱼形完整，食时无须剔骨，口味极佳。

大烧马鞍桥 用鳝鱼段与猪肉合烹，形似马鞍桥，因而得名。成菜色泽酱红，汤汁稠浓，鳝段酥香，风味独特。

焖钵湘莲 为婚宴、喜庆筵席中的甜菜。此菜桂花香味四溢，莲子颗粒完整，酥烂香糯，汤清味甜，为老年人所喜爱。

蟹黄汤包 是镇江传统名点，以皮薄、汤多、馅饱、味鲜而得名。食时须先将汤包皮咬一小口，将汤慢慢吸入口中，以防热汤溢出，然后再把包皮肉馅蘸以镇江香醋和姜丝，其味更美。

什锦素菜包 是镇江传统名点。馅心主料为青菜，按四季节令配以金针、木耳、荸荠、蘑菇、冬笋、白果等，其味咸中带甜，清香油润。

第四节　镇江老字号选介

一、唐老一正斋

镇江“唐老一正斋”始建于清代康熙元年(1662),距今已有350多年历史的老店。坐落于中山路东160号,现存有一座独特、缀满多幅联匾的老式石门楼,大理石石柱完整,店堂内存碑刻2块。店堂房屋曾属镇江市制药厂,其余为民宅。唐老一正斋旧址于1987年被公布为镇江市文物保护单位。

附

唐老一正斋膏药店

唐老一正斋膏药店创始人唐守义,原系五条街茅兆升布店店员,清康熙初年得他人传授万应膏秘方,秘制成膏药施舍济人,因药效高而闻名。至今已有350多年。康熙五十年(1711),运河总督陈鹏年为其题赠“橘井流香”匾额,膏药声誉日增。后唐守义租赁茅兆升招牌经营,康熙五十八年(1719)正式立号唐老一正斋。膏药先名益症膏,后改名一正膏。太平天国时期,曾迁邵伯经营,不久回迁镇江。一正膏主要销往河北、河南、山东、山西、陕西等省,民国初年(1912)还远销新加坡、印度尼西亚、马来西亚等国家。在国内北方,有些富户把红缎一正膏作为馈赠品或用作妆奁。最多时年销七八千张。民国11年(1922)唐一正斋改名唐老一正斋。抗日战争中该店毁于大火,盖平房1间维持经营,抗日战争胜利后虽有所恢复,但店业萧条,至解放后方出现生机。1956年,唐老一正斋实行公私合营。1958年并入镇江市制药厂,1966年又划归市中药厂,一正膏一直继续生产。

二、老存仁堂

位于大西路476号,创于同治末年(1874),百年老字号药店。三开间门面房前后三进,店面刻有“老存仁堂”四个大字,并涂有金粉。老存仁堂取名以“存其仁义,同济众生”“修合虽无人见,存心自有天知”,具有存心存仁、造福百姓之义。

民国8年(1919)6月19日《申报》第一版报道:存仁堂清咸丰年间始创于通州,继而迁移镇江西门外石浮桥,于光绪甲申年复迁至西门大街戥儿巷口,迄今七十余年。

老存仁堂，是浙江余姚大族许道生(常镇通海兵备道)所建，初名为“诚仁堂施药局”，位于节约巷45号，门额上有“诚仁堂分局”石门额一块。诚仁堂系老存仁堂药店的前身，老存仁堂在大西路建店后，此处为其分局。该建筑面南，三间两厢结构，三进，均有厢房，每进有天井。面阔10.8米，通进深18米，占地221.48平方米，内有“义塾”一方。现存两进，匾额、碑刻均无。

三、镇江恒顺

清道光二十年(1840)，朱兆怀创设朱恒顺糟坊，生产百花酒。百花酒因质地优良被采为贡品后，产量大幅增加。道光三十年(1850)起，恒顺以酒糟制醋，作坊因此改为朱恒顺糟淋坊。同治十二年(1873)，增加酱和酱菜生产，又改称恒顺糟酱淋坊。恒顺所产香醋于宣统二年(1910)在南洋劝业会上获金牌，民国4年(1915)先后获南洋劝业会金牌奖、巴拿马国际博览会金质奖。从此，镇江香醋声名远扬。

朱兆怀创建的“朱恒顺糟坊”在生产酒的过程中逐步摸索出独特的恒顺香醋的酿造技艺，即固态分层发酵工艺。镇江香醋具有“酸而不涩、香而微甜、色浓味鲜”的特点，且久存不变质，愈存愈香醇。《中国医药大典》刊载：“醋产浙江杭绍为佳，实则以江苏镇江为最。”由此，镇江香醋被誉为中国四大名醋(镇江恒顺香醋、山西老陈醋、四川保宁醋、浙江大红浙醋)之一。1999年12月，镇江恒顺香醋获中国驰名商标称号。截至2020年年底，先后获得中国名牌、国家免检产品、原产地域保护产品、绿色食品等诸多荣誉。

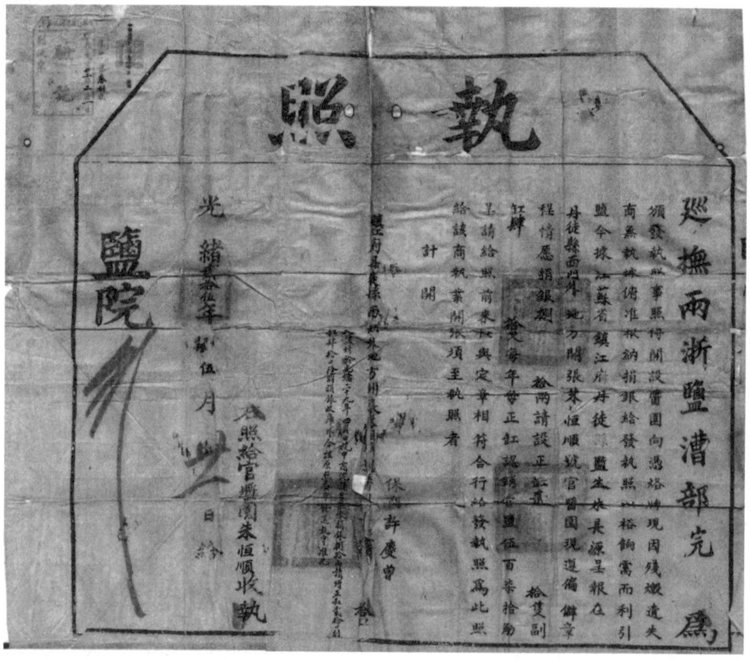
執照
巡撫兩浙鹽漕部院
鹽院

图1-19 镇江恒顺营业执照

镇江恒顺香醋，酿醋技

艺将近180年历史，从1910年获得"南洋劝业会金奖"起，至今已经五次获得国际金奖，连续3次蝉联国内唯一金奖，并逐步畅销国内外。其社会价值非常明显，酿造技艺已成为是中国民族工业之精华，并融入镇江地方文化之中，成为镇江不可缺少的传统特色文化和对外交往的城市名片。

四、宴春酒楼

位于原天主街中部(今人民街15号)，由镇江名流蒋铭山于民国29年(1940)创建，营业面积1500多平方米，设楼、厅、堂等9个堂口。"宴春"店名源于吴季衡撰写"宴开桃李园中，亦觞亦咏""春在金焦山畔，宜雨宜晴"的对联首字。

该店自开业以来，名厨荟萃，各具特技，名菜面点独树一帜，生意兴隆，久盛不衰。宴春的崛起与镇江久负盛名的肴肉密不可分。早在清朝初期，镇江就以京江水晶盐蹄为地方著名特产，深受南来北往商贾和达官显贵的青睐。宴春开张后，对肴肉的选料、制作进行改良，使其制作的水晶肴蹄、蟹黄汤包等成为请客送礼的甚佳食品，名震大江南北，享誉中外。

宴春是国内外宾客喜爱的美食佳肴之所，是镇江市百年老店，并载入"中国老字号辞典。"宴春酒楼于2004年被镇江市公布为镇江市文物控制单位。

图1-20　宴春酒楼

五、鼎大祥绸呢棉布商店

民国28年(1939)，绸布行业资深人士杜友梅出资500万法币，联合袁叔和、柳文伟、关雨农、关友书四位镇江头面人物入资1600万法币，经镇江县工商局批准合资创办绸布店，取店名为"鼎大祥"，含"三足鼎立、大吉大祥"之意。店址设在镇江大西路西段。营业面积400多平方米。主营绸呢、化纤布、棉布，品种达1000多个，是镇江唯一专营绸呢、棉布的老店"鼎大祥"开张后，杜友梅担任经理，关雨农任副经理兼财务主管。经营方式以批发为主，兼营零售，主要经销本地机户手工织造的彩格布和上海、苏州、无锡、江阴等地生产的色布、色织布、呢绒丝绸等品种。

图1-21 民国28年(1939)鼎大祥商店

当时，沦陷区华东洋军当局，对纱布实行全面管制，不许自由向外地贩运。日本洋行只批售黑、白、蓝、司林布和元贡呢等，不经售当地适销的花色布，凡是经营棉布的商家无不受到影响。在这种情况下，“鼎大祥”为了紧缩批发，扩大零售，千方百计通过各种渠道寻找货源，尽力满足市场需要。

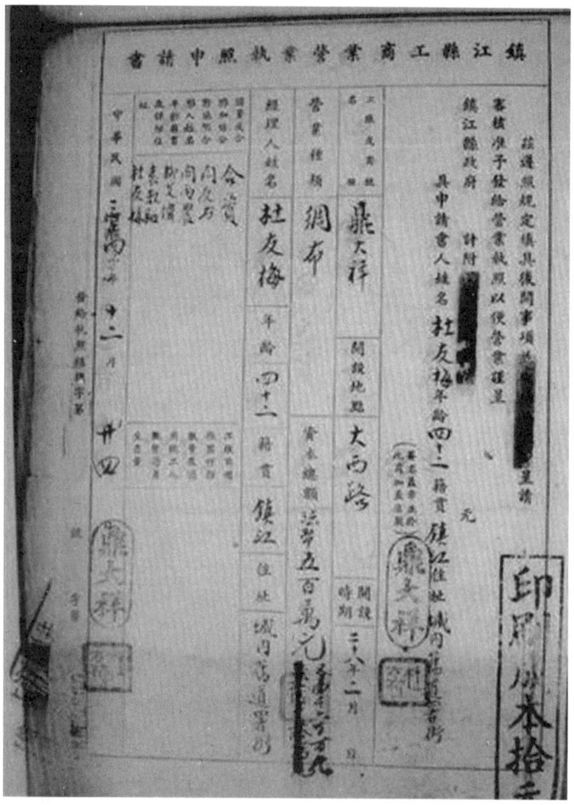
鎮江縣工商業營業執照申請書

图1-22 鼎大祥营业执照

1940年，汪伪政府在南京成立，逐渐放宽了对棉布的管制。杜友梅找到了上海的渠道，引进印花布、呢绒、丝绸，以及色织线呢，使零售生意愈来愈兴旺，资金日益雄厚。几年后，“鼎大祥”买下了紧邻店铺的善化堂书店，使营业面积大大扩张，在当时镇江数十家绸布店中，规模超大、品种超全、堪称业界“龙头老大”。

内战爆发后，镇江城内物价飞涨，绸布业元气大伤、纷纷倒闭，“鼎大祥”也艰难地支撑镇江解放来。

中华人民共和国成立后，“鼎大祥”为支援前线献粮110担，同时在“抗美援朝”期间积极捐献资金，为保家卫国贡献一份力量。镇江市工商联成立后，恢复绸布业同业公会，杜友梅作为私营商家加入了这一组织。

1956年，“鼎大祥”绸布商店实行公私合营，由公方代表周光介全权负责，私方杜友梅任副主任，关雨农负责业务管理。

1958年，镇江市成立百货公司，鼎大祥绸布商店隶属于百货总店领导。60年代，随着国家对资本主义工商业者终止了定息政策，“鼎大祥”从合营过渡到了国营。

1960年，镇江本地上山下乡办公室发给下乡知识青年的纱布等日用棉纺织品，指定在鼎大祥免券供应。次年又被定为镇江市第一家供应化学纤维布制品的商店。这一时期的“鼎大祥”生意兴隆，合并了华侨商店，改为丝绸、呢绒专柜，还设置各色棉布柜、印花布柜、色织厂呢柜等柜台。绸呢柜特设量体裁衣服务，聘请高级技师为顾客就地剪裁，专人缝制，约期交货，广受顾客好评。

20世纪60年代后期，因“破四旧”等原因，“鼎大祥”被改名为“向阳”绸布商店，杜友梅调迎江商店任职。

1973年，“向阳”绸布商店营业规模不断扩大，成为当时华东地区一流的大型呢绒绸布商店，被业内人士尊崇为“面料大王”。1974年，销售额为74万元；1977年，销售额达到178万元；1979年，销售额达到202万元。

1987年，恢复“鼎大祥”字号，著名书法家武中奇为老字号题写“鼎大祥”。

2001年年底，企业实行改制，成立镇江“鼎大祥”商贸有限公司，裘建华成为法人代表，并在市区新辟中山路分公司，营业面积260平方米，加上原有店面，总营业面积达到

图1–23　鼎大祥获“中华老字号”称号

近700平方米。经营纯棉布、化纤、精粗纺呢绒、丝绸及床上用品等几大类近13000余品种，是镇江市超大的经销纺织品的专业商店。

2011年，“鼎大祥”获商务部颁发的“中华老字号”称号。在裘建华的带领下，鼎大祥“以顾客的需求就是我们的追求”的经营理念，赢得消费者的信任，先后获“全国商贸流通服务业先进集体”“江苏省著名商标”“江苏省价格诚信单位”“江苏省放心消费先进单位”等诸多荣誉。

第五节 实业选介

一、镇江丝绸

清光绪二十年(1894)，镇江四经、大纶等丝厂先后创办，是镇江近代工业的先驱，也是江苏最早创办的一批工厂之一。

清光绪二十年(1894)，扬州盐商李维之集资15万元，在镇江金山河东创建四经丝厂(后改名为永利丝厂)，经营模式参照上海工厂，管理和技术人员及缫丝女工均在上海招聘，原料主要采用无锡蚕茧，日产生丝50—75公斤，产品大部销往国外。光绪二十一年(1895)，盐商尹汉台集资18.5万元，在小码头西津坊建镇江大纶丝厂，其规模与四经厂相仿，置茧灶20副，缫丝车200部，每日可产丝70公斤，是资本额最多的厂家。光绪22年(1896)，镇江富成丝厂、镇江余纪丝厂又相继创办，各有丝车200多台。

20世纪20年代，镇江缫丝业仍保持一定规模。民国19年(1930)，有萃纶、纬纶、泰丰、丁丰永、丁丰祥、鼎丰永和富润第一、第二等丝厂8家，共有缫丝车1992台。由于世界经济衰退，加上日本人造丝冲击市场，国产生丝输出量锐减，丝价跌落，丝业不振。民国21年(1932)，缫丝厂虽勉强开工，但资金周转不灵，镇江县商会呈请省政府拨借公债救济。此后，国民政府免除生丝出口税，增加人造丝进口税，使缫丝厂得以挽救。民国26年(1937)日军侵占镇江，缫丝工厂纷纷闭歇。

二、大照电灯公司

清光绪二十九年(1903)，民族资本家郭礼征为维护民族权益，决定筹建大照电灯公司，南通著名实业家张謇称此是“江南要事之一”，并参与投资兼任总董。经常镇道署呈报江苏抚院获准立案，拨给江边东荷花塘官地9亩，作为建厂地基，从整治江边船坞工程款中暂借规银1万两，于光绪三十年(1904)厂房建成，次年从国外订购的发电机、锅炉等设备陆续进行安装。

光绪三十一年(1905)10月，正式建成发电，资本总额为规银10万两，主要设备有75千瓦直流发电机组和卧式双火门锅炉各2台，装机容量为150千瓦。

光绪三十一年(1905)秋，镇江大照电灯公司向清廷农工商部申请注册营业执照；光绪三十二年(1906)，农工商部正式向镇江大照电灯公司颁发第一号执照。

民国12年(1923)改名大照电气公司。至民国25年(1936)底，共有3500、1700、750千瓦凝汽式汽轮发电机组各1台以及配套锅炉4台，装机容量达5950千瓦，年发电量870万千瓦时。光绪31年至民国25年(1936)，累计发电11539.3万千瓦时。镇江沦陷期间，大照电气公司被日伪华中水电公司吞并。抗战胜利后，公司被取消注册和经营权，由镇江水电公司所经营。

大照电灯公司是江苏省第一家公用电厂，也开启全国民营电业的先河。

三、贻成面粉厂

始创于民国3年(1914)，民国7年(1918)改为晋记，民国17年(1928)改为泰记，民国20年(1931)7月改组为镇江贻成新记面粉股份有限公司，产品除在本省销售外，亦销往浙江、安徽、江西等省。民国27年(1938)10月交由日商新井洋行经营，更名为镇江面粉厂。民国34年(1945)8月，国民党军政部和镇江县政府先后派员驻厂监管，并于民国35年(1946)春恢复生产。

四、镇江火柴厂

原有2个工厂，一是荧昌火柴厂，二是燧生火柴厂。燧生停办后，其财产盘点给内河贸易公司。荧昌火柴厂位于新河北岸，占地面积约43亩，创建于民国9年(1920)，初名为荧昌第三厂，民国19年(1930)改组，隶属于大中华火柴公司。内河贸易公司为美商公司，位于新河大街吴园附近，瑞典人卡尔生任厂长，因承接燧生火柴公司的财产，使工厂能继续开办，又限于中华火柴公司拘束，每月销售量限定1000箱。

五、酱醋厂

江苏省政府迁镇后，人口增加，镇江开设酱园逐渐增多。据统计省会镇江大小酱园70余家，共有酱缸3500只，每年需用黄豆7500担，可制酱7万石。酱园中规模较大的为恒顺、万美、裕和祥3家，尤以恒顺历史最久。恒顺酱园始建于清同治七年(1868)，主要制作滴醋，驰名大江南北。后逐步扩大规模，于镇江有3处制造厂，第一厂位于西门大街，第二厂位于西门大街爸爸巷，第三厂位于江边迎江路；另设3个经销店，第一店位于大埂街，第二店位于日新街，第三支店位于小码头。同时，在上海设3个分店，一店位于爱文义路，二店位于八仙桥，三店位于东熙华德路，产品均为“金山”牌商标。

六、镇江钮扣厂

创办于民国9年(1920)，主要产品为毛坯钮扣，兴盛时产值在江苏省位居第一，产品曾销往日、美、德等国。规模较大的有永润、润州、沣记3家工厂，各有制扣机器20多台。此外，还有骆合兴、正兴、渭成、恒孚、福润、裕润等厂，规模相对较小。

七、中华科学实业社

位于伯先路，为经理实业机关。所属工厂主要有位于小天主街的印刷厂，位于小码头的服装厂，位于宝塔路的营造厂，位于支家巷5号的油漆厂，位于小码头蒋家巷12号的木料厂，位于东乡圌山的砖瓦厂，位于琴园北91号的肥皂化妆品厂，位于小码头潮岸池后的针织厂，位于小街染坊巷17号的本簿厂，位于小盂湖104号的墨水厂，位于鲇鱼套的农产园艺场、牧羊场，位于小码头福宁巷9号的运输部。

八、无敌牌镇江工厂

始创于民国14年(1925)7月，资本定额10万元，由邑人张怿伯经营，专制蚊香、蛤油等。产品除在省内销售外，还销往皖、赣、湘、鄂、蜀、鲁、豫、晋等省。该厂原系上海家庭工业社分厂，后因业务发展需要，于民国20年(1931)1月改组为公司，独立经营。

镇江其他经营实业情况表

表1—11

实业名称	经营状况
镇江冰糖厂	有大中华、国华、大生、新华、大华等5个厂，年销售制品约1万石，产品远销山东、河南、陕西等省
顺泰源镇江制冰厂	日产冰8000磅，并设冷气间，供储藏鲜货用
张裕昌皮蛋厂	年产皮蛋300万枚
镇江机器厂	有同益、公兴昌、茂昌、源昌、永太、宝昌、合兴、新民、扬子等9个厂，从事修理机器，翻砂配件等，有工人200余人
镇江洋烛肥皂厂	洋烛厂共5家，年产洋烛8000余箱。肥皂厂共6家，年产肥皂23000余箱
镇江碾米厂	有电动碾米机42台，日可碾米1500石
织布厂	民国初期由邑人柳祝三捐款创设，购机织布，后织布设备由木机改为铁机，人力改为电力
镇江木器业	以手工制作，木工约3000余人，以制造嫁妆盆桶为主，年产值约10余万元
新亚制棉工业社	位于琴园路，占地39亩，为王干臣等创设，专办制棉及棉织品等，并兼营畜牧

说明：民国初期，镇江实业还有毛巾厂、袜厂、制伞厂、皮蛋坊，以及面粉公司、垦牧公司、油饼公司、饼干公司、纸烟公司、煤油公司、皂药公司等

附

沦陷后的镇江商业

民国26年(1937)12月8日，日军破城，镇江工商业在遭侵略战火摧残下损失殆尽。商业繁荣的镇江古城，大市口、东坞街、西坞街、鱼巷、山巷、柴炭巷、中华路、迎江路、江边马路、姚一湾、天主街等，均被烧毁一部分或大部分。镇江典当业五家当铺均被烧光。据伪镇江县救济会调查统计资料显示：日军在镇江城区烧毁瓦房12783间半，草房1159间。日军大肆抢掠，以当时币值，各业抵押于银行仓库的物资损失6000万元，木业损失1500万—1600万元，另有糖3万余包，芝麻15万千克，食油40万千克，存煤5万余吨。油麻业购存广窠县的麻1万多担被烧，西帮存常德县的洪油6000多桶被炸毁。轮船业被抢劫或被炸毁的船舶50多艘，损失合计达14850.2910元。

民国28年(1939)，日本人在镇江设三井、三菱、大丸、志田等洋行30余家，垄断市场。民营汽车公司被迫撤离镇江，银行先后停业，面粉公司和火柴厂为日本人经营，大照电气公司被日伪华中水电公司吞并，大部分工厂均告闭歇。农业生产遭严重影响，16家桑蚕制种场和9家畜牧园艺场全部停业3000余亩林木、苗圃被砍伐殆尽。

镇江工商业遭受日军战火的破坏，市面残破不堪。一些资金较大的商店，为避战火而迁往外埠。有的迁往上海，有的散落苏北各地，迁到上海的店家，绝大多数只是虚设字号。在镇江沦陷的8年中，虽有部分商家返镇，但由于货源中断，特别是运输困难，致使经营停顿。战火下的经营，商家迫于生计，以日食用品为主，形成以跑单帮、摆地摊为主的经营形式。

历史上镇江是一个重要转口商埠城市。镇江沦陷后，镇江转口发生变化，一些重要物资都被日伪加以垄断和控制，商品的转输机能出现瘫痪状态，木业和油麻业比较突出。木业和油蔴业主要货源地在湖南和贵州等省，这些地区都是抗战时期的大后方，因日伪封锁，木业和油麻业一直未能经营复业。

沦陷后市场比较盛行的是五洋业。五洋店的前身是烟兑店，以兑换钱币和零售香烟为主。由于五洋商品的需求日增，市场也在扩大，同时也成为投机的行业。日伪政权把五洋店分成甲乙丙丁四等，凭卡出售，有的商店为盈利虚设字号。由于开设五洋店实现高利润，镇江五洋店鼎盛时发展到三四百家。歌谣曰："做官要做清乡，做生意要做五洋"。

镇江较大的养生东纱号就是在沦陷后发展起来的。纱布是日用必需品，经营比较容易，便于收藏和囤积。纱布又有商标和规格，人们易于识别，因此镇江的纱号逐步发展到二三十家。纱号兴起也促进镇江布业相应发展，镇江在瓜洲设机织布，有5架机以上的机房有20余家，布号发展到五六十家。

日伪根据战争的需要，对一些主要物资加以控制和管理，先后成立米统会、麦统会、纱布组会、烟丝组会等控制机构，还设立二三十家洋行。日伪利用这些机构和洋行为他们的侵略和伪政权服务，使镇江商业资本逐渐被卷入洋行资本的控制之中，导致商业营运必须依靠敌日势力才能进行。

沦陷期间的商品交易，由于日伪对物资的管控和交通运输困难，商品不能顺畅交易，因此市场出现"单帮多""掮客多"的经营状况。由于通货膨胀，促使民众形成重物轻币的心理，不管是什么人，只要手上有钱，即转化为物资，人心惶惶。同时，日军因战争供给需要，实行苛捐重税，民众不堪重负。

第二编 镇江市工商业联合会（总商会）
（1949—2020年）

1949年4月23日，镇江解放。根据1949年8月中共中央关于成立工商业联合会的指示，9月8日成立镇江市工商业联合会(简称镇江市工商联、市工商联)筹备委员会，1953年4月镇江市工商联正式成立。2014年12月，经中共镇江市委研究，同意“镇江市商会”更名为“镇江市总商会”，与市工商联实行一套班子两块牌子。截至2020年年底，镇江市工商联历经十二届，共有会员13427个，建立各级行业协会商会71个，异地商会28个，镇、街道商会62个，村级商会8个。

镇江市各级工商联隶属当地党委的领导，受同级党委委托，当地党委统战部负有领导工商联党组和指导工商联工作的职责，上级工商联具有指导下级工商联工作的职责。

镇江市工商联自成立以来，为各个时期国家经济、社会建设服务。注重加强思想政治建设，主动服务于国家经济和社会发展大局，完善组织机构，积极建言献策，协助社会管理，有效促进非公有制经济健康发展和非公有制经济人士健康成长。

第一章 组织沿革

本章重点记述镇江市工商联历史沿革、组织机构以及历届代表大会等情况，反映镇江市工商联在筹建、重组过程中的发展变化。

第一节 历史沿革

1949年4月，镇江解放后，苏南行政区划镇江行政区分署辖镇江市和周围

7县，中共镇江地方委员会(简称地委)、镇江专员公署(简称专署)为党政领导机关。根据中共中央1949年8月下达的《关于组织工商业联合会的指示》要求，在地委、专署的领导下，1949年9月8日成立了苏南区镇江市工商业联合会筹备委员会，开始接管、改组旧商会和旧同业公会。1951年前后，镇江专区下辖的7县(丹徒、扬中、丹阳、江宁、句容、高淳、溧水)相继成立工商业联合会。1953年2月，镇江市下辖的迎江区、金山区、北固区工商业联合会正式成立。

1953年4月12日至14日，召开镇江市工商业联合会第一次会员代表大会，标志着镇江市工商业联合会正式成立。镇江市工商联是中华全国工商业联合会的地方组织，其下辖的3个区工商联是基层组织。

1980年5月，经中共江苏省委批准，在中共镇江市委的组织领导下，镇江市工商联恢复组织活动，与民建镇江市委合署办公，直至1989年分署办公。

1983年3月实行市管县体制，镇江市由县级市升格为地级市，下辖丹阳、丹徒、扬中、句容4县和迎江区、金山区、北固区3区。同年9月1日，撤销金山、北固2区改设城区，迎江区改设郊区。1984年10月19日，城区、郊区分别更名为京口区、润州区。

1994年6月、8月，先后成立京口区、润州区工商业联合会。1998年6月设立镇江新区，2014年1月成立镇江新区工商业联合会。2017年6月，镇江高新区实体化运作，于2019年3月成立镇江高新区工商业联合会。从此，镇江市实现丹阳市、句容市、扬中市、丹徒区、京口区、润州区、镇江新区、镇江高新区8个基层工商联组织全覆盖。

第二节　筹建工商联

镇江解放后，为宣传贯彻“发展生产、繁荣经济、公私兼顾、劳资两利”的方针，根据上级指示开始筹建镇江市工商业联合会工作。镇江市副市长何冰皓多次召集工商界座谈，宣传党对工商业发展的方针政策，征求筹建工商联的意见建议，派王秉乾、朱觐高等8人组成工作组，组织专题调研，协助筹建工作。

1949年9月2日，市生产防汛救灾委员会举行第二次会议，提名通过陆小波等27人为镇江市工商联筹备委员会(简称筹委会)委员,决定由陆小波、周道谦、江苏民、向春亭、孙锦希(由朱觐高代)5人为召集人。

1949年9月5日,召开筹委会预备会议,推选陆小波为临时主席,工作组朱觐高报告筹组经过,市长何冰皓到会指示。会议明确筹委会基本任务是接管旧商会;整顿改组原有的同业公会,组织现无组织的行业;起草镇江市工商业联合会组织章程;召集各行业代表协商产生工商业联合会委员;在工商业联合会成立前统一领导工商界;传达政策,反映情况,做政府与工商界的桥梁。预备会议确定9名常务委员建议人选,陆小波为主任委员建议人选,黄青、向春亭为副主任委员建议人选,提交成立大会讨论通过。

1949年9月8日,召开筹备委员会成立大会,大会选举镇江市工商联筹备委员会委员18人,选举陆小波为镇江市工商联筹委会主任委员,黄青、向春亭为副主任委员,常务委员9人。大会通过了向毛泽东主席、朱德总司令的致敬电。

1953年3月,镇江市工商联筹备委员会召开会议,选举陆小波为镇江市工商联筹委会主任委员,初丰年、胡鲁璠、江苏民、吴中彦为副主任委员。

第三节 代表大会

一、镇江市工商业联合会第一次会员代表大会

1953年4月12-14日,镇江市工商业联合会召开第一次会员代表大会。大会通过《镇江市工商业联合会组织章程》《镇江市各业同业公会(委员会)组织简则》。大会通过关于过去工作和今后任务报告的决议以及关于提案审查报告的

图2-1 陆小波在市工商联首届会员大会上讲话

决议，通过向毛泽东主席和中华全国工商业联合会筹委会的致敬电，副主委初丰年致闭幕词。大会共收到提案255件，交镇江市工商联第一届执行委员会处理。

大会选举产生镇江市工商业联合会第一届执行委员会委员33人，监察委员9人。镇江市工商联第一届执行委员会第一次会议选举产生执行委员会常务委员13人，陆小波任主任委员，胡鲁璠、初丰年、江苏民、吴中彦任副主任委员，胡鲁璠兼任秘书长、初丰年兼任副秘书长。

镇江市工商联第一届监察委员会第一次会议选举李友芳为主任委员，金戈为副主任委员。

二、镇江市工商业联合会第二次会员代表大会

1959年8月25—31日，镇江市工商业联合会召开第二次会员代表大会。镇江市委第一书记高俊杰作《关于目前形势和任务》的报告。市委财贸部部长黄晶觉、工业部部长陈海峰分别作关于商业工作和工业生产的报告。吴中彦和陆汝纯分别传达省工商联第二次会员代表大会精神和省委统战部副部长梅村的讲话。吴中彦代表第一届执委会、李友芳代表第一届监委会分别作工作报告。蒋志云代表第一届执委会作财务工作报告，说明工商联经费从1959年1月起纳入国库开支，明确工商联收取会员会费积余部分上缴市财政局。

全体代表学习讨论，加深对“以政治思想为统帅、以劳动实践为基础、以企业或工作岗位为基地”方针的认识，交流服务与改造相结合的经验，通过大会决议和向中共镇江市委呈递的保证书。

大会经过酝酿，选举产生镇江市工商联第二届执行委员会委员57人。第二届执行委员会第一次会议选举产生执行委员会常务委员23人，陆小波任主任委员，吴中彦、孙天本、陆汝纯、高伟俊任副主任委员，吴中彦兼任秘书长。

三、镇江市工商业联合会第三次会员代表大会

1962年10月16—23日，镇江市工商联召开第三次会员代表大会和民建镇江市委第三次会员大会联合举行。

大会期间，吴中彦分别传达中共中央统战部副部长许涤新在全国人民代表大会、政协全国委员会(以下简称“两会”)中央精简工作座谈会上的报告和中共江苏省委统战部副部长叶胥朝在省两会主副委会议上的报告。陆汝纯传达省商业厅副厅长李铮关于小商小贩工作的报告。蒋志云宣读国务院颁布的“两个规定”,并听取吴中彦所做的民建第二届委员会和工商联第二届执行委员会的工作报告。

代表们通过学习讨论,充分酝酿,分别选出两会新的领导机构,通过两会工作报告的决议。

大会选举产生镇江市工商联第三届执行委员会委员49人。第三届执行委员会第一次会议选举产生执行委员会常务委员23人,陆小波任主任委员,吴中彦、孙天本、陆汝纯任副主任委员,吴中彦兼任秘书长。

四、镇江市工商业联合会第四次会员代表大会

1980年12月12—14日,镇江市工商联召开第四次会员代表大会和民建镇江市委第四次会员大会。出席会议的工商联代表131人,民建会员67人,列席4人。

陆汝纯代表市两会作工作报告,吴于藻作筹备工作报告。

代表们学习讨论“两会”中央的决议和市领导讲话,审议并通过市“两会”工作报告。

大会选举产生镇江市工商联第四届执行委员会委员43人。第四届执行委员会第一次会议选举产生执行委员会常务委员19人,陆汝纯任主任委员,吴慎裕、周松、李友芳、李雨金、吴于藻任副主任委员,吴于藻兼任秘书长。

五、镇江市工商业联合会第五次会员代表大会

1984年11月21—23日,镇江市工商联召开第五次会员代表大会与民建镇江市委第五次会员代表大会。出席大会的有工商联代表135人,民建会员代表87人。

与会代表学习讨论党中央文件和市领导讲话,审议并批准陆汝纯代表两会所作的“围绕新时期的总任务,争创两会工作新局面”工作报告,通过会议《决议》。

大会安排有11人发言,交流为“四化”服务和开展基层工作经验。

大会选举产生镇江市工商联第五届执行委员会委员55人。第五届执行委员会第一次会议选举产生执行委员会常务委员23人,陆汝纯任主任委员,吴慎裕、林静波、钱本富、吴祖武、李雨金、吴于藻、肖鹤忠、陈亦华任副主任委员，陈亦华兼任秘书长。

六、镇江市工商业联合会第六次会员代表大会

1989年12月14－16日，镇江市工商联召开第六次会员代表大会。会议学习中共十三届四中、五中全会精神和江泽民国庆讲话精神以及省工商联第五次会员代表大会精神。会议听取和审议陆汝纯代表镇江市工商联第五届执行委员会所作的"发挥优势、求实创新，为实现新时期的历史任务而奋斗"工作报告，何畏作大会筹备工作报告。

大会选举产生镇江市工商联第六届执行委员会委员45人(保留6人)。第六届执行委员会第一次会议选举产生执行委员会常务委员18人(保留3人)，陆汝纯任主任委员，朱仁和、何畏、陈亦华、林静波任副主任委员，王骏民任秘书长。

七、镇江市工商业联合会第七次会员代表大会

1993年11月16－18日，镇江市工商联召开第七次会员代表大会。会议传达学习中共中央十四届三中全会决议和全国统战工作会议精神以及《中华全国工商业联合会章程(修订案)》；林存德传达学习关于全国工商联第七届会员代表大会精神；审议朱仁和代表镇江市工商联第六届执行委员会所作的工作报告。

大会选举产生镇江市工商联第七届执行委员会委员39人(保留6人)。第七届执行委员会第一次会议选举产生执行委员会常务委员13人(保留2人)，朱仁和任会长，林存德、陈亦华、朱经才、胡国祥、高亚平任副会长，朱经才兼任秘书长。大会通过陆汝纯任市工商联第七届执行委员会名誉会长，林静波任顾问，聘请10名特约顾问。

八、镇江市工商业联合会第八次会员代表大会

1997年7月29－30日，镇江市工商联召开第八次会员代表大会。会议传达学习邓小平理论和党中央对工商联新的指示精神，研讨世纪之交工商联的职能作用与工作前景；审议朱仁和代表镇江市工商联第七届执行委员会所作的题为《同心同德、团结奋进，为开创工商联工作新局面而努力奋斗》的工作报告；通

过大会给离任执行委员的致敬信和致镇江市非公有制经济会员的倡议书；表彰2个县、区工商联和11个乡镇(街道)工商联分会以及8名先进个人。

大会选举产生镇江市工商联第八届执行委员会委员44人。第八届执行委员会第一次会议选举产生执行委员会常务委员22人，选举潘吉森任会长，陈伟、朱经才、柏新民、李光千任副会长，选举沈五顺任秘书长。大会通过陆汝纯、朱仁和、胡国祥任名誉会长，林存德、陈亦华任顾问，聘请5名特约顾问。

镇江市工商联第八次会员代表大会选举产生的执常委班子与第七届相比具有四个特点：一是非公有制经济人士比重加大，执委由35.9%上升至45.5%，常委由23%上升至37%；二是平均年龄下降，执委平均年龄由48.3岁降至46.5岁；三是文化程度提高，执委中具有大专以上文化程度的人数由28.2%提升至74%；四是新进委员较多，新任执委占52.3%，新任常委占55.6%。

九、镇江市工商业联合会第九次会员代表大会

2002年4月10-11日，镇江市工商联第九次会员代表大会召开。大会审议并通过市委统战部副部长、市工商联党组书记陈伟受市工商联第八届执行委员会委托所作的《与时俱进，开拓进取，努力做好新时期工商联工作》工作报告。

大会选举产生镇江市工商联第九届执行委员会委员51人(规模为57人)。第九届执行委员会第一次会议选举产生执行委员会常务委员30人，孙志安任会长，陈伟、高浩良、柏新民、朱国平、李光千、王剑、鄂秀萍任副会长，高浩良兼任秘书长。

新一届执常委班子具有以下三个特点：一是规模适当扩大，执委会组成人员由44人增至57人；二是非公有制经济代表人士所占比重加大，由45.5%上升至60.8%；三是担任副会长的非公有制经济代表人士由1人升至4人。

十、镇江市工商业联合会联第十次会员代表大会

2007年3月6日，镇江市工商联召开第十次会员代表大会，出席会议的正式代表190人，其中非公经济代表人士117人，占总数的61.6%；工商联系统负责人60人，占总数的31.6%；其他13人，占总数的6.8%。大会审议并通过孙志安受市工商联第九届执行委员会委托所作的工作报告。

大会选举产生镇江市工商联第十届执行委员会委员75人，通过出席江苏省工商业联合会第九次会员代表大会代表27人。镇江市工商联第十届执行委员会第一次会议选举产生执行委员会常务委员38人，孙志安任主席，张永志、季平、蔡永祥、朱国平、鄂秀萍、苏启善、徐翔、周东海、应军、叶有伟任副主席，朱保卫任秘书长。

十一、镇江市工商业联合会第十一次会员代表大会

2012年6月21日，镇江市工商联召开第十一次会员代表大会。出席会议的正式代表221人，其中非公经济代表人士151人，占总数的68.3%；工商联系统负责人64人，占总数的29%；其他有关人士6人，占总数的2.7%。这次会员代表大会的代表具有广泛代表性和先进性，体现工商联统战性、经济性、民间性的特点。

大会选举产生镇江市工商联第十一届执行委员会委员101人。镇江市工商联第十一届执行委员会第一次会议选举产生执行委员会常务委员50人，卢道富任主席，徐建锋、季平、朱保卫、唐铁军、朱国平、苏启善、徐翔、周东海、应军、耿仲毅、王伟耀、陆廷秀、郭琰、施文进、高庆文、吴光明任副主席，朱保卫兼任秘书长。执委会根据主席提名选举产生镇江市商会副会长12人。大会选举产生出席江苏省工商业联合会第十次代表大会代表32人。

十二、镇江市工商业联合会第十二次会员代表大会

2017年1月9日，镇江市工商联召开第十二次会员代表大会。大会审议通过镇江市政协副主席、市工商联主席卢道富代表镇江市工商联第十一届执行委员会所作的工作报告，表彰镇江市第二届优秀中国特色社会主义事业建设者。

大会选举产生镇江市工商联第十二届执行委员会委员135人。第十二届执行委员会第一次会议选举产生执行委员会常务委员55人，选举卢道富任主席，时秋香、张国华、刘 杰、吴银权、吴光明、陈晓龙、王刚、郦海星、倪道宏、郭琰、施文进、耿仲毅、高庆文、艾学平、张玉宏任副主席，选举左建香任秘书长。执委会根据主席提名选举产生镇江市商会副会长15人。

第四节　领导机构

一、镇江市工商业联合会筹备委员会(1949年9月)

主任委员:陆小波

副主任委员:黄青、向春亭

常务委员:陆小波、黄青、向春亭、胡鲁璠、姜远、江苏民、周道谦、朱季恒、赵樾亭

执行委员:王金魁、何侃、石明林、吴中彦、杨鼎铭、张树春、黄旭初、吴少卿、黄修禄、朱友芝、杨养之、任玉书、贾耀卿、葛恒吉、胡鲁泉、任仲人、王志楷、蒋志云

秘书长:胡鲁璠(兼,1951年增设)

二、镇江市工商业联合会筹备委员会(1953年3月)

主任委员:陆小波

副主任委员:初丰年、胡鲁璠、江苏民、吴中彦

执行委员:黄晶觉、洪国光、于福建、顾茀臣、李雨金、周翔鸿、李友芳、胡超北、杨润和、吴慎裕、陈友根、陆汝纯、蒋志云、何福生、沈泽民、赵德超、任仲人、胡健民、贾耀卿、明光

三、镇江市工商业联合会第一届执行委员会(1953年4月至1959年8月)

主任委员:陆小波

副主任委员:胡鲁璠(专职)、初丰年(专职)、江苏民(专职)、吴中彦

秘书长:胡鲁璠(兼)

副秘书长:初丰年(兼)

常务委员:陆小波、胡鲁璠、初丰年、江苏民、吴中彦、李雨金、周翔鸿、顾茀臣、陆汝纯、任仲人、沈泽民、于福建、洪国光

执行委员:陆小波、胡鲁璠、初丰年、江苏民、吴中彦、李雨金、周翔鸿、顾茀臣、陆汝纯、任仲人、沈泽民、于福建、洪国光、何福生、杨润和、赵德超、张锦泉、蒋志云、全少卿、薛惠卿、严大北、陈长山、高吉安、张文宝、俞履祥、

徐正清、黄晶觉、石斌、胡健民、贾耀卿、许达云、钱秉钧、吴慎裕

四、镇江市工商业联合会第一届监察委员会(1953年4月至1959年8月)

主任委员：李友芳

副主任委员：金戈

委员：胡超北、陈钧三、何树光、童本荣、殷长濂、李阳春、何淦泉

五、镇江市工商业联合会第二届执行委员会(1959年8月至1962年10月)

主任委员：陆小波

副主任委员：吴中彦(专职)、陆汝纯(专职)、孙天本、高伟俊

秘书长：吴中彦(兼)

常务委员：刘芝弟、孙天本、沈泽民、许达云、任仲人、张谷蓝、陆小波、陆汝纯、吴中彦、吴慎裕、李友芳、李雨金、陈亦华、周翔鸿、赵德超、顾苐臣、唐友如、高伟俊、黄承吾、童本荣、蒋志云、廖仁礼、胡鲁璠

执行委员：刘芝弟、孙天本、沈泽民、许达云、任仲人、张谷蓝、陆小波、陆汝纯、吴中彦、吴慎裕、李友芳、李雨金、陈亦华、周翔鸿、赵德超、顾苐臣、唐友如、高伟俊、黄承吾、童本荣、蒋志云、廖仁礼、胡鲁璠、丁云涛、马家桢、王西、尤惠英、刘志敏、孙瑞如、张文宝、张馨田、华铭勋、陆云涛、吴于藻、何福生、陈有根、陈约三、陈长山、陈广钦、胡超北、胡椿庭、赵德山、赵长乾、愈履祥、郝星彩、汤金浩、汤永宝、姜宝生、严大北、黄松水、曾义成、梅宝元、霍顺成、蔡蔚仪、薛惠卿、薛树波、汪金波

六、镇江市工商业联合会第三届执行委员会(1962年10月至1980年12月)

主任委员：陆小波

副主任委员：吴中彦(专职)、陆汝纯(专职)、孙天本

秘书长：吴中彦(兼)

常务委员：马家桢、孙天本、孙瑞如、任仲人、许达云、乔德安、沈泽民、吴中彦、吴于藻、吴慎裕、李友芳、李雨金、陈亦华、陆小波、陆汝纯、周翔鸿、张耀忠、赵德超、胡京城、顾苐臣、蒋志云、童本荣、胡鲁璠

执行委员：马家桢、孙天本、孙瑞如、任仲人、许达云、乔德安、沈泽民、吴中彦、吴于藻、吴慎裕、李友芳、李雨金、陈亦华、陆小波、陆汝纯、周翔鸿、

张耀忠、赵德超、胡京城、顾茀臣、蒋志云、童本荣、胡鲁璠、丁云涛、方映霞、尤惠英、孙金发、华铭勋、何福生、陈广钦、陈长山、陈有根、陈约三、陈云涛、严大北、汤永宝、汤金浩、赵长乾、胡超北、胡椿庭、张文宝、杨喻之、黄松水、俞履祥、曾义成、蒋侣云、蔡蔚仪、薛惠卿、薛树波

七、镇江市工商业联合会第四届执行委员会(1980年12月至1984年11月)

主任委员:陆汝纯

副主任委员:吴于藻(专职)、吴慎裕、周松、李友芳、李雨金

秘书长:吴于藻(兼)

常务委员:马家桢、马瑞伯、尤惠英、任仲人、孙瑞如、吴于藻、吴慎裕、李友芳、李雨金、何福生、陆汝纯、杨文堂、周松、柏坚、徐锡三、夏述先、董坤、童本荣、蒋志云

执行委员:马家桢、马瑞伯、尤惠英、任仲人、孙瑞如、吴于藻、吴慎裕、李友芳、李雨金、何福生、陆汝纯、杨文堂、周松、柏坚、徐锡三、夏述先、董坤、童本荣、蒋志云、卞敬秀、史臣鑑、许达云、许礼钦、汤永宝、汤金浩、肖国臣、邱洪顺、严大北、杨喻之、陈广钦、陈长山、陈约三、罗碧霞、胡椿庭、胡鲁璠、俞履祥、耿长荣、贾松水、蒋侣云、蔡蔚仪、霍顺成、薛惠卿、李茂丰

八、镇江市工商业联合会第五届执行委员会(1984年11月至1989年12月)

主任委员:陆汝纯

副主任委员:吴于藻(专职)、陈亦华(专职)、何畏(专职,1987.12—)、吴慎裕、林静波、钱本富、吴祖武、李雨金、肖鹤忠

主委级顾问:胡鲁璠

秘书长:陈亦华(兼)

常务委员:陆汝纯、吴慎裕、林静波、钱本富、吴祖武、李雨金、吴于藻、肖鹤忠、陈亦华、马家桢、马瑞伯、孙瑞如、任仲人、沙昌文、赵长乾、夏述先、徐锡三、吴永清、吴良珠、何福生、汪金波、眭明、蒋侣云、何畏(1987.12—)

常务级顾问:杨文堂、董坤、童本荣

执行委员:陆汝纯、吴慎裕、林静波、钱本富、吴祖武、李雨金、吴于藻、肖鹤忠、陈亦华、马家桢、马瑞伯、孙瑞如、任仲人、沙昌文、赵长乾、夏述先、

徐锡三、吴永清、吴良珠、何福生、汪金波、眭明、蒋侣云、何畏(1987.12—)、卞敬秀、方树培、仇椿年、倪长庚、史臣鑑、叶柏生、许礼钦、朱秋骅、朱明、吴启明、吴代金、李庸、邱洪顺、汤迪庆、汤永宝、严大北、杨喻之、杨希孝、罗碧霞、陈约三、陈长山、陈广钦、陈长源、季凯华、胡椿庭、俞翠蓝、耿长荣、高祥发、张文林、张明忠、贾松水、霍顺成

九、镇江市工商业联合会第六届执行委员会(1989年12月至1993年11月)

主任委员:陆汝纯

副主任委员:朱仁和(专职)、何畏(专职)、陈亦华(专职)、林静波、胡国祥(1990.4—)

秘书长:王骏民

常务委员:马瑞伯、王万庆、王骏民、方银康、朱仁和、何畏、吴永清、吴良珠、杜正起、陈亦华、陆汝纯、林静波、金子荣、施民乐、徐锡三、陆汝纯、夏述先、董太国、蒋玉南(—1991.12)、胡国祥(1990.4—)、陆雨生(1990.4—)、高亚平(1992.12—)、李光千(1992.12—)

执行委员:马瑞伯、王万庆、王永琪、王骏民、卞敬秀、方银康、仇椿年、倪长庚、叶柏生、史臣鑑、朱明、朱秋骅、朱仁和、朱正荣、许礼钦、仲国林、何畏、吴代金、吴永清、吴良珠、李庆华、杜正起、陈亦华、邱洪顺、陆汝纯、杨学全、杨希孝、林静波、金子荣、张振节、张吉安、张馨田、施民乐、姚承宗、徐锡三、徐庆保、徐怀国、夏述先、耿长荣、梁赞和、黄锁海、黄纪清、董太国、陆雨生、蔡东友、蒋玉南(—1991.12)、胡国祥(1990.4—)、高亚平(1992.12—)、李光千(1992.12—)、韩荣成(1991.12—)、张汝林(1992.12—)、夏秀蓉(1992.12—)、林立(1992.12—)

主委级顾问:吴慎裕、胡鲁璠、李雨金、吴于藻

常务级顾问:赵长乾、蒋侣云

特邀顾问:钱本富、姚导平、王守震

十、镇江市工商业联合会第七届执行委员会(1993年11月至1997年7月)

会长:朱仁和

副会长:林存德(专职)、陈亦华(专职)、朱经才(专职)、胡国祥、高亚平

秘书长:朱经才(兼,—1996.8)

常务委员:马永林、王万庆、王广月、支宏伟、李光千、吴永清、张峻、施民乐、顾谷频、钱锦龙、殷松如、黄旭初、衡长俊、孙志安(1995.1—)、陆彩云(1995.1—)

执行委员:马永林、王万庆、王广月、王伟、支宏伟、朱仁和、朱经才、朱尧生、陈亦华、陈伟英、陈卫平、李光千、李庆华、邱洪顺、吴代金、吴永清、张振节、张峻、张汝林、张其云、苏永发、杨锁连、林存德、柏新民、胡国祥、施民乐、沈礼、顾国频、高亚平、钱锦龙、陶桂传、徐怀国、贡建华、殷松如、夏秀蓉、黄旭初、董明珍、衡长俊、戴康生、孙志安(1995.1—)、陆彩云(1995.1—)、沈五顺(1995.1—)、赵团生(1995.1—)

名誉会长:陆汝纯

顾问:林静波

特邀顾问:丁登锦、王柳大、王进农、冯正元、朱秀龙、陈希、陈惠常、张焕方、黄可、裔享安

十一、镇江市工商业联合会第八届执行委员会(1997年7月至2002年4月)

会长:潘吉森(1999年6月调任江苏省工商业联合会副会长)

副会长:陈伟、朱经才(专职,—2001.12)、柏新民(专职)、高浩良(专职,2001.7—)、李光千

秘书长:沈五顺

常务委员:马永林、王万庆、王淑慧、尹文斌、支正辉、支宏伟、刘友群、孙志安、朱经才(—2001.12)、朱杰臣、陈伟、李光千、沈礼、沈五顺、张峻、郑清、柏新民、宦义祥、施民乐、顾谷频、高亚平、贾柏青、聂生哎、钱永华、钱锦龙、董明文、潘吉森(—1999.6)、张庆洪(1999.1—)、鄂秀萍(1999.1—)、王剑(1999.1—)、丁义(1999.1—)、叶有伟(1999.1—)、陈浩(1999.1—2001.2)、孙辉(2001.2—)、朱杰臣、(—2001.2)、曹先明(2001.2—)、高浩良(2001.7—)

执行委员:丁义、丁启龙、马永林、王万庆、王广月、王纯一、王淑慧、尹文斌、支正辉、支宏伟、冯学谦、印寿康、刘友群、孙志安、朱经才、朱杰臣、朱尧生、陈伟、贡建华、李光千、邱洪顺、沈礼、沈五顺、张峻、郑清、柏新民、宦义祥、施民乐、赵根生、顾谷频、高亚平、贾柏青、倪鹤鸣、聂生哎、钱永华、钱锦龙、

陶桂传、徐福邦、夏秀蓉、鄂秀萍、黄连国、董明文、董明珍、潘吉森、王剑(1999.1—)、叶有伟(1999.1—)、魏永和(1999.1—)、孟家富(1999.1—)、张庆洪(1999.1—)、高浩良(2001.7—)、陈浩(1999.1—2001.2)、孙辉(2001.2—)、朱臣杰(—2001.2)、曹先明(2001.2—)、王纯一(—2001.2)、张永生(2001.2—)、赵根生(—2001.2)、袁大发(2001.2—)、任国强(2001.2—)、沈元增(2001.2—)、吴致澄(2001.2—)、吴爱平(2001.2—)、徐为民(2001.2—)、颜景锟(2001.2—)

名誉会长:陆汝纯、朱仁和、胡国祥

顾问:林存德、陈亦华

特邀顾问:吕荣伟、朱新富、张招顺、陈德华、郭朝书

十二、镇江市工商业联合会第九届执行委员会(2002年4月至2007年3月)

会长:孙志安

副会长:陈伟(—2002.11)、谈金和(2002.11—)、张永志(2006.8—)、高浩良(专职,—2005.7)、柏新民(专职)、鄂秀萍、朱国平、李光千、王剑、苏启善(2006.8—)、徐翔(2006.8—)、周东海(2006.8—)、应军(2006.8—)

秘书长:高浩良(兼,—2005.7)、朱保卫(2006.8—)

常务委员:孙志安、陈伟(—2002.12)、谈金和(2002.12—2006.6)、高浩良(驻会,—2005.7)、柏新民(驻会)、朱国平、李光千、王剑、鄂秀萍、孙辉(—2004.2)、徐建伟(—2004.2)、陈宏贵(—2004.2)、曹先明(—2004.2)、姚强(2004.2—)、曹丽虹(2004.2—)、张永志(2006.8—)、苏启善(2006.8—)、徐翔(2006.8—)、周东海(2006.8—)、应军(2006.8—)(其他名单不详)

执行委员:丁义、牛瑞胜、王剑、王秀英、支正辉、卢道富、叶有伟、关云洪、任国强、孙云、孙辉、孙志安、仲金梅、朱尧生、朱国平、朱映华、陈伟、陈网保、陈宏贵、李文敏、李光千、沈礼、沈五顺、沈元增、沈中友、吴致澄、吴爱平、季平、金加龙、林书云、林秀凤、孟家富、杨金宝、张永生、周东海、柏新民、顾正红、高亚平、高浩良、贾柏青、钱留梅、徐正、徐为民、徐建伟、徐福邦、姚志强、鄂秀萍、曹先明、常云、黄星娣、颜景锟、张永志(2006.8—)、苏启善(2006.8—)、徐翔(2006.8—)、孙辉(—2004.2)、徐建伟(—2004.2)、陈宏贵(—2004.2)、曹先明(—2004.2)、吕建飞(2004.2—)、朱建农(2004.2—)、汤志刚

(2004.2—)、刘跃进(2004.2—)、李裕高(2004.2—)、应军(2004.2—)、陆廷秀(2004.2—)、杨俊杰(2004.2—)、杨玲坤(2004.2—)、张绮霞(2004.2—)、姚强(2004.2—)、钱静(2004.2—)、徐益生(2004.2—)、黄振春(2004.2—)、曹丽虹(2004.2—)、谭荣生(2004.2—)

十三、镇江市工商业联合会第十届执行委员会(2007年3月至2012年6月)

会长(2009年11月更名为主席):孙志安

副会长(2009年11月更名为副主席):张永志、季平(专职)、蔡永祥(专职)、朱保卫(专职,2009.4—)、唐铁军(专职,2010.9—)、朱国平、鄂秀萍、苏启善、徐翔、周东海、应军、叶有伟、耿仲毅(2007.11—)

商会副会长:李光千、杨玲坤、郭琰(2009.2—)、潘正东(2009.2—)、陆廷秀(2010.9—)、郦海星(2010.9—)

秘书长:朱保卫(兼)

常务委员:卢道富(—2008.2)、叶有伟、关云洪、孙志安、朱国平、朱保卫、何晨冠、吴荣生、吴爱平、应军、张永生、张永志、李文敏、李光千、杨玲坤、沈礼、沈中友、苏启善、陆春生、周东海、季平、林书云(—2010.3)、姚强(—2008.2)姚恒平、柏新民、胡国泉、钟诚柏、徐翔、徐益生、耿仲毅、郭琰、钱留梅、陶运平、顾正红、常云、鄂秀萍、蔡永祥、潘正东、彭良豪(2008.2—)、杨国平(2008.2—)、王伯海(2008.2—2009.2)、卢德辉(2009.2—)、祝中昊(2009.2—)、吕永忠(2009.2—)、吴玉才(2009.2—)、董晓助(2009.2—)、郑学胜(2010.3—)、郭祥明(2010.3—)、崔巧娣(2010.3—)、唐铁军(驻会,2010.9—)、陆廷秀(2010.9—)、郦海星(2010.9—)

执行委员:丁义、王剑、王秀英、王学斌、王爱国、王瑞祥、卢道富(—2008.2)、叶翔、叶有伟、关云洪、刘跃进、吕建飞、孙志安、庄玉新、朱立荣、朱尧生、朱国平、朱建农、朱保卫、朱映华、汤志刚、何晨冠、吴荣生、吴爱平、吴志澄、应军、张书平、张永生、张永志、张绮霞、李文敏、李光千、李重阳、李裕高、杨俊杰、杨玲坤、杨钢、沈礼、沈中友、苏启善、陆春生、周东海、周贤海、孟家富、季平、林书云(—2010.3)、林秀凤、姚强(—2008.2)、姚恒平、柏新民、胡国泉、胡昌长、钟诚柏、徐正、徐翔、徐益生、耿仲毅、谈伟海、贾柏春、郭琰、钱静、钱留梅、陶运平、顾正红、常云、康顺杰、鄂秀萍、苏金利、苏星娣、翟志高、蔡永祥、谭荣生、潘正东、潘建华、颜景锟、王辉(2008.2—)、王润东(2008.2—)、汤大顺(2008.2—)、吕永忠(2008.2—)、吴玉才(2008.2—)、耿同全(2008.2—)、董晓助(2008.2—)、彭良豪(2008.2—)、杨国平(2008.2—)、王伯海(2008.2—2009.2)、卢德辉(2009.2—)、祝中昊(2009.2—)、王斌(2009.2—)、沈凯(2009.2—)、高庆文(2009.2—)、戚杰(2009.2—)、彭长生(2009.2—)、郑学胜(2010.3—)、郭祥明(2010.3—)、崔巧娣(2010.3—)、唐铁军(驻会,2010.9—)、陆廷秀(2010.9—)、郦海星(2010.9—)

十四、镇江市工商业联合会第十一届执行委员会(2012年6月至2017年1月)

主席:卢道富

副主席:徐建锋、季平(专职)、朱保卫(专职)、唐铁军(专职,—2014.5)、张钢星(专职,2014.3—)、张国华(专职,2016.2—)、朱国平、苏启善、徐翔、周东海、应军、耿仲毅、王伟耀、陆廷秀、郭琰、施文进、高庆文、吴光明

市商会副会长:鄂秀萍、潘正东、郦海星、冷祥生、吕永忠、陶运平、戚杰、沈凯、吴玉才、万敏、董晓助、徐益生、张玉宏(2013.3—)、邹元顺(2013.3—)、李润仙(2013.3—)、宋伟(2014.3—)、魏建峰(2014.3—)

秘书长:朱保卫(兼)

常务委员:万敏、王伟耀、兰云林、卢道富、卢德辉、艾学平、刘永飞、吕永忠、庄玉新、朱立荣、朱国平、朱保卫、许文旭、冷祥生、吴玉才、吴光明、吴荣生、应军、张永生、杨国平、沈礼、沈凯、苏启善、陆廷秀、陆春生、陈正阳、周东海、季平、郑学胜、施文进、郦海星、钟诚柏、唐铁军(—2014.5)、徐正、徐翔、徐建锋、徐益生、耿仲毅、袁红霞、郭琰、郭祥明、钱留梅、陶运平、顾迎春、高庆文、戚杰、鄂秀萍、董晓助、潘正东、瞿廷辉、张玉宏(2013.3—)、邹元顺(2013.3—)、李润仙(2013.3—)、张钢星(2014.3—)、宋伟(2014.3—)、魏建峰(2014.3—)、丁夕平(2014.3—)、朱裕根(2014.3—)、许紫琳(2014.3—)、范明华(2014.3—)、陶靠军(2014.3—)、张国华(2016.2—)

执行委员:丁春华、万敏、王娟、王辉、王斌、王翔、王伟耀、王学斌、王俊秋、

王润东、兰云林、卢道富、卢德辉、艾学平、刘永飞、吕永忠、孙云、孙元贵、庄玉新、朱立荣、朱尧生、朱国平、朱建农、朱保卫、许文旭、许春娟、许紫琳、何健、冷祥生、吴祥、吴玉才、吴光明、吴国杰、吴荣生、宋伟、应军、张永生、张宝忠、张家俊、张绮霞、杨钢、杨国平、杨玲坤、汪令军、沈礼、沈凯、狄育文、苏文国、苏启善、陆廷秀、陆春生、陈正阳、陈兴仁、周东海、周忠保、周贤海、孟剑、孟家富、季平、杭冬良、罗祖秋、范明华、郑学胜、姚达娣、姚锁平、姜利凯、施文进、胡昌长、胡国泉、郦海星、钟诚柏、唐铁军、徐正、徐翔、徐尼克、徐君韬、徐建锋、徐益生、柴辽江、耿同全、耿仲毅、袁红霞、袁启红、郭琰、郭明祥、钱留梅、陶运平、陶靠军、顾迎春、高庆文、屠余标、戚杰、曹光明、鄂秀萍、黄星娣、彭长生、董晓助、翟志高、潘正东、魏建峰、瞿廷辉、张玉宏(2013.3—)、邹元顺(2013.3—)、李润仙(2013.3—)、张钢星(2014.3—)、丁夕平(2014.3—)、王家庆(2014.3—)、朱裕根(2014.3—)、许国川(2014.3—)、仲金梅(2014.3—)、吴水辉(2014.3—)、陈国忠(2014.3—)、宋自力(2014.3—)、洪作南(2014.3—)、黄礼龙(2014.3—)、谢文彬(2014.3—)、戴金华(2014.3—)、张国华(2016.2—)

十五、镇江市工商业联合会第十二届执行委员会(2017年1月—)

主席:卢道富

副主席:时秋香(—2018.8)、刘正泰(2018.8—2019.8)、张国华(专职)、刘杰(专职)、吴银权(专职)、胡舜根(专职,2018.3—)、吴光明、陈晓龙(—2020.5)、王刚、郦海星、倪道宏、郭琰、施文进、耿仲毅、高庆文、艾学平、张玉宏

市总商会副会长:朱冬宏、应珏、柳顺龙、金波、王能、郑萍、吴水辉、潘骏、戚杰、戴小川、沈凯、吕永忠(—2019.2)、陶靠军、鄂秀萍、李润仙

秘书长:左建香(兼)

常务委员:王刚、王能、王家庆、兰云林、卢道富、卢德辉(—2019.2)、左建香、艾学平、刘杰、刘永飞(—2020.5)、吕永忠(—2019.2)、庄玉新、朱冬宏、朱家巍(—2019.8)、朱裕根、许紫琳、吴小香(—2020.5)、吴水辉、吴光明、吴荣生、吴银权、应珏、张玉宏、张国华、张群林、时秋香(—2018.8)、李润仙、沈凯、陈炜、陈正阳、陈晓龙(—2020.5)、周亭宇、范明华、郑萍、金波、施文进、柳顺龙、赵军、郦海星、倪道宏、夏炜(—2020.5)、徐正、耿仲毅、

郭琰、郭祥明(—2019.2)、陶靠军、高庆文、戚杰、鄂秀萍、黄礼龙、蒋红武、潘骏、薛东升(—2019.2)、戴小川、瞿廷辉(—2019.8)、刘正泰(2018.8—2019.8)、胡舜根(2018.3—)、傅丽莉(2018.3—2019.8)、刘绛昊(2019.2—2021.3)、殷晓丹(2019.2—)、唐维(2019.2—)、陈健(2019.8—)、赵徐平(2019.8—)、蒋伟文(2019.8—)、孙松(2019.8—)、王道银(2020.5—)、季莉(2020.5—)、李志(2020.5—)

执行委员：马羽、王刚、王娟、王能、王斌、王兴文、王红旗、王家庆、王海宇、王润东、王湘来、韦磊、韦梅芳、兰云林、冯涛、卢道富、卢德辉(—2019.2)、叶翔、叶珊虹、叶胜谦、左建香、田文斌、艾学平、仲庆、仲金梅、仲洪标、任满平、刘杰、刘永飞(—2020.5)、刘玉红、刘树安、吕永忠(—2019.2)、孙云、庄玉新、朱翔、朱冬宏、朱家巍(—2019.8)、朱裕根、汤威、祁宁澄、许紫琳、何健、吴闯、吴祥、吴小香(—2020.5)、吴水辉、吴光明、吴荣生、吴银权、应珏、张玉宏、张国华、张强华、张群林、时秋香(—2018.8)、李秀亮、李前进、李润仙、杨星、杨建忠、杨杰晶、沈凯、沙玉庆、苏文国、苏金泉、苏培伟、邱新国、闵俊华、陈欣、陈炜、陈正阳、陈志玮、陈晓龙(—2020.5)、陈露霖、周汝飞、周岳新、周亭宇、孟家富、罗晓君、范明华、郑晖、郑萍、金文、金波、姚锁平、姜松亭、封孝权、施文进、柳顺龙、洪作南、费宁、赵军、郦海星、倪道宏、党振华、夏炜(—2020.5)、夏荣光、徐正、徐敏、徐尼克、耿仲毅、袁乐平、谈建祥、郭琰、郭庆莲、郭祥明(—2019.2)、钱建云、陶靠军、顾云龙、高勇、高庆文、屠余标、巢建峰、戚杰、曹加伟、曹光明、鄂秀萍、黄礼龙、彭彦、温立平、蒋红武、蒋周健、蒋忠义、谢公晚、谢文斌、解宝盛、蔡吉燕、蔡志斌、潘革、潘骏、薛东升(—2019.2)、薛永军、薛恒怀、戴小川、瞿廷辉(—2019.8)、刘正泰(2018.8—2019.8)、胡舜根(2018.3—)、傅丽莉(2018.3—2019.8)、刘绛昊(2019.2—)、殷晓丹(，2019.2—)、唐维(2019.2—)、陈健(2019.8—)、赵徐平(2019.8—)、蒋伟文(2019.8—)、孙松(2019.8—)、王道银(2020.5—)、季莉(2020.5—)、李志(2020.5—)、张学明(2020.5—)、薛卫龙(2020.5—)、张胜勇(2020.5—)、周光前(2020.5—)

第五节 党组织建制

1988年8月,经中共镇江市级机关党委批准,成立镇江市工商联党支部,1990年1月更名为中共镇江市工商联机关党支部。

1992年1月,经中共镇江市委批准,成立中共镇江市工商业联合会党组。市工商联党组受市委和市委统战部的领导,在工商联发挥领导核心和政治保障作用。

2014年10月16日,经镇江市委组织部批准,成立中共镇江市商会联合委员会(2019年12月30日更名为中共镇江市总商会委员会),隶属中共镇江市委新经济(非公有制企业)和社会组织工作委员会领导,由中共镇江市工商联党组负责管理,市总商会党委领导各商(协)会党的建设,2015年12月由徐建锋任党委书记、张国华任党委副书记。

镇江市工商联党组情况一览表

表2—1

序号	党组书记	任职时间	序号	党组成员	任职时间
1	梅　渡	1992.1–1993.7	1	何　畏	1992.1–1995.3
2	林存德	1993.7–1997.7	2	戴　宁	1992.1–1994.4
3	陈　伟	1997.7–2002.11	3	朱经才	1993.2–2001.12
4	谈金和	2002.11–2006.6	4	沈五顺	1995.5–2004.8
5	张永志	2006.6–2012.4	5	高浩良	2001.6–2005.7
6	徐建锋	2013.12–2016.12	6	王小平	2005.12–2016.4
7	时秋香	2016.12–2018.7	7	蔡永祥	2006.11–2012.6
8	刘正泰	2018.7–2019.5	8	朱保卫	2009.3–2017.1

续表2—1

序号	党组书记	任职时间	序号	党组成员	任职时间
9	王红卫	2020.11-	9	唐铁军	2010.8-2014.5
序号	党组副书记	任职时间	10	张钢星	2014.1-2015.12
1	徐建锋	2012.6-2013.12	11	倪克强	2014.1-2017.12
2	张国华	2019.8-	12	张国华	2015.9-
			13	刘　杰	2016.12-
			14	胡舜根	2017.11-
			15	左建香	2016.12-
			16	朱　杰	2017.12-

镇江市工商联机关党支部情况一览表

表2—2

序号	党支部书记（副书记）	任职时间	序号	支部委员	任职时间
1	何　畏	1990.1-1995.5	1	王小平	1995.5-2014.8
2	朱经才	1995.5-2002.3	2	葛　江	1995.5-2000.10
3	高浩良	2002.3-2007.7	3	孙晓莉	2000.10-2007.7
4	蔡永祥	2007.7-2012.11	4	刘　杰	2007.7-2016.5
5	唐铁军	2012.11-2014.8	5	左建香	2007.7-2018.4
6	张钢星	2014.8-2016.5	6	周道琴	2010.1-2020.12
7	张国华	2016.5-2018.4	7	奚　莹	2014.8-2020.12
8	刘杰（副）	2016.5-2018.4	8	王　芳	2016.5-2018.4
9	刘　杰	2018.4-2020.12	9	张菲菲	2018.4-2020.12
10	左建香（副）	2018.4-2020.12			

第六节 机构(组织)设置

一、行政机构

1949年9月8日,镇江市工商业联合会筹备委员会成立,机关内设"一室、四组"。"一室"即秘书室,"四组"即接管整理组、法规研究组、财务组、生产推进组。

1951年5月16日,国营公司抽调干部到会工作后,筹备委员会扩大工作机构,机关改设"四处",处下设科,并增设秘书长。"四处"即秘书处,下设总务科、财务科、人事科、调研科;辅导处,下设市场科、业务科、税务科、生产科;联络处,下设组织科、联络科;宣教处,下设宣传科、学习科。

1993年12月13日,经镇江市编制委员会研究,同意市工商联增设"商会工作处"。调整后,镇江市工商业联合会(商会)内设办公室、经济工作处、会员工作处、商会工作处4个处室(科级建制)。

1998年2月,参照中共中央和中共江苏省委关于机构改革的精神,根据实际情况,确定镇江市工商业联合会(商会)机关内设办公室、会员处、经济处、联络处、宣教处5个处室(科级建制)。

2015年2月,经镇江市机构编制委员会研究,同意撤销镇江市工商业联合会经济处、联络处,增设经济联络处、调研维权处。调整后,镇江市工商业联合会(总商会)机关内设办公室、会员处、经济联络处、调研维权处、宣教处5个处室(科级建制)。

2016年2月,经镇江市机构编制委员会研究,同意镇江市工商业联合会会员处增挂"市商会联合党委办公室"牌子。

二、其他组织

1993年3月,根据《中国工商业联合会章程》和中共镇江市委(镇复〔1993〕34号)文件批复,同意镇江市工商联增挂"镇江市商会"的牌子。

1995年2月28日,经镇江市机关工委批准,设立镇江市工商联工会委员会。3月16日,首届工会会员大会召开。会议以无记名投票方式选举产生由葛江、胡伟琴、周玉珍组成的市工商联工会委员会，葛江任工会主席。

2014年12月，经中共镇江市委研究，同意“镇江市商会”更名为“镇江市总商会”，与市工商联实行一套班子两块牌子。

2017年12月，经镇江市机构编制委员会研究，同意将镇江市中华职业学校变更为镇江市商会综合服务中心，正科级建制，为全额拨款事业单位。

三、工作机构及下属单位

镇江市工商联成立后，先后成立37个工作机构和10个下属单位。这些组织在当时为促进镇江经济社会特别是工商业的发展，发挥较好作用，但随着社会形势和条件的发展变化，大部分完成历史使命，逐渐退出历史舞台。

（一）工作机构

1949—2020年镇江市工商联工作机构情况一览表

表2—3

序号	名　称	成立时间	主要职能
1	房地产接管整理委员会	1949.11.26	办理原钱业公会辅宜堂房地产、冬赈局房地产、自来水厂股票的接管问题
2	粮食市场管理委员会	1949.12	加强粮食市场管理，稳定物价
3	折实公债推销分会	1950.1.9	推销人民胜利折实公债
4	失业工人救济委员会	1950.4.28	救济失业人员
5	学习委员会	1950.7	组织工商界学习《共同纲领》以及公私关系、劳资关系、工会法等内容
6	保卫世界和平反对美帝侵略委员会镇江市工商界分会（1951年改组为镇江市抗美援朝工商联分会）	1950.11	1950年12月4日订立工商界爱国公约，1951年3月2日召开工商界抗美援朝代表会议，3月28日举行反美示威大游行，组织认捐三架飞机和十万发子弹，开展救济优抚等
7	镇江市工商登记委员会	1950.11.6	协助政府办理工商登记
8	市场物价检查委员会	1951.1	进行经常性物价检查，发现违法户给予定期停业、当众坦白、公开教育等处理

续表2—3

序号	名 称	成立时间	主要职能
9	城乡物资交流推进委员会	1951.5.16	开展城乡物资交流
10	镇江市摊贩联合会	1951.6.5	会同镇江市工商局加强对镇江市商贩的管理
11	慰问委员会	1951.6	开展优抚烈军属、欢送参军青年、慰劳志愿军伤员等工作
12	加工协商委员会	1951	合理调整工缴，扩大加工订货
13	五联商店	1951	辅导部分企业联营，扩大生产经营能力
14	“五反”办公室	1952.4.25	反行贿、反偷税漏税、反盗窃国家资财、反偷工减料、反盗窃国家经济情报
15	镇江市城乡物资交流促进会	1952.8	促进城乡物资交流
16	镇江市城乡物资交流委员会	1952	全面促进城乡物资交流
17	镇江市行商联合会	1952	协助镇江市工商局对行商进行登记
18	改组同业公会办公室	1954.11.9	对各同业工会进行全面调查登记和整理重组
19	青年工作委员会	1956	开展青年工作
20	工商界学习分会	1956.3.23	组织工商业者学习政治理论
21	家属工作委员会	1956.8	开展工商界家属工作
22	工商界生活互助金管理委员会	1959	对生活困难的退休人员和因疾病、丧葬、灾害等导致生活困难的以及生活特别困难的工商业者进行补助
23	镇江市百货业同业公会	1991.4.10	在全省率先开展行业组织的探索实践工作
24	镇江市工商联企业管理小组	1991.7.10	对企业的直接领导，对工商联负责，定期报告企业经营状况，加强对自办企业监督和指导

续表2—3

序号	名　称	成立时间	主要职能
25	镇江市百货行业经济服务部	1992.10.4	发挥自身优势，增强服务功能，促进会员企业和镇江市百货行业的发展
26	镇江市商会法律服务部	1994.4.4	为个私企业提供法律服务
27	非公有制经济会员工作委员会	1995.5.17	为会员提供服务
28	镇江市光彩事业促进会	1996.12.9	由市委统战部、市工商联组织民营企业家发起成立，组织企业家履行社会责任
29	镇江市地方税收纳税人权益维护协会镇江市工商联办事处	2009.1	由镇江市工商联会同市地方税务局设立，协助地方税征收工作
30	镇江市民营经济研究会	2010.1	由镇江市工商联与市直部分知名企业家共同发起成立，研究民营企业发展状况
31	镇江小微企业城市商业合作总社	2012.8.31	主要是为中小型民营企业解决融资难题，助推经济发展
32	镇江市非公经济促进会	2013.3	促进非公有制经济健康发展，开展研讨、联谊、对外交流等社会活动
33	参政议政委员会	2017.4.14	组织专题学习、开展调查研究、提交议案提案、参与政策法规制定，履行政治协商、民主监督、参政议政等职能
34	女企业家委员会	2017.8.25	团结广大女企业家和女性创业者，了解她们意愿和诉求，扩大女企业家的社会影响，加强女企业家与党委政府之间的联系

说明：2017年以后成立的机构至2020年年底继续运行，其他机构终止时间不详

(二)下属单位

镇江市工商联下属单位情况表

表2—4

序号	名称	成立时间	经营情况	注册资金
1	镇江市工商联经济开发公司	1992.5	开展经济活动和对外联络工作,向国内外有关企业提供经济信息、开展经济技术培训咨询等服务	30万
2	镇江商会实业发展公司	1994.6	批发、零售、代购代销和经济中介,主营金属材料、建筑材料、化工原料、煤炭、石油制品、纺织原料、普通机械、电器机械等	30万
3	镇江商会贸易发展公司	1994.6	批发、零售、代购代销和经济中介,主营为海内外工商界及其眷属洽谈经济项目、技术转让项目、文化交流项目	30万
4	镇江市商会老介福绸布庄	1996.4	为镇江市中华职业学校校办企业,作为学生实践培训基地。	不详
5	镇江市飞月厨房设备销售中心	1996.5	主营大、中、小型不锈钢成套设备及配件和各类民用、酒吧不锈钢餐具,兼营承接各类厨房用品定制、安装、调试及维修服务	12万
6	镇江市永和商务发展有限公司	1996.5	主营五金、交电、家用电器、化工原料、金属材料,兼营餐饮、休闲	50万
7	镇江通用燃气工程开发有限公司	1996.6	主营管道煤气、天然气等燃气工程项目的设计、施工、安装、调试等,兼营各类燃气设备器材、用具及备品配件的供应与维修	50万
8	镇江市商会京口经济合作中心	1996.6	为会员提供企业策划、商务培训、信息咨询、商务代理、产品展示和贸易中介服务设备	3万
9	镇江市诚信担保有限责任公司	1999.6	为非公有制企业提供信贷担保服务	500万
10	镇江市商会综合服务中心	2017.12	为商会和民营企业提供文秘、法律、金融、税务等服务	

说明:截至2020年12月,镇江市商会综合服务中心继续运行,其他注销时间不详

附录

历届全国、江苏省、镇江市人大(政协、工商联代表大会)镇江工商界代表(委员)及担任职务名录

一、历届全国人大(政协、工商联代表大会)镇江工商界代表(委员)及担任职务名录

(一)历届全国人民代表大会镇江工商界代表

1. 第一届全国人民代表大会代表：冷遹

2. 第二届全国人民代表大会代表：冷遹

3. 第三届全国人民代表大会代表：孙本忠

4. 第十届全国人民代表大会代表：朱国平

5. 第十一届全国人民代表大会代表：朱国平、叶有伟

6. 第十二届全国人民代表大会代表：朱国平

7. 第十三届全国人民代表大会代表：朱小坤

(二)历届中国人民政治协商会议镇江工商界委员及担任职务名录

第一届中国人民政治协商会议委员会

委员：冷遹

(三)历届全国工商联代表大会镇江工商界代表及担任职务名录

1953年10月　中华全国工商业联合会第一次代表大会

代表：陆小波

中华全国工商业联合会第一届执行委员会

委员：陆小波

1956年12月　中华全国工商业联合会第二次代表大会

代表：陆小波、胡鲁璠、林静波

中华全国工商业联合会第二届执行委员会

委员：陆小波

1960年2月　中华全国工商业联合会第三次代表大会

代表：陆小波、陆汝纯

中华全国工商业联合会第三届执行委员会

常务委员：陆小波

委员:陆小波

1979年10月 中华全国工商业联合会第四次代表大会

代表:吴慎裕

中华全国工商业联合会第四届执行委员会(名单不详)

1983年11月 中华全国工商业联合会第五次代表大会

代表:陆汝纯

中华全国工商业联合会第五届执行委员会(名单不详)

1988年12月 中华全国工商业联合会第六次代表大会

代表:陆汝纯、朱仁和

中华全国工商业联合会第六届执行委员会(名单不详)

1993年10月 中华全国工商业联合会第七次代表大会

代表:陆汝纯、林存德、朱仁和

中华全国工商业联合会第七届执行委员会

委员:朱仁和

1997年11月 中华全国工商业联合会第八次代表大会代表(名单不详)

中华全国工商业联合会第八届执行委员会(名单不详)

2002年11月 中华全国工商业联合会第九次代表大会代表(名单不详)

中华全国工商业联合会第九届执行委员会(名单不详)

2007年11月 中华全国工商业联合会第十次代表大会

代表:孙志安(其他名单不详)

中华全国工商业联合会第十届执行委员会(名单不详)

2012年12月 中华全国工商业联合会第十一次代表大会

代表:卢道富、苏启善

中华全国工商业联合会第十一届执行委员会(名单不详)

2017年11月 中华全国工商业联合会第十二次代表大会

代表:郦海星(其他名单不详)

中华全国工商业联合会第十二届执行委员会

委员:郦海星

二、历届江苏省人大(政协、工商联代表大会)镇江工商界代表(委员)及担任职务名录

(一)历届江苏省人大镇江工商界代表及担任职务名录

1. 第一至三届江苏省人民代表大会

代表：陆小波

2. 第六届江苏省人民代表大会

代表：吴慎裕、汤通庆

3. 第七届江苏省人民代表大会

代表：吴慎裕

4. 第八届江苏省人民代表大会

代表：吴慎裕

5. 第九届江苏省人民代表大会

代表：马金芳、徐广福

6. 第十届江苏省人民代表大会

代表：叶有伟、沈礼、高亚明、黄星娣

7. 第十一届江苏省人民代表大会

代表：叶有伟、黄星娣、陆廷秀、马金芳、沈礼

8. 第十二届江苏省人民代表大会

代表：马金芳、朱晓坤、王禄宝、陆庭秀、封孝权、郭琰、王刚、王伟耀

9. 第十三届江苏省人民代表大会

代表：马金芳、汤龙保、王刚、封孝权、郭琰

(二)历届江苏省政协镇江工商界委员及担任职务名录

1. 苏南各界人民代表会议协商委员会(1949年—1952年)

副主席：陆小波

代表：陆小波、江苏民、胡鲁璠、向春亭

2. 第一届政协江苏省委员会

副主席：陆小波(1955年当选副主席)

常委：陆小波

委员：陆小波、胡鲁璠

3. 第二届政协江苏省委员会(1958年)

副主席:陆小波

委员:陆小波、吴中彦

4. 第三届政协江苏省委员会(1964年)

副主席:陆小波

委员:陆小波、吴中彦

5. 第四届政协江苏省委员会

委员:吴中彦、陆汝纯

6. 第五届政协江苏省委员会

委员:陆汝纯、肖鹤忠、严忠婉

7. 第六届政协江苏省委员会

委员:陆汝纯、严忠婉、肖鹤忠

8. 第七届政协江苏省委员会

委员:朱仁和

9. 第八届政协江苏省委员会

副秘书长:潘吉森

委员:潘吉森、朱国平

10. 第九届政协江苏省委员会

委员:马金芳、孙志安

11. 第十届政协江苏省委员会

委员:孙志安、黄星娣

12. 第十一届政协江苏省委员会

委员:卢道富

13. 第十二届政协江苏省委员会

委员:卢道富、朱国平

(三)历届江苏省工商联代表大会镇江工商界代表及担任职务名录

1. 1954年3月 江苏省工商业联合会第一次代表大会

代表:陆小波、胡鲁璠

江苏省工商业联合会第一届执行委员会

副主委：陆小波

委员：胡鲁播

2. 1959年6月　江苏省工商业联合会第二次代表大会

代表：陆小波、吴中彦、陆汝纯、孙天本、高伟俊、李友芳、蒋志云(其他名单不详)

江苏省工商业联合会第二届执行委员会

副主委：陆小波

常务委员：吴中彦、陆汝纯

委员：孙天本、高伟俊、李友芳、蒋志云

3. 1980年3月　江苏省工商业联合会第三次代表大会

代表：陆汝纯、吴慎裕、李雨金、李友芳(其他名单不详)

江苏省工商业联合会第三届执行委员会

常务委员：陆汝纯、吴慎裕

委员：李雨金、李友芳、汤通庆、吴良珠、张金波、陆汝纯、吴慎裕

4. 1984年7月　江苏省工商业联合会第四次代表大会

代表：陆汝纯、胡鲁播、林静波、陈亦华、肖鹤忠、尤惠英、汪金波、吴良珠、李雨金、汤通庆(其他名单不详)

江苏省工商业联合会第四届执行委员会

常务委员：陆汝纯、胡鲁播、林静波

委员：陈亦华、肖鹤忠、尤惠英、汪金波、吴良珠、李雨金、汤通庆

5. 1989年5月　江苏省工商业联合会第五次代表大会

代表：陆汝纯、林静波、朱仁和、尤惠英、朱仁和、杨锁连、吴永清、吴良珠、何畏、陆汝纯、陈亦华、林静波、施民乐(其他名单不详)

江苏省工商业联合会第五届执行委员会

常务委员：陆汝纯、林静波、朱仁和

委员：尤惠英、朱仁和、杨锁连、吴永清、吴良珠、何畏、陆汝纯、陈亦华、林静波、施民乐

6. 1993年7月　江苏省工商业联合会第六次代表大会

代表：陆汝纯、朱仁和、林存德、陈亦华、朱经才、马永林、高亚平、李光千、夏秀蓉、钱锦龙、

殷松如、董明珍、林静波、吴良珠、尤惠英、施民乐、衡长俊(其他名单不详)

江苏省工商业联合会第六届执行委员会

常务委员:朱仁和、林存德

委员:朱仁和、朱经才、陈亦华、林存德、施民乐、钱锦龙、高亚平、衡长俊

7. 1997年8月 江苏省工商业联合会第七次代表大会

代表:车家福、史正辉、史宏伟、冯学谦、刘友群、朱仁和、朱杰臣、朱经才、朱尧生、陈伟、陈亦华、陆汝纯、李光千、沈礼、金加龙、柏新民、高亚平、顾谷频、徐福邦、倪鹤鸣、陶桂传、董明文、潘吉森

江苏省工商业联合会第七届执行委员会

副会长:潘吉森(1999年6月增补)

常务委员:潘吉森、李光千、胡国祥

委员:朱尧生、朱经才、李光千、陈伟、柏新民、胡国祥、鄂秀萍(1998年12月增补)、潘吉森(其他名单不详)

8. 2002年7月 江苏省工商业联合会第八次代表大会

代表:王剑、关云洪、朱映华、吴爱平、孙志安、李光千、朱国平、陈伟、柏新民、高浩良、鄂秀萍、谈金和、周东海(其他名单不详)

江苏省工商业联合会第八届执行委员会

常务委员:孙志安、李光千、朱国平、陈伟(—2003.1)、谈金和(2003.1—)

委员:王剑、关云洪、朱国平、朱映华、吴爱平、孙志安、李光千、陈伟(—2003.1)、黄新娣、柏新民、高浩良、鄂秀萍、谈金和(2003.1—)、周东海(2005.12—)

9. 2007年3月 江苏省工商业联合会第九次代表大会

代表:卢道富、叶有为、关云洪、孙志安、朱国平、吴爱平、应军、张永志、李文敏、杨光千、杨玲坤、杜盛钢、沈礼、苏文国、苏启善、陆春生、陈亦华、周东海、季平、柏新民、徐翔、钱留梅、常云、常国民、鄂秀萍、蔡永祥、潘正东

江苏省工商业联合会第九届执行委员会

副会长:朱国平

常务委员:孙志安、张永志、苏启善、徐翔

委员:叶有伟、孙志安、朱国平、应军、张永志、杨玲坤、苏启善、周东海、季平、徐翔、

鄂秀萍、蔡永祥、潘正东。

10. 2012年7月　江苏省工商业联合会第十次代表大会

代表：王斌、兰云林、卢道富、刘永飞、孙志安、庄玉新、朱立荣、朱国平、朱保卫、许文旭、冷祥生、苏启善、陆廷秀、陆春生、陈正阳、陈兴仁、陈亦华、周东海、周贤海、季平、郦海星、钟诚柏、施文进、唐铁军、徐翔、徐建锋、耿仲毅、郭琰、郭明祥、钱留梅、高庆文、潘正东

江苏省工商业联合会第十届执行委员会

副主席：朱国平

副会长：陆廷秀

常务委员：卢道富、朱国平、陆廷秀、徐建锋、苏启善(其他名单不详)

委员：卢道富、朱国平、朱保卫、陆廷秀、徐建锋、苏启善、唐铁军、钱留梅、周东海、徐翔、潘正东、冷祥生、郦海星、郭琰、高庆文

11. 2017年6月　江苏省工商业联合会第十一次代表大会

代表：王刚、王斌、兰云林、卢道富、艾学平、刘永飞、刘祥生、朱裕根、吴小香、应珏、张国华、时秋香、陈炜、陈晓龙、郑晖、郦海星、夏炜、徐翔、耿仲毅、郭琰、郭祥明、高勇、高庆文、黄礼龙、潘骏

江苏省工商业联合会第十一届执行委员会

副主席：吴光明

副会长：徐翔

常务委员：卢道富、吴光明、时秋香(–2018.7)、徐翔、刘正泰(2019.1—2019.5)、艾学平、郦海星

委员：卢道富、时秋香(–2018.7)、刘正泰(2019.1–2019.5)、吴光明、徐翔、王刚、郭琰、耿仲毅、高庆文、艾学平、郦海星、黄礼龙、应珏、潘骏

三、镇江市各届人民代表大会、政治协商会议工商界代表(委员)及担任职务名录

(一)历届镇江市人民代表大会工商界代表及担任职务名录

1. 1954年，镇江市第一届人民代表大会工商界代表及担任职务名录

代表：李友芳、沈泽民、吴慎裕、吴中彦、周翔鸿、胡鲁璠、胡超北、陆小波、陈有根、杨润和、赵德超、蒋志云

常务委员：蒋志云、吴中彦、胡鲁璠

2. 1956年,镇江市第二届人民代表大会工商界代表及担任职务名录

代表:李友芳、沈泽民、吴慎裕、吴中彦、周翔鸿、胡鲁播、胡超北、陈有根、杨润和、赵德超、蒋志云、尤惠英、孙瑞如、任仲人、李天沛、吴于藻、黄昌禄、陆汝纯、杨喻之、童本荣、蔡蔚仪、朱觐高、完恩庆、纪文进

常务委员:蒋志云、吴中彦、胡鲁播、赵德超

3. 1958年,镇江市第三届人民代表大会工商界代表及担任职务名录

代表:李友芳、沈泽民、吴慎裕、吴中彦、周翔鸿、胡超北、陈有根、赵德超、蒋志云、尤惠英、孙瑞如、任仲人、李天沛、吴于藻、黄昌禄、陆汝纯、杨喻之、童本荣、叶柏生、蔡蔚仪、朱觐高、完恩庆、纪文进

常务委员:蒋志云、吴中彦、赵德超

4. 1961年,镇江市第四届人民代表大会工商界代表及担任职务名录

代表:李友芳、沈泽民、吴慎裕、吴中彦、周翔鸿、胡超北、陈有根、赵德超、蒋志云、尤惠英、孙瑞如、任仲人、李天沛、吴于藻、陆汝纯、杨喻之、童本荣、高伟俊、黄松水、黄承吾、蔡蔚仪、赵德山、凌子衡

常务委员:蒋志云、吴中彦、高伟俊

5. 1963年,镇江市第五届人民代表大会工商界代表及担任职务名录

代表:李友芳、沈泽民、吴慎裕、吴中彦、周翔鸿、胡超北、陈有根、赵德超、蒋志云、尤惠英、孙瑞如、任仲人、李天沛、吴于藻、陆汝纯、杨喻之、童本荣、黄松水、曾义成、蔡蔚仪

常务委员:蒋志云、吴中彦

6. 1965年,镇江市第六届人民代表大会工商界代表及担任职务名录(无)

7. 1981年,镇江市第七届人民代表大会工商界代表及担任职务名录

代表:吴慎裕、尤惠英、孙瑞如、童本荣、肖鹤忠、李雨金、马瑞伯、蔡蔚仪

常务委员:吴慎裕、童本荣

8. 1983年3月,镇江市第八届人民代表大会工商界代表及担任职务名录

代表:吴慎裕(其他名单不详)

副主任:吴慎裕(1983年8月起)

9. 1984年9月,实行市管县体制后的镇江市第一届人民代表大会工商界代表及担任职务名录

代表：吴慎裕、尤惠英、童本荣、林静波、沙昌文、张馨田、高祥发、赵长乾、陈亦华、马瑞伯

副主任：吴慎裕

常务委员：马瑞伯

10. 1989年，镇江市第二届人民代表大会工商界代表及担任职务名录

代表：吴慎裕、朱仁和

副主任：吴慎裕

11. 1994年，镇江市第三届人民代表大会工商界代表及担任职务名录(名单不详)

12. 1999年3月，镇江市第四届人民代表大会工商界代表及担任职务名录

代表：孙志安、卢道富、鄂秀萍、李光千、金加龙、苏启善(其他名单不详)

13. 2004年，镇江市第五届人民代表大会工商界代表及担任职务名录

代表：应军、苏启善、李光千、郭琰、鄂秀萍、翟志文、汤龙保(其他名单不详)

14. 2008年1月，镇江市第六届人民代表大会工商界代表及担任职务名录

代表：耿忠毅、苏启善、郭琰、应军、汤龙保、王伟耀、鄂秀萍、郦海星(其他名单不详)

15. 2012年6月，镇江市第七届人民代表大会工商界代表及担任职务名录

代表：苏启善、施文进、郦海星、徐益生、郭琰、陶运平、鄂秀萍、董晓助、汤龙保、王伟耀(其他名单不详)

16. 2017年2月，镇江市第八届人民代表大会工商界代表及担任职务名录

代表：施文进、汤龙保、刘树安、鄂秀萍(其他名单不详)

(二)历届中国人民政治协商会议江苏省镇江市委员会工商界委员及担任职务名录

1. 镇江市各届人民代表会议历届工商界代表及担任协商委员会职务名录

(1)1949年9月，第一届镇江市各届人民代表会议工商界代表及担任协商委员会职务名录

代表：马家馥、向春亭、朱汉臣、朱季恒、冷晓山、李友芳、李铁孙、江苏民、吴中彦、吴于藻、何侃、何福生、杨贯之、杨鼎铭、周道谦、胡鲁璠、陈果毅、陈恒祥、陆小波、姜远、殷履伦、凌德铭、常正予、黄青、黄修禄、程福涛、蒋志云、王金魁、石明林、缪佩铠、任仲人、赵越亭、胡鲁泉、贾耀卿、于小川

副主席：陆小波

委员：蒋志云、江苏民、何 侃、于小川

(2)1950年5月，第二届镇江市各届人民代表会议工商界代表及担任协商委员会职务名录

代表：马家馥、向春亭、李友芳、江苏民、吴中彦、吴于藻、何福生、杨贯之、杨鼎铭、周道谦、胡鲁璠、陆小波、凌德铭、常正予、黄青、蒋志云、王金魁、石明林、缪佩铠、任仲人、胡鲁泉、贾耀卿、丁云涛、王自阶、王雨人、刘文楷、刘凤惠、卢冠群、朱文荪、李子嘉、李雨金、马明达、苏增吉、陈自源、沈嘉征、阴慎之、夏容光、陆秉诚、黄丹叔、薛惠卿、汤品端

副主席：陆小波

委员：向春亭、江苏民、王金魁

(3)1950年10月，第三届镇江市各届人民代表会议工商界代表及担任协商委员会职务名录

代表：向春亭、李友芳、江苏民、吴中彦、吴于藻、何福生、杨鼎铭、周道谦、胡鲁璠、陆小波、凌德铭、常正予、黄青、蒋志云、王金魁、缪佩铠、任仲人、胡鲁泉、贾耀卿、王雨人、刘文楷、刘凤惠、卢冠群、朱文荪、李雨金、马明达、苏增吉、陈自源、沈嘉征、阴慎之、夏容光、陆秉诚、薛惠卿、汤品端、张树春、陆汝纯、王蒴、朱友芝、金戈、殷炎

副主席：陆小波

委员：向春亭、江苏民、胡鲁璠、王金魁

(4)1951年3月，第四届镇江市各届人民代表会议工商界代表及担任协商委员会职务名录

代表：向春亭、李友芳、江苏民、何福生、杨鼎铭、周道谦、胡鲁璠、陆小波、凌德铭、黄青、蒋志云、王金魁、任仲人、胡鲁泉、王雨人、刘文楷、朱文荪、李雨金、陈自源、沈嘉征、阴慎之、夏容光、陆秉诚、薛惠卿、汤品端、陆汝纯、朱友芝、金戈、殷炎、米德卿、李天沛、吴启明、邱坦然、徐立志、赵德超

副主席：陆小波

委员：向春亭、江苏民、吴于藻、王金魁

(5)1951年10月，第五届镇江市各届人民代表会议工商界代表及担任协商委员会职务名录

代表：向春亭、李友芳、江苏民、何福生、周道谦、胡鲁璠、陆小波、黄青、蒋志云、任仲人、朱文荪、李雨金、薛惠卿、陆汝纯、朱友芝、殷炎、米德卿、赵德超、方树培、肖国臣、朱觐高、张文宝、徐汇川、徐晓川、周翔鸿、陆基宏、吴慎裕、陈亦华、胡超北、沈泽民、顾茀臣、陈有根、杨润和、殷长濂、陈长山、林桂恒、徐正清、许春华、华铭勋、吴善杨、何淦泉、谈大清、金道纯、杨奇富、陈育九、刘根亚、董积五

副主席：陆小波

委员：向春亭、胡鲁璠、江苏民、董积五

(6)1952年11月，镇江市第五届各届人民代表会议第三次会议

副主席：陆小波

副秘书长：江苏民(兼)

委员：胡鲁璠、江苏民、吴中彦、董积五

(7)1953年8月，镇江市第五届各届人民代表会议第五次会议

副主席：陆小波

委员：胡鲁璠、江苏民、吴中彦、董积五

2.历届中国人民政治协商会议江苏省镇江市委员会工商界委员及担任职务名录

(1)1956年2月，中国人民政治协商会议江苏省镇江市第一届委员会工商界委员及担任职务名录

副主席：陆小波

副秘书长：陆汝纯

常务委员：李雨金、胡鲁璠、陆汝纯、杨润和

委员：陆小波、李雨金、胡鲁璠、陆汝纯、杨润和

(2)1958年11月，中国人民政治协商会议江苏省镇江市第二届委员会工商界委员及担任职务名录

副主席：陆小波

副秘书长：吴中彦

常务委员：吴中彦、陆汝纯、李雨金、薛树波、高伟俊、孙天本

委员：陆小波、李雨金、陆汝纯、杨润和、吴中彦、薛树波、孙天本、高伟俊、谈镜如、周道谦、胡鲁泉

(3)1961年5月，中国人民政治协商会议江苏省镇江市第三届委员会工商界委员及担任职务名录

副主席：陆小波

副秘书长：吴中彦

常务委员：赵德超、陆汝纯、李雨金、薛树波、马家桢、孙天本、吴中彦

委员:陆小波、李雨金、胡鲁璠、陆汝纯、吴中彦、赵德超、马家桢、孙瑞如、顾茀臣、肖鹤忠、何福生、忻礼痒、张文宝、陈长山、薛惠卿、张跃林、鲍颖娴、陈亦华、蒋侣云、薛树波、孙天本、谈镜如、周道谦、胡鲁泉

(4)1963年11月,中国人民政治协商会议江苏省镇江市第四届委员会工商界委员及担任职务名录

副主席:陆小波

副秘书长:吴中彦、孙天本

常务委员:吴中彦、李雨金、马家桢、陆汝纯、赵德超、孙天本

委员:陆小波、李雨金、胡鲁璠、陆汝纯、吴中彦、赵德超、马家桢、孙瑞如、顾茀臣、肖鹤忠、何福生、忻礼痒、张文宝、陈长山、薛惠卿、张跃林、鲍颖娴、陈亦华、许达云、蒋侣云、孙天本、陆左元

(5)1981年9月,中国人民政治协商会议江苏省镇江市第五届委员会工商界委员及担任职务名录

副主席:陆汝纯

常务委员:马家桢、李雨金、吴于藻、蒋志云

委员:李雨金、胡鲁璠、陆汝纯、马家桢、孙瑞如、顾茀臣、何福生、忻礼痒、陈长山、薛惠卿、张跃林、鲍颖娴、陈亦华、蒋侣云、吴于藻、任仲人、蒋志云、杨喻之、严大北、陆左元、陈均、汤政、汪志富、林德宗

(6)1983年3月,实行市管县体制后的中国人民政治协商会议江苏省镇江市第一届(原第六届)委员会工商界委员及担任职务名录①

副主席:陆汝纯

副秘书长:吴于藻、蔡蔚仪(1985年增补)

常务委员:吴于藻、胡鲁璠、童本荣、陈均

委员:李雨金、胡鲁璠、陆汝纯、马家桢、孙瑞如、顾茀臣、何福生、鲍颖娴、蒋侣云、吴于藻、童本荣、蔡蔚仪、任仲人、蒋志云、夏述先、杨喻之、严大北、汪金波、陈均、闪伯和、张士根、

---

①在1997年11月13—14日召开的政协镇江市八届二十一次常委会议上,决定自1998年1月15日起调整镇江市政协届次,使镇江市政协的届次与中共镇江市委的届次相一致,即自1983年起政协镇江市委员会为省辖市政协第一届委员会。

陈少华、柏新民、陆雨生、肖鹤忠

(7)1988年1月，中国人民政治协商会议江苏省镇江市第二届(原第七届)委员会工商界委员及担任职务名录

副主席：陆汝纯

常务委员：马瑞伯、陈亦华、蔡尉仪、胡鲁播、胡国祥(1989年增补)

委员：胡鲁播、陆汝纯、陈亦华、蔡蔚仪、夏述先、马瑞伯、吴代金、何畏、胡国祥(1988年3月增补)

(8)1993年3月，中国人民政治协商会议江苏省镇江市第三届(原第八届)委员会工商界委员及担任职务名录

副主席：朱仁和(1996年3月增补)

常务委员：陈亦华、朱经才、高亚平、胡国祥、朱仁和(1995年增补)、顾谷频(1995年增补)

委员：胡国祥、王伟、支宏伟、冯锦辉、朱经才、李光千、李秀良、陆雨生、陈亦华、陈桂华、张峻、高亚平、徐怀国、陶桂传、梅渡、马永林、朱仁和(1995年增补)、顾谷频(1995年增补)、柏新民(1995年增补)

特邀委员：陆汝纯

(9)1998年3月，中国人民政治协商会议江苏省镇江市第四届委员会工商界委员及担任职务名录

副秘书长：陈　伟

常务委员：陈伟、柏新民

委员：朱尧生、朱国平、陈伟、李文敏、沈礼、沈五顺、柏新民、徐福邦、尹文斌、董明文、贾柏青、高亚平

(10)2003年1月，中国人民政治协商会议江苏省镇江市第五届委员会工商界委员及担任职务名录

常务委员：孙志安、高浩良、王剑

委员：王剑、关云洪、刘跃进、孙志安、朱尧生、朱映华、吴爱平、李文敏、杨俊杰、杨玲坤、沈礼、周嶂检、金加龙、柏新民、谈金和、钱留梅、高浩良、常云

(11)2008年1月，中国人民政治协商会议江苏省镇江市第六届委员会工商界委员及担任职务名录

副主席:孙志安

常务委员:孙志安、张永志(其他人员不详)

委员:王辉、孙志安、李文敏、吕永忠、朱建农、季平、沈礼、吴荣生、陆群、陆春生、张永志、周东海、徐翔、钱留梅、常云、杨玲坤、黄金利、曹晓国、蔡永祥

(12)2012年6月,中国人民政治协商会议江苏省镇江市第七届委员会工商界委员及担任职务名录

副主席:卢道富(2016年1月增补)

常务委员:卢道富、徐建锋(其他人员不详)

委员:王辉、王斌、兰云林、卢道富、朱保卫、吴玉才、季平、沈礼、周亭宇、高庆文、徐建锋、钱留梅、陶靠军、戚杰、屠余标、封孝权、孙云、杜盛钢、耿月全、庄玉新、冷祥生、孙志安

(13)2017年1月,中国人民政治协商会议江苏省镇江市第八届委员会工商界委员及担任职务名录

副主席:卢道富

副秘书长:吴银权

常务委员:卢道富、吴银权、封孝权

委员:卢道富、吴银权、高庆文、艾学平、沈凯、陶靠军、戚杰、戴小川、吴玉才、兰云林、夏炜、许紫琳、王斌、叶胜谦、党振华、曹光明、任满平、朱裕根、封孝权、王兴文、谢文斌、费宁、朱冬宏、温立平、汤威、顾云龙、黄礼龙、孙云、屠余标、谢公晚

第二章 思想政治建设

加强和改进工商业者和非公有制经济人士思想政治工作，是工商联的一项基本职能。镇江市工商联成立以来，围绕党在各个历史时期的中心任务，加强思想政治建设，引导工商业者为党和国家建设服务。

镇江市工商联从筹建到“文化大革命”开始前期，组织工商业者参与各项政治活动，学习《中国人民政治协商会议共同纲领》《中华人民共和国宪法》和过渡时期总路线，按照党中央统一部署开展整风运动，动员工商界人士响应号召上山下乡，使广大工商业者认清形势、提高觉悟，投身党领导的各项建设。党的十一届三中全会以后，镇江市工商联组织恢复活动，在党的工作重心转移到经济建设上来后，“坚定不移跟党走、尽心竭力为‘四化’”成为镇江市工商联对会员进行政治教育、加强思想政治工作的核心内容和行动指南。

21世纪，镇江市工商联开展中国特色社会主义理论体系学习教育，引导广大非公有制经济代表人士坚定理想信念，服从服务于国家经济建设发展大局，争做优秀中国特色社会主义建设者。党的十八大之后，教育引导广大非公有制经济人士坚持以习近平新时代中国特色社会主义思想指导实践，学习党的路线方针政策，贯彻新发展理念，增强在中国共产党领导下坚持走中国特色社会主义道路，实现中华民族伟大复兴的信心和决心。

第一节 政治活动

一、迎接解放军渡江

1949年4月23日，中国人民解放军挥师南渡，镇江解放。镇江商会理事长陆小波按照陈毅从苏北传来的嘱咐，设法摆脱国民党政府要求他撤离的纠缠，毅然留镇，安定人心，迎接解放。5月10日，镇江市军管会召开工商界代表会议，主任袁仲贤在会上阐述党的新民主主义经济政策，希望工商界为恢复经济、建设新镇江出力。

二、推销人民胜利折实公债、国家经济建设公债

1949年12月,中央人民政府发行人民胜利折实公债。镇江市成立折实公债推销委员会,工商界有23人参加。1950年1月9日成立工商界折实公债推销分会,各行业成立支会。经过动员、行业认购、推销到户,工商界共认购人民胜利折实公债13.8815万份,实缴12.1405万份。

1954年,国家发行经济建设公债。2月6日,市工商联成立推销分会,市分配的指标为43亿元(旧币)。通过动员学习,根据自愿量力和民主协商的原则,共认购441755万元(旧币),实际缴款405727万元(旧币)。1955年3月,市工商联组织推销1955年国家经济建设公债,市分配的指标22.8万元,实际缴款22.7407万元。1956年1月,市工商联组织推销1956年国家经济建设公债,市分配的指标18万元,实际缴款19.4794万元。1957年国家经济建设公债,市分配的指标 14.5万元,实际缴款14.8819万元。1958年国家经济建设公债,市分配的指标12.64万元,实际缴款14.4483万元。

三、支持抗美援朝

1950年冬至1951年,在镇江市工商联筹备委员会组织下,动员工商界人士支持抗美援朝和土地改革等活动。成立保卫世界和平反对美帝侵略委员会镇江市工商界分会(1951年改组为镇江市抗美援朝工商联支会),订立镇江市工商界爱国公约,举行反对美帝武装日本示威大游行,认捐42亿9713万元(旧币)用于购买3架飞机和10万发子弹,捐献1亿9000余万元(旧币)用于慰问救济优抚等工作。

四、开展“三反”“五反”运动

1951年12月,中共中央发起反贪污、反浪费、反官僚主义(简称“三反”)运动。1952年1月,镇江市工商联筹委会集中机关和各同业公会人员学习文件精神,组织动员“三反”活动。1952年1月13日,筹委会召开反行贿、反欺诈、反暴利、反偷漏(简称“四反”)运动动员大会,副市长施光前到会并讲话,各行业正副主委和小组长以上人员参加,主委陆小波号召大家投入运动。会后集中全体委员、各同业公会正副主委、工商界人民代表共205人,组织学习教育。

2月,“四反”运动发展为“五反”运动(即反行贿、反偷税漏税、反盗窃国家

资财、反偷工减料、反盗窃国家经济情报)。2月13日，镇江市第五届各界人民代表会议协商委员会召开第四次会议，代市长施光前在会上宣布工商界开展“五反”运动的5项措施。2月16日至19日，分别召集工商业户举行“五反”运动动员大会，市节约检查委员会秘书长戴瑛作动员报告，会后组织学习。

4月25日，筹委会成立“五反”办公室，由江苏民、吴中彦担任正副主任，各行业建立“五反”分会，分别隶属市里8个“五反”指挥所。

5月10日，镇江市节约检查委员会在解放剧场召开扩大会议。从5月11日开始，集中46个行业、18个工厂的大中户422人，在人民大礼堂进行脱产学习，坦白交代，通过群众检举、互助互评、家属规劝、大会斗争，运动进展顺利，于5月31日结束并宣布处理结论。据统计：守法户1328户，占25.16%；基本守法户3323户，占62.44%；半守法半违法户555户，占10.43%；严重违法户77户，占1.46%；完全违法户27户，占0.51%。违法所得经核实为134亿4100万元(旧币)，需要退补的为72亿3500万元(旧币)。在运动中经政府批准逮捕法办或拘押的共23人。

五、开展爱国守法教育

1954年12月，镇江市工商联开展爱国守法教育，12月18日副市长虞荣和作爱国守法动员报告。教育期间，集中酱醋、杂货、五金、文具、磁器、服装、寿材等行业和私营工厂的工商业者，分6个小组组织学习讨论，各行业修订爱国公约。1955年10月3日，市政府召开处理违法户大会，市长戴瑛作爱国守法政治报告，市工商联组织工商业者参加，会后组织2天时间的讨论，重点户做检查，主要行业制订定期检查制度。

六、纪念镇江市工商联成立40周年、50周年、60周年

1993年12月25日，市工商联召开纪念镇江市工商业联合会成立40周年大会，中共镇江市委、市政协、市委统战部领导，市各民主党派、台联、侨联和市各有关部门负责人，市工商联常执委、工商界老干部代表参加会议。会后播放《光辉历程》纪录片，并赠送《镇江市工商联四十年简史(1949—1989)》一书。

2003年10月16日至17日，镇江市工商联举行成立50周年纪念活动。16日下午召开纪念大会。江苏海王建设防腐有限公司董事长王剑代表镇江市工

商联新老会员和非公有制经济人士发言。吴树南在讲话中指出:镇江市各级工商联组织要以“三个代表”重要思想为指导,围绕中心,服务大局,履行职能,更好为镇江三个文明建设服务;要贯彻“团结、帮助、引导、教育”方针,促进非公有制经济健康发展和非公有制经济人士健康成长。17日,镇江市工商联召开成立50周年座谈会。座谈会上大家回顾和肯定工商联成立50年来的成绩,总结工作经验,表示要继续发扬优良传统,发挥政治优势和桥梁纽带作用,为镇江实现“两率先、两步走,争当苏南后起之秀”的奋斗目标作出新贡献。

2013年4月12日至13日,镇江市工商联举行成立60周年系列活动。召开座谈会,邀请市领导、省工商联领导、非公有制经济代表人士、行业(异地)商会负责人以及各辖市区工商联、与工商联工作密切联系的相关部门等参加,畅谈过去、展望未来,为贯彻落实市委62号文件,响应市委“创新争先、实干兴市”号召出谋划策。组织政企对接会,组织部分民营企业围绕参与“四大行动计划”,与政府相关部门进行项目对接,发表民营企业参与“四大行动计划”倡议书。开展对外商务合作签约,为提升镇江“国际化”水平,推动“走出去”和“请进来”,与外商机构、经贸组织、商会协会进行项目签约,建立友好合作关系。举办镇江·大利亚经贸合作投资说明会,为镇江商会澳门办事处授牌。编印《同心·同兴》纪念画册,制作《逐浪扬帆竞风流》宣传片,回顾总结市工商联60年发展历程与主要业绩。组织民营企业文化建设、企业家履行社会责任等典型事例宣传。活动先后在《人民政协报》《新华日报》《中华工商时报》和《人民论坛》等央媒进行集中报道,更加坚定镇江市非公经济人士“四信”(对中国特色社会主义的信念、对党和政府的信任、对企业发展的信心、对社会的信誉)意识。

七、贯彻《爱国主义教育实施纲要》

1994年,中共中央印发《爱国主义教育实施纲要》,镇江市工商联结合新时期工商联的性质、历史使命、主要职能和非公有制经济及人士的实际情况,制定贯彻落实实施意见,精心组织抓好试点,逐步推开,在落实过程中注重把学习纲要与学习《邓小平文选》第三卷、中共十四届三中四中全会精神相结合,在发展社会主义市场经济中全面贯彻党对非公有制经济人士的“团结、帮助、引导、教育”方针，加强“爱国、敬业、守法”教育。将爱祖国、爱社会主义、爱家乡教育有机结合起来，组织非公有制经济人士参观历史博物馆、革命纪念馆，举办报告会、演讲会、座谈会，强化非公有制经济人士爱国主义信念，形成非公有制经济人士投身“光彩事业”“希望工程”的热潮。

八、纪念抗战胜利50周年

1995年，镇江市工商联开展纪念世界反法西斯战争胜利和中国人民抗日战争胜利50周年活动，市工商联名誉会长陆汝纯走进镇江市电视台新闻直播室，作“勿忘国仇家恨，振兴镇江经济”的发言，江苏卫视、东南卫视的对外宣传部门以及南京军区和华艺音像公司等媒体现场拍摄。

九、纪念镇江解放50周年

1999年4月23日前，镇江市工商联与市社科联、市党史办共同举办纪念镇江解放50周年座谈会。与会代表回顾解放50年来镇江的巨大变化，表示要发扬革命光荣传统，为建设和发展镇江做贡献。市工商联副会长朱经才介绍镇江解放前后镇江商会、镇江市工商联和工商界人士支持革命、迎接解放的情况。市工商联常委、海王石化工程有限公司董事长王剑等畅谈改革开放后个私经济发展情况。

十、纪念新中国成立50周年、70周年

1999年，镇江市工商联开展庆祝人民政协成立50周年和新中国成立50周年活动。收听收看全国政协庆祝人民政协50周年大会和江泽民总书记重要讲话，组织参加市政协“光辉五十年——纪念人民政协成立50周年”文艺演出，市统一战线各界人士庆祝新中国成立50周年座谈会，歌颂祖国和人民政协辉煌五十年书法、美术、篆刻展览，统战系统“风雨同舟50年”征文活动等，增强非公有制经济人士“听党话、跟党走”的政治认同和行动自觉。

2019年，镇江市工商联举行庆祝新中国成立70周年活动。邀请国家行政学院原副院长周文彰作“致敬共和国功臣、续写新时代篇章”主题报告，引导民营企业家学习党史、新中国史、改革开放史、社会主义发展史，接受党性教育。举办“文化润企，文企同兴”主题书画创作交流会，展现镇江民营经济从无到有、从小到大、从弱到强的发展历程和工商联履行职能使命取得的实际成果。组织

民营企业维燕艺术教育有限公司创作编排大型舞蹈节目《盛世宏姿》，并参加“壮丽70年，奋进新时代——庆祝中华人民共和国成立70周年江苏省民营企业文艺展演”，讴歌新中国70年来的巨大成就。开展“致敬共和国功臣”主题活动，向11名老工商业者、老战士、老劳模、老党员代表致敬，聆听他们的战斗故事和创业奋斗历程，引导民营企业家见贤思齐、担当作为。推出“时代苏商”系列访谈，朱小坤、郦海星、钱京3位民营企业家入选《时代苏商》。组织民营企业家赴北京参观中华人民共和国成立70周年大型成就展。

十一、庆祝建党80周年

2001年6月27日，镇江市工商联举行庆祝中国共产党成立80周年座谈会，来自30多家私营企业的负责人参加会议。镇江三维塑料电器有限公司总经理李光千、江苏海王工程建设有限公司董事长王剑、镇江中海商贸有限公司总经理任国祥等在发言时表示，私营个体经济是在改革开放后逐步发展成长起来的，得益于党的好政策，非公有制经济人士能进入人大、政协参政议政，体现党中央对私营个体经济的重视和关怀，热爱党、报党恩的最好方法就是“致富思源、富而思进”，在镇江市委市政府实施的“双轮驱动”“富民强市”战略中，担当作为、做好表率。

十二、纪念改革开放30周年、40周年

2008年，为纪念改革开放30周年，弘扬创业精神，塑造民营企业家中国特色社会主义建设者的新形象，镇江市工商联会同市文联、市作协共同编辑出版讴歌26位优秀企业家创业的报告文学集《九万里风鹏正举》。

2018年，镇江市工商联举行纪念改革开放40周年系列活动。开展以“不忘创业初心、接力改革伟业”为主题的非公人士理想信念教育实践“六个一”活动(举行一场报告会、组织一次恳谈会、组织一次工商遗存现场教学、组织一次工商遗存旅游线路签约、发行一本励志书籍《百年商道》、组织一次非公人士理想信念教育实践基地授牌)。参加庆祝改革开放40周年江苏省民营经济成就展和“百名杰出苏商”推选活动，推荐王刚、朱小坤、吴光明、陈晓龙、徐翔、施文进、郦海星7位民营企业家入选“改革开放40年百名杰出苏商”。开展镇江市首届民营企业文化建设示范单位创建和认定工作，认定江苏佩尔集团、江苏

林泉汽车装饰件有限公司等18家民营企业为镇江市首批民营企业文化建设示范单位，引导企业以文铸魂、以文育人、以文兴企，增强企业软实力。

十三、纪念镇江商会成立110周年

2015年，镇江市工商联举行镇江市商会成立110周年纪念活动。承办长三角会议，邀请杭州、无锡、上海普陀区、嘉兴等地工商联，围绕“充分发挥工商联职能作用，确保商会发展的正确方向”组织研讨交流。开展经贸交流，镇江市总商会与美国大芝加哥地区华侨华人联合会、镇江市福建商会与美国福建商业联合总会、镇江市温州商会与柬埔寨西哈努克港经济特区进行合作签约。召开镇江国家高新区和柬埔寨西哈努克港经济特区招商推介会。举办书画摄影展，联合市文联在全市非公经济领域举办书画摄影创作活动，收到作品400余幅，挑选精品编印画册，并在镇江商会成立110周年之际举办书画摄影作品展，展示非公人士的精神风貌，促进民营企业文化建设。

第二节　思想教育

镇江市工商联筹建并成立以来，注重抓好工商界人士及其家属的思想教育工作。组织开展“发展生产、繁荣经济、公私兼顾、劳资两利”政策、《共同纲领》、过渡时期总路线等学习活动。贯彻落实毛泽东主席对工商业者提出的“认清社会发展规律，掌握自己命运”的指示要求和全国、省工商联会议精神。以“三不”(不戴帽子、不抓辫子、不打棍子)“三自”(自己提出问题、自己分析问题、自己解决问题)为基本原则，组织工商业者自我教育、自我改造。落实党的“五不变”

图2–2　市工商联组织各行各业开展学习活动

政策(定息七年不变、高薪不变、学衔不变、政治安排不变、和平改造政策不变)，维护工商业者利益。

1991年，党中央下发中发〔1991〕15号文件，首次明确工商联的基本性质、工作对象和工作方针，标志着工商联工作进入一个崭新的历史阶段。镇江市工商联在组织学习的基础上，加强对非公有制经济人士的“团结、帮助、引导、教育”，逐步培养一批坚决拥护中国共产党领导的非公有制经济代表人士。

进入21世纪，注重加强非公有制经济人士思想政治工作，引导教育他们“听党话、跟党走、感党恩。”党的十八大以来，持续开展民营经济人士理想信念教育，引导其争做优秀中国特色社会主义建设者。

一、青年工作

镇江市工商界青年在1956年社会主义改造高潮中发挥主力军作用。为加强巩固和加强工商界青年工作，市工商联成立青年工作委员会，由陈亦华任主委，蔡蔚仪、肖鹤忠任副主委，并于1956年4月设立青年科。1956年2月22日，市工商联选派陈亦华、蔡蔚仪2人出席全国工商联工商青年积极分子代表大会。号召工商青年认清形势，接受改造，跟祖国一道前进，为社会主义再立新功。3月中旬，组织传达学习全联工商青年积极分子代表大会精神；4月，选派工商界51人出席镇江市民青联首届二次代表会议，选派26人出席江苏省工商青年拥护社会主义代表会议；7月，选派代表12人参加省工商青年生产经营和政治学习经验交流会。1956年冬，在团市委、民青联召开的表扬奖励大会上，71名工商青年受到表扬奖励。

二、家属工作

1956年社会主义改造高潮前夕，镇江市工商联会同市妇联召开工商业者家属代表会议，传达毛泽东主席的重要指示和江苏省省长惠浴宇在省工商联一届二次执(监)委(扩大)会议上的讲话，市妇联主任周亚作题为“实现社会主义是全国妇女的光明前途”的报告。会议通过《告全市工商界家属书》，号召工商界家属对社会主义改造做出自己的贡献，会后成立工商业者家属学习委员会。3月中旬，市工商联和市妇联、民建会协商，选派孙瑞如、鲍颖娴、陈英、卞敬秀、尤惠英5人出席全国妇联等3个单位联合召开的全国工商业者家属和女工商业者代表会议。5月下旬，市工商联和市妇联召开工商业者家属第二次代表会议，传达全国妇联副主席邓颖超作的题为“跟着祖国前进、为社会主义贡献力量”报告精神和副总理陈云讲话精神，6月按地区进行传达学习。8月中旬，市工商联成立家属工作委员会，孙瑞如任主任委员，委员23人，并设立妇女工作科。家属委员会的成立，在帮助家属了解党的方针政策、经济改组、人事安排等方面发挥应有作用。

为贯彻“以街道为改造基地”的方针，1959年下半年，镇江市工商联调整家属学习组织，按三个街道办事处建立中心组，下设27个家属基层小组，根据“逐步、量力、自愿”原则，配合市妇联推动家属走出去参加经济社会建设。至1960年下半年，参加社会劳动的工商界家属有1011人，占能参加工作家属总数的80.8%，有的当工人，有的当营业员，有的参加街道工作，不少家属无偿捐出房产办社会事业。如：水电公司胡超北家属鲍颖娴捐出住房52间面积近1000平方米，煤炭业马轶群家属黄秀峰捐出住房11间面积300平方米，她们与陈英、冷兰生、糜韵芳、卞敬秀等创办9所幼儿园；酱醋业谈镜如家属杨月华、国药业许介泉家属程秀华分别创办食堂；等等。据统计，从1959年至1960年，工商界家属被评为市级先进工作者3人，被评为市级勤俭持家积极分子和“巧姑娘”“巧主妇”19人，被评为省级“三八红旗手”1人，被评为全国优秀保育工作者1人。

1961年，市工商联联合市妇联开展“勤俭建国、勤俭持家”宣传教育，总结和推广家属们勤俭持家的经验，有18人被评为勤俭持家积极分子。1961年4季度，在王家巷、薛家巷两个居委会，对67户工商业者家庭进行“五节一储”(节约用粮、用钱、用布、用煤、用油和参加储蓄)调查，撰写典型经验专题报告。至1962年，经过调整精简，参加社会劳动的工商界家属仍占能参加工作家属总数的71.4%。1963年，市工商联家属工作委员会主委孙瑞如应邀赴京参加民建中央、全国工商联召开的《新工商》通讯员座谈会。

三、落实生活互助金

1956年8月，根据全国工商联颁发《工商界生活互助金办法(草案)》，市工商联执(监)委(扩大)会议表决通过《镇江市工商界生活互助金试行办法》，明确互助金的主要来源是从工商界的定息收入扣除10%和个人赠款,用于家庭困难工商业者生活补助。

1959年,镇江市工商联成立工商界生活互助金管理委员会,李友芳任主任,顾苐臣、任仲人、何福生任副主任。1961年下半年,在有条件的16个行业中建立生活互助金基层组织,主要职责是办理申请、审核审批、资金发放和办理借贷手续等。

1962年,工商业者退休政策执行后,对生活确实困难的退休人员,全国工商联每年下拨部分补助经费纳入互助金管理。镇江市工商联根据"量入为出、稍有节余"的原则,结合实际规定凡家庭收入人均不足6元的给予经常性生活补助,对因疾病、丧葬、灾害等原因影响生活的予以临时性补助,并办理借贷帮助工商业者解决临时性资金周转困难。

"文化大革命"结束后,工商界生活互助金在1978年12月解冻,金额为2.1098万元,市工商联建立生活互助金管理小组,恢复对生活困难的会员和遗孀给予补助。至1989年6月,市工商联生活互助金余额为4.498619万元,包括应发未发的1966年生活互助金0.347193万元,省工商联(1985年至1989年6月)下拨1.09万元,企业利润提成拨入0.7万元,利息0.202万元,国库券及利息0.0496万元。从1978年12月至1989年6月,补助退休会员、遗孀等支出共计4.414772万元,结余0.083847万元、国库券0.06万元。

四、维护工商业者利益

1979年,中共中央统战部重申明确党对工商业者的政策。从1980年起,镇江市工商联就落实相关政策为会员服务。

1.反映情况。根据来信来访反映的工资福利待遇等问题,经过分析研究,及时向市委统战部和有关部门反映情况。

2.协助区别"三小"问题。根据要把原为劳动者的小商小贩、手工业者等从原资产阶级工商业者中区别出来的相关政策,市工商联配合有关部门在1980年开展调查,摸清底数。在原工商业者1683人中,应区别出去的"三小"有1177人,其中在职的243人、退休的446人、死亡的341人、从业人员103人、其他情况不明的44人。

3.推荐会员担任工作职务。根据中共中央〔1980〕95号、省委〔1980〕22号关于落实政治待遇和经济待遇问题的文件精神，市工商联根据会员政治表现和工作情况推荐56人，其中27人在职务上作适当安排，1969年以后被下放农村的调回城市安排适当工作。

4.帮助协调解决60年代原工商业者下放未回城人员的定期生活费问题以及参加公私合营人员死亡后的家属生活定期补助问题。

5.收回原镇江商会房产。1984年4月，全国人大常委会副委员长、民建中央主席、全国工商联常委胡厥文到镇江视察，约见市工商联陆汝纯主委和市民建吴慎裕主委，就落实相关政策和工商联办公用房等进行协调，胡厥文还为工商联书写“老年之家”匾额。此次视察后不久，在镇江市委市政府关怀下，市工商联于1984年9月收回原镇江商会房产(伯先路73号)。

五、发挥妇女作用

20世纪80年代初，镇江市工商联和民建市委会在组织代表人士家属和妇女骨干定期学习培训的基础上，组织她们参加“五讲四美三热爱”“全民文明礼貌月”“争创五好家庭”“维护妇女儿童合法权益”等各项活动。在党中央发出“全党全社会都要关心少年儿童的健康成长”的号召后，工商界妇女们行动迅速，捐赠现金3800元，与市政协妇幼组联合举办书画义卖募集少儿福利基金6100余元，购买书刊、学习用具赠送民办幼儿园和托儿所，举办幼儿教师培训班，共培训68人。在街道组织“科学育儿”“儿童家庭教育”“儿童家长学校”“儿童家庭教育咨询服务站”等讲座92场，听众达5600余人次。同时，组织妇女医疗队赴农村对妇女儿童进行保健体检，赴监狱对少年犯的犯罪成因进行调查等。召开经验交流会，宣扬关心少年儿童健康成长的先进典型，蒋侣云在全国和江苏省“拥军优属、拥政爱民先进单位和先进个人代表大会”上被授予“模范烈属”称号，孙瑞如获江苏省“三八红旗手”、江苏省“先进少儿工作者”光荣称号，48位妇女被评为市区级“五好家庭”“先进个人”。

六、组织培训

1995年3月8日至10日，镇江市工商联干部培训班开班，市及县(市)区工商联(商会)专、兼职正副会长等共42人参加培训。市政协副主席、市委统战部部长陈冬姣，市委统战部副部长梅渡、陈伟以及市委统战部联络科负责人参加培训活动，市工商联会长朱仁和作开班动员。此次培训以邓小平建设有中国特色社会主义理论为指导，认真贯彻党的十四大和十四届三中、四中全会精神，以学习新形势下统战理论和中央〔1991〕15号文件、省委〔1992〕13号文件及全国工商联(商会)工作为课题，以提高对工商联(商会)工作重要性的认识，增强做好工商联(商会)工作信心为目的，采取领导授课、电化教学和讨论交流等形式进行。培训期间，市委统战部部长陈冬姣就新时期统战工作，工商联党组书记林存德就做好新时期工商联工作作专题授课，市工商联副会长兼秘书长朱经才作学习小结，市委统战部副部长陈伟作培训总结讲话。

1996年，镇江市工商联举行全体会员和非公有制经济人士培训班，系统学习《邓小平文选》、江泽民《关于讲政治》的重要论述、中共十四届六中全会会《关于加强社会主义精神文明建设若干重大问题的决议》以及省、市《国民经济和社会发展"九五"计划和2010年远景目标纲要》，贯彻落实市委关于《批转市委统战部、市工商联党组〈关于进一步加强工商联工作的请示〉的通知》(镇发〔1996〕6号)文件精神。

图2–3　镇江市第一期非公有制经济代表人士培训班开班

1999年3月17日至19日，由市委统战部主办、市工商联和社会主义政治学校协办的镇江市第一期非公有制经济代表人士培训班在市委党校举行，来自市区及各县(市)的私营企业主32人参加培训学习。在培训过程中，听取市委党校副校长石春海等围绕邓小平理论、世纪之交的国际经济、市场竞争与创新等专题讲座和市工商联会长潘吉森、市司法局副局长张俊昌关于新时期工商联工作、法律知识的授课，参观市重点建设项目135工程和丹徒亨利达金融保险设备有限公司。

1999年11月15日至18日，由德国中小企业联合总会和江苏省商会合作主办的全省工商联系统ZDH信息网络培训在镇江举行，来自省内13个省辖市及所属部分县(市)区工商联信息网络工作者40人参加培训。这次培训主要内容为建立经济信息互动机制，优化企业信息服务，密切网际联系，从网上捕捉商机，帮助企业拓展网上市场，加强省内商会间信息网络互联及因特网的连接，熟悉商务电子邮件的收发程序，预防网络"千年虫"问题等。

2002年9月24日至26日，市委统战部、市工商联联合举办的"镇江市非公有制经济人士培训班"在市委党校开班。这次培训主要针对私营企业的需要，结合工商联换届后新进执委班子人员特点，聘请专家学者围绕"学习'三个代表'重要思想，促进私营个体经济展""入世与我国民营经济的发展""领导科学与领导艺术""应对入世发展电子商务"等主题进行专题讲座与辅导，并组织参训人员交流座谈。

七、非公有制经济人士思想政治工作

2000年，镇江市工商联组织开展"致富思源、富而思进"(简称"双思"教育)教育活动，强化非公有制经济人士思想政治工作。在教育活动中，学习贯彻江泽民总书记2月考察广东时的重要讲话精神，以及将"双思"教育作为开展非公有制经济代表人士思想政治工作的重要内容和有效途径的指示精神。通过召开学习宣传会、座谈会，举办培训班、编印宣传材料、布置宣传栏、张贴宣传墙报、组织图片展以及评选首届镇江市私营企业"十大杰出青年之星"等系列活动。朱国平、张志华、金加龙、胡兰生、丰京祥等16位私营企业家捐资光彩事业达210.63万元；市直非公有制经济代表人士多年来坚持对句容磨盘乡的6

名贫困学童提供学杂费援助,并于9月对该乡朱巷小学及幼儿园办学条件和活动设施的改善再次给予支持,还吸纳10位青年进城就业。市工商联与市总工会举办下岗职工洽谈会,26家私营企业腾出120多个岗位,吸纳下岗职工近千名;句容华阳镇服装行业分会会长翟富强、执委巫美进安排下岗职工500余人,其中伟伟服装厂安排下岗职工180人,占职工总数的81.8%。

2000年3月29日,镇江市委统战部和市工商联举行《信誉守则》发布会,23位非公有制经济代表人士发出倡议,在镇江市广大非公有制经济人士中坚持守信用、讲信誉、重信义的原则,营造良好的经济秩序和社会环境。发布会上,市工商联副会长、三维塑料电器有限公司总经理李光千宣读《倡议书》和《信誉守则》。江苏华丰特种饲料有限公司董事长丰京祥、镇江海王石化工程有限公司董事长王剑、句容吉利装饰工程公司总经理朱映华以自己亲身经历,介绍“重信誉、守信用”对企业生存发展和在竞争激烈的市场经济中立于不败之地的重要性。镇江市非公有制经济代表人士信誉守则:1.坚定方向,爱国敬业;2.依法经营,遵章守纪;3.信守合约,公平交易;4.诚实信用,一诺千金;5.强化管理,照章纳税;6.崇尚科学,争创名牌;7.勤俭朴素,洁身自好;8.关心职工,以人为本;9.开拓创新,锐意进取;10.自强不息,奉献社会。

2001年1月10日至15日,由市委统战部、市工商联主办,各县(市)区工商联协办的“镇江市非公有制经济人士致富思源、富而思进教育活动图片展”分别在市政府大院和市四届四次人大、政协会议期间展出。展览由215幅图片组成的38个展板组成,分为“致富思源、光彩事业结硕果”“富而思进、开拓进取创新绩”“勤劳兴业、个私经济展新貌”三个主题,集中反映县级工商联和商会开展“双思”教育活动情况,展示市委统战部、市工商联自2000年8月以来组织的“双思”教育座谈会、赴茅山捐资助学、开展质量咨询服务、赴浙江绍兴和上海浦东学习考察、参与评选私营企业“十佳青年光彩之星”等“双思”教育系列活动主要成果。

2002年8月28日,市委统战部、市工商联召开民营企业文化建设经验交流会,以先进文化引导企业可持续发展。面对中国加入WTO的新机遇,镇江非公有制企业特别是上规模外向型和科技型企业注重企业文化建设,关注品牌、产品和服务的文化内涵，实施文化兴企战略，提出“以人为本、人企合一”“企业精神人格化”“品牌标识个性化”“内增素质、外树形象”“兴办实业、创造财富、实现自我、造福社会”“最成功的企业是学习型团体”等经营理念和企业价值观，促进民营企业良性发展。在经验交流会上，江苏飞达工具集团、江苏海王建设防腐有限公司、江苏越力路由器有限公司、镇江万新光学眼镜有限公司、奥仕•兰奇服饰(江苏)有限公司、江苏天爱集团、镇江金盛化工有限公司和镇江金山水泥有限公司等成长型民营企业负责人分别发言，表示要加强企业管理文化、人文文化、生活文化等建设，释放企业发展新动能。

2003年，镇江市工商联贯彻执行“团结、帮助、引导、教育”统一战线工作方针，在广大会员和非公有制经济代表人士中组织党的十六大和十六届三中全会精神学习贯彻活动，持续开展“爱国、敬业、诚信、守法”“致富思源、富而思进”教育，组织“三增强”“四热爱”教育活动，引导民营企业投身光彩事业。上半年镇江市民营企业共投入光彩事业资金1.22亿元，其中项目投资5100万元，支持地方建设事业5200万元，捐资助学、扶贫济困1900万元。飞达集团投资300万元兴建高士桥村外来打工人员子弟希望小学，45家会员企业和市工商联机关捐赠款物150.5万元用于抗击非典等，收到良好社会效果。

2004年，镇江市工商联开展“塑民企形象，展创业风采”主题活动，与镇江电视台合作，开辟“明天有约”专题栏目，请金聚楼大酒店、西京工贸、景源消防、豪威橱柜、秀丽化工、诚信空调等民营企业负责人走进演播室，与观众面对面交流沟通，介绍创业历程，引导自主创业，助力民营经济发展。

2007年，镇江市工商联开展“和谐劳动关系企业”“双爱双评”“关爱员工优秀民营企业家”等评选表彰工作，促进企业和谐发展。组织非公经济人士担任全国人大代表和江苏省优秀社会主义建设者推荐工作，激发非公人士参与政治活动热情。开展党的十七大精神宣讲活动，邀请市委党校教授作宣讲报告，组织集中学习、交流座谈等，提高民营企业家对实现又好又快、科学发展的新认识。

2008年，镇江市工商联会同市经贸委等部门举办创业先进评选活动，评选表彰10名创业明星和10名创业新星，组织39家上规模民营企业参加全国民营企业500强评选，推荐31家民企参加全省2007年度纳税百强和就业先进评比。

2010年，镇江市工商联贯彻落实中共中央、国务院《关于加强和改进新形势下工商联工作的意见》(中发〔2010〕16号)，发挥工商联在非公有制经济人士思想政治工作中的引导作用，坚持“团结、服务、引导、教育”的工作方针，引导非公有制经济人士做优秀中国特色社会主义事业建设者。大全集团、华燕船舶等把非公人士思想政治工作与学习实践科学发展观活动相结合的做法，受到中组部表彰。发挥典型人物示范作用，提高非公有制经济人士思想政治工作针对性，推荐华宇灯具董事长郑志伟做客江苏教育电视台《苏商》栏目介绍经验。首次在《镇江年鉴》上刊载反映10家非公有制企业发展经营状况的内容版块，宣扬先进企业典型。以京河建设集团董事长周东海、焦化集团副总经理万红根、句容百事特鸭业有限公司董事长黄金利的先进事迹为题材撰写的报告文学，被江苏工商、镇江政协杂志和《镇江日报》刊登。引导非公有制经济人士致富思源，回报社会。青海玉树地震发生后，宁武化工当日决定捐款50万元，盛业管件连夜加班赶制救灾帐篷支援灾区，恒顺集团、韦岗铁矿、商业城和各行业商会等捐款捐物；在舟曲特大泥石流救灾中，省交通工程集团连续奋战4昼夜赶制出两座钢桥支援灾区，句容市工商联、京口区工商联、丹徒区工商联募资捐款百余万元开展“慰烈工程”“暖冬工程”和“援建新村镇”活动。据统计，全年民营企业捐赠超过1500万元，彰显镇江市民营企业家“大爱镇江”的良好形象。

2012年，镇江市工商联坚持“团结、服务、引导、教育”的工作方针，抓好非公有制经济人士思想政治工作。加强企业文化建设。开展省级企业文化示范单位创建活动，中电集团、镇江船厂、肯帝亚集团成为江苏省首批民营企业文化建设示范单位；在《镇江商道》、工商联网站刊登企业文化建设的典型经验；推动飞达、中电、大全、沃得、船厂、肯帝亚等一批民营企业，借助企业自办的内部报刊《飞达报》《大全报》《中电电气报》《肯帝亚报》《液压工人》等及时宣传企业文化、弘扬企业家精神；开展企业文化节、职工艺术节、员工文体竞赛等活动，丰富员工的业余文化生活；通过鼓励员工参与企业民主管理、劳动薪酬民主协商等，构建和谐的劳动关系；通过建设和改善员工子弟学校、幼儿园、托儿所、员工宿舍等，提高员工的幸福指数，增强员工对企业的向心力和归属感。开展评先评优活动。组织“优秀中国特色社会主义事业建设者”的评比表彰活动，江苏省首届“十大诚信标兵”“百名诚信之星”推荐表彰工作，大全集团获“2012年度中华全国工商业联合会科技进步奖优秀奖”，推荐3个项目参评2012年度地市级工商联(商会)工作十大创新和2012年度商会十大服务典范等，全年15家民营企业获得省以上表彰，6家民营企业获“2012中国民营企业500强”。

贯彻落实《关于加强和改进新形势下工商联工作的实施意见》(镇发〔2012〕62号)精神。通过召开座谈会、联合督查、编印《工商联知识读本》、深入企业调研、专题汇报等多种形式贯彻文件精神，解决经费不足、机制不顺等一批影响制约基层工商联工作的问题，如：丹阳市将行业商会工作经费列入财政预算，由工商联统配使用；句容市将工商联工作列入党建考核内容等。

八、非公有制经济人士理想信念教育

2013年，镇江市工商联坚持“团结、服务、引导、教育”工作方针，引导非公有制经济人士争做优秀中国特色社会主义事业建设者。会同市委统战部开展非公有制经济人士理想信念教育实践活动，成立领导小组、制定实施方案、下发学习资料、开展动员部署。开展宣讲培训，邀请著名经济学家徐滇庆教授作“宏观经济形势与中小企业发展”讲座，清华大学王传利教授作“中国梦”专题宣讲，资深专家浦文昌围绕民营经济和民间商会做讲座，组织市工商联副主席施文进、市商会副会长邹元顺2位企业家分享成功创业之路，组织企业家赴延安进行革命传统教育。开展以“民营企业家与中国梦”为主题的征文活动，5篇文章在《商道》杂志上刊登，4篇文章被省工商联收入《凝聚正能量、构筑中国梦》文集。

2014年，镇江市工商联探索非公有制经济人士理想信念教育新途径、新方法，培养一支“听党话、感党恩，有责任、敢担当”的非公有制经济人士队伍。抓实“四信”活动，联合市委统战部建立非公有制经济人士联席会议制度，制定实施方案，建立长效机制，开展以“商道酬信”为主题的系列活动，夯实非公有制经济人士“四信”思想基础。组织22家市直商(协)会和86家会员企业，向全市广大民营企业家诚信经营倡议书；开展“中国梦”专题辅导，参会企业家达2700余人次，引导他们要讲求信用依法生产经营，要提高信誉传递诚信正能量，要勇担信义构建和谐关系。与镇江南通商会、中南房地产等举行“倡导健康购物、开启绿色生活”活动，并免费向市民派送印有“商道酬信”字样的环保袋10万余件；在镇江市餐饮协会发放诚实守信张贴画800余张；镇江市装饰建材商会向300家会员单位发放商道酬信承诺卡；召开现场推进会，为商道酬信活动的开展营造良好的氛围。镇江宝应商会引进结构化管理理念，建立会员信用等级评定系统；镇江南通商会就“商道酬信”展开学习交流，形成专题调研报告；镇江泰州商会成立“商道酬信”活动指导小组，开展多项具有自身特色的活动等，丰富“商道酬信”的内涵；广大民营企业家争当“商道酬信”的排头兵，大众汽车董事长严勇进、诚翔电器董事长朱立荣等6名企业家获“第二届江苏省‘百名诚信之星’”称号。市工商联注重将开展主题活动与引导企业家履行社会责任相结合，弘扬“同心同德、同心同向、同心同行”的“同心”精神，邀请全国绿化基金会赴“同心”榉树林考察，并共商“同心工程”提档升级计划；市钢铁业商会连续6年儿童节向句容春城小学捐款、捐物、资助贫困生，累计金额50余万元；市餐饮服务行业协会和烹饪协会坚持6年为贫困家庭赠送“爱心年夜饭”2182份，先后累计捐赠总价值718966元；浙江商会连续3年与江苏大学“结对助学”，捐资超45万元，帮助贫困学生达200余人；京口区正东路街道商会自2013年11月起，与10户困难群众进行结对帮扶，帮助群众解决实际问题12件，做到“逢年过节必到，有苦有难必帮”等。邀请北大著名教授李维作“‘企业梦&中国梦’提升企业软实力”知识讲座；组织通讯信息员培训以及“企业文化布道与企业家修炼”“知识产权保护”“安全生产”等培训，开展“企业刑事诉讼风险防范”法律知识专题讲座、“预防职务犯罪和商业贿赂”讲座，增强非公有制经济人士的综合素养。商道酬信系列活动得到市委领导的亲笔批示，被《人民政协报》《中华工商时报》全面报道。

图2-4　2013年3月27日全国政协副主席、全国工商联名誉主席黄孟复为镇江市工商联题词

2015年，镇江市工商联紧扣“立足‘守法诚信’主题，打造‘商道酬信’品牌”

的工作思路，通过“五改五创新五个提升”的工作举措，把以守法诚信为重点的理想信念教育实践活动引向深入。《人民政协报》《中华工商时报》《法制日报》《新华日报》等央地媒体对活动开展情况进行全面报道。吕永忠、刘树安、吴光明、张玉宏、倪道宏、谭荣生6名企业家被授予“镇江市人民奖章”荣誉称号，8家会员企业获市首届十大“诚信标兵”，市工商联被市委市政府评为“创建全国文明城市先进集体”。筹建民营企业文化研究会，培育民营企业文化建设示范点，开展“镇江民营企业精神”和民营企业“家风家训”专题研讨活动。开通手机报，建立微信平台，为镇江市非公有制企业和人士构筑交流兴业的平台。

2016年，镇江市工商联开展以“守法诚信、坚定信心”为主题的非公有制经济人士理想信念教育实践活动，并将活动与构建新型政商关系结合起来。突出“亲”“清”主题，在全市民营企业家中开展“政商新关系、亲清当模范”活动，在民营企业家中倡导“五为五不为”守则；开展的“一二三四”法务服务，得到中央统战部的认可，被其内刊《统战工作》第21期采用，并分别报送至中共中央政治局常委、全国政协主席俞正声，中央政治局委员、中央统战部部长孙春兰，以及江苏省委书记罗志军、镇江市委书记夏锦文，作为典型在全国推广；在全国率先发布32字的镇江市非公有制经济人士亲清自律公约，引导民营企业家践行，引领社会风尚；编印学习手册2000册，组织民营企业家系统学习习近平总书记关于“两个毫不动摇”的重要论述等，增强“亲”“清”意识；开展“亲”“清”模范评选活动，根据“五为五不为”评选标准，通过推荐申报、考核、测评、公示等环节，评选出“亲”“清”模范，以达到典型促提升、示范作引领的作用；开展以“亲”“清”为主题的书法美术征集创作活动，共收到作品200幅，举办书画作品展；创建“亲”“清”文化示范点，选择“亲”“清”文化建设突出的民营企业为榜样，引导广大民营企业向典型学习，向示范看齐，争创“亲”“清”企业文化。开展第二届“优秀中国特色社会主义事业建设者”评选表彰活动，并发挥其示范引领作用。

2017年，镇江市工商联开展以争做新时期“四有”企业家为主要内容的理想信念教育实践活动，努力引导非公人士成为“政治上有方向、发展上有本事、责任上有担当、文化上有内涵”的企业家。围绕年轻一代企业家培养，举办“弘扬镇商精神、激发创业动力”座谈交流会，邀请镇江商界“三老”后人参加，传承“镇商”精神，增强社会责任。组织新任职常执委赴上海交通大学培训，强化企业家的担当意识和履职能力。注重企业文化建设，召开民营企业文化建设推进会，出台《关于进一步加强镇江民营企业文化建设的实施意见》《关于创建镇江市民营企业文化建设示范单位的通知》等文件，探索民营企业文化建设新路径，江苏肯帝亚木业有限公司、江苏百瑞吉新材料有限公司被评为“江苏省民营企业文化建设示范单位”。持续推进亲清新型政商关系构建，制定《亲清政商关系工作方案》，树立镇江金港磁性元件有限公司和百瑞吉新材料有限公司两个创建亲清文化示范点典型，弘扬亲清企业文化，引导广大非公经济人士争做践行亲清新型政商关系的典范。推出全市实体经济系列宣传，与市委宣传部、镇江报业传媒集团、镇江文广集团联合开展《我在镇江挺好的》新闻报道，集中宣传外地民营企业家在镇江创业创新为经济社会发展作贡献的事迹，并形成汇编，被市政府在招商活动中发放。开展“砥砺奋进的五年”征文活动，展现非公经济人士积极向上的精神风貌，《最是砥砺奋进时——江苏省镇江市工商联亮点工作巡礼》获全国工商联举办的“辉煌历程，砥砺前行”征文活动优秀奖。开展“寻访镇江工商遗存，续写实业兴国篇章”活动，讲好镇商故事，弘扬企业家精神，在全社会营造尊重企业家的氛围，为新时期工商联工作提供历史借鉴。

党的十九大召开后，镇江市工商联统一思想、迅速反应，第一时间召开党组会、支部会和联席会议，就学习贯彻党的十九大精神进行思想动员、任务部署、明确分工、落实责任。组织党的十九大报告原文领读精读，区分层次组织参加10余次报告会、宣讲会和培训班，各辖市区工商联、市直商(协)会积极作为，开展学习培训、理论研讨、新闻宣传等。坚持以学习贯彻党的十九大精神为核心，抓好中央经济工作会议，市委七届五次、六次全会和市两会等精神的贯彻落实，坚定政治方向，创新工作思路。坚持与统筹规划新年度工作相结合，务实方法，创新举措，明确目标任务，强化使命担当。坚持与持续开展非公经济人士理想信念教育实践活动和巩固亲清新型政商关系成果相结合，系统谋划，合力推进。

2018年，镇江市工商联学习贯彻习近平新时代中国特色社会主义思想，以纪念改革开放40周年活动为契机，引导全市民营企业家增强“四个意识”，坚定“四个自信”，做到“两个维护。”开展以“不忘创业初心、接力改革伟业”为主题的非公有制经济人士理想信念教育实践“六个一”活动(举行一场报告会、组织一次恳谈会、组织一次工商遗存现场教学、组织一次工商遗存旅游线路签约、发行一本励志书籍《百年商道》、组织一次非公人士理想信念教育实践基地授牌)，坚定非公有制经济人士理想信念，引导其争做优秀中国特色社会主义事业建设者。参加庆祝改革开放40周年江苏省民营经济成就展和“百名杰出苏商”推选活动，展示改革开放以来镇江民营经济取得的成果，弘扬镇江民营企业家奋发向上的精神风貌，凝聚崇尚创新创业正能量。开展市首届民营企业文化建设示范单位创建和认定工作，引导民营企业以文铸魂、以文育人、以文兴企，增强企业软实力。开展解放思想大讨论活动，成立活动领导小组，印发《市工商联解放思想大讨论活动实施方案》，组织“思想大解放，发展高质量”专题宣传报道，对天工集团、恒神股份、镇江船厂、大力液压马达、威腾电气等民营企业的先进事迹，在《镇江日报》及自媒体进行报道，引导广大民营企业家争做解放思想的“排头兵”；召开非公制经济人士解放思想大讨论座谈会，从优化营商环境、弘扬企业家精神、构建亲清新型政商关系等方面展开讨论，并将讨论成果转化为镇江高质量发展意见建议。

2019年，镇江市工商联以庆祝新中国成立70周年为契机，以“守法诚信经营、坚定发展信心”为重点，持续开展非公经济人士理想信念教育实践活动，引导民营企业家增强“四个意识”，坚定“四个自信”，做到“两个维护”。邀请国家行政学院原副院长周文彰作“致敬共和国功臣、续写新时代篇章”主题报告，引导民营企业家学习党史、新中国史、改革开放史，强化使命担当；开展“致敬四老”主题活动，学习老党员、老战士、老劳模、老工商业者先进事迹，引导年轻一代企业家坚定信心、见贤思齐、担当作为；组织企业家赴北京、南京参观新中国成立70周年大型成就展和江苏省庆祝新中国成立70周年成就展；编排大型舞蹈节目——“盛势宏姿”参加全省工商联系统庆祝新中国成立70周年文艺展演。举办“学习先进促转型，文化引领助发展”为主题的年轻一代民营企业家理想信念教育培训班,围绕构建现代企业制度、科创板上市政策、非公企业党建、企业文化建设等课程,切实增强培训的针对性和实效性;联合市科技局、市人才办等举办“双百菁英”科技企业家特训营,第1期42余名学员成功结业,第2期特训营于7月成功开班,提升初创成长型科技企业家综合能力。认定18家民营企业为镇江市首批民营企业文化建设示范单位,推选大全集团和江苏佩尔集团申报第四批全省民营企业文化建设示范单位;举办“文化润企,文企同兴”书画创作交流会等,引导企业以文铸魂、以文育人、以文兴企,增强企业软实力;完成《镇江市工商业联合会 镇江市总商会志》编修初稿,厘清商会及工商联发展历程、记存历史,发挥资政育人作用。助力产业强市,在镇江电视台新闻频道推出《聚焦民营经济高质量发展》专栏,宣扬先进典型,弘扬工匠精神,引导民营企业坚守主业,坚持走创新驱动、追求卓越的强企道路。推荐施文进获“全国模范退役军人”称号,推荐朱小坤、钱京、郦海星入选《时代苏商》。

2020年,镇江市工商联加强宣传教育工作,学习贯彻习近平新时代中国特色社会主义思想和十九届五中全会精神,深化理想信念教育,为民营经济高质量发展提供思想保证、舆论支持和精神动力。注重做好民营企业政治引领。组织工商联系统学习习近平新时代中国特色社会主义思想和十九届五中全会精神,学习近平总书记关于抗击新冠肺炎疫情系列重要讲话以及新时代民营经济统战工作的重要指示和视察江苏重要讲话精神等,增强民营经济人士对中国特色社会主义的信念、对党和政府的信任,对企业发展的信心,对社会的信誉。深化拓展理想信念教育实践活动。依托镇江商会旧址、广肇公所、陆小波故居等5个市级民营经济人士理想信念教育基地,组织年轻一代企业家接受现场教育活动,弘扬老一辈镇江工商界人士实业报国精神,激发其干事创业精气神。句容茅山创成省级民营经济人士理想信念教育基地并组织授牌仪式,依托基地红色资源,提炼出工商界实业家纪振纲等支持新四军抗战的精神内涵,同时将红色体育旅游、中草药种植园等村企联建项目植入基地,打造出句容茅山民营经济人士理想信念教育基地特色品牌。承办省级民营经济人士理想信念教育报告会,邀请亨通集团党委书记、董事局主席崔根良围绕“科技创新、产业报国”作主题报告,组织省内年轻一代企业家代表在句容茅山接受革命传统教育。创新开展年轻一代民营企业家队伍培养。启动“新时代企业家精神师承计划”，首批11名老一辈企业家与56名年轻一代企业负责人成功结对，通过在思想上“传道”，在本领上“授业”，在经营上“解难”，在成长上“铺路”，打造一支“政治上有方向、经营上有本事、责任上有担当、文化上有内涵”的年轻一代企业家队伍。与市科技局、市人才办、团市委联合举办的“双百菁英”特训营第2期42名学员顺利结业，第3期“双百菁英”特训营顺利展开。创新手段做好宣传报道工作。《战“疫”中的镇江力量》等13篇被《中华工商时报》、全国工商联网站、中华工商网、新华网网站等国家级媒体采用，《特别的拜师会！镇江开启“新时代企业家精神师承计划”》等49篇被省委统战部网站、省联网站、《扬子晚报》、《现代快报》、新华网(江苏频道)等省级媒体采用。抓好疫情防控期间先进事迹宣传，第一时间发出《坚决执行企业延迟复工决定——镇江市工商联致全市民营企业倡议书》；完成5期《镇商聚力 共抗疫情——镇江民营企业在行动》抗击疫情专刊；撰写的《镇江市工商联：众志成城抗疫情 战“疫”复工勇担当》综合性文稿被全国工商联选用并在中央、省等媒体刊登；宣传大全集团、建华建材、大亚科技、恒神股份、江苏蓝圈等企业为打赢疫情防控阻击战驰援火神山、雷神山医院建设以及商(协)会捐款捐物、助力复工复产等先进事迹，为抗击疫情汇聚正能量。推出《字里行间透出温暖春意 市委书记致信万新光学董事长引起广泛反响》系列报道，在学习强国平台上推出《“全国爱国拥军模范”施文进：一朝“从军”，从此“拥军”》，发挥先进典型示范引领作用。推进民营企业文化建设。开展省级民营企业文化建设示范单位创建活动，大全集团、江苏佩尔被认定为第4批省级民营企业文化建设示范单位。

第三节　创办学校

一、工商界政治学校

1956年，镇江市工商联创办政治学习班(1958年改为工商界政治学校)，由市政协、市工商联和民建筹委会联合举办，校址位于节约巷布业公所，每期抽调工商业者脱产3个月学习政治理论。1956年共办2期，第1期4月 16日至7

月17日,学员111人;第2期9月3日至12月5日,学员164人。学习内容是“社会发展简史”“工商业者政治常识读本”“社会主义企业的基本特点”等。1957年第3期学员181人,因开展反“右派”斗争,学习期限延长至6个月。1958年在郊区回龙山办第4期,学员137人,采取边劳动边学习政治理论的形式进行。1959年,工商界政治学校划归市政协管理,改名为“各界人士政治学校”,校址设在戥儿巷18号,原“工商界政治学校”的校牌仍然保留,学员仍以工商业者为主,每期抽调各界人士10余人参加,至1962年7月,共办7期,学员834人。主要学习“实践论”“矛盾论”“正确处理人民内部矛盾”等内容以及国内外形势,还为专区兄弟县代培工商界骨干。1962年下半年起,改由地、市合办,改名为“专区政治学校”,市工商联每期选送学员参加学习。

二、业余政治学校

1956年,镇江市工商联创办业余政治学校。举办学习班,第1期于1956年4月9日开学,7月20日结束,学员共1419人,其中工商业者988人、家属359人、摊贩70人、行商2人,编47个小组,主要学习周恩来总理在人民政协二届二次全体会议上的政治报告;第2学期于9月17日开学,12月27日结束,学员895人,其中工商业者705人、家属160人、摊贩28人,行商2人,编45个小组,主要学习“工商业者政治常识读本”。组织开展政治讲座,参加学习人员为小业主及其家属、摊贩小组长以上人员、行商等共4300余人,从1956年6月至12月,共进行七讲,主要内容是“我们伟大的祖国”“关于小商小贩的社会主义改造问题”等。

三、团结中学

1962年,市工商联响应周恩来总理对工商界提出的集资办学的号召,主委陆小波带头出资并向省工商联主委刘国钧、居沪的严惠宇以及会员吴慎裕等筹集办学基金4万余元,将布业公所、公善堂两处房屋用作校舍,办起团结中学。学校设董事会,推选陆小波主委为董事长,并聘请姚杰为校长。经过短期筹备,学校于1962年秋正式开课。

四、中华职业进修学校

为响应党中央“广开学路、多方办学”的号召,市工商联和民建市委于1984年10月创办中华职业进修学校。开始设立高中语文、高中数学两科,分设四个班，学员220人；1985年11月，增加就业前培训；1986年开设营业员职高班(三年制)，并在市教育局抵偿的位于山巷12号的二层三小间危楼和一块空地(抵偿“文化大文革”期间接管的原团结中学校舍)，用补偿费10万元新建二层楼教室298.53平方米，修建办公用房240平方米；1988年，市两会将工商联副主委李友芳生前赠款的10000元，从建联商店拨出，交中华职业进修学校作为奖学金，以遂其遗愿。至1989年8月，中华职业进修学校共开设45个班，学员2000人，已结业的1400人。1991年11月，经镇江市人民政府批准，“镇江市中华职业进修学校”更名为“镇江市中华职业学校”，学校自建校舍九间，占地面积0.835亩，设有阅览室1间、活动室 1间，课桌170套，可供两个班同时使用，另有图书仪器少量。学校的办学方向是中等职业技术教育(商业)。学校的组织领导为董事长陆汝纯，副董事长陈学思、胡鲁璠，校长闪伯和、副校长何畏(兼)、教务主任杨方中，团支部书记张怡(兼)，会计孙晓莉(兼)等等。学校实行校董会领导下的校长负责制、工作岗位责任制、教师聘任制。实习基地为中百公司、米粮糖烟酒公司、供销合作总社和展销馆。1996年4月1日，经批准，镇江市商会老介福绸布庄为镇江市中华职业学校校办企业，作为学生实践培训基地，其隶属关系由原工商联爱建公司划归镇江市中华职业学校。

图2-5 中华职业进修学校首届毕业典礼

五、京江商贸经济培训学校

1994年7月5日,经市教育局批准,成立京江商贸经济培训学校,学校位于市商会内(伯先路73号),隶属市工商联领导,属社会力量办学,主要开展商贸方面的职业技术培训。学校领导机构为名誉校长朱仁和、校长张建生、教务主任武家仪、总务主任冯一东,专职教职工10人(本科5人、专科3人、其他2人),兼职教师7人(本科3人、专科4人)。

第四节 主题教育

一、学习《邓小平文选》第三卷

1994年,镇江市工商联组织《邓小平文选》第三卷学习教育活动。通过组织报告会、座谈会、研讨会和参观展览、实地考察、知识竞赛等多种形式,提升广大非公有制经济人士的政治素质,形成致富不忘国家、发财不忘社会的思想共识,继承和发扬工商界人士热心公益、乐施善助的优良传统。扬中市非公有制经济人士在建设扬中长江大桥资金短缺时,累计捐资91万元;句容县非公有制经济人士在工商联引导下,面对百年未遇的特大旱灾,主动筹募资金和物资支援重灾区,帮助恢复生产;镇江扬子玩具有限公司经理尹文斌主动向社会福利院资助10多万元,举办"首届十佳扬子幸运好孩子大赛"等。

二、"三讲"教育

2000年,镇江市工商联在领导班子和领导干部中开展"讲学习、讲政治、讲正气"(简称"三讲")教育和"三讲回头看"活动,分"思想发动、学习提高""自我剖析、听取意见""交流思想、开展批评""认真整改、巩固成果"4个阶段进行。通过学习整改提高和民主生活会,解决工商联领导班子政治理论学习计划性、系统性、实践性不够的问题,工作作风不够扎实、联系群众不紧密的问题,思想工作实际效果不够理想的问题。

三、保持共产党员先进性教育活动

2005年1月至6月,镇江市工商联开展保持共产党员先进性教育活动,分学习动员、分析评议、整改提高3个阶段进行。坚持把教育活动与解决问题相结合，开展“党员进万家”主题活动，走访慰问有特殊困难的原工商业者及其遗孀61户，慰问折合金额16650元。句容市宁武化工厂、镇江市碳素总厂、镇江金聚楼烤鸭大酒店等9家民营企业响应市工商联“为政府解忧，为百姓解难”的倡议，向慈善总会捐款总额2000万元。38家民营企业在市政府举办的“2005年迎‘五一’就业援助大型综合招聘会”上，提供1034个就业岗位。配合市政府提出的“百日百团”招商活动，协助搞好沪、杭、甬三地民营经济投资恳谈会以及协助做好赴福州、厦门等地招商工作，宣传镇江投资环境，取得诸多实际的成果。

四、学习实践科学发展观活动

2009年3月开始，镇江市工商联开展学习实践科学发展观活动，按照“党员干部受教育、科学发展上水平、人民群众得实惠”的总体要求，分学习调研、分析检查、整改落实3个阶段进行。在抓好学习的基础上，突出实践载体，围绕市委“实现镇江跨越发展”主题，撰写题为《行业商会在应对金融危机中发挥作用情况的调研》《发挥工商联服务职能、引导企业保就业促和谐》的调研报告，被《人民政协报》和省委办公厅《快报》刊登。开展“两保两促”(保增长、促稳定、保就业、促和谐)活动，签署《民营企业“保就业、促和谐”》承诺书，组织“民营企业专场招聘会”，开展“保就业、促和谐”先进企业评选和对困难企业送温暖、送政策、送服务、送教育的“四送”活动等。通过一系列的活动，帮助企业增强信心、渡过难关，确保企业和谐稳定。

五、党的群众路线教育实践活动

2014年，镇江市工商联开展党的群众路线教育实践活动。按照学习教育、听取意见、查摆问题、开展批评与自我批评、整改提高等步骤，从深化理论学习、加大创新力度、推进调查调研、参政议政等6个方面，提出31项整改措施，制订完善12项规章制度，防止和克服形式主义、官僚主义、享乐主义和奢靡之风等四风问题。

六、“三严三实”主题教育

2015年5月至年底，镇江市工商联开展“严以修身、严以用权、严以律己，谋事要实、创业要实、做人要实”(简称“三严三实”)主题教育。在组织党员干部读原著、学原文、悟原理基础上,围绕学习《中国共产党党章》《廉洁自律准则》《纪律处分条例》和省委《践行“三严三实”三十条行为规范》、市委《严格遵守党的纪律和规矩若规定》等组织专题研讨。集中观看市委书记夏锦文电视讲座和记录片《亚夫的梦》。开展重走习近平总书记视察镇江路、参观宝堰新四军四县抗敌总会纪念馆、党组书记给党员上党课等活动。

七、“两学一做”学习教育

2016年5月至年底,镇江市工商联在机关和商会党支部中开展“学党章党规、学系列讲话、做合格党员”(简称“两学一做”)学习教育。在学习教育过程中,市工商联机关党支部坚持把“两学一做”学习教育与构建“亲”“清”新型政商关系相结合,与市级机关“效能革命”相结合,开展“政商新关系、亲清当模范”主题教育活动。市商会联合党委注重统筹推进基层党支部“两学一做”学习教育,确保市直商(协)会党支部“两学一做”学习教育工作取得成效,镇江市创业精英联合会党支部作为镇江唯一一家社会组织类省级“两学一做”学习教育监测点,创新方式,与句容戒毒所签订“互帮共建”协议,进行创业辅导。镇江浙江商会、泰州商会、安徽商会等党支部组织党员赴井冈山、淮安、南湖等地接受红色教育。镇江市青年民营企业家商会、福建商会等党支部召开庆祝中国共产党成立95周年党员座谈会等,促进商会党建工作的提升。机关和各商(协)会党组织及时总结学习教育成功经验,推进“两学一做”学习教育常态化制度和机制。

八、“不忘初心、牢记使命”主题教育

2019年9月至12月,镇江市工商联开展“不忘初心、牢记使命”主题教育。按照“守初心、担使命,找差距、抓落实”的总要求和“五深入五确保”的总目标,以“深学新思想、深入解难题,提振精气神、担当创新业”为总体思路,坚持“四个贯穿始终”,有力有序推进各项工作取得实实在在成效。抓好理论武装,组织党员干部通读《习近平关于“不忘初心、牢记使命”论述摘编》《习近平关于“不忘初心、牢记使命”重要论述选编》等规定书目,开展“初心是什么、使命干什么、奋斗比什么”大讨论。丰富学习形式,组织观看《忠诚》《诺言》《孤岛32年》等电教专题片;组织党员读红色家书、诵红色诗词、唱红色歌曲、看红色

基地、听红色故事，赴惠龙易通、世业洲重走习近平总书记视察路，深入贯彻习近平总书记讲话精神；开展“四重四亮”主题党日活动，赴市方志馆、市党性教育中心、五卅演讲厅现场教学；开展“致敬共和国功臣、续写新时代篇章”活动，向“老党员、老战士、老劳模、老工商业者”表达致敬，引导党员干部见贤思齐、担当作为。聚焦“往实里走”，深化真信笃行。组织参观新中国成立70周年成就展，举办“第二届北京——镇江军地项目对接会”，组织企业参加第二届中国国际进口博览会，推动市委、市政府出台《关于促进工商联所属商会改革和发展的实施办法》，召开全市民营经济营商环境评估工作会议等，以实际工作成效践行初心使命。开展“一人一重点、领办解难题”活动，领导干部领办5个难题，开展专题调研，形成调研成果。

图2–6　市工商联召开“不忘初心、牢记使命”主题教育学习动员会

第三章 组织建设

新中国成立后,以同业公会、同业商会、行业商会为代表的行业组织是工商联的基础组织,在国民经济恢复时期和对资本主义工商业的社会主义改造时期发挥特殊作用。改革开放以后,政府部门成立的行业协会与工商联成立的行业商会共同发展,成为社会主义市场经济体系的重要组成部分,并发挥提供服务、规范行为作用,促进社会经济的发展。进入21世纪,随着党中央、国务院一系列政策出台和镇江市民营经济的快速发展,镇江市工商联的组织建设工作步伐加快,工商联会员和非公有制经济代表人士两支队伍逐步壮大,行业商会、异地商会、乡镇(街道)商会、市场商会、传统产业和新兴产业等商会组织脱颖而出,会员基本涵盖镇江市四大产业集群,在镇江民营经济高质量发展进程中发挥越来越重要的作用。

第一节 同业公会与基层商会

一、整理重组同业公会

1949年9月8日,镇江市工商联筹备委员会成立后,开始整理重组各同业公会。9月21日,筹备委员会会议通过《整理组织同业公会方案》,报请市工商局批准后开始整理重组工作。经调查登记和整理重组,共有91个同业公会(其中手工业25个、工业10个、商业56个),32个直属企业(其中国营22个、私营10个),工业户1784户,商业户4552户。

1952年8月16日,中央人民政府政务院颁布《工商业联合会组织通则》规定,工商业联合会不再以同业公会为会员,而直接以工商业户为会员,从此同业公会的性质有所改变,成为工商联领导下的专业性组织。镇江市工商联正式成立后,于1954年11月9日设立"改组同业公会办公室",将原来分散的同业公会办事机构合并为7个联合办事处,各办事处设立各行业主委联合办公室和工作人员联合办公室,各业工作人员统一使用,分统计、税务、计划、业务等专业组。联合办事处合并，至1958年仅剩2个。

全行业公私合营后，1957年1月，为适应公私合营企业全部归口至各有关专业公司的新情况，对原有同业公会作出调整，除保留适合归口公司领导的棉布、国药等19个同业公会外，其余37个同业公会合并改组成22个同业公会，另新建1个同业公会、4个同业小组，吸收国营公司干部40人担任各同业公会副主委、委员。

1958年，工商联体制发生较大变化，各同业公会、区摊贩联、行商联形同虚设，镇江市工商联于11月进行调整，建立与企业行政组织相适应的临时工作组20个，直属基层小组14个。因丹徒县工商联并入，又在集镇建立临时工作组10个，会员基层小组402个。1962年4月，在临时工作组的基础上，分别建立行业工作委员会。

二、行商联、摊贩联

1951年初，镇江市工商联筹委会协助市工商局对行商进行调查登记，共有197户、16个小组，于1952年成立镇江市行商联合会(简称行商联)。1951年6月，市工商联筹委会为配合市工商局加强对镇江市商贩的管理，于6月5日成立镇江市摊贩联合会(简称摊贩联)，委员19人，张业松任主委、何淦泉任副主委，下设中华路、城中、迎江、西车站、江边、轮埠、大西路7个分会，共有786个小组、6915户。

1953年6月，市工商联协助市商业局改组摊贩联，从6月16日至7月15日，首先在迎江区进行改组，设立迎江区摊贩联合会，之后在北固区、金山区分别设立北固区摊贩联合会和金山区摊贩联合会，同时宣布撤销原有7个分会。

1956年全行业公私合营后，镇江市商贩通过安排与改造，按业务归口国营公司领导，有的进国营公司，而有的组成合作商店和合作小组。随着商业管理体制的变化，归口国营公司的合作商店和合作小组划进划出，几经变更。

1958年“大跃进”时带进国营公司和公私合营企业的经营权限又下放，但仍为合作性质，针对这种情况，市工商联于1962年4月经市人民委员会同意筹建镇江市合作商业联合会，将合作商店组成11个行业委员会、7个直属小组。7月4日至6日，召开各行业委员联席(扩大)会议，传达省供销社主任李铮关于合作商业的报告,正式成立镇江市合作商业联合会,选举产生委员17人,陆汝纯兼任主任委员,吴于藻(兼)、姜兆洪、曾义成任副主任委员。

三、百货业同业公会

1991年4月,百货业同业公会经过近一年的筹备正式成立,选举李光遐为镇江市百货业同业公会会长。公会成立后,组织调查研究与分析,使会员和有关部门了解百货行业的经营状况与市场趋势;召开会员经营管理经验交流会,推动会员相互学习,取长补短;创办《镇江百货分会信息》刊和《镇江百货公会讯》;联合市商业局举办"1991年百货专业营业员业务技术操作大赛",帮助华裕、江滨新村商场设立商品代销点,协助永安商场处理库存旅游鞋,组团参加商品交易会等。至1991年底,会员总数达到154家(不含县)。

1994年6月10日,镇江市百货业同业公会召开第二次会员代表大会,审议通过第一届理事会工作报告和财务工作报告,选举理事会理事28人,理事会选举沈礼任会长,聘请8名特邀会务顾问。

第二届理事会成员:

会长:沈礼

副会长:王万庆、许长峰、孙国平、陆元慈、杨明生、祝庭荣、钱永华、徐明法、傅宁

常务理事:马玉华、马初旭、王万庆、方心虎、许长峰、阮永葆、孙国平、陆元慈、张忠华、沈礼、苏开贵、杨明生、祝庭荣、钱永华、徐明法、傅宁

理事:马木金、马玉华、马旭初、王万庆、方心虎、何荣明、吉荣国、许长峰、许有余、阮永葆、朱玉明、朱家正、孙国平、陆元慈、周天、张忠华、苏开贵、杨明生、汪宝芸、周立娟、周薇如、祝庭荣、钱永华、徐正端、徐明法、徐珍敏、曹安康、傅宁

第二届理事会名誉会长、秘书长、顾问、副秘书长:

名誉会长:李光遐

秘书长:杨明生

顾问:车家福、史敬、郑荣生、林媚媚、段雅珍、徐晓元、戚光荣、熊全福

副秘书长:陈锦柏、戴维权、殷晓光、胡耀仁、凌文彪、陶增奎

四、首家乡镇分会（商会）

1993年12月21日，召开丹徒县工商联大路镇分会成立大会，这是镇江市第一家乡镇分会。出席代表大会的会员共119人，其中企业会员代表8人、个人会员代表56人、新发展会员55人。会议选举产生分会会长1人、副会长3人、委员11人。截至1994年底，丹徒县工商联建立9家乡镇分会，新发展会员558户。镇江市共计建立分会（商会）13家，发展非公有制新会员1000多户。

五、首家街道分会

1995年5月31日，召开京口区工商联（商会）大市口街道办事处分会成立大会，这是镇江市第一家街道分会（商会）。大会选举产生执委7人，六朝春大酒楼总经理支文辉当选会长，首批会员33家（其中私营企业7家）。截至1995年底，镇江市乡镇（街道）分会（商会）总数达46家，占全部乡镇（街道）总数的47%。

六、首家行业商会

1999年1月18日，镇江首家县（市）级眼镜商会在丹阳市司徒镇成立。全国工商联常务副主席张绪武，江苏省政协副主席、工商联会长李仁，中国眼镜协会理事长徐云媛，镇江市工商联副会长朱经才以及丹阳市领导等出席成立大会。丹阳市眼镜业始于20世纪50年代，80年代中期丹阳已成为全国最大的眼镜销售基地，赢得“眼镜之乡”的美誉。截至1998年底，丹阳市拥有眼镜专业工贸企业300多家，年产值7亿元以上，占中国眼镜总产值的四分之一，并拥有中国最大的眼镜专业市场，年交易额达4.5亿元以上。

七、汝山乡商会

1999年4月14日，镇江市首家拥有自主房屋产权的汝山乡商会新楼落成仪式在汝山乡政府举行。市工商联会长潘吉森、副会长柏新民、秘书长沈五顺，京口区委副书记戴锦美，京口区政协副主席、统战部部长钟程发以及乡党委、政府负责人参加活动。

八、餐饮行业公会

1999年6月15日，召开京口餐饮行业公会成立大会，这是镇江市第一家区域性餐饮行业公会。京口餐饮行业公会由京口区金聚德烤鸭大酒楼、香江酒家、醉仙楼酒家、聚海堂大酒楼等25家餐饮业发起组成。大会由区委统战部部长、区工商联副主席王纯一主持,听取筹备工作报告,审议通过公会章程和行动规约,选举产生理事9人,其中会长1人、副会长3人、秘书长1人,金聚德烤鸭大酒楼总经理鄂秀萍任会长,董事长鄂锦昆为首席顾问。

第二节 会员与活动

一、接管镇江商会

根据市工商局1949年9月7日第98号关于接管镇江商会的通知,经9月10日首次镇江市工商联筹委会会议决定,从9月12日起接管镇江商会,至14日交接结束。镇江商会会所最先设在原钱业公会辅宜堂,关于原钱业公会辅宜堂房地产、冬赈局房地产以及自来水厂股票的接管问题,后经向全国工商联筹备会请示,准予暂行接管。市工商联筹备委员会于1949年11月26日设房地产接管整理委员会,负责办理相关手续。1953年市工商联正式成立后,从1954年1月起,实行经费统一收支、财产统一管理、人员统一调配。与此同时,接管各同业公会包括自用、出租房地产在内的所有财产。

当时,各行业大都有自主产权房地产,仅油麻杂货业就向市工商联移交房产12处。除房地产外,还接管都天会用的大小会具共6526件,以及办公用具用物等。市工商联和各同业公会的自有房地产在1957年反"右派"斗争期间,根据江苏省服务厅有关文件规定,首先将出租房、行业自办学校、生产教养院、救火会等一大批房屋以及在汉阳市的一地块移交政府接管,之后随着会务调整,又陆续把4个商品市场和大部分同业公会办公用房移交给政府接管。"文化大革命"后归还伯先路73号原镇江商会房产和山巷底62号房产,作为工商联办公和办学用途。

二、开展工商业者情况调查

1956年12月,镇江市工商联成立统计办公室,开展镇江市工商业者基本情况调查工作。12月5日在百货业试点,12月11日全面推开,历时40余天,至1957年1月调查统计结束。这次调查对象以1956年底在职人员为准,参加填表的共1683人(男1506人、女177人),按性质区分划属资产阶级工商业者898人、小业主785人，共有资金243.9718万元。通过调查，掌握在职工商业者的基本情况，为工商联开展工作创造有利条件。

三、召开小商贩第二次代表会议

1958年5月14日到7月3日，镇江市召开小商贩第二次代表会议，出席会议的代表316人。会议内容是调整组织形式，动员上山下乡，进行社会主义改造。通过前期思想动员、调查研究，会议对小商贩组织形式进行调整，批准进入国营公司从事专业生产的40人，进入公私合营企业的412人；在小商贩集中的菜市场，整合为统一领导、统一核算、统一调配劳力的大合作商店，涉及人员960人；组成统一经营或分散经营共负盈亏的合作商店涉及人员2022人。至1958年7月底，动员小商贩2000多人、家属1000多人下放至农村参加工农业生产，并将原有4266个供应点调整为1149个。

四、服务会员企业

1960年下半年，市工商联派工作组进驻到2个厂和3个总店(恒顺酱醋厂、联业电化厂，百货总店、食杂总店、服务第二总店)，传达中央两会和省两会有关会议精神，具体指导基层组织工作，推动会员为社会主义建设服务，动员会员投入以调整为中心的增产节约运动，多人被评为先进工作(生产)者。

五、恢复组织活动

1979年10月，全国工商联第四次会员代表大会召开，市工商联吴中彦、李雨金参加大会，大会提出“坚定不移跟党走、尽心竭力为‘四化’”的行动纲领，号召全国各级工商联组织和全体会员以国家主人翁的新姿态，为社会主义现代化建设作出新贡献。1980年5月，经中共江苏省委批准，在中共镇江市委的领导组织下，镇江市工商联恢复组织活动。

六、开展会员情况调查

1980年5月，镇江市工商联启动会员情况调查工作。据调查：在职会员(包括“三小”)173人、退休646人；49名执委中，在职的14人、退休的19人、已故的11人、调离的5人。1983年3月实行市管县体制后，市工商联于1984年4月继续开展会员基本情况调查工作，基本摸清1956年公私合营以来会员变化情况，对现有会员基本情况、业务专长、“三胞”关系等进行统计分析，市工商联共有会员1565人(包括丹阳、丹徒、扬中、句容四个县的工商联会员),其中城区会员共767人、4个县会员共798人。

1979年,在26个单位中原工商业者被评为先进工作(生产)者的有89人。对11个行业(单位)调查,退休会员226人,其中身体健康、条件许可能继续参加工作的132人;已经恢复工作的67人,其中26人在原企业留用,15人在其他企业工作,26人协助街道办集体企业。至1989年,协助街道办集体企业的会员增加至81人,安置待业青年300余人。

1980年至1983年,市工商联在调查研究的基础上,召开3次为"四化"建设服务经验交流会,37位会员汇报工作成绩和经验,组织18位会员参加中央和省两会的经验交流会,在职会员被评为市先进生产(工作)者74人。

七、成立非公经济会员工作委员会

1995年5月17日,镇江市工商联非公有制经济会员工作委员会(以下称工作委员会)正式成立。会议通过工作委员会组成人员、工作条例和1995年工作计划。工作委员会委员由尹文斌等19人组成,支正辉、方道德、冯龙骏、朱尧生、赵团生、高亚平、陶桂传、徐怀国任执行主任,刘志群任秘书长。

八、发展服务会员

1987年10月,镇江市工商联发展第一批42家新会员,1989年8月发展第二批28家新会员,句容、丹阳在恢复工商联组织的同时,也分别吸收新会员。截至1989年8月,市工商联共发展新会员204家,其中企业会员152家(国营企业56家、集体企业89家、"三资"企业7家)、团体会员7个、个人会员45名。

1992年,发展镇江市亚太广告有限公司、镇江市三维塑料电器有限公司等18家私营企业为会员,王义根、支宏伟等26名个体工商户为个人会员。

1994年,市工商联分2批共发展新会员44家。丹徒县工商联乡镇分会推进力度大,全县9个乡镇建立分会,共发展新会员558家。全年累计建立分会(商会)13个,发展新会员近千家。

1995年年底,镇江市工商联组织有会员企业达4113家,其中非公有制企业会员2361家、公有制企业会员724家、老会员758家,全年新发展会员1757家。

1996年,发展新会员1137家,新组建乡镇(街道)工商联分会25个,新组建县辖级同业公会1个。截至年底，共有工商联分会组织69个、同业公会组织2个；会员总数4959家，其中非公有制会员3165家，占会员总数的63.8%。

1999年，新发展会员企业763家，共有会员企业6730家，其中非公有制会员企业4608家、公有制会员企业1471家、老会员651家。

2000年年底，共有会员7103家，其中非公有制企业会员5138家、公有制企业会员1341家、老会员624家。非公有制企业会员中，私营企业会员1570家。全年发展新会员300家，其中私营企业180家，占新会员总数的60%。镇江市95个乡镇、街道建立工商联基层组织，占乡镇、街道总数的98%，年内建立乡镇、街道和开发区工商联基层组织3家，建立县级工商联基层商会行业组织3家，推荐10余家会员加入省工商联五金工具、餐饮行业组织。

2003年，共有行业商会23家，其中年内新组建行业商会8家，新发展企业会员450家、个人会员250名。做好会员企业重新登记和非公有制经济代表人士数据入库工作，企业会员入库数达1105家，非公有制经济代表人士入库数为192人。

2004年，新组建行业商会7家，发展新会员450家，推荐3家企业负责人任省工商联眼镜商会理事。

2007年，市工商联系统共有行业商会40家、会员企业8006家，其中当年新成立行业商会4家，新发展会员超过400家。

2008年，新组建行业商会10家，发展会员500家，会员企业、行业商会和基层组织保持健康发展态势。

2009年，新组建行业商会5家，新发展会员500家，行业商会建设工作推进有力。

2010年，镇江市工商联共有会员9500家，行业商会53家，推进社区商会建设，年内新组建社区商会10家。市餐饮服务行业协会、市锅盖面行业协会作为团体会员加入市工商联。

2012年，新组建行业商会2家、异地商会3家、社区商会25家，新发展会员525家。建立并形成一批具有示范性的社区商会，社区商会建设基本实现全覆盖。引导行业(异地)商会建设，指导推进镇江市现代商务服务业商会、镇江市福建商会、镇江市江西商会的筹备组建工作，协调推进重组镇江市装饰建材商会和香港镇江商会。

2013年，全系统新组建商会20家，其中市本级先后成立镇江市非公有制经济促进会、镇江市宝应商会、镇江市装饰建材商会、镇江市福建商会、镇江市江西商会、镇江市现代商务服务业商会6家市直商会，协调推进苏州市镇江商会、昆明市镇江商会等异地商会筹建工作。落实市委(镇发〔2012〕62号)文件精神，推动异地商会归口管理，将镇江浙江商会、镇江东北商会等5家异地商会归口至市工商联主管，完成市级共10家异地商会全部归口至市工商联主管的任务

2014年，共有会员10676家，其中企业会员7095家、团体会员152家、个人会员3429家，全年新发展会员500余家，新组建镇江市溧阳商会、镇江市山西商会等6家商(协)会，成立镇江市首家异地商会苏州市镇江商会。以市委组织部批准成立"中共镇江市商会联合委员会"为契机，推进商(协)会基层党组织建设，成立市直商会党支部5个。

2015年，全系统新增企业会员600余家、商(协)会10家。优化会员结构，吸收全国500强建华管桩等为会员企业，提升新兴产业会员企业的比重。指导市民营企业文化研究会建设，这是行业协会商会与行政机关脱钩后，以市工商联为主管单位的首家商(协)会。指导帮助市直各商(协)会建立党组织，年内共有市直商会党支部17个，党员238。镇江市创业精英联合会党支部成功创建"五星"先进党支部，成为镇江市非公经济领域党建工作的典型。

2016年，镇江市工商联发挥市青年民营企业家商会的作用，并推进其设立分会，6月底成功设立科技分会。

2017年，全年新增会员企业500余家、商会组织6家，推动成立上海市江苏镇江商会，在全省率先成立参政议政委员会、女企业家委员会，吸收醋业协会等脱钩后的商会加入工商联。丹阳、句容、扬中、京口被全国工商联授予"五好"工商联称号。市创业精英联合会党支部连续2年被评为"双型"五星级党支部。

2018年，全年新增会员500余家，新增商会组织7家，其中市本级新增醋业协会、纳税人税收权益维护协会、企业创新发展商会、科技装备业商会。开展"四好"商会创建工作，推荐2家商会申报全联"四好"商会、14家商会申报省级"四好"商会，承办江苏省工商联"四好"商会现场推进会。

2019年，新增会员500余个，新增商会组织9家，其中市本级成立河北商会、湖北商会、深圳市江苏镇江商会。镇江安徽商会、丹阳市眼镜商会被全国工商联认定为“四好”商会，14家商会被江苏省工商联认定为“四好”商会。

2020年，全市新增商会组织10家，成立省内首家高新技术企业商会，搭建起高新企业在落实政策、信息交流、推动合作、反映诉求、规范行为的桥梁纽带。市工商联主管的商会建立党支部18个，覆盖率达75.6%；培育省级商会党建示范点1个，推荐申报“五星”先进党支部1个，“四星”先进党支部2个；开展“四好”商会创建工作，分别有7家、29家商会被认定为全国工商联、江苏省工商联“四好”商会。

第三节　商会协会

截至2020年年底，共有市级商会协会37个，其中主管商会26个、团体会员11个，另有异地镇江商会3个。根据商会协会自身建设情况，坚持自愿原则，本志按成立时间先后为序，收录主管商会22个、团体会员8个、异地镇江商会2个。

一、主管商会

1. 镇江浙江商会　镇江浙江商会的前身是镇江浙江客商协会。2001年，镇江浙江客商协会成立筹备组，并向政府有关部门递交《关于成立镇江浙江客商协会》的申请，开始筹备成立镇江浙江客商协会准备工作。2001年年底，成立镇江浙江客商协会，2002年更名为镇江浙江商会。2013年7月1日，成立镇江浙江商会党支部。截至2020年年底，共有会员单位350家。

2002年9月，镇江浙江商会召开一届一次会员大会，选举产生镇江浙江商会第一届理事会理事30名，表决通过商会章程、选举办法等文件。理事会选举陈圣义任会长，吴仁伟、黄翠华、钱国华任常务副会长，蔡海清、谢文彬、王道力、陈时飞、胡明巧、汤呈繁任副会长，吴仁伟兼任秘书长。商会会址设在京江饭店。

2007年2月，召开二届一次会员大会，选举产生镇江浙江商会第二届理事会理事58名。理事会选举周文任会长，陈时飞任执行会长，钱国华、俞良夫、蔡丰林任常务副会长，胡晓明、王道力、吕永忠、周卫星、叶珊虹、曹建军、谢文彬、汤呈繁、杨秀云、夏茂贤、王跃春、陈玲凤、池万明、林延快、潘小斌、朱利义、潘龙顺、叶坚、赖文秀、施安善、徐益新任副会长,吴仁伟任秘书长。商会会址从京江饭店迁至斜桥街天逸酒店,后又迁至京口饭店,于2010年迁至金鳌园大酒店。

2011年7月,召开三届一次会员大会,选举产生镇江浙江商会第三届理事会理事79名。理事会选举钱国华任会长,陈时飞任执行会长,王跃春、王道力、俞良夫、谢文彬、陈玲凤、夏茂贤、朱利义、沈凯、叶珊虹、戴忠胜、何碧霞任常务副会长,毛关总、吕永忠、戎如会、陈国成、陈海平、吴昌帆、林伟庆、胡明巧、王舜、郭丽坚、朱建新、王建福、李方平、潘臣平、张耀南、江建国、朱清理、罗达、蔡海清、裘先财、徐松华、汤方博、何冲、黄银林、陈方利、叶胜谦、陈继先、丁金华任副会长,方益民任秘书长。商会会址设在镇江市金鳌园大酒店,2012年5月迁至镇江大酒店。

2015年7月18日,召开四届一次会员大会,选举产生镇江浙江商会第四届理事会理事81名。理事会选举钱国华任会长,叶珊虹任执行会长,王跃春、王道力、俞良夫、谢文彬、陈玲凤、夏茂贤、朱利义、戴忠胜、何碧霞、叶胜谦、陈继先、江建国任常务副会长,毛关忠、吕永忠、戎如会、陈海平、吴昌帆、林伟庆、胡明巧、王　舜、朱建新、王建福、李方平、朱清理、罗　达、蔡海清、徐松华、汤方博、何　冲、黄银林、梁招兵、陈焕宇、刘洪孝、杜　尧、候伟东、张伟民任副会长,方益民任秘书长。商会会址设在镇江大酒店,2017年4月迁至镇江国际饭店。

2019年7月18日,召开五届一次会员大会,选举产生镇江浙江商会第五届理事会理事86名。理事会选举钱国华任会长,叶珊虹任执行会长,王道力、俞良夫、夏茂贤、朱利义、戴忠胜、叶胜谦、陈继先、江建国、黄海云、蔡海清、吴昌帆、陈喜法、杨秀云、李理杰任常务副会长,毛关忠、王建福、汪　勇、刘双、刘洪孝、张伟民、厉学羽、周觉明、赵慧中、王群孝、林伟庆、徐圣强、朱光强、杜立峰、吴建秋、余孟雄、胡志荣、胡忠剑、徐忠益、胡松池、宋兴火任副会长,方益民任秘书长。商会会址设在镇江国际饭店。

镇江浙江商会,注重自身建设,热衷光彩事业,履行社会责任,主动服务会员，赢得社会各界好评。采取区域管理模式，提高商会工作效率，激发会员活动参与度；参与招商引资，投资兴建“浙商大厦”，主动为浙商在镇投资兴业搭建平台；在抗震救灾、结对助学、关爱弱势群体、常态化拥军活动等方面，展现出商会凝聚力；服务会员工作主动作为，在抗击新冠肺炎疫情防控期间，千方百计帮助会员企业复工复产。先后获全国工商联“四好商会”“江苏省示范性社会组织”，被江苏省工商联认定为“四好商会”、先进集体，被市民政局、市经信委评为“4A级社会组织”等荣誉，并多次被市工商联表彰为先进集体、优秀商会。在镇浙商谢旺达为救落水镇江女青年献出宝贵的生命，获镇江市“见义勇为”荣誉称号。

2. 镇江市温州商会 2005年初，由洪作南等30多名在镇温商发起并成立镇江温州商会筹备组。同年5月，筹备组代表召开筹备会议，研究讨论《镇江温州商会章程》《镇江温州商会会费缴纳及使用管理办法》等文件草案，初步商定会长、常务副会长、副会长、秘书长等人选名单；商会主管单位市镇江市经济和信息化委员会审查通过筹备组呈报的有关材料。2005年6月，经镇江市民政局批复，同意成立镇江温州商会，商会会址设在丹阳市经济开发区中山路204号华阳大酒店(2015年7月迁至丹阳经济开发区丹桂路8号)。2012年年底，变更主管单位为市工商联。截至2020年年底，共有会员单位306家。

2005年6月28日，镇江温州商会在镇江碧榆园召开一届一次会员大会，选举产生镇江温州商会第一届理事会理事62名，大会表决通过《镇江温州商会章程》《镇江温州商会会费缴纳及使用管理办法》以及《选举办法》等文件。理事会选举洪作南任会长，谢公晚任常务副会长，郭春弟、丁心祥、洪作东、林树彬、林建国、洪作遇、谢公社、黄传祥、洪作健、江迪冲、潘美英、李理杰、郑定丰、林济宁、陈立文、郭荣慈、陈相服、郑定直、王存房、黄启委、杨寿东、孙光义、陈增平、谢尚勇、黄贤友、欧玉叶、黄贤安、江迪教、王碎娟、曾洪龙、陈学银、刘洪贵、王超凯任副会长，徐步兴任秘书长。

2008年12月28日，召开二届一次会员大会，选举产生镇江温州商会第二届理事会理事63名。理事会选举洪作南任会长，谢公晚任常务副会长，郭春弟、丁心祥、洪作东、林树彬、林建国、洪作遇、谢公社、黄传祥、洪作健、江迪冲、潘美英、李理杰、郑定丰、林济宁、陈立文、郭荣慈、陈相服、郑定直、王存房、黄启委、杨寿东、孙光义、陈增平、谢尚勇、黄贤友、欧玉叶、黄贤安、江迪教、王碎娟、曾洪龙、陈学银、刘洪贵、王超凯、吴仁伟任副会长,徐步兴任秘书长。

2014年12月28日,召开三届一次会员大会,选举产生镇江温州商会第三届理事会理事90名。理事会选举洪作南任会长,谢公晚、孙光义、郭荣慈、杨永伟、林建国、李理杰、洪作健、洪作遇、陈学银、王存房、刘教新、陈可霸任常务副会长,林树彬、洪作东、郑定丰、徐步兴、江迪冲、江迪教、林济宁、黄贤安、郑定直、程爱云、丁心祥、胡世锚、谢公兴、洪邦照、肖玉化、孙大华、王宗贤、洪汝荣、黄启委、郑小武、陈明敢、黄其伟、陈传丛、谢尚勇、曾洪龙、杨春燕、蔡永泉、黄步杰、张小将、王哲道任副会长,孙光义兼任秘书长。

镇江市温州商会,参与当地招商引资工作,主动为丹阳、温州两地企业家交流合作搭建平台;参政议政,反映会员企业的心声;在抗震救灾、扶贫助学等活动中,发挥商会的应有作用。镇江市温州商会先后获"江苏省示范性社会组织""全省工商联商会先进集体"称号,被市民政局、市经信委评为"4A级社会组织"等,并多次被市工商联表彰为先进集体、示范商会等。

3. 镇江市钢铁业商会 镇江市钢铁业商会的前身是镇江市工商业联合会钢材贸易商会。2007年6月,由镇江市金源、荣盛、顺潮三家金属材料有限公司董事长汤大顺、蒋金保、沈凯共同发起,向镇江市工商业联合会申请成立"镇江市工商业联合会钢材贸易商会"。同年7月,经市工商联批复同意成立筹备组并开展筹备工作。筹备组先后讨论通过《镇江市工商业联合会钢材贸易商会章程》《会费收缴及使用管理办法》等文件,推荐会长、常务副会长、副会长、秘书长人选。2007年10月,经镇江市工商联批复,同意镇江市工商业联合会钢材贸易商会成立。2010年11月更名为镇江市钢铁业商会。商会会址设在镇江市润州工业园区惠龙大厦。截至2020年年底,共有会员单位96家。

2007年11月18日,镇江市工商业联合会钢材贸易商会在镇江一泉宾馆召开一届一次会员大会,选举产生镇江市工商业联合会钢材贸易商会第一届理事会。理事会先后选举汤大顺、蒋金保任会长,沈凯任常务副会长,马星荣、朱荣明、缪志伟、周建、杨伟芳、江澎、苏凛、吴章刚、狄育文、赵祥宝、蒋东诚任副会长，秦荣凯任秘书长。

2010年11月，镇江市工商业联合会钢材贸易商会更名为镇江市钢铁业商会。

2011年3月18日，召开二届一次会员大会，选举产生镇江市钢铁业商会第二届理事会。理事会选举沈凯任会长，汤大顺、缪志伟、狄育文、周风林、杨伟芳任常务副会长，王双照、江澎、朱志茎、朱荣明、苏凛、吴章刚、吴修胜、周建、赵祥宝、顾钰、翁洪宝、蒋潇、薛冰峰、魏友生任副会长，秦荣凯任秘书长。

2014年3月22日，召开三届一次会员大会，选举产生镇江市钢铁业商会第三届理事会。理事会选举沈凯任会长，汤大顺、缪志伟、狄育文，周风林、杨伟芳、赵祥宝、江澎任常务副会长，马宁、王双照、朱志茎、朱荣明、苏凛、吴章刚、周建、顾钰、翁洪宝、夏志龙、蒋根宝、薛冰峰、魏友生、卜同昌、谢文斌、刘权、蒋阿顺、蒋顺宝任副会长，秦荣凯任秘书长。

2019年4月27日，召开四届一次会员大会，选举产生镇江市钢铁业商会第四届理事会。理事会选举沈凯任会长，马宁、朱荣明、吴章刚、周风林、夏志龙、顾钰、蒋阿顺任常务副会长，卜同昌、王平、王双照、刘权、陈健、陈道喜、施光红、陶国亮、雷新庚任副会长，周风林兼任秘书长，谢文斌担任监事。

镇江市钢铁业商会，弘扬中华民族向上向善的传统美德，引导企业家自觉履行社会责任，主动做好服务会员工作。先后向地震灾区、市白血病防治、社会救助机构、抗击新冠肺炎疫情等捐款捐物达150多万元；为支持茅山革命老区教育事业发展，先后捐资82万余元在春城小学设立“茅山助学基金”。组织35家会员企业投资6800万元建成钢铁智慧大厦，形成企业钢贸经营的集聚效应，为行业转型发展拓展新思路、搭建新平台。商会先后被评为省工商联先进商会组织、市工商联先进集体、市优秀社会组织。

4. 镇江东北商会　2008年7月，由孟剑等16名在镇江创业发展的黑龙江、吉林、辽宁客商发起成立镇江东北商会筹备组。在镇江市工商联指导下，筹备组先后召开四次筹备工作会议，讨论制定镇江东北商会章程(草案)，研究理事会组成人员、内部机构设置、会费收取标准等事项。2008年10月，成立镇江东北商会。截至2020年年底，共有会员单位108家。

2008年11月1日，镇江东北商会在镇江市京口区政府召开一届一次会员大会,选举产生镇江东北商会第一届理事会理事15名,大会表决通过商会章程、管理办法、选举办法等文件。理事会选举孟剑为会长,徐林涛、张炳山、边长浩为副会长,范亚军为秘书长。商会会址设在镇江市东吴路75号江滨农贸市场二楼。

2009年3月,镇江东北商会向镇江市经济贸易委员会申请筹建具有独立法人资格的镇江东北商会;4月,成立镇江东北商会筹备组;6月,成立镇江东北商会,并核准"镇江东北商会"社会团体法人登记,登记证书号为镇民社证字第475号,商会的主管部门为镇江市经济贸易委员会。2012年年底,异地商会统一划归市工商联管理,镇江东北商会与市经贸委脱钩,主管单位为镇江市工商联。

2014年12月20日,召开二届一次会员大会,选举产生镇江东北商会第二届理事会理事23名。理事会选举孟剑任会长,于海斌、范亚军、邹元武、谷祖钢、吴金伟、李虎林、李振武、黄玉芝、李迟刚任副会长,褚发云任秘书长。商会会址迁至镇江市智慧大道468号A座1108室。

2016年5月30日,召开三届一次会员大会,选举产生镇江东北商会第三届理事会理事25名。理事会选举温立平任会长,于海斌、李虎林、李振武、丁丽、李迟刚任常务副会长,范亚军、李宏昇、吴金伟、张景坤、黄玉芝、郭云阁、霍庆先任副会长,褚发云任秘书长。

2020年12月27日,召开四届一次会员大会,选举产生镇江东北商会第四届理事会理事24名。理事会选举温立平任会长,王秋晶、罗晓君、严造华任常务副会长,范亚军、李宏昇、吴金伟、陈亮、李国军、高运强任副会长,于冬云任秘书长。商会会址迁至镇江市智慧大道555号华康国际大厦304室。

镇江东北商会,发挥网络优势,开展"互联网+精准扶贫"行动,构建为全国贫困地区销售农产品公益网站,助力乡村振兴和精准扶贫。商会获评镇江市3A级社会组织,并多次被市工商联评为先进集体、优秀商会。

5. 镇江安徽商会 2009年7月20日,由50多名在镇徽商发起成立镇江安徽商会筹备组,镇江市民政局发文同意筹备镇江安徽商会,文号为镇民民管〔2009〕13号;9月19日,筹备组42位代表召开第二次筹备会议,讨论通过《镇江安徽商会章程》《镇江安徽商会会费缴纳及使用管理办法》等文件草案;

10月23日，筹备组召开第三次筹备会议，推荐商会会长、常务副会长、副会长候选人名单，镇江市经贸委审查筹备组呈报的有关材料，商会的筹备工作已基本完成。2009年12月15日，镇江市民政局发文批准镇江安徽商会成立(镇民民管〔2009〕26号)，商会会址设在镇江市润兴路18号。2012年年底，主管单位变更为市工商联。2015年2月7日，成立镇江安徽商会党支部。截至2020年年底，共有会员单位210家。

2010年4月18日，镇江安徽商会在镇江一泉宾馆召开一届一次会员大会，选举产生镇江安徽商会第一届理事会理事45名。理事会选举艾学平任会长，徐生兵、刘军、吴钢、曹胜辉任常务副会长，张峰、叶守平、蒋士富、封孝全、彭波、刘祥任副会长，徐生兵兼任秘书长，刘军、吴士琪任副秘书长。

2014年2月23日，召开二届一次会员大会，选举产生镇江安徽商会第二届理事会理事62名。理事会选举艾学平任会长，徐生兵、吴刚、刘军、彭秀柱、朱永梅、封孝权、许礼周任常务副会长，刘茂春、张峰、叶守平、徐国阳、朱媚、彭波、陆世富、曹刚、吴吉洪、李定宏、蒋士富、杨伟、董思军、高立志、童依良、王志祥任副会长，徐生兵兼任秘书长，刘军、吴士琪任副秘书长。

2018年1月27日，召开三届一次会员大会，选举产生镇江安徽商会第三届理事会理事81名。理事会选举艾学平任会长，吴刚、刘军、朱永梅、封孝权、叶守平、刘茂春、董思军、高立志、王志祥、蒋士付、杨伟、许礼东、唐新成任常务副会长，李定宏、徐国阳、陆世富、童依良、彭波、曹刚、王芳、贾德福、武玉松、江吉成任副会长，吴士琪任秘书长，刘军、童宽任副秘书长，朱媚任监事。

镇江安徽商会，大力加强自身建设，履行社会责任，展现企业家大爱情怀。先后成立参政议政委员会、民商事调解委员会、镇江市“同心”律师工作站等，主动为民营企业服务；响应市委、市政府号召，在与陕西渭南结对帮扶，与茅山革命老区马埂村、世业洲兴隆村村企联建等项目中主动作为；常态化开展为驻镇高校捐资助学、扶贫帮困、慰问驻镇部队官兵以及奉献爱心家乡行等活动。商会先后被全国工商联认定为“四好商会”、获得江苏省4A级社会组织、江苏省示范性社会组织、全省工商联商会先进集体等荣誉，并多次被市工商联表彰为先进集体、示范商会。

6. 镇江市青年民营企业家商会 2011年8月,镇江市青年民营企业家商会由高庆文等青年民营企业家发起成立筹备组。9月,召开筹备会议,讨论通过《镇江市青年民营企业家商会章程》等文件草案,研究讨论会长、常务副会长、副会长、商会理事等候选人名单。2011年10月,市民政局批复同意镇江市青年民营企业家商会成立。商会会址设在镇江市中山东路35号4楼401室,2017年6月迁至镇江市运河路81号。截至2020年年底,共有会员单位147家。

2011年11月23日,镇江市青年民营企业家商会在镇江国际饭店召开一届一次会员大会,选举产生镇江市青年民营企业家商会第一届理事会理事42名。理事会选举高庆文任会长,屠余标、潘骏、钱至军、邹元顺、许紫琳、何建任常务副会长,万芃瑾、于光其、王斌、孙云、冷祥生、应珏、李宏昇、陈华、周亭宇、耿慧义、陶靠军任副会长,屠余标兼任秘书长。

2015年7月13日,召开二届一次会员大会,选举产生镇江市青年民营企业家商会第二届理事会理事47名。理事会选举屠余标任会长,王世君、王钧、杨星、杨杰晶、陈炜、高勇、黄海燕、潘骏、戴小川、戴金花、徐舟任常务副会长,王娟、王舜、汤亮亮、孙云、金文、周亭宇、宗小斌、孟桂宝、党振华、徐敏任副会长,陈炜兼任秘书长。

2019年12月14日,召开三届一次会员大会,选举产生镇江市青年民营企业家商会第三届理事会理事49名。理事会选举戴小川任会长,潘骏、徐敏、杨杰晶、王娟、王钧、党振华、王兴国任常务副会长,王锐、张振伟、陈吉海、蔡震、谈阳、周志斌、洪凯强、鄂家承任副会长,徐敏兼任秘书长。

镇江市青年民营企业家商会,坚持以活动为牵引,增强商会凝聚力、战斗力。加强组织建设,设立扬中、润州、科技、太极养生等分会,常态化开展适合青年企业家特点的文化活动,增强商会的吸引力。引导会员强化履行社会责任的思想意识和担当精神 。深化理想信念教育,落实“新时代企业家精神师承计划”,利用句容茅山“江苏省民营经济人士理想信念教育基地”等进行革命传统教育,引导年轻一代企业家健康成长。开展“产业做强跑起来,先进经验学起来”系列活动,激发青年企业家投身产业强市新实践。商会先后获得中国5A级社团组织、江苏省示范性社会组织、镇江市4A级社会组织等荣誉,多次被市工商联评为先进集体。

7. 镇江南通商会　2012年7月，由苏金泉、王林华、陈剑、蒋允忠等多名在镇通商人员发起，经镇江市经济和信息化委员会、镇江市民政局批准同意成立“镇江南通商会筹备组”(镇经信办〔2012〕90号文、镇民社管复〔2012〕13号文)。筹备组多次召开会议，讨论通过章程草案、会员会费标准、商会办公经费标准等，推荐商会会长、常务副会长、副会长等人选名单。2012年9月5日，经市民政局核准登记注册(镇民社管〔2012〕33号文)。截至2020年年底，共有会员单位112家。

2012年9月27日，镇江南通商会在明都大饭店召开一届一次会员大会，参加会议的有在镇经商的南通籍涉及房地产开发、建筑装饰、产品制造、商贸物流、文化健康餐饮五大产业的会员单位56家。大会表决通过商会章程、选举办法等文件草案，选举产生镇江南通商会第一届理事会理事25名。理事会选举周福均任会长，蒋允忠、陈国忠、田振凯、张昌进、冒兴业、季建荣、周国新、苏金泉、肖建标任常务副会长，罗登明、陈剑、王华、黄浩、万义国、俞永兵、张胜杰、王林华、吴敬章、崔立新、钱燕任副会长，苏金泉兼任秘书长，瞿洪钧任副秘书长。聘请黄选能、曾学才、王树均任商会名誉会长。商会会址设在我家山水龙吟坊C1区217号。2013年，业务主管单位由镇江市经济和信息化委员会变更为镇江市工商业联合会。

因会长企业主体迁往南京，经批准提前进行换届选举。2014年9月21日，召开二届一次会员大会，选举产生镇江南通商会第二届理事会理事29名。理事会选举陈国忠任会长，苏金泉、吴敬章、徐小兵、张昌进、季建荣、周国新、周福均任常务副会长，万义国、王林华、汪涛、陈剑、罗登明、张胜杰、易杰伟、冒兴业、俞永兵、钱燕、黄浩、葛永龙、储瑞冬任副会长，罗登明兼任秘书长、瞿洪钧任副秘书长。续聘黄选能、曾学才、王树均任商会名誉会长，会员单位76家。商会会址从我家山水龙吟坊迁址丹徒大厦5楼，后迁至恒美嘉园一期20幢12号，于2017年11月迁至健康路5号2楼。

2018年12月23日，召开三届一次会员大会，选举产生镇江南通商会第三届理事会理事33名。事会选举苏金泉任会长，徐小兵、吴敬章、季建荣、张昌进、周国新、张军辉、储瑞冬任常务副会长,罗登明、陈剑、王林华、冒兴业、解宝盛、杨安飞、易杰伟、黄健、刘启石、方瑞兵、杨中华、陈永辉、吴东元、娄杰、花蕾、张忠任副会长,黄祝山任秘书长,陈永兵任副秘书长、监事。聘请曾学才、王树均任名誉会长,陈国忠为荣誉会长。

镇江南通商会于2015年3月成立党支部,党支部书记陈国忠,委员苏金泉、罗登明,党员32名。2019年3月党支部改选,苏金泉任书记,黄祝山、陈永兵为委员,党员29名。2020年10月商会迁至解放路22号京城饭店三楼办公。

镇江南通商会,坚持把政治引领放在首位,传承红色基因,做到"铁心听党话、始终跟党走",保证商会建设正确方向。持续开展革命传统教育、微型党课、慰问抗日老兵、党史军史知识竞赛等活动,开展"不忘初心、牢记使命"主题教育,坚定会员"四信"意识;推行片区管理、会长轮值、履职积分等制度,调动各级积极性;主动为会员"送健康、送政策、送温暖",营造家的氛围,增强凝聚力。先后被江苏省民政厅认定为"江苏省示范性社会组织",被省工商联认定为"四好商会",多次被省工商联、市工商联表彰为先进集体、示范商会,获得市民政局4A级社会组织等荣誉。

8. 镇江泰州商会 2012年,镇江泰州商会成立筹备组,并向有关部门递交《关于成立镇江泰州商会》;同年,市民政局下发"关于同意'镇江泰州商会'注册登记的行政许可决定书"(镇民社管〔2012〕24号),市工商联下发"关于同意成立'镇江泰州商会'的批复"(镇联发〔2012〕10号)。2014年7月25日,镇江泰州商会成立党支部。商会会址位于中山西路103号。截至2020年年底,共有会员单位124家。

2012年8月19日,镇江泰州商会在喜来登大酒店召开一届一次会员大会,参加会议的有在镇江市(包括姜堰、海陵、高港、泰州、泰兴、兴化、靖江)经商的近100家会员单位。大会表决通过商会章程、组织机构、选举办法、会旗、会徽等。选举产生镇江泰州商会第一届理事会理事24名。理事会选举黄礼龙任会长,许紫琳、严小健、沐晓明、钱建云、朱海林、刘秀兰、高德余、张秀凤、吴小庆、王广德任常务副会长,王春林、崔立新、徐正、杨建忠、曹新红、单小余、吕立、田跃华、汤华、高晓芳、姚融、宗福林、沈义荣任副会长,何世俊任秘书长。

2016年9月4日，召开二届一次会员大会。选举产生镇江泰州商会第二届理事会理事28名。理事会选举黄礼龙任会长，钱建云任执行会长，王广德、杨建忠、田跃华、高晓芳、沐晓明、高德余、张秀凤、姚融、刘秀兰、薛卫龙任常务副会长，曹新红、单小余、叶小松、宗小斌、谢兴伟、冷锋、汤华、庄晓、张波、沐小闽、戴平任副会长，何世俊任秘书长、钱书鹏任副秘书长。

2020年12月6日，召开三届一次会员大会。选举产生镇江泰州商会第三届理事会理事63名。理事会选举高晓芳任会长，杨建忠、田跃华、叶小松、谢兴伟、戴 平、王克兵、曹新红、宗小斌、汤 华、周 翔、石书生任副会长，单小余任秘书长，胡建任监事。

镇江泰州商会，坚持以学习强会、诚信立会、公益扬会为办会方向，开展理念信念教育，在全市社会团体中首家与烈士陵园建立爱国主义教育基地；开展"政商新关系、亲清当模范"主题活动；深化"致富思源，富而思进"教育成果，开展形式多样的献爱心、送温暖和精准扶贫活动，受到社会各界好评。商会先后被省工商联评为"先进集体"，被省工商联认定为"四好商会"，被市民政局评为4A社会组织，多次被市工商联表彰为先进集体、示范性商会，被中共镇江市委"两新"工作委员会评为"四星"党支部。

9. 镇江市民营企业文化研究会 2012年6月，经镇江市民政局核准登记和主管部门镇江工商行政管理局批准，镇江市民营企业文化研究会正式成立。2016年3月，主管单位变更为镇江市工商联。研究会会址设在镇江市润州区运河路65号广厦大厦四楼。截至2020年年底，共有会员单位132家。

2012年6月28日，镇江市民营企业文化研究会召开一届一次会员大会，选举产生镇江市民营企业文化研究会第一届理事会理事30名。理事会先后选举柏新民(—2016年3月)、吴金杰(2016年3月—)任会长，吴金杰(—2016年3月)、叶铭、孙广辉、吴春波、解宝盛、薛卫龙、鄂金生(2016年3月增补)、朱春根(2016年3月增补)、陈美城(2016年3月增补)、王平(2016年3月增补)、许布(2016年3月增补)任副会长，唐震任秘书长。

2018年9月8日，召开二届一次会员大会，选举产生镇江市民营企业文化研究会第二届理事会理事60名。理事会选举薛卫龙任会长，鄂金山、万镇、朱春根、解宝盛、陈美城、王平、薛卫、李敏、王登国、汪克兰、孙广辉、利静、胡金康、步雪松、许布任副会长,唐震任秘书长。

镇江市民营企业文化研究会,以弘扬镇商精神为宗旨,以打造诚信镇江为己任,扎实开展企业文化研究、建设工作。联合镇江市关心下一代工作委员会等组织红色文化教育培训,设立镇江全民创业基地、镇江青年创业园,组织参加中国企业文化研究会举办的企业文化高峰论坛,开展企业文化学术交流系列活动,编辑会刊《镇江民商》。

10. 镇江市家居装饰业商会 镇江市家居装饰业商会的前身是镇江市装饰建材商会、镇江市家居装饰商会。经镇江市民政局注册批准,2013年6月28日镇江市装饰建材商会成立,2016年6月28日更名为镇江市家居装饰商会,2019年6月12日更名为镇江市家居装饰业商会。2015年6月5日,成立商会党支部,李宁任党支部书记。商会主管单位镇江市工商联。商会会址原设在镇江市丁卯谷阳路68号(优盛广场),2019年底迁至镇江市运河路青年广场96号。截至2020年年底,共有会员单位248家。

2013年6月28日,镇江市装饰建材商会在镇江市碧榆园饭店召开一届一次会员大会,选举产生镇江市装饰建材商会第一届理事会理事19名。理事会选举陶靠军任会长,王润东、王家元、仲洪标、尼克、费宁、徐娇雅、樊孝金、王东升任常务副会长,庄光科、李远回、段雁新、陈裕良、高晓芳、张志军、陈新星、杨国洪、姚凯、胡静任副会长,选举王润东兼任秘书长,聘请杨玲坤任名誉会长。

2017年7月19日,召开二届一次会员大会,选举产生镇江市家居装饰商会第二届理事会理事18名。理事会选举陶靠军任会长,王家元任执行会长,王润东、仲洪标、徐尼克、费宁、徐娇雅、樊孝金、陈继先、张海明(2019年1月增补为副会长,10月增补为常务副会长)、庄光科(2019年10月增补为常务副会长)、孙少华(2019年1月增补为副会长,10月增补为常务副会长)任常务副会长,李远回、段雁新、程俊生、江吉成、王魏、魏宁、商立、徐立庆、冷运烘(2019年1月增补)、曾功庆(2019年1月增补)、陈川(2019年1月增补)、赵宇(2019年10月增补)、张巧格(2019年10月增补)、王正桥(2019年10月增补)、张森(2019年10月增补)、黎辉(2019年10月增补)任副会长,舒胜岳任监事长,王润东兼任秘书长，李宁、孙少华(2019年10月增补)、曹屹(2019年10月增补)任副秘书长。

镇江市家居装饰业商会，创新工作方式，维护消费者权益，主动为会员企业服务。打造并擦亮“家博会”品牌，成立商会商学院，主动为会员服务，增强会员凝聚力；加强行业自律，举办维护消费者权益系列活动，获镇江市消费者权益保护运动30年消费维权先进集体，树立家居行业放心消费良好形象。商会先后获4A级中国社会组织、江苏省示范性社会组织、全省工商联先进集体、江苏省示范性社会组织先进集体、江苏省放心消费创建示范行业等荣誉，2018年被省工商联认定为“四好商会”,2020年被全国工商联认定为“四好商会”，多次被市工商联评为先进集体等。

11. 镇江市福建商会　2013年1月18日，市民政局批复同意成立镇江市福建商会，商会主管单位原为镇江市经信委，后改为镇江市工商业联合会。商会会址设在镇江市西津渡利商街39号，2015年8月迁至镇江市京口区丁卯桥路173号速8酒店3楼。截至2020年年底，共有会员单位136家。

2013年8月28日，镇江市福建商会在镇江市碧榆园酒店召开一届一次会员大会，选举产生镇江市福建商会第一届理事会。理事会先后选举陈荣华(—2014年8月)、王家庆(2014年10月—)任会长，王家庆(—2014年10月)、苏培伟(2014年10月—)任执行会长，倪举凌任监事长，陈开春、苏培伟、王家强、王辉凡、洪世伟、余惠芳、王东升任常务副会长，李路、谢文斌、黄绍峰、董济和、陈文重、林志汉、范建敏、甘泽钦、杨淮闽、罗贯鸿、柯德华、梁海木、郭忠原、陈家榕、陈永华、林建南、黄建全、吴建平、林永太、游元春、黄和坪任副会长，霍爱平任秘书长。

2018年12月27日，召开二届一次会员大会，选举产生镇江市福建商会第二届理事会。理事会选举王家庆任会长，陈开春、陈家榕为名誉会长，苏培伟任执行会长，王家强任监事长，柯德华任常务副会长，李路、谢文斌、黄绍峰、董济和、林志汉、范建敏、柯清滚、杨淮闽、梁海木、郭忠原、陈永华、黄和坪、陈俊杰、林时巧、陈爱兴、丁仁友、祁新兴、谢清平、江金华、林丽云、曾凡华、王志苏、许新龙、柯志生、黄超勇、陈身秀任副会长，谢文斌任秘书长。

镇江市福建商会，发挥闽商联系广泛的优势，主动为市政府招商活动牵线搭桥,推动闽商在教育、医疗、农业等项目与镇江的交流合作。新冠肺炎疫情防控期间,商会主动作为,联系国外闽商筹措抗疫物资,为镇江疫情防控作出贡献。荣膺中华全国工商联表彰的“抗击新冠肺炎疫情先进商会组织”。2015年12月镇江市福建商会获“江苏省工商联商会组织先进集体”荣誉,多次被市工商联表彰为先进集体、示范商会。

12. 镇江市扬州商会 镇江市扬州商会的前身是镇江市宝应商会。2013年5月16日,镇江市民政局批复同意成立镇江市宝应商会,主管单位是镇江市工商业联合会,2016年6月更名为镇江市扬州商会。截至2020年年底,共有会员单位86家。

2013年6月18日,镇江市宝应商会在九华锦江国际大酒店召开一届一次会员大会,选举产生镇江市宝应商会第一届理事会。理事会选举仲金梅任会长,华继明为名誉会长,刘玉红、苏伟星任常务副会长,仲洪标、顾玉洪、吕建飞、陈爱平、张海明任副会长,姜光任秘书长。商会会址设在解放路京城饭店。

2016年6月18日,召开二届一次会员大会,选举产生镇江市扬州商会第二届理事会。理事会选举仲金梅任会长,夏照明为名誉会长,华继明为名誉副会长,刘玉红、鄂秀萍、郭庆莲、赵成、薛永军、孙广辉任常务副会长,张海明、赵小马、童国春、周明华任副会长,唐健任秘书长。商会会址设在镇江市润州区南山路61号。

镇江市扬州商会,深化理想信念教育实践活动,每年围绕一个主题,邀请专家进行革命传统教育,引导年轻企业家学习老党员、老战士、老劳模、老工商业者先进事迹,激发广大会员的精气神;深入动员,持续开展“百企百人百事”实践活动,为镇扬两地经济薄弱村镇和困难群众办实事办好事。商会先后被省工商联认定为“四好商会”,获市民政局4A级社会组织等称号,多次被市工商联表彰为先进集体。

13. 镇江市常州商会 镇江市常州商会的前身是镇江市溧阳商会。2014年1月28日,经镇江市民政局注册批复,并经镇江市工商联批复同意成立镇江市溧阳商会。商会主管单位是镇江市工商联。2016年 7月1日,镇江市溧阳商会党支部成立。2018年年底,镇江市溧阳商会经市民政局批准变更为镇江市常州商会。截至2020年年底，共有会员单位68家。

2014年4月12日，镇江市溧阳商会在镇江市碧榆园召开一届一次会员大会，选举产生镇江市溧阳商会第一届理事会理事27名。理事会选举江苏华飞建设集团党委书记、董事长金波任会长，徐萍、罗洪青、芮志庆、谢建民、蒋百全任常务副会长，陈达良、金康、张武春、谈志彬、王建国任副会长，宋林芝任秘书长。会员单位52家。商会会址设在镇江市黄山南路18号54幢—3室。

2018年12月28日，召开二届一次会员大会，选举产生镇江市常州商会第二届理事会理事34名。理事会选举江苏华飞建设集团党委书记、董事长、原镇江市溧阳商会会长金波任会长，张振泉任执行会长，姚锁平、尤夕妹、芮志庆、蒋百全、谢建民任常务副会长，宋才富、金康、孙国清、董国华、陈裕良、朱忠平、蒋金良、涂有福、唐春峰、张荣成、焦国平、孙伟、李国军、杨国平、吴亚玫、顾和平任副会长，陈家喜任监事会主席，蔡凡秀任秘书长。商会会址设在镇江市智慧大道555号华康大厦22楼。

镇江市常州商会，持续开展“法律护企”行动和“讲经说法民企行”活动，营造良好营商环境，助力民营企业高质量发展。2016年商会被镇江市评为4A级社会组织，多次被市工商联表彰为先进集体。

14. 镇江市创业精英联合会　2014年11月底，经镇江市民政局注册批复和镇江市工商联批复，同意成立镇江市创业精英联合会，同时建立党支部。镇江市创业精英联合会的主管单位是镇江市工商联。会址设在镇江市丁卯桥路亚太国际B座25楼。截至2020年年底，共有会员单位134家。

2014年12月26日，镇江市创业精英联合会在镇江喜来登大酒店召开一届一次会员大会，选举产生镇江市创业精英联合会第一届理事会理事30名。理事会选举许紫琳任会长，王娟、周翔、张金超、张嵩、刘军、刘健、何建任常务副会长，张永生任秘书长。

2020年7月8日，召开二届一次会员大会，选举产生镇江市创业精英联合会第二届理事会理事43名。理事会选举许紫琳任会长，周 雯、万忠斌、吴华芳、朱秀红、李秀亮、利静、张庆生、胡晓飞、韩思、雷剑鸣任副会长，许星任秘书长。

镇江市创业精英联合会，注重抓党建促会建，2016—2018年度连续三年被中共镇江市委党建工作领导小组评为“五星”先进党支部，被省总商会党委认定为“商会党建示范点”。开展“精英结对，携手同行”活动，持续开展“千人走戈壁”“说出我的创业故事”活动，主动抓好“村企联建”工作等，增强会员的凝聚力，扩大创联的影响力。先后获江苏省工商联商会组织先进集体、江苏省“四好商会”、镇江市4A级社会组织、镇江市中小企业公共服务示范平台等荣誉，多次被市工商联表彰为先进集体。

15. 镇江市川渝商会　2017年9月，经镇江市民政局注册批复和镇江市工商联批复，同意成立镇江市川渝商会。商会主管单位是镇江市工商联。会址设在镇江市润州区运河路32–1号二楼。截至2020年年底，共有会员单位80家。

2017年9月9日，镇江市川渝商会在镇江市润州区金山湖水上高尔夫酒店召开一届一次会员大会，选举产生镇江市川渝商会第一届理事会理事11名。理事会选举张学明任会长，李国权、李伟、叶小华、苟波、郭建、钟曙光、曾亚西、黄学军任副会长，吴官兵任秘书长。

镇江市川渝商会，协助做好镇江市新冠肺炎疫情防控工作，有序引导企业做好复工复产，在企业经营相对困难情况下力求做到员工不下岗，并力所能及为员工解决生活困难。

16. 镇江市企业创新发展商会　2018年6月，经镇江市民政局注册批复和镇江市工商联批复，同意成立镇江市企业创新发展商会。商会主管单位是镇江市工商联。会址设在镇江市学府路121号恒美山庄四区7幢第二层。截至2020年年底，共有会员单位66家。

2018年6月28日，镇江市企业创新发展商会在镇江市源华大酒店召开一届一次会员大会，选举产生镇江市企业创新发展商会第一届理事会理事13名。理事会选举宗立猛任会长，马刚、蒋兆敬任常务副会长，刘志强任秘书长。

镇江市企业创新发展商会，开展银企对接、企业知识产权保护宣讲、法律援助等活动，主动为会员企业排忧解难，增强商会的凝聚力。

17. 镇江市科技装备业商会　2018年7月27日，经镇江市民政局注册批复和镇江市工商联批复同意成立镇江市科技装备业商会。商会主管单位是镇江市工商联。商会会址设在镇江市新区大港五峰山路88号。截至2020年年底，共有会员单位40家。

2018年7月28日，镇江市科技装备业商会召开一届一次会员大会，选举产生镇江市科技装备业商会第一届理事会。理事会选举柳顺龙任会长，吴闯、郭振勤、盛毅、姚纪荣、孟明华、戴金华、王兴文任常务副会长，郭书言任秘书长。

18. 镇江市河北商会 2018年11月20日，由30多名在镇冀商发起并成立镇江市河北商会筹备组。2019年，经镇江市民政局批准注册(镇民社设许〔2019〕24)并经镇江市工商联批复，同意成立镇江市河北商会。商会主管单位是镇江市工商联。商会会址设在镇江市丁卯新区亿都家居建材城综7幢501-505。截至2020年年底，共有会员单位98家。

2019年8月30日，镇江市河北商会召开一届一次会员大会，选举产生镇江市河北商会第一届理事会理事23名。理事会选举张胜勇任会长，王志军、贾顺滩、曹世伟、李相福、刘胜红(2020年1月—)任副会长，张小虎任秘书长。

镇江市河北商会，始终坚持“凝聚乡情，资源整合，资源互助，共同发展”的准则，加强自身建设，引导企业家自觉履行社会责任，参与“万企联万村”行动，推动冀苏两地的经济交流与发展。

19. 镇江市湖北商会 2019年5月10日，经镇江市民政局注册批复和镇江市工商联批复，同意成立镇江市湖北商会。商会主管单位是镇江市工商联。商会会址设在镇江市新区智慧大道553号0316室。截至2020年年底，共有会员单位90家。

2019年12月17日，镇江市湖北商会召开一届一次会员大会，选举产生镇江市湖北商会第一届理事会理事27名。理事会选举周光前任会长，蔡小若、李昕蔓、陈祖香、李江锋、胡济勇任副会长，肖斌任秘书长。

镇江市湖北商会，在新冠肺炎疫情防控期间，广大会员主动投身家乡疫情防控工作，多次向湖北及武汉地区捐款捐物。

20. 镇江市无锡商会 2020年，经镇江市民政局批准注册并经镇江市工商联批复，同意成立镇江市无锡商会，商会主管单位是镇江市工商联。商会会址设在镇江市丹徒区长香东路52号宜安大厦3楼。截至2020年年底，共有会员单位56家。

2020年6月29日,镇江市无锡商会召开一届一次会员大会,江苏宜安建设有限公司总经理张勇代表筹备组作商会筹备工作报告。大会审议通过《镇江市无锡商会章程》《镇江市无锡商会会费缴纳及使用管理办法》《镇江市无锡商会一届一次会员大会选举办法》,选举产生镇江市无锡商会第一届理事会14名,理事会选举张勇任会长,王志平、郜水俊、陆健任副会长,王志平兼任秘书长,朱曦丹任监事。

21. 镇江市陕西商会 经镇江市民政局批准注册并经镇江市工商联批复,同意成立镇江市陕西商会,商会主管单位是镇江市工商联。商会会址设在镇江市九华山南路300号衡山思泊丽大酒店2109室。截至2020年年底,共有会员单位46家。

2020年10月10日,镇江市陕西商会召开一届一次会员大会,江苏瑞尔隆鼎实业有限公司总经理洪友谊代表筹备组作商会筹备工作报告。大会审议通过《镇江市陕西商会章程》《镇江市陕西商会会费缴纳及使用管理办法》《镇江市陕西商会一届一次会员大会选举办法》,选举产生镇江市陕西商会第一届理事会理事15名,理事会选举洪友谊任会长,李黎朝、白云鹏、李智会、潘晔鑫任副会长,白丽萍任秘书长,袁伟任监事。

22. 镇江市高新技术企业商会 经镇江市民政局批准注册并经镇江市工商联批复,同意成立镇江市高新技术企业商会,商会主管单位是镇江市工商联。商会会址设在镇江市冠城路8号工人大厦603室。截至2020年年底,共有会员单位172家。

2020年12月17日,镇江市高新技术企业商会召开一届一次会员大会,建华建材集团董事长王刚代表筹备组作商会筹备工作报告。大会审议通过《镇江市高新技术企业商会章程》《镇江市高新技术企业商会会费缴纳及使用管理办法》《镇江市高新技术企业商会一届一次会员大会选举办法》,选举产生镇江市高新技术企业商会第一届理事会理事33名,理事会选举王刚任会长,郦海星、施文进、陈宁、姚锁平、蒋文功、郑海清、肖涛、朱翔任副会长,肖涛兼任秘书长,王兴文任监事。商会聘请张庆生为名誉会长。

二、团体会员

1. 镇江市餐饮服务行业协会　镇江市餐饮服务行业协会的前身是镇江市饮食服务行业协会。经市民政局注册批复，镇江市饮食服务行业协会于1998年4月正式成立，是市工商联的团体会员，主管单位是原市经贸委。协会会址设在电力路128号2楼。2006年8月，镇江市饮食服务行业协会更名为镇江市餐饮服务行业协会，会址迁至白莲巷13号101室。截至2020年年底，共有会员单位106家。

1998年4月30日，镇江市饮食服务行业协会召开一届一次会员大会，选举产生镇江市饮食服务行业协会第一届理事会理事30名。理事会选举选吴荣生任会长，常务理事16名，副会长9名，汪冬生任秘书长。

2004年6月17日，召开二届一次会员大会，选举产生镇江市饮食服务行业协会第二届理事会。理事会选举吴荣生任会长，以及常务理事和副会长，汪冬生任秘书长、王雪英任副秘书长。

2009年4月21日，召开三届一次会员大会，选举产生镇江市餐饮服务行业协会第三届理事会。理事会选举吴荣生任会长，顾克敏任秘书长、王雪英任副秘书长。主管单位变更为市商务局。

2014年8月27日，召开四届一次会员大会，选举产生镇江市餐饮服务行业协会第四届理事会。理事会选举吴荣生任会长，鄂秀萍、周鹤銮、徐琳、郝捷、潘小峰、姚伟、盛冠平、毛向阳、李德元、刘军、鲁庆、汪亮、王红旗任副会长，王雪英任秘书长。会址迁至正东路34号9楼。

2019年6月5日，召开五届一次会员大会，选举产生镇江市餐饮服务行业协会第五届理事会。理事会选举吴荣生任会长，潘小峰任执行会长，王红旗、毛向阳、邬志伟、刘 军、李德元、汪亮、汪勇、沙玉庆、张克峰、周方明、胡瀚涛、徐军、徐日松、鄂秀萍、鲁庆、缪真健任副会长，鲁庆任秘书长。

镇江市餐饮服务行业协会，先后获中国5A级社会组织、第二届江苏技能状元大赛“高技能人才摇篮奖”、第四届江苏技能状元大赛“优秀组织奖”、江苏餐饮业优秀行业协会、江苏省工商联餐饮业商会“优秀会员企业”以及镇江市人民政府2002—2003年度“先进社团”“镇江慈善奖”等荣誉。

2. 镇江市酒类协会 2006年5月,镇江市酒类协会正式成立,是镇江市工商联团体会员。主管单位原是镇江市经贸委,2010年机构改革后划归镇江市商务局。协会会址设在镇江市解放路357号二楼。截至2020年年底,共有会员单位80余家。

2006年5月19日,镇江市酒类协会召开一届一次会员大会,选举产生镇江市酒类协会第一届理事会。理事会选举张家俊任会长,戴企华、贾生华、徐萍、袁金如、张小祥、杭春保任副会长,郭荣任秘书长。

2012年1月31日,召开二届一次会员大会,选举产生镇江市酒类协会第二届理事会。理事会选举张家俊任会长,贾生华、徐萍、吴玉才、袁金如、许朝中、杭春保、张小祥、施大余、李学科(驻会)任副会长,郭荣任秘书长。

2017年2月15日,召开三届一次会员大会,选举产生镇江市酒类协会第三届理事会。理事会选举张小祥任会长,贾生华、沈琪、吴玉才、姚辉、许朝中、施大余、陈菊芳、朱永梅、吴中任副会长,郭荣任秘书长。

镇江市酒类协会,在积极引导协会成员单位弘扬诚信精神、倡导诚信经营。

3. 镇江市锅盖面行业协会 2007年,经镇江市民政局批复同意,成立镇江市锅盖面行业协会,协会主管单位是镇江市国资委,协会会址设在镇江白莲巷13号101室。2018年年底,主管单位为市商务局,是市工商联团体会员。截至2020年年底,共有会员单位110家。

2007年11月24日,镇江市锅盖面行业协会召开一届一次会员大会,选举产生镇江市锅盖面行业协会第一届理事会理事12名。理事会选举周鹤銮任会长,冯士超任名誉会长,刘跃进、邵祥、刘斌、葛晓明任常务副会长,汪冬升任秘书长,王雪英、何绍珍任副秘书长。

2012年12月26日,召开二届一次会员大会,选举产生镇江市锅盖面行业协会第二届理事会理事45名。理事会选举周鹤銮任会长,冯士超任名誉会长,汪冬升为名誉顾问,刘跃进、邵祥、刘斌、祝巧云任常务副会长,冯小新、夏纯、韩艳芳、葛晓明、沈陆军、王阿风、周明华、贾德福、陈炜、方坚、赵小波任副会长,高履霞任秘书长,王雪英、何绍珍任副秘书长,裴伟为特邀研究员。

2015年12月30日,召开三届一次会员大会,选举产生镇江市锅盖面行业协会第三届理事会理事24名。理事会选举周鹤銮任会长，冯士超任名誉会长，刘跃进、邵祥、刘斌、祝巧云、于群任常务副会长，方坚、夏纯、嵇超、赵小波、葛晓明、沈陆军、邹彬彬、周明华、陈建平、于荣海、谢平、郭云阁任副会长，高履霞任秘书长，陈复麟、宋培荣(2017年12月增补)任副秘书长，陈复麟(2017年12月增补)任监事，裴伟为特邀研究员。

镇江锅盖面行业协会，引导会员企业向标准化、智能化、规模化、产业化方向发展，打造独具地方特色的非物质文化遗产品牌。2018年3月获国家工商行政管理总局商标局颁发的商标注册证。成功入围"中国十大面条"品牌，多人获中国"面条大师""中国面条名师"称号，多家面馆入围"中国十大面条名店"，先后多次被中央及省市媒体专题报道，使锅盖面成为镇江代表性的美食名片、地域文化符号。协会于2016年被江苏省民政厅授予"江苏省示范性社会组织"称号，被认定为具备承接政府职能转移和购买服务资质的全市性社会组织。2015年被市民政局评为4A级社会组织，先后多次被市工商联表彰为先进集体、示范商会。

4. 镇江市儒商协会　2008年3月11日，经镇江市民政局发文(镇民民管〔2008〕8号)同意成立镇江市儒商协会。2012年11月2日，以团体会员身份加入镇江市工商业联合会。截至2020年年底，共有会员单位10家，个人会员66人。

2008年3月12日，镇江市儒商协会召开一届一次会员大会，选举产生镇江市儒商协会第一届理事会理事11名。理事会先后选举苏建春(—2009年5月)、邹元顺(2009年5月—)任会长，沈金才(—2011年12月)、吴嵘(—2011年12月)、邹元顺(—2009年5月)、潘亮(2011年12月增补)、江山(2011年12月增补)、张良安(2011年12月增补)、王大将(2011年12月增补)、孙兆瑞(2011年12月增补)、赵泰来(2011年12月增补)任副会长，吴春波任秘书长，虞子健、杨国平任副秘书长。

2014年11月18日，召开二届一次会员大会，选举产生镇江市儒商协会第二届理事会理事11名。理事会选举邹元顺任会长，吴水辉、潘亮、江山、王大将任副会长，吴春波任秘书长。

2018年7月18日，召开三届一次会员大会，选举产生镇江市儒商协会第三届理事会。理事会选举林光友任会长，杨杰晶任执行会长，徐舟、徐敏、王均、朱华平任常务副会长，潘亮、朱媚、王安川、史安川、张庆、朱晓弟、夏跃珍、曹建国、陈韬任副会长，吴春波任秘书长，监事会选举陈吉海任监事。聘请屠余标、邹元顺为荣誉会长，王树均、李忠伟、易小辉为顾问。

镇江市儒商协会，秉承“政治立会、学术强会、活动兴会”的办会宗旨，在宣传儒商文化、弘扬儒商精神、助推和谐社会建设。注重革命传统教育，先后组织会员赴井冈山、延安等革命圣地学习培训，感悟信仰力量，弘扬红色文化；举办儒商经济文化论坛、共圆中国梦等系列活动，打造镇江城市文化品牌鼓与呼；举办系列学术研讨活动，围绕城市文化建设进行专题调研，提出意见建议；出版发行会刊《镇江商道》。2013年被镇江市民政局评为4A级协会，被镇江市民政局授予2013年度镇江市优秀社会组织称号。

5. 镇江市淮安商会 2014年3月3日，经镇江市民政局批复同意成立镇江市淮安商会，是镇江市工商联的团体会员。商会会址设在镇江市京口区石马湾路1号。截至2020年年底，共有会员单位100家。

2014年5月18日，镇江市淮安商会召开一届一次会员大会，选举产生镇江市淮安商会第一届理事会理事21名。理事会选举陶运平任会长，王端和任执行会长，谈爱松、孙国且、杨冰(2015年11月增补)、陆美成(2015年11月增补)、王百能(2015年11月增补)任常务副会长，金步国、杨冰、陆美成、吴刚、王明华、王百能、王士国、王凤仙、朱平坦(2015年11月增补)、王娟(2015年11月增补)、吴中(2016年5月增补)、刘立军(2016年5月增补)、胡菊红(2016年5月增补)、卢雄(2017年1月增补)、吴学祝(2017年1月增补)任副会长，贾云平任秘书长，刘顺生任副秘书长。

2017年5月20日，召开二届一次会员大会，选举产生镇江市淮安商会第二届理事会理事34名。理事会选举陶运平任会长，王端和任执行会长，孙国且、王建林、王百能、陆美成、吴玉才、吴刚、卢雄任常务副会长，王凤仙、金步国、王士国、王娟、朱平坦、胡菊红、吴中、吴学祝、刘顺生、王立宏、王明华、王茂军、张金海、徐迎石任副会长，贾云平任秘书长，刘顺生任副秘书长。

镇江市淮安商会，坚持党建引领、在商言商，实行会长企业与会员企业结对发展机制，会员企业年产值40亿元，吸纳就业近万人，缴纳税收近亿元。注重党员思想教育，编印《初心·使命——新时代党课二十讲》；履行社会责任，累计捐款近3000万元，结对白血病儿童患者、贫困学生、环卫工人等，累计资助数十万元；响应万企联万村行动，在淮安市洪泽县建设丰三河有机大米基地4000亩，在丹徒区东湖村、润州区樟庄村投资300万元，助力乡村振兴、帮助农民致富。商会多次被市工商联表彰为先进集体，会长陶运平和执行会长王端和被淮安市工商联评为2018淮安经济风云人物。

6. 镇江市山西商会　镇江市山西商会是2013年下半年，由闫二源、赵文洲等数十名在镇江的山西籍工商企业界人士发起并组织筹备，2014年3月20日由镇江市民政局依法注册登记并设立的社团组织。会员主要分布在化工、物流、互联网、金融、地产、机械、建材、医药、传媒、商贸、汽车、食品、服装等行业。商会会址位于镇江市东吴路168号中南世纪城4—109,2018年迁至镇江市智慧大道468号双子楼B座裙楼411室。截至2020年年底，共有会员单位45家。

2014年4月12日，镇江市山西商会召开一届一次会员大会，选举产生镇江市山西商会第一届理事会。理事会选举闫二源任会长，赵文洲任常务副会长，吕雪峰任秘书长。

2017年4月8日，镇江市山西商会协助山西省忻州市委市政府在镇江市明都大饭店举行“长三角区域协同发展恳谈会暨忻州(镇江)招商会”，共有160位来自全国和长三角区域的山西籍商界精英参加本次活动。镇江市山西商会，以“诚信、团结、服务、桥梁”为宗旨，大力弘扬“勤奋、坚毅、睿智、创新”晋商精神，开展信息交流，倡导晋商文化，加强内部团结，推动山西和江苏两地经济文化合作交流。获全市工商联系统商会“十大亮点”工作入围奖，2018年被评为镇江市4A级社会组织。

7. 镇江市小微企业商会　镇江市小微企业商会于2013年底由徐俊等多名小微企业经营者发起并成立筹备组。2014年1月，筹备组代表召开筹备会议，讨论通过《镇江市小微企业商会章程》《镇江市小微企业商会会费缴纳及使用管理办法》等文件，推荐会长、副会长人选。2014年5月，市民政局批复同意镇江市小微企业商会成立，是市工商联团体会员。办公地址为镇江市润州区运河路18号3楼。截至2020年年底,共有会员单位87家。

2015年1月25日,镇江市小微企业商会召开一届一次会员大会,选举产生镇江市小微企业商会第一届理事会。理事会选举徐俊任会长兼秘书长,郑成蛟、王俊钦、黄建全、郑海清任副会长。

镇江市小微企业商会,致力于倡导诚信服务,促进企业间的沟通、交流与合作,反映会员企业呼声,维护会员企业权益,发挥商会组织的桥梁与纽带作用,促进镇江市经济健康可持续发展,获得“镇江市企业公共服务示范平台”荣誉。

8. 镇江市自驾游协会 2016年9月27日,经镇江市民政局批复同意成立镇江市自驾游协会,是市工商联团体会员。协会会址设在镇江市京口区余福里11号。截至2020年年底,共有会员150家。

2018年1月28日,镇江市自驾游协会召开一届一次会员大会,选举产生镇江市自驾游协会第一届理事会和监事会,选举理事33名。理事会选举周金民任会长,蒋百全任常务副会长,董国华、涂有福、唐丽、黄健、薛在庆、王猛、周国新、万镇、偰建强任副会长,张武春任监事长,徐少锋任副秘书长。

三、异地镇江商会

1. 苏州市镇江商会 2014年11月20日,经苏州市民政局注册批复和苏州市工商联批复同意成立苏州市镇江商会。商会主管单位是苏州市工商联。商会会址设在苏州市吴中区东方大道258号好得家产业园C幢501室。截至2020年年底,共有会员单位100家。

2014年11月28日,苏州市镇江商会召开一届一次会员大会暨成立大会,选举产生苏州市镇江商会第一届理事会。理事会选举汪华正任会长,张小成、陈荣斌、华洪海任常务副会长,王仲夫、俞向龙、王志新、张琳、尹朝晖、陈乐余、韦勇、李正瑞任副会长,韦勇兼任秘书长。

2018年11月28日,苏州市镇江商会在苏州市白金汉爵大酒店召开第二届第一次会员大会,选举产生苏州市镇江商会第二届理(监)事会,共有理事35名。理事会选举汪华正任会长,王志新、王国洪、刘帅、吴勇、张小成、陈荣斌任常务副会长,王仲夫、王一、韦勇、尹朝晖、李正瑞、张琳、俞向龙任副会长,张玲任秘书长。

苏州市镇江商会，2017年被苏州市民政局评为4A级社会组织，2017年度被评为“苏州市工商联系统十大创新亮点工作奖”获2019年度苏州市“四好商会”和“助力脱贫贡献奖”等荣誉。

2. 上海市江苏镇江商会　2017年8月2日，经上海市民政局注册批复和上海市工商联批复同意，成立上海市江苏镇江商会。商会会址设在上海市黄浦区南苏州路175号226室。截至2020年年底，共有会员单位128家。

2017年6月3日，上海市江苏镇江商会召开一届一次会员大会，选举产生上海市江苏镇江商会第一届理事会理事30名，理事会选举陈晓龙(—2020年5月)任会长，王刚任常务会长，童中祥、陈红苗、钟兴龙、张鹏、王玲华、顾建辉、夏雨、孙翔任副会长，赵荣庆任秘书长。

第四章 经济服务

从镇江解放至资本主义工商业社会主义改造基本完成这段时期，镇江市工商联组织、引导会员恢复和发展生产、改善经营管理、扩大城乡互助、内外经济交流等方面作出贡献。党的十一届三中全会后，主动联系各级组织，开展为社会主义“四化”建设服务工作，组织会员立足岗位多作贡献，开展经济技术咨询，协办企业与安置待业青年，组织办学与工商专业培训，加强与港澳台及海外经贸合作交流，为社会主义经济建设服务。进入21世纪，贯彻党和国家各项经济政策，主动为民营经济又好又快发展提供服务。

党的十八大后，镇江市工商联各级组织深入学习贯彻习近平总书记系列重要讲话和民营企业座谈重要讲话精神以及视察江苏重要讲话精神，围绕“争当表率、争做示范、走在前列”重大使命，聚力产业强市重大战略，践行“三高一争”新实践，主动为会员提供培训、融资、科技、法律、税务、信息咨询以及内外经贸交流等经济服务，帮助民营企业增强自主创新能力，提高企业核心竞争力，助力民营经济高质量发展。

第一节 过渡时期经济服务
(1949—1956年)

一、协调劳资关系

1949年冬，市工商联筹委会配合市劳动局开展签订劳资集体合同和集体协议工作。1950年1月10日，通过劳资双方多次协商，国药业在筹委会礼堂签订镇江第一个劳资集体合同，为各行业解决劳资纠纷提供典型示范。1950年3月，中央人民政府颁布《中国人民共和国工会法》，中央劳动部发布劳动政策文件，并发布在私营企业中设立劳资协商会议的指示，市工商联筹委会配合市劳动局，在各同业公会和企业单位成立劳资协商机构，并在市生产研究会领导下，帮助各同业公会和工厂企业签订以搞好生产、改善经营为内容的劳资集体协议，使劳资关系渐趋正常。

二、协调公私关系

1950年3月，随着全国财经统一，物价稳定，市场虚假繁荣消失，私营工商业遭遇到转变中暂时困难，市工商联筹委会向市政府提出公私零售范围、产销地区价格倒挂、批零差价、加工工缴等方面的意见，促使政府制定调整工商业措施，协调公私关系。在工业方面，合理调整工缴，扩大加工订货。在商业方面，适当调整国营公司批发价、零售价和起售点，逐步撤销代销店，照顾私营企业的合理利润。市工商联筹委会还协助政府做好服务企业工作。

一是1951年初，帮助大东造纸厂择地建厂，于1952年8月投产，后又帮助增资，开好劳资协商会议，增添进水设备，稳定企业生产。

二是辅导部分企业联营，扩大生产经营能力，如在机器翻砂业成立“联营大中机器翻砂铁工厂”，在百货业成立“五联商店”等。

三是辅导大中型企业逐步实现计划生产、计划销售、定购包销、加工订货，使之走上初级国家资本主义道路。

四是协助米厂、棉织布等业成立加工协商委员会，合理调整工缴、扩大加工订货。

三、协助办理工商业登记

1950年10月，市工商联筹委会配合市工商局开展工商业登记工作。自10月5日起，组织同业公会、工厂企业和市工商联筹备委员共260余人学习登记办法和有关资料。11月6日，成立镇江市工商业登记委员会，下设审核登记、评议研究、宣传指导、统计缮写4个股，各同业公会设分会。登记工作分4批进行，至12月底完成，进行工商登记的有85个行业共6195户，批准发证的有5938户。

四、协助政府改造牙行

1951年4月，市工商联筹委会协助政府改造牙行。对粮食、地货蔬菜、北货鲜干果、鸡鸭、鱼蟹、蛋、木业、猪行、陆运、水运、驳运、丝经、柴草、竹篾、炭、蔴业、寄售、酒18个行业中代客买卖单纯取佣的工商业户，或增资转变为自产自销；或降低佣金废除陋规，改变其业务方式；或取消组织、淘汰取缔。共取缔

280户,保留90户,暂时维持现状150户,并在各行业中建立检查组。12月,根据《苏南区代理业管理暂行办法》,对牙行进行普遍登记,共有114户,除少数因资金不足自动改业外,大部分经政府批准从事合法经营。同时,对猪行、蛋行非法联营的组织予以撤销。

五、加强市场管理

镇江市工商联筹委会根据《苏南市场管理办法》,1949年12月,辅导粮食业成立新的粮食市场管理委员会,规定批发业务只能在场内进行,并制定场内交易规则,打击投机活动,稳定物价。辅导食油、卷烟、煤油、烛皂、面粉等行业分别成立市场管理委员会。1951年1月,筹委会成立市场物价检查委员会,各同业公会也建立检查组织,进行经常性的市场物价检查工作。12月5日,镇江市人民政府召开反投机、反暴利大会,处理一批违法户,分别给予定期停业、当众坦白、公开教育等处理。

六、协助政府推进税收工作

1950年上半年,市工商联协助政府办理存货补税登记和补缴1949年下半年营业税、所得税工作。7月25日,配合税务部门组建镇江市工商业税民主评议委员会和21个行业分会(后调整为17个),对绝大多数私营企业应缴纳的税金,采取自报互评的方式,按季度、年度评定各户应缴的营业税、所得税金额,并督促纳库。12月,开展清理欠税工作,各企业提出保证,在年底前将20多亿元(旧币)欠税如数纳库,完成98%以上,做法在《人民日报》进行报道,经镇江市民主评议委员会评比,3个民主评议分会获得优胜红旗。1951年春节前,推动各业缴纳1950年秋、冬季营业税,有5个民主评议分会受到表扬,油麻业主委赵德超带头纳税,个人获得优胜红旗。1952年11月,召开推进税收代表会议,协助政府办理上半年估征所得税工作,至12月12日纳库数字率已达估征总数的96%。1953年11月,严重偷漏税的工商业户受到法律制裁,工商界普遍开展自查补报工作。工商业税民主评议委员会在1956年全行业公私合营后自行取消。

七、实行加工订货

1950年下半年,在政府调整工商业期间,市工商联筹委会指导部分工厂服从国营企业领导，实行加工订货，粮食业有15家米厂为中粮公司加工，棉织业组织4个联营小组为百货公司代织棉纱、布匹。1952年“五反”运动后，政府增加工业贷款，扩大加工订货，8—11月，发放贷款57亿元，加工棉纱2600余件，秋粮3050万公斤，并对毛巾、棉织布等产品的工缴进行适当调整。1953年工商联指导维生制油厂为油脂公司加工菜籽、棉籽、芝麻、生仁等。从1951年起，加工订货快速发展，据统计，1951年私营工业总产值为1217.7亿元(旧币)，其中国家加工订货产值为577.5亿元(旧币)，占47.43%。1952—1955年，国家加工订货产值占私营工业总产值的比重逐年上升，分别为60.95%、67.32%、72.18%和85.75%。通过加工订货，把私营工业产销逐步纳入国家计划轨道。

八、粮油行业实行经销代销

1953年11月20日，镇江市实行食油计划供应，12月6日实行粮食计划供应。镇江市工商联配合市商业局指导私营粮店、油店为国营公司经销。1953年底，全市有私营米店60家、米摊贩35家、面粉店26家，共有从业人员246人，流动资金24864元。按照粮食经销条件，批准经销的有米店45家、面粉店19家，从业人员157人，流动资金9497元，国营公司给予6.5%的批零差价，作为利润收益。1954年4月1日，将经销改为代销，根据“能够维持，稍有利可图”的原则，划片定点，测算代销数量，将64家经销店合并为35家代销店，1955年又再度调整为28家。1955年2月28日，食油业17户批准经销。

九、棉布百货零售商挂牌经销

1954年8月，根据镇江市商业国家资本主义办公室部署，对私营棉布零售商进行改造工作。8月12日，市商业局局长王秉乾作关于零售商改造的报告，市工商联组织棉布业会员学习改造的方针政策，主动申请挂牌经销。经政府审核，批准经销的有22户，凭证购买的有12户，于8月31日举行授牌大会。9月15日，镇江市实行棉布计划供应，11月进行网点调整，将34户合并为20户。1955年10月，工商联辅导百货业零售商进行社会主义改造，有13户经政府批准为第一批经销户，于11月1日举行授牌大会。

十、批发商转业

解放初期，镇江市私营批发商(包括政府禁止买卖的行业)陆续进行转业和社会主义改造工作。1949年下半年，华东区颁布金银管理办法后，市工商联筹委会劝导银楼转业，有的转百货业，有的转五金业。1951年4月，中财委发布关于统购棉纱的决定，其后对木材、原钢、牛皮等物资实行严格管理，工商联帮助上述行业的批发商转向工业生产。1952年，“宏大”“德昌”“恒昌”3家棉布批发商和“义隆”木号合股开设联业染织厂，“同丰”“兴太”“丰源”“新生”“亦顺新”“联华”等6家木号创建联业电化厂，联丰木号转大众煤球厂，永和祥木号转国泰油厂，油麻业元大转滋生油厂。木业永孚木号方树培，早在解放初期，就在市公安局的协助下，将资金陆续投入京江大戏院(后改为解放剧场)，还向同行借贷部分资金维持企业经营。至1952年底，转业的批发商有41户，投向工业的资金达38万元。

1954年12月，根据市商业国家资本主义办公室的部署，对私营批发商进行改造。市工商联通过调查了解，镇江市还有批发商112户，分属19个行业，从业人员有519人，其中劳方303人、资方216人。根据相关政策，决定分为转业、闭歇和暂时维持3种类型，先以油麻业试点，然后全面推开，至1955年10月基本完成。在转业户中，油麻业中的“祥丰”“生记”转入恒顺酱醋厂，“永余”转维生制油厂，“乾泰”转光华制梳厂，“鸿馀”转镇昌缝纫机厂。南北杂货业中的“同盛和”“同裕仁”“福和永”和“盛源铁号”等转新华剧场；转外埠的有2户，“志成”转南京大同被单厂，另一户转上海工业。纸业中的“泰成”转农药厂，“瑞记”转新生食品厂，“信孚”转女子浴室。五金业中的“时庆记”转车辆厂，“王义昌”转大中机器厂，“光明”“光华”转糖果厂，后并入新生食品厂；“合记”“茂昌”并入制镜社。颜料业中的“仁大”转新生食品厂。磁器业中的“张福兴”转轧粉厂。西药业中的“周宗记”转新华剧场，代理人顾苇臣亲自去香港说服业主增资24000元，投入剧场。据统计，在112户中，转业的37户，人员180人，资金26.18万元，闭歇的14户，暂时维持的61户。此外，外地批发商转入镇江市的有2户，分别是上海华洋杂货批发行陈祥源、陈祥富弟兄携资金11万元转大东造纸厂，广东廖源昌、廖源生来镇办元元砖瓦厂。1955年7月15日，工商联举办批发商闭歇户资方从业人员训练班，参加学习的有14人，至12月24日结束，并先后安排他们就业。

十一、私营商业和饮食业普查

1955年7月，国务院决定在全国范围内进行私营商业和饮食业的普查，重点查清户数、人数、资金、商品销售额及收益额等基本情况。9月，市工商联配合市普查办公室开展工作，于13日在老新街居委会进行试点，10月7日全面推开。通过宣传教育、学习文件、调查研究、辅导填表、核对互审等步骤，至10月底基本结束，参加普查的共有43个行业1664户。

十二、贯彻“安排与改造”工作方针

1955年二季度，根据“安排与改造”相结合的方针政策，镇江市工商联配合市政府继续对私营工商业进行安排和改造。在商业方面，除调整批零差价、降低批发起点外，国营公司和合作社先后撤销7个门市部，并转让部分品种给私营商业经营；新药、磁器转让全部零售业务；五金转让50多个品种；在五洋、国药、文化用品等行业中实行定点供应或专柜代销，帮助国药业经营山货的五家药材行合并，定名为“五和药行”，为国营公司代购地产药材等。在工业方面，扩大加工订货，增加户数，调整工缴。在轮船业方面，国营公司转让部分航线，安排货运业务。组织“三公司”“达通”“慎记”“协通”“润东”等5户成立联营处，实行统一经营。通过安排，为进行社会主义改造打下基础。

十三、清产核资，定股定息

全行业公私合营后，镇江市工商联协助政府辅导私营工商业者进行清产核资。1956年1月20日至21日，在各行业中，按归口公司建立公私合营工作委员会，包括商业25个、工业18个。从1月22日起，根据自查自估、自报自评、职工协助、委员会审查的程序，对各户现有财产进行评定，至1月底结束，基本做到“实事求是、公平合理”。

图2–7　私营五金业企业申请公私合营

在清产核资过程中，有些

工商业者把过去抽调的资金归还企业，有的以增资方式参加合营，其中增资的有160户，共增资16万元(包括黄金、银元、房屋、现金等)。2月11日，国务院颁布《关于目前私营工商业和手工业的社会主义改造中若干事项的决定》和《关于私营企业实行公私合营的时候对财产清理估价几项主要问题的规定》，市工商联从3月28日开始，根据"从宽处理、尽量了结"的要求，协助各行业清理债权债务，至4月中旬，镇江市参加清理的有35个行业516户，对私债务总数为71.5万元，对公债务总数为31.3万元，债权总数为41万元，均分别作出处理，有的转作投资，有的予以减免，有的转由新的合营企业代还或收回，在复查时，对估值偏低的做适当调整，对高潮期间增资的予以退还。6月，市工商联指导公私合营企业对1955年度的资产盈余进行分配，凡有盈余的基本上按国家规定的原则(1953年国家规定，按国家所得税、企业公积金、职工福利奖金、企业股东股息红利)进行分配，私方实得占当年盈余总额20%以上，同时还补发1953年和1954年的红利股息。至1956年10月底，清产核资工作基本完成。据年底调查统计，镇江市共有私股415万元，私股股东2609人。

十四、经济改组，人事安排

1956年4月，镇江市工商联协助各专业公司、合营工厂进行经济改组和人事安排。首先在机器翻砂、百货两个行业试点，通过学习政策、拟定计划、研究认证后进行改组，至5月结束，7月起分批推开。同时，指导各行业有计划地进行经济改组、调整商业网点。工业方面，印刷业并入地方国营前进印刷厂，正丰布厂并入益群布厂。商业方面，五金、棉布、南北杂货、国药、酱醋等16个行业，共撤销或合并70个供应点。交通运输业方面，14家轮船公司和客驳联营处并入地方国营。结合经济改组人事安排进行，按照"量才使用、适当照顾"的原则，在市工商联协调帮助下，各行业经过充分研究、反复协商，提出初步安排意见，与中共镇江市委统战部和政协财贸工作组具体协商后，提交对资改造办公室转请政府有关部门或归口公司任命或委派。据1956年底调查，镇江市私方在职人员共1683人，其中安排市级领导职务1人，副局长级3人，经理厂长级23人，科股长级44人，车间、门市部主任级332人。协助解决有关行业的辅助劳动问题。

十五、开展公私合作和劳动竞赛

镇江市工商联为推动工商业者守职尽责，接受公方领导，主动搞好公私合作，1956年三季度召开由经理、厂长、科股长、门市部主任、营业员参加的系列座谈会，通过解情况、交流经验、收集意见、组织教育等方式，把座谈会上反映的意见及时提供有关部门，协助部分单位修订管理制度，改善公私合作共事关系。1956年下半年，在公私合营厂店中开展社会主义劳动竞赛活动，市工商联动员工商业者主动参加，组织经验交流活动，参加劳动竞赛的工商业者有121人获得光荣称号，有20人出席镇江市商业系统先进工作者代表会议。

十六、组建合作商店和合作小组

1956年6月18日，国务院副总理陈云在第一届全国人民代表大会第三次会议上作关于私营工商业的社会主义改造问题的报告。镇江市工商联于7月12日至14日，召开执(监)委扩大会议进行传达学习，从7月20日起，配合市商业局及有关公司贯彻陈云副总理的报告精神，对小商贩进行安排与改造，按照业务归口系统，分别召开小商贩座谈会，了解思想反应，协调小商贩选出代表参加镇江市召开的小商贩代表会议。从三季度起，协助有关公司组建合作商店和合作小组，至11月底，除水产、蔬菜、供销社系统尚有少数未建立组织外，共组成辅导小组23个、合作商店44个、合作小组231个，并对各小组的业务作具体明确和安排。

第二节 改革开放时期经济服务
(1978—2000年)

一、经济咨询服务

1980年5月镇江市工商联恢复活动后，贯彻两会中央倡议书，开展“做好一件事”和“献计、献策、献技、献史”的“四献”活动，提高开展经济咨询服务实效性。先后成立经济咨询服务工作组和镇江市工商经济咨询服务公司，各县及各行业也建立相应机构，开展经济咨询服务工作。1982年10月，应湖北省宜昌县塑料厂邀请，委派人员前往该厂帮助提高产品质量，打开产品销路，扭转该厂长期亏损的局面。1983年初,对濒临停产的原云台鞋厂提供咨询,由李雨金率领咨询人员进入该厂,依靠全厂职工,改善经营管理,使工厂转亏为盈。1983年7月,委派2人前往新疆乌鲁木齐南关酱醋二厂,帮助改进操作方法,提高产品质量,试制8个品种,传授19个品种的工艺流程,改变该厂品种单一的状况。1984年6月,受郊区官塘乡党委委托,对农机具厂提供咨询服务,委派2名具有技术专长的退休人员,帮助该厂提高生产技术,同时在镇江铸钢厂的支持下,转让一个畅销产品,帮助扩展业务,其后又促成农机具厂更名为镇江铸钢分厂。1984年4月,委派人员前往苏北盐城,对盐城鞋厂提出7项改造建议,并提供技术资料,帮助该厂增加品种,扩大业务。1983年至1984年,先后为镇江市钛白粉厂、糕点一厂、百货公司、饮食服务公司等企业提供省内外商品信息,邀请上海市技师到镇江市传授彩色照像、洗染等技艺。1985年,协助郊区二七大队创办年产1000吨的酱油厂,委派熟悉本行业务的退休人员,帮助安装设备、培训职工,后又帮助生产香醋。1985年,市工商联主动牵线搭桥,为镇江锚链厂落实5000吨钢材,为大东造纸厂解决双长网造纸原料600吨,为麻油厂解决1000吨芝麻原料,为石油公司解决部分石油,为丹阳强华纺织厂解决积压产品的销售问题,协助革命老区茅山镇小学校办工厂解决部分原材料。1986年4月,应下蜀食品厂邀请,帮助该厂提高产品质量。1987年4月,帮助句容县供销社筹建造纸厂,取得较好的经济效益。

二、自办经济实体

1983年6月,镇江市工商联和民建镇江市委组织退休人员,以副主委李友芳生前赠给两会作为公益之用的10000元资金,创办经济实体——建联商店。不久,因资金周转需要,工商联从“文化大革命”后解冻的款项中拨出15000元资助建联商店运营,先后安置待业青年16人。建联商店本着诚实经营、热忱服务的宗旨,取得较好的社会效益和经济效益,曾在市政协和市劳动服务公司的表彰大会上被授予“先进集体”称号,并在报纸和电台做专题报道。1986年,两会经济咨询服务公司变更为镇江市工商联自办的经济实体——镇联贸易公司,主要经营纸张和南北杂货,1989年5月申请停业。同年,市工商联与常州、江阴工商联合办三联纸张开发公司。

三、工商专业培训

1982年8月，由市政协牵头，镇江市工商联资助1000元与民建、民革、农工、民盟合办润州业余学校，进行初高中课程补习和专业培训，学员最多时有23个班1311人，由何福生、蒋景林、周志义合作编写《南北杂货商品知识》用作培训资料。

1983年5月至6月，联合市服务公司举办3期以推行经营承包责任制为内容的短期培训班，受训学员120余人。应丹徒县政协工商组邀请，组织人员赴宝埝、姚桥等镇以培养和塑造职业道德为主题进行培训，企业职工听众达600余人。1983年10月，市工商联和民建为云台鞋厂、建联商店培训青年职工，开设语文、会计、业务3门基础课，由两会成员担任教员。

1985年11月，根据大东造纸厂和元件四厂、五厂的要求，在中华职业进修学校举办造纸工艺、热电偶、无线电元件技术培训班，学员147人。1985年，由丹阳钱茂衡编写《中药炮制学》等教材，用作培训资料。

四、服务个私企业

党的十一届三中全会以后，镇江市工商联贯彻党的基本路线，按照“坚定不移跟党走，尽心竭力为‘四化’”的工作方针，开展以经济建设为中心，以服务为宗旨的各项活动。发挥自身优势，组织调查研究，开展海外联络工作，协助政府引进技术、资金、人才。组建百货业同业公会，在行业管理方面进行有效探索。创办集体企业，拓宽渠道，创办学校，培养工商人才，开展经济技术咨询活动。支援少数边远贫困地区的经济建设，为镇江市改革开放和“四化”建设服务。截至1991年底，镇江市共有私营企业239户、雇工2962人，个体工商户4万余家、从业人员7万余人。

1991年，镇江市工商联在“质量、品种、效益”活动中，为繁荣地方经济、搞活商品流通服务。与江奎电子实业有限公司联合举办展销会，7天销售商品70000余元；与市经委、纺工局共同举办“91夏秋针织品展销会”，回收资金20余万元；组织九江、扬州、启东等地20名代表参加“镇江91商品交易会”；参加哈尔滨市工商联举办的“冰雪节交易会”、西安工商联举办的“全国名、特、优、新产品展销会”、武汉工商联举办的“春季商品展销会”、浙江工商联举办的“会员企业商品展销会”、上海市杨浦区工商联举办的“第四届会员企业商品展销会”和华东六省一市“第五届商品交易会”，共计成交商品额100万元，扩大镇江本地商品的销路。

1993年3月，镇江市工商联深圳汇江商场开展招商引资工作，共有4批项目成功签约。由香港招商局蛇口房地产公司与镇江市华星房地产公司共同投资1亿元(其中港方占70%)，在大东开发土地□□□万平方米，建成虹桥港豪华小区。由港方以批租方式，租用镇江市标准件一厂2万平方米厂区，改造成住宅楼，租金3600万元。由香港信和集团星梅服装有限公司与镇江市泰伦服装有限公司共同投资66万美元，新建一条时装生产线。香港招商局投资公司批租镇江市经济开发区2000亩土地，租金□□□□万元人民币。

1994年，在“94金山之光”艺术节期间，镇江市工商联组织21家个体、私营企业参加商品交易会，首次设立个私企业产品展馆，陈列镇江市三维塑料电器有限公司、丹徒长城鞋业有限公司、国泰轻工机械厂、亚太礼品有限公司等生产经营的11个大类近百种产品，协议销售额高达2591万元。

1995年，镇江市工商联拓宽经济服务渠道，主动为非公有制企业服务。为缓解会员企业资金困难，先后帮助会员企业融资10余次，累计金额200万元。组织开展会员职称评定工作，制定《会员专业技术职称申报评聘工作实施办法》，年内共受理经济系列职称申报百余人次，推荐评审29人次，其中1人被评为高级经济师、1人被评为中级职称、16人被评为初级职称。推荐50多家会员参加“全国最大500家私营企业”“全省民营企业50强”评选活动，镇江市亨威金融保险机具有限责任公司和京口金聚德烤鸭大酒楼获评为江苏省工商联(商会)“首届民营企业会员综合指标50强。”组织《中国知名民营企业家大辞典》认刊工作。培养社会服务人才，新建“镇江市京江商贸经济培训学校”，全年共培训技工200人，先后向无锡美丽都假日酒店和上海太平洋大酒店等星级宾馆输送服务人员60人。依托中华职业学校每年向社会输送百余名营业员。建立服务体系，成立“镇江市工商联非公有制经济会员工作委员会”，增进会员企业合作交流。组建“镇江市会计师事务所(工商联)业务部”，为企业会员提供会计、审计、统计等服务。

1996年,适应“两个根本性转变”改革要求,镇江市工商联发挥民间商会作用,履行经济协调和服务功能。工商联主动履行个私经济领域经济仲裁、质量认定、技术监督、职业技能培训与鉴定、物价管理等经济服务的职能。先后参与“镇江市重组仲裁机构领导小组”的工作,选派省、市级仲裁员。会同财贸、工商、技监等部门举办“市区商贸企业商品标准和质量监督管理培训班”。组织县(市)区工商联领导和部分会员参加省工商联与德国中小企业联合会合作开办的商会工作研讨会和商情服务培训会。组织会员参加全联举办的“96年会员企业产品展销供货会”。推荐民营企业家参加1996年中日高级经营者研讨交流会。根据省工商联统一部署,对镇江市范围初具规模的51家民营企业的经营状况进行调查。会同市科委等部门开展评选“镇江市第二届优秀民营科技型企业和优秀民营科技工作者”活动。配合公安部门为会员和非公有制经济人士办理出境审核手续达52人次。同时,在筹办商会基金上下功夫,与市农业银行合作,建立“镇江市商会基金”,服务中小企业发展。

1998年,镇江市个体工商户64623家,注册资金7.25亿余元,分别比1997年增长12.7%和45%。私营企业3893家,注册资金14.17亿元,分别比1997年增长52.7%和94%,其中“双百”企业54家,500万以上有限责任公司97家。个体、私营企业上缴税金2.28亿元,约占全市财政收入的10.6%。市工商联主要围绕私营企业技术监督、消灭无标生产,颁发私企会计人员上岗证,组织境外商贸考察,建立商会法律服务机构,协助市物价局、监察局建立收费登记制度,建立信息中心并组织计算机培训,开展合同法知识讲座等方面做好经济服务工作。

1999年3月17日至19日,由市委统战部、市工商联主办,市社会主义政治学校协办的全市非公有制经济人士培训班开班。培训邀请市委党校副校长石春海等专家教授围绕学习邓小平理论、世纪之交的国际经济、市场竞争与创新等作专题讲座;市工商联会长潘吉森、市司法局副局长张俊昌分别围绕新时期工商联工作、法律服务经济建设等内容进行授课辅导。培训期间组织专题座谈交流活动,参观市重点建设项目135工程和丹徒亨利达金融保险设备有限公司等民营企业。

第三节 新世纪经济服务
(2000—2020年)

一、非公有制企业发展状况

2000年，镇江市工商联贯彻落实市委、市政府“双轮驱动”发展战略，服务个私经济发展。截至年底，镇江市私营企业5973家，从业人员78727人，注册资本23.254亿元；个体工商户54222户，从业人员101054人，注册资金6.2654亿元。其中，全年新发展私营企业2074户，从业人员21551人，注册资本9.7331亿元，分别比1999年增长72.4%、70.3%、99.1%；新发展个体工商户12583户，从业人员22622人，注册资金1.7719亿元，分别比1999年增长17.4%、27.2%、1.7%。私营个体经济2000年实现GDP约占镇江市18%，实现社会消费品零售总额63.5亿元，占全社会零售总额51%；实现税收4.37亿元，占财政收入13.3%。

2001年上半年，镇江市个私经济发展势头强劲，共有私营企业7124家，从业人员9.1万人，注册资本29亿元；个体工商户5.8万家，从业人员10.6万人，注册资金7.2亿元。主要特点：一是发展速度迅猛。新发展私营企业、个体工商户数量、从业人员和注册资本(资金)分别比上年同期增长49.6%、71.4%、75.5%和14.6%、10.8%和58.2%。二是规模壮大，实力增强。个体工商户注册资金、私营企业注册资本，户均比上年同期增长24%和8%；私营企业注册资本在100万至500万、500万至1000万、1000万元以上的，分别比上年同期增长56%、234%和200%。三是产业结构更趋合理。个体工商户从事第三产业、第二产业的分别占总数的83%和17%，从事第一产业的比上年同期增136.4%；私营企业从事第三产业、第二产业的分别占总数的46%和54%，从事第一产业的比上年同期增长267%。四是组织形式逐步升级。私营企业中个人独资企业、合伙企业、有限公司(含2家股份公司)分别占总数的31%、4%和64%。民营科技企业103家，从业人员1.26万人，其中科技人员4046人、外向型企业25家，通过ISO9000质量体系认证的有44家。

2002年1—11月，镇江市新发展个私企业3206家，新增注册资本20.45亿元，从业人员48755人，同比分别增长25%、68%、63%；新发展个体工商户13719户，新增注册资金5.7亿元，从业人员38987人，注册资金、从业人员同比分别增长102%、41%。截至11月底，共有私营个体企业6.3万家，其中私营企业1.002万家，同比增长31%；私营个体经济从业人员13.7万人，同比增长37%；共有注册资本49.6亿元，同比增长48%。私营个体经济实现税收7.40亿元，同比增长39.1%，完成年度计划任务的105.71%。其中私营经济实现税收4.57亿元，同比增长63.8%；个体经济实现税收2.83亿元，同比增长11.9%。

2003年，镇江市民营经济延续近几年较快的发展态势，截至6月底，共有私企11243家，从业人员13.39万人，注册资本98.96亿元，同比增长26%、16%、134%；个体工商户6万家，从业人员10万人，注册资本13亿元，同比增长20%、8%、56%。2003年上半年，民营经济实现GDP67.8亿元，同比增长19.8%，占全市GDP比重的21.7%，同比增长1.2%。民营经济为镇江市创造社会财富、吸纳就业人口、增加财政收入等方面发挥不可替代的作用。

2004年，镇江市共有私营企业14195家、个体工商户72406家，注册资本金总额185.4亿元；新增私营企业2857家、个体工商户1.62万家，新增注册资本33.8亿元；吸纳民间投资161.4亿元，增长53.3%，民间投资增加值占地区生产总值的比重47.6%；民营经济实现税收增长25.6%，高于镇江市税收增长值7.8个百分点。

2007年，民营经济增加值突破600亿元，占GDP的54%，私营企业突破2万家，个私注册资本突破400亿元，民间投资突破300亿元，民间投资到位资金突破150亿元，亿元民营企业突破200家。

2008年，全年民营经济实现增加值760亿元，比上年增长16%，占镇江市GDP的55%；上缴税收76亿元，比上年增长20%；新增民营企业3700家，个体工商户13800家，到位民间投资175亿元，新增民营注册资本提前2个月完成年度任务，民营经济各项指标均高于镇江市平均水平。

2009年，镇江市民营经济发展稳步加快。截至年底，共有私营企业28929家，同比增长13.6%；个体工商户97938家，同比增长13%；累计注册资本661

亿元,同比增长32.3%。民营经济对镇江市贡献份额逐步加大,实现增加值878亿元,占镇江市GDP比重近六成,拉动GDP增幅7.5个百分点;上缴税收近90亿元,占镇江市的55%以上,拉动税收增幅10.2个百分点;吸纳民资188亿元;民营经济就业人数突破110万人,其中个私经济从业人员62万人,新增就业14万人。民营经济发展质量明显提高,实现高新技术产值800亿元,占镇江市的80%;拥有注册商标9900件,占镇江市的64%,其中知名商标256件,著名商标98件,驰名商标18件。全年民营规模工业企业实现增加值、销售收入、税收总额比上年分别增加18.7%、18.5%和16.8%,增幅高于镇江市平均水平3.4、4.3和1.2个百分点;创业环境优化,被评为“中国创业之城”;全年新增私营企业4828家、个体工商户1.82万家,新增注册资本119亿元,3项指标分别提前2个月、3个月和4个月完成全年任务,增幅位居苏南五市第一。

2010年是“十一五”时期收官之年,镇江市民营经济呈现量质齐升的良好态势。截至年底,共有私营企业4.85万户,个体工商户15.49万户,私个注册资本1995亿元,比“十一五”初期净增私营企业2.64万户,净增工商户7.18万户,净增注册资本1694亿元,民营经济增加值占镇江市的57%,比“十一五”初期增加4个百分点;民营企业上缴税收123亿元,同比增长41.5%;民营经济就业人数突破130万人,其中全年新增就业21万人,占镇江市新增就业人数的90%以上;民营投资高位增长,全年民间投资超过654亿元,同比增长32%。新兴产业快速发展,在新能源领域,中电光伏、大全新能源先后在美国上市;在新材料领域,恒神碳纤维、巍华合金、宁武化工、焦化集团等企业产品填补国内空白;在电子信息、海洋工程、航空航天等领域,恒宝股份、镇江船厂、彤明电器等民营企业更是成为主角。民营经济竞争力明显增强,沃得集团、大亚科技、大全集团、飞达集团迈入百亿企业行列。

2013年,镇江市非公有制经济实现增加值1740亿元,同比增长12%,约占全市GDP 的60%;非公有制企业、个体工商户吸纳就业人员占总就业人数的77%。

2014年,非公经济实现增加值超过2000亿元,同比增长13.8%,高于镇江市2.3个百分点,占GDP的61.3%,其中民营企业增加值增长12.2%,高于镇江市0.7个百分点，占比59.6%，比上年提高0.9个百分点。

2015年，非公有制工业经济完成工业增加值1987.60亿元，同比增长10.4%，增幅高于规模工业0.4个百分点；民间投资1674.40亿元，比上年增长18.9%；民营企业出口34.46亿美元，总量首次超过外商投资企业，比上年增长17.2%，高于镇江市平均水平13.1个百分点。

2017年，民营经济实现增加值超过2400亿元，增长10%左右，占镇江市GDP的比重超过63%。

二、政策服务

2003年，市工商联推进会员企业质量管理和依法纳税、诚信经营，会同市技术监督局开展年度质量月活动和服务质量奖推荐工作，组织200家民营企业义务工程师推荐工作，帮助企业提高产品质量和技术管理水平。推荐江苏长江电气集团、江苏飞达工具集团参加全省纳税先进民营企业评选活动。扬中、丹阳、京口等行业商会先后向社会公开承诺诚信经营有关举措。

2004年，组织工商联组织学习、宣传和贯彻省市民营经济工作会议精神；开展由市委书记带队的四套班子向民营企业拜年活动；协助市委、市政府召开镇江市民营经济工作会议并出台《关于进一步加快民营经济发展的若干意见》；协调由党政领导和民营企业家组成的考察团赴温州考察，并现场召开民营经济工作督查会；吸取铁本事件教训，对60家民营企业进行关于民营企业执法的专题调研；召开民营经济政策落实交流会、民营经济现场促进会、首届“镇江市民营经济投资合作恳谈会”；与市技术监督局、北京光华学院镇江分院、镇江超越咨询管理公司合作，举办成长型民营企业输送工程师志愿者服务活动和质量论坛活动，开展质量管理、企业管理专题讲座和电化教育远程培训工作，引导民营企业适应宏观调控，走可持续健康发展之路。

2008年，组织民营企业开展“解放思想”研讨会、“优化创业环境”座谈会、科学发展经验交流会等系列活动，让企业家为镇江民营经济科学发展找问题、谈体会、提建议、谋善策；宣传焦煤集团、大全集团、液压件厂等民营企业发展经验，总结飞达工具、鼎盛铝业、镇江船厂、707制药、科海智能等企业应对金融危机之经验策略，帮助企业转变发展方式。

2010年,投入市国家级创业型城市创建,开展创业宣传、项目推荐、就业招聘、典型宣传等系列活动,推动江苏科技大学与润州民发委合作设立大学生创业见习基地等。市工商联获"镇江市创业型城市建设工作先进单位"称号。

2012年,建立与市委、市政府有关部门的沟通机制,与各部门及商会交流合作机制以及与非公经济人士之间的联系机制。

2013年,组织政企对接会,推进"四大行动计划",围绕"四大行动计划"660个项目,将市委、市政府在产业升级、科技创新、引进人才等方面出台的政策有针对性地与民企对接。组织召开座谈会,邀请省、市领导、政府职能部门负责人、非公有制经济人士等近200人参加,就推进"四大行动计划"、经济社会发展建言献策。

2014年,配合市委、市政府打造全国首个科技装备产业集群示范区,邀请中国航空综合技术研究所(简称"301所")到镇江考察交流,促成"301所"与新区航空产业园签订合作框架协议,为攻克技术壁垒及标准化、质量工程等方面的难题提供技术支撑;鼓励江苏航科、镇江船厂、中靖氢能源等参与科技装备产品研发生产;在由全国工商联等主办的"民营企业高科技成果展"上,江苏航科、巍华合金、恒神碳纤维等3家企业成功参展。

2015年,协调开通企业、商会与党委政府对话渠道,市委书记夏锦文、市长朱晓明多次召开民营企业家座谈会,书记夏锦文等市领导专程赴市工商联调研民营经济及企业现状,组织20余家具有代表性的企业参加座谈,开辟企业家与市委、市政府对话的"绿色通道"。举办长三角地区城市民营经济和商会工作合作与交流机制第十三次会议,拓宽企业家之间交流合作的平台;成立"镇江市商会经济合作联盟",建立"镇江市金山现代商务服务中心",扩大"同心"律师工作站站点等,注重平台作用的发挥,为市工商联履职尽责夯实基础。围绕"大众创业万众创新"开展调研,参加市"331计划"第8批引进人才项目综合评审会议,联合市创业精英联合会、MY0511网站,举办"说出我的创业故事"网络征文大赛等,营造"双众双创"的良好氛围。

2016年,出版企业家法律"口袋书"《以案说法——企业与商会法律风险防控案例评析》,由市委书记夏锦文作序,通过案例阐明法理,普及法律知识。

在绿色发展上，引导民营企业通过技改项目进行转型升级，特别是新区工商联开展的“绿色公务出行”“爱镇江、我绿行”百万绿色出行系列活动，共有80余家政企单位参加签约仪式，鼓励新能源汽车的推广和应用。在开放发展上，落实镇江市开放工作会议精神，联合举办“一带一路”政策解读专题报告会，组织参加“中澳自由贸易协定解读研讨会”等，为民营企业“走出去”保驾护航。参与省工商联的“百企帮百村”和市委、市政府的“百村万户新达标”扶贫攻坚行动，引导非公人士“致富思源、富而思进”，履行社会责任。

2017年，按照“万企大走访大调研”活动部署，结合市委、市政府“暖企惠民”行动，在非公经济领域开展以“服务助企、法律护企、文化润企、商会帮企”为主要内容的“亲清暖企行动”。成立领导小组，制定实施意见，印发《镇江市工商联会领导联系基层组织、执委单位工作制度》，分5个组深入民营企业走访调研，全年共开展走访调研近600次，收集各类问题和建议百余条，帮助大力城电器成功申请民用核安全设备制造许可证，帮助江苏梅花机械成功办理厂房房产证、成功调解大洋家居投资项目建设案例、协调相关部门为宝仕橱柜完成新兴产业认定等，促进民营企业健康发展。服务民营经济发展，推动企业“走出去”，组织企业参与“一带一路”建设，承办“2017镇江中印商务论坛”，帮助民营企业参与对接、拓展合作领域。

2018年，针对完善政策执行方式，举办制造业单项冠军企业经验分享会，邀请经信局解读政策并现场答疑解惑，引导企业走“专精特新”发展道路，培育精益求精的工匠精神。针对构建亲清新型政商关系，持续开展亲清暖企行动，工商联系统共开展走访调研500余次，收集各类问题和建议百余条，助力民营经济健康发展。针对保护企业家人身和财产安全，联合市中级人民法院举办优化营商环境座谈会，为民营企业家健康发展提供法治保障。

2019年，召开镇江市民营经济营商环境评估工作会议，明确牵头部门，落实责任单位，建立优化营商环境的长效工作机制，针对失分项梳理镇江民营经济营商环境中存在的问题，以问题为导向进行“补短板、优环境、促发展”，助力民营经济健康发展。助推国家战略，推动科技装备业发展，承办全联、省联相关企业政策培训班，来自全国8省市的160余名企业家参训，全国工商联副主席黄荣走访调研恒神碳纤维、图南合金、美龙航空、大全集团等企业。

2020年，成立疫情防控工作领导小组，发出《坚决执行企业延迟复工决定倡议书》，挖掘疫情防控先进典型，协助市委、市政府和基层组织筹措防护物资；通过组织动员，会员企业捐款捐资近亿元，落实上级政策，有序推进复工复产。按照省委、市委民营企业服务月决策部署，开展“五送五助”民营服务月活动，完成17项清单任务，全员下基层、走企业，覆盖114家执委企业，收集汇总并帮助协调解决各类问题55件。选派1名青年干部挂职1家高新技术企业，帮办重大项目政策落地。

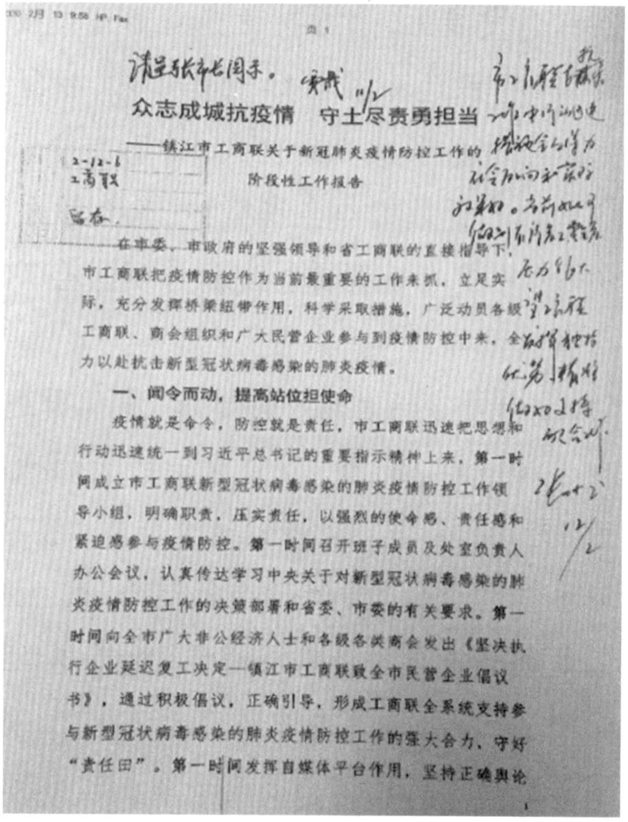
众志成城抗疫情 守土尽责勇担当

——镇江市工商联关于新冠肺炎疫情防控工作的

阶段性工作报告

在市委、市政府的坚强领导和省工商联的直接指导下，市工商联把疫情防控作为当前最重要的工作来抓，立足实际，充分发挥桥梁纽带作用，科学采取措施，广泛动员各级工商联、商会组织和广大民营企业参与到疫情防控中来，全力以赴抗击新型冠状病毒感染的肺炎疫情。

一、闻令而动，提高站位担使命

疫情就是命令，防控就是责任，市工商联迅速把思想和行动迅速统一到习近平总书记的重要指示精神上来，第一时间成立市工商联新型冠状病毒感染的肺炎疫情防控工作领导小组，明确职责，压实责任，以强烈的使命感、责任感和紧迫感参与疫情防控。第一时间召开班子成员及处室负责人办公会议，认真传达学习中央关于对新型冠状病毒感染的肺炎疫情防控工作的决策部署和省委、市委的有关要求。第一时间向全市广大非公经济人士和各级各类商会发出《坚决执行企业延迟复工决定—镇江市工商联致全市民营企业倡议书》，通过积极倡议，正确引导，形成工商联全系统支持参与新型冠状病毒感染的肺炎疫情防控工作的强大合力，守好“责任田”。第一时间发挥自媒体平台作用，坚持正确舆论

图2-8 市工商联帮助企业复工复产工作得到市长张叶飞批示

三、金融服务

2000年，诚信担保公司全年担保金额共计233笔5241万元，参与工商银行向首批私企授信活动和《中小企业抵押贷款暂行办法》修改，与工商银行签订合作协议并共同组织业务推介活动，密切银企关系。

2010年，促成工商银行镇江分行与市装饰建材商会推出“银建宝”融资产品，近万人咨询办理“银建宝”业务，实现商户、银行、消费者之间的多赢。协助民生银行镇江分行开展“中小企业贷款券”融资服务，累计发券16亿元，近200家中小企业从中受益。推动江苏银行镇江分行与润州民发委建立银企合作平台，推动发放创业贷款，为创业群体提供金融服务。与邮政储蓄银行镇江分行联合开展融资推介活动，有力推动中小企业融资。组织人员赴南通学习考察，了解南通成立应急互助基金的成功经验，为缓解中小企业融资难提供新思路。

2012年，携手中国民生银行镇江支行成立“中国民生银行镇江小微企业城

市商业合作总社”及10家行业分社，通过合作总社的平台，为小微企业提供包括融资服务、培训服务、信息整合、政府协调等在内的各项金融、非金融服务，帮助小微企业实现抱团发展、合作共赢。年内合作总社社员超过1000人，得到民生银行授信20亿元，小微贷款余额超过16亿元，贷款客户超过1000户，户均贷款160万元。

2015年，助力破解“融资难、融资贵”难题，举办金融对接会，建立E板、Q板挂牌孵化基地协议，推进Q板、E板、新三板、P2P等金融工具的应用。

2017年，开展金融服务，创新金融产品，特别是针对小微企业推出冠军贷、商链贷、网乐贷等，缓解小微企业融资难题。

2018年，联合市税务局举办500余名企业家和高管参加的税务改革情况通报会，帮助民营企业融入税务体制改革。针对解决民营企业融资难融资贵问题，与市金融办、银行等围绕破圈解链、企业融资需求等展开调研，协助创新金融产品，帮助民营企业化解金融风险。开展银企对接活动，针对重点产业、成长型企业开展个性化服务，缓解民营企业融资难题。

2019年，以减税降费政策落实落地为主题，以税务与工商联合作、税务与企业和谐为主线，以五个机制为内容，推进“纳税人之家”建设，年内共建成“纳税人之家”61个，集中开展宣讲辅导140余场次，参训人数1万余人，个性化解决税务问题20个。

2020年，会同人民银行镇江支行、金融学会举办民营经济金融服务对接研讨会。与金融监管局合作举办企业上市培训班，帮助企业了解最新资本市场政策。

四、法律维权

2000年，协调政府和司法部门，先后帮助5家私营企业解决不合理负担、涉税、公款诈骗、基层执法部门行政不作为等问题。组织技术监督服务，与质量技术监督局联合下达2000年镇江市私营企业技监工作目标任务，共同召开镇江市首次私营企业技术监督先进表彰大会，联合举办“镇江市非公有制企业质量义务咨询服务活动”。

2012年，维护企业合法权益，由20名律师自愿成立“镇江市‘同心’法律服务律师团”，链接“12348”热线电话开通民营企业法律服务专线，形成法、企联动的服务机制;与镇江市地税局纳税人维权协会合作,在市直及京口、润州等地成立纳税人维权协会办公室,开展纳税人合法权益维护工作。

2013年,参与协调劳动关系,与市人力资源和社会保障局、市总工会组成三方协调委员会,共同研究解决影响社会稳定的重大劳动关系问题,推动镇江劳动关系协调发展。引导非公企业创造就业岗位,推进工资集体协商,参加镇江市劳动关系和谐企业创建活动,促进企业劳资关系和谐稳定,全年召开协调会6次,就业招聘等全市活动10余次。注重维权中的个案服务,组织参与镇江市装饰建材商会平息商户上访、浙商某企业权益被侵犯需维护等事件,动员力量,及时处理,化解矛盾,发挥工商联在构建和谐劳动关系中的作用。

2014年,完善平台建设,利用金融、法律、营销等平台,为企业提供多方位的服务,“同心”律师团自2012年成立以来,为企业避免或挽回经济损失近3亿元,年内律师团28名律师走访7家商会下属会员企业986家,受聘担任常年法律顾问325家,开办法律讲座56场,提出各类合理化建议466条,化解劳资纠纷矛盾113次,代理诉讼287件,已建立起民营企业法律服务协调机制。

2015年,探索新形势下工商联法律服务新路径,组织企业家走进法院,围绕“依法治市”开展调研,承办省工商联组织的法律知识进小微企业活动。

2016年,深化个案协调机制,全年协调个案近10余件,当好社会的“稳定器”和“调节阀”。参加全国工商联组织的“中小民营企业与最低工资标准调整”调研课题,发挥三方协调机制的作用,共同举行“春季要约行动”、解决重大劳动关系问题等,推动镇江劳动关系协调发展。

2017年,与政法部门建立长效工作机制,将商会人民调解作为全年工作重点推进,探索商会纠纷解决新路径,启动“讲经说法”民企行活动,通过讲座、咨询、研讨、沙龙等形式,加强民营企业对国家大政方针、地方政策措施、经济、法律、人文等知识的了解掌握,与市司法局等部门联合开展“法企同行”送法进企业活动,帮助企业更加及时有效地防范法律风险。

2018年,持续开展“一二三四”特色法务工作,促进非公人士知法懂法敬法,法务工作范围由传统的维权覆盖至普法守法用法全过程,全国工商联通过内刊《工商联信息》向全国推广经验,并获得江苏省委统战部实践创新奖。与公检法司等签署备忘录，建立长效合作机制，为民营企业健康发展提供法治保障。指导“同心”法律服务律师团换届，增强人员配备，扩大服务领域，建立轮值制度、会议制度，使律师团运行更加规范，全年“同心”律师团成员共提出各类合理化建议近千条，为企业避免或挽回经济损失近10亿元。推进商会人民调解，指导镇江安徽商会民商事人民调解委员会开展调解工作，全年成功调解纠纷10起，标的5000余万元，维护会员企业的合法权益。推动市委、市政府、政法系统到镇江市工商联围绕“法治护航”展开调研，召开优化民营经济法治环境座谈会，联合市主流媒体宣传市工商联在法律服务工作好的经验做法，参与《关于法治护航民营经济健康发展的实施意见》等文件的起草制定。开展“法律三进”活动，赴丹阳、句容等地围绕劳动合同法税法等开展专题讲座、进行“法治风险体检”，提升企业抵抗法律风险的能力。打造“讲经说法”民企行品牌，全年共开展“微课堂”139期，举行各类讲座10余场，参训学员2000余人，该品牌已成功申报市委政法委的“法治惠民”实事项目。

2019年，针对防范化解风险，与公检法司签订合作备忘录，建立长效工作机制。成立镇江市工商联(总商会)人民调解委员会，与市中院共同成立诉调对接站等，建立起多元化纠纷解决机制。创成省人大的基层立法联系点，建立立法决策和非公领域之间的联系机制，使立法更接地气、聚民智、察民情。与法院、检察院开展座谈交流，为民营企业健康发展营造良好的法治环境。发挥“同心”法律服务律师团的作用，开展“讲经说法”系列活动，举办新春法律讲座、劳动人事专题讲座等，赠送《以案说法》《企业人力资源法律风险防控手册》等书籍，为企业进行法治风险体检，并出具首份法治风险体检报告，提升企业抵抗法律风险的能力。设立“一室两庭”，即调解室、镇江仲裁委巡回仲裁庭和劳动人事争议巡回仲裁庭，制定调解、仲裁规则，开辟专门场所扩大宣传，为民营企业调处纠纷，降低诉讼成本，促进健康成长。

2020年，联合司法局举办“法治体检四进四送”专项法律服务活动，助力援企稳岗。减税降费上，成立87个“纳税人之家”，实现政策辅导、诉求响应、争议处理等一站式全方位的服务。联合市中级人民法院印发《民营经济领域纠纷诉调对接工作意见》，在全省率先建设总商会人民调解中心、总商会仲裁分会,推进民营经济领域纠纷多元化解机制建设,构建共建共治共享社会治理格局。

五、商贸活动

2000年,组织70余家私营企业负责人参加苏州高新技术成果展及交易会,3家企业参加昆明首届全国民营企业交易会,11名非公有制经济代表人士参观上海国际工业博览会,组织有关人员参加德国东部地区商贸投资洽谈会等。

2001年,市工商联与国际知名电子商务企业——美国赛孚信息技术有限公司携手合作,于9月26日在镇江国际饭店举办"SURE CHINA帮你进入开放式国际采购系统开辟出口新途径"专题讲座和演示活动,组织百余名市直和县(市)区38家计划发展网上出口业务的国有、"三资"和民营企业的负责人、外销员和计算机网络管理员参加,引导企业加入赛孚开放式商务网站,拓展网上国际销售渠道,促进企业对外业务发展。

2003年,先后组织会员企业参加苏北地区投资贸易洽谈会、无锡私营企业高新技术洽谈会和省联民企境外融资上市专项信息发布会等活动。促成镇江方源化工投资宿豫县工业园区3000万元外墙金属漆装饰材料生产基地项目和江苏雅泰投资5000万元开发宿豫县生态农业项目。协助推介"金钛任务流"最新集成软件系统成果,帮助会员企业了解境外融资上市的有关渠道和程序。市工商联副会长单位江苏飞达集团以3亿元收购的德国钢铁公司,此次收购的价值达15亿元,建成热轧、冷轧、涂彩等四条生产线,主要生产厚度为0.2—2毫米、宽度为1200—1450毫米的热轧坯料、冷轧薄板,涂彩钢板、涂彩钢瓦等产品,年量产50万吨,每年新增销售30亿—49亿元。

2007年,组织民营企业家参加清华大学、南京大学等高校的科技创新培训。与科技部门合作推动企业申报省科技成果转化资金,天工工具、金钛软件等7家民营企业共获项目扶持资金1.2亿元。联合推荐鼎胜铝业、飞达工具、宁武化工等7家企业获评省百强民营科技企业,大全集团、华晨华通、恒宝股份3家被列入省首批创新型试点企业。

2008年,邀请郎咸平教授到镇江讲课以及开办企业家论坛,组织企业参加各类培训等,提高民营企业竞争力。组织民营企业开展国家火炬、星火计划、全联科学技术奖、江苏名牌等项目申报工作，推动科技创新和品牌建设。全年共获省科技成果转化资金1.24亿元，全市民营企业获“中国驰名商标”12件。

2009年，大亚集团成为镇江百亿民营企业，飞达、大全、天工、沃得等5家企业再次入围全国民营企业500强。科技型中小企业发展迅速，新认定省级新技术产品132项，国家级重点新产品新增11项，新认定省级高新技术企业75家。国泉泵业、中容电气、宏达新材等科技成果获得江苏省专利。吉贝尔药业、飞亚轴承等企业通过制定国家和行业相关技术标准获省级科技计划支持。东方热电、鱼跃医疗、707药业、中煤电子等企业加快技术创新，获得省科技成果转化资金支持。全年获省以上科技项目扶持资金2亿元，其中80%以上都是近年涌现和成长起来的科技型中小企业。

2010年，民营企业科技水平明显提高，全年实现高新技术产值超过1000亿元，占镇江市的80%。获省以上科技项目扶持资金2.3亿元，80%以上为民营企业申报。民营企业拥有注册商标占镇江市90%，涌现出一批国家级、省级知名品牌和驰名商标。

2012年，为提升国际化水平，探索对外联络新途径，发布境外经贸信息140余条，发放“民营企业走出去问卷调查表”，就企业“走出去”的方式、规模、领域等情况进行摸底调查。组织会员企业、行业商会负责人参加“企业走出去面临的机遇、挑战与应对思路”等专题报告。与市有关部门的合作，向会员企业推广APEC商务卡，与外办国际交流中心合作开启赴美签证快捷化绿色通道。加强与友好商会往来，赴苏州吴江参加江苏省商会对外友好合作联谊会；对接加拿大新西敏市政府代表团、台湾中华工商业联合会等，共同探讨经贸考察等事项，为缔结友好商会打下基础；走访境外驻沪商务机构，与比利时、波兰、乌克兰等部分驻沪总领事和商务领事，就如何在经贸活动、信息交流、项目对接等领域加强务实合作，与乌克兰在生物化肥、造船等项目上就双方企业如何合作达成意向。

2013年，引导民营企业投身示范区建设，向民营企业家发出“投身四大行动计划、争当实干兴市表率”的倡议书，“四大行动计划”660个项目，民营企业承担和参与近300个项目，总投资超1838亿元。推进一批大项目，如：大全集团承担的扬中雷公岛项目,佳丰建设、金田房产等参与“大学城”建设项目,松盛开发公司的安居保障房项目,安然公司的市政改造修建项目等,广大民营企业成为“四大行动计划”的坚定实践者。

2014年,建立“镇江市商会经济合作联盟”,吸收整合驻镇高校、科研院所专家,筹建“民营经济发展专家库”,承接政府部门、民营企业的课题研究、政策咨询、技术研发、规划制定、第三方评估等服务内容,助力民营企业健康发展。建立“镇江市金山现代商务服务中心”,以服务中心为平台,联系政府职能部门,契合经济发展需要适时开展专题学习讲座、封闭培训活动,迈出“服务于政府购买服务项目、服务于企业发展”的坚实一步,加快镇江现代商务服务业发展的步伐。助推民营企业转型发展,组织企业申报全国工商联系统科技进步奖,其中镇江船厂获全联科技进步一等奖,中靖新能源、正丹化工2家企业获科技进步二等奖,实现镇江在全国工商联科技进步奖评选上的突破。注重引进人才工作,组织科学家和企业家的对接活动,在镇江市“331计划”第七批引进人才项目综合评审及面试过程中,组织24家民营企业负责人与引进人才面对面对接,帮助企业引进高层次创新创业人才。建立个案协调机制,年内重点协调个案18件,其中化解部分建材经销商集访、鼎盛重工厂房确权、恒华传媒公司申领房产证减免不合理费用、唐邦机电赴澳门营销等,体现为政府分忧、为企业化解难题。

2015年,引导帮助企业走出去,参与“一带一路”建设,与柬埔寨西哈努克港特区合作,并组织多批次企业家实地考察洽谈,与芝加哥华人联合会、美国福建商业联合总会等商会建立友好关系,助推民企提升国际化水平。大全集团总裁徐翔随同省委书记罗志军出访美国、加拿大,寻求战略合作伙伴。中电电气集团成立韩国公司,打造海外生产基地,为解决产能过剩、实现全球化制造探索新路径等。

2016年,与全国工商联新能源商会、医药商会、装备科技业商会、汽摩配商会等有关商会对接交流,寻求合作途径,助推镇江市重点产业发展。丹阳市工商联依托行业商会,组织近千家会员赴北京、上海、韩国大邱等地参加经贸洽谈活动,在“走出去”上迈出坚定步伐。

2017年，参与“招商引智”，参加中国镇江先进制造业(杭州)产业合作对接会，引导镇江浙江商会借助自身优势“以商引商”，促成镇江量子信息产业园等18个项目现场签约，邀请中建集团、南京易创园等来镇江参加文化产业招商项目推介会。搭建产学研平台，与上海交大先进产业技术研究院签订战略合作协议，建立定期会晤机制，合作开展技术攻关，推动科技成果产业化。举办2017年镇江新医药发展与创新论坛，共有来自上海交大、复旦大学、南京大学等高校的20余名专家和40余名企业家参加，共同探讨医药产业未来发展新趋势与科研创新新模式，加强镇江医药行业产学研合作与对接。

2018年，成功举办北京—镇江科技装备项目对接会，加强交流沟通，搭建展示平台，推动更多社会资源参与镇江科技装备产业发展。成立镇江市科技装备业商会，集聚资源要素，促进信息共享，逐步建立起良性合作、多领域资源共享的体系。

2019年，邀请专家与镇江企业面对面交流，现场签约多项成果，促进双方优势产品和项目需求的对接。引导工商资本助力乡村振兴，举办百家民企乡村振兴镇江行活动和乡村产业项目推介会，现场签约项目总投资额27.7亿元。推动民营企业及商会参与“一带一路”建设，组织企业参加第二届中国国际进口博览会、发布境外经贸信息等，鼓励民营企业参与国际竞争，镇江安徽商会、福建商会带领会员企业赴柬埔寨等地考察，并成功在当地建厂增资，应对中美贸易摩擦等，企业“走出去”的步伐加快。总商会综合服务中心作用不断发挥，开创“中心直接服务、外部机构加盟服务、部门联动服务”的新模式，共为120余家民营企业提供服务，为80余家企业申请政府项目资金近3000万元，完成专利申请300余件，为5家企业完成资质认证和体系认证，为60多家企业申请高新技术企业认定，服务效能提升，赢得企业好评。

2020年，成立省内首家高新技术企业商会，举办科技创新辅导报告会，邀请腾讯、阿里、今日头条等国内知名企业负责人开展科技专题辅导。与工信局合作，开展中小企业发展转型升级培训班，发放涉企服务“菜单”。

六、招商引资

2003年，镇江市工商联邀请26家宁波知名民营企业和11个国家及我国香港地区驻上海领事馆、商务代表处、商会组织参加镇江市政府组织的招商活动,并推动市政府在上海举办"开放的镇江与经济国际化外交官恳谈会"。非典疫情转入正常后,镇江第一家赴沪甬组织招商,成功引进太平洋集团、九洲集团、红豆集团等投资市政工程、大型商贸广场、房地产开发和国企改制等项目,投资金额达10余亿元。推进投资额达10亿元以上的新丽集团市场建设项目和利安达集团煤气、液化气、天然气等工程项目。

2007年,与我国台湾、香港地区以及美国等100余家境内外商会、社团保持友好往来,介绍镇江投资环境,拜访浙江、上海等地商会,邀请组团考察镇江。落实浙江新湖、杭州绿盛等13家全国民营企业500强企业参加在沪浙等地举办的镇江市民营企业经济投资恳谈会。组织做好市委书记率党政代表团走访浙江传化集团活动。全年共引进民资合同项目215个,合同利用民资295亿元。

2008年,镇江市工商联配合市政府做好招商选资工作,先后邀请部分国家驻上海、南京的商务代表和外商企业家访问镇江,市委副书记张庆生接见商务考察团并介绍镇江投资环境。协调上海闵行区工商联,推动由闵行区区委常委率领、38人组成的国家航空航天制造基地企业家考察团来到镇江进行商务考察。组织民营企业家参加"香港贸发局展会""第四届苏北地区投资贸易洽谈会""华侨华人创业发展交谈会"等25场经贸活动,参与民营企业达100余家。与南京、扬州三地商会签订"宁镇扬商会交流合作"协议,共同构建服务民营经济的新机制。

2015年,参与市政府组织的厦门招商活动,与高新区、经信委联合举办镇江高新区推介会,邀请阿里巴巴、中网卫星、澳大利亚桑蕾西亚学院等到镇江与有关方面洽谈合作。

2019年,发挥商会的独特优势,开展商会招商、以商招商等,带领企业家赴福建等地考察推介,协调推进新希望集团土地修复项目、海木钢琴特色民办学校项目、一德集团落地句容项目、中宜生态乡村振兴项目等,助力产业强市。

七、人才服务

2000年,推荐江苏飞达工具集团有限公司参加全国民营企业500强评比,组织33名私营企业财会人员职称报考和证书发放工作。

2003年，会同市劳动和社会保障局组织3场“全省联动高校毕业生、下岗职工再就业援助招聘会”，为会员企业引进千余名生产科研骨干和生产工人。组织20余家会员企业负责人参加民营企业高素质技术培训专场座谈会，探讨企业高素质技工需求和培训方法，促进企业用人难问题的解决。

2008年，镇江市工商联会同市总工会等部门抓好民营企业构建和谐劳动关系创建工作，25家民营企业被评为省级劳动关系和谐企业，其中镇江船厂成为镇江市第一家“全国模范劳动关系和谐企业”。推进镇江市行业商会工资集体协商工作。组织开展《中华人民共和国劳动合同法》专题讲座。联合市劳动、工商等5个部门共同组织“民营企业专场招聘会”，提供近1000个岗位。与市委宣传部、总工会等8个部门联合举办第二届职工文化艺术节。

2016年，筹划镇江市“民营企业金山英才”计划，对民营企业“3C”人才，即CEO(首席执行官)、CFO(首席财务官)、CTO(首席技术官)进行跟踪培育，培养一支管理型、创新型、支撑型民营企业高管人才队伍。京口区工商联走进高校举办“创业实践与指导分享会”，鼓励大学生参与“双众双创”。

第五章 参政议政

参政议政是工商联的基本职能之一。镇江市工商联成立以来,结合镇江市各个历史阶段的中心任务,围绕经济、政治、文化、社会、民生等方面的大事要事,立足解决民营经济发展中的“热点”“难点”问题,组织调查研究,收集和反映社情民意,多渠道、多形式地参大政、议要事,进诤言、献良策,为党委政府的工作献计出力。诸多事关镇江经济社会发展的建议得到党政领导的重视并被相关部门采纳,多篇调研报告和研究论文获得表彰奖励,一批集体提案先后被市政协评为优秀提案。

第一节 调查研究

1961年10月16日至30日,市工商联常委会和民建镇江市委举行联席扩大会议,传达贯彻省两会调查研究工作会议精神,专题部署重点领域调查研究工作,成立工作小组,拟制调查研究提纲,11月起开展调查研究工作。在工业交通、财贸系统等40个行业中,围绕“顾一头”指示和“包一头”政策落实等方面内容展开调查。3个工作小组分别进驻恒顺酱醋厂、百货总店、迎江菜场,围绕工商联界人士的安排使用、合作共事以及小商贩在社会主义改造后的基本情况、存在问题等进行调查。1962年初,市工商联就调查中发现的工商界人员及其家属中存在的职责不清、工资医疗、退休待遇和精简下放等问题,形成调研报告,向市政府部门方面反映情况,提出解决问题的具体建议。

1991年,市工商联组成联合调查组,在镇江市(包括4个县)范围内对私营经济发展状况进行调查,摸清底数,为党委政府决策提供参考。截至年底,镇江市共有员工8人以上的私营企业220户,从业人员2951人,注册资金49.2万元。个体工商户4.4万家,从业人员7.9万人。设立党支部的私营企业5家,党员总数753人;设立团支部的私营企业133家,团员总数1159人。乡镇个体协会120个 。“三胞”投资企业54家。

1993年，市工商联组织对个体、私营经济发展状况进行调查，截至1993年底，镇江市私营企业达957家，从业人员11227人，注册资金15510.78万元。私营经济发展呈现四个特点：一是私营企业发展进入快车道。全年新增企业637家、新增从业人员7215人，分别比上年增长199.1%和179.8%。二是规模、档次、效益、整体素质大幅提高。私营企业注册资金达15510.78万元，比上年增长342.2%，增长幅度高于企业数量增长幅度143.1个百分点。注册资金50万元以上企业120多家，其中有万元资金或员工100人以上、年产值(营业额)1000万元以上的企业24家。民办科技企业24家，私营中外合资企业12家。在近10万人的个体工商户、私营企业员工中中共党员994人，设立党支部的私营企业6家；个私企业经营者担任各级人大代表、政协委员的42人，被评为市级以上劳动模范的4人；调查中发现国家干部、专家、教授、国企厂长等，通过辞职、退职等途径转行从事个私经济经营的有490人。三是私营企业在生产分布和结构上有较大变化。外向型私营企业12家，民营科技机构42家。离退休、辞职和停薪留职的科技人员转行从事私营企业经营的184人，其中具有中、高级专业技术职称的有53人。全年开发研制新产品124个品种，其中达到国内先进水平的15个，产值800余万元。四是随着社会主义市场经济体制的逐步建立，私营企业的活力增强。通过对镇江市范围内个体私营企业的税收、财务、物价、卫生、行风等方面的抽样调查统计，经营者的发展信心指数不断提升，对镇江经济社会发展起到较好促进作用。市工商联通过对所获数据的分析，撰写的论文《工商联开展调查研究工作的思考》《工商联在经济统战工作中的作用》在市委统战部等单位组织的统战理论研讨会上进行交流，得到与会代表的认可。

1993年6月15—16日，由市政协副主席邬伯翔带队、部分政协委员参加的调研组对镇江市部分个体、私营企业进行调研。调研组实地考察市工商联会员企业江苏亚太广告有限公司、三维塑料电气有限公司等5家企业，在全面了解企业经营状况、面临主要矛盾困难的基础上，向市政府提出意见建议。一是要贯彻落实省政府〔1992〕139号文件，克服“左”的影响，解放思想，提高认识，大胆支持扶持个体和私营经济发展。二是要把个体、私营经济纳入地方经济发展规划，统一安排，统一解决，统一管理，克服盲目性、任意性，做到放而不乱、收而不死。三是要建好市场,满足个体经营者的经营需要,建成相对集中和一定规模的市场。四是个体和私营企业经营者要做到依法经营、依法管理、健康发展。五是各级工商联要切实履行职能,贯彻落实“团结、帮助、引导、教育”的工作方针,协助政府有关部门做好工作,促进镇江经济发展。

1999年4月15日,副市长张吉生到市工商联调研指导工作。张吉生希望市工商联贯彻落实省、市委关于发展个私经济的意见,着重在抓好个私企业信贷、收费管理和指导服务三项工作,指出市工商联要加强与工商行政管理等政府部门合作,共同组织好非公有制经济人士的法制教育培训,引导私营企业抓好内部管理、产品结构调整、技术进步和发展外向型经济,逐步建立现代企业管理制度,与市工商联负责人商讨解决个私企业信贷难问题的有关举措,要组织力量深入企业调查,摸清底数,找准症结,制定具体实施方案。5月26日,市委副书记许晓霞到市工商联调研,围绕个私经济发展变化、培育新增长点、支持个私经济发展的政策以及教育引导个私企业树立良好形象等问题,听取意见建议。

2001年6月11日至13日,由省政协副秘书长、省工商联副会长潘吉森任组长,省政府有关部门和省工商联有关人员组成的调研组,先后赴丹阳、扬中两市实地调研,考察调研江苏飞达工具集团有限公司、镇江市江洲医药精舍包装公司和宏达化工有限公司,听取企业负责人情况介绍,召开座谈会,征求企业对政府扶持个私经济发展的意见建议。6月中旬,按照市政协主席周大平的要求,市政协组织工商局、经贸委、科技局、人民银行、社科联和工商联等部门的部分政协委员,就推动镇江私营企业快速发展等问题,对丹阳、扬中、丹徒三县(市)15家私营企业进行调研,召开8个座谈会,组织问卷调查,围绕私营企业做大做强的问题听取企业的意见建议,为党委政府决策提供参考。

2001年9月18日上午,参加第六届世界华商大会的中央统战部副部长胡德平、中华全国工商业联合会副主席刘永好等一行8人,从南京到市工商联调研视察工作。调研组参观“镇江商会”会址并听取情况介绍,了解建立商会基金和担保公司为私营企业融资服务情况以及“致富思源、富而思进”教育开展情况。强调要真正理解江泽民总书记关于非公有制经济是我国社会主义市场经济重要组成部分和非公有制经济人士是有中国特色社会主义事业的建设者的重要论述，加强非公有制经济人士爱国、敬业、守法教育。要把握中国即将加入WTO的历史机遇，引导企业树立守法经营、文明从商形象。要引导企业在发展事业的同时，履行社会责任。

2002年5月，市工商联会长孙志安带领经济处、会员处等部门负责人，深入会员企业调研生产经营情况，听取企业意见建议，共商非公有制经济和工商联工作发展大计。走访调研中，孙志安认真听取私营企业生产经营情况介绍和对市工商联工作的意见建议，宣传工商联的性质和职能。孙志安会长要求工商联机关同志要以邓小平理论和“三个代表”重要思想为指导，树立与时俱进观念，切实以服务为抓手，抓好“五个结合”，调查研究，更好发挥“桥梁、助手”作用，加强非公经济代表人士队伍建设，推动非公有制经济健康发展。

2002年12月20日，市委常委、组织部部长戴源到市工商联调研指导。戴源指出，学习贯彻党的十六大精神是当前的首要政治任务，江泽民报告中关于非公有制经济的论述对工商联工作具有重大的指导意义，尤其是对个体户、私营业主等“都是中国特色社会主义事业的建设者，尊重和保护一切有益于人民和社会的劳动，放手一切劳动、知识、技术、管理和资本的活力竞相迸发，让一切创造社会财富的源泉涌流”等论述，对工商联工作、对非公有制经济发展发挥的作用是不可估量的，要认清工商联的地位作用，尤其是在发展经济中的作用。工商联要尽可能地拓展工作领域，壮大会员力量，加强非公有制经济人士的思想教育，帮助他们加快发展企业，引导他们关心公益事业。要搞好非公有制经济代表人士优秀品质宣传，要尊重他们的财富更要尊重他们的作用，引导他们树立良好社会形象。要重视发挥商会作用，加强与境外商会的联系，助力镇江经济发展。工商联党组要坚持民主集中制原则，分工负责制，重大事项、重点工作和干部工作等，要征求吸收党外领导干部的意见建议。

2004年，市工商联围绕民营企业实际困难和现实工作需要展开调研活动。先后对镇江市20多家营业总收入超亿元企业、10余家规模型改制企业和40多家中小型企业进行实地调研。围绕“融资担保机构的建设与发展”这个主题组织专题研讨交流，搞清民营企业在投融资、权益维护、企业管理、技术创新、海外市场拓展方面的现状及面临的困难,形成调研报告,推动市政府出台鼓励支持民营企业发展的29条政策措施,并在全省率先提出建立民营经济投诉督查中心的建议,协助市政府完成方案拟制工作。

2007年,市工商联围绕市委、市政府的中心工作,对50余家民营企业走访调查,开展上规模民营企业、民营企业自主创新、民营企业社会责任等调研活动,撰写《2006年度镇江市民营企业经济发展报告》等调研报告13篇,其中《发展现代家庭工业,加快实现富民强市》等4篇在省工商联评比中获奖。通过调研,掌握民营企业在投融资、企业管理、技术创新、市场拓展等方面的第一手资料,为市政府加强发展民营经济的研究和决策奠定基础。

2008年,围绕人民币升值、经营成本上升、金融危机等不利因素对镇江民营企业的影响问题,市工商联调研组深入百余家企业和相关行业进行专题调研,撰写《加强企业家队伍建设的调研报告》《建立创投引导资金的建议》《民营中小企业发展现状》3篇调研报告,并编撰《2007年度镇江市民营经济发展报告》,得到市领导的重视。

2012年,市工商联组织开展上规模民营企业调研、民营企业履行社会责任调查和镇江市中小企业抽样调查工作,完成上报调查表60份,与经信委合作撰写《2011年镇江市民营经济发展报告》,为各级领导和有关部门决策提供依据。围绕小微企业发展组织专题调研,通过召开座谈会、组织问卷调查、进行数据信息统计分析等形式,向省工商联报送调研报告,为省政府在财税、金融等政策方面完善和支持中小企业发展提供参考。围绕省政府工作报告中提出的“积极推进南京都市圈和宁镇扬同城化建设”课题,联合省社科联、南京大学等单位开展调研,在市政协七届二次全会上作题为《把握机遇,积极应对宁镇扬同城化》的大会发言,该发言材料被省政协大会作为书面交流材料收入汇编。

2013年3月,全国政协原副主席、工商联名誉主席黄孟复及省人大常委会副主任、省工商联主席许仲梓等领导到市工商联考察调研。

2014年4月,中央统战部副部长、全国工商联党组书记、常务副主席全哲洙到镇江调研,考察会员企业,召开科技成果转化座谈会等,工商联汇报镇江市中小微企业在技术创新中所做的工作和遇到的问题困难,引起领导关注。

2015年9月16日，市委书记夏锦文等领导就民营经济发展情况到市工商联调研，并与基层工商联、部分市直商(协)会负责人和民营企业家代表座谈交流。调研时夏锦文强调要鼓励企业家适应新常态、实现新发展，要秉持“商道酬信”“义利兼顾”理念，体现担当精神和社会责任，实现企业发展与城市发展良性互动。

2016年，市工商联发挥组织优势，围绕中心，服务大局，开展调研活动，为党委政府决策提供依据。开展供给侧结构性改革系列调研，强化上下联动，推进部门合作，加强成果转化。参加国务院督察组、国家发改委和全国工商联联合开展的促进民间投资专项督查第三方评估工作专项调研，为摸清民间投资增速下滑的深层次原因传递真实声音。参加省委办公厅组织的“一带一路”调研，赴泰国、柬埔寨、越南等地就民营企业“走出去”状况进行专题调研。参加省政府研究室、省社科院和省经济信息化研究院组织的降低实体经济企业成本的调研，为降成本政策在实体经济企业的实施效果提供依据。注重大数据平台的建立及运用，建立信息直报点2个，直报点企业达50余家，类型覆盖大、中、小企业和一、二、三产业。完成全国工商联及省政府赋予的4次调研任务，上报调查问卷100余份。突出调研成果运用，在省政协常委会上作《关于提升企业研发机构的质量与水平》专题发言，发言内容被《新华日报》刊发；在省政协大会联组讨论会上作题为《推动军民融合深度发展，为建设“新江苏”增添新动力》的发言；调研课题《镇江市创新创业人才发展研究》被市人才办及社科联立项，为镇江“金山英才”计划的实施出谋划策。组织辖市区工商联、法检两院、财政局等赴上海、杭州等地调研，从“名企+名校”角度提出镇江供给侧结构性改革切入点的建议，为市委、市政府决策提供参考。

2017年，市工商联坚持调查研究，有序参政议政，为党委政府决策提供参考。印发工商联系统重点调研领域和参考课题，有针对性地开展调研工作；召开调查研究推进会，跟进进度，解决困难，推动调研任务落到实处；组织评选优秀调研成果，并择优参加省市级优秀调研成果评选，其中有3篇文章分别获省联优秀论文评比一二三等奖，位居各设区市第一方阵。全年共完成调研报告38篇，基层报告数量占比达70%，调查研究逐渐成为工商联系统开展工作的重要抓手。

2018年,市工商联系统围绕飞机循环再制造产业、科技装备产业、通航产业等进行专题调研,调研报告得到市委书记惠建林批示并转给相关部门落实。举办省政协工商联界别委员参政议政会议,围绕工商资本参与乡村振兴战略展开调研,以实际行动助力乡村振兴。举行优秀调研成果评选活动,评选出13篇优秀调研报告,以典型示范推动调查研究在工商联系统有效落地。丹阳市工商联撰写的《企业合力行业聚力应对贸易战》《多方努力破圈解链有效处置企业互联互保问题》得到丹阳市委、市政府的肯定;扬中市工商联撰写的《大力实施智能制造推动高质量发展》得到扬中市委书记潘早云的批示。

2019年,市工商联系统共完成调研报告40余篇,评选出14篇优秀调研报告。受市委委托,联合市委研究室,开展政商关系调研,从着眼机制建设、解决突出问题、祛除政商关系顽疾等方面深入分析,形成调研报告,向市委提出建议,推动镇江市优化营商环境工作进程。丹阳市工商联撰写的《关于丹阳市超硬材料工具行业配合开展环保专题整治行动的专题汇报和相关建议》以及扬中市工商联撰写的《弘扬工匠精神,培育劳动技能人才》的调研报告,推动当地专项工作有效落实。

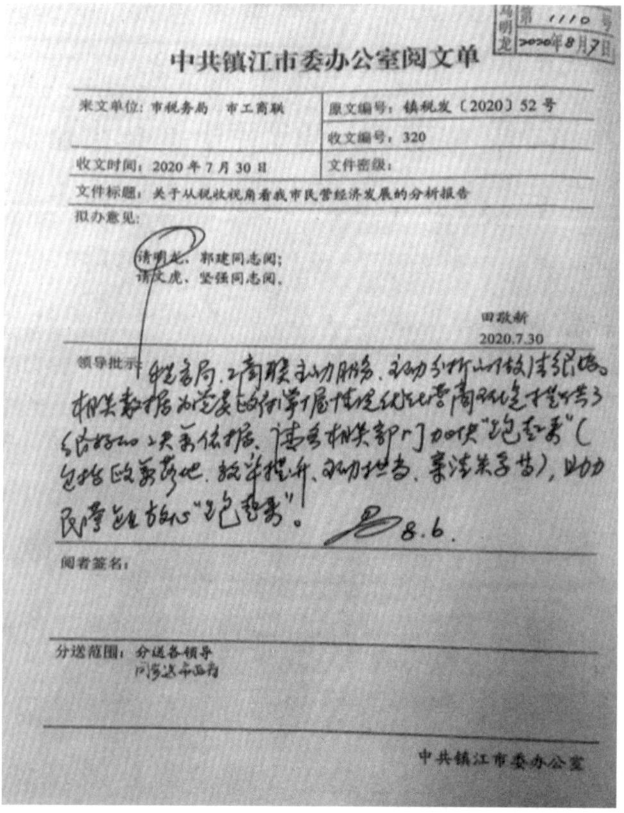

马明龙 第1110号 2020年8月7日

中共镇江市委办公室阅文单

来文单位:市税务局 市工商联

原文编号:镇税发〔2020〕52号

收文编号:320

收文时间:2020年7月30日

文件密级:

文件标题:关于从税收视角看我市民营经济发展的分析报告

拟办意见:

请明龙、郡建同志阅;

请文虎、坚强同志阅。

田歆新

2020.7.30

领导批示:[illegible] 8.6.

阅者签名:

分送范围:分送各领导

中共镇江市委办公室

图2-9 市工商联调研成果得到市委书记马明龙批示

2020年,市工商联系统撰写调研报告30余篇,形成一批调研成果。针对新冠疫情下民营进出口企业问题和困难组织专题调研,围绕主导产业发展撰写的《推动新材料产业高质量发展》、聚焦提升产业基础高级化撰写的《发挥龙头企业牵引作用,提升产业链现代化水平》、联合税务局撰写的《关于从税收视角看镇江民营经济发展的分析报告》等调研报告,为党委政府科学决策提供依据。《以解决问题优化服务为突破口，着力构建既亲又清良性互动的政商关系》调研报告被评为镇江市第十三届哲学社会科学优秀调研成果奖。

第二节　建言献策

1980年至1984年，镇江市工商联会员中当选省、市、县、区级人大代表的有23人，担任省、市、县、区级政协委员的有47人，各级人大代表和政协委员发挥参政议政、建言献策主渠道作用，上交的提案、建议一定程度上推进影响和制约镇江经济社会发展的痛点难点问题解决。如：与民建市委会联合调查基础上提出的关于开展商业网点摆布、豆制品节日供应、提高酱油质量、恢复传统食品、发展中药事业等建议，吴慎裕提出的“利用句容荒山种植意大利杨树，建立纸浆原料基地”的建议，联合市商业局提出的“扩大镇江香醋生产规模、建立年产万吨醋厂”的建议等，得到镇江市政府及有关部门的重视和关注，有效促进镇江传统产业和个私经济的发展。

1986年，联合民建市委会、市政协财贸工作组开展镇江市区商业网点布局情况调查，提出意见建议供城市建设部门决策参考。联合农工市委会、市政协医卫组考察调研中药质量包括饮片加工炮制、中药配方及价格等情况，专题写出调查报告，向市卫生部门提出改进建议。多次参与市政府组织的市场物价检查、城市规划、环境污染、工业布局、节日供应等调查研究，提出决策建议。

1991年，围绕国民经济和社会发展“八五”计划，邀请部分企业厂长(经理)和部分政协委员进行座谈。在市委全委会上陆汝纯、陈亦华联名作《搞活流通，发展经济——关于搞活镇江商品流通工作的几点建议》的发言，胡国祥委员作《改革开放，继续前进》的发言。在全国税法宣传教育活动期间，主委陆汝纯就工商税收问题作宣讲报告，帮助个私经营者正确认识税收的重要性，为增强自觉纳税意识作出努力。

1993年，联合市政协在镇江市范围内对市个体私营经济发展状况进行调查，向市政府提出4条建议：一是宣传党的十四大关于建设有中国特色的社会主义理论，宣传镇江个体私营经济中先进典型和对发展市场经济的作用，克服认识上的偏差。二是在资金信贷、引进人才、征地拆迁等方面制定相应政策，逐步推进社会主义市场经济的建立。三是将个体私营经济发展列入镇江市经济发展的整体规划，建立开放私营经济“开发区”。四是加强对个体私营经济的领导，明确市工商局为个体私营企业主管部门和发挥市工商联、市个协群团等组织的作用。

1994年，市工商联界别政协委员由13人增加至18人，其中常委由3人增加至5人，成立老会员参政议政咨询小组，全年提交各类提案13件，其中《培育私营、民营企业经济巨人》被镇江市政协表彰为1994年度优秀提案。

1995年，提交各类议案23件，其中《树光彩形象，创光彩业绩》提案被市政府以内参形式转发，并被市政协表彰为优秀提案。

1996年，提交集体提案9件、个人提案4件。在省政协八届四次全委会期间提出《应加快建设镇扬长江大桥立项与开工》的提案，引起省委省政府领导关注，推动“镇扬大桥”项目被列入省“九五”计划和2010年远景目标纲要。在市政协期间作题为《积极引导，强化措施，促进镇江经济健康发展》的大会发言。

1997年，向市政协提交集体提案和调研报告20件，其中15件集体提案被立案，得到市有关部门的办案答复，1件被市政协评为优秀提案。《围绕中心参政议政、发挥优势履行职能》《关于镇江工商联乡镇(街道)分会工作运转情况的调查报告》等被转载于《镇江政协》《江苏工商》等刊物，《关于镇江非公有制经济发展现状的调查报告》为市委市政府完善和促进个体私营经济发展的政策措施提供依据。

1998年，组织非公有制经济代表性人士和县(市)区工商联机关干部，分赴苏南、浙江、海南、深圳等地考察调研个私经济发展和推进行业商会建设情况，形成3篇调研报告，其中《关于加快镇江个私经济健康发展的十条建议》在市个私经济工作理论研讨会上进行交流，并获一等奖。市政协四届一次全委会议前后，市工商联围绕建立个私企业信贷担保基金、严格税收征管、清理“三乱”行为、促使假集体摘“帽子”和兴建银山门商贸区等方面提出7件集体提案，均获立案并得到相关部门答复，《关于进一步加强对发展个私经济决定的执行落实情况进行检查的建议》被市政协评为优秀提案。

1999年，提交集体提案6件。在市政协四届二次会议上作《发展乡镇个私经济，促进镇江农村现代化建设》的发言，《关于建立信贷担保机构，解决个私企业发展资金困难的建议》被市政协表彰为优秀提案。10月28日，召开工商联系统参政议政工作会议，非公有制经济人士中的市人大代表、工商联界别市政协委员20人，以及市工商联参政议政工作委员会成员和市委统战部联络处负责人出席会议，专题研究如何提高参政议政能力和提案质量问题。

2000年，提交集体提案20件、大会发言2个。在政协四届三次会议期间提出的“关于对个私企业乱收费现象仍然严重，必须坚决制止的建议”提案，被市政协评为2000年度优秀提案。

2001年，提交集体提案11件。在政协四届四次全会会议上作《着力营造良好环境，实现私营个体经济发展大跨越》发言，1件提案被市政协评为优秀提案。

2002年，提交提案13件，其中1件被市政协评为年度优秀提案。

2003年，提交提案14件。围绕优化投资环境、大力发展民营经济、开展对外联络、推动招商引资等方面，撰写13篇调研报告。在市政协五届一次会议期间，向大会作《深入学习贯彻党十六大精神，释放非公有制经济巨大增长潜力》的发言，被评为优秀集体提案。

2004年，提交集体提案14件。其中《拓展民营经济市场准入空间，促进民营经济快速发展》《关于完善镇江民营企业融资担保体系建议》《关于建立民营企业投诉中心的建议》等涉及民营经济发展政策环境的11件提案，推动市委、市政府把发展民营经济作为镇江市经济发展的“第一抓手”。召开民营经济工作会议、民营经济工作督查会议、民营经济政策宣讲大会，出台《关于进一步加快民营经济发展的若干意见》，组织党政领导和民营企业家组成的考察团赴浙江温州考察等举措，有效促进民营经济的发展。

2005年，提交集体提案13件。在政协五届三次会议上作《完善融资担保体系，解决中小企业贷款难》的大会发言。

2006年，提交集体提案14件。在市政协五届四次会议上作题为《发展现代家庭工业，激发全民创业热情》的大会发言。

2007年,提交集体提案12件。在市政协双月座谈会、政协专题会上提出《构建以企业为主体、“产学研”相结合的创新平台》《进一步提高企业家自主创新意识》等建议,推动市委、市政府实施《企业自主创新百千万工程》。在镇江市政协五届五次会议上作题为《加强组织引导,推动民营企业参与新农村建设》的大会发言,在市政协六届一次全会上,围绕“中小企业融资难”问题作专题发言,推动相关问题的解决。《关于制定〈进一步加强民营经济发展的若干意见实施细则〉的建议》《关于民营企业构建和谐劳动关系的建议》被市政协评为优秀提案。

2008年,提交涉及民营经济发展的集体提案25件。在市政协六届一次会议作《建设制造业国家基地,努力提升区域竞争力》大会发言,率先提出镇江建设制造业国家基地的建议,契合不久后国务院出台的长三角产业发展指导意见和市委市政府的发展思路。与省委党校联合开展《京沪高速铁路和沪宁城际铁路的开通对镇江的影响及对策建议》的调研,形成2.2万字的调研报告。在市政协六届二次全会上作《沿铁经济发展战略思考》的发言,引起与会人员关注。

2009年,镇江市工商联提交提案14件。《抢抓“两铁”机遇,推进镇江沿铁经济发展》《重点发展先进制造业,推进镇江成为长三角先进制造业集聚区》被市政协评为优秀提案。

2010年,先后提出“让民营企业成为新兴产业发展的主力军”“大力发展产业联盟”等建议。在“我为‘十二五’献一策”活动中,提出“大力发展产业集群”“加强企业家队伍建设”“推动产业升级”等建议,部分内容被吸纳到镇江市“十二五”规划中。

2011年,提交集体提案共11件。在市政协六届四次全会上作《保持投资强度,给力跨越发服》大会发言。集体提案《关于在产业转型开级中加强金融支持的建议》被市政协定为年度重点督办提案。

2012年,提交集体提案13件。在市政协六届五次、七届一次全会上,工商联界别围绕民营经济发展、优化政策环境等方面提出《大力发展互助担保机构的建议》。工商联界别3名政协委员被市政协表彰为优秀政协委员,工商联界别被表彰为先进委员活动小组,《发展风险投资,推动创新型经济发展》《大力发展生产性服务业》被市政协评为2012年度优秀提案。8月,开通《镇江市工商联(商会)要情专报》,首份关于《市工商联携手民生银行成立"镇江小微企业城市商业合作总社"》的要情专报,得到市政协副主席、市委统战部部长宦祥宝批示。

2013年,提交各级人大议案、政协提案210件,集体提案30件,向各级党委政府提出各类意见建议和调研报告50件。市工商联本级提交提案建议18条、专报1条;在市政协七届二次全会上作题为《把握机遇,积极应对宁镇扬同城化》的大会发言,被省政协收录作为大会书面交流材料;利用《要情专报》维护浙商某企业的合法权益,得到市委书记张敬华的批示;机关党支部选送的题为《我为"四大行动计划"作贡献》获市级机关工委征文评选活动一等奖。

2014年,提交各级人大议案、政协提案100余件,集体提案15件,为各级党委政府提供各类意见建议和调研报告20余件。市工商联本级提交集体提案、建议16件。与全国人大代表、企业家副主席朱国平联合撰写的《关于制定商会法的议案》,于2014初提交到第十二届全国人大第一次会议上,得到全国人大的答复;在省政协第十一届七次常委会议上,作题为《发展乡村旅游,助推新型城镇化和城乡一体化建设》的发言,被《新华日报》报道。推动提案及调研成果的转化工作,其中《关于大力推进人才兴市的建议》加快"331计划"的进程,促进技术与资本的对接;围绕打造镇江民营经济升级版展开专项调研,形成调研报告,推动市委、市政府出台《关于促进镇江民营经济升级发展政策意见(试行)》。12月,在市政协七届一次会议上提交的《大力发展互助担保机构》和在市政协七届二次会议上提交的《对民营科技型企业加强知识产权保护》《引导和鼓励民资进入老龄服务领域》《对镇江获全国工商联科学技术奖的民营企业给予科技创新政策扶持》以及在市政协七届三次会议上提交的《加快混合所有制经济发展》等5件提案,被市政协评为2012—2014年度优秀提案。

2015年,提交各级人大议案、政协提案100余件,集体提案超15件,工商联系统调研课题结题30项。首次向市社科联申报的《镇江打造长江旅游带重要节点城市研究》调研课题获二等奖,《立足苏南自主创新示范区,打造具有"镇江特色”高新区》获江苏省社科联第九届学术大会优秀论文三等奖。企业家副会长郦海星、张玉宏，执委王斌等当选为“镇江市政协专家咨询委员会”成员，王斌被市政协表彰为优秀政协委员。句容市工商联撰写的《关于创新县级工商联的思考》，在全国工商联第二期县级工商联主席(书记)培训班上作交流发言，并在《中华工商时报》上刊发。

2016年，镇江市工商联参加国务院督察组、国家发改委、全国工商联、省政府研究室等组织的相关调研，为“三去一降一补”攻坚破题。赴泰国、柬埔寨、越南等地就民营企业参与“一带一路”建设进行调研。组织工商联系统围绕经济社会发展的热点难点问题进行调研，为党委政府出台相关政策提供科学依据。新增句容市工商联为民营企业信息直报点。在省政协常委会上作《关于提升企业研发机构的质量与水平》的发言被《新华日报》报道。调研文章《镇江打造长江旅游带重要节点城市研究》获“镇江市第十一届哲学社会科学优秀成果”三等奖。

2017年，提交各级各类议案、提案和建议百余件。在江苏省率先成立参政议政委员会，恢复《要情专报》，第一期《要情专报》围绕民营经济发展过程中未批先建、破圈解链、优惠政策落实不到位等展开调研，形成《关于解决镇江民营经济发展中存在的几个问题的建议》的调研报告，得到市委主要领导的批示。

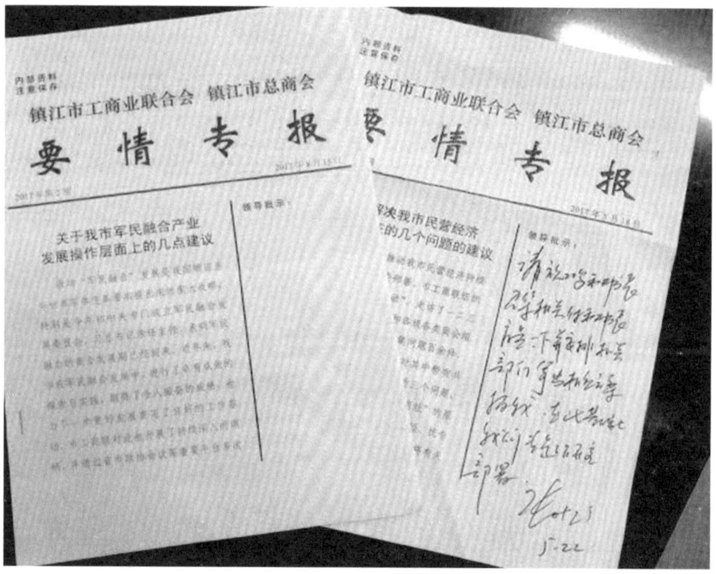

图2-10　恢复《要情专报》，直接向市委市政府主要领导反映非公领域情况

提出关于“生产性用房未批先建”的建议，推动市委、市政府出台《镇江市区不动产登记所涉历史遗留问题处置暂行办法》(镇政办发〔2017〕153号)，促进民营企业健康发展。探索商情直报，做好全国工商联民营企业调查点工作，探索“商情直报点”建设，推动民营企业家履行社会责任，全面了解民营企业情况，把握民营企业运行

态势，为党委政府决策提供资料。抓好提案落实，通过提案推动工作，提交的《关于推进商会调解、探索诉调对接的建议》，推动镇江成立首家商事人民调解委员会。丹阳市工商联成立“商会商事调解委员会”，探索建立多元化纠纷解决机制。

2018年，提交各级各类议案、提案百余件，调研报告40余篇。《聚力“两聚一高”促进企业健康发展》《完善中小企业公共服务平台建设》《关于加大科技支持重点产业链优化培育力度》等提案获2017—2018年度优秀提案。市政协工商联界别小组获“2017—2018年度先进委员活动小组”称号。吴银权等3名委员被评为优秀政协委员。

2019年，镇江市工商联提交各级各类议案、提案和建议百余件，调研报告30篇。召开镇江市民营经济营商环境评估工作会议，明确牵头部门，落实责任单位，建立优化营商环境的长效工作机制，以问题为导向进行“补短板、优环境、促发展”，促进民营经济健康发展。针对民营企业解决问题难和民营企业建言陈情渠道不畅的情况，在省内创新设立企业家接待日制度，建立企业问题解决、建言陈情和日常联络机制，使企业解决问题不需要找关系、托熟人，从制度上打通企业办事难、办事繁琐的瓶颈。创新举办经济形势分析会，组织行业中游企业、生产服务业机构，分析总结上半年经济情况，研判下半年发展趋势，为镇江经济高质量发展提供决策参考。

2020年，提交各类议案、提案和建议百余件，调研报告40篇。牵头起草《镇江市企业家参与涉企政策制定实施办法(试行)》。联合市发改委、信用办推动制定《镇江市企业失信修复办法(试行)》，在全省率先构建信用修复“三个一”新模式，全年协助组织10场信用修复培训会，帮助908家企业通过信用修复，修复成功率从44.81%提升至77.86%。推动市纪委监委出台《政商交往“正面清单”(试行)》，为构建“亲”“清”新型政商关系提供正向指引。通过人大、政协、市委双月座谈会、市委专题民主协商会、企业家座谈会等建言献策，为市委、市政府决策提供依据。做实企业家接待日制度，与工信局“一门帮办”平台无缝对接，先后帮助肯帝亚木业优化部分批次出口产品退货渠道、鼎胜重工协调融资难题等问题。承担省人大基层立法联系点工作，发挥省人大基层立法联系点作用,建立立法决策和民营领域之间的联系机制,完成《江苏省农村公路条例(草案修改稿)》《江苏省关于加强小餐饮管理的决定(草案)》2项征求意见任务。

第三节 优秀调研成果

2000年11月,由镇江市工商联副会长朱经才撰写的《加大力度强化措施,持续快速健康发展个私经济》调研报告获省工商联优秀调研报告评选三等奖。

2005年12月,镇江市工商联推荐的《坚持产业集群发展战略,做大做强镇江特色产业—丹阳市特色产业的调查与思考》获省工商联优秀调研成果二等奖,施露撰写的调研论文《创建自主品牌是私营经济发展之魂》获省工商联优秀调研成果三等奖,镇江市工商联撰写的《完善融资担保体系,解决中小企业贷款难》获省工商联优秀文稿奖。

2013年,镇江市工商联《建立多层次融资体系,缓解小微企业融资难》获全省工商联系统调研成果评选二等奖,丹阳市工商联《辩证认识眼镜产业的"依视路现象"》获全省工商联系统调研成果评选三等奖,镇江市工商联《应对宁镇扬同城化的思考》《创新金融服务平台,助推小微企业发展》获全省工商联系统调研成果评选优秀奖。刘杰撰写的《创新金融服务平台,助推小微企业发展》获镇江市政府系统优秀调研成果三等奖。

2015年,镇江市工商联推荐的《扫清障碍,激发活力,全力打造镇江民营经济升级版》获全省工商联系统优秀调研成果一等奖,《句容市影响民营经济发展的体制性问题及对策》获全省工商联系统优秀调研成果二等奖,《镇江新区产业园区科学发展上台阶的路径研究》《探索机制、明确目标、发挥优势,激发商会活力,为深化改革聚集能量》获江苏省工商联系统优秀调研成果三等奖。由镇江市工商联刘杰撰写的"双众双创"专题调研报告《加快创新驱动,引导民营企业二次创业》获2015年镇江市政府系统优秀调研成果三等奖。

2017年,市工商联卢道富、吴银权、奚莹、张晓东联合撰写的《关于解决镇江民营经济发展中存在的几个问题的建议》获江苏省工商联优秀调研论文一等奖,市工商联卢道富撰写的《推动军民融合深度发展,为建设"强富美高"新江苏增添新动力》获江苏省工商联优秀调研论文二等奖，市工商联卢道富、刘杰撰写的《嫁接“名校、名企”资源，升级“创新、创业”园区》获江苏省工商联优秀调研论文三等奖。

2018年，市镇江市工商联调研组撰写的《把通航产业打造成为镇江市高质量发展的产业高地》、镇江新区工商联调研组撰写的《关于做大做强新区生命健康产业的调研》获2018年度镇江市工商联系统优秀调研成果一等奖。刘杰撰写的《建立沟通协商制度，构建亲清政商关系》、镇江市工商联调研组撰写的《探索开展“一评估两体检”，助推民营经济高质量发展》、丹阳市工商联调研组撰写的《重塑银企合作关系，优化金融惠企环境》、扬中市工商联调研组撰写的《加快发展扬中市跨境电商的研究》、镇江市工商联调研组撰写的《飞机保养维修和循环再制造产业调研汇报》获2018年度镇江市工商联系统优秀调研成果二等奖。刘正泰撰写的《关于开展民营企业家教育培训工作的实践与思考》、丹阳市工商联调研组撰写的《发挥产业集群优势，参与全球化竞争》、镇江市工商联参政议政委员会调研组撰写的《镇江市版权产业发展现状及对策研究》、左建香撰写的《非公人士参与推进工商联改革的探索》、张菲菲撰写的《镇江市检验检测行业的现状及发展建议》、京口区工商联调研组撰写的《促进京口区民营经济高质量发展的思考》获2018年度镇江市工商联系统优秀调研成果三等奖。

2019年，镇江市工商联亲清新型政商关系调研组撰写的《坚持问题导向，优化政商关系，助推民营经济高质量发展》、吴银权撰写的《强化“走出去”风险防控 护航民营企业行稳致远》、镇江市工商联与丹阳市工商联联合撰写的《发挥工商联作用推进“非公”领域协商民主的实践和思考》获镇江市工商联系统优秀调研成果一等奖。镇江市工商联推进产城融合发展调研组撰写的《发挥商会独特优势 助推产城深入融合》、卢道富和周道琴撰写的《发挥商会调解优势 助力民营经济健康发展》、姚勇撰写的《让更多民营企业成为军民融合发展的实践主体、探索先锋和发展推手》、镇江市温州商会与丹阳市温州商会联合撰写的关于丹阳市企业被上市公司收购情况的调研报告《在发展中整合 在整合中提升》、句容市工商联撰写的《句容市民营企业文化建设专题调研报告》

获全市工商联系统优秀调研成果二等奖。扬中市工商联撰写的《关于营造良好营商环境推动经济高质量发展的调研报告》、丹阳市工商联撰写的《推进企业信息化、智能化、绿色化改造 促进传统产业改造升级》、刘杰撰写的《民营企业欠款问题调查报告》、丹阳市工商联撰写的《推进中介服务市场化,不断优化营商环境》、镇江新区工商联撰写的《镇江新区新能源产业发展调研报告》、京口区工商联撰写的《高标准建设街道商会,促进非公经济高质量发展》获镇江市工商联系统优秀调研成果三等奖。

2020年,镇江市工商联调研组撰写的《镇江民营经济在服务构建新发展格局中先行先试争做示范的路径和对策研究》和卢道富、吴银权、刘涛撰写的《发挥龙头企业牵引作用 提升产业链现代化水平》获镇江市工商联系统优秀调研成果一等奖。刘杰、巫晓政、丁静撰写的《从税收视角看镇江民营经济发展的分析报告》、扬中市工商联撰写的《坚持创新驱动 优化发展环境 推动传统产业转型升级》、丹阳市工商联撰写的《加强丹阳市科技、人才与长三角一体化战略对接的思考》和卢道富、吴银权、刘涛撰写的《关于推动镇江新材料产业高质量发展的思考》获镇江市工商联系统优秀调研成果二等奖。镇江新区工商联撰写的《"十四五"时期镇江航空航天产业发展研究》、胡舜根撰写的《镇江市民营企业信息安全管理现状及对策》、镇江高新区工商联撰写的《镇江高新区科技金融体系建设情况调研报告》、镇江市温州商会撰写的《助力中小企业化解后疫情时代融资难问题的思考》、丹阳市工商联撰写的《关于丹北镇钻头工具产业发展的调研报告》和京口区工商联撰写的《以科技创新助推京口民营经济高质量发展的调研报告》获镇江市工商联系统优秀调研成果三等奖。

第六章　合作交流

镇江市工商联成立以来，注重发挥商会联络广泛的优势，开展省内外经济和人文交流，发展同我国香港、澳门特别行政区和台湾地区以及国外有影响的工商社团、商务机构和海外工商经济界知名人士的交往、联谊与合作，创新外联工作平台，先后加入海内外华人友好商会，参加世界华商大会，与国内外数十个工商联(商会)建立友好关系。组织会员赴境外开展经贸活动，帮助企业引进和利用外资，支持民营企业实施“走出去”战略，拓展国际市场。加强对外经贸合作交流，发展镇江外向型经济，强化行业商会在化解国际贸易摩擦中的协调作用，为外商在镇江投资牵线搭桥。

第一节　城乡和区域合作交流

一、建立城乡物资交流机构

1951年5月16日，镇江市工商联筹委会成立城乡物资交流推进委员会，主任委员向春亭，副主任委员朱觐高、蒋志云，委员33人；各行业设36个分会，300余户参加，资金250多亿元(旧币)；主要职能是组织联购分销。1952年8月扩大组织机构，成立镇江市城乡物资交流促进会，主任委员陆小波，副主任委员王秉乾、胡鲁璠，委员21人。1952年冬，根据需要进行改组，更名为镇江市城乡物资交流委员会，主任委员由市长顾维衡兼任，陆小波、王秉乾任副主任委员；各行业设46个购销委员会或购销小组，分别由工会主席担任副主委或副组长。

二、参加苏南区城乡交流物产展览会

1951年5月10日，苏南行政公署在无锡市举办苏南区城乡物产交流展览会，大会设镇江馆。镇江市工商联筹委会在4月中旬建立机构，征集镇江专区各县土特产品800多个品种，先由工商联组织在镇江预展3天，5月10日在无锡市正式展出。展览期间，筹委会组织工商界700余人前往参观，这是第一次苏

南城乡物资交流会。

三、设立临时商场

1952年6月,为便利郊区和苏北农民来镇江购物,城乡物资交流促进会在苏北路大陆仓库收购站设立江边临时商场,参加交流的有43个单位计974户,6月25日至7月19日,销售总额达19000万元(旧币)。

四、举办镇江市城乡物资交流大会

1952年9月10日至15日,镇江市在伯先公园举办城乡物资交流会,市工商联筹委会主委陆小波担任大会副主委。8月9日,工商联筹委会召开各行业代表会议,动员做好交流会的准备工作,组织访问团到苏北10个县开展联络工作。大会开幕前,中共镇江市委书记吴仲邨动员各行业代表制订购销计划。至大会结束,共成交金额90亿元(旧币),其中工业品占41%,土特产品占59%。

五、组织物资交流

从1951年参加苏南区城乡物资交流会开始至1953年6月底,镇江市工商联共组织65个行业近百个代表团,先后参加苏南、华东、苏北、南京、东北、中南、广州、皖南、皖北等54个地区66次物资交流会,成交总额3825633万元(旧币),签订协议、合同共3354份,并与内蒙古、澳门、青海、陕西、宁夏等地发展商业关系。镇江市城乡物资交流委员会于1953年12月16日经商业局批准撤销,其所遗业务由市工商联辅导处接办。

六、为企业会员服务

镇江市工商联利用组织网络优势,组织企业会员参加各项经济活动,促进横向联系交流。1987年组织镇江搪瓷厂去山西大同参加名优产品展出技术扩散会;组织轻工机械厂、江奎电子有限公司参加全国工商联首届产品展览会。1988年3月、9月和1989年8月,3次组织20家企业会员参加华东(六省一市)工商联商品交易会,成交额16719万元。帮助镇江铸钢厂与上海经济区石油化工机械设备集团建立联系,采购废钢2400吨。帮助镇江轻工机械厂与上海经济区轻工机械集团沟通业务关系。

七、召开江苏省五港口城市工商联联谊会

1992年6月10日至13日,江苏省五港口城市工商联联谊会第三次会议在

镇江市召开，出席会议的有五港口城市工商联及徐州、扬州、常州3市工商联领导和工作人员。会议主要内容是贯彻落实中发〔1991〕15号文件和中发〔1992〕2号文件精神，交流五港口城市工商联工作经验，探讨在新形势下如何做好非公有制经济代表人士思想政治工作和工商联组织结构调整工作等方面的实践经验。

八、召开招商信息发布会

1993年2月1日，镇江市工商联工商经济开发公司与深圳市总商会汇商有限公司联合组建的深圳市汇江商场召开招商信息发布会。来自镇江市46个政府相关部委办局和工商企业负责人55人出席会议。会上，汇江商场总经理杨宏德介绍汇江商场筹建经过深圳特区市场状况，汇江商场作为镇江市第一家在深圳特区设立的工贸联营型窗口在开展内联外销、双向连锁、多方位经营业务方面的情况。他建议镇江市工商企业利用深圳经济特区这个窗口，大力引进国外新奇特商品，丰富市场商品种类，并愿意在提供产品信息、发展市场经济等方面进行合作交流。市政府常务副市长应国根参加会议并讲话，要求镇江工商企业要利用好这个窗口，为发展镇江外向型经济作出更大努力。

九、参加商品交易会

1993年9月18日至21日，华东六省一市工商联第七届商品交易会在南昌举行，镇江恒顺酱醋厂、镇江联谊塑胶有限公司、镇江长城鞋业有限公司、丹阳珥陵绣花厂等4家企业参加展销会。会议期间，合同成交额为137.25万元。镇江长城鞋业有限公司与20多家新客户签订合同成交额100万元以上，镇江恒顺酱醋厂对获国际金奖、国家金奖的金山牌香醋进行宣传推介。

十、考察交流

1994年6月17日，甘肃省天水市工商联会长王志忠到访市工商联，交流工作经验，探讨加强经济合作的前景，商讨天水产品在镇江销售渠道等事宜。

1995年3月23日，市工商联会长朱仁和、党组书记林存德、副会长兼秘书长朱经才等一行5人赴常州市工商联考察学习，此次考察主要围绕如何推进光彩事业、规范会费收取、丰富非公有制经济人士活动以及设立商会基金等内容展开交流。

1996年4月15日，无锡市工商联副会长陈前友以及宜兴市、江阴市、锡山市、南长区工商联领导等一行8人，到镇江市工商联调研组织建设工作，并就乡镇分会建设和运转等情况进行工作交流。

1996年4月19日至21日，上海市闵行区工商联主任、区政协副主席金文华，区委统战部副部长胡剑雄，区工商联党组书记董粉弟、副主任曹小弟等带领9个镇、4个街道办有关人员一行共25人到市工商联交流会务工作。

1996年8月7日至8日，上海市松江县工商考察团一行16人，到镇江市工商联，就乡镇分会建立和运转等方面工作进行考察交流。考察团一行考察丹徒县辛丰镇、黄墟乡工商联分会以及丹徒亨利达金融保险设备有限公司、镇江市黄墟锚链厂和龙山鳗业联合会有限公司。

1996年下半年，镇江市工商联组织县(市)区工商联负责人和部分会员企业参加“海内外华人友好商会年会”“96江、浙、沪工商联(商会)研讨会”，加强对内对外沟通联络。

1999年7月22日，常州市工商联会长周志强等一行7人和上海市杨浦区工商联党组书记、副会长张福康等一行5人，分别率队到市工商联交流工作。

1999年10月7日至10日，第二届江苏省名品精品新品交易会在南京举行，市工商联组织非公有制经济人士70家会员企业参加交易会，产品交易额达5700余万元。

2000年6月23日，上海市浦东新区工商联(商会)会长王以忠，党组书记、常务副会长兼秘书长李人俊，副会长、伟龙企业有限公司董事长、总经理陈志龙，味利皇食品公司副董事长张英亮和旭东市政安装工程公司董事长姜鹤龙等一行27人，到市工商联考察私营企业发展情况和开展“致富思源、富而思进”教育活动情况。考察期间，柏新民和镇江民营经济开发区党委书记、管委会主任徐志刚分别向客人介绍镇江私营经济发展情况和开发区投资环境情况，陪同考察江苏森隆机电有限公司和镇江电器有限公司。

2000年8月30日，苏州市工商联会长黄忆祖、党组书记金铁峰等一行9人到市工商联考察诚信担保公司运作情况。

2002年10月12日，“2002中国镇江经贸旅游洽谈会”开幕。为配合市政府做好招商工作，市工商联邀请上海和杭州、温州、瑞安等地区房地产、汽车部件、服装、印刷包装以及从事贸易的10余位客商出席经贸旅游洽谈会开幕式，并于13日、14日考察镇江纺织丝绸资产经营公司、丹徒康仁医药连锁企业，与蒋乔、官塘两地负责人就房地产开发、园区建设和药品生产经营等项目进行洽谈。

2004年4月，组织民营企业负责人赴浙江温州、台州、宁波、杭州等民营企业发达地区考察，参观正泰集团、飞跃集团、奥克斯集团、万向集团等民营企业。6月，会同市委统战部组织12位民营企业负责人赴苏州、无锡、常州参观学习；组织部分规模型民营企业参加长春、成都、上海等地国有企业改制项目和市政工程建设项目推介会。10月，会同市计委组织16家民营企业参加省工商联组织的赴东陇海线考察投资活动，促成雅泰物流、水晶制品深加工、电动车配件生产等意向标的1亿多元的合作项目；丹阳市眼镜商会组织150家会员企业参加上海、北京、我国香港地区、韩国大邱等8个国内外眼镜博览会，获得大批贸易订单。

2004年，为促进与沪、宁地区民营企业合作交流，镇江市工商联集中邀请上海徐汇、虹口、卢湾和浦东新区的商会及所属部分企业负责人到镇江，考察江奎电子、蓝宝石电子、三维塑料和镇江新区、镇江民营经济开发区等，签订为两地民营企业提供互利服务合作协议。邀请省工商联负责人和南京天地国际集团、南京新华海科技产业集团、江苏弘辉房地产开发有限公司、江苏苏宁建设集团等知名民营企业负责人到镇江开展商务考察，受到镇江市市长许津荣的接见，考察团一行考察镇江新区民营经济工业园、扬中新坝高科技园区、沿江工业仓储园区和江苏中电设备制造公司、江苏飞达制衣有限公司等民营企业，进行商务合作座谈交流。

第二节　与香港、澳门、台湾地区及国外合作交流

一、开展“三胞”联络活动

为落实党中央关于做好海外统战工作的指示，镇江市工商联先后2次对会员中有海外关系的人员进行调查了解，组织开展“三胞”联络活动，通过座谈

会、节日联欢会、互访交流等活动，广交朋友，联络感情。

1980年，原江苏省工商联主委刘国钧的子女刘璧如和刘汉良在常州市委统战部部长李玉和工商联主委江子励陪同下到镇江参观访问，市工商联负责人接见并陪同参观；之后，刘璧如又偕查济民(刘国钧女婿)和上海市工商联副主委丁忱到镇江，受到市工商联负责人接见。

1981年，新加坡中华总商会会长陈共存和夫人来镇考察，市工商联协助市博物馆成交100件仿制唐朝“论吾酒令筹”的业务。

1984年，香港中华总商会代表团一行30余人，在施宪章陪同下专程到镇江参观访问，市工商联负责人陪同参观考察，并组织经贸合作交流。

1985年6月，市工商联接见香港裕华国货公司余连庆率领的GT4488重点团一行26人。

1987年10月，接见香港观塘区工商业联合会副会长胡国祥为团长的访问团一行17人。促成镇江锚链厂与台湾中国钢铁厂的合作交流。

二、与港澳台地区及国外合作交流

1992年10月30日，主任委员陆汝纯应香港官塘工商业联合会新任会长胡国祥邀请，参加第八届会董局就职典礼暨十周年会庆，并介绍国内经济建设形势，为镇江市开展外向型经济牵线搭桥。

1993年1月8日，主委陆汝纯代表市工商联签订《海内华人商会友好宣言》，该宣言由香港观塘工商业联会发起，在有28个省市地区商会参加的“香港商会与内地商会经济及贸易合作研讨会”上达成共识，北京、江苏、香港及台湾等商会负责人参加签字仪式。该宣言以商会间友好合作为宗旨，协助和加强工商咨询、经济信息交流，促进各地区经济发展。

1993年10月18日，应市政府邀请，以香港观塘工商业联合会会长胡国祥为团长、观塘工商联永久名誉会长杨孙西为顾问的香港观塘工商联“南京、镇江、上海访问团”一行17人抵达镇江。钱永波介绍镇江历史和改革开放以来镇江经济建设情况和投资环境，希望港、澳、台胞和海外侨胞回国观光和投资办企业。胡国祥和杨孙西还参加了商品交易会开幕式。

1994年8月30日至9月2日，应香港观塘工商业联合会邀请，会长朱仁和、副会长朱经才赴香港出席“友好商会”成立仪式及会员大会，并参加“94友好商会交流会”和香港观塘工商业联合会第九届会董局就职典礼，同时邀请友会组团或派员来镇参加“金山之光”艺术节活动。

1994年8月30日至9月10日，应香港科龙有限公司邀请，由镇江市工商联副会长高亚平、常务委员李光千、会员严功夫组成的商务考察团，赴香港考察工商经济发展情况，与香港科龙有限公司洽谈经贸合作项目，并列席海内外华人友好商会成立大会暨“94友好商会交流会”。

1994年，在第二届“金山之光”艺术节期间，镇江市商会首次邀请美国加州首府商业代表团到镇江进行考察和商贸洽谈，考察扬中、句容会员企业，促成外商与扬中市外贸公司、镇江中力发展公司、江苏亚太广告公司等签订合作协议。11月，丹徒县工商联组织辛丰镇5家私营企业负责人赴新加坡、泰国及我国香港、澳门等地区参加全国工商联和新加坡中华总商会联合举办的经贸洽谈会，镇江微型轴承厂与新加坡和泰国代理商商定开辟产品外销渠道，丹徒亨利达金融工具厂赢得合作伙伴信任，加大投资，扩大生产规模。

1995年3月3日，香港中信机电工程有限公司董事长、总经理周锦荣和日本三和贸易有限公司办事处副主任程伟萍夫妇到镇江市工商联考察。3月15日，镇江市工商联(商会)特邀顾问香港隆泰行葛新访问市工商联，会长朱仁和根据市工商联七届三次执委会决议向葛新颁发证书。

1996年，镇江市商会组织民营企业家一行22人，赴泰国、新加坡、马来西亚等国家和中国香港、澳门地区进行经贸考察。泰中友协副主席、泰国中华总商会秘书长李建南，香港观塘工商联、澳门中华总商会和泰国大有集团、正泰企业有限公司负责人等接待镇江民营企业家，并就经贸合作项目进行商谈，国泰轻工机械有限公司与泰国正泰企业有限公司在曼谷兴办餐饮娱乐场所合资项目签约。泰国《亚洲日报》《世界日报》《星选日报》等主流媒体对考察活动进行报道。

1999年11月，应泰中企业家协会会长乃威财邀请，镇江市私营企业家严宝华、黄子广、朱国祥、苏文、唐长凤、杨卫明、孙和平、常广西、丰燕、陆纪英、朱祥根、崔德珍、徐为民、夏丽娟、徐正、聂寄鸣、王菊华、陈晓辉、吴佩良、任岳金、朱凤娣、王纯一、徐礼静、朱冬宏、赵月华25人组成的商务考察团,赴泰国进行商务考察。通过与泰国企业家交流,了解开拓国际市场的前景,开辟与海外客商开展经济合作的新路径。

2001年9月,世界华商大会前夕,镇江市举办为期3天的“世界华商镇江行”活动,来自20多个国家的40多批近200名客商参加活动。活动期间,代市长史和平会见泰国中华总商会主席郑明如一行。副会长柏新民陪同副市长孙燕丽接待加拿大、阿尔巴尼亚、罗马尼亚、美国等国客人,并与美国亚里桑那州江苏同乡会于小光就投资开发房地产等项目进行洽谈。

2001年9月17日至19日,副会长柏新民和丹阳华昌钻石工具制造有限公司董事长华川海、江苏美联集团董事长周龙根、镇江万新光学眼镜有限公司董事长汤龙宝参加在南京举行的世界第六届华商大会。会议期间,与会人员聆听国家领导人、中央有关部门以及海内外华商、专家学者的演讲,参加会议各项活动,组织召开由香港福康医药公司、江苏月星、江苏红星等企业负责人和镇江民营企业家参加的项目合作洽谈会。

2002年7月,应新加坡中华总商会、泰国华人青年商会、马来西亚工商业联合会的邀请,副会长兼秘书长高浩良随江苏省工商联考察团赴新加坡、马来西亚、泰国开展为期10天的商务考察。

2003年,镇江市工商联深化与境内外工商社团和工商界知名人士的沟通与合作,为镇江市外向型经济发展服务。先后与美国内陆帝国国际商会、德国巴登符腾堡州国际经济合作协会、德国中小型企业联合总会、荷兰贸易促进会、日本贸易振兴会、英格兰东北部经济发展署、香港贸易发展局等20余家境外商会建立联络关系。邀请美、德、日、荷4国商会代表考察镇江新区、丹徒新区投资环境,推进引资项目洽谈。组织民营企业参加英国驻沪领事馆在南京举行的招商活动。发展与台湾地区商会组织联络工作,多次成功组织镇江民营企业家赴台商务交流。保持与上海、宁波、绍兴、九江、连云港等地工商联组织的联系,开展经贸合作交流。

2004年,镇江市工商联贯彻市委市政府“走出去、请进来”的战略部署,推动民营经济做大做强,全年共组团出访和接待来宾40多批共500余人次。2月,应台湾中华工商文化发展协会邀请，由镇江市工商联会长孙志安任团长，执委谭荣生、朱银娣、徐福帮、刘淑芳、柳顺龙、贾柏青、尉迟景明、孟家富、徐正、林秀凤11人组成的商务考察团赴台，进行为期10天的考察交流，考察团先后拜访台湾省商业会、台湾省工业会等工商团体，宣传介绍镇江市对台商投资优惠政策、沿江开发发展规划等镇江对外开放发展新举措，组织会员企业负责人与台湾对口行业协会、对口企业进行业务交流，并邀请台湾企业家组团到镇江商务考察。11月，组织2批企业家赴台湾、香港参加商务交流，在台湾期间参观台北世贸中心，拜访台湾对外贸易发展协会、台湾省商业会、台湾区冷冻空调工业同业公会、高雄市工业总会、台湾中华工商文化交流协会，并与台湾企业家进行交流。在香港期间，20多家企业负责人参加香港贸发局主办的“中小企业国际推广日”活动，拜访香港中华总商会、香港中华厂商联合会、香港贸发局。丹徒区工商联应台湾中华工商企业跨业交流促进会的邀请，组织9名会员赴台湾玻封电子股份有限公司等企业进行经贸考察。

2004年，先后组织近百名民营企业家参加英国、荷兰、巴西、德国、日本等国家商会在江苏省举办的商贸信息发布会和经贸合作论坛暨商务洽谈活动。在镇江市金秋经贸洽谈会期间，组织40多名民营企业负责人参加香港贸易发展局在上海举办的中小企业合作展览会。市工商联邀请香港贸易发展局华东华中首席代表邓正威到镇江，组织百家民企参加CEPA商机座谈会、香港贸易服务推介会。在丹阳召开的汽配展览招商会上，德国中小企业商会代表托马斯介绍瑞士汽车配件展览会的招商事宜，推动镇江市汽车配件企业开拓海外市场。

2013年，镇江市工商联先后拜访希腊、波兰、比利时、乌克兰、乌拉圭5国驻沪总领事馆和商务机构。与英中贸易会、德国北威州投资促进署、澳大利亚贸易委员会等3家机构驻南京代表处联系，主动寻求合作。与乌克兰卢甘斯克地区工商会、澳大利亚亚太经济发展协会、波兰信息与外国投资局、奥地利格拉兹市商会4家境外组织建立友好合作关系，推动以商引商，促进对外合作。加强对外商贸交流，联合澳大利亚贸易委员会，邀请澳大利亚驻沪总领事馆官员、亚太经济发展协会负责人、银行业代表等到镇作经贸合作专场说明会，加强两地商贸合作,直接推动韦岗铁矿等公司与澳方开展对接合作。推动对外合作,借力澳门江苏商会,在全国率先设立“镇江市商会驻澳门联络处”。组织镇江民营企业家赴港澳开展经贸合作交流活动,签订贸易合同额668万元。推动中电、大全、宁武化工等企业在境外开发市场、设立基地等。

2016年3月2日至11日,应泰国会议展览局、柬埔寨西哈努克港经济特区有限公司、越南同奈省企业协会邀请,镇江市政协副主席、市工商联主席卢道富随省工商联访问团赴以上国家进行商务考察。考察期间,与泰国会议展览局就推进泰国与镇江旅游发展建立定期联络沟通机制,与西哈努克港经济特区管理层进行经贸合作洽谈交流,与胡志明市政府部门就投资合作项目建立定期联络机制。

2017年3月9日至16日,应新西兰奥兰克开发局、澳大利亚维州工商总会邀请,镇江市工商联副主席张国华随江苏省工商联代表团赴以上两国进行商务考察。考察期间,与新西兰奥兰克开发局会晤,并与当地商会进行会谈,了解江苏企业在新西兰发展情况,推动民营企业“走出去”战略。与澳大利亚江苏总会、维州工商总会等展开交流,商讨澳洲企业和江苏企业开展商贸投资有关事项,促进双方经贸交流。

2020年,市工商联引导会员企业参与“一带一路”建设,与商务局合作,成立镇江市对外投资和经济合作联合会,组织企业参加“江苏省总商会国际合作联谊会暨江苏境外园区推进大会”,引导“走出去”企业依托境外园区平台形成产能集聚效应。建华建材、鼎胜新能源、沃得集团、恒宝股份、美佳马达、合力紧固件等企业计划在“一带一路”沿线国家投资设厂,提升企业国际化市场空间。

第三节 友好商会

镇江市工商联增挂镇江市商会牌子以后,主动加强与各地商会友好合作,促进工作经验交流,缔结成功一大批友好商会,为促进双方经贸往来搭建合作平台。

图2–11　镇江市工商联与江西省九江市工商联缔结友好商会签字仪式

1991—2020年镇江市友好商会一览表

表2—5

序号	缔结时间	商会名称
1	1991年	江西省九江市工商联
2	1992年	江西省南昌市工商联
3	1996年	泰国中华总商会
4		香港黄大仙工商业联合会
5	1996年12月24日	海南省琼山市总商会
6	2004年3月4日	上海卢湾区工商业联合会（商会）
7	2005年9月	吉林省松原市商会
8	2006年9月19日	湖北省黄石市商会
9	2008年7月14日	河南省许昌市工商联（商会）
10	2009年8月17日	上海市黄浦区工商联（商会）
11	2011年5月	河南省洛阳市工商联（商会）

续表2—5

序号	缔结时间	商会名称
12	2015年6月	河北省唐山市工商联(商会)
13	2015年9月	美国大芝加哥地区华侨华人联合会
14		南京市工商联(总商会)
15		扬州市工商联(总商会)
16	2016年3月	吉林省吉林市工商联(总商会)
17		河北省衡水市工商联(总商会)
18		辽宁省大连市工商联(总商会)
19	2017年5月	安徽省芜湖市工商联(总商会)
20	2017年8月	四川省绵阳市工商联(总商会)
21	2017年8月	甘肃省金昌市工商联(总商会)
22	2017年8月	四川省自贡市工商联(总商会)
23	2017年11月	广西壮族自治区钦州市工商联(总商会)
24	2017年11月	广东省江门市工商联(总商会)
25	2017年11月	山东省滨州市工商联(总商会)
26	2017年12月	辽宁省抚顺市工商联(总商会)
27	2019年3月20日	天津市和平区工商联(商会)

第七章　履行社会责任

镇江市工商联重视弘扬老一辈工商实业家实业报国、济世惠民、扶贫助困的优良传统，开展非公有制经济人士“致富思源、富而思进”教育，引导他们履行社会责任、投身光彩事业，主动参与镇江脱贫攻坚工程和乡村振兴行动，以实际行动展示镇江市工商界人士大爱情怀，展现新时代民营企业家新形象、新风采。

第一节　献粮支前、生产救灾和修建桥梁

1949年4月25日，镇江市军管会召开工商界人士会议，动员献粮，支援解放沪杭。4月30日，镇江商会贯彻落实会议精神，成立专门机构，组织动员发动。据统计，参加献粮的有74个行业和单位，认献大米217万公斤，至9月底实缴大米179.5万公斤、柴草343.5万公斤。

1949年7月下旬，镇江地区受台风袭击，水位骤涨，沿江一带受灾较重，市人民政府动员群众防汛救灾，镇江商会在市生产防汛救灾委员会领导下，于8月3日成立分会，动员工商界捐献，共捐助现金1436万元(旧币)、面粉10万袋。1949年冬和1950年10月，市工商联筹委会响应苏南生产救灾委员会号召，动员工商界对苏北、皖北地区灾民进行社会互济，共捐助现金2700万元(旧币)、大米50石、寒衣7000套。

1949年冬，镇江市人民政府组织修建新河桥、中山桥和解放桥，预计修建费1798石米，除苏南行署补助170石米外，尚缺1628石米。镇江市工商联筹委会发动工商界筹集，各业共筹1482石米资助修桥。3座桥梁于1950年1月开工，3月5日顺利竣工。

第二节　抗洪救灾

1991年，镇江遇到百年未见的洪涝灾害，市工商联响应市委市政府号召，

做好抗洪抢险工作，成立防洪抢险队，实行24小时值班。在赈灾捐款活动中共捐款3888.87元，捐粮□□□□□公斤，慰问受灾老会员46户和部分受灾群众。

1998年，长江、松花江、嫩江流域发生特大洪涝灾害，市工商联组织会员积极响应党和政府号召，踊跃捐款捐物，支援抗洪救灾。工商联组织和会员共捐款23.964万元、捐物折款16.55万元，共计40.514万元。

第三节 光彩事业

20世纪80年代末90年代初，市工商联贯彻落实《〈爱国主义教育实施纲要〉实施意见》，组织开展《行动起来，积极投身光彩事业》宣传教育，推动非公有制企业投身光彩事业活动。扬中仪表厂高纪龙为扶持兴隆村，投资10多万元兴办制冷仪表厂。扬中市地毯厂黄杏娣在泰兴孔桥乡投入80多台织造机办厂，解决当地200多人的就业问题，职工月平均工资600元。句容茅西剥绒厂徐怀国无息资助11万元，帮助创办村集体企业。句容三岔乡张庙汽车修理厂杜良龙为贫困户子女亲传致富技术，帮助他们自立门户、开店办厂，全年培养维修技工60人。1995年6月，汛情严峻时刻，丹徒县世业乡个体劳动者丁祥根主动捐款5000元支持地方防汛救灾。镇江市长城鞋业有限公司经理陶桂传8年来为当地公益事业捐款10万余元，并坚持扶持个私制鞋企业，搞好生产经营。1994年至1995年，高桥洪祥机械厂厂长马家洪共捐款1.7万余元用于社会公益事业，并长期扶持该镇王家桥小学校创办工厂。1993年至1995年，西麓振兴耐火材料厂厂长黄金龙为社会公益事业捐款近5万元。

1996年2月3日，为响应党中央、国务院关于实施“八七扶贫攻坚战”的号召和中央统战部、全国工商联共同推动的“光彩事业”行动，镇江市民营企业家高亚平、顾谷频、李光千、方道德、冯龙骏、支正辉、尹文斌、鄂锦昆、冯学谦、朱尧生、朱晓波、徐怀国12人首次赴茅山老区开展扶贫送温暖活动。12位民营企业家每人捐资2000元，购置棉被和银杏树苗赠送给茅山老区春城乡永兴村和茅山镇华兴村的65位残疾人贫困家庭，现场还进行栽种“脱贫致富迎幸树(银杏树)”活动，市委统战部领导向民营企业家们颁发“光彩事业”捐资荣誉证书，农工党镇江市委组织医务专家为当地群众义诊。

1996年，镇江市政协委员、句容市工商联副会长、茅西剥绒厂厂长徐怀国致富不忘家乡建设和老区人民，热心光彩事业，当选江苏省光彩事业促进会理事。他在乡办鞋厂和拉丝厂资金短缺、贷款困难时，主动筹集84万元，支持工厂发展生产，不收分文利息，帮助乡办工厂走出低谷；先后安排30多位贫困农民到自己企业就业，人均工资400余元，使这些困难户摆脱贫困；支持乡镇修路，为村民安装自来水等，累计捐资达6.5万元。镇江市委、市政府授予徐怀国“最佳个体户”荣誉称号。

1997年至2000年，镇江市工商联执委、镇江市永和发展公司总经理魏永和热心参与市工商联组织的私营企业家扶助革命老区磨盘乡特困助学活动，捐款近3000元。

2000年，在开展“致富思源、富而思进”教育实践活动中，广大非公有制经济人士投身光彩事业，主动履行社会责任。

1.朱国平、张志华、金加龙、胡兰生、丰京祥等16名私营企业家捐资光彩事业达210.63万元。

2.14家非公有制企业在市工商联副会长柏新民带领下，赴句容磨盘乡朱巷小学为6名贫困学生提供学杂费援助，并为该校改善办学条件和活动设施提供资金支持。

3.市工商联与市总工会举办下岗职工洽谈会，26家私营企业吸纳下岗职工近千人，句容华阳镇服装行业分会会长翟富强、执委巫美进安排下岗职工500余人，其中伟伟服装厂220名职工中有下岗职工180人，占职工总数81.8%。

4.镇江市京河房屋开发公司董事长周东海发展致富不忘回报社会，自1980年出资2000元为宝堰镇东合亭村建石子路，先后为茅山老区宝堰、荣炳、上会、上党、西麓等乡镇的建设和社会公益事业捐资100万余元，其中一次性捐款25万元建造宝堰镇后亭村安息堂。2000年周东海又投入30余万元支持建设东后亭小学，使后亭、包巷等4个行政村千余名孩子受益，宝堰镇党委政府将该校正式命名为东海小学。

5.丹阳市胶粘剂彩印厂厂长、工商联执委蒋蔼琪，资助里庄镇白马村瘫痪村民女儿菊萍就读无锡轻工学院4年费用,每年达7000多元。在全额资助孤儿蒋亮亮高中3年学费后,继续资助他就读于武汉大学,每年费用5000多元。为支持教育事业,他每年赞助2万多元在里庄村中小学设立助学金。截至2002年底,蒋蔼琪为里庄村贫困生和公益事业捐资达50多万元。

6.华东皮革商行经理、华东市场商会副会长张敖法,长期坚持为丹阳里庄镇和陕西省大巴山区贫困学生捐资助学。他自1992年从一位退伍军人处得知大巴山区许多学童因贫困辍学后,主动资助大巴山毛垭乡8岁女童刘敏每学期360元和生活用品。2001年刘敏初中毕业后,又开始资助7岁女童程美蓝。至2002年6月18日,张敖法通过邮局将360元和2包衣物寄往陕西省镇巴县泾洋爱心希望小学时,他已坚持10年第21次捐助大巴山。

2004年,市工商联组织为光彩事业捐赠金额为1037.2万元。与市劳动和社会保障局协作,在4月和11月免费为近百家民营企业举办专场招聘会,解决高校毕业生和下岗职工1160人次的就业问题。为帮助外来务工人员解决子女入学难问题,在市工商联协调下,在丹阳后巷高士桥村兴建的镇江市飞达光彩学校于8月竣工,总投资350万元,其中江苏飞达集团董事长朱国平个人捐资300万元,组织民营企业家李光千、鄂秀萍、朱建农、周东海、沈礼、汤龙保、杨玲坤等33人共捐资40多万元。同时飞达集团每年还投入100万元用以该校运转经费,保证580多名学生入校就读。

2007年,全年民营企业家向光彩事业促进会、慈善会捐赠资额超过3000万元,为镇江市在就业、扶贫、助学、社会事业、慈善事业等方面作出贡献。组织企业家进社区活动,吴荣生、张奇霞、谈伟海、刘跃进、王瑞祥、颜景琨等13位企业家捐款慰问社区孤寡老人,并为其安装爱心门铃。飞达集团董事长朱国平捐款30万元,帮助困难群众安排生产生活等。

2008年,市工商联引导民营企业家投身以"大爱镇江"为主题的镇江市精神文明建设活动,在发展事业的同时,以吸纳就业人员、参与公益赋予活动新内涵。四川汶川大地震发生后,镇江市民营企业家主动向灾区人民伸援手、献爱心,勇担社会责任,企业家副会长朱国平、鄂秀萍、徐翔、周东海、应军、叶有伟、耿仲毅、李光千、杨玲坤等带头捐款捐物,建工集团、交通集团、天式集团、中电电气、沃得机电、鱼跃医疗、堂皇家纺、海昌眼镜、盛钢旅游等民营企业支持灾后重建工作。据不完全统计，镇江市民营企业家共向四川灾区捐款捐物总额近6000万元。

2009年，动员非公有制经济人士参与各项社会建设、新农村建设、和谐劳动关系建设。420家民营企业累计参与慈善公益事业捐赠1200笔，捐赠款物超过1亿元。船山集团、韦岗铁矿等10余家企业为“市白血病救助基金”捐款40万元。恒顺集团、宁武化工、焦化煤气、镇江船厂、建工建设集团等10家企业为台湾“莫拉克”风灾捐款220万元等。还主动参与扶贫帮困、捐资助学、吸纳就业等活动，提升企业社会形象。

2012年，镇江市青年民营企业家商会开展爱心集市拍卖活动，帮助先天性心脏病患儿小书安做心脏病手术。镇江安徽商会开展军营慰问、校园赠书活动，赴六安叶集、金寨等地看望因病致贫的特困家庭及孤寡老人，为金寨县黄龙小学捐资助学。沃得集团向镇江市慈善总会认捐慈善资金1000万元，每年按5%比例实际捐赠50万元，直至认捐总额全部交付完毕；连续6年在丹阳市埤城镇设立“沃得奖学金”，140多名大学生获得奖励。镇江市钢铁业商会连续4年在茅山春城中心小学设立“茅山助学金”，捐款捐物达30多万元。飞达集团投入4500余万元建成3500平方米农民文化活动中心(广场)，投入380万元为村公共活动场所购置文化体育活动设施，建立老年活动中心和社区医疗服务站，为60岁以上的老人发放养老保险金，免费办理医疗保险。市工商联组织会员企业在袁相村投资1000万元，引进10万只乌骨鸡生态养殖项目，利用800亩林地养鸡，采取“公司+合作社+农户”模式，每年为当地带来百余万元效益。

2013年，镇江市工商联将开展非公有制经济人士理想信念教育实践活动与引导民营企业家履行社会责任相结合，做到教育实践并重。工商联系统投身光彩事业，为“同心”致富林捐款100万元，市青年民营企业家商会筹资近300万元参与句容市茅山镇袁相村“同心工程”综合服务楼建设。镇江安徽商会走访慰问驻镇部队并赠送10台高清摄像机，助力强军梦。丹阳市工商联通过捐赠、投资、项目扶贫等多种形式参与“感恩社会、服务民生”等光彩事业活动。据不完全统计，全年非公有制企业各项社会捐赠(含认捐)达1.1亿元。

2016年,镇江市工商联贯彻落实全联及省市党委政府的工作部署,用实际行动参加“百企帮百村”精准扶贫工作。召开“百企帮百村”“百村万户新达标”扶贫工作动员部署会,成立工作领导小组,发布《全市民营企业参与精准扶贫活动倡议书》,动员广大民营企业家自觉投身光彩事业,履行社会责任。在“百企帮百村”活动推进会上,江苏环太和江南化工与帮扶单位进行现场签约。市青年民营企业家商会向市光彩基金会“同心工程”实验区捐赠100万元精准扶贫基金。面对安徽等地遭遇严重水灾,镇江安徽商会会长艾学平向无为县捐款100万元,并带动商会对水灾严重地区进行持续帮扶。6月23日阜宁、射阳等地遭遇龙卷风袭击,镇江盐城商筹集10余万元捐到灾区,沃得农机公司对灾区受损机器提供免费修复,镇江南通商会、泰州商会、扬州商会、溧阳商会为阜宁等灾区捐款20余万元。镇江建工建设集团、镇江四建建设有限公司分别向市慈善总会认捐1000万元等。据不完全统计,截至7月底,非公企业各项社会捐赠(含认捐)达5000余万元。

2017年,镇江市工商联系统以打造项目扶贫示范村为突破口,推进精准扶贫,打赢脱贫攻坚战。建成句容五星村162千瓦光伏电站,每年产生直接经济效益近20万元,实现贫困村脱贫摘帽。鱼跃集团向南京师范大学捐赠5000万元公益基金。扬中市青企会设立关爱基金,为身患重症的扬中青少年提供资金援助。市餐饮协会持续捐献“爱心年夜饭”活动。南通商会成立商会健康顾问组,赴茅山老区义诊。福建商会、浙江商会、扬州商会等捐资助学。据不完全统计,全年市工商联会员企业参与各类帮扶直接捐资达6000多万元,各类物资600多万元,产业帮扶1000多万元。

2018年,引导民营企业开展苏陕协作项目化帮扶,打赢脱贫攻坚主动仗。江苏鱼跃集团在西藏拉萨投资10亿元建设高原制氧产业园,江苏利民纸品投资4000万元在陕西渭南白水县建设高档包装新材料项目等,为产业扶贫当好“先行军”。句容市工商联组织“童心闪亮”“献爱心、助成长、迎六一”捐赠活动,扬中青企会赴渭南白水与困难学子家庭结成一对一帮扶等。

2019年,各级工商联组织主动作为,组织民营企业家赴陕西等地开展扶贫项目合作、爱心捐赠等,捐款捐物近130万元。持续开展项目化帮扶,新越高新技术有限公司和香满仓食品科技有限公司对陕西合阳县累计投资达1.3亿元，分别用于沥青、小米、辽参的生产加工项目。丹阳温州商会向陕西富平捐赠眼镜价值10万余元。镇江安徽商会向陕西渭南捐赠助学金8万元。镇江浙江商会为“3•21”响水化工园区爆炸受损企业捐款11万元等。据不完全统计，全年工商联系统参与各类帮扶直接捐资达6000多万元(含认捐)，捐赠各类物资600多万元，产业帮扶近1.5亿元。通过产业项目扶贫，增强贫困地区造血功能，为其逐步致富提供坚实支撑。

2020年1月新冠肺炎疫情发生以来，镇江市工商联坚决贯彻党中央决策部署，成立疫情防控工作领导小组，坚持正确舆论引导，刊发《镇商聚力 共抗疫情》系列报道。发动民营企业和工商联组织筹措防疫物资。据不完全统计，镇江市工商联会员企业和工商联组织捐资捐物价值近2亿元，多家会员企业投入火神山、雷神山医院的援建；建华建材集团及其创始人许锦新分别向武汉市“新冠肺炎”指挥部捐赠1000万元；大亚科技携子公司大亚圣象分别捐赠200万元，用于武汉四所医院购买防护物资；鱼跃集团成立疫情防控物资作战指挥中心，除向武汉捐赠200万元防疫物资外，还向武汉等全国疫情防控区域提供DR、移动DR、CT共50余台，各类感控消毒产品1000余吨，体温监测及呼吸治疗产品300余万台；吉贝尔药业等医药医疗器具生产企业，组织员工连夜奋战，生产和调度疫情防控所急需的医用设备产品，第一时间驰援武汉；江苏华银仪表电器仅用2天时间，加急生产近万条医用设备电源线驰援武汉；扬中浩威新材料有限公司大年初一开始加班加点，确保220台配电箱和电源总柜初五运抵武汉火神山医院；市工商联会员企业江苏蓝圈新材料有限公司取消春节休假，迅速复工，高质量完成集成房屋生产任务，驰援武汉火神山医院建设等。各级工商联组织主动捐款捐物，支持疫情防控，扬中市青年民营企业家商会募集捐款16.7万元定向捐赠武汉火神山医院，并向扬中市卫健委捐赠65000副医用防护手套；丹阳市眼镜商会分别向湖北、陕西及丹阳捐赠30750副护目镜及口罩；市钢铁业商会、市南通商会、市餐饮协会、市湖北商会等主动向市慈善总会捐款达数十万元，市扬州商会在“三八”妇女节前夕专门慰问市第三人民医院抗疫一线白衣战士等。为有序恢复正常生产，市工商联广大非公经济人士和各级各类商会发出《坚决执行企业延迟复工决定——镇江市工商联致全市民营企业倡议书》,成立机关干部职工志愿者服务队;各商会党组织响应总商会党委号召,慰问防疫一线的公安干警、环卫工人、社区工作人员等。镇江浙江商会、镇江市福建商会、安徽商会、家居装饰业商会等要求会员企业以坚决、科学、严格的防控举措,加强企业内部管理,实施检疫查验和健康防护,自觉筑好企业防线,安全有序复工复产。

第八章　荣誉表彰

第一节　国家级表彰

1995年，江苏飞达工具集团有限公司总裁朱国平获全国百佳退伍军人企业家称号，受到江泽民、李鹏、刘华清等党和国家领导人亲切接见。

1998年，镇江市江苏飞达工具集团有限公司在全国工商联98民营企业双百强排名中位列第126位。

2003年，恒顺香醋经国家质量检验检疫总局授权，被中国名牌战略推进委员会认定为中国名牌产品。

2004年，江奎电子、江苏威信、长江电气、江苏天工、江苏飞达、沃得机械6家民营企业入选全国民营企业500强。

2006年12月，江苏飞达集团董事长朱国平获第二届“全国优秀中国特色社会主义事业建设者”称号。

同年，镇江飞亚轴承有限责任公司的“高精度数控机床用双向推力角接触球轴承的研制”项目(编号2006GH040512)和江苏丹阳彤明车灯有限公司的“彤明车灯”项目(编号2006GH040483)被确立为2006年度国家火炬计划项目；丹阳市永兴面粉有限公司的“‘7+1’营养强化小麦粉产业化开发”项目(编号2006EA283006)被确立为2006年度国家星火计划项目。

2007年，大亚科技集团有限公司(排名95位)、江苏飞达工具股份有限公司(排名209位)、大全集团有限公司(排名251位)、江苏天工工具有限公司(排名272位)、江苏沃得机电集团有限公司(排名367位)、江苏省交通工程集团有限公司(排名495位)6家民营企业入选全国民营企业500强。

2008年，镇江市工商联副会长季平被表彰为全国工商联系统先进个人。

2012年，大全集团有限公司(第199名)、江苏沃得机电集团有限公司(第211名)、江苏飞达控股集团有限公司(第264名)、江苏天工集团有限公司(第265名)、大亚科技集团有限公司(第271名)、中电电气集团有限公司(第373名)6家民营企业入选“2012中国民营500强”企业。

2013年，大全集团有限公司(第217名)、江苏沃得机电集团有限公司(第226名)、江苏天工集团有限公司(第229名)、江苏飞达控股集团有限公司(第283名)、大亚科技集团有限公司(第319名)入选“2013中国民营企业500强”。

2013年，江苏省镇江船厂(集团)有限公司“大功率多功能深海石油平台支援船开发及产业化”项目获“全国工商联科技进步一等奖”；江苏中靖新能源科技有限公司“高效制氢技术及氢能发电装置的开发与产业化”项目、江苏正丹化学工业股份有限公司“连续氧化法生产偏苯三酸酐产品的关键技术及应用”项目分别获“全国工商联科技进步二等奖”。

2014年，江苏天工集团有限公司(第247名)、大全集团有限公司(第250名)、大亚科技集团有限公司(第263名)、江苏飞达控股集团有限公司(第293名)、江苏沃得机电集团有限公司(第305名)入选“2014中国民营企业500强”。

2015年，江苏天工集团有限公司(第235名)、大全集团有限公司(第251名)、江苏沃得机电集团有限公司(第272名)、大亚科技集团有限公司(第285名)、建华管桩集团有限公司(第423名)入选“2015中国民营企业500强”。镇江鼎胜铝业股份有限公司(第393名)入选“2015中国民营企业制造业500强”。

2015年，江苏省镇江船厂(集团)有限公司、江苏中靖新能源科技有限公司入选“军民两用高新技术民营企业及产品推荐目录”。

2016年，江苏沃得机电集团有限公司(第210名)、江苏天工集团有限公司(第234名)、大全集团有限公司(第270名)、大亚科技集团有限公司(第319名)、建华管桩集团有限公司(第494名)入围“2016中国民营企业500强”；江苏鼎胜新能源材料股份有限公司(第382名)入围“2016中国民营企业制造业500强”。

2016年，镇江市锦绣皇宫大酒店总经理鄂秀萍、扬中市华日塑料电器厂厂长陆茂生被评为“全国先进个体工商户”。

2017年，江苏沃得机电集团有限公司(第228位)、江苏天工集团有限公司(第277位)、大全集团有限公司(第335位)、大亚科技集团有限公司(第366位)、建华管桩集团有限公司(第488位)入围“2017中国民营企业500强”。江苏沃得机电集团有限公司(第135位)、江苏天工集团有限公司(第161位)、大全集团有限公司(第197位)、大亚科技集团有限公司(第214位)、建华管桩集团有限公司(第276位)、江苏鼎胜新能源材料股份有限公司(第408位)、华鹏集团有限公司(第458位)、江苏晶工工具有限公司(第467位)入围“中国民营企业制造业500强”。

2017年，丹阳市工商联、句容市工商联、扬中市工商联、丹徒区工商联、京口区工商联、润州区工商联被全国工商联表彰为“全国‘五好’县级工商联”。

2018年，江苏沃得机电集团有限公司(第268位)、江苏天工集团有限公司(第285位)、建华建材(中国)有限公司(第340位)、大亚科技集团有限公司(第426位)、大全集团有限公司(第437位)入围“2018中国民营企业500强”。江苏沃得机电集团有限公司(第158位)、江苏天工集团有限公司(第170位)、建华建材(中国)有限公司(第198位)、大亚科技集团有限公司(第243位)、大全集团有限公司(第250位)、江苏鼎胜新能源材料股份有限公司(第434位)入围“中国民营企业制造业500强”。

2018年，恒神股份获全国“百城百企百县”典型企业称号。

2018年，镇江市工商联“一人一重点、履职当表率”活动获中央统战部的“2018年度民营经济统战工作实践创新奖”。丹阳市工商联、句容市工商联、扬中市工商联、京口区工商联被评为“全国‘五好’县级工商联”。

2019年，江苏天工集团有限公司(第284位)、建华建材(中国)有限公司(第286位)、江苏沃得机电集团有限公司(第336位)、大亚科技集团有限公司(第488位)入围“2019中国民营企业500强”。江苏天工集团有限公司(第164位)、建华建材(中国)有限公司(第166位)、江苏沃得机电集团有限公司(第191位)、大亚科技集团有限公司(第288位)、大全集团有限公司(第309位)、江苏飞达控股集团有限公司(第393位)、江苏鼎胜新能源材料股份有限公司(第445位)入围“中国民营企业制造业500强”。

2019年，镇江安徽商会、丹阳市眼镜商会被认定为2017—2018年度全国“四好”商会。

2019年，大全集团获国家科学技术进步特等奖。

2019年，市工商联副主席、惠龙易通董事长施文进获“全国模范退役军人”

称号。

2020年,江苏天工集团有限公司(第278位)、建华建材(中国)有限公司(第302位)、江苏沃得机电集团有限公司(第335位)入围“2020中国民营企业500强”。江苏天工集团有限公司(第154位)、建华建材(中国)有限公司(第169位)、江苏沃得机电集团有限公司(第187位)、大亚科技集团有限公司(第292位)、江苏鼎胜新能源材料股份有限公司(第424位)入围“2020中国民营企业制造业500强”。

镇江安徽商会、镇江市家居装饰业商会、镇江浙江商会、丹阳市眼镜商会、丹阳市汽车零部件商、句容市下蜀镇商会、扬中市青年民营企业家商会被评2019—2020年度全国“四好”商会。

2020年,镇江市福建商会获评全国工商联抗击新冠肺炎疫情先进商会组织。

2020年,建华建材(中国)有限公司、江苏天工工具有限公司、江苏瑞祥科技集团有限公司、江苏宁清和生物科技公司获评全国工商联抗击新冠肺炎疫情先进民营企业。

2020年,镇江船厂获评“全国文明单位”、全省非公有制企业党建带工建“三争创两提升”活动示范单位,多功能回转工作船获“中国制造业单项冠军产品”称号。

2020年,建华建材(中国)有限公司获“全国就业与社会保障先进民营企业”荣誉称号。

2020年,惠龙易通国际物流股份有限公司董事长施文进被表彰为全国爱国拥军模范。

第二节 省级表彰

1993年11月,镇江市百货业同业公会被江苏省委表彰为服务经济建设先进集体;丹阳市沪跃食品厂厂长朱尧生被表彰为先进个人。

1993年,句容县被江苏省工商联表彰为统计工作先进集体;葛江被表彰为先进个人。

1995年2月，镇江市工商联、丹徒县工商联、镇江百货同业公会被江苏省工商业联合会(商会)表彰为先进集体；王纯一、董明珍、印寿康、孙晓莉被表彰为先进个人。

1995年，镇江亨威金融保险机具有限责任公司、镇江市京口金聚德烤鸭大酒楼被江苏省工商业联合会(商会)授予“江苏省首届民营企业会员综合指标50强”企业。

1999年，镇江市工商联被江苏省工商联(商会)表彰为调研工作先进单位；丹徒县工商联被表彰为县(市、区)工商联先进集体；丹徒县工商联高桥镇商会、句容市工商联华阳镇商会、丹阳市工商联司徒镇商会被表彰为乡镇商会(街道分会、市场商会)先进集体；镇江市工商联沈五顺、京口区工商联王纯一被表彰为先进个人。

1999年5月，由无锡市工商局和苏、锡、常、镇4市社科联，《江南论坛》杂志社等7家单位发起并召开的苏南个私经济理论研讨会上，市工商联撰写的《营造良好环境，发展个私经济》获优秀论文奖。

1999年，康美美容美体健康中心、好莱坞美容有限公司被江苏省工商业联合会、江苏省劳动和社会保障厅联合授予“江苏省1999—2000年度优秀美容院”称号。

2001年2月，镇江碳素制品厂厂长林秀凤被省工商联、省妇联授予“江苏省优秀民营女企业家”称号；镇江金聚德烤鸭大酒店有限公司总经理鄂秀萍、扬中市敦煌制毯有限公司总经理黄星娣被授予“江苏省先进民营女企业家”称号。

2002年7月，镇江市江洲医药精包装股份有限公司董事长金加龙、江苏飞达集团董事长朱国平获首届“江苏省优秀中国特色社会主义事业建设者”荣誉称号。

2002年10月，江苏飞达集团有限公司被江苏省对外贸易经济合作厅、江苏省工商业联合会联合表彰为“江苏省十佳私营出口企业”。

2002年12月，江苏飞达集团董事长朱国平被省委宣传部、省委统战部、省工商行政管理局、省工商联、共青团江苏省委、省青联会、省私营个体经济协会联合表彰为首届“江苏省十佳青年私营企业家”。

2003年,扬中市工商联、丹徒区辛丰镇商会被江苏省工商联表彰为先进集体;句容市工商联副会长印寿康、润州区工商联秘书长郧学宏被表彰为先进个人。镇江市工商联被江苏省工商联表彰为"两库"(企业会员数据库、非公有制经济代表人士数据库)工作"优秀单位"。

2003年,江苏天工集团有限公司、江苏飞达集团有限公司、江苏沃得机电集团有限公司、江苏长江电气集团有限公司、江苏丹工实业总公司被中共江苏省委统战部、省经贸委、省劳动和社会保障厅、省工商联联合表彰为"全省民营企业就业工作先进单位"。

2003年,江苏天工集团有限公司、江苏飞达集团有限公司被中共江苏省委统战部、省经贸委、省国税局、省地税局、省工商联联合表彰为"全省民营企业纳税大户"。

2003年6月,丹阳市眼镜商会被省工商联表彰为"全省工商联系统先进行业组织"。

2004年2月,江苏天工集团董事长朱小坤、句容市宁武化工有限公司董事长应军获第二届"江苏省优秀中国特色社会主义事业建设者"荣誉称号,被江苏省委统战部、省工商联授予社会主义建设贡献奖章。

2006年,江苏省镇江船厂有限责任公司、江苏省江天汽运集团有限责任公司、中电电气集团有限公司被省总工会、省劳动和社会保障厅、省企业联合会、省企业家协会、省工商行政管理局、省工商联联合表彰为江苏省"和谐劳动关系模范企业"。

2007年,镇江市工商联被省工商联表彰为"组织建设工作先进单位"。

2007年,大亚科技集团有限公司、江苏沃得机电集团有限公司、大全集团有限公司、江苏飞达工具股份有限公司、江苏省镇江江天汽车集团有限责任公司等5家民营企业被省委统战部、省经济贸易委员会、省劳动和社会保障厅、省工商联联合表彰为"全省民营企业就业先进单位"。

2007年3月,镇江液压件厂有限公司董事长潘正东、江苏京河建设集团董事长周东海获第三届"江苏省优秀中国特色社会主义事业建设者"荣誉称号。

2007年9月,江苏飞达工具集团股份有限公司的《飞达集团报》和镇江液压件厂有限责任公司的《液压工人报》被江苏省工商联表彰为全省民营企业内部优秀报刊。

2007年10月，句容盛业管件制品有限公司杜盛刚、镇江市诚翔电器有限公司朱立荣、江苏润阳胶粘剂厂蒋蔼其、江苏鹤林水泥有限公司吕永忠被江苏省工商业联合会、江苏省总工会联合表彰为“关爱员工优秀民营企业家”；江苏船山集团有限责任公司、镇江立纤维工业有限责任公司、江苏齐航数控机床有限责任公司、江苏省镇江江天汽运集团有限责任公司、镇江江南化工有限公司被表彰为江苏省民营企业“双爱双评”先进单位；樊金海、孙杰、贺云伟、潘可双被表彰为“热爱企业优秀员工”。

2007年，大亚科技集团有限公司(第31名，营收88.23亿元)、江苏飞达工具集团有限公司(第61名，营收49.99亿元)、大全集团有限公司(第69名，营收44.52亿元)、江苏天工集团有限公司(第76名，营收41.71亿元)、江苏沃得机电集团有限公司(第93名，营收33.65亿元)等5家民营企业被省经贸委、省中小企业局、省统计局、国家统计局江苏调查总队、省工商联认定为“江苏省营业收入100强民营企业”。

2008年11月，江苏飞达集团有限公司、大全集团有限公司、江苏沃得机电有限公司、中电电气集团有限公司、江苏船山集团有限责任公司、江苏鸿泰钢铁有限公司6家企业被江苏省委统战部、省经贸委、省国税局、省地税局、省工商联联合表彰为“全省民营企业纳税百强单位”。

2008年，大亚科技集团有限公司(第34名，营收89.3亿元)、江苏飞达工具集团有限公司(第37名，营收80.07亿元)、大全集团有限公司(第54名，营收55.38亿元)、江苏天工集团有限公司(第57名，营收54.39亿元)、江苏沃得机电集团有限公司(第85名，营收40.39亿元)5家民营企业被省经贸委、省中小企业局、省统计局、国家统计局江苏调查总队、省工商联认定为“江苏省营业收入100强民营企业”。

2009年10月，恒宝股份有限公司、江苏稳润光电有限公司、丹阳市精密合金厂有限公司、中电电气集团有限公司、大全集团有限公司5家民营企业被江苏省科学技术厅、江苏省国资委、江苏省总工会、江苏省工商业联合会认定为江苏省首批创新型企业。

2009年12月，镇江焦化煤气集团有限公司董事长苏启善、江苏镇江船厂(集团)有限公司董事长郭琰、江苏肯帝亚木业有限公司董事长郦海星获第四届“江苏省优秀中国特色社会主义事业建设者”荣誉称号。

2010年，镇江市工商联被省工商联表彰为“对外联络工作先进单位”；丹阳市工商联、京口区工商联被表彰为“全省县(市、区)工商联先进集体”；句容市华阳镇商会、丹徒区谷阳镇商会、润州区金山街道商会被表彰为“全省工商联基层组织先进集体”。

2010年10月，大全集团有限公司、大亚科技集团有限公司、镇江鼎盛铝业股份有限公司、江苏沃得机电集团有限公司被中共江苏省委、江苏省人民政府表彰为“江苏省优秀民营企业”。

2010年3月，大亚科技股份有限公司、江苏吉贝尔药业有限公司、江苏省镇江船厂有限责任公司、江苏索普(集团)有限公司、江苏天工工具有限公司、江苏鱼跃医疗设备股份有限公司、金东纸业(江苏)股份有限公司、镇江金钛软件有限公司、镇江中船设备有限公司9家企业被江苏省科学技术厅、江苏省国资委、江苏省总工会、江苏省工商业联合会认定为“江苏省第二批创新型企业”。

2012年7月，江苏沃得机电集团董事局主席王伟耀、大全集团总裁徐翔获第五届“江苏省优秀中国特色社会主义事业建设者”荣誉称号。

2012年9月，江苏九鼎轩餐饮管理有限公司董事长王红旗、镇江市镇研种业有限公司董事长卢国强、镇江市味雅大酒店总经理沙玉庆、江苏特密斯混凝土外加剂有限公司董事长陈国忠、江苏京河建设集团董事长周东海、丹阳市水中仙有限公司董事长眭越江、镇江金聚楼烤鸭大酒店有限公司董事长鄂秀萍被江苏省委宣传部、省文明办、省经信委、省总工会、省工商行政管理局、省工商联、省消协、省私个经济协会联合表彰为首届江苏省“百名诚信之星”；江苏特密斯混凝土外加剂有限公司董事长陈国忠被表彰为首届江苏省“十大诚信标兵”。

2012年，大全集团有限公司(第49位)、江苏沃得集团有限公司(第52位)、江苏天工集团有限公司(第53位)、江苏飞达控股集团有限公司(第60位)、大亚科技集团有限公司(第68位)5家民营企业被省经贸委、省中小企业局、省统计局、国家统计局江苏调查总队、省工商联认定为“江苏省营业收入100强民营企业”。

2013年，江苏天工集团有限公司(第56位)、江苏沃得集团有限公司(第57位)、大全集团有限公司(第58位)、大亚科技集团有限公司(第65位)、江苏飞达控股集团有限公司(第72位)5家民营企业被省经贸委、省中小企业局、省统计局、省工商联认定为“江苏省营业收入100强民营企业”。

2013年，镇江市工商联被江苏省工商联表彰为“全省工商联系统先进集体”；丹阳市工商联、句容市工商联被表彰为“全省县(市区)工商联先进集体”；扬中市八桥镇商会、镇江市浙江商会、镇江市青年民营企业家商会、镇江市钢铁业商会、镇江市盐城商会、镇江市泰州商会 被表彰为“全省工商联商会组织先进集体”。

2014年，镇江市工商联被省工商联表彰为“全省工商联系统先进集体”；丹阳市工商联、丹徒区工商联、润州区工商联被省工商联认定为“五好”县(市、区)工商联；丹阳市工商联被表彰为“全省县(市、区)工商联先进集体”；镇江市工商联马长骏、丹阳市工商联李逸民被表彰为“全省工商联系统先进工作者”。江苏沃得机电集团有限公司、江苏天工集团有限公司、大全集团有限公司、大亚科技集团有限公司、江苏省镇江船厂(集团)有限公司被中共江苏省委、省人民政府表彰为“江苏省优秀民营企业”；江苏天工集团有限公司董事长朱小坤被表彰为“江苏省优秀民营企业家”。

2015年，镇江市工商联获“全省工商联实践创新奖”；镇江市工商联被省工商联评为“全省工商联信息工作达标单位”；句容市工商联、扬中市工商联、京口区工商联被省工商联认定为“江苏省‘五好’县(市、区)工商联”；丹阳市工商联、扬中市工商联被评为“全省县(市、区)工商联先进集体”；镇江市装饰建材商会、镇江市创业精英联合会、镇江市福建商会、镇江安徽商会、镇江南通商会、扬中市新坝镇商会被省工商联(商会)表彰为“全省商会组织先进集体”。

2015年，船山集团董事长冷青松、恒宝股份总裁高强、江南化工董事长焦国平被评为“第五届江苏省优秀企业家”。

2015年,镇江市青年民营企业家商会、镇江市餐饮协会被省工商联评为“5A级社会组织”。

2015年,由卢道富、奚莹撰写的《立足苏南自主创新示范区,打造具有“镇江特色”高新区》获江苏省社科联第九届学术大会优秀论文三等奖。

2016年,大全集团有限公司、大亚科技集团有限公司、恒宝股份有限公司、江苏恒顺醋业股份有限公司、江苏鼎胜新能源材料股份有限公司被江苏省委、省政府表彰为“江苏省优秀企业”。

2016年,江苏鱼跃科技发展有限公司董事长吴光明、惠龙易通国际钢铁物流股份有限公司董事长施文进、江苏省镇江船厂(集团)有限公司董事长郭琰、江苏环太集团有限公司董事长王禄宝、镇江东方电热科技股份有限公司董事长谭荣生被表彰为“江苏省优秀企业家”。

江苏鱼跃医疗设备股份有限公司党总支书记、董事长吴光明被表彰为“全省优秀党务工作者”。

镇江液压股份有限公司总经理潘正东被表彰为第三届江苏省“十大诚信标兵”;镇江增力华茂商贸发展有限公司执行董事孙广辉、江苏顺发电器有限公司董事长兼总经理沙国伟、镇江禾润世家食品有限公司总经理林志汉、镇江市华银仪表电器有限公司董事长季忠银、镇江兴港国际物流有限公司董事长谈建祥被表彰为第三届江苏省“百名诚信之星”。

2016年,镇江浙江商会、镇江市青年民营企业家商会、镇江市温州商会被省工商联表彰为“江苏省示范性社会组织”;江苏特友诺新材料科技有限公司、江苏建华管桩有限公司被省工商联认定为“全省第二批民营企业文化建设示范单位”。

2016年,丹阳市工商联、扬中市工商联被中华工商时报社表彰为“民营经济新闻宣传工作先进单位”;镇江市工商联宣教处处长王芳、句容市工商联主席钟诚柏、丹阳市工商联副主席李逸民被表彰为“民营经济新闻宣传工作先进个人”。

2017年,大亚科技集团有限公司董事局主席陈晓龙获第六届江苏省非公有制经济人士“优秀中国特色社会主义事业建设者”荣誉称号。

2017年，镇江市工商联兼职副主席、副会长“一人一重点，履职当表率”活动获“2017年度全省统战工作实践创新成果奖”。

2017年，镇江市工商联宣教处长王芳获“江苏省优秀志愿者”荣誉称号。

2018年，镇江市工商联被省工商联表彰为“全省工商联系统创新工作先进单位”。“一二三四”工商联法务工作获江苏省委统战部的“2018年度实践创新奖”。

2018年，肯帝亚集团获“江苏省质量奖”荣誉称号。江苏恒顺集团有限公司、双峰格雷斯海姆医药玻璃(丹阳)有限公司、建华建材集团有限公司获“江苏省优秀劳动关系和谐企业”荣誉称号。

2018年，江苏环太集团有限公司董事长王禄宝获“江苏省改革开放40周年功勋人物”荣誉称号。

2018年，建华建材公司董事长王刚、天工集团董事长朱小坤、鱼跃医疗公司董事长吴光明、大亚科技集团董事长陈晓龙、大全集团董事长徐翔、惠龙易通公司董事长施文进、肯帝亚木业公司董事长郦海星被中共江苏省委统战部、江苏省工商业联合会(总商会)推选为“改革开放40年百名杰出苏商”。句容市天王华安彩叶苗木专业合作社社长刘树安被评为第七届“光彩事业国土绿化贡献奖”。镇江安徽商会会长艾学平被评为第四届江苏慈善奖最具爱心慈善捐赠个人。

2018年度江苏省“四好”商会一览表

表2—6

序号	商会名称	序号	商会名称
1	镇江浙江商会	8	丹阳市汽车零部件商会
2	镇江南通商会	9	句容市后白商会
3	镇江泰州商会	10	句容市下蜀商会
4	镇江市家居装饰业商会	11	扬中市青年民营企业家商会
5	镇江市创业精英联合会	12	扬中市新坝镇商会
6	镇江市扬州商会	13	丹徒区谷阳镇商会
7	丹阳市超硬材料工具商会	14	京口区象山街道商会

2019年,镇江市工商业联合会获“全省工商联系统创新工作先进单位”。

2019年,镇江市工商业联合会获全省工商联系统创新工作先进

2019年,镇江市安徽商会被省工商联认定为“江苏省‘四好’商会示范点”;镇江市创业精英联合会党支部被江苏省工商联认定为“商会党建工作示范点”;镇江市安徽商会党支部被评为“2018年度‘四星’先进党支部”。

2019年,市工商联副主席、惠龙易通董事长施文进获“江苏最美退役军人”称号。

2019年,高庆文、鄂秀萍、王兴文获第七届江苏省非公有制经济人士“优秀中国特色社会主义事业建设者”荣誉称号。

2019年,艾学平、汤龙保被表彰为“江苏省优秀商会会长”;应珏被江苏省慈善总会表彰为“慈善之星”。

2020年,江苏天工集团有限公司(第41位)、建华建材(中国)有限公司(第46位)、江苏沃得机电集团有限公司(第50位)、大亚科技集团有限公司(第92位)、江苏鼎胜新能源材料股份有限公司(第119位)、江苏飞达控股集团有限公司(第148位)、丹阳龙江钢铁有限公司(第164位)、江苏肯帝亚集团有限公司(第168位)获评江苏民营企业200强企业。

2020年,江苏天工集团有限公司(第26位)、建华建材(中国)有限公司(第30位)、江苏沃得机电集团有限公司(第34位)、大亚科技集团有限公司(第61位)、江苏鼎胜新能源材料股份有限公司(第80位)获评江苏民营企业制造业100强企业。

2020年,大全集团有限公司(第18位)、江苏和成显示科技有限公司(第37位)、江苏鱼跃医疗设备股份有限公司(第58位)、江苏鼎胜新能源材料股份有限公司(第64位)江苏民营企业创新100强企业获评。

2020年,镇江市工商业联合会“新型师徒 薪火相继¬——新时代企业家精神师承计划”获评江苏省工商联创新工作引领示范奖。

2020年,镇江船厂获全省非公有制企业党建带工建“三争创两提升”活动示范单位。

2020年,江苏鱼跃医疗设备股份有限公司获评江苏省抗击新冠肺炎疫情

2019—2020年度江苏省“四好”商会一览表

表2—7

序号	商会名称	序号	商会名称
1	镇江南通商会	16	丹阳市老兵企业家商会
2	镇江市福建商会	17	句容市后白镇商会
3	镇江市温州商会	18	句容市装饰建材商会
4	镇江市创业精英联合会	19	句容市茅山景区商会
5	镇江市餐饮服务行业协会	20	句容市宝华镇商会
6	镇江市扬州商会	21	句容市浙江商会
7	镇江市常州商会	22	句容市青年企业家协会
8	镇江泰州商会	23	扬中市永胜村企业商会
9	镇江市钢铁业商会	24	扬中市安徽商会
10	镇江市纳税人税收权益维护协会	25	镇江市丹徒区谷阳镇商会
11	镇江市淮安商会	26	镇江市丹徒区上党镇商会
12	镇江市青年民营企业家商会	27	镇江市丹徒区宝堰镇商会
13	镇江市川渝商会	28	镇江市京口区谏壁街道商会
14	丹阳市江西商会	29	镇江市京口区象山街道商会
15	丹阳市超硬材料工具商会		

先进集体。

镇江江天汽运集团有限责任公司、江苏鼎盛新能源材料股份有限公司、镇江东方电热科技股份有限公司、江苏通灵电器股份有限公司获评江苏省2020劳动关系和谐企业。

江苏蓝圈新材料股份有限公司董事长王兴文获评江苏省抗击新冠肺炎疫情先进个人。

金海新源电气江苏有限公司总经理朱冬宏获评江苏省民族团结进步模范个人获评。

句容市工商联获评全省民营企业调查点工作示范单位。丹阳市工商联、句容市工商联获评2020年全省民营企业调查点工作先进单位。

镇江市工商联调研维权处处长刘涛获评全省工商联信息工作先进个人。

第三节 市级表彰

1987年5月,中华职业进修学校被市教育局评为“全市职工教育先进集体”。

1992年,镇江市工商业联合会被镇江市政府表彰为“职业技术教育先进集体”。

1993年3月,镇江市中华职业学校校长闪伯和被镇江市计划委员会、镇江市教育局、镇江市劳动局联合表彰为1980年以来镇江市市区职业技术教育先进个人。

1994年,镇江市工商联会员企业镇江市美达生物仪器有限公司、海润煤矿安全技术研究所、三能光电应用研究所被市科技局、市体改委、市工商局、市税务局、市工商联联合表彰为镇江市优秀民营科技型企业;顾谷频、贾柏青、徐正纯被表彰为“镇江市优秀科技工作者”。

1999年,18家企业被镇江市质量技术监督局、镇江市工商联联合表彰为镇江市非公有制企业技术监督先进企业,,分别:江苏飞达工具集团有限公司、江苏鱼跃医疗设备有限公司、丹阳锋泰钻石工具制造公司、句容市神牛红木家具有限公司、句容市兴春化工有限公司、镇江市亨利达轴承厂、镇江宝华半挂车配件有限公司、镇江微特电机制造有限公司、江苏美联集团公司、江苏雏佳集团公司、镇江海王石化工程公司、镇江三森电气有限公司、镇江三塑料电器有限公司、镇江金盛化工有限公司、镇江科发磁电元件有限公司、镇江景源消防器材有限公司、镇江巨轮矿山设备有限公司、镇江天安电信电器有限公司;;5家单位被表彰为镇江市非公有制企业技术监督工作先进单位,,分别:镇江市工商联经济处、丹市工商联、句容市工商联、丹阳市技术监督局、句容市技术监督局、扬中市技术监督局。

2000年11月，句容市东南工艺品公司总经理朱明辉、丹阳市花王园艺有限公司总经理肖国强、江苏鱼跃医疗设备有限公司总经理吴光明、镇江市扬芜工缝电机厂厂长吴永金、江苏绿叶环保实业有限公司董事长陈建平、江苏镇江亨威金融机具有限责任公司总经理胡中华、江苏派仙制衣有限公司董事长兼总经理胡兰生、镇江市强业印花厂总经理姚志强、江苏雅泰工贸(集团)有限公司董事长兼总经理徐为民、镇江金聚德烤鸭大酒楼有限公司总经理鄂秀萍被市委宣传部、团市委、市工商行政管理局、市工商联、镇江日报社、市广播电视局、市文明委、市青联联合表彰为首届“镇江市十大杰出青年光彩之星”。

2001年，镇江恒强纺织有限公司总经理姚志强被评为“镇江市十大杰出青年”。

2001年，镇江市诚信担保有限责任公司、镇江金聚楼烤鸭大酒店有限责任公司获评镇江市服务质量先进单位。

2002年8月，镇江市工商联副会长、江苏飞达集团董事长朱国平被镇江市人大常委会授予“镇江市人民奖章”。

2003年，镇江市工商联推荐的《利用商会资源为镇江率先发展服务》获镇江市委统战部表彰的全市统战工作创新奖二等奖。

2004年4月，江苏沃得机电集团有限公司董事长王伟耀、镇江吉伦电讯设备厂厂长朱小兵、镇江市金山水泥有限公司董事长孙礼江、句容市电磁线公司总经理孙国平、镇江市裕久精机械制造有限公司总经理肖双喜、镇江华达汽车饰件有限公司总经理张欣、镇江市南山茶林研究所所长陈晓宏、镇江新时代家具广场有限责任公司总经理周文、镇江京口滋奇斋火锅店法人代表周长娣、江苏万向龙山轴承有限公司总经理周明轩、江苏华宇灯具有限公司董事长郑志伟、江苏信威空调设备有限公司总经理凌国平、镇江森源轴承有限责任公司总经理陶磊、句容市银鹏水泥厂厂长解小庆、镇江市东方制冷空调设备配件有限公司总经理谭克15名个人被镇江市委宣传部、团市委、市工商局、市工商联、市青联会联合表彰为镇江市首届“青年创业先锋”。

同年，市工商联《发挥商会对外联络优势，积极开展“走出去、请进来”活动》获镇江市委统战部表彰的全市统战工作创新奖二等奖。

2005年,丹阳市工商联《开创组织建设工作的新路子》、扬中市工商联《强化服务功能,为民企排忧解难》、句容市工商联《围绕经济中心,扩大对外联络》、丹徒区工商联《发挥商会职能,积极参政议政》、京口区工商联《服务经济建设,探索招商引资路子》、润州区工商联《积极探索行业商会工作新路径》获镇江市工商联表彰的全市工商联工作创新奖。

2008年,镇江市华星特种刀具制造有限公司总经理岳八金、江苏视悦光学有限公司总经理王翔宇(丹阳市美亚房地产开发有限公司总经理)、镇江浙区仁义工具制造厂厂长赵仁义、镇江润州区辰光畜牧良种场场长卞国兰、镇江市海达科技有限公司总经理张迅、镇江金乐蓄电池有限公司兼总经理王伟、丹阳市云阳镇巴菲特概念餐厅总经理徐美华、江苏海纳机电集团有限公司董事长严加彬、江苏向荣电气有限公司总经理唐崇国、句容市白兔新蕾针织帽厂厂长赵熙海10人被市经贸委、市委统战部、市工商局、市工商联、市科技局、市统局联合表彰为“创业之星”;镇江市思航电子科技有限公司总经理周成林、句容东升混凝土工程有限公司总经理陆晓明、江苏康欣医疗设备有限公司总经理王强、江苏迅弛汽车部件有限公司总经理张荣平、镇江喜源电力设备有限公司董事长张伟、江苏华鼎电气有限公司总经理张华勤、江苏梵夫鞋业有限公司总经理陶道福、镇江市润州区八分饱餐馆总经理韦东、丹阳市君豪家纺有限公司总经理黄国良、镇江新区润进铸造材料厂厂长王卫国10人被表彰为“创业先锋”。

2011年2月,镇江市工商联被镇江市创业型城市建设工作领导小组表彰为“全市创业型城市建设工作先进集体”。

2013年8月,镇江市工商联机关党支部撰写的《我为“四大行动计划”作贡献》获中共镇江市委市级机关工委组织的“我为‘四大行动计划’作贡献”征文一等奖。

2013年10月,江苏镇江船厂(集团)有限公司、江苏科技大学、江苏现代造船技术有限公司共同完成的《大功率多功能深海石油支援船开发产业化》项目获镇江市人民政府授予的科技进步奖一等奖;句容宁武科技开发有限公司完成的《高速公路用环氧沥青复合材料的制备应用》项目、江苏恒顺醋业股份有限公司完成的《功能微生物强化生产富含川芎嗪镇江香醋的关键技术研究》项目获镇江市人民政府授予的科技进步奖二等奖；江苏大全凯帆电器股份有限公司完成的《KFM2E智能型塑料外壳式断路器》项目和江苏科海智能系统有限公司、江苏大学共同完成的《高清晰度视频车型实时分类系统》项目获镇江市人民政府授予的科技进步奖三等奖。

2013年，大全集团有限公司裴军获中共镇江市委、镇江市人民政府自主创新杰出人才奖。

2013年，镇江市青年民营企业家商会、镇江市浙江商会、镇江市东北商会、镇江市安徽商会、镇江市南通商会、镇江市餐饮服务行业协会、镇江市钢铁业商会被镇江市民政局表彰为“镇江市优秀社会组织”；镇江市工商联马长骏、镇江市盐城商会顾正红被表彰为“镇江市优秀社会组织工作者”。镇江市工商联宣教处王芳(金山网大爱镇江版主馨境)获镇江慈善总会“最佳慈善义工奖”；被市委宣传部评为2013年度“镇江十佳版主”。

2013年，镇江市青年民营企业家商会获市委统战部、市工商联袁相“同心”工程实验区援建工作特别贡献奖；镇江市松盛土地综合开发有限责任公司总经理高庆文、镇江市美华机电产品有限公司董事长居余标、安然企业集团董事长许紫琳、江苏学府科技创业园有限公司总经理何建、江苏苏信房地产评估咨询有限公司镇江分公司总经理王斌、镇江佳丰开发建设有限公司董事长魏建锋、江苏肯帝亚木业有限公司董事长郦海星、镇江液压件厂有限责任公司常务副总经理潘骏、镇江亚太投资有限公司董事长邹元顺、镇江汇丰房地产开发有限公司总经理周亭宇、江苏威和船舶有限公司总经理冷祥生、丹徒鑫鑫典当行有限责任公司副总经理万梵瑾、镇江市百恒商务咨询有限公司总经理李宏昇、镇江江海酒业有限公司总经理吴玉才、江苏康盛建设工程有限公司总经理田跃华、镇江市东胜电力设施配套有限公司执行董事宋伟等16名个人(排名不分先后)被市委统战部、市工商联表彰为袁相“同心”工程实验区援建工作先进个人。

2014年，大全集团高居“2014中国电气工业100强”榜首；中电电气集团获“中国电器工业最具影响力品牌”称号；镇江液压件厂、江苏苏润高碳材获省“科技小巨人企业”称号；镇江市诚翔电器有限责任公司获得“镇江市五一劳动奖状”。

2015年，镇江市工商联被市委、市政府授予“文明城市创建先进集体”；市工商联左建香被表彰为“镇江市创建全国文明城市工作先进个人”。

2015年,江苏肯帝亚木业有限公司被授予“2015年镇江市市长质量奖”;吕永忠、刘树安、吴光明、张玉宏、倪道宏、谭荣生6名企业家获“镇江市人民奖章”称号。

2015年,镇江市创业精英联合会党支部被市委市政府评为2015年度法治型、服务型“五星”先进党支部。

2015年,镇江东方生物工程设备技术有限责任公司丁春华、镇江市安然电梯销售有限公司许紫琳、润州区味雅大酒店董事长沙玉庆、江苏特友诺新材料科技有限公司董事长陈国忠、镇江中山机电城有限公司董事长周岳新、有能集团有限公司董事长倪道宏、镇江兴港国际物流有限公司董事长谈建祥、丹阳市新超华眼镜行经理彭湘华、句容巨龙东方生态农业专业合作社社长解白根、镇江液压股份有限公司董事长潘正东(排名不分先后)被评为镇江市首届“诚信标兵”。

2015年,大全集团有限公司、江苏恒顺醋业股份有限公司、江苏鱼跃医疗设备股份有限公司、江南生物科技有限公司、江苏睿泰数字产业园有限公司、恒宝股份有限公司、惠龙易通国际物流股份有限公司、江苏沃得机电集团有限公司被评为“影响镇江•2015十大年度企业”;航天海鹰(镇江)特种材料有限公司、江苏超力集团、大亚科技集团、江苏马上游科技股份有限公司、丹阳飓风物流股份有限公司、江苏堂皇集团有限公司、江苏易乐网络科技有限公司被评为“影响镇江•2015年度优秀企业”。

2015年,镇江市总商会副会长、江苏肯帝亚木业有限公司董事长郦海星获2015年度“感动镇江十大人物”荣誉称号。

2015年,由卢道富、奚莹等撰写的《镇江打造长江旅游带重要节点城市研究》获“社科应用研究精品工程”二等奖。

2015年,由镇江市工商联奚莹撰写的《张先中维权记》获市人大办公室、市法制宣传教育领导小组办公室、镇江日报社联合举办的“宪法在心中”征文活动二等奖。

2015年,周翔获镇江市2015年“两新组织优秀党务工作者一类特殊津贴”;镇江市工商联王芳被镇江市文明办评为“2015年度优秀志愿者”。

2016年，镇江市松盛土地综合开发有限责任公司董事长高庆文被市政协表彰为“最美委员”。

2016年，江苏沃得机电集团有限公司党委、江苏超力电器有限公司党支部、镇江蓝舶工程科技股份有限公司党支部、江苏恒顺集团有限公司党委被市委组织部表彰为“全市先进基层党组织”；江苏堂皇集团有限公司党支部书记兼董事长荆玉堂被表彰为“全市优秀共产党员”；镇江市工商联会员处处长周道琴被表彰为“全市优秀党务工作者”。

2016年，镇江市工商联调研维权处处长奚莹获2011—2015年全市普法“工作先进个人”。由市工商联课题组撰写的《镇江打造长江旅游带重要节点城市研究》获“镇江市第十一届哲学社会科学优秀成果”三等奖。

2017年，镇江市委统战部副部长、市工商联党组书记时秋香被镇江市委、市政府表彰为2017年度“服务基层好班长”。

2017年，镇江市创业精英联合会党支部获2017年度“五星法治型、服务型先进党支部”称号；镇江泰州商会党支部、镇江市青年民营企业家商会党支部获“四星法治型、服务型先进党支部”称号。

2017年，江苏鱼跃医疗设备股份有限公司董事长吴光明、有能集团有限公司董事长倪道宏、镇江蓝舶科技股份有限公司董事长郭庆莲、镇江东方电热科技有限公司董事长谭荣生获“全市产业发展党员先锋”称号；江苏苏亚金城会计师事务所镇江所所长范明华获“全市服务发展党员先锋”称号；江苏华阳金属管件有限公司董事长李鸣获“全市创新创业党员先锋”称号。

2017年，大全集团有限公司、江苏恒顺集团有限公司、江苏沃得机电集团有限公司、句容宁武新材料股份有限公司、大亚科技集团有限公司、江苏华强电力设备有限公司、镇江焦化煤气集团有限公司、江苏鼎胜新能源材料股份有限公司获镇江市第一届慈善奖“最具爱心慈善捐赠企业”称号；镇江安徽商会会长艾学平获镇江市第一届慈善奖“最具爱心慈善捐助个人”称号；镇江市周艺公益服务中心蒋周健获镇江市第一届慈善奖“最具爱心慈善行为楷模”称号；镇江市餐饮服务行业协会“爱心年夜饭”项目获镇江市第一届慈善奖“最具影响力慈善项目”称号。

2018年,江苏镇安电力设备有限公司、万新光学集团有限公司获2018年度镇江市市长质量奖。

2018年,镇江市工商联副主席吴银权、丹阳市工商联主席夏炜、优立邦橡胶新材料有限公司董事长戴小川被市政协评为"2017—2018年度镇江市优秀政协委员"。

镇江市创业精英联合会党支部被评为"五星"先进党支部。

2019年,句容宁武新材料股份有限公司被表彰为"镇江市最具爱心慈善捐赠企业"。

2019年,惠龙易通董事长施文进、江苏蓝圈董事长王兴文获"镇江最美退役军人"称号。

2020年,天工国际有限公司、大亚科技集团有限公司、江苏鱼跃医疗设备股份有限公司、江苏沃得农业机械股份有限公司、丹阳龙江钢铁有限公司、建华建材(中国)有限公司、大全集团有限公司、江苏鼎胜新能源材料股份有限公司、江苏鸿泰钢铁有限公司、江苏船山集团有限公司获评镇江制造业"金山奖"会员企业。

2019年,恒宝股份有限公司、江苏恒神股份有限公司、江苏仅一联合智造有限公司、江苏超力电器有限公司、江苏万新光学有限公司、江苏亿阀股份有限公司、江苏吉贝尔药业股份有限公司、江苏天奈科技股份有限公司、惠龙易通国际物流股份有限公司获评镇江市科技创新"梦溪奖"会员企业。

2019年,江苏图南合金股份有限公司董事长兼总经理万柏方、万新光学集团党委书记董事长汤龙保、江苏吉贝尔药业股份有限公司研究所所长吴修良、江苏鼎胜新能源材料股份有限公司总经理陈魏新、江苏恒信集团党委书记理事长范明华、大全集团有限公司副董事长兼执行总裁葛飞获镇江市人民奖章(镇江市人大常委会表彰)。

2019年,江苏超力电器有限公司、宜禾股份有限公司、明月镜片股份有限公司获镇江市市长质量奖。

2019年,镇江市工商联调研维权处处长刘涛获全市统战宣传工作先进个人荣誉称号。

镇江市优秀中国特色社会主义事业建设者一览表

表2—8

届别	时间	获奖人员
第一届	2012年7月	陆廷秀、吴光明、周贤海、耿仲毅、汤龙保、施文进 吕永忠、高庆文、沈　凯、鄂秀萍、范明华、沈中泉 徐荣良、杨云胜、袁启红、方荣富、李　鸣、曾福军 郭道鹏、冷祥生、王禄宝、鲁远勇、陈彩云、王民良 徐　正、艾学平、翟志高、凌玉箭、屠余标、谭　克
第二届	2016年12月	陈晓龙、王　刚（建华管桩）、倪道宏、李　杰、严荣飞 季忠银、王　刚（江苏艾科）、朱冬宏、谢公晚、吴　闯 巢建峰、王家庆、邱新国、王兴文、钱云宝、赵晶凯 冯　涛、郭庆莲、田文斌、艾顺刚、曹加伟、赵祥顺 朱立荣、谈建祥、高庆国、徐益盛、封孝权、沙玉庆 王　斌、钱国华

2002—2020年镇江市工商联表彰的先进集体和个人一览表

表2—9

时间	表彰项目	表彰单位
2002年	先进集体	丹阳市工商联及其司徒镇商会、新桥镇商会、云阳镇商会、界牌镇商会、河阳镇商会、吕城镇商会、皮鞋商会，句容市工商联及其华阳镇商会、下蜀镇商会、东昌镇商会、白兔镇商会、葛村镇商会、经济开发区商会，扬中市工商联及其八桥镇商会、服装商会，丹徒区工商联及其辛丰镇商会、丁岗镇商会、宝堰镇商会、上党镇商会，京口区工商联及其健康路街道分会、旅游开发区商会、润州区和平路街道分会、蒋桥镇商会，镇江市工商联油漆涂料商会

续表2—9

时间	表彰项目	表彰单位
2002年	优秀企业会员	江苏飞达工具集团股份有限公司、丹阳市华昌钻石有限公司、江苏润阳胶粘剂厂、丹阳市针织服装公司、句容市便民超市有限公司、句容市茅山建筑股份有限公司、句容市华鑫工艺礼品有限公司、江苏长江电气集团有限公司、扬中市敦煌制毯有限公司、镇江惠乳制品有限公司、镇江精诚轴承有限责任公司、镇江京河房屋开发有限公司、镇江市鑫源热镀锌有限公司、镇江方源化学有限公司、镇江金聚楼烤鸭大酒店有限公司、镇江天业电信有限公司、镇江市亮光建材有限公司、镇江三维塑料电器有限公司、江苏海王建设防腐有限公司、镇江恒强纺织有限公司、梦羚角(镇江)服饰有限公司
	先进个人	钱留梅、吴斌荣、戎王兰、印寿康、刘大正、马贞杰、郭永龙、沙为定、基瑞荣、张永生、袁尤其、王小平
2004年	先进集体	丹阳市工商联及其新桥镇商会、云阳镇商会、界牌镇商会、河阳镇商会、埠城镇商会、皮鞋商会、眼镜商会，句容市工商联及边城镇商会、华阳镇商会、下蜀镇商会、茅山镇商会、天王镇商会、葛村镇商会，扬中市工商联及其服装业商会、美容美发业商会、装璜业商会、柳竹工艺品商会，丹徒区工商联及其辛丰镇商会上党镇商会、黄墟镇商会、世业镇商会、高资镇商会，京口区工商联大市口街道分会、谏壁镇商会、家庭装饰行业商会、润州区和平路街道分会、蒋桥镇商会镇江市工商联联络处
	先进个人	钱留梅、汤志刚、汤龙保、钟金利、黄金利、马侦杰、胡兰生、基瑞荣、凌建国、张永生、孙松、刘杰
2007年	先进集体	丹阳市工商联、扬中市工商联被镇江市工商联表彰为“全市工商联系统先进集体”;句容市被表彰为“组织建设先进集体”;丹徒区工商联被表彰为“调查研究先进集体”;京口区工商联被表彰为“服务民营经济先进集体”;润州区工商联被表彰为“参政议政先进集体”

续表2—9

时间	表彰项目	表彰单位
2009 年	先进集体及个人	丹阳市工商联、句容市工商联、润州区工商联被市工商联表彰为“全市工商联系统先进集体”；扬中市工商联被表彰为“服务民营经济先进单位”；丹徒区工商联被表彰为“组织建设先进单位”；京口区工商联被表彰为“联络工作先进单位”。钢材贸易商会、装饰建材商会被市工商联（商会）表彰为“市直行业商会先进集体”；汤大顺被表彰为“先进个人”
2011 年	先进集体	丹阳市工商联、句容市工商联、京口区工商联、润州区工商联被市工商联表彰为“全市工商联系统先进集体”；扬中市工商联被表彰为“积极参政议政、服务经济发展先进单位”；丹徒区工商联被表彰为“强化组织建设、服务经济发展先进单位”；镇江新区工商联被表彰为“创新商会工作、服务经济发展先进单位”
2012 年	先进集体	丹阳市工商联、句容市工商联、镇江新区工商联被镇江市工商联（商会）表彰为县级工商联（商会）先进集体；京口区工商联被表彰为参政议政工作先进集体、润州区工商联被表彰为组织建设工作先进集体、扬中市工商联被表彰为经济服务工作先进集体、丹徒区工商联被表彰为宣传教育工作先进集体；镇江市青年民营企业商会、镇江市钢铁业商会、镇江市餐饮商会、镇江市酒类商会、镇江市泰州商会、镇江市盐城商会、丹阳市眼镜商会、丹阳市皮鞋业商会、丹阳市台州商会、句容市酒业商会、句容市装潢业商会、扬中市家具业商会、丹徒区谷阳镇制刷行业商会、京口区四牌楼街道阳光世纪花园社区商会、镇江新区餐饮商会被表彰为“商会组织先进集体”
2013 年	先进集体	扬中市工商联、丹徒区工商联被镇江市工商联表彰为“全市工商联系统先进集体”；京口区工商联被表彰为“思想引导工作先进集体”：润州区工商联被表彰为“参政议政工作先进集体”

续表2—9

时间	表彰项目	表彰单位
2014年	先进集体	丹阳市工商联、句容市工商联、扬中市工商联被镇江市工商联(商会)表彰为“全市工商联系统先进集体”;丹徒区工商联被表彰为“参政议政工作先进集体”、京口区工商联被表彰为“宣传教育工作先进集体”、润州区工商联“思想引导工作先进集体”、镇江新区工商联被表彰为“经济服务工作先进集体”;镇江市青年民营企业家商会、镇江浙江商会、镇江市福建商会、镇江泰州商会、镇江盐城商会、镇江市宝应商会、镇江市装饰建材商会、镇江市锅盖面协会、丹阳市温州商会、丹阳市汽车零部件商会、句容市浙江商会、句容市建材商会、扬中市新坝镇商会、扬中市建筑房地产业商会、丹徒区上党镇商会、丹徒区荣炳盐资源区商会、京口区正东路街道商会、京口区大市口街道商会、润州区蒋乔街道商会、润州区宝塔路街道商会、镇江新区大路镇商会、镇江新区物流商会被表彰为“基层商会先进集体”
	2012-2014年度全市工商联系统示范商会	丹阳市眼镜商会、镇江浙江商会、镇江市青年民营企业家商会、镇江盐城商会、镇江市装饰建材商会、镇江安徽商会、镇江市钢铁业商会、镇江市温州商会、镇江泰州商会、镇江市餐饮协会、扬中市油坊镇商会、丹徒区谷阳镇商会、京口区象山街道商会
	镇江市工商联(商会)“十大亮点活动”获选单位	镇江市青年民营企业家商会(争当“同心工程”建设排头兵)、镇江市装饰建材商会(举办“家装博览会”,搭建营销平台)、丹阳市眼镜商会(申报丹阳眼镜集体商标,打造区域品牌)、镇江泰州商会(爱心助力文明城市创建)、镇江市现代商务服务业商会(探索承接政府职能转移)、镇江盐城商会(整合资源建设盐商工业园)镇江浙江商会(结对帮扶 捐资助学)、扬中市装潢业商会(搭建融资平台,服务会员发展)、镇江南通商会(践行“商道酬信”,促进“两个健康”)、镇江市江西商会(帮助会员排忧解难,维护会员合法权益)

续表2—9

时间	表彰项目	表彰单位
2015年	先进集体	丹阳市工商联、句容市工商联、扬中市工商联被镇江市工商联（商会）表彰为“全市工商联系统先进集体”；丹徒区工商联被表彰为“参政议政工作先进集体”；京口区工商联被表彰为“宣传教育工作先进集体”；润州区工商联“思想引导工作先进集体”、镇江新区工商联被表彰为“经济服务工作先进集体”；镇江市青年民营企业家商会、镇江浙江商会、镇江市福建商会镇江泰州商会、镇江盐城商会、镇江市宝应商会、镇江市装饰建材商会、镇江市锅盖面协会、丹阳市温州商会、丹阳市汽车零部件商会、句容市浙江商会、句容市建材商会、扬中市新坝镇商会、扬中市建筑房地产业商会、丹徒区上党镇商会、丹徒区荣炳盐资源区商会京口区正东路街道商会、京口区大市口街道商会、润州区蒋乔街道商会、润州区宝塔路街道商会、镇江新区大路镇商会、镇江新区物流商会被表彰为“基层商会先进集体”
	镇江市工商联(商会）“十大亮点活动”获选单位	镇江市青年民营企业家商会(争当“同心工程”建设排头兵)、镇江市装饰建材商会(举办“家装博览会”，搭建营销平台)、丹阳市眼镜商会（申报丹阳眼镜集体商标，打造区域品牌）、镇江泰州商会（爱心助力文明城市创建）、镇江市现代商务服务业商会（探索承接政府职能转移）、镇江盐城商会（整合资源建设盐商工业园）、镇江浙江商会（结对帮扶 捐资助学）、扬中市装潢业商会(搭建融资平台，服务会员发展)、镇江南通商会（践行“商道酬信”，促进“两个健康”）、镇江市江西商会（帮助会员排忧解难，维护会员合法权益）
2016年	先进集体	丹阳市工商联、扬中市工商联、润州区工商联被镇江市工商联表彰为“全市工商联系统先进集体”；京口区工商联被表彰为“创新服务工作先进集体”、丹徒区工商联被表彰为“宣传教育工作先进集体”

续表2—9

时间	表彰项目	表彰单位
2016年	基层商会组织先进集体	镇江市青年民营企业家商会、镇江市家居装饰业商会、镇江市创业精英联合会、镇江市现代商务服务业商会、镇江安徽商会、镇江市溧阳商会、镇江市福建商会、镇江市扬州商会、镇江盐城商会、镇江东北商会、镇江市江西商会、丹阳市老兵企业家商会、镇江新区装饰建材商会
	2015–2016年度全市工商联系统示范商会”	丹阳市眼镜商会、镇江市家居装饰商会、镇江市锅盖面行业协会、丹阳市皮革鞋业商会、镇江市福建商会、镇江南通商会、镇江市扬州商会、句容市浙江商会、镇江市创业精英联合会、镇江新区创新总裁俱乐部、句容市下蜀商会、扬中市八桥镇商会、丹徒区谷阳镇商会、京口区正东路街道商会、润州区七里甸街道商会
2017年	先进集体	丹阳市工商联、扬中市工商联被镇江市工商联表彰为“全市工商联系统综合工作先进集体”；润州区工商联被表彰为“思想引导工作先进集体”、句容市工商联被表彰为“参政议政工作先进集体”、镇江新区工商联被表彰为“经济服务工作先进集体”、京口区工商联被表彰为“对外联络工作先进集体”、丹徒区工商联被表彰为“精准扶贫工作先进集体”
	基层商会组织先进集体	镇江浙江商会、镇江市温州商会、镇江东北商会、镇江市安徽商会、镇江市钢铁业商会、镇江市青年民营企业家商会、镇江市泰州商会、镇江市南通商会、镇江市福建商会、镇江市扬州商会、镇江市家居装饰业商会、镇江市溧阳商会、镇江市山西商会、镇江市创业精英联合会、镇江市淮安商会、丹阳市物流协会、句容市后白镇商会、扬中市青年民营企业家商会、京口区象山街道商会、润州区和平路街道商会、丹徒区民企合作交流协会、镇江新区姚桥镇商会

续表 2—9

时间	表彰项目	表彰单位
2017 年	全市工商联系统商会“十大亮点”工作优胜奖	镇江市浙江商会、镇江市安徽商会、镇江市淮安商会、句容市下蜀镇商会、镇江市创业精英联合会、镇江市扬州商会、镇江市家居装饰业商会、丹阳市汽车零部件商会、镇江市泰州商会、镇江市南通商会
2018 年	基层商（协）会先进集体	镇江市福建商会、镇江市常州商会（原溧阳商会）、镇江市川渝商会、镇江市温州商会、镇江东北商会、镇江市青年民营企业家商会、镇江市钢铁业商会、句容市浙江商会、扬中市八桥镇商会、丹徒区上党镇商会、京口区健康路街道商会、润州区宝塔路街道商会、镇江新区丁卯民营企业协会
2020 年	商协会“十大亮点”工作优胜奖	“履行责任助振兴，村企联建促发展”（实施单位：镇江安徽商会、镇江市创业精英联合会）；“众志成城抗疫情，勇担使命树形象”（实施单位：镇江市福建商会、镇江浙江商会）；“跑起来，产业强市彰显青年担当”（实施单位：镇江市青年民营企业家商会）；“把方向、议大事、促发展，党建会建同促共建”（实施单位：镇江市家居装饰业商会）；“深化爱国主义教育，打造学习型商会”（实施单位：镇江泰州商会、镇江市扬州商会）；“推动纳税人之家建设，搭建税企沟通平台”（实施单位：镇江市纳税人税收权益维护协会）；“推进团体标准建设，促进行业健康发展”（实施单位：丹阳市眼镜商会）；“以商引商，助力招商”（实施单位：句容市后白镇商会）；“创办商学院，培育新人才”（实施单位：扬中市青年民营企业家商会）；“深化 1+N 模式，助力会员纾困解难”（实施单位：丹徒区谷阳镇商会）

第三编 县级工商业联合会（商会）

1949年4月23日，镇江解放，镇江县分设为镇江市和丹徒县。1983年3月，撤销镇江地区，实行市管县体制，镇江市改为省辖市，辖原属镇江地区的丹徒、丹阳、句容、扬中4个县以及京口、润州2个区。1987年12月丹阳首先撤县建市，1994年7月、1995年6月扬中、句容相继撤县建市，1998年6月设立镇江新区，2002年4月丹徒撤县建区。原属于润州区的镇江高新区，于2014年10月升格为国家级高新区，并于2017年6月实行实体化运作，成为全市最年轻的一个"板块"。各县(市、区)工商业联合会(商会)[简称XXX县(市、区)工商联(商会)]是在新中国成立后以及镇江区划调整后相继成立的，是在当地党委领导下的人民团体和商会组织，是党和政府联系非公有制经济人士的桥梁和纽带，是政府管理和服务非公有制经济的助手。

第一章 丹阳县(市)工商业联合会(商会)

第一节 概 况

清光绪三十二年(1906)9月，丹阳县商会成立，会所位于县城白云街衣业公所，姜瑞麟任总理，会董23人、会员195人。民国17年(1928)商会解体；民国19年(1930)11月，重建商会，辖各同业公会23个，会员786人；董继昌、束秉勋、何汝翼先后任商会总理(会长、主席)。民国26年(1937)12月，日军侵占丹阳，商会解散。民国29年(1940)4月，汪伪县政府设立"丹阳县商会整理委员会"，成立"丹阳县商会"，辖同业公会32个。民国34年(1945)10月，丹阳县商会改组，实行理事会制，辖同业公会41个。

1949年9月，丹阳县工商业联合会筹备委员会成立，县商会解体。1951年

12月，丹阳县工商业联合会正式成立。1966年5月，丹阳县工商业联合会因“文化大革命”开始而停止活动。1985年11月，根据(丹发〔1985〕140号)《同意恢复工商联组织的批复》精神，丹阳县工商业联合会恢复机构名称和职能。1987年12月，丹阳撤县建市后更名为丹阳市工商业联合会，列入党委工作部门。1992年7月，成立中共丹阳市工商业联合会党组。截至2020年年底，丹阳县(市)工商联历经十二届。

2006年实施国家公务员制度后，丹阳市工商业联合会被列入国家公务员管理序列，现下设办公室、宣传教育科、经济联络科3个职能科室(股级建制)，人员行政编制5人。截至2020年年底，丹阳市工商业联合会共有基层商(协)会28家，其中乡镇(街区)商会12家、行业商(协)会16家，会员总数3200家。

丹阳县(市)工商联坚持围绕党委政府中心任务开展工作，锐意进取、开拓创新，促进“两个健康”。强化思想引导。组织非公有制经济代表人士学习贯彻党的路线、方针、政策，组织革命传统教育、理想信念教育、政策法规学习培训等，坚定非公有制经济代表人士“四信”理念，引导他们争做“优秀中国特色社会主义建设者”。完善组织建设。自1999年组建全国首家县级眼镜商会后，又先后组建汽车零部件、皮革鞋业、超硬材料工具、醋业、餐饮、物流、旅游户外装备等多家行业商(协)会，各行业商(协)会发挥承接政府转移职能独特作用，在制定行业发展标准、建立公平贸易预警点等方面，为丹阳相关行业发展发挥作用。吸引域外客商到丹阳投资，先后组建台州、温州、江西、深圳等异地商会，为促进丹阳非公有制经济发展贡献力量。发挥桥梁纽带作用。搭建党委政府职能部门与民营企业沟通协商的制度化平台。先后与市税务局合作，率先在丹阳市六大产业商(协)会和2家异地商会共同搭建“纳税人之家”，把税收政策辅导、企业诉求响应等机制通过行业商协会传达到会员企业；与市司法局、法院、检察院等合作，建立“商会法官工作室”，组建丹阳市商会商事人民调解委员会，重点协调企业之间的经济纠纷、诉前调解，当好社会的“稳定器”和“调节阀”；与丹阳农商银行等单位合作，建立“银企党建共建”机制，指导推进各商(协)会与银行党建合作共建，帮助会员企业享受优质的信贷产品与金融服务。

第二节　代表大会

1951年12月10日，召开丹阳县工商业联合会第一次会员代表大会，参加会议代表239人。大会审议通过丹阳县工商业联合会组织规程及决议，选举产生第一届执行委员会委员37人、监委13人。执委会选举林静波为主任委员，黄裔、孙福民为副主任委员。

1957年3月25日，召开第二次会员代表大会，选举产生第二届执行委员会委员39人。执委会选举黄裔为代理主任委员，程堃生、孙成铭、王健为副主任委员。

1959年10月，召开第三次会员代表大会，参加会议代表150人。大会选举产生第三届执行委员会委员51人、常务委员21人。执委会选举程堃生为主任委员，王健、束德滋、盛软顺、汤通庆为副主任委员。

1964年4月，召开第四次会员代表大会，参加会议代表91人。大会选举产生第四届执行委员会委员47人。执委会选举程堃生为主任委员，王健、束德滋、盛软顺、汤通庆为副主任委员。

1986年4月，召开第五次会员代表大会，参加会议代表105人。大会选举产生第五届执行委员会委员29人。执委会选举林静波为主任委员，蒋玉南、林德宗为副主任委员。

1989年12月，召开第六次会员代表大会，参加会议代表105人。大会选举产生第六届执行委员会委员29人、常务委员9人。执委会选举陆雨生为主任委员，朱金凯为副主任委员。

1993年4月，召开第七次会员代表大会，参加会议代表116人。大会选举产生第七届执行委员会委员30人、常务委员15人。执委会选举钱锦龙为主任委员，贡建华、周尧东、朱尧生为副主任委员。

1997年3月，召开第八次会员代表大会，参加会议代表161人。大会选举产生第八届执行委员会委员37人、常务委员19人。执委会选举刘友群为会长，朱尧生、万国骅为副会长。因工作调整，1999年12月，张庆洪接替刘友群任会长。

2001年12月23日，召开第九次会员代表大会，参加会议正式代表158人，特邀代表57人。大会选举产生第九届执行委员会委员47人。执委会选举钱留梅为会长，朱忠良、朱国平、丁义等6人为副会长。

2006年11月15日，召开第十次会员代表大会，参加会议代表150人。大会选举产生第十届执行委员会委员50人。执委会选举钱留梅为主席，林书云、朱忠良、丁义、汤龙保、汤志刚、华川海、陆群、陈俊、常国民、眭越江、蒋蔼其为副主席。

2011年11月22日，召开第十一次会员代表大会，参加会议代表169人。大会选举产生第十一届执行委员会委员55人。执委会选举钱留梅为主席，袁红霞、谈成良、李逸民、陈莉萍、汤龙保、华川海、常国民、眭越江、蒋蔼其、徐荣良、郑志伟、郦海星、韩同军为副主席。

2016年12月20日，召开第十二次会员代表大会，参加会议代表176人。大会选举产生第十二届执行委员会委员68人。执委会选举夏炜为主席，薛东升、李逸民、汤龙保、常国民、眭越江、徐荣良、郑志伟、郦海星、韩同军、姚纪荣、陈建林、邱新国、汤建平、李德元、曹加伟、巢建峰、景金毅为副主席。

截至2020年12月中共丹阳市工商业联合会党组书记任职情况表

表3—1

序号	姓名	任职时间	序号	姓名	任职时间
1	邱协谊	1992.07	5	袁红霞	2011.11
2	张庆洪	1996.12	6	薛东升	2016.12
3	林书云	2001.12	7	刘绛昊	2019.02
4	崔巧娣	2009.04	8	赵锦昌	2020.11

第二章 句容县(市)工商业联合会(商会)

第一节 概 况

民国4年(1915)3月,句容县商会改组。民国6年(1917)7月,改选商会会长。抗战胜利后,句容县政府撤销伪商会。民国34年(1945)9月,国民党句容县党部筹组县商会。民国35年(1946)2月,成立县商会,选举理事6人、监事3人组成理(监)事会,共有会员238人,会所位于县城商会巷(今民主巷),商会下属各行业同业公会11个;同年,天王寺、下蜀、龙潭、东阳、三岔、葛村、桥头等集镇相继成立商会。

1950年6月,成立句容县城区工商业筹备委员会,由张仁连任筹备委员会主任。1951年11月,句容县工商业联合会正式成立。"文化大革命"开始后,句容县工商业联合会停止活动。1980年12月后,句容县工商业联合会的工作任务由县政协工商组代行。1995年6月,句容撤县建市后更名为句容市工商业联合会。1996年6月开始与句容市商会并称,1997年4月成立中共句容市工商业联合会党组。截至2020年年底,句容县(市)工商联历经十届。

自2008年起,句容市工商联办公及专项工作经费列入同级财政预算,机关人员行政编制4名,下设综合科。截至2020年年底,共有基层商(协)会20家,其中乡镇(街区)商会12家、行业商(协)会7家,会员总数2082家。

句容县工商业联合会成立以来,在贯彻执行党的方针、政策,推动全县工商业者接受爱国主义和社会主义教育、自觉守法经营、协助政府完成工商业的社会主义改造、实行公私合营和合作经营以及活跃市场等方面起到一定的作用。县改市后,句容市工商联始终注重加强自身建设,促进非公有制经济健康发展,引导非公有制经济人士健康成长。注重非公有制经济人士思想引领,开展"不忘创业初心,接力改革伟业"系列活动,出台《句容市弘扬优秀企业家精神支持企业家干事创业行动方案》,开设"容商论坛"大讲堂,在句容茅山设立"江苏省民营经济人士理想信念教育基地"。注重行业商会、异地商会、乡镇(街道、园区）商会组建，先后创建“党建+会建、诚信之星、以会引商、企业文化”等商会特色服务品牌。注重引导民营企业家履行社会责任，持续开展“送温暖·献爱心”活动，落实“村企联建”助力乡村振兴。

第二节　代表大会

1951年11月20—22日，召开句容县工商业联合会第一次会员代表大会，到会代表114人。大会通过县工商联组织章程，选举产生句容县工商业联合会第一届执行委员会委员26人、常务委员9人、候补委员4人。执委会先后选举张仁连（—1956年1月）、陈进杰（1956年1月—）为主任委员，吴良珠、刘春芝、王锡君、倪雨金为副主任委员。

1959年7月14—18日，召开第二次会员代表大会。大会选举产生第二届执行委员会委员29人、常务委员11人。执委会选举陈进杰为主任委员，吴良珠、赵存义、王洋、刘自德、王锡君为副主任委员。

1963年5月22—26日，召开第三次会员代表大会。大会选举产生第三届执行委员会委员29人、常务委员7人。执委会选举陈进杰为主任委员，吴良珠、赵存义、王洋、刘自德、王锡君为副主任委员。

1988年11月29—30日，召开第四次会员代表大会。大会选举产生第四届执行委员会委员23人、常务委员9人。执委会选举吴良珠为主任委员，董太国、张士根为副主任委员。

1993年4月13日，召开第五次会员代表大会。大会选举产生第五届执行委员会委员17人。冯启义当选为主任委员，吴良珠任名誉主任委员，衡长俊、印寿康、徐怀国、张士根为副主任委员。

1997年3月13日，召开第六次会员代表大会。大会选举产生第六届执行委员会委员19人。执委会先后选举朱杰臣（1999年4月）、曹先明（1999年4月）为会长，蔡成安、冯学谦、王令一、印寿康、徐勤富、朱映华、张金虎为副会长，印寿康兼任秘书长。

2001年12月13日，召开第七次会员代表大会。大会选举产生第七届执行委员会委员26人。执委会选举卢道富为会长,曹先明、印寿康、张金虎、钟诚柏、朱映华、牛瑞胜、夏小龙、应军、张小祥为副会长,印寿康兼任秘书长。

2006年12月5—6日,召开第八次会员代表大会。大会选举产生第八届执行委员会委员35人。执委会先后选举卢道富(2008年1月)、彭良豪(2008年1月)为会长,钟诚柏、王明怀、朱映华、应军、张小祥、杜盛钢、孙国平、李鸣为副会长。

2012年2月15—16日,召开第九次会员代表大会。大会选举产生第九届执行委员会委员50人。钟诚柏当选为主席,王明怀、宋伟、陶文才、应军、张小祥、杜盛钢、方荣富、任春香、李鸣为副主席

2016年12月28日,召开第十次会员代表大会。大会选举产生第十届执行委员会委员57人。执委会先后选举吴小香(2019年10月)、王道银(2019年11月)当选为主席,赵军(2017年3月)、刘明祥(2017年4月—2017年9月)、傅丽莉(2017年10月—2019年7月)、陈健(2019年8月)、陶文才、王明怀、任春香、张小祥、李鸣、刘树安、杨志峰、徐益盛为副主席,李波任秘书长。

截至2020年12月中共句容市工商业联合会党组书记任职情况表

表3—2

序号	姓名	任职时间	序号	姓名	任职时间
1	陆才林	1997.04	6	赵 军	2015.07
2	曹先明	2001.11	7	刘明祥	2017.03
3	王 林	2003.08	8	傅丽莉	2017.08
4	谢荣洲	2007.11	9	陈 健	2019.06
5	郑学胜	2009.08			

第三章　扬中县(市)工商业联合会(商会)

第一节　概　况

扬中县工商业联合会于1951年11月正式成立，直至1962年，先后召开六次会员代表大会。“文化大革命”期间，工商联组织活动被迫中断。1985年7月4日，省政府办公厅发文同意恢复工商联组织，因条件不成熟，故没有恢复工商联，而是以工商小组的形式加强同原工商界人士的联系。直至1993年4月20日，县委批准恢复扬中县工商业联合会，并成立扬中县商会，与扬中县工商业联合会实行两块牌子、一套班子；5月成立扬中县工商业联合会党组。1994年7月，扬中撤县建市后更名为扬中市工商业联合会。截至2020年12月，扬中县(市)工商联历经十二届。

2002年11月，《扬中市工商业联合会机关机构改革方案》核定市工商联人员编制5名，其中行政编制4名，行政附属编制1名，下设综合科。截至2020年年底，扬中市工商联共有基层商(协)会共22家，其中乡镇(街道)商会6家、行业商(协)会9家，会员总数2820名。

扬中市工商联成立以来，注重引导行业规范化建设，先后成立10余家行业商会，服装业商会、美容美发业商会等在省内具有一定的知名度。发挥扬中市青年民营企业家商会作用，在承接重大活动、履行社会责任、参政议政、促进企业发展中展现青年企业家新风采。开展“一人一重点、履职当表率”活动、“新时代企业家精神师承计划”等，体现工商联的担当作为。

第二节　代表大会

扬中县工商业联合会第一至六次会员大会概况(资料缺失)。

1993年5月11—12日，召开扬中县工商业联合会第七次会员代表大会。大会选举产生扬中县工商业联合会第七届执行委员会委员24名。执委会选举黄旭初为主任委员，杨春保、王步生为副主任委员，董明珍为秘书长。

1997年4月16日，召开第八次会员代表大会。大会选举产生第八届执行委员会委员22名。执委会选举董明文为会长，王笃荣、杨春保、金加龙、黄杏娣为副会长，董明珍为秘书长。

2001年12月12日，召开第九次会员代表大会。大会选举产生第九届执行委员会委员27名(届中增补执行委员6名，共33名)。执委会选举常云为会长，莫纪奎、黄星娣为副会长，莫纪奎兼任秘书长。

2006年9月29日，召开第十次会员代表大会。会议选举产生第十届执行委员会委员38名。执委会选举常云为会长，莫纪奎、黄星娣、王学斌、王禄宝、王奎荣、周阿林、陈宝瑞为工商业联合会副会长，徐广福、唐本荣、马金芳、王笃林为商会名誉会长，莫纪奎兼任秘书长。

2012年2月29日，召开第十一次会员代表大会。执委会选举兰云林为主席(会长)，贾正林、周阿林、姚建明、王禄宝、季忠银、王奎荣、苏文国、陈宝瑞为副主席(副会长)，马侦杰为秘书长。

2016年12月26日，召开第十二次会员代表大会。会议选举产生第十二届执行委员会委员50名。执委会先后选举兰云林(2017年4月)、张孝明(2017年4月)为主席(会长)，瞿廷辉为常务副主席(副会长)，王梅、王禄宝、季忠银、蒋文功、高双宝、朱冬宏、钱存根、高勇为副主席(副会长)，马侦杰为秘书长。

截至2020年12月中共扬中县(市)工商业联合会党组书记任职情况表

表3—3

序号	姓名	任职时间	序号	姓名	任职时间
1	王笃伦	1993.05	4	瞿廷辉	2011.03
2	王子龙	2001.01	5	赵徐平	2019.03
3	沈中友	2001.10			

第四章　丹徒县(区)工商业联合会(商会)

第一节　概　况

丹徒县工商业联合会于1951年10月正式成立。1994年9月19日，丹徒县工商业联合会增挂“丹徒县商会”牌子，实行两块牌子、一套班子。2002年4月丹徒撤县建区，丹徒县工商业联合会变更为丹徒区工商业联合会。1998年11月，设立丹徒县工商业联合会党组，卢德辉任党组书记；2019年2月，唐维任中共丹徒区工商业联合会党组书记。截至2020年年底，丹徒区工商联有基层商(协)会共18家，其中乡镇(街区)商会10家、行业商(协)会8家，会员总数612家。

丹徒县(区)工商联成立以来，在镇江市工商联指导和县(区)委领导下，履行职能，发挥作用。20世纪50年代，动员全县工商业者接受爱国主义和社会主义教育，协助政府完成资本主义工商业的社会主义改造，在推动公私合营和合作经营等方面发挥较好作用。1993年成立全市第一家乡镇分会——丹徒县工商联大路镇分会，并于1994年基本实现乡镇分会全覆盖。调查研究，先后有多篇调研报告获省以上表彰。坚持服务立会，先后搭建银企合作平台、构建和谐劳动关系三方协商机制、成立“纳税人之家”等，服务民营企业健康发展。加强非公代表人士队伍建设，引导他们守信誉、走正道，履行社会责任，争做优秀中国特色社会主义建设者。

第二节　代表大会

1951年10月28—30日，丹徒县工商业联合会召开第一次会员代表大会。大会选举产生丹徒县工商业联合会第一届执行委员会委员31名。选举汪金波为主任委员，刘志学、徐锡三为副主任委员。会议确定工商业者遵守共同纲领及人民政府法令等4项工作。

1956年9月，召开第二次会员代表大会，选举产生领导机构，明确任务（人事资料缺失)。

1962年9月17—22日，召开第三次会员代表大会。大会选举产生第三届执行委员会委员34人。执委会选举高伟俊为主任委员，许琰、黄承吾为副主任委员。

1993年4月20日，召开第四次会员代表大会，选举产生丹徒县工商业联合会第四届执行委员会委员21名。执委会选举王淑慧为主任委员，倪鹤鸣(兼)、殷松如、徐春青(兼)、陶桂传(兼)为副主任委员，王嘉荣为秘书长。

1997年4月3—4日，召开第五次会员代表大会，选举产生第五届执行委员会委员26名。执委会选举王淑慧为会长，倪鹤鸣、朱其寿、龚景清、陶桂传为副会长，龚景清为秘书长。

2001年12月21—22日，召开第六次会员代表大会，选举产生第六届执行委员会委员33名。执委会选举李文敏为会长，田启明、龚景清、关云洪、周东海、李龙根为副会长，龚景清为秘书长(兼任)。

2006年11月28—29日，召开第七次会员代表大会，选举产生第七届执行委员会委员41名。执委会选举李文敏为会长，潘建华、陈国镇、周东海、关云洪、朱立荣为副会长，陈国镇为秘书长(兼)。2009年12月，选举郭祥明任丹徒区工商业联合会会长。

2012年12月25日，召开第八次会员代表大会，选举产生第八届执行委员会委员59名。执委会选举郭祥明为主席，卢德辉、陈国镇、陈玲、吕永忠、周亭宇、朱翔、缪文华、管建洪、吴祥、施子郎、笪洪福为副主席，陈国镇为秘书长(兼)。

2016年12月21日，召开第九次会员代表大会，选举产生第九届执行委员会委员67名。执委会选举郭祥明为主席，卢德辉、陈国镇、吕永忠、缪文华、王兴文、朱翔、周亭宇、吴祥、陈炜、徐洋、董春宝、姜松亭为副主席，陈国镇为秘书长(兼)。2019年2月，殷晓丹任丹徒区工商业联合会主席。2019年9月，张盛任丹徒区工商业联合会副主席。

第五章 京口区工商业联合会(商会)

第一节 概 况

京口区工商业联合会(商会)于1994年6月由京口区人民政府(镇京政复〔1994〕15号)批复成立，并设立中共京口区工商业联合会党组。截至2020年12月末，京口区工商联历经六届。无内设机构，现行政编制2名。京口区工商联有基层商会共11家，其中街道商会6家、行业商会5家，会员总数943家。

京口区工商联成立以来，注重非公有制经济人士的思想引导工作，持续开展革命传统和党史、军史、新中国史、改革开放史等教育培训，引导他们听党话、跟党走，争做优秀中国特色社会主义事业建设者。注重组织建设，成立全市第一家街道分会、第一家餐饮行业公会、第一家社区商会，基本实现社区商会全覆盖。注重引导大学生创业就业，发挥工商联联系广泛优势，结合本地丰富的高校资源，持续开展“民企进校园创业实践与指导分享会”，主动为大学生创业就业提供平台。

第二节 代表大会

1994年6月21日，京口区工商业联合会召开第一次会员代表大会，选举产生京口区工商业联合会第一届执行委员会委员13名。执委会选举陆彩云为会长，王纯一、支正辉、李正、陈国平、王广月为副会长，王纯一为秘书长(兼)。

1997年3月27日，召开第二次会员代表大会，选举产生第二届执行委员会委员21名。执委会选举孙志安为会长，王纯一、支正辉、李正、尹文斌为副会长，王纯一为秘书长(兼)。因工作调整，1998年5月，陈浩替补孙志安为会长；2000年4月，孙辉替补陈浩为会长；1999年12月，张永生替补王纯一为副会长兼秘书长。

2001年11月11日，召开第三次会员代表大会，选举产生第三届执行委员会委员21名。执委会选举孙辉为会长，张永生、王纯一、李正、支正辉、鄂秀萍、孟家富为副会长，张永生为秘书长(兼)。2003年3月，曹丽虹替补孙辉为会长。

2006年11月10日，召开第四次会员代表大会，选举产生第四届执行委员会委员31名。执委会选举陆春生为会长，张永生、徐正、鄂秀萍、孟家富、孙徕喜、董春宝、陈多莉、赵伟、戴幸福为副会长，张永生为秘书长(兼)。

2011年11月29日，召开第五次会员代表大会，选举产生第五届执行委员会委员45名。执委会选举陆春生为主席(会长)，张永生、徐正、鄂秀萍、孟家富、孙元贵、董春宝、戴幸福、蒋伟、张国华、孟剑、周轶、黄和平、何建、王润东为副主席(副会长)，王红旗、崔立新为商会副会长，徐振平为秘书长。因工作调整，2013年11月，朱裕根替补陆春生为主席(会长)；2015年2月，朱家巍替补张永生为副主席(副会长)。

2016年12月29日，召开第六次会员代表大会，选举产生第六届执行委员会委员60名。执委会选举朱裕根为主席(会长)，朱家巍为常务副主席(副会长)，徐振平、柳凤柱、许紫琳、王红旗、黄礼龙、何建、蒋伟、周轶、陈炜、陈志玮、潘革、孙广辉、钱建云为副主席(副会长)，徐正、鄂秀萍、孟家富、孙元贵、董春宝为商会副会长，徐振平为秘书长(兼)。因工作调整，2019年2月，蒋伟文替补朱家巍为常务副主席(副会长)、党组书记。

截至2020年12月中共京口区工商业联合会党组书记任职情况表

表3—4

序号	姓名	任职时间	序号	姓名	任职时间
1	钟程发	1994.06	4	朱家巍	2015.02
2	姜厚荣	2003.01	5	蒋伟文	2019.02
3	张永生	2006.11			

第六章　润州区工商业联合会(商会)

第一节　概　况

润州区工商业联合会(商会)于1994年8月正式成立，2001年10月设中共润州区工商业联合会党组，截至2020年12月润州区工商联历经六届。无内设机构和下属单位，核定行政编制人数2人。截至2020年年底，润州区工商联有基层商(协)会共8家，其中乡镇(街区)商会7家、行业商(协)会1家，会员总数252家。

润州区工商联成立以来，注重调查研究和参政议政工作，先后撰写调研文章20多篇，提出对策建议20多条，为区委区政府决策提供参考。加强民营经济代表人士培养，30多名民营经济代表人被推荐到各级人大、政协及商会组织任用，加强民营经济人士代表性和话语权。

第二节　代表大会

1994年8月19日，润州区工商业联合会召开第一次会员代表大会。大会选举产生润州区工商业联合会第一届执行委员会委员15名。执委会选举孙志安为会长，冯龙骏、高学龙、魏显义为副会长，魏显义为秘书长。

1997年3月14日，召开第二次会员代表大会。大会选举产生第二届执行委员会委员19名。执委会选举郑清为会长，赵根生、高学龙、徐福邦、黄连国为副会长，冷祥顺为秘书长。

2001年12月14日，召开第三次会员代表大会。大会选举产生第三届执行委员会委员23名。执委会选举季平为会长，徐建伟、殷荣德、徐福邦、孙礼江、吴元领、杨煌购为副会长，邬学宏为秘书长。

2006年12月8日，召开第四次会员代表大会。大会选举产生第四届执行委员会委员25名。执委会选举季平为会长，姚强、张竞、叶翔、孙礼江、陈继先、施平玉、吕建飞、蔡政、徐君韬、陈晖为副会长，邬学宏为秘书长。。

2011年12月19日，召开第五次会员代表大会。大会选举产生第五届执行委员会委员35名。执委会选举祝中昊为主席(会长)，杨国平、许忠华、翟志高、施文进、徐萍、叶翔、吴国杰、朱赤、曹玲、艾顺刚、陈建军、沙玉庆、戚杰、周益明为副主席(副会长)，杨国平兼任秘书长。

2016年12月22日，召开第六次会员代表大会。大会选举产生第六届执行委员会委员25名。执委会选举刘永飞(2020年5月)为主席，艾学平、陈继先、陈俊杰、戚杰、沙玉庆、孙康、吴国杰、徐尼克、叶翔、朱荣明、邹明、洪勤、刘健、彭秀柱、王润东、韦勇、于荣海、张蕾、郑萍为副主席(副会长)，马雪松为秘书长。

2020年5月19日，区工商联召开六届四次执委会议，增补3名区工商联执委，经选举，季莉为区工商联主席，王镇俐为副主席。

截至2020年12月中共润州区工商业联合会党组书记任职情况表

表3—5

序号	姓名	任职时间	序号	姓名	任职时间
1	徐建伟	2001.10	4	张群林	2015.09-017.12
2	姚　强	2002.12	5	李　志	2020.04
3	杨国平	2007.12			

第七章　镇江新区工商业联合会

镇江新区工商业联合会成立于2014年1月，与镇江新区经济发展局合署办公，无内设机构和人员编制。截至2020年年底，全区共有基层商会12个，其中行业商会5个、街道商会2个、镇级商会3个，其他商会组织2个，会员总数652家。

镇江新区工商联成立以来，配合新区管委会在招商引资、保障民营企业合法权益、落实各项惠企政策等方面，发挥较好作用。

2014年1月8日，镇江新区工商业联合会召开第一次会员代表大会，新区总商会会员代表，创新企业总裁俱乐部会员代表，餐饮、物流、房地产、金融、汽贸企业代表，民营经济协会、质量技术监督协会、女企业家协会代表共120人参加会议。会议选举产生镇江新区工商业联合会第一届执行委员会委员36人。执委会选举丁夕平为镇江新区工商联主席，蒋红武任常务副主席，王有平、焦国平、王鹏、谭伟、谈建祥、王刚、丁春华、高志强、洪良义、任坚跃任副主席，王有平任秘书长(兼)。

第八章　镇江高新区工商业联合会

镇江高新区工商业联合会成立于2019年3月，无内设机构和人员编制。

2019年3月22日，镇江高新区工商业联合会召开第一次会员代表大会。大会选举产生镇江高新区工商业联合会第一届执行委员会委员36人。执委会选举曹军任镇江高新区工商联主席，孙松任常务副主席，艾学平、朱晓原、吴国杰、张炎、张蕾、潘骏任副主席，叶明义任秘书长。

第四编 人 物

镇江地处长江和江南运河的交汇处，自古为水陆要冲，漕运发达，商贾云集。至民国时期，工商实业、金融业、民营水电业等诸业兴旺；商会、同业公会、工商自卫团等各式团体纷纷成立。近代以来，镇江出现不少实业家、金融家和各行各业的能工巧匠等。本志人物选录地域范围以解放前的镇江（丹徒）县、解放后的地辖镇江市（即现市区）为主，适当选录所辖市区代表性人物，共收录近、现代工商界人士和工商联系统人物85人，其中人物传51人（按卒年先后为序）、人物简介34人（按生年先后为序），任现职时间截至2020年12月。

第一章 人物传

朱兆怀

朱兆怀(1801—1876) 字万隆，江苏丹徒县辛丰镇西彪村人。清道光二十年(1840)，在镇江城外大西路创建“朱恒顺糟淋坊”，生产百花酒，远销南北，并作为朝廷贡品，备受尊崇。道光三十年(1850)，恒顺开始利用酒糟加入谷壳发酵，酿制香醋。朱氏因酒醋产业而成为镇江地方名商。镇江通商开埠后，促成朱恒顺糟淋坊扩大酒、醋生产规模，工商一体，自产自销。从光绪十九年至宣统三年(1893至1911)，是恒顺糟坊最兴旺的时期，年产百花酒约210吨，醋110吨，酱220吨。恒顺产品涉及酱油、制酱、腌制酱小菜等，由于产品质量精益求精而销售日广，作坊生产迭增。恒顺香醋在民国初年产达3000坛（每坛按70市斤计重）。百花酒曾于光绪三十四年(1908)参加巴拿马赛会，宣统元年(1909)参加“南洋劝业会”，均获金牌奖章。

马建忠

马建忠(1845—1900)　字眉叔，江苏丹徒(今镇江)人。清末改良主义者，语言学家。太平军进军江南时，随家徙居上海。第二次鸦片战争后，因愤外患日深，开始研习西学。同治九年(1870)入李鸿章幕办理洋务。光绪二年(1876)被派赴法国留学，专攻法律、政治、外交，兼充出使英、法大臣郭嵩焘的翻译。光绪五年(1879)返国后，授道台衔，成为李鸿章的重要幕僚，曾数度去朝鲜、印度处理外交事务。光绪十年(1884)，建忠加入唐庭枢主持的轮船招商局，同年出任上海轮船招商局会办，后又任上海织布局总办。中法战争后，建忠不仅强调要学习西方的船坚炮利和声光化电，而且大力提倡设工厂，开矿山，行轮船，筑铁路，废厘金，兴商务，以及学习西方教育、法律和政治制度的某些方面。光绪十一年(1885)，建中向李鸿章建议借外债以兴实业、建海军，后又相继撰文，提倡设工厂、开矿山、行轮船、筑铁路、兴商务。绪十九年(1893)，建忠以白银10万两为资本，开办镇江最早的钱庄——元同钱庄。

于学源

于学源(1824—1902)　字百川，原籍江苏仪征瓜洲，洲坍宅没，客居江苏丹徒(今江苏镇江)。以经商起家。热心于地方赈灾等善举，经理瓜镇义渡、冬春粥厂，任劳筹费，数十年如一日。晚年将所蓄4000两银呈请郡守，发庄生息，助丹徒宝晋书院膏火；备银4000两银，留作施药钱；并将2万银元存典，以备赈灾之用。

严作霖

严作霖(? —1905)　字佑之，丹徒(今江苏镇江)人。岁贡生。以儒生奋起司赈事，自光绪二年(1876)始至光绪三十年(1904)，历赈山东、河南、山西、安徽、江苏、直隶、广西、奉天、陕西数行省，并兼浚河修堤，以工代赈。施赈不拘成法，随时随地而宜，三十年如一日，成效甚著，疆吏大臣乐于依赖他。不求仕进，坚持荐举，仅受国子监助教衔。前后募捐款数千万金，生活俭朴，温饱粮粝足矣。积赈余资兴扬州、镇江两郡善举。

柳 恂

柳 恂(1843—1907) 字以诚，号鹤侪，江苏丹徒(今江苏镇江)人。品行高尚，乐善不倦，不计名利。地方的善举多由他捐资、主持。创设同善堂，建恤嫠会、保婴会等，名扬大江南北。东南义赈遍及各省，近30年，实他之倡。每当灾区告急，皆悉心筹划，并倾力捐资，又不居其名。光绪二年(1876)，山东青州发生严重干旱，致书严作霖，首倡义赈，捐资千金。光绪二十六年(1900)，两宫出逃，天灾人祸，陕西尤甚，又以千金助赈。生平输助善举达数万金，被称为智周道济、安土敦仁之士。能作诗，有《往事述怀诗》54首，直抒胸臆，丁立瀛谓“展读三复，不禁称奇”。李恩绶、汪洵皆为之作序。

李雨春

李雨春(1837—1910) 江苏宝堰镇人，为拥有近百万元资产的商业巨子。清咸丰年间，创建铭记酒行。数十年行薄利多销、保质保量之方针，酒行发展壮大，名噪江浙，极盛时期年营酒近40万担。清光绪二十二年(1896)，在欢庆花甲时，向亲友庄重宣布告退，酒行由其子李培田接管，自己则留意于慈善事业，并购置新屋，悬“务本堂”匾额，要求子孙铭记“君子务本，本立而道生”的古训。清光绪25年(1899)，江南大旱，民生维艰，雨春一面派人常年为饥民施粥，一面联合地方绅商，慨然捐助纹银约5万两，以工代赈疏浚通济河，开挖塘堤；继而带头捐资，兴建宝堰镇三孔平桥，修筑自平桥向西的两条条石路。乡里亲友遇困厄往求者，无不解囊相助。

陈任旸

陈任旸(约1841—1911) 字寅谷，号耐叟，宜兴人。清代秀才。自30岁起在焦山办理红船救生40年，涓滴归公，得到公众信任。江南江北各地水旱灾害，地方当局常委托他经手赈济。采取以工代赈兴修水利，先后疏浚九曲河、沙腰河、运河镇江段、金山便民河、谏壁河，并修筑沿江各州县塘闸圩岸，使长江153个沙洲增加良田数十万顷。光绪十八年(1892)，太平天国新城沿江一段坍入江内，船只不能靠岸。主持疏浚古荷花塘，又作东、西两坞，并自东坞开一条河通向甘露港，行船遇风可以入坞避风，大大便利行船。为人好学深思，词章、考据、金石、书画都颇精通。著有《京口三山志》《孙子十三篇直讲》《焦山六上人诗》等。

柳　昕

柳　昕(1839—1913)　字少云，江苏丹徒(今江苏镇江)人。国学生，例叙布政司理问。晚年举孝廉方正，坚辞不受。平生笃志为善。同治初年，他与陈茂才在大港等地创设保婴局，设8个分局，经营40年，活婴逾万。光绪年间本邑多次灾荒，协助知府王仁堪赈济灾民，与弟柳恂倡助巨款，养活耕牛7000多头，不误春耕。在他的带动下，绅董响应，使善举成为风气。又助地方兴修水利，垦荒种树，创高地种芋法，使山民赖以获利。光绪二十六年(1900)在西城外新河街建同善堂，作为名义举的总汇之所，置办恒产，为永久之计。另外还在城乡各地办义塾10余所，创立善化堂书局。与其弟柳恂一起，将赈灾义举推向晋、鲁、豫、陕等省，前后扪资逾十万金。辛亥革命后，耄耋之年，还参与救济旗民的工作。

李培田

李培田(1868—1914)　字惠卿，号心农。28岁掌管铭记酒行店务，除经商外，还阅读大量的革命书报，接受、宣传孙中山的革命主张，策动并在经济上支持驻宝堰的清军葛蒙反正，葛遂率所部一夜间全部剪去辫子，反戈倒向新军。为减除葛蒙后顾之忧，培田慨允照顾其妻室及二子的生计，不久葛升任新军旅长，后任两湖警备司令。民国2年(1913)，宝堰久旱不雨，田野龟裂，寸草不收，培田忆及其父治理通济河旧事，决心续浚通济河上流，沟通丹徒、句容、江宁三县河道，接秦淮通江，并于江口建闸。会同三县名流诣省府陈请后，虽得赞许，但未予实施。是年，于宝堰镇创办第三高等小学，不收学费，供学生食宿，由铭记酒行年支学校费用7000余元。

茅 谦

茅　谦(1848—1917) 字子贞，号肺山，江苏镇江人。20岁考取秀才，至城内租屋授徒。又从杨履泰学习，研精算术，通达政治，留心河漕。清光绪十四年(1888)，应湖南学使的聘请，襄校湖南士卷。在此期间，对三湘水利进行考察研究，著有《论湘皖水利》。并远游河北、河南、安徽等地作水利考察。晚年在广东治理水患时，提出疏海口、控江身、掘沟渠、并湖荡的建议，收到一定成效。光绪二十年(1894)考中举人，次年春去北京会试。时值中日甲午战争失败，康有为联合各省举人上书，请求拒和、迁都、变法，史称“公车上书”。他不但签了名，还参加初稿的拟订。结果上书失败，他回乡后迁居南京，创办养正小学和达材师范学堂，主办《南洋官报》，宣传新学。在镇江与丝绸业巨子曹森合办城南学校。光绪二十六年(1900)受命设立丹徒县商务分局。逝于镇江老家，著有《水利刍议》《肺山文集》《肺山诗存》等。

吴兆恩

吴兆恩(生卒年不详) 字泽民，江苏镇江人。习业于镇江源记糖行，后创设生茂源糖北货行栈，又改创德新源号，至光绪中叶，德新源已成为糖北货业中大型行栈。曾因纳捐和慈善公益得以保举，官衔由监生、同知直至道台。光绪二十八年(1902)继茅谦掌管镇江商务分局。光绪二十九年(1903)镇江商会成立，兆恩被举为商会总理(后称会长)。光绪末年，随守旧士大夫一道反对在镇江兴建“津镇铁路”，迫使铁路改道浦口。辛亥革命时，与县城厢市议事会议长杨邦彦等人，代表地方自治团体冒险入京口驻防旗营，与副都统载穆谈判，达成缴械协议。

于鼎源

于鼎源(？—1919) 字立三，江都瓜洲人，生于镇江西城外。自幼聪明好学，由周颖孝、陈卧楼教其读书习举。光绪三十二年(1906)因纳粟保举为通判，辛亥间与丹徒县议会议长杨正声等调停旗兵缴械。先后任吉林松江林业公司总务科长、币制局调查员，在南洋劝业会任镇江出品协会主任。光绪二十四年(1898)间大旱，主持粥厂施粥施药与饥民。宣统三年(1911)任镇江商会总理。

鲍心增

鲍心增(1852—1920)　字川如，一字惺士，号润漪，晚号蜕农，江苏镇江人。清光绪进士，任军机处章京、山东青州府知府等。光绪十八年(1892)丹徒蝗旱成灾，他协助知府王仁堪见翁同龢尚书，得漕米五万石，使灾民得救。民国元年(1912)60岁后，不愿与新派人士来往，回故乡授课为生，协助地方生产和救灾事业。光绪三十年(1904)丹徒又遭旱灾，其时慈禧太后过60岁生日，不准报灾，他会见两江总督周馥，得铜钱三万串，使灾情缓解。民国3年(1914)本邑复遭严重干旱，心增致函义赈会拨款5000元，连同王仁堪所余赈款及绅富捐助，共得37000多元，使农民渡过冬荒，并接济春耕。心增还帮助农民兴修水利、开塘筑闸、开垦荒地、呈请减免赋税，使农民深得其益。

朱中孚

朱中孚(1849—1924)　字信鱼，浙江镇海人。幼年家贫，先后在铁业、药业学徒。后来得到同乡巨商叶澄衷的赏识，在上海华顺、协记等栈号管账，并代叶氏办理海塘工程。36岁时，被叶氏调到镇江，主持顺记煤铁号，从此定居镇江。其后自己开设义昌润药行，并一度担任镇江美孚洋行经理，成为镇江工商界实力人物。中孚热心公益，辛亥革命时，赶制面包、牛肉及刍草、料豆等，供民军人马食用。讨袁战争失败，镇江驻军失去领导，欠饷数月，张勋部队又要渡江，全城危惧，商会总理吴泽民束手无策，中孚协同李皋宇、魏小圃等竭力筹饷，使地方免受兵燹之灾。商团体育会也是由中孚出资建立的。中孚曾两次出资修建洋浮桥(原址在今中华路日新街与陶家门之间)，造三茅宫、荷花塘两木桥，铺设小营盘、皇华亭、牌湾等地路面。句容桥头镇的坎桥，也是中孚独资捐修，当地人以“崇信”为桥名，以志感谢。中孚自奉俭朴，不使奴仆，不在家中宴请宾客，以防子弟习于奢惰。世前遗嘱身后从简，不报出殡日期，不用仪仗。

朱绍周

朱绍周(生卒不详) 字朗轩，江苏丹徒人。授同知衔，热心善举。同治六年(1867)，出资数千金创设济良所，收养老弱病残、留养妓婢，并请教师授以技艺，助获营生。民国2年 (1913) 5月，会同于树深等创设大源油饼厂，为长江下游各埠第一个机器榨油厂，产品远销南洋、日本等地。先后资助赈灾款数千金，临终前嘱其子兆祺、兆麟捐3000银元资助启善堂粥厂。光绪三十四年(1908)7月，任镇江商会总理。

唐 棣

唐 棣(1856—1928) 字萼楼，江苏镇江人。是唐老一正斋膏药铺第八世业主。清同治十三年(1874)其父唐沐去世，即接办膏药铺。以“修合虽凭我意，存心自有天知”自勉常告诫子孙，不得偷工减料，并规定出售的膏药“包退包换”，外地需求者，无论趸批或零购，均予以邮寄。膏药行销山东、河南，远及东北各省，还受到东南亚地区华侨的欢迎。享有“一正斋膏药，过黄河就放香”的美誉。民国4年(1915)，派儿子唐元兰前往蚌埠开设分店。民国11年(1922)向农商部申报“万应灵膏”商号注册执照。主管店业53年，是一正斋膏药铺的鼎盛时期。民国20年，经实业部商标局核准“以唐萼楼肖像为秘制万应灵膏注册商标”。

曹家麟

曹家麟(1861—1928) 字秉仁，原籍江苏南京。清光绪中叶，在镇江开设祥和广货号，经理美孚煤油等。辛亥革命前后闭歇。家麟买金山东南柴滩，建造冶心园，习称曹园。园内除花木亭榭外，设有承志学堂。清末大官巨绅如端方、张謇等到镇江时都常在曹园寄寓。辛亥革命时，曹园是革命党人重要活动基地。民国成立后，选举议员等政治活动亦在园内举行。家麟经商失败后，园产卖给吴锦堂，改名吴园。在光绪二十九年(1903)创办承志学堂，分承志中学堂、承志女学堂两部，收女学生，重视体育，宣传民族民主思想，光绪三十四年(1908)停办。另外，有名的南京钟英中学，也是家麟所办。辛亥革命和讨袁战争中，家麟都积极参加，出钱出力。光复后担任都督府财政部部长，民国2年(1913)，一度任海关监督。

陈聘之

陈聘之(约1871—1930) 祖籍江苏镇江。于光绪末年在如皋创设源记南货号，后又筹集资金投资房产，在如皋购买房屋数百间，经营出租。热衷公益事业，捐助1000银元创办京江小学，捐助修建丹徒南货公所。曾任京江旅如同乡会和南货公会董事。

胡　鎔

胡　鎔(1883—1934) 字健春，江苏镇江人。创设裕康祥绸布号(经营洋货疋头)。民国2年(1913)，张勋和徐宝珍攻打镇江，占领宝盖山，与象山炮台对峙。他与李皋宇冒险乘小船挂白旗，往来调处，并向各界筹款，劝张勋部退出镇城。曾组织以绸布业为主创办润商小学。民国10至20年(1921—1931)任镇江商会副会长，镇江商团副团长。民国11年(1922)联络市民，改良市政，发起组织市民公会，由城镇各地商民分段创办。并在天主街底第一救火会内成立第一市民公会。民国13年(1923)与陆小波等创建镇江第一救火会自来水厂。“五卅惨案”后，全国掀起抵制日货浪潮，他将裕康祥所存日货当众焚毁。民国15年(1926)，集股创办镇江自来水股份有限公司。热心公益，举凡地方福利事业，均极力倡办和赞助。

胡　筠

胡　筠(1881—1938) 字笔江，江苏江都人，祖籍镇江。宣统二年(1910)，北平公益银号任职员，民国3年(1914)在北平交通银行总行经理。民国10年(1921)，在上海与南洋华侨巨商黄奕住合创中南银行，自己发行钞票。他严格按照法律，备足储备金，并在钞票上印明总行和各分行的行址，保证随时兑现。又在银行界率先开展外汇业务，信用大著。民国12年(1923)，中南银行与金城、大陆、盐业三家银行合并财力成立四行联合准备库和四行储蓄会，吸引大量资金，用来投资上海地产和国内外证券，获利极厚。民国21年(1932)起，开始转入振兴工商业，首先和友人在镇江创办蚕丝和桐油的专门学校，以培养人才。接着又接管几被日商挤垮的溥益和民生两个纱厂，聘用专家解决技术问题，整顿财务管理，使两厂得以复苏。在此同时，国民政府逐步把私人银行纳入集中管理体制，他担任交通银行董事长，着手准备国防财政和战时经济。把流动资产分散到各地交通银行分行。民国26年(1937)日军侵入上海，他负责把交通银行和其他银行的资金和业务转移到香港，然后又转移到重庆和昆明。民国27年(1938)8月24日，应国民政府之召，由香港赴重庆参加紧急财政会议，途中客机遭到日军飞机野蛮攻击，坠入海中，他与同机的上海银行家徐新六等18位乘客同时遇难。

凌焕曾

凌焕曾(?—1940) 字敏成，江苏镇江人。自幼家境贫寒，早年在上海某颜料店学徒。出师后经人资助，在镇江老西门大街(今大西路)开设增泰来颜料店。第一次世界大战前，与德国颜料商人素有往来。大战爆发后，德商奉召回国，将存货全部卖给焕曾。大战后，颜料价格暴涨，焕曾顿成巨富，后又增开布店、药房，并在江浦、金坛、丹徒等县购置、经营房地产业，成为江南一带有名的巨商。民国11年(1922)秋，焕曾出资3万余元，在太平桥东道署衙门旧址(即今丹徒县政府及解放路小学)创办敏成学校。先开办初中1班，附小学班1班；民国12年后停办初中，改为两等小学，初高级共设4班，有学生百余名。贫寒子弟入学，一度不仅免收学杂费用，还免费供应学生一顿午膳。该校重视教学，教养兼施，设备较全，管理井然有序。其后改为六年制完全小学，办学成绩显著，得到江苏省主席明令嘉奖，颁“矜式南邦”匾额一块。

汤铭新

汤铭新(1869—1942) 字西泉，小名连连，丹阳访仙镇人。清光绪年间当过塾师，不久辞教经商，主持公益源染坊。因经营有方，后陆续开办福生布店、公兴源南货店，人股恒生酱坊、太生木行，成为访仙镇商界名流。热心公益，为九曲河能拦水通航，捐助千余元在嘉山弯地段风山山麓建拦水闸。民国26年(1937)丹阳沦陷后，搜集枪支雇人维护地方治安。民国27年(1938)春，主动与抗日自卫总团长管文蔚联系，两次从盐栈助款1500银元，补助抗日自卫武装人员给养；同年夏，自卫总团改编为丹阳县游击纵队后，不顾自身安危协助部队管理财务，为部队采购军用布匹等物资。民国28年(1939)5月27日，陈毅等在汤家住宿时，交谈中汤钦佩陈毅关于抗日形势的远见卓识，陈毅为其孙汤通庆题词留念。抗战其间，汤家成为抗日工作者的秘密联络站。

纪振纲

纪振纲(1885—1946) 原名纪纲，又名大鹏，号农诚，湖北省英山县人，实业家。民国元年(1912)6月至新加坡等地经商，民国6年(1917)4月从南洋归国，在冯玉祥等人资助下，在金坛茅山东麓投资40万元、购地1500余亩，雇工百余人，开荒种茶、栽稻、植树，创办茅麓农林场并任经理。民国17年(1928)，兴办畜牧场、米面加工厂、罐头厂等，扩大经营规模，工人增加到千余人。

民国21年(1932)，振纲赴沪与徐琬英完婚，妻子定居上海，振纲则往返于上海、茅麓。在沪期间，与沈钧儒、邹韬奋、李公朴、沙千里、史良、章乃器、王造时、李次山等交往甚密。民国25年(1936)茅山地区盗贼蜂起，为保境安民，振纲组织一支二三十人的自卫队；次年11月，又收留国民政府军残部200多人，与自卫队合编成自卫连。

民国27年(1938)6月，新四军一支队挺进茅山地区，陈毅司令员写信邀见振纲，得知新四军棉衣、药品等紧缺，振纲带头并动员向新四军募捐棉衣3000余套，帮助新四军购买西药；并把218人的自卫连、200多支步枪、20多挺轻重机枪、1门迫击炮和一批弹药，全部交给新四军支持抗日。民国29年(1940)元旦，日伪军逼迫振纲出任伪金坛县长，振纲称病拒绝。

蒋铭山

蒋铭山(1884—1947) 江苏江都人，曾任镇江大达内河轮船公司经理、镇江市商民协会旅业分会总干事，镇江宴春酒楼创建人。铭山少年时孤身一人来到镇江，在英商怡和轮船上打工，十几年后有了一点积蓄，开办了新旅社。后争取到由南通张謇创办的南通大达内河轮船公司在镇江的业务代理，联合南通张敬礼等4人各出资2500元(法币)成立镇江大达内河轮船公司，铭山任经理。清光绪十六年(1890)某氏在镇江天主街50号(今人民街15号)创办中华园酒楼，主要经营富有镇扬特色的菜肴点心。民国29年(1940)4月，中华园酒楼被铭山盘下，更名为宴春酒楼，为合资企业，由其协理屠栋庭任经理，并重金聘请名厨，整理出18道工序的肴肉制作工艺，至今肴肉仍是镇江一道名小吃。

徐国安

徐国安(1872—1948) 字静仁，安徽当涂人，自幼生长在镇江，年未20入庠为秀才。一生以经商、办实业为主。起初往来于镇江、扬州卖盐，进而在苏北沿海从事制盐、在实业界崭露头角。民国成立后，在上海创办溥益纺织公司，在当涂创办福利民铁矿公司，溥益公司曾发展到纱锭5万余枚，委聘严惠宇为经理。福利民公司先后开采南山、小姑山、梅山等铁矿，后又筹办小型炼钢厂未成。协助张謇、胡筠等创办南通纺织学校、大有晋盐垦公司、大丰盐垦公司、大生六厂、大生八厂、中南银行等。民国11年(1922)张謇成立南通实业总管理处，请国安担任纺织管处主任。民国16年(1927)一度担任国民政府财政部盐务处(署)长。民国23年(1934)被推为大生纺织、盐垦公司董事长，成为南通实业集团的领袖之一。在镇江曾先后捐款创立弘仁医院和京江中学。病逝后葬于镇江。

赵棣华

赵棣华(1895—1950) 又名同连，祖籍江苏镇江。金陵大学毕业，曾赴美国伊利诺大学深造，后转入西北大学商学系获经济硕士学位。先后任教于国立东南大学及国民党中央党务学校，后加入中国国民党。民国16年(1927)后任国民党中央组织部统计科主任，国民政府主计处会计局副局长、局长。民国22年(1933)，任江苏省政府财政厅厅长、江苏农民银行总经理。在此期间，全力革除世代相传的田赋积弊，实行收支分账，设金库收管现金，派驻县会计专管账务，改变县长包办的理财方法，使江苏各县都建立预算制度，此属中国地方财政史一大创举。同时，整顿发展江苏农民银行，设分行80余家，农仓300多所。民国25年(1936)与其妻李崇祐在镇江创办崇华小学。民国31年(1942)调任交通银行副总经理，不久任总经理。抗日战争胜利后，兼任镇江旅沪同乡会理事长，镇属五县旅沪同乡会征求总队长，动员有财力的同乡回镇江创办实业，复兴家乡。民国36年(1947)当选国民大会代表。1949年秋去台湾，改任交通银行董事长兼总经理，并创办中本纺织公司。

于树深

于树深(1883—1950)　字小川，镇江人。清末就读于江阴南菁书院，后承袭其父于学源遗产甡记钱庄，经营近30年。投资商业最著名的有沅记糖栈以及与朱朗轩等创设的大源油饼厂。先后任镇江商会会长、江苏省商会联合会理事长、江苏省议员、国会众议员等。热心公益事业，掌管京口救生会和瓜镇义渡局期间拯弱甚多，并在于氏宗祠内创办忠肃小学。解放后土改开始时，率先响应捐出全部田地，被新华社报道称其为镇江市开明绅士。

彭渔父

彭渔父(1895—?)　江苏丹阳人。自江苏省立第六中学毕业后，创办丹阳怡源油米厂。后与同乡姜可生等合作，开创镇溧长途汽车公司并任董事。先后任丹阳县商会理事、农会理事长、杂粮业同业公会理事长。抗战期间，在上海创办福大绸庄，经营丹阳绸，并任丹阳旅沪同乡会理事、上海晋济善会常务理事。

杨济川

杨济川(1881—1952)　名其源，江苏谏壁镇人。16岁去上海学徒，因不甘洋货充斥上海市场，决心自学科技知识，走实业救国道路。29岁，在犹太人洋行做账房间隙，专攻电气原理与电机构造。民国3年(1914)自制成功2台电风扇样品，后在好友推荐下，结识扬子保险公司经理祝兰舫，并接受2000只电流限制表订单。民国5年(1916)6月，集资创办华生电器制造厂，产品种类也发展到多种变压器、发电机、各种配电盘及电灯厂所需全套配电设备。潜心研制电风扇，民国13年(1924)试制成功，取名“华生”，年产量达万台，有力地抵制美国“奇异”电风扇在中国的销售。经销“奇异”的慎昌洋行，开始以50万美金收买“华生”牌子，被济川拒绝。民国20年(1931)，邹韬奋以“落霞”笔名，在《生活》周刊上发表长文《创制中国电风扇的杨济川君》，时人称济川为“中国的爱迪生”。

一生寡言，谈论学术则娓娓不倦，管弦丝竹无所不能。生活极简朴，虽华生鼎盛时也蔬食布衣，所分红利悉作股票投资发展生产。病逝后，身后仅住屋“憩庐”数间，别无积蓄。

郭鸿诒

郭鸿诒(1875—1953) 原名文献，字礼征，安徽亳县人。清末秀才。光绪二十一年(1895)就读于张謇创办的南京文正书院，深受张謇器重。光绪二十六年(1900)，任长江水师提督程文炳的幕僚，以功保知县分省任用。不久去上海，就读于广方言馆附设的实习理化电学专科，同时在报纸上发表言论，任职于神州报馆。受张謇实业救国思想的影响，决意走创办实业的道路，先与友人在镇江创办一小型肥皂厂。光绪二十九年(1903)，听到镇江英租界工部局有开设电厂之意，为“华商固权力计”，倡议由华人创办电灯公司，并得到张謇与常镇道郭道直支持，招得股银10万两。但实收不足3万两，经多方筹集资金，将妻子韩氏陪嫁的金银首饰全部变卖。在光绪三十年(1904)建成大照电灯公司，担任总经理，第二年10月正式发电。光绪三十二年(1906)取得清政府农工商部执照，被誉为开民营之先河。惨淡经营30年，资金增加到商股38万余元，发电能力达到6720千瓦。鸿诒关心国事，常与挚友陈庆年、杨千里、杨邦彦等议论时政。宣统二年(1910)江皖水灾，协助华洋义赈会力筹巨款，救济灾民，被奏保由知县外官奖给分部郎中。辛亥革命后，孙中山回国，他专程赴沪参加欢迎大会。民国元年(1912)赵声遗体从香港运回镇江，在琴园举行追悼大会，鸿诒亲临吊唁，并撰写挽联。后因车祸，患遗忘症，乃引退静养，晚年信佛。

冷 遹

冷 遹(1882—1959) 原名晓岚，字御秋，江苏丹徒人。20岁考入安徽武备学堂，毕业任南京新军第九镇第三十三标第二营右队队官，后参加同盟会。武昌起义时任广西民军混成协帮统，奉命东下南京后被临时大总统孙中山授予中将军衔，委任第一军第三师师长。民国2年(1913)，任江苏陆军第三师师长，镇守徐州，参加讨袁战争，因被叛徒出卖而失败，被迫流亡日本。回国后投入孙中山领导的护法运动，任护法军政府总参议并代理内务部长。民国10年(1921)起，先后在镇江创办江北盐垦公司、蚕种场、镇江女子职业学校、农村改进试验区、民众医院等。民国24年(1935)10月，被推选为镇江商会主席；民国27年(1938)后，任国民参政会参政员；民国30年(1941)，与张澜、沈钧儒、黄炎培等组织中国民主政团同盟，担任常委。民国34年(1945)，与黄炎培、褚辅成等6人飞往延安，与毛泽东、周恩来商谈国事，史称“延安窑洞对”。中华人民共和国成立后，历任华东军政委员会委员兼水利部长、江苏省副省长、江苏省政协副主席，第一届全国政治协商会议委员，第一、二届全国人民代表大会代表，中国民主建国会中央常务委员兼民建江苏省工委主任委员。

李韧哉

李韧哉(1902—1960) 又名葆发，江苏镇江人。民国20年(1931)任镇江自来水公司经理兼总工程师，民国24年(1935)兼任江苏银行镇江分行经理。抗日战争期间，先后任交通银行香港办事处专员、重庆交通银行处长；抗日战争胜利后，任交通银行上海分行首席副理，兼任上海银行同业公会秘书长、全国银行业联合会秘书长。1949年5月，上海解放后返回镇江，任镇江水电公司经理。1953年公司公私合营，改任水电公司副经理。1956年，参加民主建国会，任镇江市政协委员。

李皋宇

李皋宇(1874—1962) 又名高裕，浙江镇海人。青年时随父在镇江经营李源记米、木行，后又任镇江裕苏官栈局经理、镇江美孚洋行经理。精明强干，勇于创业，先后接办清江大丰、高邮裕享、泰州泰来、南通复兴、无锡泰隆、镇江贻成和扬州等面粉厂，同时还投资常州民丰纺织厂、苏州植物油厂、上海三友实业社、天利氮气厂、天原化工厂等，成为镇江有名的大企业家。民国14年(1925)，接盘朱恒顺糟酱淋坊，即后来的镇江恒顺酱醋厂股份有限公司。聘用熟谙酱醋生产的周受天为经理，在质量、包装等方面改进，生产罐装酱菜、瓶装香醋，并以镇江名胜金山为注册商标，又在上海设立分店，销路远达南洋一带。曾获南洋劝业会金牌奖。日本侵略者占领镇江，皋宇避往上海租界，建立恒顺上海分厂，此后常住上海，直到病逝。长子友芳(1903—1979)，镇江沦陷期间随父避居上海。抗日战争胜利后，到镇江重整父业，为恒顺的恢复与发展作出贡献。解放后，友芳拥护中国共产党，接受社会主义改造，是镇江市第一至四届人民代表。

郭志成

郭志成(1889—1962) 字道弥，原名世纶，安徽亳县人。清末毕业于江南陆师学堂，历任第二十三混成协参谋官，第十三混成协参谋官。民国元年(1912)任江苏陆军第一师一等参谋。民国8年(1919)，任中央陆军第七师参谋长，后升第一军参谋副长，陆军中将，国民军总司令部参议，陆军部聘充顾问。后弃戎经商，在北平开设平安大戏院。民国16年(1927)春接任镇江大照电气公司经理。在职期间，改进管理，扩充厂基，增资注册，从瑞士进口3500千瓦汽轮发电机、新式锅炉各1部，并建成钢筋水泥结构新厂房1座。曾任全省民营电业联合会主席、全国民营电业联合会副主席。镇江沦陷后，历任伪镇江县“自治委员会”副委员长、伪丹徒县县知事等职。民国32年(1943年)调苏州任伪省府参议，后又调扬州任戒烟局长。抗日战争胜利后，逃往上海。1950年被人民政府逮捕归案，判有期徒刑7年。

张怿伯

张怿伯(1884—1964)　江苏镇江人。早年毕业于上海电报学堂。在清北洋海军海琛巡洋舰任正电官。辛亥革命时，参与策划海军起义。民国成立后离开海军，任赣皖电政管理局文牍员。民国14年(1925)秋，与上海家庭工业社创办人陈栩园，在新河街设无敌牌镇江分厂，生产无敌牌蛤油，因其质量超过霸占市场的日本“老都王”蛤油，被誉为国内四大名牌蛤油之一。后又生产无敌牌蚊香，行销苏、皖、赣、湘、鄂、蜀、鲁、豫、晋等省。民国20年(1931)改组成立无敌牌镇江工厂股份两合公司，任无限责任股东和总经理，并在镇江发行股票。民国22年(1933)，派员参加南洋商业考察团，将产品推销到香港、南洋群岛、澳门等地。抗日战争胜利后，集资创办金山化学工业股份有限公司，恢复无敌牌产品。著有《镇江沦陷记》《守厂记》，揭露日本侵略军在镇江烧杀、奸淫、掠夺的暴行，还著有《辛亥海军举义记》等。

蒋义祥

蒋义祥(1895—1965)　江苏镇江人。生于瓦匠家庭，自小习瓦工手艺，在砌青灰墙、盖瓦做脊、做瓦头、粉刷、地坪刻花等方面技术全面，手艺精湛，与仇兆玉、朱万龙合称为“三把瓦刀”。义祥的乱砖青灰足浆到顶回刀缝倍见功力，现在观音桥巷还留有义祥手砌的不挂线的青灰弧型墙。义祥的长砖短砌，纵向横向都能产生拉力，上下不同砖，能做到雨淋不倒，缝不透亮。义祥还擅长彩绘，如一般小庵小庙中的神佛画像，不用底稿，信手画来，比例等称。

严惠宇

严惠宇(1895—1968)　名敦和，字惠宇，号篴斋。江苏镇江人。幼年到扬州钱庄习业，后回镇江在交通银行任职，又转到上海金城银行得到老辈实业家胡笔江、徐静仁等的赞赏和提携，先后担任金城银行副总经理、溥益纱厂经理。后来自己创办大东烟厂，接办贾汪煤矿。与冷遹、陆锡庚合作，在镇江先后创办高资均益蚕种制造场、桥头三益蚕种制造场、四摆渡益民蚕种制造场和京江中学。抗日战争前，曾当选为制宪国民代表大会代表、镇江县参议会参议员。

抗日战争期间，蛰居上海，拒绝参加日伪政权的一切活动。抗日战争胜利后，回到镇江，把几个蚕种场合并成立四益农场，自己担任总经理。并创办维生油厂、北固建筑公司、源泰丰米厂、鼎昶钱庄等。在此期间，曾任江苏省临时参议会参议员。敦和能诗善画，曾在上海开设“云起楼”字画古玩店，收集到大量文物。解放后大部分捐赠给上海和镇江博物馆。1986年，敦和女儿忠婉遵照他生前遗愿把书画170余件捐赠给镇江市博物馆。

孙本忠

孙本忠(1897—1968) 号飚绳，江苏吴江人。民国9年(1920)毕业于国立南京高等师范学校农业专修科。民国13年(1924)赴法国蒙贝里农业专门学校蚕科学习。两年后考入里昂大学动物学系，专攻蚕体生理，获博士学位。回国后曾任江苏省农矿厅蚕丝技正，中央大学教授、蚕桑系主任，实业部中央农业实验所技正，从事蚕品种改良和家蚕育种，为我国蚕品种资源的研究奠定基础。抗日战争时期随中央农业实验所内迁湖南、四川，育出高丝率蚕种黄皮甲农29号、黄皮蚕3011号、中农29号×3011号的一代杂种。民国37年(1938)年底到中央农业实验所嘉兴工作站，为中国蚕丝协会委员。1949年7月参加全国自然科学工作会议，受到周恩来的接见。1951年华东蚕业研究所(今中国农业科学院蚕业研究所)在镇江成立，本忠任养蚕系主任、研究员。整理出5个品种、12个品系的杂交方式，选育出镇1、镇2高产优质蚕种；主持制定国家农业部关于家蚕选种工作试行方案，撰写《中国养蚕学》中的《蚕的品种及其选育》部分，并在《蚕业科学通讯》等杂志上发表近20篇论文。曾任江苏省民盟常委、镇江市政协常委、镇江市民盟副主任委员，当选第三届全国人民代表、第二届省人民委员会委员、第一届中国蚕学会理事长、中国农业科学院学术委员。

向启华

向启华(1890—1969) 字春亭，江苏江都人。16岁到镇江，在利记轮船局轮船上做学徒，后到泰昌小轮公司当押水。抗日战争期间，被张嘉璈聘任为交通部驮运所顾问。以红帮的袍哥大哥身份，联络各地“山主”，使抗战物资安全运于川、滇道上。抗日战争胜利后返回镇江，创设兴泰轮船公司，并任镇江县参议会参议员、镇江县商会常务理事。解放后，在维护地方治安、支前献粮、认捐援朝、认购公债等方面做过贡献。曾被选为市工商业联合会副主任委员、市航业公会理事长。

许　沅

许沅(1878—1972)　字秋帆，江苏镇江人。14岁就读于上海中法学校、汇英书院。后考入南洋同文馆，复转入金陵大学。精通数国语言。历任河南交涉局局长、上海俄侨通商事务局总办(行使驻俄领事职权)、特派江苏交涉使、外交部条约委员会委员等职。在对外交涉中，为维护国家和民族工商业者利益不遗余力，深得地方信赖。民国16年(1927)后，离开政界，在上海创办大中华饭店和中央饭店，自任董事长。后又担任镇江、丹阳、金坛、溧阳、扬中五县旅沪同乡会理事长，镇江同乡会主席监察委员。在镇江西乡二五段村创建丁卯学校及附设图书馆，又在金山附近创设中泠新村，兴建金山河活动大桥和正民桥。在西乡兴修的南大岸水利工程及数座石矶，消除这一地区的水患。

陆小波

陆小波(1882—1973)　名锡庚、字小波，江苏镇江人。生于泰州，世代经商，江苏工商界著名人士、实业家，与冷遹、严敦和合称“镇江三老”。15岁习业于镇江源同钱庄，民国时期先后任镇和钱庄司账、慎康钱庄经理、中央银行镇江支行经理、镇江水电公司经理、茅麓公司董事长、南京大同面粉厂董事长、镇江商会会长兼商团团长、江苏省商会联合会理事长等职。始终秉承“忠厚传家”祖训，民国20年(1931)，经营的元益钱庄因苏北水灾亏空甚巨，向大糖商黄静泉借款20万元，还清存户款后宣布倒闭。

先后举办过约20多个企业，多数是对地方有利的公益事业，主要有江南印书馆、普济轮渡、大纶丝厂、自来水厂、镇扬汽车公司、四益农场。此外还有与冷遹、严敦和、徐国安等共同创办弘仁医院、京江中学。

民国16年(1927),率镇江商团收回镇江英租界。抗日战争开始后,动员工商界购买救国公债,创办《救亡文辑》刊物,宣传抗战。镇江沦陷前夕,坚持在镇江组织航运业运送过境难民。1949年4月,组织船只迎接解放军渡江。

中华人民共和国成立后,小波长期担任镇江市工商业联合会主任委员,并历任全国工商联常委、江苏省人民政府委员会委员,省人民代表、省政协副主席、省民建和工商联副主委等。1960年在任市文管会副主任其间,将收藏的珍贵文物捐献给国家。

束云章

束云章(1887—1973) 江苏丹阳人。清末著名书法家束允泰第八子。辛亥革命后,入北京中国银行工作。民国16年(1927)国民政府定都南京,宋子文任财政部部长兼中国银行行长,云章任中国银行汉口分行副经济兼郑州支行经理。时郑州豫丰纱厂因亏损濒临倒闭,该厂亏欠中国银行的债款难以收回,云章上书宋子文,建议中国银行投资接办豫丰纱厂,并条陈管理办法,得到宋子文的赞赏。宋让他主持此事,之后豫丰转亏为盈,并得到较大发展。民国26年(1937)抗日战争爆发,云章把豫丰纱厂迁到重庆,并在西安创办雍兴实业公司,下辖众多工厂,云章从此成为抗战后方的实业巨子。民国34年(1945)抗战胜利后,国民党政府委任云章为中国纺织建设公司总经理(总公司设在上海),管理接收上海、天津、青岛的日伪棉纺厂财产,在全国金融业中颇有声望。时丹阳旅沪人士聚首商请云章到家乡创办纱厂,以复兴丹阳经济,解决人民的生活问题。云章利用其影响,经过勘测筹划,由中国银行、雍兴实业公司、重庆豫丰纱厂共同投资,于民国35年(1946)秋动工筹办丹阳纱厂。民国36年(1947)秋正式投产。束在解放前夕离开大陆去台湾,仍以办金融实业为主,先后创办纺织、面粉、水泥等厂多家。1973年12月在台湾逝世。

唐保恒

唐保恒(1892—1974) 字寿民,江苏镇江人。14岁到芜湖德泰钱庄学徒,后随父在南洋劝业会当会计。辛亥革命时期入江苏银行任司库,开始从事金融工作。后相继转入中国银行无锡分行、南京下关汇兑所、常州商业银行,并出任陈光甫创办的上海商业储蓄银行汉口分行经理。国民革命军攻克汉口后,任武汉银行公会会长,参加国民革命军筹划财政,整理湖北官钱局,后又协助宋子文筹建汉口中央银行。民国15年(1926)出任华侨集金的国华银行总经理。民国18年(1929)派任交通银行董事兼上海行经理、中央银行理事会常务理事、中央造币厂厂长、中国国货银行常务理事、中国建设银行公司常务董事。民国21年(1932)起任交通银行常务董事及总经理、大通煤矿董事长、上海银行票据交换所常务委员等职。民国26年(1937)奉派到汉口负责沿长江"中、中、交、农四行"的撤退,后迁居香港筹备交行海外分行的建立。

徐中和

徐中和(1902—1974) 江苏扬中人。先在无锡学徒、开店。民国11年(1922)到上海开办洋伞厂。民国18年(1929)与人合股创办四达橡胶厂(抗日战争胜利后,四达橡胶厂改名大孚橡胶厂,中和任经理)。抗日战争时期,中和曾出资为扬中县抗日民主政府在上海设法购置西药和军需品转运扬中,支援抗日。他还在上海中山北路独资兴办中和义务小学,以方便旅沪同乡的子女就读。民国35年(1946)初,国民党扬中县政府查封八桥中学,中和等以扬中县旅沪同乡会名义交涉,终以改名私立扬中县八桥初级中学的办法而保住学校。扬中旅沪同乡会组成校董会,中和任董事长。同年,国民党军警特务大肆搜捕抗日民主政府人员,中和以扬中县旅沪同乡会理事长的身份,奔走联系,出面营救。家乡一些小学因经费困难而去沪向旅沪同乡会求助,中和率先解囊。乡人至沪谋生,中和无不尽力相助。热心家乡公益事业,三茅镇北当铺桥年久失修,捐30石米的现金建桥,新桥建成,曾以"中和桥"命名。1949年斧头街沿江陡坍,亦慷慨捐款用于止坍。解放初,扬中遭受水灾,中和与旅沪同乡捐款折合大米百余石,赈济灾民。

杨大培

杨大培(1891—1974) 江苏镇江人,回族。生于经商世家,民国20年(1931),在镇江政法学堂攻读法律,后在穆源学堂任教。民国14年(1925),任国民党镇江市党部监察委员。民国19年(1930)初,与冷遹、陆小波、严敦和等人发起创办镇江中国国货公司,并任经理。抗战胜利后,任镇江县临时参议长。中华人民共和国成立后,历任镇江市政协副主席、市民革主委、市伊斯兰协会主任、市红十字会会长等职。

陈光甫

陈光甫(1881—1976) 又名辉德,江苏镇江人。幼读私塾,先在报关行学徒。因业务需要,刻苦学习英文,后考进汉口海关邮政局。光绪三十四年(1908)赴美国宾夕法尼亚大学商学院学习。回国后任江苏巡抚程德全的英文秘书。深感中国贫穷落后,在于民族工业发展迟缓,建议程德全在南京举办物产博览会。程德全采纳其建议,派其主办南洋劝业会。后任江苏银行总经理。在职期间,首先提出参加外国银行票据交换组织的要求,初未被接受,光甫毅然用暂停解交赔款的办法,迫使外商银行就范。民国4年(1915)创办上海商业储蓄银行,从资本10万元发展到民国26年(1937)拥有资金500万元、公债金760万元、存款总额3亿余元,成为首屈一指的民办银行。鼎盛时期,本外地分支行有119处。光甫重视培养人才,将部分高级职员送到美国留学,并分批招收高中学生,开办行员训练班,培养骨干。关心职员生活福利,在工作上要求极严,把顾客比作衣食父母。编有《陈光甫言行集》,分发给行员学习。在银行具体经营上创新很多,如调查研究、办理贷款、辅助工商、社会服务、抵制国际侵略、建立银行信用等。光甫也是中国旅游事业的创始人,于民国12年(1923)率先创办上海银行旅行部,后成立旅行社。在本市东坞街长康钱庄内设中国旅行社镇江分社。曾代表国民政府于民国25年(1936)赴美签订《白银协定》。民国27年(1938)洽订《桐油借款协定》,同年任第一届国民参政会参政员。民国28年(1939)完成"云南锡业借款"。民国30年(1941)任中美英平准基金委员会委员。民国

36年任国民政府委员。民国37年(1948)赴曼谷筹设上海银行分行。1951年将原上海银行香港分行改为上海商业银行,向香港英国当局注册。1954年去台湾,设立上海商业储蓄银行,任董事长。

李友芳

李友芳(1903—1979) 浙江镇海人,出生于镇江。其父李皋宇,在镇经商多年,民国14年(1925)收购恒顺酱醋厂,锐意经营,创立"金山牌"名醋。友芳自幼就读于润商学校,15岁在镇江中国银行当练习生,后在镇江、十二圩、泰州、南通等地经营面粉厂。抗日战争胜利后,经李氏家族推派到镇江主持恒顺酱醋厂工作。1955年,恒顺厂公私合营,友芳任副厂长。1959年,代表恒顺厂出席广州交易会,使镇江香醋于解放后第一次打入国际市场。对生产工艺加以改革,使工效大为提高。1978年,友芳将落实政策的1万元捐赠市工商联,举办公益事业。

吴慎裕

吴慎裕(1922—2014) 浙江杭州人。曾任镇江大东纸厂股份有限公司副厂长(资方)。慎裕把一生交给了江苏现代造纸工业的发展,无怨无悔,慷慨无私。中华人民共和国成立初期,大部分民族资本先后撤离,他没有动摇、退怯,毅然从香港调回资金创办镇江大东纸厂股份有限公司,为建国初期江苏现代造纸工业的发展起到有力的支撑和推动作用,他的爱国之举,在当时工商界造成深刻影响,也在江苏造纸工业发展史上写下浓墨重彩的一页,在民主人士和群众中享有很高威望和声誉。时至今日,慎裕创办的大东纸厂依然为江苏民营企业代表之一。

历任民建镇江市委主委,第六、七、八届省人大代表;1952至1993年间连续任镇江市人大代表,其中1983至1993年间任镇江市人大常委会副主任;任镇江市工商联第四、五届执委会副主任委员。

肖鹤忠

肖鹤忠(生卒年不详) 江苏镇江人，原大中机器厂负责人。大中机器厂由“茂昌”“恒泰”“镇华”“镇友”“义森”“茂新”6家工厂组成的“联营大中机器翻沙铁工厂”(江苏华通动力重工有限公司的前身)。鹤忠积极响应市委、市政府号召，全力支持公私合营，1954年6月21日，经市政府批准，大中机器厂成为公私合营企业，定名为“公私合营大中机器铁工厂。”成为镇江最早实行公私合营的私营企业。鹤忠先后当选江苏省政协委员、省工商联执委会委员，镇江市人大代表、政协委员和镇江市工商联副主任委员。

钱云宝

钱云宝(1957—2017) 汉族，江苏丹阳人，中共党员，原江苏恒神股份有限公司董事长。云宝秉承“产业报国、集成融合、跨越赶超、实业兴邦”的发展理念，先后创办恒宝公司和恒神公司。恒宝公司成为我国智能卡生产的上市公司；为打破国外核心技术垄断，云宝拼搏10年，投入50亿元，将恒神公司打造成为我国第一个碳纤维全产业链研发生产基地，并在新三板上市。2016年10月19日，习近平总书记参观第二届军民融合发展高技术成果展，到恒神展台听取云宝介绍企业产品介绍。获“江苏省乡镇企业家”“江苏省劳动模范”“镇江市人民奖章”“镇江市劳动模范”等称号。逝世后，被追授江苏“时代楷模”“江苏省道德楷模”“镇江市优秀共产党员”。先后当选镇江市党代表、人大代表，任丹阳市开发区商会会长等。

陈晓龙

陈晓龙(1976—2020) 男，原大亚科技集团有限公司董事局主席、总裁。晓龙推进产业转型升级，将集团发展成为以家居产业为主导，以包装、汽配等转型产业为基础和依托的中国500强民营企业、国家农业产业化重点龙头企业、国家高新技术企业和江苏省优秀企业。

先后获“中国林业产业诚信领军人物”“江苏省苏商领军者”“镇江市‘五一劳动’奖章”“镇江市十大杰出青年”等荣誉。当选中国林业产业联合会副会长，江苏省苏商发展促进会联席会长，镇江市工商联副主席、镇江市青商会会长等。

第二章　人物简介

朱仁和

朱仁和，1931年7月出生，浙江镇海人，高级工程师。就读于东北工学院机电系，1953年毕业分配到重工业部建材安装公司工作，1987年加入中国民主建国会。主要经历：1989年12月任镇江市工商联第六届执委会副主委；1993年11月任镇江市工商联第七届执委会会长；1996年3月任政协镇江市第三届委员会副主席。任全国工商联第七届执委会委员，政协江苏省第七届委员会委员，江苏省工商联第五、六届执委会常委、委员等。

鄂锦昆

鄂锦昆，1932年7月出生，江苏扬州市邗江人，现任鄂氏集团董事长。1949年4月加入中国共产党领导的护厂队，护卫镇江电力公司，迎接解放军渡江。20世纪60年代起，任集体企业厂长。2002年12月，以108万元收购京江发动机厂产权，并承担该厂全部债权债务，保证481名干部职工不下岗，成为镇江私营企业参与国有企业改制的先行者。

潘正东

潘正东，1943年7月出生，中共党员，江苏阜宁人，现任镇江液压股份有限公司董事长。正东以发展高科技中高端装备配套设备制造业作为企业发展的战略目标，坚持自主创新，使企业成为中国制造业首批单项冠军示范企业，研制的全液压转向器和摆线液压马达系列产品产销量居中国第一、世界第二位。任中国液气密工业协会副理事长,镇江市总商会副会长,镇江市润州区人大常委、代表等。

谭荣生

谭荣生,1944年11月出生,中共党员,江苏镇江新区大港街道人,现任镇江东方电热科技股份有限公司董事长兼党委书记。荣生始终把“诚信”作为企业经营的铁则,坚守以质取胜的企业发展之道,将原来的村办小企业发展成为全国最大的电加热器企业,企业产品先后通过ISO9001、ISO14001、QC080000、OHSAS18000、TS16949体系认证,通过五个体系建设,产品打开欧盟市场。任镇江市工商联执委会委员、镇江市个私协会常务理事,镇江新区个私协会副会长等。

潘吉森

潘吉森,1946年9月出生,浙江绍兴人。1964年9月就读于华东纺织工学院,毕业后分配到湖南邵阳第二纺机厂工作。主要经历:1995年任扬中市副市长;1997年7月任镇江市工商联第八届执委会会长;1999年6月任江苏省工商联第七届执委会副会长;2000年任政协江苏省委员会副秘书长。任江苏省工商联第七届执委会常委、委员,政协镇江市润州区委员会副主席等。

谈金和

谈金和,1949年8月出生,江苏丹阳人。大专学历。主要经历:1986年10月任空军第47师139团副团职飞行参谋长;1989年11月任空军第6师18团正团职飞行参谋长;1992年6月任空军第6师正团职射击主任;1995年6月任空军第6师正团职参谋长;1996年6月任空军第6师副师职参谋长。1998年11月任镇江新区管委会副主任兼新区工委委员；2002年6任镇江市委统战部副部长；2002年11月任镇江市委统战部副部长，市工商联党组书记、副会长；2006年6月任镇江市委统战部副部长。任江苏省工商联第八届执委会常委、委员等。

苏启善

苏启善，1950年12月出生，江苏镇江人，现任镇江焦化煤气集团有限公司董事长、总经理、党委书记。启善实施“科技兴企、跨越发展”战略，提升核心竞争力，发展循环经济，形成以特种碳材为上游、高纯度石墨碳材为下游、深度加工铝用阳极产品的高科技碳材产业链，取得7项国家级和9项省高新技术产品、5项国家发明专利，将集团打造成资产近40亿元，拥有10多家子公司的国家级高新技术企业和国内特种碳材生产的最大企业。任镇江市工商联副会长、副主席等。

孙志安

孙志安，1952年3月出生，江苏江都人，无党派人士，农学硕士。1980年9月就读于江苏农学院畜牧医系兽医微生物专业，毕业后被分配到江苏省句容农校工作。主要经历：1990年10月任镇江市润州区副区长；1996年2月任镇江市京口区副区长；1998年4月任镇江新区管委会副主任；2002年4月任镇江市工商联会长(主席)、镇江市总商会会长。任政协江苏省第九届委员会委员，江苏省工商联第八、九届执委会常委、委员，镇江市第四届人大代表，政协镇江市第五届委员会常委、委员，政协镇江市第六届委员会副主席等。

马金芳

马金芳，1953年12月出生，汉族，江苏镇江扬中市人。高级经济师，现任宜禾股份有限公司董事长。金芳1983年开始创业，1988年涉足职业装领域，以“重品质、讲信誉、讲诚信”为经营理念，用智慧与力量打造出年产各类职业服饰500万套(件)的全国最大的现代化职业装生产企业。任全国妇联代表，江苏省政协委员、江苏省人大代表，镇江市妇联副主席，扬中市政协副主席等。

郭 琰

郭 琰，1954年4月出生，中共党员，江苏镇江人。研究生学历，高级经济师，现任江苏省镇江船厂(集团)有限公司董事长兼党委书记。郭琰坚持“特色经营、差异竞争、错位发展”的经营理念，坚持走“专精特新”发展道路，镇江船厂在特种工程船舶领域创造“46项中国第一”，成为中国知名的特种工程船舶专业化制造企业，主打产品多功能全回转拖船被认定为“中国制造业单项冠军产品。”任江苏省人大代表、省工商联执委，镇江市人大代表、市工商联副主席、市总商会副会长，江苏省船舶工业行业协会副会长，镇江市纳税人税收权益维护协会副会长等。

应 军

应 军，1954年8月出生，浙江人。毕业于东南大学，高级经济师，现任句容市宁武化工有限公司总经理。应军坚持“科学、稳健、和谐”发展理念，通过设立省级博士后科研站和企业院士站，提升创新研发综合实力，攻克“高性能低温破乳剂制备方法”等数项前沿课题，获得12项专利。任镇江市人大代表，市工商联副会长、副主席，句容市政协常委、市工商联副主席，江苏省企业家协会理事等。

吴荣生

吴荣生，1954年出生，中共党员，江苏镇江人，现任镇江宴春酒楼有限公司董事长。20世纪90年代初，宴春酒楼经营惨淡，荣生临危受命担任总经理，将“诚实和守信是品质人生之根本”的理念融入企业生产经营，坚持诚信做品质、创品牌，使百年老店实现扭亏为盈，公司水晶肴蹄产品生产技艺被列为江苏省非物质文化遗产保护目录。任镇江市政协委员，镇江市工商联常委，江苏省餐饮协会副会长、省烹饪协会副会长，镇江市餐饮服务行业协会会长等。

张永志

张永志，1955年6月出生，江苏丹阳人，大专学历。1982年9月就读于江苏农学院，1985年11月分配到丹阳市延陵镇工作。主要经历：1991年1月任丹阳市副市长；2000年12月任句容市委副书记；2006年6月任镇江市委统战部副部长、工商联党组书记、副会长。任江苏省工商联第九届执委会常委、委员等。

汤龙保

汤龙保，1955年9月出生，中共党员，江苏丹阳人，现任万新光学集团董事长、党委书记。龙保以“改变世界的目光”的执着，以创新和奋进的姿态奋斗在眼镜行业，1994年成功研发树脂镜片，在眼镜镜片生产行业中具有里程碑意义。企业获专利超过100件；与Leybold、三井、PPG、Stis—loh、施耐德、德山、依视路等全球知名公司建立合作关系；与中山大学眼科视光学系等十余所高校建立产学研合作；2011年3月，万新光学集团正式成立，下属九个控股子公司。任江苏省人大代表，镇江市人大代表，中国眼镜协会副理事长，江苏省眼镜协会常务副会长，丹阳眼镜商会会长等。

朱小坤

朱小坤，1957年1月出生，中共党员，江苏丹阳人，高级经济师，现任江苏天工集团党委书记，江苏天工集团有限公司、江苏天工工具有限公司、江苏天工科技股份有限公司董事长兼天工国际有限公司董事局主席。小坤以“树百年天工、创知名品牌”为企业发展宗旨，坚持走“专精特新”发展道路，企业生产的稀土高速工具钢年产量跃居全球首位，2012年以来公司连续入围“中国民营企业500强。”任全国人大代表，江苏省人大代表等。

王禄宝

王禄宝，1958年7月出生，侨眷，现任江苏环太集团有限公司董事长。禄宝始终坚持创新发展，使公司从生产低附加值复合肥的小企业，嬗变为一个能制造超G兆瓦太阳能晶体硅片企业。自涉足太阳能光伏产业以来，公司在加快原始创新、集成创新，研发出具有国际先进水平的高性能、大面积、超薄型单多晶硅片，成为中国硅片切割“第一人”。任江苏省光伏协会副理事长、江苏省苏商协会副会长、中国国际商会镇江商会副会长、扬中市工商联副主席等职。任江苏省人大代表，镇江市人大代表、政协委员等。

朱国平

朱国平，1960年6月出生，中共党员，江苏丹阳人，现任江苏飞达控股集团有限公司董事长。国平秉承“雄飞世界，惠达民生”企业经营宗旨，通过科技创新和产业升级，提升企业的核心竞争力和持续快速发展的动力，将集团一举打造成“亚洲钻头王国”和年销超百亿的中国民营500强企业。任全国人大代表、省人大代表、省政协委员、镇江市工商联副会长等职务。

陆廷秀

陆廷秀，1961年5月出生，江苏扬中人，中电电气集团董事长。廷秀秉持“远见、创新、责任”的核心价值理念，坚持“与巨人同行，与世界同步”发展战略，以“为世界输出优质动力”为己任，专注于生产制造，形成电力变压器、光伏太阳能、电力电子、新材料等4大产业，与美国杜邦、中国武钢等建立长期战略合作关系。倡导可持续发展，恪守商业道德，主动担当社会责任。任江苏省商会副会长、镇江市商会副会长等职。任江苏省人大代表、镇江市人大代表等。

施文进

施文进，1961年8月出生，江苏镇江人，本科学历，现任惠龙易通国际物流股份有限公司董事长。文进始终坚持模式与技术创新，打造惠龙易通水铁公数字运输与北斗5G数字监控的产业互联网平台，创新“惠龙易贷”与“惠龙卡”数字金融产品，安置退役军人，组建平战结合的运输保障车队。2014年12月13日，习近平总书记视察惠龙易通，赞扬企业创新精神。任镇江市人大代表、镇江市工商联副主席、中国物流与采购联合会副会长等。

刘树安

刘树安，1961年10月出生，江苏句容人，本科学历，现任江苏省句容市天王镇唐陵村党总支书记、句容市唐陵苗木交易市场有限公司董事长。树安牢记组织重托，心甘情愿做人民的“牛”，持续推进法治型、服务型党组织建设，带领党员群众发展苗木产业，兴办苗木交易市场、电商城，新建润唐苑农民集中居住区，把唐陵村打造成句容市乡村振兴的一面旗帜，创成“全国创先争优先进基层党组织”“国家级农民合作社示范社”“全国一村一品

示范村”“江苏省社会主义新农村建设先进村”，被誉为“江苏省吴仁宝式优秀村书记。”主要经历：任江苏省党代表，镇江市人大代表、镇江市工商联执委，句容市政协委员、市工商联副主席、天王镇商会会长等。

吴光明

吴光明，1962年2月出生，中共党员，江苏丹阳人，现任江苏鱼跃医疗设备股份有限公司董事长兼总经理。光明坚持以“品质铸就品牌”为核心价值理念，产品鱼跃牌血压计、轮椅车被认定为中国名牌，鱼跃商标获得“中国驰名商标”称号。2008年鱼跃公司在深交所成功上市。任江苏省工商联副主席、镇江市工商联副主席、中国医疗器械行业协会副会长等。

时秋香

时秋香，1962年8月出生，江苏镇江人，研究生学历，1986年10月入党，现任市人大机关党组成员、机关党委书记。1982年8月分配到市第二人民医院工作。主要经历：2000年11月任市第一人民医院党委副书记，纪委书记；2002年4月任市第四人民医院党委书记、副院长；2002年11月任市卫生局党委副书记；2006年11月任市总工会副主席、党组副书记；2009年明确正处职级(调研员)；2015年9月，任市委统战部副部长、调研员；2016年12月任市委统战部副部长，市工商联党组书记、副主席；2018年7月任市第一人民医院党委书记。任江苏省工商联第十一届执委会常委、委员，镇江市第八届人大常委、代表等。

王伟耀

王伟耀，1963年5月出生，中共党员，江苏丹阳人，南京理工大学工商管理硕士，中欧国际工商管理学院EMBA，现任江苏沃得机电集团有限公司董事长。伟耀秉承“诚•实”企业文化理念，实施“以创新夺市场、以服务创品牌”发展战略，专注于工程机械、农业机械、锻压机械、园林机械及汽车零部件等领域，致力打造中国南方最大机械制造生产基地与行业龙头企业。沃得集团现已成为总资产超过200亿元、年销售额超百亿元、拥有8家子公司和1家上市公司的大型集团公司。任镇江市人大代表，镇江市工商联副主席等。

徐建锋

徐建锋，1963年9月出生，江苏常州人，研究生学历，现任镇江市委统战部常务副部长。1982年7月分配到镇江市中山路小学工作。主要经历：1998年10月任京口区副区长；2006年6月任京口区委常委、常务副区长；2011年5月任市司法局副局长、党组副书记；2012年6月任市委统战部副部长，市工商联副主席、党组副书记；2013年12月任市委统战部副部长，市工商联党组书记、副主席。任江苏省工商联第十届执委会常委、委员，政协镇江市第七届委员会常委、委员等。

刘正泰

刘正泰，1964年12月出生，江苏泰兴人，研究生学历，1988年12月入党，现任市总工会党组书记、常务副主席。1984年7月分配到丹徒县工业局工作。主要经历：2006年3月任丹阳市委常委，2006年5月任丹阳市委常委、组织部部长；2013年3月任市环境保护局局长；2018年8月任市委统战部副部长，市工商联党组书记、常务副主席。任江苏省工商联第十一届执委

会常委、委员，镇江市第六届、七届、八届人大代表等。

艾学平

艾学平，1965年2月出生，中共党员，现任镇江金港磁性元件有限公司董事长、镇江安徽商会会长。作为磁性元件国内规模最大、年产达10000吨的民营企业董事长和商会会长，学平把企业履行社会责任纳入企业发展规划，实现企业发展和履行社会责任双提升，坚持商会改革创新发展，动员会员主动投身乡村振兴实践，与句容茅山马埂村的村企联建中草药种植项目以及与陕西渭南等联建项目，促进当地农民增产增收。任江苏省工商联常委、委员，镇江市政协委员，市工商联副主席，润州区人大常委、代表等。

鄂秀萍

鄂秀萍，1965年3月出生，江苏镇江人，汉族，本科学历，现任镇江金聚楼烤鸭大酒店总经理，镇江市京口锦绣皇宫大酒店总经理。秀萍以“以德聚金、诚信经营，致富思源、奉献社会”为经营理念，以传播弘扬中国饮食文化为宗旨，以优质服务和良好品质赢得客户赞誉。经营的酒店被评定为“中华餐饮名店”“全国绿色餐饮企业”“全国青年文明号”“全国巾帼标兵”“江苏省国际旅游定点单位”等。任江苏省工商联执委，镇江市人大代表，镇江市工商联副主席、市总商会副会长等。

卢道富

卢道富，1965年6月出生，江苏句容人，无党派人士，现任政协镇江市第八届委员会副主席、市工商联主席、市总商会会长。就读于江苏农学院(农学本科)，1987年7月分配到句容县农科所工作。主要经历：1999年11月任句容市副市长；2001年12月任句容市副市长、市工商联会长；2007

年12月任镇江市旅游局局长；2012年6月任镇江市工商联主席、市总商会会长；2016年1月任政协镇江市第七届委员会副主席、市工商联主席、市总商会会长。任政协江苏省第十一、十二届委员会委员，江苏省工商联第十、十一届执委会常委、委员；镇江市第四届人大常委、代表，政协镇江市第六、七届委员会常委、委员等。

王红卫

王红卫，1967年3月出生，江苏句容人，大学学历，现任镇江市委统战部副部长、市工商联党组书记。主要经历：2002年1月任镇江市政府办公室助理调研员；2002年12月任镇江市政府办公室副主任、党组成员；2004年11月任句容市委常委、宣传部部长；2006年6月任镇江市委宣传部副部长；2010年8月任镇江市委宣传部副部长，市文联主席；2011年8月任镇江市委宣传部副部长，镇江报业集团董事长、社长、党委书记，市文联主席；2013年11月任镇江市委宣传部副部长，镇江报业集团董事长、社长、总编辑、党委书记；2015年9月任镇江报业集团董事长、社长、总编辑、党委书记；2015年12月任镇江报业集团董事长、社长、党委书记。任江苏省工商联第十一届执委会常委、委员；政协镇江市第六届常委、委员，第七、八届委员等。

高庆文

高庆文，1967年10月出生，江苏省镇江人，现任镇江市松盛土地综合开发有限责任公司董事长、总经理。庆文秉持“以诚为先、以信为本”的经营理念，以创优质工程为己任，注重质量、安全和管理，主动参与公益活动，实现社会效益和经济效益双提升。任江苏省工商联执委，政协镇江市委员会委员，镇江市工商联副主席，镇江市青年民营企业家商会会长、镇江市民营经济协会副会长等，担任镇江市检察院“人民监督员”。

徐 翔

徐 翔，1972年出生，中共党员，江苏扬中人，工商管理硕士、高级经济师，现任大全集团有限公司总裁。徐翔以“人本工程”“科技创新”为企业经营理念，在电气、新能源、交通技术、环保产业等领域推行多元化发展战略，成立国家级企业技术中心、博士后科研站和电气检测站，提升企业研发能力和核心竞争力。集团的四大产业快速发展，其中电气和新能源产业已成为行业领跑者，连续多年位列中国电气工业自主创新能力第一名。任江苏省党代表，省总商会副会长，省工商联常委、委员；政协镇江市委员会委员，市工商联副主席、市总商会副会长等。

王兴文

王兴文，1973年2月出生，江苏丹徒人，现任江苏蓝圈新材料股份有限公司董事长、党支部书记。兴文于1994年南通武警支队退役后，秉承“为人类健康的呼吸，做中国绿色建材”的使命担当，先后创建百瑞吉公司和蓝圈新材公司。蓝圈新材公司现拥有已授权专利14件，被设立为中国菱镁协会华东新产品研发基地、中国科学院青海盐湖所科研基地。任政协镇江市委员会委员、市工商联执委，丹徒区工商联副主席和中国菱镁协会副会长等。

王 刚

王 刚，1974年11月出生，中共党员，江西吉安人，现任建华建材集团有限公司执行董事兼总裁。王刚始终坚守创业者“走正道、负责任、心中有别人”的文化理念，公司连续21年成为中国预制混凝土桩产业产销量冠军的龙头企业，在全国20个省市建立43家生产基地，成为年销售额超过350亿元的“中国民营企业500强。”坚持走创新发展道路，打造国家重点实验室(分室)、企业院士工作站等技术创新平台；2013年，经国家奖励办批准，建华建材在行业内率先设立面向行业创新发展的“建华工程奖”。任江苏省人大代表，镇江市工商联副主席，中国建筑材料联合会副会长、镇江市高新技术企业商会会长等。

郦海星

郦海星，1975年5月出生，江苏丹阳人，清华大学管理学硕士，现任江苏肯帝亚木业有限公司董事长兼总裁。从2003年创建江苏肯帝亚木业有限公司开始，海星始终秉承“整合世界资源，打造中国品牌，让中国品牌走向世界”的经营理念，实施资本、研发、品牌、人才和制造五大战略，打造“全球木地板行业的样板工厂”，实现企业的可持续发展。任全国工商联执委、镇江市人大代表、市工商联副主席、镇江市青年商会会长等。

第五编 专 记

一、孙中山在广肇公所演讲

镇江广肇公所位于江苏镇江城西伯先路，因由当年广东广州、肇庆两府旅镇客商合力兴建，又为两地商人聚会和洽谈业务场所，故名广肇公所。广肇公所是近现代镇江商业繁荣的象征，孙中山第二次莅临镇江，曾在此演讲。

民国元年(1912)10月18日，孙中山应赣督李烈钧的邀请，离上海赴江西视察，于10月20日途经镇江，应邀上岸到广肇公所进行演讲。下午2时，孙中山进城参加在广肇公所举行的各界欢迎会。

孙中山在掌声中向大家发表演讲，“演讲历时3小时之久”，其间，镇江商会代表上前“要求孙为镇江向程都督说项，免派特别捐减轻地方负担”。孙听了，说：“此系行政官员的权限，未便越俎代谋。况共和时代，每事须应由省议会议决，方能实行，将来议会必能主持公道。”又有人向孙反映“镇江自津浦开车，商业大受影响，非赶筑瓜清铁路，不能挽回一二，总理全国铁路，敢请提倡”。孙听了，欣然回答：“此议愿竭力帮助。”当晚，“孙回舰，即命启航上驶”，结束第二次来镇江的匆匆行程。

二、镇江商会接管英领事馆

1925年“五卅惨案”发生，中国爆发空前的反帝爱国运动。镇江各界宣布与英、日帝国主义经济绝交，开展轰轰烈烈的查禁英、日货的群众运动。

1927年初，随着北伐战争的顺利推进，北平英驻华公使感到中国人民反帝革命大风暴的威力，给镇江英国领事馆一道“暂时撤退”的训令。但驻镇英领事怀雅特不甘心拱手交出强占66年的“禁脔”，故意不通知地方政府，却和镇江商会接洽暂交领事馆事宜，以示非正式交还的性质。商会会长陆小波为预防动乱，顺应民意，慨然应允。3月24日，以驻镇英领事怀雅特致商会陆小波公函为凭，陆小波转知县知事卢鸿钧、警察厅长袁季梅、交涉员贾士毅后，与副会长胡健春率领商团团丁100余人，在群众夹道欢呼中开进租界，接收工部局。至此，镇江英国领事馆名存实亡。

1929年政府才正式收回英领事馆。11月11日，在镇江人民实际收回英领事馆两年之后，为挽回大英帝国的面子，英公使兰浦森照会国民政府外交部部长王正廷，商定于15日将镇江英国领事馆正式交还中国政府。外交部派镇江关监督戴德抚为接收特派员，江苏省政府也派镇江县县长孔宪铿为接收专员，经过磋商，由中国政府拨款6.8万元作为对英国人的补偿。15日，举行正式移交仪式，补足收回英领事馆的正式外交手续和法律认可。

三、私营工商业者支持公私合营

1953年11月，为贯彻落实党和国家关于对资本主义工商业进行社会主义改造的方针政策，镇江市委、市政府决定选择基础较好的私营工厂，创造条件实行公私合营。市工商联配合市委工业部选择大中机器厂、维生制油厂、大新石粉厂、联业染织厂、恒顺酱醋厂5家企业，先行展开公私合营工作。经过3个多月的驻场指导、动员发动、学习培训等，为公私合营创造较好条件。

1954年6月21日，经市政府批准，由“茂昌”“恒泰”“镇华”“镇友”“义森”“茂新”6家工厂联营成立的“大中机器厂”实行公私合营，公方代表刘寿山和私方代表肖鹤忠签订公私合营协议书，定名为“公私合营大中机器铁工厂”，并于6月22日召开庆祝大会，市长王鹏到会并致辞祝贺。其他选定的工厂也先后被政府批准实行公私合营。直至1955年底，镇江市已有7家企业被批准为公私合营企业。

1956年1月，为推动工商业者以实际行动响应毛泽东主席号召，镇江市工商联邀请市长戴瑛作关于“国家对资本主义工商业进一步深入改造”的报告。1月12日，棉布、百货、机器翻砂3个行业和大东造纸厂、荧昌火柴厂、正昌油厂、国泰油厂4个工厂分别集队到市人民委员会申请公私合营。1月14日，市工商联和市委统战部组织召开各行业负责人座谈会，市委统战部副部长陈志良参加会议并作动员讲话，进一步统一思想。通过共同努力，全市各行各业工商业户全部提出申请实行公私合营，并先后经市政府批准，完成全行业公私合营工作。

1956年1月18日，全市各界群众4万余人隆重举行集会游行，庆祝社会主义改造取得胜利。至1月底，私营工业批准合营的有22个行业93户，占总户数98.94%；私营交通运输业批准合营的有3个行业26户，批准合作化的1个行业324户，占总户数59.02%；私营商业批准合营的有63个行业2414户，占总户数96.21%；私营手工业批准合营的有36个行业1141户，批准合作化的有76个行业2562户，占总户数99.54%；私营摊贩批准合作化的有4977户，占总户数97.98%。

全行业公私合营后，镇江市工商联及时协助政府指导私营工商业者进行清产核资工作。同时，协助各专业公司、合营工厂进行经济改组和人事安排。据1956年年底调查，镇江市工商界在职人员共1683人，其中安排市级领导1人、副局长级3人，厂长经理级23人、科股长级44人，车间、门市部主任级332人。

四、胡国祥投资兴建镇江商业城

镇江商业城的前身是镇江中百二店。

1993年10月8日，应镇江市政府邀请，以香港观塘工商业联合会会长胡国祥为团长，观塘工商联名誉会长杨孙西为顾问的香港塘工商联“南京、镇江、上海”访问团一行17人从南京抵达镇江。在京口饭店，市委书记钱永波，市委常委、组织部部长陈家宝，市政协主席黄选能，副市长李宝库，市政协副主席、市委统战部部长陈冬姣等，以及镇江市工商联负责人林存德、朱仁和、陈亦华、何畏等对香港工商界代表团到镇江参加“93镇江三国名城旅游观光活动”表示欢迎。钱永波介绍镇江的历史以及改革开放以来镇江的经济建设情况和投资环境，希望港、澳、台胞和海外侨胞回国观光，投资办企业。

在参加商品交易会开幕式后，黄选能等陪同胡国祥、杨孙西一行游览金山、焦山、北固山，在参观并听取有关投资项目介绍后，胡国祥、杨孙西对镇江中百二店再建投资项目表示了浓厚兴趣，双方初步达成合作意向。

之后，经过镇江市工商联与香港观塘工商业联合会多次沟通联络，镇江中百二店再建投资项目正式签约。1994年4月18日，镇江中百二店再建投资项目镇江商业城举行隆重奠基仪式，镇江市工商联名誉会长陆汝纯，会长朱仁和，镇江市工商联副会长、香港观塘工商业联合会会长胡国祥等出席奠基仪式。

1996年5月1日，镇江商业城正式开业。广告语“金山焦山北固山，古城名城商业城”，伴随着商业城走过一段红红火火的岁月。

镇江商业城是改革开放以来镇江市继镇江展销馆后建成的第二个面积超大的商业大楼，标志着镇江市商业中心由大西路向大市口的转移，在镇江城市建设发展历史上留下浓墨重彩的一笔，在相当长一段时间里，给镇江市民百姓留下一段难忘的城市商业生活记忆。

五、私营企业支持国有企业改革

2002年7月9日，为贯彻党中央、国务院关于深化国有企业改革方针政策和镇江市委、市政府深化国有企业改革和加快再就业工作动员会精神，全面部署国有企业改革和加快再就业工作，镇江市工商联组织召开国有企业改制情况通报会。会上，会长孙志安传达市委书记张卫国、市长史和平关于国有企业改制工作讲话精神，号召非公有制企业响应市委、市政府关于“用两年时间大力推进国有企业产权出让，基本完成全市国有企业改制改组任务”的决策部署，以实际行动启动民间资本投身和支持国有企业改制，谋求民企国企共同发展。

8月22日，镇江市工商联组织召开国企改革与民企发展恳谈会，市计委、经委、外经贸局、体改办通报国企改革和外向型经济有关情况，介绍支持民营企业加快发展的政策举措；市奥雷光电子有限公司首席执行官黄振春博士、三维塑料电器有限公司董事长李光千、金聚楼烤鸭大酒楼有限公司董事长鄂锦锟、恒强纺织品有限公司董事长姚志强等民营企业家代表就参与国企改制、做大做强企业等问题提出意见建议，希望党委政府在加大政策开放度、政府部门之间加强沟通协调、支持民营企业发展、防止国有资产流失、政府经济信息公开、吸纳民间资本发展地方经济和参与社会事业等方面出台相应措施和政策。

2002年12月30日，72岁的镇江金聚楼烤鸭大酒店有限公司董事长鄂锦昆，以108万元现资购得京江发动机厂产权，并承担该厂全部债权债务，保证该厂

481名干部职工不下岗，成为镇江市内私营企业收购国企产权第一人。有40多年厂龄的京江发动机厂，总资产为6735.29万元，总负债7121.43万元，按规定提留、抵扣、剥离207.11万元，出让的净资产为-911.01万元。收购这样的企业，鄂锦昆却表示“不是冲着财富来的，而是要和大家一起振兴‘京江牌’发动机的”。明确了上半年使老产品上量上质，下半年将发动机推向国外，2003年争取新品投放市场的发展规划。

在镇江市各有关部门大力推动下，2003年4月，镇江市工商联主动联系省内外百家民企巨头，参加投资总额超过28亿元的涉及工业、商业、建筑、旅游、服务等门类97个企业的100个改组重组项目洽谈，推进国有企业改革进程。同时，为发挥民营企业在促进下岗再就业方面的作用，构建下岗职工再就业服务平台，2003年10月24日，镇江市工商联、市劳动和社会保障局联合举办“风雨同舟、您我同行”全省再就业援助大型联动招聘会，39家民营企业提供就业岗位670个，现场签约率达90%以上，为促进就业发挥作用。

六、打造“商道酬信”品牌

2012年以来，镇江市工商联响应全国工商联、省工商联号召，深入开展非公有制经济人士理想信念教育实践活动。但从活动开展情况来看，还存在活动形式单一、内容流于宽泛、工作单打独斗、绩效评估简单、活动主题多变等不足。2015年初，市工商联针对镇江特点，结合工商联实际，创造性地确立“立足‘守法诚信’主题　打造‘商道酬信’品牌”思路，并通过实施“五改五创五提升”工作举措，推进非公有制经济人士理想信念教育实践活动开展。

5月，镇江市工商联组织22家市直商(协)会和86家会员企业，向广大民营企业家及商会组织发起《开展“商道酬信”活动，加强企业诚信建设》的倡议，在《镇江日报》上刊载，得到各辖市区工商联、各商(协)会、非公人士、政协委员等的响应。市委宣传部、文明办、环保局、工商局等多部门支持相关活动，在文明城市中推广“商道酬信”的做法，形成上下联动的社会影响力。

围绕“商道酬信”主题，镇江市工商联联合镇江市多部门组织系列活动。开展“中国梦”专题辅导，引导企业讲求信用，依法生产经营；帮助企业提高信誉，倡导传递诚信正能量；鼓励企业勇担信义，构建和谐关系，参会企业家累计达2700余人次。同时，与镇江南通商会、中南房地产举行“商道酬信——健康购物、开启绿色生活”主题活动，免费向市民派送印有“商道酬信”字样的环保袋10万余件；镇江市餐饮协会发放诚实守信张贴画800余张等。

镇江市各商(协)会积极参与，在市工商联的指导下以自身行动推动“商道酬信”的活动进程。镇江市装饰建材商会向300家会员单位发放商道酬信承诺卡；召开现场推进会等，为“商道酬信”活动的开展营造良好的氛围。镇江宝应商会引进结构化管理理念，建立会员信用等级评定系统，对于评定等级较高的会员企业，商会在人事安排、互助资金使用、业务项目帮扶等方面优先给予考虑。镇江市南通商会就“商道酬信”展开学习交流，并据此形成专题调研报告。镇江市泰州商会成立“商道酬信”活动指导小组，开展多项具有自身特色的活动。在镇江市工商联的大力推动下，镇江市众多的非公有制经济人士及广大商会组织通过丰富多彩、亮点纷呈的活动来拓展“商道酬信”的外延。

在镇江市工商联的大力号召和全力推动下，“商道酬信”活动硕果累累。2015年，6位民营企业家被授予“镇江市人民奖章”，77名企业家获“诚信之星”、8家会员企业获“十大诚信标兵”，市工商联被市委、市政府评为“创建全国文明城市先进集体”。活动得到全国政协原副主席黄孟复高度认可，专门题词“商道酬信”。《人民政协报》《中华工商时报》《新华日报》等多家中央、省级媒体先后报道经验做法。

七、构建“亲”“清”新型政商关系

2016年3月4日下午，习近平总书记在全国政协会议民建工商联委员联组会上首次用“亲”“清”两字阐明新型政商关系。镇江市工商联高起点谋划、严标准要求、全方位推进，创新性率先开展“政商新关系、亲清当模范”主题活动。

以“亲”为核心，建立驻会领导、机关处室联系基层组织、非公企业制度，开展服务基层专项活动；举办“一带一路”政策解读专题报告会、新修订的《中华人民共和国食品安全法》培训、“民企进校园创业实践与指导分享会”“书香进民企”、针对企业发展中遇到的问题常态化开展公益培训等，送政策下基层，使企业在政策把握上不出偏差，少走弯路。

提出“五为五不为”的要求，开展“一二三四”特色法律服务。编写“一本书”，即《以案说法——商会与企业法律风险防控案例评析》，为民营企业防范风险打好“预防针”；深化“两个走进”，即民营企业家走进政法机关接受警示教育，政法干部走进企业开展法律服务；推进“三个建设”，即企业法治文化建设、行业自律体系建设、商会法律顾问制度建设；探索健全“四个机制”，即与纪检监察部门沟通机制、政法机关与工商联协作机制、企业信用评价机制、商会协调自律机制。此举受到中央统战部高度肯定，并向全国推广镇江经验。

市委书记夏锦文如此评价：“镇江市工商业联合会作为民营企业的‘娘家人’，要发挥桥梁作用，服务民营企业，构建‘亲’‘清’新型政商关系，为全面推进依法治市、加快建设‘强富美高’新镇江作出更大贡献”。

八、“一人一重点、履职当表率”活动

2017年，镇江市工商联召开会员代表大会，选举产生新一届领导班子。如何发挥兼职副主席、副会长的作用，成为新一届镇江市工商联思考的重点。在调查研究，征求广大会员特别是兼职副主席、副会长意见的基础上，市工商联提出开展“一人一重点、履职当表率”专题活动，即围绕党委政府中心工作和工商联重点工作，每人每年做一件具有“基础性、全局性、引领性”的大事要事，为全市经济社会发展和工商联事业添光增彩，为广大会员和非公有制经济人士作示范、当表率。

活动开展以来，兼职副主席、副会长纷纷响应，广泛参与，奋力作为，成效显著。市工商联副主席、大亚科技集团有限公司总裁陈晓龙，牵头组建上海市江苏镇江商会，实现镇江市省外镇江商会的新突破，为沪镇两地搭建经贸交流合作平台；市工商联副主席、江苏恒顺集团有限公司董事长张玉宏牵头组建全国食醋产业创新联盟，促进产业技术集成创新，提升镇江市食醋产业核心竞争力；镇江市工商联副主席郦海星所在的江苏肯帝亚木业有限公司主动承办创建“省级民营企业文化示范点，‘文化润企’当标杆”项目；镇江市工商联副主席艾学平牵头在全省率先成立市工商联参政议政委员会，开辟调查研究、参政议政

的新途径等。市各商会也纷纷借鉴这一做法，开展“亮点”“特色”工作，如：镇江市扬州商会开展“百企百人百事”活动；镇江市南通商会建立会领导挂钩联系会员企业制度等。

“一人一重点、履职当表率”活动在更好“发挥非公人士作用、创新履职方式”的探索中破了题、探了路，取得阶段性成果，不仅得到市委市政府的高度重视和充分认可，还获得原全国政协副主席、全国工商联主席王钦敏，中央统战部副部长、全国工商联党组书记、常务副主席徐乐江，全国工商联党组副书记、专职副主席樊友山等领导的亲笔批示，并在全国工商联新任地市级书记、主席培训班上作重点经验介绍，向全国推广。此外，还获“2017年度全省统战工作实践创新成果奖”，被中央统战部评为“2018年度民营经济统战工作实践创新奖”。

九、新时代企业家精神师承计划

为贯彻镇江产业强市大会精神，促进全市民营经济建设健康发展和民营企业家健康成长，更好发挥优秀企业家的引领作用，带动年轻一代民营企业负责人综合素养的全面提升，进而助推产业强市战略实施，推动镇江经济社会高质量发展。2020年4月30日，镇江市委启动“新时代企业家精神师承计划”，建立新时代企业家精神师承关系。首批在全市范围内优选11名老一辈优秀民营企业家与56名成长型年轻一代民营企业负责人结成“新型师徒”关系，通过思想上“传道”、本领上“授业”、经营上“解难”、成长上“铺路”，逐步打造一支“政治上有方向、经营上有本事、责任上有担当、文化上有内涵”的年轻一代企业家队伍。

“新时代企业家精神师承计划”启动以来，受到社会各界普遍期待，结对双方良性互动频繁，通过召开私董会、研讨会、交流会、座谈会等多种形式，促进“两个健康”。各市、区也纷纷响应，启动新时代企业家精神师承计划，形成上下联动的良好局面。

第六编 文 献 辑 录

第一章 法规章程

第一节 法 规

一、中华民国商会法

【民国18年(1929年)8月15日国民政府公布】

第一章 总 则

第一条 商会以图谋工商业及对外贸易之发展,增进工商业公共之福利为宗旨。

第二条 商会为法人

第三条 商会之职务如左(下):

一、筹议工商业之改良及发展事项;

二、关于工商业之微询及通报事项；

三、关于国际贸易之介绍及指导事项；

四、关于工商业之调处及公断事项；

五、关于工商业之证明及鉴定事项；

六、关于工商业统计之调查编纂事项；

七、得设办商品陈列所、商业学校或其他关于工商业之公共事业，但须经该管官署之核准；

八、遇有市面恐慌等事，有维持及请求地方政府维持之责任；

九、办理合于第一条所揭宗旨之其他事项。

第四条 商会得就有关工商业之事项建议于中央或地方行政官署。

第二章 设立

第五条 各特别市、各县及各市，均得设立商会，即以各该市县之区域为其区域，但繁盛之区镇亦得单独或联合设立商会。

第六条 商会之设立，须由该区域内五个以上之工商同业公会发起之。无工商同业公会者，须由商业之法人或商店五十家以上发起之，但旅外华商设立商会时，不在此限。前项发起人应召集设立大会，依第七条规定订立章程，连同其他必须事项，呈请特别市政府或呈由地方主管官署，转呈省政府核准设立，并转报工商部备案。

第七条 商会章程应载明左(下)列各款事项：

一、名称区域及事务所所往地；

二、关于事业及其执行之规定；

三、会员入会出会及除名之规定；

四、职员名额权限及选任解任之规定；

五、关于会议之规定；

六、关于经费及会计之规定。

第八条 商会应于本区域内设置事务所。商会因有特殊情形认为必要时，得经会员会议之议决，设置分事务所。分事务所之事务，即由该商会职员中居住或营业于分事务所区域内者执行之。

第三章 会 员

第九条 商会会员得分左(下)列二种:

一、公会会员;

二、商店会员。

前项会员均得举派代表出席商会,称为会员代表。

第十条 会员代表以在本区域内经营商业之中华民国人民,年在二十五岁以上者为限。

第十一条 公会会员之代表,由该同业公会举派之。前项代表,每公会举派一人,但其最近一年间之平均使用人数超过十五人者,就其超过之人数每满十五人得增加代表一人,惟其代表人数至多不得逾二十一人。

第十二条 商业的法人或商店别无同业,或虽有同业而无同业公会之组织者,得为商会之商店会员,每店举出代表一人,但其最近一年间之平均使用人数超过十五人者,就其超过之人数每满十五人得增加代表一人,惟其代表人数至多不得逾三人。

第十三条 有左(下)列各款情事之一者,不得充商会会员代表:

一、褫夺公权者;

二、有反革命行为者;

三、受破产之宣告尚未复权者;

四、无行为能力者。

第十四条 会员代表均有表决权、选举权及被选举权。

第十五条 会员代表得由原举派之公会会员或商店会员随时撤换之,但已当选为商会职员者,非有依法应解任之事由,不得将其撤换。

第十六条 会员代表丧失国籍或发生第十三条所列各款情事之一者,原举派之会员应撤换之。

第十七条 会员代表有不正当行为,致妨害商会之名誉信用者,得以会员大会之议决将其除名,并应通知原举派之会员。受除名处分之会员代表,自除名之日起三年以内不得充任会员代表。

第四章　职　员

第十八条　商会之执行委员及监察委员，由会员大会就会员代表中选任之，其人数执行委员至多不得逾十五人，监察委员至多不得逾七人。前项执行委员，得互选常务委员，并就常务委员中选任一人为主席。

第十九条　执行委员及监察委员之任期均为四年，每二年选，半数不得连任。前项第一次之改选以抽签定之，但委员人数为奇数时，留任者之人数得较改选者多一人。

第二十条　委员就任后，应于十五日内呈报特别市政府，或呈由地方主管官署转呈省政府转报工商部备案。

第二十一条　执行委员及监察委员均为名誉职。

第二十二条　委员有左(下)列各款情事之一者，应即解任：

一、因不得已事故，经会员大会议决准其退职者；

二、旷废职务经会员大会议决令其退职者；

三、于职务上违背法令、营私舞弊或有其他重大之不正当行为，经会员大会议决令其退职，或由工商部或地方最高行政官署令其退职者；

四、发生第十三条各款情事之一者。

第二十三条　商会事务所及分事务所均得酌设办事员。

第五章　会　议

第二十四条　会员大会分定期会议及临时会议两种，均由执行委员会召集之。

第二十五条　前条之定期会议，每年至少开会一次。临时会议于执行委员会认为必要，或经会员代表十分之一以上之请求，或监察委员会函请召集时，召集之。

第二十六条　召集会员大会，应于十五日前通知之，但有第二十七条第二十八条之情形，或因紧急事项召集临时会议时，不在此限。

第二十七条　会员大会之决议，以会员代表过半数之出席，出席代表过半数之同意行之，出席代表不满过半数者，得行假决议，将其结果通告各代表，于一星期后、二星期内重行召集会员大会，以出席代表过半数之同意，对假决议行其决议。

第二十八条 左列各款事项之决议，以会员代表三分二以上之出席，出席代表三分二以上之同意行之，出席代表逾过半数而不满三分二者，得以出席代表三分二以上之同意行假决议，将其结果通告各代表于一星期后、两星期内重行召集会员大会，以出席代表三分二以上之同意对假决议行其决议：

一、变更章程；

二、会员或会员代表之除名；

三、职员之退职；

四、清算人之选任及关于清算事项之决议。

第二十九条 执行委员会每月至少开会二次，监察委员会每月至少开会一次。

第六章 经费及会计

第三十条 商会经费分左(下)列二种：

一、事务费：由会员比例与其所派代表之人数及资本额负担之；

二、事业费：由会员大会议决筹集之。

第三十一条 商会经费之预算、决算及其事业之成绩，每年须编辑、报告、刊布之，并呈报特别市政府，或呈由地方主管官署，转呈省政府转报工商部备案。

第七章 解散及清算

第三十二条 商会之解散，须经会员代表四分三以上之出席，出席代表三分二以上之同意，方得决议。前项决议，非经工商部核准，不生效力。

第三十三条 商会解散时，得依决议选任清算人，如选任后有缺员者，更行补选。清算人不能选任时，得自主管行政官署指定之。

第三十四条 清算人有代表商会执行清算上一切事务之权，清算人所定清算及处理财产之方法，须经会员大会之决议。会员大会不为前项之决议，或不能决议时，清算人得自行决定清算及处理财产之方法，但非经地方最高行政官署核准，不生效力。

第三十五条 商会所有财产不足清偿债务时，其不足额应依照第三十条第一款之规定，此例分担之。

第八章　商会联合会

第三十六条　为图谋增进工商业公共之福利起见，同一省区域内之商会，得联合组织全省商会联合会，各省商会联合会及特别市商会，得联合组织中华民国商会联合会。

第三十七条　设立全省商会联合会，应有该省商会五分之一以上为发起人，得该省商会三分二以上之同意，订立章程，呈请省政府核准转报工商部备案。设立中华民国商会联合会，应有各省商会联合会及特别市商会四分一以上为发起人，得各省商会联合会及特别市商会三分二以上之同意，订立章程，呈请工商部核准转报国民政府备案。

第三十八条　全省商会联合会以全省各商会为其会员，中华民国商会联合会以各省商会联合会及特别市商会为其会员。

第三十九条　商会联合会召集会员大会，应于二个月前通知之，但临时会得于一个月前通知。

第四十条　商会联合会除法律另有规定外，准用本法第一章至第七章之规定。

第九章　附　则

第四十一条　旅外华商商会，得准用本法各章之规定设立之。

第四十二条　本法施行前已成立之商会及商会联合会，应于本法施行后六个月内，依本法改组之。

第四十三条　本法施行细则，由工商部定之。

第四十四条　本法自公布日施行。

二、中华民国商会法施行细则

【民国19年(1930年)7月25日工商部令修正公布】

第一条　本《细则》依《商会法》(以下简称本法)第四十三条制定之。

第二条　本法及本细则所称地方主管官署在市为市政府，在县为县政府，在隶属行政院之市为社会局。

第三条 依本法第六条第一项发起商会时，发起人应呈明地方主管官署，如同时有两组以上发起，由地方主管官署核定之。

第四条 设立大会之召集，自呈明之日起至迟不得过两个月，其日期于十五日前通知之。

第五条 发起人之责任终止于商会核准设立后委员就任之日。但发起时之费用得由商会公决追认。

第六条 商会会员加入时，须先向商会登记，由商会给予凭证。

第七条 公会会员举派之代表，由公会会员大会举派之，给以委托书并通知商会。

第八条 公会会员之代表额应就公会所属商店之使用人综合计算之。

第九条 前条所称之商业使用人以经理、伙友及直接在业务上服务之店员为限。

第十条 本法所称虽有同业而无同业公会之组织者，系指同一区域内之同业不满七家者而言。已满七家时不得以商店资格加入商会。

第十一条 商店会员应以在本区域内设有商店曾经依法注册者为准。

第十二条 公会会员或商店会员撤换代表时应以书面通知商会。

第十三条 商会改组或改选前应根据本法第十条、第十三条及本细则第八条至第十二条，审查会员代表之资格，其撤换时亦同。

第十四条 商会执行委员及监察委员由会员大会就代表中用无记名连选法选任之，不得按业摊派或分业自选，以得票最多数者为当选。

前项选举时，县区镇商会由县政府、市商会由市政府、隶属行政院之市商会由社会局、全省商会联合会由工商厅、中华民国商会联合会由工商部派员莅场监督，并执行本法及本细则规定之抽签事项。

第十五条 商会得依章程于选举执行委员或监察委员时，另选候补委员，遇有缺额依次递补，其任期以补足前任任期为限。

前项候补委员人数不得逾委员名额之半，未递补前得列席会议。

第十六条 前两条当选委员及候补委员之名次依得票多寡为序。票数相同时以抽签定之。

第十七条 商会设立或改组或改选时，除依本法规定呈报各件外，应造具会员名册，当选委员(附候补)名册，县市区镇各四份；隶属行政院之市及全省商会联合会各三份；中华民国商会联合会各二份呈由本《细则》第十五条第二项之监选机关依次核转。

第十八条 本法第二十条委员就任之呈报，应详具姓名、年龄、籍贯、住址、商业行号。

第十九条 商会应依法改组或改选时，由现任职员负责办理，如届期不能完成即不得继续行使职权。

第二十条 执行委员会开会须有委员过半数之出席，出席委员过半数之同意方能决议可否，同数取决于主席。

第二十一条 监察委员开会须有委员过半数之出席，临时互推一人为主席，以出席委员过半数之同意决议一切事项。

第二十二条 执行委员会常务委员不得逾执行委员额之三分一，依本法第十八条第二项用无记名连选法选出之，以得票最多数者为当选。

第二十三条 主席之选任，由执行委员会就当选之常务委员中用无记名单记法选出之，以得票满投票人之半数者为当选。若一次不能选出，应就得票最多数之二人决议之。

第二十四条 常务委员有缺额时，由执行委员会补选之。其任期以补足前任任期为限。

第二十五条 主席及常务委员就任后应于十五日内呈报地方主管官署转报工商部备案。

第二十六条 会员大会开会时由常务委员组织主席团轮流主席。

第二十七条 本法第二十三条所称办事员指依法选任职员外之聘用或雇用者而言。

第二十八条 前条办事员得分科办事，其分科细则及办事员之名额、薪金由执行委员会拟定，会员大会议决。

第二十九条 依本法第八条第二项设置之分事务所，其组织及权限须经会员大会之议决。

第三十条 遇有本法第二十八条各款情事之一时，商会应于决议后三日内呈由地方主管官署转报工商部备案。

第三十一条 本法第三十条第一款规定之事务费比例方法由商会于《章程》中明定之。

第三十二条 公会会员以其所属各商店之资本金总额为资本金额。

第三十三条 各商会对于官厅有所陈请时，均适用公文程式条例人民对于官厅公署之规定，但对于不相统属之官厅得用公函。商会、全省商会联合会、中华民国商会联合会及同业公会彼此往来用函。

分事务所对于官厅之关涉事项由所属商会行之。

第三十四条 商会核准备案后，由工商部刊发钤记。其本法施行前工商部所发之钤记除与本法及本细则抵触者应换领外，仍准照旧应用。签发关防应一律缴销换领钤记。

第三十五条 本法第三十七条第一项所称之五分一、三分二，以全省之县市区镇商会合并计算。第二项所称四分一、三分二，以全国之全省商会联合会及隶属行政院之市商会合并计算。

第三十六条 全省商会联合会之事务所不以省政府所在地为限。

第三十七条 全国商会联合会之事务所得于全国商务最繁盛之区域设立之。

第三十八条 全省商会联合会开会时，每一会员得派会员代表一人至三人出席会议。但一会员只有一表决权及选举权。

第三十九条 全国商会联合会开会时，每一会员得派会员代表三人至五人出席会议。但一会员只有一表决权及选举权。

第四十条 本《细则》第十五条、第十六条、第十八条至二十八条、第三十四条之规定于全省商会联合会及全国商会联合会准用之。

第四十一条 本法施行前成立之旅外中华总商会均依本法改称某埠华商商会。

第四十二条 旅外华商商会之设立呈由该馆或附近领事馆核转工商部备

案。

第四十三条 本法施行前关于商会法之一切附属法令自本细则公布之日起一律失效。

第四十四条 本《细则》自公布之日施行。

三、中华民国工商同业公会法

【民国18年(1929年)8月17日国民政府公布)】

第一条 凡在同一区域内经营各种正当之工业或商业者,均得依本法设立同业公会。

第二条 工商同业公会以维持、增进同业之公共利益及矫正营业之弊害为宗旨。

第三条 工商同业公会之设立,须有同业公司行号七家以上之发起。

前项发起人于依第四条所规定订立《章程》后,应造具该同业公司行号及其营业主或经理人姓名表册,连同《章程》分别呈请特别市政府或由地方主管官署呈省政府核准设立。

第四条 工商同业公会《章程》须有该地同业公会行号代表三分二以上之出席方得议决。

前项章程应载明左(下)列各款事项:

(一)名称及所在地;

(二)办理之事务;

(三)组织及职员之选任;

(四)关于会议之规定;

(五)关于同业入会、出会及会员除名之规定:

(六)关于费用之筹措及其收支方法;

(七)关于违背会章者除名外其他之处分方法;

(八)公会之成立期间。

第五条 同一区域内之同业设立公会以一会为限。

第六条 工商同业公会应于本区域内设置事务所。

第七条 同业之公司行号均得为同业公会之会员，推派代表出席于公会。但以除名之处分者不在此限。

第八条 有左(下)列各款情事之一者，不得为同业公会会员之代表：

(一)褫夺公权者；

(二)有反革命行为者；

(三)受破产之宣告尚未复权者；

(四)无行为能力者。

第九条 同业公会置委员七人至十五人，由委员会互选常务委员三人或五人，就常务委员中选任一人为主席，均为名誉职，但因办理会务得核实支给公费。

第十条 商会法关于职员及会议之规定，于工商同业公会准用之。

第十一条 工商同业公会之职员有违背会章或其他重大情节者，得由公会议决令其退职。

第十二条 工商同业公会有违背法令、逾越权限或妨害公益情事者，其在特别市者得由特别市政府命令解散；其在县或市者，得由县政府或市政府呈准省政府命令解散。但均须呈明工商部备案。

第十三条 工商同业公会之预算、决算及主要会务之办理情形，应于每会计年度终三个月内呈报所在地之主管官署备案。

第十四条 本法施行前原有之工商各业同业团体，不问其用公所、行会、会馆或其他名称，其宗旨合于本法第二条所规定者，均视为依本法而设立之同业公会，并应于本法施行后一年内依照本法改组。

第十五条 本法自公布日施行。

民国19年(1930年)8月14日，行政院颁发工商同业公会法"修正内容，新增：

第十四条二以上之工商同业公会各自经其会员三分二以上之同意，得组织联合会。前项联合会之工商同业公会属于同一省区者，其联合会《章程》应经省政府之核准，并转报工商部备案。不属于同一省区或跨连省与直隶行政院之市者，应经工商部之核准。

工商同业公会联合会受其会所所在地地方行政官署之监督。

工商同业公会联合会除前三项规定外，准用本法关于同业公会之规定。

调整：原第十四条改为第十五条；原第十五条改为第十六条。

四、中华民国工商同业公会法施行细则

【民国19年(1929年)7月25日工商部令修正公布】

第一条 依工商同业《公会法》(以下简称本法)组织之工商同业公会(以下简称公会)称某地某业公会。

第二条 同一区域之同业公司行号有七家以上时，须依本法组织公会。

第三条 公会不得以其名义为营利事业。

第四条 本法及本细则所称区域准用商会法第五条之规定。

第五条 本法及本《细则》所称地方主管官署，在隶属行政院之市为社会局；在市为市政府；在县为县政府。

第六条 依本法第三条第一项发起公会时，应呈明地方主管官署。如同时有两组以上发起，由地方主管官署核定之。

第七条 依前条呈明发起后须于四十日内召集当地同业开会议决章程，其会期于十日前通知之。

第八条 公会经省政府或隶属行政院之市政府核准设立后，须转报工商部备案。

第九条 公会核准后，由地方主管官署刊发图记，应缴公费国币四元。依本法第十四条改组时亦同。前项图记用篆文木质长方形，长七公分五厘、宽四公分五厘、边宽五厘，文曰：“某地某业同业公会图记”。

第十条 本法第七条之会员代表每一公司行号得推派一人至二人。以经理人或主体人为限。但其最近一年间平均店员人数在十五人以上者，得增派代表一人，由各该公司行号之店员互推之。

第十一条 公司行号推派代表时应给以委托书并通知公会。改派时亦同。

第十二条 公会对会员推派之代表应根据本法第八条审查其资格，改派时亦同。

第十三条 依本法第十一条议决令其退职之职员，亦应通知原推派之会员撤销其代表资格。

第十四条 公会经费由会员分担，其分担方法由会员代表大会决定之。

第十五条 公会之解散及清算适用商会法之规定。

第十六条 商会法《施行细则》第五条、第六条、第十四条至第二十条、第二十二条至第二十六条于公会准用之。

第十七条 本《细则》自公布之日施行。

第二节 章 程

一、清商部奏定商会简明章程

【清光绪二十九年(1903)】

第一款：本部以保护商业，开通商情，为一定之宗旨。惟商民散处各省，风尚不同，情形互异，本部势难周知其隐，钜细靡遗，自应提纲挈领，以总其成，至分条系目，则在各省各埠设立商会，以为众商之脉络也。

第二款：凡各省各埠，如前经各行众商公立有商业公所及商务公会等名目者，应即遵照现定部章，一律改为商会，以归画一。其未立会所之处，亦即体察商务繁简，酌筹举办。至于官立之保商各局，应由各督抚酌量留撤。

第三款：凡属商务繁富之区，不论系会垣，系城埠，宜设立商务总会。而于商务稍次之地，设立分会；仍就省分隶于商务总会。如直隶之天津，山东之烟台，江苏之上海，湖北之汉口，四川之重庆，广东之广州，福建之厦门，均作为应设总会之处，其他各省，由此类推。

第四款：商务总会派总理一员，协理一员。分会则派总理一员。应由就地各会董齐集会议，公推熟悉商情，众望素孚者数员，禀请本部酌核加札委用，以一年为任满之期，先期三月，仍由会董会议，或另行公推，或留请续任，议决后，禀本部察夺。

第五款：商会董事，应由就地各商家公举为定。总会约自二十员以至五十员为率。分会约自十员以至三十员为率。就该处商务之繁简，以定多寡之数。举定一月后，各无异言者，即由总理将各会董职名，禀明本部，以备稽查。至任满期限，及续举续任等，悉如上条办理。

第六款：公举会董，应以才地资望四者为一定之程，如下所列，乃为合格：

一、才品：手创商业，卓著成效，虽或因事曾经讼告，于事理并无不合者；

二、地位：酌系行号巨董，或经理人，每年贸易往来为一方巨擘者；

三、资格：其与该处地方，设肆经商，已历五年以外，年届三旬者；

四、名望：其人为各商推重，居多数者。

第七款：商会总理、协理，有保商振商之责。故凡商人，不能申诉各事，该总、协理宜体察属实，于该地方衙门，代为秉公申诉。如不得直，或权力有所不及，应即禀告本部核办。该总、协理设有纳贿、偏徇、颠倒是非等情，或为会董及各商所举发，或经本部觉察，立予参处不贷。

第八款：凡商务盛衰之故，进出口多寡之理，以及有无新出种植制造各商品，总会应按年由总理列表汇报本部，以备考核，其关系商业重要事宜，则随时禀陈。至尤为紧要者，并即电禀。

第九款：各会董既由各商公举，其于商情利弊，自必先悉能详。应于每星期赴会与总、协理会议一次，使各商近情，时可接洽，偶有设施，不致失当。若商家有紧要事件，则应立赴商会酌议。其关系商务大局者，应由总理预发传单，届期各会董，及各商理事人，齐集商会，共同会议。务须开诚布公，集思广益。各商如有条陈，尽可各抒议论，俾择善以从，不得稍持成见。

第十款：商会会议，必须照会议通例章程办理。凡开议时，应以总理为主席。该会董事，到场者须有过半之数。否则不应开议。至议事之法，假如一人建议，更有一人赞议，或复有人起而驳议，总之不论人数若干，均须令言者毕其词，而后更迭置议，从众议决。由书记登册，俟下次会议，将前所议决登册者，当众宣读，无所不合，即由主席签字作准。一切会议章程，应按照本部嗣后奏定公司条例办理，毋得违异。

第十一款：会董或有徇私偏袒情事，致商人有所屈抑，准各商联名禀告商会。由总理邀集各董会议议决，即行开除。其情节较重，查系属实者，即具禀本部，援例罚惩。至总理、协理或他董通同徇庇等情，准各商禀控到部查办，诬控者反坐。

第十二款：总理、协理专司商务案牍，呈报商情，及代商伸理各事。其余商人利益所在，不得稍有所染。即应行提倡，应行整顿。凡可兴利除弊之举，亦必邀同会董会议议决，方可举办，不应偏执专擅，转拂商情，如有上项情弊，准各会董或各商人公禀到部，察核办理。

第十三款：分会办事章程，与总会同。惟按季宜将商务情形，列表报由总会汇报本部查核，其应行提倡整顿各事，则就近与会董议妥办理，移至总会备案。至关商务重要及紧急事宜，仍随时先行函电本部，一面移至总会，以免迟延。

第十四款：商会既就地分设，各处商情不同。各商会总理，应就地与各会董议订便宜章程，禀呈本部核夺。总以有裨益商务，无背本部定章为断。

第十五款：凡华商遇有纠葛，可赴商会告知总理，定期邀集各董，秉公理论，从众公断，如两造尚不折服，准其具禀地方官核办。

第十六款：华洋商人，遇有交涉龃龉，商会应令两造各举公正人一人，秉公处理，即酌行剖断。如未允洽，再由两造公正人，合举众望夙著者一人，从中裁判。其有两造情事，商会未及周悉，业经具控该地方官或该管领事者，即听两造自便。设该地方官领事等判断未尽公允，仍准被屈人告知商会，代为伸理，案情较重者，由总理禀呈本部，当会同外务部办理。

第十七款：商会开办之始，应先由该地方官体察情形，借给公房一所，以资办公，一俟积有余款，酌为改造，逐渐扩充，以臻完备。

第十八款：商会应由各董事刊发传单，按照本部嗣后奏定公司条例，令商家先办注册一项。使就地各商家，会内可分门别类编列成册，而后总、协理与各会董随时便于按藉稽考，酌施切实保护之方，力行整顿提倡之法。至于小本经济，不愿至会注册者，悉从其便，不得勉强，转失保商本旨。

第十九款：凡商家订货之合同，房地出入之文契，以及抵押称贷之券据，凡可执以为凭者，均应赴商会注册，将凭单上盖明图记，以昭信实，而杜讹诈欺伪等弊。

第二十款：中国商人，向无商业学堂，肄习经商一切。故凡为商者，悉系父传其子，师传其弟。所有行号簿册，各不相同。设有讼告，呈堂核帐，眉目难清，吏胥藉得高下其手。现由本部厘定账簿格式，如下开三项，即颁行各商会妥慎印行。各商会并盖明图记于上，每季由会董发交各商家，俾如式登记。设有纠葛，即以此项账簿为据。至各商每季实需簿册若干，悉任自行酌计，开单加盖牌号，交会董凭单向商会支给。一、流水簿：照记每日出入各项；二、收支月计薄：照记积日或月出入各项；三、总清薄：照记全年来货之源，销货之数，往来之存欠，开支之数目，盈亏之实在，以为一行号之总册。

第二十一款：商会原所以保商，而办公经费，不可不事筹计。今拟酌输于商，而仍从保商之意者，如下列三项。此外该商会不得于部定章程外，另立名目，再收浮费。一、注册费：按照各业注册之实数，酌输毫厘，由该商面缴商会，掣取收条为准；二、凭据费：按照注册凭据所载之实数，及期限之多寡，酌输毫厘，由执有凭据人面缴商会，掣取收条为准。以上两项，故列条目。其办理情形，层折较为繁重，由各商会明定专章，以期轻重适当，详慎无弊。三、簿册费：按照市价酌定，不得高抬，按季由会董向各商收取，缴呈商会，随掣收条。如有苛派居奇情弊，准众商联名具控本部核办。

第二十二款：各商会应于每年底由总会开列四柱清册，将所收公费报部查核。除节省开支外，其实存项下，应以七成为商会公积，以一成为总理、协理及分会总理红奖，以二成为会董红奖。

第二十三款：商会既以公费七成提为公积，各分会应按季将余款解交总会，汇存在银行生息。总理及会董，不得任意挪动，违者按例罚惩参处。至应行酌量动支者，除后开各项事宜，准其核实报销外，余须禀准本部，方可动用。一、分会每月不敷开支，并无可再事撙节者，该总理及会董可公商于总会，由总会会议借垫若干，俟日俊有余，缴还垫本；二、购置房地，添办应用器具，以及修理扩充等事，均准总理邀集会董会议，酌量开支。惟无论公积若干，总须留存万金以上，不得全数支给；三、公积之数，约逾五万两以外，遇有巨商创设行号公司，足以抵制进口货物，收回中国利权者，该商集资已得十之七八，尚短二三成，一时无可拾集，各会董会议时，可从众议决，量予资助，用示国家振商之至意。惟该商素无声望，会中未能坚信者，概不准行；四、大市设值银根奇紧，该商为该处人望所系，适以积货过重，不能周转，一经倒闭，必致牵累商务大局者，总会应举行特别会议，从众议决，准将存货抵借公积款若干，力为维持，订期缴还，月息约以四厘为率，以副保商之实政。其无关商务大局或以资本亏蚀，致欲停闭者，不得蒙混擅移；五、公积款俟日渐充裕，准各商会添建房舍，购置就地所出之精良货物，名曰陈列所。盖隐师外国博物院之意，而先从简便，立有基础，冀得次第推广，互相观感，俾中国商品，渐臻月异日新之效。

第二十四款：商会之设，责在保商。然非一视同仁，不足尽其义务。各商品类不齐，其循分营业者，固多，而罔利病商，自相践踏，亦复不少。又如柴米油豆，攸关民生日用各物，无故高抬，藉端垄断等情，该总理及会董，务须随时留心稽察。如有上项情弊，宜传集该商，导以公理。或由会董会议按照市情，决议平价。倘敢阳奉阴违，不自悛改，准该总理等移送地方官援例惩治，以警其余。

第二十五款：现届开办之初，应先就各省商务最繁、次繁之区，设立总会、分会。嗣后商务日有振兴，则商会亦因时推广。其南洋各商，以及日本、美国各埠华商较多者，亦即一体酌立总会、分会。至考察外洋商务，本部业经另订专章，行知出使各国大臣，约派随员领事，遵照办理。

第二十六款：凡商人有能独出心裁，制造新器，或编辑新书，确系有用，或将中外原有货品，改制精良者，均准报明商会考核后，由总理具禀本部，酌量给予专照年限，以杜作伪仿效，而示鼓励。

二、民国镇江商会章程

【录《民国镇江工商档案史料文献选》】

第一章 总 则

第一条 本章程依据修正商会法及修正商会法施行细则订定之。

第二条 工商联定名为镇江商会(以下简称工商联)。

第三条　工商联以图谋工商业对外贸易之发展增进工商业公共之福利及协助政府推行政令为宗旨。

第四条　工商联以镇江县行政区域为区域事务所设于镇江伯先路。

第二章　任　务

第五条　工商联之职务如左(下):

一、筹议工商业之改良及发展事项;

二、关于工商业之征询及通报事项;

三、关于国际贸易之介绍及指导事项;

四、关于工商业之调处及公断事项;

五、关于工商业之证明事项;

六、关于统计之调查编纂事项;

七、得设商品陈列所,工商业补习学校或其他关于工商业之公共事业,但须经主管官署之核准;

八、遇有市面恐慌等事有维护及请求地方政府维持之责任;

九、办理合于第三条所揭宗旨之其他事业。

第六条　工商联举办之事业应由理事会计划办理,但其重要者须经会员大会决定之。

第七条　工商联得就有关工商业之事项,建议于中央或地方行政官署。

第八条　工商联应答复政府及自治机关之咨询并接受其委托。

第三章　会　员

第九条　工商联会员分左(下)列两种:

一、公会会员,凡在工商联区域内之工业、商业及输出业、各同业工会,依法加入工商联为会员者属之;

二、非公会会员凡在工商联区域内无同业公会之工业、商业、输出业、公司、行号,或其他区域之工厂所设售卖场所,经依法登记,单独加入工商联为会员者属之。

第十条　公会会员及非公会会员均得举派代表出席工商联,称为会员代表,会员代表以中华民国人民,年在二十岁以上者为限。

第十一条 会员须遵守工商联章程，服从工商联决议案，并按时缴纳各种会费。

第十二条 工商联会员，非公会解散，或公司、行号迁移其他区域，或废业，或受永久停业之处分者，不得退会。

第十三条 公会会员代表，由各该同业公会，就理、监事中举派之，至多不得逾五人。非公会会员代表，每公司、行号一人，以主体人或经理人为限。

第十四条 有左(下)列各款情事之一者，不得充工商联会员代表。

一、背叛国民政府，经判决确定或在通缉中者；

二、曾服公务而有贪法行为，经判决确定或在通缉中者；

三、被夺公权者；

四、受破产之宣告，尚未复权者；

五、无行为能力者；

六、吸食鸦片或其他代用品者。

第十五条 会员代表经会员举派后，应给以委托书，并附具履历，经工商联审查合格后，方得出席。出席代表有表决权、选举权及被选举权。

第十六条 会员代表之表决权、选举权，比例于其缴纳会费单位额，由所派之代表单独或共同行使之，每一单位为一权。公会会员代表之表决权、选举权，以其所缴会费比照单位计算权数。

会员代表因事不能出席会员大会时，得以书面委托其他会员代表代理之。

第十七条 会员代表，得由原举派之公会会员，或非公会会员随时撤换之，并应书面通知工商联，但当选为工商联职员者，非有依法应解任之事由不得撤换。

第十八条 会员代表丧失国籍，或发生第十四条所载各款情事之一者，原举派之会员应撤换之。

第十九条 会员代表有不正当之行为，致妨害工商联名誉信用者，得以会员大会之议决，通知原推派之会员撤换之。

前项撤换之代表，自除名之日起三年以内不得充任会员代表。

第四章　组织及职权

第二十条　工商联设理事九人，组织理事会。监事三人，组织监事会。由会员大会就会员代表中用无记名连举法选任之。以得票最多数者为当选。

选举前项理、监事时，应另选后补理事四人，后补监事一人。遇有缺额依次递补，以补足前任任期为限，未递补前不得到席会议。

第二十一条　工商联设常务理事三人，组织常务理事会，由理事会就理事中，用无记名连举法互选之，以得票最多数者为当选。

第二十二条　工商联设理事长一人，由理事会就当选之。常务理事中，用无记名单举法选任之。并由监事会就监事中，用无记名单举法选举一名为常务监事。以得票满半数者为当选。若一次不能选出时，应就得票最多数之二人决选之。

第二十三条　工商联理事及监事均为名誉职。

第二十四条　工商联理、监事之任期均为四年。每二年改选半数，不得连任。前项第一次之改选，以抽签定之。但理、监事人数为奇数时，其留任之人数得较改选者多一人。

第二十五条　理事长及常务理事缺额时，由理事会补选之。其任期以补足前任任期为限。

第二十六条　工商联理、监事有左(下)列各款情事之一者，应即解任。

一、会员代表资格丧失者；

二、因不得已事故，经会员大会议决准其辞职者；

三、旷废职务，经会员大会议决令其退职者；

四、于职务上违背法令，营私舞弊或有其他重大之不正当行为，经会员大会决议，令其退职或由地方最高行政官署令其退职者。

第二十七条　监事会之职权如左(下)：

一、监察理事会，执行会员大会之决议；

二、审查理事会执行之任务；

三、稽核理事会之财政收支。

第二十八条　理事会之职权如左(下)：

一、执行会员大会决议案；

二、召集会员大会；

三、执行法令及工商联事程所规定之任务。

第二十九条 常务理事会之职权如左(下)：

一、执行理事会决议案；

二、召集理事会；

三、受理日常事务。

第三十条 监事会之职权如左(下)：

一、监察理事会执行会员大会之决议；

二、审查理事会执行之任务；

三、稽核理事会之财政收支。

第三十一条 工商联为适应事实之需要，得设各项特种委员会，其委员会由理事会聘之。至各项特种委员会组织细则另订之。

第三十二条 工商联视事务之繁简，酌情办事之。若干人分科办事，办事细则另订之。

第五章 会 议

第三十三条 会员大会分定期会议及临时会议两种，均由理事会召集之。定期会议每年开会一次，临时会议于理事会认为必要，或经会员代表十分之一以上之请求，或监事会函请召集时召集之。

第三十四条 会员大会之决议，以会员代表表决权过半数之。出席权数过半数之同意行之。出席权数不满半数者，得以出席权数过半数之。用□行假决议，在三日内将其结果通告各代表，于一星期后，二星期内，重行召集会员大会，以出席权数过半数之同意，对假决议行其决议。

第三十五条 左(下)列各款事项之决议，以会员代表表决权数三分之二以上之出席，出席权数三分之二以上之同意行之，出席权数不满三分之二者，得以出席权数三分之二以上之同意。行假决议行，在三日内将其结果通告各代表，于一星期后，二星期内，重行召集会员大会，以出席权数三分之二以上之同意，对假决议行其决议。

一、复更章程；

二、会员或会员代表之处分；

三、理、监事之解职；

四、清算人之选任及关系清算事项之决议。

第三十六条　工商联举行会员大会时，由常务理事组织为主席团，轮流主席。

第三十七条　理事会每月开会一次，监事会每两月开会一次，遇有紧要事宜得召集临时会议。理、监事开会时，不得委托代表出席。

第三十八条　理事会开会时，由理事长为主席，须有理事过半数之出席。出席理事过半数之同意方能决议可否。同数取决权主席。

第三十九条　监事会开会时，由常务监事为主席，以出席监事过半数之同意，决议一切事项。

第六章　经费及会计

第四十条　工商联经费分左(下)列两种

事务费

甲、公会会员比例按其公会所收入会费总额缴纳之。

乙、非公会会员比例按其所报资本额缴纳之。

上项会员每一单位暂定为国币或旧元。

事业费

事业费由会员大会议决，经地方主管官署核准筹备之。

第四十一条　会计年度以每年一月一日始，至同年十二月三十一日止。

第四十二条　工商联预算决算，须经会员大会之决议。

第四十三条　工商联预算决算及其事业之成绩，每年须编辑报告刊布之。并呈由地方主管官署转呈省政府，转报社会部备案。

第七章　附　则

第四十四条　本章程未规定事项，悉依修正商会法及修正商会法施行细则之规定办理之。

第四十五条　本章程如有未尽事宜，经会员大会之决议，呈准地方主管官

署修改之，并逐级转报社会部及经济部备案

第四十六条 本章程经会员大会决议，呈准地方主管官署备案施行，并逐级转报社会部及经济部备案。

三、民国镇江商会整理委员会组织规程(草案)

第一条 本规程依据镇江县民众团体接收复员及整理办法第四条乙项及第五条之规定订定之。

第二条 工商联定名为镇江商会整理委员会。

第三条 工商联以江苏省会及镇江县行政区域为区域会址，设镇江商会原址。

第四条 工商联之任务如左(下):

1. 各工商业同业公会之整理或保管事项。
2. 各工商业同业公会之组织事项。
3. 工商业之调查统计及登记事项。
4. 镇江商会之组织事项。
5. 属于商会法规定商会职权范围之一切应行管理事项。

第五条 工商联设整理委员会由镇江县党部镇江□□□选十七人为监理委员中全体委员指定五人为常务委员中指定一人兼任主席，均为义务职。

第六条 工商联设左列各科处，掌理各项事务。

1. 秘书处设主任、秘书，一人秘书，一人至二人掌理文书之收发，拟缮印信之典字，在一切机要事项并置办，事员若干人。
2. 总务科设主任一人，掌理会计、庶务、保管、交际及不属其他科处之事项，并置办事员若干人。
3. 商事科设主任一人，掌理各工商同业公会之整理、保管、组织及工商业之调查、统计、登记、调解等事项，并置办事员若干人。

右列主任秘书及各科主任之人选，经全体委员会遴选，主任之各科处办事员由主席派充之。

第七条　工商联设财务委员会协助筹备及保管关于工商联经济事宜。其人选由全体委员会遴选，地方各业富有经验及专门人才共同组织之。

第八条　工商联全体委员会议，每月举行一次，常务委员会议，每半月举行一次，遇必要时均得召集临时会议。

第九条　工商联各种会议，均以委员人数过半数之出席，及出席委员过半数之决议为有效。

第十条　工商联委员任期，以各工商同业公会及工商联整理完竣，及正式组织成立之日为终了，但其间最多不得超过六个月。

第十一条　工商联办事细则及财务委员会组织规程另订之。

第十二条　本规程由全体委员会议通过，并呈报县党部县政府备案，其修改时亦同。

四、民国镇江县民众团体接收复员及整理办法

1.凡在镇江县境以内之民众团体，其性质属于县□，遵照省党政接收委员会之规定，由县党部派员接收。

2.伪组织时期之各民众团体，应即适具清册三份，载明后列各项于县党部，所派接收人员到达，□照册点收。

甲 财产部分，应开明会所房产性质，及其动产不动产，如有文契租约合同，均应注明清册，逐一点交。

乙 经济部分，应适具四住清册经济全部□□单据，及结□现金，逐一开明点交的，文卷部分应将簿□文册，卷录及一切□关文件开明逐一点交。

丙 其他部分，应□□记印截□，不属于甲的，为二部分者列入点交。

3.接收人员于接收□□起□□□将接收情形同原册二份加章分呈县党部县政府备案，其余一份留□复员后之正式团体负责人。

4.各伪组织民众团体经接收后，由县党部县政府会同酌量情形分别处理，其处理标准如下：

甲 其在民国26年(1937)，负责人员除去死亡，及参加敌伪人员尚能补足原

额者，径行复员□□整理。

乙 其在民国26年(1937)，负责人员除去死亡，及参加敌伪人员不能补足原，额或有其他原因不能复员者，由县党部县政府遴选监理要员整理之。但各业公业公会，各职业产业工会之整理，应由商会总工会分别遴选人员整理，或派员保管并呈报党政机关备案。

丙 其在民国26年(1937)，本来依法成立之团体，经收接后，暂由接收员保管，候令处理。如有成立之必要时，应另行筹备依法声请。

5. 无论复员及派员整理之，民众团体其整理时期之久，暂由县党部县政府会商决定。最长者以不超过六个月为原则，其整理进行情形，应随时分呈备查。

6. 本办法由镇江县党部镇江县政府会同公布后施行，并呈报省党政机关备案。

五、中华人民共和国工商业联合会组织通则

政务院1952年8月16日发布　自1952年8月16日起施行

第一章　总　则

第一条　工商业联合会是各类工商业者联合组成的人民团体。

第二条　工商业联合会的基本任务：

(一)领导工商业者遵守共同纲领及人民政府的政策法令；

(二)指导私营工商业者在国家总的经济计划下，发展生产，改善经营；

(三)代表私营工商业者的合法利益，向人民政府或有关机关反映意见，提出建议，并与工会协商有关劳资关系等问题；

(四)组织工商业者进行学习、改造思想和参加各种爱国运动。

第三条　工商业联合会组织依照行政区域为范围，在市、县建立市、县工商业联合会；在省建立省工商业联合会；在全国建立中华全国工商业联合会。

第四条　各级工商业联合会受同级人民政府之监督与指导。

第二章　会　员

第五条　工商业联合会会员：

(一)市、县工商业联合会以本市、县区域内的国营、私营及公私合营之工商企业、合作社或合作社联合社为会员；手工业者、行商、摊贩得个别的或集体的加入市、县工商业联合会为会员；

(二)省工商业联合会以县、省辖市及相当于县一级的工商业联合会、国营企业省级机构及省合作社联合总社为会员；

(三)全国工商业联合会以省、中央及大行政区直辖市及相当于省一级的工商业联合会、国营企业的全国总机构、全国合作社联合总社为会员；

(四)对工商界有特殊贡献的人士，得被邀请参加各级工商业联合会为会员。

第六条　会员的权利：

(一)会员有发言权、表决权、选举权和被选举权；

(二)会员有享受会内各项辅助及福利事业之权。

第七条　会员的义务：

(一)遵守会章；

(二)执行决议；

(三)缴纳会费。

第三章　组　织

第八条　工商业联合会的组织原则为民主集中制。

第九条　在工商业较发达的大、中城市，市工商业联合会得在区设立区工商业联合会或区分会。

第十条　县工商业联合会得在县属较大集镇设立分会或办事处；在工商户不多的小集镇可设立工商小组。

第十一条　市、县工商业联合会下得按行业设立同业公会或同业委员会。

第十二条　手工业者、行商于必要时得在区工商业联合会或区分会下，组织区手工业者联合会、区行商联合会，摊贩得按区或按市场组织联合会及分编小组。

第十三条　工商业联合会的各级最高权力机关为各级会员代表大会或代表会议。会员代表在全国和省由所属地区组织和直属会员推选之，在市、县应依所属地区组织和行业组织选举或推选之，必要时并得辅以特邀方式。代表名额之分配应本照顾各地区、各行业、工业与商业、公营与私营、大、中、小户的精神，协商决定之。

第十四条 各级工商业联合会须先经本级人民政府批准组织筹备委员会进行筹备，然后召集会员代表大会或代表会议制订章程，选举执行委员会，始告成立。筹备委员会在工商业联合会未成立前，代行工商业联合会之职权。

第十五条 各级工商业联合会应定期召开会员代表大会或代表会议，其职权如下：

(一)制定或修改章程；

(二)决定工作方针和计划；

(三)听取、审查，通过工作报告及预决算；

(四)选举或罢免执行委员、监察委员；

(五)议决其他有关的重要事项。

第十六条 各级工商业联合会设执行委员会，由会员代表大会或代表会议选举组织之，其职权为执行会员代表大会或代表会议的决议，办理会务并对外代表工商业联合会。执行委员会设正副主任委员，由执行委员互选，亦得由会员代表大会或代表会议选举之。

执行委员会得设常务委员会，由执行委员会互选组织之，其职权为代表执行委员会办理日常会务。

第十七条 各级工商业联合会得设立监察委员会，由会员代表大会或代表会议选举组织之，其职权为监督与检查会务。

第十八条 工商业联合会应订立章程，依本通则之规定载明下列事项：

(一)名称；

(二)任务；

(三)会员；

(四)组织；

(五)经费等项。

第十九条 工商业联合会章程、委员名册，应于成立或改选后十五日内呈报政府主管机关备案。

第四章　经　费

第二十条　工商业联合会的经费，由会员合理负担，其缴纳办法，由会员代表大会或代表会议决定之。

第二十一条　工商业联合会因举办事业，经执行委员会议决提经会员代表大会或代表会议通过，并呈请政府主管机关核准后，得征募事业费。

第二十二条　工商业联合会收支账目，应向会员代表大会或代表会议报告并公布之。

第五章　附　则

第二十三条　本通则公布前各地区已经成立工商业联合会者，其所制定之章程如与本通则有抵触时，应根据本通则修正之。

第二十四条　本通则由中央人民政府政务院公布施行，修改时同。

六、中华全国工商业联合会章程

（1960年2月19日大会通过）

第一章　总　则

第一条　工商业联合会是在中国共产党领导下，由各类工商业者联合组成的人民团体。

第二条　工商业联合会的基本任务是：

（一）领导工商业者遵守国家的宪法、法律和政策法令；

（二）团结教育工商业者在参加社会主义建设工作中继续进行自我教育和自我改造；

（三）代表工商业者的合法利益；反映工商业者的意见和要求，并发挥人民团体的监督作用；

（四）组织工商业者进行学习，提高思想认识和业务水平；

（五）鼓励和推动工商业者向工人阶级学习；发挥技术专长和经营才能，参加社会主义竞赛，搞好生产经营和公私共事关系；

（六）加强与世界各国工商业者的友好往来，促进各国人民之间的经济交流和世界和平事业的发展。

第三条 工商业联合会按照国家的行政区划，全国设中华全国工商业联合会；省、自治区、直辖市设省、自治区、直辖市工商业联合会；市、县设市、县工商业联合会。

第四条 各级工商业联合会受同级国家行政机关的指导和监督。

第二章 会 员

第五条 工商业联合会会员，包括企业会员、团体会员和个人会员：

（一）凡国营企业、合作社、合作社联合社、公私合营企业全国总机构，省、自治区、直辖市级机构，市、县及相当于县一级的机构，都可以分别参加同级工商业联合会为会员；

（二）手工业者和摊贩可以个别地或集体地加入工商业联合会为会员；

（三）凡在国营企业、合作社、合作社联合社、合作商店和其他企业等机构工作的原来的私营工商业者，和公私合营企业在职与不在职的私方人员，都可以参加工商业联合会为会员；

对工商界有密切联系的或有特殊贡献的人士，可以被邀请参加各级工商业联合会为会员。

市、县工商业联合会的会员，都是本省、自治区、直辖市工商业联合会的会员；省、自治区、直辖市、市、县工商业联合会的会员，也是中华全国工商业联合会的会员。

第六条 会员有下列权利：

（一）发言权、表决权、选举权和被选举权；

（二）提出建议、批评与反映意见的权利；

（三）享受工商联会员福利事业的权利。

第七条 会员有下列义务：

（一）遵守会章；

（二）执行决议。

第三章 组 织

第八条 工商业联合会的组织原则是民主集中制，少数服从多数，下级组织服从上级组织。

第九条 工商业联合会的组织系统是中华全国工商业联合会；省、自治区、直辖市工商业联合会；市、县工商业联合会。

第十条 各级工商业联合会的最高权力机构是各级会员代表大会。各级会员代表大会的职权是：

(一)决定工作方针；

(二)听取、审查和通过执行委员会的工作报告；

(三)选举执行委员会；

(四)议决其他有关的重要事项；

(五)中华全国工商业联合会会员代表大会有修改工商业联合会章程的权力。

第十一条 中华全国工商业联合会、省、自治区工商业联合会会员代表大会，每四年召开一次。

直辖市、市、县工商业联合会会员代表大会，每二年召开一次。各级工商业联合会的会员代表大会，由各级工商业联合会执行委员会负责召开，必要时，可以提前或延期召开。

第十二条 各级工商业联合会设立执行委员会，在会员代表大会闭会期间，是各级工商业联合会的最高领导机构，负责贯彻执行会员代表大会的决议。

执行委员会设主任委员一人、副主任委员若干人、秘书长(县设主任秘书或秘书)一人。正副主任委员和秘书长由执行委员互选产生。

第十三条 执行委员会可以根据需要设立常务委员会，由执行委员会正副主任委员、秘书长和常务委员若干人组成。常务委员由执行委员互选产生。

执行委员会的正副主任委员和秘书长(主任秘书或秘书)同时是常务委员会的正副主任委员和秘书长(主任秘书或秘书)。常务委员会执行委员会的决议，并领导会务。

第十四条 主任委员对外代表工商联，对内领导日常会务，副主任委员协助主任委员工作。

秘书长(主任秘书或秘书)在正副主任委员领导下处理会务。

第十五条 设立秘书长的各级工商业联合会,可以根据需要,由执行委员会聘任副秘书长一人或若干人,协助秘书长工作。

第十六条 常务委员会对执行委员会负责并报告工作。执行委员会对会员代表大会负责并报告工作。

第十七条 中华全国工商业联合会执行委员会每年召开一次,由常务委员会召集,必要时,经过执行委员三分之一以上的提议,或者常务委员过半数的同意,可以提前或延期召开。

常务委员会每半年召开一次,由主任委员召集,必要时,经过常务委员三分之一以上的提议,或主任委员的决定,可以提前或延期召开。

地方各级工商业联合会执行委员会、常务委员会应该定期召开会议。

第十八条 各级工商业联合会会员代表大会、执行委员会和常务委员会,都必须有过半数的出席,才能开会,有出席人数过半数的同意,才能通过决议。

第十九条 中华全国工商业联合会、省、自治区工商业联合会的执行委员会和常务委员会每届任期四年。

直辖市、市、县工商业联合会的执行委员会和常务委员会每届任期二年。

第二十条 各级工商业联合会会员代表大会的代表,由所属会员选举或推选产生。此外,还可以采取特邀的方式。

每届会员代表大会代表的名额和产生办法,由上届执行委员会决定。

第二十一条 各级工商业联合会在会员代表大会闭会期间,有必要时,可以召开代表会议,讨论和通过有关的重大问题。

各级工商业联合会的会员代表会议,由各级工商业联合会常务委员会或执行委员会负责召开。

代表会议的代表名额和产生办法,由常务委员会或执行委员会决定。

第二十二条 各级工商业联合会,可以按工作需要设立若干工作部门和各种专门委员会。

第二十三条 在工商业比较发达的大、中城市,可以根据需要按行政区划设立区工商业联合会(或区办事处)和市辖县工商业联合会。区和市辖县工商业联合会是市工商业联合会领导下的一级组织。

第二十四条　在直辖市和市工商业联合会下,可以根据需要按行业设立同业公会或同业委员会。

第二十五条　直辖市、市、县工商业联合会,可以根据需要在国营企业、合作社、合作社联合社、合作商店、公私合营企业以及其他企业中设立工商小组。

第二十六条　县工商业联合会,可以根据需要在工商业者较多的集镇设立工商业联合会分会;分会是县工商业联合会领导下的一级组织。在工商业者不多的地区,可以设立工商小组。

第二十七条　摊贩可以按市、区、集镇或市场,组织摊贩联合会或摊贩小组。

第四章　附　则

第二十八条　各级工商业联合会,可以根据需要,依照本章程另行制订组织简则。

第二十九条　本章程经过中华全国工商业联合会第三届会员代表大会修正通过,报请国务院备案后施行。

第三十条　本章程的解释权属于中华全国工商业联合会常务委员会。

第二章 重要文件

一、中共中央批转中央统战部《关于工商联若干问题请示》的通知

中共中央批转中央统战部
《关于工商联若干问题的请示》的通知
中发〔1991〕15号

省、自治区、直辖市党委，中央各部委，国家机关各部委党组(党委)，军委总政治部，各人民团体党组：

中共中央同意《中央统战部关于工商联若干问题的请示》，现转发给你们，望结合本地情况贯彻执行。

在我国，非公有制经济成份作为公有制经济的有益补充，将在相当长的历史时期内存在和发展。现在亟需有一个党领导的、主要做非公有制经济代表人士思想政治工作的人民团体，对私营企业主、个体工商户和台湾同胞、港澳同胞、海外侨胞投资者介绍党的方针、政策，进行爱国、敬业、守法的教育，并维护他们的合法权益，反映他们的正确意见。工商联作为党领导下的以统战性为主，兼有经济性、民间性的人民团体，可以配合党和政府承担这方面的任务，成为党和政府联系非公有制经济的一个桥梁。工商联的主要工作对象是私营企业、个体工商户、“三胞”投资企业和部分乡镇企业，而不是国营企业。

做好非公有制经济代表人士的思想政治工作，对巩固和发展爱国统一战线具有重要意义。各级党委、政府要加强对工商联的领导，支持工商联的工作，继续发挥原工商业者的作用。在工作中要注意掌握政策，对现在的私营企业主，不应和过去的工商业者简单地类比和等同。更不是要像五十年代那样对他们进行社会主义改造。工商联要配合党和政府工作，对非公有制经济代表人士进行团结、帮助、引导、教育。通过工作，在他们中逐渐培养起一支坚决拥护党的领导和积极分子队伍。

在工商联的主要职能调整过程中，要对党内外干部做好工作，讲明道理，使他们正确认识工商联工作的重要性和长期性，以保证中央精神的贯彻落实。

中共中央

1991年7月5日

附录

关于工商联若干问题的请示

中央：

中华全国工商业联合会是中国共产党领导的具有统一战线性质的人民团体和民间商会，在我国有着重要的影响和作用。由于工商联的工作遇到许多新情况、新问题，质、作用、职能、组织结构等问题。现就有关问题请示如下：

一、工商联的历史简况

1949年8月，中共中央作出成立工商业联合会的决定。根据党中央的指示，一些大中城市在改组改造旧商会、旧工业会、旧同业分会的基础上，成立工商联地方组织。1952年8月，政务院公布《工商业联合会组织通则》。1953年10月，全国工商联建立。它是以私营工商业者为主体，国营企业和合作社、公私合营企业等各类工商业者参加的，我党进行统一战线工作的一个重要的人民团体。它的主要对象是私营工商业者。国营企业和合作社的代表参加工商联，是为发挥社会主义公有制的主导作用和社会主义公有制代表的骨干作用，以保证党的领导的实现。

在党和政府的领导下，工商联在引导私营工商业者搞好生产经营，代表私营工商业者的合法权益. 团结他们遵守政府的政策法令，特别是团结、教育广大私营工商业者接受社会主义改造等方面，发挥重要作用。社会主义改造基本完成以后，毛泽东曾指出“工商联可以长期存在。在定息取消后，还要进行思想改造工作，可以作为一部分劳动者的工会，但名称要保存不要改。”这期间，工商联的主要工作是组织，推动工商业者进行学习和自我教育，为社会主义建设服务。“听毛泽东主席的话，跟共产党走，走社会主义道路”，成为工商业者的座右铭。“文革”期间，工商联停止活动。

党的十一届三中会全以后，工商联得到恢复和发展。党的政策落实对原工商业者的政策，摘掉资本家的帽子，把小商贩、小手工业者、小业主作为劳动者从原工商业者中区别出来。1979年1月17日，邓小平在约见工商联五位领导人(胡厥文、胡子昂、荣毅仁、古耕虞、周叔弢)时指出：落实政策以后，要发挥原工商业者的作用；“钱要用起来，人要用起来”，为改革开放服务。党中央的正确决策，大大调动原工商业者的积极性。工商联提出“坚定不移跟党走，尽心竭力为四化”、的工作方针，开展以经济建设为中心，以服务为宗旨的各项活动，参加国家事务和经济决策的协商，就区域性专业性的经济发展战略进行调查研究，兴办集体企业、安置待业青年、举办各类学校和培训班，培训工商专业人才，开展与港澳台和国外工商社团的联络工作，协助引进资金、技术和人才，支援少数民族地区的开发建设，为改革开放和四化建设作出新的成绩。

由于自然规律，工商联老会员日益减少。“文革”前，老会员包括原工商业者和小商小贩、小手工业者、小业主约为86万人；目前约30万人，且绝大多数已退休。从1984年起，工商联开始进行吸收新会员的试点工作。新会员包括国营、集体、乡镇、私营、三资等企业会员和个体劳协、行业协会、同业公会等团体会员以及个人会员。1988年，工商联“六大”修改会章。规定工商联是“中国工商界组织的人民团体．民间的对内对外商会”，还规定国营企业可以参加为企业会员。1990年7月，工商联共吸收新会员18万个；其中企业会员84290个，包括国营企业29892个(占企业会员的35%)。在各类企业会员中，国营企业会员的数量已占首位；县级工商联领导班子中党员干部也占多数。工商联向经济性倾斜，统战性渐趋弱化。可是，它本身并不具备相应的经济和行政的手段，工作相当困难。如何继续保持工商联的统战性、经济性、民间性、它的主要成员、工作职能和发展方向是什么，需要给予明确。

二、工商联的性质和作用

改革开放以来，我国形成以公有制为主体的多种经济成份并存的所有制结构。新时期工商联和五十年代的工商联在性质和作用上既有继承，又有很大的不同。五十年代初．私营工商业在整个国民经济中占较大比重，工商联作为各类工商业者的团体，可以说是名副其实的。党对建立工商联的最初考虑是：把民族工商业者组织起来，比不组织起来有利，把个体工商户管起来比散着好。允许工商联代表其会员的合法利益。这些有益的经验值得新时期工商联继承和发扬。现在，国营经济在国民经济中占绝对优势，工商联实质上并不代表我国工商界的整体，只能代表一部分。由于工商联的历史渊源和党的“长期共存、互相监督”方针，工商联作为统一战线的一个方面保留原有的名称。

在社会主义初级阶段．非公有制经济成份作为公有制经济的有益补充，将在社会主义商品经济中长期存在，适当发展。据国家工商行政管理局统计，1990年我国私营企业注册资金95亿元，雇工148万人；个体工商户注册资金397亿元，从业人员2092万人；两者交纳税金合计145亿元。其拥有的资金和人数在整个国民经济中比重虽然不大，但绝对值不小，是一支不可轻视的力量(1956年清产核资的私方股金总计为24.19亿元．1953年私营企业雇工人数为380万人，1956年我国全行业公私合营时私营企业雇工人数为250万人)。现在亟需有一个党领导下的、主要是做非公有制经济代表人士思想政治工作的人民团体。对私营企业主、个体工商户和“三胞”投资者介绍党的方针、政策，进行爱国、敬业、守法的教育，并维护他们的合法权益，反映他们的正确意见。工商联作为党领导下的以统战性为主、兼有经济性、民间性的人民团体，政府管理非公有制经济的助手，党和政府联系非公有制经济代表人士的一个桥梁，能够配合党和政府承担这方面的任务。工商联这种民间性的组织在和港澳台及世界各国的工商界的联络中还可以起到特有的作用。

工商联做非公有制经济代表人士的工作有其有利条件：(1)工商联有一批同党长期合作的党外代表人士；(2)工商联形成比较健全的组织网络；(3)工商联有一批熟悉统战工作的党员干部和党外干部。建议党和政府对工商联这一组织加强领导，使之发挥应有的作用。在工作中要注意掌握政策，对现在的私营企业主，不要和过去的民族工商业者简单地类比和等同，更不是要像五十年代那样对他们进行社会主义改造。工商联要配合党和政府工作，对非公有制经济代表人士进行团结、帮助、引导、教育。

三、工商联工作的若干政策建议

根据工商联是联系非公有制经济的人民团体．拟对工商联的组织结构、主要职能等问题作如下调整：

1.工商联的会员结构

新时期工商联的会员对象，除原工商业者外，主要应是私营企业、个体工商户、“三胞”投资企业和部分乡镇企业。大、中型国营企业不参加工商联。因对外交往需要，大中型国营企业主要负责人可以个人名义入会。少数中小型国营企业(主要是指与工商联有历史联系和业务联系的)，可以根据自愿原则参加工商联，但不宜成为主体。

个体劳协、私营企业协会、乡镇企业协会和外商投资企业协会可作为团体会员自愿参加工商联，有些非党主要负责人可经协商，选举担任同级工商联的负责人。可由这些协会推荐一批有代表性、有影响的企业和个人直接参加工商联，以利工商联更好地发挥作用。

2. 工商联的主要职能

(1) 贯彻、执行党的基本路线。在中国共产党领导下，同民主党派一起参政议政。

(2) 反映会员的意见、要求，维护会员的合法权益。

(3) 协助政府进行专题调研；开展有利于改革开放和社会主义现代化建设的服务活动。

(4) 加强自身建设，发扬自我教育的传统，帮助会员自觉遵守国家的政策、法令，引导、教育会员爱国、敬业、守法，履行应尽的社会责任。

(5) 开展与港澳台胞和国外侨胞中工商社团和工商界人士的联络工作，协助政府引进资金、技术、人才。

(6) 办好工商联自办企业。

(7) 经政府委托和批准，参与某些具体经济活动。如：协助政府及有关部门，组织企业会员举办和参加各种对内、对外展销会、交易会；对企业会员的生产经营情况及财务、税收等进行检查、监督；为会员企业办理有关证明等。

3. 关于同业公会

近几年来，有的地方工商联成立同业公会．协助政府做有益的工作。特别是在第三产业(饮食、服务、修理等行业)成立的同业公会起到积极的作用。但是，现在工商联成立的同业公会和当地工商行政部门及行业协会之间的关系需要进一步理顺。对同业公会先按照以下办法试行：(1) 可在县、镇进行试点，不成立省、市级组织；(2) 在县、镇试点中，应选择非公有制经济成份为主的、零星分散的、政府部门不易照顾到的行业；(3) 成立同业公会，要经当地政府有关部门批准，同业公会的领导人由当地统战部及有关部门推荐，经选举产生；(4) 接受当地党和政府的领导和管理，依法进行活动。

4. 关于工商联党组

为加强党的领导，拟继续保留工商联党组。全国工商联党组不同于国务院各部门的党组，也有别于工会、妇联等人民团体的党组。工商联党组受同级统战部领导。工商联党组的任务是贯彻党的方针政策，坚持工商联正确的政治方向，加强对会员的团结、教育工作。

全国和省级工商联已普遍建立党组。市、县工商联凡有工作需要的，经当地党委批准．均可建立党组。

党组成员一般应由工商联中的党员副主席、工商联机关中的党员负责干部、党委统战部联系工商联的负责同志等组成。应选派政治上强、懂得统战政策的得力干部担任工商联党组的专职书记。党组成员由统战部商组织部任命。

5.关于经济特区的工商联

大部分特区历史上经济不发达，原工商业者数量很少。特区实行特殊的经济政策后，经济迅速发展，其所有制比例和经济运行机制与一般城市有很大不同，需要有一个由各类工商业者组成的民间商会组织。建议当地党和政府加强对工商联的领导，使工商联成为政府管理企业的一个助手(不是唯一的工商团体)。特区工商联可吸收国营企业参加，领导班子中可以党员为主，发挥民间商会的作用，为特区的经济发展、对外开放服务。建议先在海南、深圳两地试点。

在我国，非公有制经济成份作为公有制经济的有益补充，将在相当长的历史时期内存在和发展。我党通过工商联在非公有制经济代表人士中进行工作，逐渐培养起一支新的、坚决拥护党的领导、与党团结合作的积极分子队伍．带动同行为社会稳定、改革开放、四化建设和祖国统一服务。工商联绝非“一代而亡”，而是重任在肩。这项工作的成功，将对建设有中国特色的社会主义作出重要贡献。

以上请示如无不当．请批转各地参照执行。

中央统战部

1991年6月17日

二、中共中央、国务院《关于加强和改进新形势下工商联工作的意见》摘要(中发〔2010〕16号)

中共中央、国务院
《关于加强和改进新形势下工商联工作的意见》
(中发〔2010〕16号)

工商联工作是党的统一战线工作和经济工作的重要内容。在全面建设小康社会、加快推进社会主义现代化的新形势下，做好工商联工作，对于坚持和完善公有制为主体、多种所有制经济共同发展的基本经济制度，促进非公有制经济健康发展和非公有制经济人士健康成长，为坚持改革开放、推动科学发展、促进社会和谐凝聚最广泛力量，具有重要意义。为进一步加强和改进新形势下工商联工作，切实发挥工商联的优势和作用，现提出如下意见。

一、深刻认识加强和改进新形势下工商联工作的重要意义

1.加强和改进工商联工作，是坚持和完善我国基本经济制度、促进非公有制经济科学发展的需要。毫不动摇地巩固和发展公有制经济，毫不动摇地鼓励、支持、引导非公有制经济发展，反映了我国经济社会发展的内在要求，体现了我们党对中国特色社会主义建设规律的深刻把握。改革开放以来，我国经济社会结构发生了历史性变化，非公有制经济成为社会主义市场经济的重要组成部分和社会主义现代化建设的重要推动力量，非公有制经济人士等新的社会阶层成为中国特色社会主义事业建设者。工商联联系着广大非公有制企业和非公有制经济人士，在宣传贯彻党的理论和路线方针政策、引导非公有制经济健康发展方面发挥着积极作用。坚持和完善我国社会主义初级阶段基本经济制度，促进国民经济又好又快发展，必须加强和改进工商联工作，推动非公有制企业全面提升自身素质，建立健全符合科学发展要求的治理结构、管理模式和企业文化，加快非公有制经济发展方式转变和产业优化升级，努力形成各种所有制经济平等竞争、相互促进的新格局。

2.加强和改进工商联工作，是适应政府职能转变、完善社会主义市场经济体制的需要。商会是市场经济体系的重要组成部分，充分发挥各类商会的重要作用是转变政府职能、完善社会主义市场经济体制的必然要求。工商联作为我国非公有制经济领域各类企业、工商社团和工商界人士的联合组织，在协助政府管理经济社会事务和服务非公有制企业经营管理方面的作用日益突出。完善社会主义市场经济体制，健全现代市场体系，必须加强和改进工商联工作，积极培育和发展中国特色商会组织，加强行业自律，规范市场经济秩序。

3.加强和改进工商联工作，是坚持对外开放基本国策、不断提高我国开放型经济水平的需要。随着经济全球化深入发展，民间经济交往日益频繁，商会组织的独特作用更加凸显。工商联与境外工商界有着广泛联系和友好合作关系，是我国扩大对外经贸交往、开展民间外交的重要渠道。实施和推进“走出去”战略，提高我国开放型经济水平，必须加强和改进工商联工作，帮助非公有制企业抓住机遇、积极作为，趋利避害、防范风险，充分利用国际资源，开拓国际市场，增强国际竞争力。

4. 加强和改进工商联工作，是巩固发展壮大爱国统一战线、加强党在非公有制经济领域领导的需要。引导非公有制经济人士等新的社会阶层健康成长，不断扩大我们党执政的群众基础和社会基础，是新世纪新阶段统一战线工作的重要着力点。工商联作为统一战线的重要组织，担负着团结凝聚非公有制经济人士的重要责任。在新形势下，必须加强和改进工商联工作，广泛团结非公有制经济人士，组织动员他们积极投身改革开放和社会主义现代化建设，自觉履行社会责任，扩大他们有序政治参与，促进我国社会阶层关系和谐。

二、正确把握工商联工作的基本要求

5. 工商联工作的指导思想。高举中国特色社会主义伟大旗帜，以邓小平理论和“三个代表”重要思想为指导，深入贯彻落实科学发展观，坚持中国共产党领导，坚持我国社会主义初级阶段基本经济制度，坚持团结、服务、引导、教育的方针，全面加强思想、组织、作风、制度建设，不断增强凝聚力、影响力、执行力，把工商联建设成为政治坚定、特色鲜明、机制健全、服务高效、作风优良的人民团体和商会组织，促进非公有制经济健康发展和非公有制经济人士健康成长，为全面建设小康社会、坚持和发展中国特色社会主义、实现中华民族伟大复兴贡献力量。

6. 工商联的基本任务。加强思想政治工作，引导非公有制经济人士学习贯彻党的路线方针政策，遵守国家法律法规，培养拥护党的领导、走中国特色社会主义道路的非公有制经济人士队伍；参加政治协商，发挥民主监督作用，积极参政议政；推动经贸交流和协作，促进经济社会发展；加强行业协会商会建设，服务非公有制企业发展；参与协调劳动关系，促进社会和谐稳定；反映非公有制企业和非公有制经济人士利益诉求，维护其合法权益。

7. 工商联的性质。工商联是中国共产党领导的以非公有制企业和非公有制经济人士为主体的人民团体和商会组织，是党和政府联系非公有制经济人士的桥梁纽带，是政府管理和服务非公有制经济的助手，在我国经济、政治、文化、社会生活中有着重要影响，在促进非公有制经济健康发展、引导非公有制经济人士健康成长中具有不可替代的作用。

8.工商联的基本特征。统战性、经济性、民间性有机统一，是工商联的基本特征。统战性主要体现在工商联是党领导的统一战线组织，决定了工商联的政治方向、政治地位和政治功能。经济性主要体现在工商联由工商界及其人士组成，直接服务于经济建设。民间性主要体现在工商联具有商会性质和职能，其组织方式和工作机制不同于政府机构。工商联工作要牢牢把握统战性，充分发挥经济性，切实体现民间性。

9.工商联工作的对象。工商联工作对象主要包括私营企业、非公有制经济成份控股的有限责任公司和股份有限公司、港澳投资企业等，私营企业出资人、个体工商户、在内地投资的港澳工商界人士、原工商业者等。

三、充分发挥工商联的职能作用

10.充分发挥工商联在非公有制经济人士思想政治工作中的引导作用。引导非公有制经济人士爱国、敬业、诚信、守法、贡献，做合格的中国特色社会主义事业建设者，是工商联的重要职责。要深入开展中国特色社会主义理论体系学习教育，引导非公有制经济人士树立中国特色社会主义共同理想，在党的领导下坚定走中国特色社会主义道路。引导非公有制经济人士践行社会主义核心价值体系，树立义利兼顾、以义为先理念，加强企业文化建设，积极参与光彩事业及其他社会慈善事业，自觉履行社会责任，致富思源、回报社会，为推动科学发展、促进社会和谐作贡献。深入开展优秀中国特色社会主义事业建设者评选表彰活动，大力宣传先进典型事迹，协助党和政府加强舆论引导，营造有利于非公有制经济健康发展和非公有制经济人士健康成长的良好社会氛围。引导非公有制经济人士支持所在企业建立党的组织，为党组织开展活动、发挥作用提供必要条件。

11.充分发挥工商联在非公有制经济人士参与国家政治生活和社会事务中的重要作用。工商联作为党领导的统一战线组织和人民政协的重要界别，要认真履行政治协商、民主监督、参政议政的职能。要密切同非公有制经济人士的联系，深入了解他们的意愿和要求，向党和政府提出相关意见和建议，参与国家有关方针政策、法律法规的制定和贯彻执行，促进非公有制经济市场环境、政策环境、法治环境、社会环境的改善。引导非公有制经济代表人士增强大局意识和责任意识，帮助其提高参政议政能力和水平，积极反映社情民意，有序参与政治生活和社会事务。对非公有制经济代表人士的政治安排，要充分听取工商联意见。

12. 充分发挥工商联在政府管理和服务非公有制经济中的助手作用。各级政府要注重发挥工商联参政议政、民主监督的优势，建立相•关重要经济决策委托工商联征询非公有制经济人士意见的制度，作出相关决策应充分听取非公有制经济人士意见和建议。吸收工商联参加促进非公有制经济和中小企业发展工作的领导机构和协调机制，参与中小企业服务体系建设。工商联要积极开展民间外交，加强同境外工商界的交流合作，更好为非公有制企业开展国际合作提供服务。要积极探索建立适应社会主义市场经济要求的服务载体和机制，为非公有制企业提供信息、法律、融资、技术、人才等方面服务，帮助非公有制企业更好推进结构调整和自主创新，不断增强市场竞争能力、抵御风险能力、可持续发展能力。

13. 充分发挥工商联在行业协会商会改革发展中的促进作用。工商联要认真履行社会团体业务主管单位职责，指导和推动商会组织完善法人治理结构、规范内部管理、依照法律和章程开展活动，充分发挥宣传政策、提供服务、反映诉求、维护权益、加强自律的作用。全国工商联作为有关社会团体业务主管单位，要参与制定行业协会商会政策法律的有关工作。

14. 充分发挥工商联在构建和谐劳动关系中的积极作用。工商联参与协调劳动关系三方会议，同人力资源社会保障部门、工会组织和其他有关企业方代表一道，共同推动劳动关系立法和劳动关系协调机制建设，共同研究解决劳动关系中的重大问题和调处劳动争议。要引导非公有制企业依法与工会就职工工资、生活福利等涉及职工切身利益问题进行平等协商，签订集体合同。要正确协调处理投资者利益和劳动者权益的关系，引导非公有制企业积极创造就业岗位，严格遵守国家相关法律法规和政策措施，尊重和维护员工合法权益，依法建立工会组织，开展工会活动。

四、以改革创新精神加强工商联自身建设

15.加强工商联会员队伍和非公有制经济代表人士队伍建设。按照面向工商界、以非公有制企业和非公有制经济人士为主体、广泛性和代表性相结合的原则，做好工商联会员发展工作。适当提升企业会员和团体会员比重，注重吸收行业协会、行业商会、异地商会等经济类社团。在扩大工商联会员覆盖面和优化会员结构的基础上，按照思想品质优、社会贡献大、公众形象好、参政议政能力强的要求，努力建设一支数量充足、素质优良、结构合理的非公有制经济代表人士队伍。加强和完善非公有制经济代表人士综合评价工作，健全科学有效的培养使用机制。配合党和政府实施人才发展战略，加强非公有制经济组织人才队伍建设。

16.加强工商联领导班子建设。选好配强各级工商联领导班子，优化领导班子中党内外、专兼职人员结构，认真贯彻民主集中制原则，加强思想政治建设和履职能力建设。把综合素质好、各方面表现优秀的非公有制经济代表人士选拔到各级工商联领导班子，积极发挥领导班子中非公有制经济人士作用。大力加强工商联执委会、常委会建设，认真落实执委会议制度，建立健全管理监督机制，完善议事程序和规则，切实发挥执委、常委作用。工商联主席一般由党外人士担任。上级工商联要加强对下级工商联工作的指导。

17.加强工商联基层组织建设。县级工商联和基层商会组织是工商联工作的组织基础和重要依托。要切实加强县级工商联和基层商会建设，充分发挥其在发展和管理会员、联系和服务企业方面的组织作用，在推动县域经济发展、建设社会主义新农村等方面的积极作用。县级工商联和大中城市区工商联要做好乡镇、街道、社区、市场等的基层商会建设，加强对基层商会工作的指导。

18.加强工商联机关建设。工商联机关的执行力从根本上决定着工商联组织的凝聚力和影响力。要大兴求真务实、调查研究之风，加强对党的理论和路线方针政策以及现代市场经济、现代科技、现代管理、法律等方面知识的学习，加强对关系非公有制经济健康发展、非公有制经济人士健康成长和现代商会建设等方面的全局性、基础性、前瞻性问题的研究。建立健全符合工商联自身特点的工作制度，促进工商联机关工作科学化、制度化和规范化，提高执行能力

和工作效能，更好地服务科学发展和实现自身科学发展。着眼统一战线和工商联事业长远发展，高度重视并切实加强工商联机关干部队伍建设，建立健全干部培养、考核、激励机制，全面提高干部综合素质，努力造就一支政治强、业务精、作风正的干部队伍。

五、加强和改善对工商联工作的领导

19.加强党委对工商联工作的统一领导。各级党委要把加强和改进新形势下工商联工作摆上重要议事日程，及时研究和解决工商联工作中的重大问题，落实党委领导班子抓工商联工作责任。工商联党组主要负责人不是同级党委委员的，列席同级党委全委会；党委召开经济、纪检、政法、组织、宣传、统战等重要会议，应视情安排工商联党组负责人参加。重视工商联党组协助开展非公有制经济组织党建工作。加强对工商联工作和非公有制经济的宣传，加大工商联机关干部教育培训、轮岗交流、选拔使用等工作力度。

20.加强政府对工商联工作的指导和支持。各级政府要按照党和国家关于工商联工作的方针政策，加强对工商联工作的指导和支持，为工商联充分发挥作用创造条件。建立政府联系工商联的工作制度，政府领导班子中要有专人负责联系工商联。与非公有制经济发展有关的政府部门要加强同工商联的联系和业务协作，及时向工商联通报有关重要信息。政府召开全体组成人员会议和常务会议可根据会议内容需要安排工商联负责人列席，召开经济方面的重要工作会议和有关部门工作会议可视情安排工商联负责人参加。工商联办公经费和考察调研、教育培训等专项经费列入同级财政预算。

21.落实党委统战部领导工商联党组和指导工商联工作的职责。统战部作为党委主管统战工作的职能部门，受同级党委委托，领导工商联党组。要经常研究经济领域统战工作和工商联工作，协助党委制定并贯彻落实有关工商联工作的各项方针政策，加强工商联领导班子建设。在党委统一领导下，加强对非公有制经济人士工作和工商联工作的指导和协调。工商联党组书记由党委统战部分管经济领域统战工作的副部长担任。完善各级统战部领导工商联党组和指导工商联工作的机制，支持工商联创造性开展工作。

22.发挥工商联党组领导核心作用。按照《中国共产党章程》的有关规定，工商联党组要切实履行职责，保证党的理论和路线方针政策、党委决策部署的贯彻落实，把握工商联工作正确方向。健全工商联党组议事规则和决策程序，提高党组科学决策、民主决策、依法决策水平。按照干部管理权限，做好工商联干部人事工作。加强对工商联会员代表大会、执委会、常委会工作的指导，支持其按照工商联章程行使职权、开展工作。正确处理党员干部和党外干部的工作关系，支持工商联主席工作，发挥党外干部作用，搞好合作共事。

各地区各部门要根据本意见，结合实际制定贯彻落实的具体措施。

三、镇江市委、市政府《关于加强和改进新形势下工商联工作的实施意见》

中共镇江市委 镇江市人民政府
《关于加强和改进新形势下工商联工作的实施意见》
（镇发〔2012〕62号）

工商联是中国共产党领导的以非公有制企业和非公有制经济人士为主体的人民团体和商会组织，是党和政府联系非公有制经济人士的桥梁纽带，是政府管理和服务非公有制经济的助手。工商联事业是中国特色社会主义事业的重要组成部分。工商联工作是党的统一战线工作和经济工作的重要内容。在镇江开展创先争优活动、向率先基本实现现代化迈进的重要时期，做好工商联工作，对于促进非公有制经济健康发展和非公有制经济人士健康成长具有重要意义。为学习贯彻党的十八大精神，认真落实《中共中央、国务院关于加强和改进新形势下工商联工作的意见》（中发〔2010〕16号）和《中共江苏省委、江苏省人民政府关于贯彻〈中共中央、国务院关于加强和改进新形势下工商联工作的意见〉的实施意见》（苏发〔2011〕3号），加强和改进新形势下工商联工作，切实发挥工商联的优势和作用，现结合镇江实际，提出如下实施意见。

一、深刻认识加强和改进新形势下工商联工作的重要意义

1. 加强和改进工商联工作，是促进全市非公有制经济加快转变发展方式、实现科学发展的需要。党的十八大报告中指出要毫不动摇鼓励、支持、引导非公有制经济发展。改革开放以来，镇江非公有制经济发展迅速，内在活力增强，成为全市经济的重要组成部分和现代化建设的重要推动力量。工商联联系着广大非公有制企业和非公有制经济人士，在宣传贯彻党的理论和路线方针政策、促进非公有制经济健康发展中负有重要职责。必须加强和改进工商联工作，优化非公有制经济发展环境，推动非公有制企业全面提升自身素质，建立健全符合科学发展要求的治理结构、管理模式和企业文化，加快非公有制经济发展方式转变和产业优化升级。

2. 加强和改进工商联工作，是适应政府职能转变、完善社会主义市场经济体制的需要。商会是市场经济体系的重要组成部分，发挥各类商会的重要作用是转变政府职能、完善社会主义市场经济体制的必然要求。工商联作为非公有制经济领域各类企业、工商社团和工商界人士的联合组织，在协助政府管理经济社会事务和服务非公有制企业经营管理方面的作用日益突出。必须加强和改进工商联工作，培育和发展中国特色商会组织，加强行业自律，规范市场经济秩序。

3. 加强和改进工商联工作，是扩大对外经济交往、提高全市开放型经济水平的需要。随着经济全球化发展、民间交往日益频繁，工商联作为商会组织的独特作用更加凸显，成为开展民间外交、密切与境外工商界联系的重要渠道。必须加强和改进工商联工作，帮助非公有制企业抓住机遇、积极作为，利用国际资源，开拓国际市场，增强国际竞争力，提升镇江经济国际化水平。

4. 加强和改进工商联工作，是巩固发展爱国统一战线、加强党在非公有制经济领域领导的需要。党的十八大报告中指出要鼓励和引导新的社会阶层人士为中国特色社会主义事业作出更大贡献。引导非公有制经济人士等新的社会阶层健康成长，扩大中国共产党执政的群众基础和社会基础，是新世纪新阶段统一战线工作的重要着力点。工商联作为统一战线的重要组织，担负着团结凝聚非公有制经济人士的重要责任。必须切实加强和改进工商联工作，团结非公有制经济人士，组织动员他们投身改革开放和社会主义现代化建设，自觉履行社会责任，扩大他们有序政治参与，促进和谐社会建设。

二、发挥工商联在非公有制经济人士思想政治工作中的引导作用

5.引导非公有制经济人士树立中国特色社会主义共同理想。建立健全党委统一领导、政府大力支持、统战部组织协调、工商联具体实施、有关方面参与的非公有制经济人士思想政治工作格局。建立健全统战、组织人事和工商联等部门共同推进的工作机制,将非公有制经济代表人士教育培训工作纳入全市人才培训体系。在非公有制经济人士中开展中国特色社会主义理论体系学习教育活动,引导非公有制经济人士践行社会主义核心价值体系。要制定和实施培训规划,提高非公有制经济人士的综合素质。

6.引导非公有制企业自觉履行社会责任。发挥工商联和光彩事业促进会的作用,引导非公有制经济人士树立“义利兼顾、以义为先”理念,把企业的发展与镇江的发展结合起来,把个人富裕与全市人民的共同富裕结合起来,把遵循市场法则与发扬道德诚信结合起来,参与光彩事业、“同心”工程及其他公益慈善事业,致富思源、回报社会。引导非公有制企业严格遵守法律法规和行业规范,自觉维护市场经济秩序,科学组织生产经营活动。正确处理好企业发展与保护生态环境、维护职工利益的关系,促进科学发展、和谐发展、可持续发展。

7.引导非公有制经济人士争当优秀建设者。坚持每五年开展一次“镇江市优秀中国特色社会主义事业建设者”评选表彰活动,引导非公有制经济人士爱国、敬业、诚信、守法、贡献,做合格的中国特色社会主义事业建设者。适当增加非公有制经济人士参评“劳动模范”、“五一劳动奖章”、“五四青年奖章”、“优秀共产党员”、“人民奖章”获得者等评选表彰活动的人数。在组织开展各类非公有制经济人士参加的评选表彰时,注重征求工商联的意见。大力宣传先进典型,协助党委、政府加强舆论引导,营造有利于非公有制经济健康发展和非公有制经济人士健康成长的良好社会氛围。

8.引导非公有制企业加强党建工作。工商联要引导非公有制经济人士深刻认识加强党建工作对促进企业健康发展的重要作用,支持所在企业建立健全党的组织,为党组织开展活动、发挥作用提供必要条件。建立和完善有工商联党组参加的非公有制经济党建工作机制,定期研究非公有制经济组织的党建问题。支持工商联探索推动非公有制企业和行业协会商会加强党建工作的有效

途径。

三、发挥工商联在非公有制经济人士参与政治生活和社会事务中的重要作用

9.认真履行政治协商、民主监督、参政议政的职能。作为党领导的统一战线组织和人民政协的重要界别，各级工商联要密切同非公有制经济人士的联系，建立健全联系机制，了解非公有制经济人士的意愿和要求，并通过参加政治协商、提交集体提案、报送情况反映、参与政策法规制定等形式，向党委、政府提出相关意见和建议。各级党委、政府对工商联提出的意见和建议要认真研究采纳，并建立落实反馈机制。要发挥工商联的民主监督作用，在贯彻落实有关非公有制经济发展的政策措施时，支持工商联开展民主监督。在每年的机关作风评议和效能建设中，由工商联组织非公有制经济人士参与。

10.引导非公有制经济人士有序参与政治生活和社会事务。帮助非公有制经济代表人士增强大局意识和责任意识，努力提高政治把握能力、调查研究能力和建言献策水平。引导和鼓励非公有制经济代表人士利用人大、政协等参政议政平台，反映社情民意和行业企业合理合法诉求。政府在制定行业发展规划时应听取工商联及其相关行业协会商会负责人的意见。加强对非公有制经济代表人士的政治安排，按照有较高政治觉悟、有较大社会贡献、有较强参政议政能力、在所联系阶层中有较大影响的标准，切实做好非公有制经济代表人士的选拔和政治安排工作。对非公有制经济代表人士的政治安排，要听取工商联意见。

四、发挥工商联在政府管理和服务非公有制经济中的助手作用

11.支持工商联在经济决策咨询中发挥重要作用。各级政府要注重发挥工商联参政议政、民主监督的优势，建立相关重要经济决策委托工商联征询非公有制经济人士意见的制度，建立与工商联沟通协调的平台，畅通与非公有制经济人士的联系渠道，作出相关决策前，应听取非公有制经济人士的意见和建议。支持工商联在政府转变职能中协助政府管理非公有制经济的各类探索。

12.支持工商联建立服务非公有制企业发展载体和机制。探索建立适应社会主义市场经济要求的服务载体和机制，为工商联向非公有制企业提供信息、法律、融资、技术、人才等方面的服务创造条件。发挥工商联在招商引资、招才引智、招金引银、招高引新等方面的作用，帮助非公有制企业增强市场竞争能力、抵御风险能力、可持续发展能力。支持工商联开展法律维权服务工作，维护非公有制企业合法权益。建立和完善政府联系工商联工作联席会议制度，促进工商联与政府相关部门工作的制度化、规范化。吸收工商联参加促进非公有制经济发展的领导机构和协调机制，参与同级政府部门中小企业服务平台建设。

13.支持工商联开展民间外交和对外经贸交往。各级政府要支持工商联巩固和延伸国际合作平台，加强同境外工商界的交流合作，提升镇江国际化水平。市有关部门要支持非公有制企业“引进来”、“走出去”，鼓励帮助非公有制企业参与引进境外资本、技术、人才和赴境外投资考察、开拓市场。建立工商联与政府相关部门定期会晤的工作机制，解决企业“引进来”、“走出去”过程中的实际困难。加强与港澳台及国外商会的交流，密切与国外驻华商务机构的联系，拓展镇江对外经济交往的空间。政府组织招商引资、友城互访、对外经济活动，应发挥工商联、行业协会商会及相关会员企业作用。

五、发挥工商联在行业协会商会改革发展中的促进作用

14.加大行业协会商会培育发展力度。工商联要适应转型发展需要，重点在先进制造业、高新技术产业、现代服务业、现代农业等领域，培育一批适应经济社会发展需要、在行业中具有广泛代表性、与国际接轨的行业协会商会。加大对优秀行业组织的支持力度，对在行业中有影响力和凝聚力，并对行业发展作出贡献的各类行业协会商会加强政策、资金扶持。民政部门要完善行业协会商会依法设立和退出机制，建立健全行业协会商会的评估机制，整合淘汰业务重叠、运转混乱、服务缺位的行业协会商会。

15.加大行业协会商会改革力度。建立由市政府职能部门和市工商联参加的全市行业协会商会发展协调机制，促进镇江行业组织健康发展，在具有中国特色的现代商会建设中走在全省前列。工商联要切实履行有关社会团体业务主管单位职责，促进行业组织加强自身建设，提高行业组织的公信力和影响力。工商联要发挥参政议政的优势和综合性商会组织的作用，推动行业协会商会深化改革。各类行业协会商会应作为团体会员参加工商联组织，工商联要成为各类行业协会商会交流合作的平台。

16.加强行业协会商会的工作指导。工商联要指导和推动行业协会商会完善法人治理结构，完备以章程为核心的规章制度，健全内部运行机制，提高民主管理水平。要建立行业协会商会公共服务载体，为行业协会商会拓展工作职能创造必要条件和提供必要服务。要搭建行业协会商会与党委政府沟通的平台，促进政府部门与行业协会商会在产业政策、产业规划、行业标准、行业服务等方面的协商合作。各级政府要加快政府职能转变，提升行业协会商会承接政府职能的能力和水平，制定政府购买行业协会商会服务的具体办法。相关政府部门要逐步将有关事务性、辅助性等职能，转移、授权或委托给行业协会商会承担，鼓励支持行业协会商会开展调查研究、建设公共服务平台、制定或参与制定行业标准。

17.加强异地商会建设。异地商会是指工商界人士按原籍地域组织的商会。工商联作为业务主管单位，在异地商会组建前，应与原籍地域工商联沟通征求意见，指导异地商会按照规定到民政部门注册登记。工商联要按照属地管理原则，加强对异地商会的领导。要加强与镇江在外地商会的联系，帮助整合镇商资源，打造镇商品牌，解决镇商发展中遇到的困难，支持镇商有更大的发展。

六、发挥工商联在构建和谐劳动关系、加强和创新社会管理中的协同作用

18.推动劳动关系协调机制建设，加强和创新社会管理。工商联要参与协调劳动关系三方委员会，与人力资源社会保障部门、工会组织和其他有关企业方代表，共同推动劳动关系协调机制建设，共同研究解决非公有制企业中的重大劳动关系问题。要会同有关方面加强非公有制企业劳动争议调处工作，正确协调处理投资者利益和劳动者权益的关系，既要依法维护非公有制企业的正当权益，又要与工会等单位密切配合，维护职工的合法权益。要加强和创新社会管理，发挥工商联在创业就业、企业文化、诉求表达、行业自律、社会稳定等方面的作用和在社会管理中的协同作用，为构建和谐社会、维护社会稳定作贡献。

19.引导非公有制企业构建和谐劳动关系。工商联要引导非公有制企业创造就业岗位，与政府有关部门建立协作机制，推动就业再就业工作。要引导非公有制企业依法建立工会组织并独立自主开展活动，建立和规范集体合同制度、劳动合同制度与职工代表大会制度及企业事务公开制度。要引导行业协会商会、非公有制企业推进工资集体协商,建立健全职工工资正常增长和支付保障机制,促进企业和职工形成利益共享机制。要引导非公有制企业探索建立与职工定期商谈解决劳动争议制度,依托协调劳动关系三方机制,最大限度地通过非诉方式解决劳动争议。要引导非公有制企业参加全市劳动关系和谐企业创建活动,促进企业劳资关系和谐稳定。

七、以改革创新精神加强工商联的自身建设

20.加强工商联会员队伍建设。工商联工作对象主要包括私营企业、非公有制经济成份控股的有限责任公司和股份有限公司、港澳投资企业等,私营企业出资人、个体工商户、在内地投资的港澳工商界人士、原工商业者等。要按照面向工商界、以非公有制企业和非公有制经济人士为主体、广泛性和代表性相结合的原则,做好工商联会员发展工作。注重发展在行业中有影响的非公有制企业会员,重视吸收行业协会商会、异地商会等经济类社团为团体会员,稳步提升新兴产业的企业会员和各类团体会员的比重,探索吸收与工商联工作联系紧密的单位选派代表为个人会员,努力形成行业领军企业全覆盖、规模以上企业基本覆盖、新兴产业企业会员、团体会员和有关单位个人会员占有一定比重的会员格局。

21.加强非公有制经济代表人士队伍建设。要建立健全党委统一领导、统战部门组织实施、工商联等相关部门共同参与的非公有制经济代表人士综合评价工作格局,按照“凡进必评”原则,对非公有制经济人士的政治安排和评选表彰要经过综合体系评价,并听取工商联意见。按照思想品质优、社会贡献大、公众形象好、参政议政能力强的要求,努力建设一支数量充足、素质优良、结构合理的非公有制经济代表人士队伍,建立健全科学有效的培养使用机制,充实和调整代表人士队伍。着眼可持续发展的需要,注重从成长性好的高新技术企业新一代创业人员和民营企业传承人中发现人才,促进非公有制经济代表人士队伍健康成长。

22. 加强工商联领导班子建设。要选好配强各级工商联领导班子,优化领导班子中党内外、专兼职人员结构,认真贯彻民主集中制原则,加强思想政治建设和履职能力建设，把综合素质好、各方面表现优秀的非公有制经济代表人士选拔到各级工商联领导班子。大力加强工商联执委会、常委会建设，认真落实执委会议制度，建立健全管理监督机制，完善议事程序和规则，发挥非公有制经济代表人士在工商联领导班子和领导机构中的积极作用。工商联主席一般由党外人士担任。

23.加强工商联基层组织建设。辖市区工商联要做好乡镇、街道、社区、园区、市场等基层商会建设，按照组织满意、会员满意、政府满意、社会满意的要求，建设充满活力的基层商会组织。加强对基层商会工作的指导，抓好组建工作，推动作用发挥。切实解决辖市区工商联工作中的实际困难和问题，要单独设立工商联机关，合理界定和设置内设机构，配备人员编制，保障办公用房和工作用车，增加日常工作业务经费，改善办公条件。加强乡镇(街道)商会的建设和管理，原则上由分管统战工作的党委委员兼任乡镇(街道)商会秘书长。社区、园区、市场等基层商会会长，原则上由热心商会工作、在当地有实力、有影响力的企业家担任。

24.加强工商联机关建设。建立健全符合工商联自身特点的工作制度，促进工商联机关工作科学化、制度化和规范化，提高执行能力和工作效能，更好地服务科学发展和实现自身科学发展。着眼统一战线和工商联事业长远发展，高度重视并切实加强工商联机关干部队伍建设，建立健全干部培养、考核、激励机制，全面提高干部综合素质，努力造就一支政治强、业务精、作风正的干部队伍。建立健全工商联干部与行业商会、会员企业和非公有制经济人士的联系制度。上级工商联要加强对下级工商联的工作指导，注重上下联动，努力形成工商联系统的工作合力。

八、加强和改善对工商联工作的领导

25.正确把握工商联工作的基本特征和基本要求。各级党委、政府要认真学习贯彻中发〔2010〕16号文件、苏发〔2011〕3号文件精神，正确把握工商联工作的基本特征和基本要求。统战性、经济性、民间性有机统一，是工商联的基本特征。统战性主要体现在工商联是党领导的统一战线组织，决定工商联的政治方向、政治地位和政治功能，要引导非公有制经济人士学习贯彻党的路线方针政策，在市委市政府的领导下，汇聚非公有制经济领域争先发展、创新变革、改善民生和共建和谐的强大力量，推进全市率先基本实现现代化的伟大进程；经济性主要体现在工商联由工商界及其人士组成，直接服务于经济建设，要组织和引导广大非公有制企业和人士参与“产业发达、创新创业、山水花园、幸福和谐四个城市”的建设，在开展“对标找差、创先争优”活动中，提升全市非公有制经济发展水平；民间性主要体现在工商联具有商会性质和职能，要立足基层、依靠企业、贴近会员、改进方式，切实增强工商联的凝聚力和影响力。工商联工作要牢牢把握统战性，发挥经济性，切实体现民间性。

26.加强党委对工商联工作的统一领导。各级党委要把加强和改进新形势下工商联工作摆上重要议事日程，每年听取工商联工作汇报，及时研究和解决工商联工作中的重大问题，落实党委领导班子抓工商联工作责任，有专人分管工商联工作。工商联工作的重要方针政策、重要干部使用和重要工作部署等，必须由党委研究决定。工商联党组主要负责人不是同级党委委员的，列席同级党委全委会；党委召开经济、纪检、政法、组织、宣传、统战等重要会议，应视情安排工商联党组负责人参加。加强对工商联工作和非公有制经济的宣传，把对非公有制经济和工商联工作的宣传列入工作计划。加大工商联机关干部教育培训、轮岗交流、选拔使用等工作力度并纳入干部培养使用计划，统筹安排。

27.各级政府要加强对工商联工作的指导和支持。各级政府要按照党和国家关于工商联工作的方针政策，加强对工商联工作的指导和支持，为工商联发挥作用创造条件。建立政府联系工商联的工作制度，政府领导班子中要有专人负责联系工商联。政府召开全体组成人员会议和常务会议，可根据会议内容需要安排工商联负责人列席，召开经济方面的重要工作会议和有关部门工作会议应安排工商联负责人参加。与非公有制经济发展有关的政府部门要和工商联建立工作联系制度，及时通报有关情况和重要信息，协调解决非公有制经济发展中的问题。工商联办公经费和教育培训、工作调研、行业组织管理、经济服务、光彩事业等专项经费列入同级财政预算，并建立随经济增长逐年动态增长的机制。要保证工商联机关正常工作所需的人员编制。及时解决工商联工作中的其他困难。

28. 落实党委统战部领导工商联党组和指导工商联工作的职责。统战部作为党委主管统战工作的职能部门，受同级党委委托，领导工商联党组。要经常研究经济领域统战工作和工商联工作，协助党委制定并贯彻落实有关工商联工作的各项方针政策，加强工商联领导班子建设。在党委统一领导下，加强对非公有制经济人士工作和工商联工作的指导和协调。工商联党组书记由党委统战部分管经济领域统战工作的副部长担任。完善各级统战部领导工商联党组和指导工商联工作的机制，支持工商联创造性开展工作。

29. 发挥工商联党组领导核心作用。工商联党组要切实履行职责，保证党的理论和路线方针政策、党委决策部署的贯彻落实，把握工商联工作正确方向。健全工商联党组议事规则和决策程序，提高党组科学决策、民主决策、依法决策水平。按照干部管理权限，做好工商联干部人事工作。加强对工商联会员代表大会、执委会、常委会工作的指导，支持其按照工商联章程行使职权、开展工作。正确处理党员干部和党外干部的工作关系，支持工商联主席工作，发挥党外干部作用，搞好合作共事。

各地、各部门要按照本实施意见精神，结合实际制定具体措施，认真贯彻执行。

四、镇江市委办、市政府办《关于促进工商联所属商会改革和发展的实施办法》

镇江市委办公室、市政府办公室
《关于促进工商联所属商会改革和发展的实施办法》
（镇发〔2019〕120号）

工商联所属商会是以非公有制企业和非公有制经济人士为主体，由工商联作为业务主管单位，依照《社会团体登记管理条例》和《中国工商业联合会章程》制定章程并开展活动的社会组织。工商联所属商会(以下简称商会)改革和发展是社会组织管理制度改革的重要内容，是加强和改进非公有制经济领域统战工作的重要举措。为认真贯彻落实《中共中央办公厅、国务院办公厅〈关于促进工商联所属商会改革和发展的实施意见〉的通知》(厅字〔2018〕30号)和《省委办公厅、省政府办公厅〈关于促进工商联所属商会改革和发展的实施方案〉的通知》(苏办〔2018〕69号)精神,结合镇江实际,制定本实施办法。

一、总体要求

以习近平新时代中国特色社会主义思想为指导,全面贯彻党的十九大和十九届二中、三中、四中全会精神,学习贯彻习近平总书记在中央统战工作、中央党的群团工作和民营企业座谈会等会议上的重要讲话精神,认真落实党中央关于推动统战工作向商会组织有效覆盖,发挥工商联对商会组织的指导、引导、服务职能的要求,坚持党的领导,坚持社会化改革方向,坚持分类指导,完善商会职能作用,规范商会自身建设,改进商会管理服务,努力把商会建设成以统战性、经济性、民间性有机统一为基本特征,以促进"两个健康"为主题,以团结、服务、引导、教育为方针,有效承担政治引导、经济服务、诉求反映、权益维护、诚信自律、协同参与社会治理任务的中国特色商会组织。

二、切实加强商会政治引导

(一)突出思想政治引导。坚持党的领导,发挥非公有制经济领域的基层统战组织作用,推动统战工作向商会有效覆盖,组织开展非公有制经济人士理想信念教育实践活动,加强世情国情党情、社会主义核心价值观和优良革命传统、形势政策、守法诚信教育,引导会员树立政治意识、大局意识、核心意识、看齐意识,践行"两个维护",增强对中国特色社会主义的信念、对党和政府的信任、对企业发展的信心、对社会的信誉。建立健全党委、政府和相关部门联系、指导、支持商会工作的机制,确保商会发展的正确方向。(责任单位:市委办公室、市政府办公室、市委组织部、市委宣传部、市委统战部、市发改委、市工信局、市市场监督管理局、市工商联)

(二)加强商会党建工作。在同级"两新"工委领导下,工商联成立总商会(商会)党委,对商会党建归口管理。将党建工作写入章程,符合条件的按党章规定,建立党的组织,推动党的组织和工作全覆盖。新成立的商会应同步建立党组织,暂时不具备组建条件的,上级党组织可通过选派组织员等方式,有效扩大商会党的工作覆盖，组织员由与商会工作和经济工作密切联系的相关部门工作人员兼任。树立党建会建同促共进理念，探索实践功能型党支部建设。推行商会管理层党员和党组织成员双向进入、交叉任职，提倡符合条件的商会会长担任党组织书记，镇(街道)商会可视情由镇(街道)党员干部兼任党组织负责人。注重推荐优秀党组织书记作为各级党代会代表、人大代表、政协委员和劳动模范等各类先进人选。注重把符合条件的商会负责人，尤其是年轻一代企业家吸收到党的队伍中来。(责任单位：市委组织部、市委统战部、市工商联)

(三)做好年轻一代企业家思想政治工作。将年轻一代企业家的培训纳入组织部门培训计划范畴，形成年轻一代企业家培养教育常态化机制。市、县两级组织部、统战部、工商联在非公有制经济人士的政治安排上对年轻一代企业家代表要明确一定的比例。(责任单位：市委统战部、市委组织部、团市委、市工商联)

三、发挥商会职能作用

(四)创新经济服务职能。正确认识把握引领经济发展新常态和产业发展新趋势，引导抢抓机遇，主动适应和推进供给侧结构性改革，加快转型升级。搭建各类公共服务平台，为会员提供融资、信息、法律、技术、人才等服务。探索与政府部门、高校科研院所、金融机构等建立合作互动机制，组织会员参与国家和地方重大工程项目建设，在构建现代化经济体系中发挥作用。加强对产业政策、行业发展规律的研究，参与行业标准制定，在制定推动非公有制经济发展的公共政策或行业发展政策、行业标准、地方标准时，要参与并反映企业意见。(责任单位：市发改委、市科技局、市工信局、市人社局、市交通运输局、市农业农村局、市商务局、市文化广电和旅游局、市卫生健康委、市体育局、市市场监督管理局、市地方金融监督管理局、市税务局、市工商联)

(五)发挥权益维护作用。配合开展常态化经济金融风险排查、重点课题调研、第三方评估等工作，及时反映行业和会员诉求，促进企业发展环境优化。建立法律维权援助机制和商会法律顾问制度，开展法律维权风险点排查，了解和表达企业合理诉求，协调跟踪涉企重大法律问题的处理。建立调解组织，推动完善非公有制经济领域多元纠纷解决机制，将商会调解纳入人民调解工作机制，在组织建设、队伍建设、制度建设、经费保障等方面予以支持，实现商会调解与仲裁调解、诉讼调解、劳动争议调解等调解方式的有效对接。支持企业建立和完善工会组织，引导和推动建立健全行业集体协商制度，推动企业建立与职工的沟通对话和利益协调机制，通过履行集体协商程序调整和规范劳动关系重要事项。(责任单位：市中级法院、市检察院、市人社局、市财政局、市总工会、市公安局、市司法局、市工商联)

(六)强化社会责任担当。开展普法宣传，引导会员依法经营、依法治企、依法维权，推动构建亲清新型政商关系。制定自律公约，探索建立会员诚信制度评价指标、评价办法和会员诚信档案，引领和推动诚信经营的良好社会风尚。组织会员参与光彩事业、公益慈善事业和精准扶贫行动，引导会员自觉履行社会责任。(责任单位：市委宣传部、市发改委、市工信局、市市场监督管理局、市司法局、市总工会、市扶贫办、市工商联)

(七)协同参与社会治理。发挥参政议政作用，向党委政府建言献策。探索在构建和谐劳动关系，提供职业技能鉴定及职业中介服务，涉外仲裁、经济仲裁、劳动仲裁、知识产权仲裁等社会公共服务领域发挥作用。主动承接政府转移职能、参与政府购买服务和有序承办专项工作，参与行业规范、行业评价、行业统计、行业标准等行业管理与协调性服务，涉企资金、产品、项目的申报、评价、认证、评优等工作，以及承办招商引资、项目对接等专项工作。(责任单位：市委统战部、市发改委、市科技局、市工信局、市人社局、市交通运输局、市农业农村局、市商务局、市卫生健康委员会、市文化广电和旅游局、市市场监督管理局、市地方金融监督管理局、市税务局、市工商联)

四、提升商会建设水平

(八)健全商会法人治理体系。建立健全由会员大会(会员代表大会)、理事会(常务理事会)、监事会(独立监事)组成的法人治理结构，形成科学高效、规范有序的运行机制。严格依法依章开展活动，完善以章程为核心的财务、档案、文件等内部管理制度和专业委员会等运行机制。坚持依法登记、依法办会、依法监管，实行民主选举、民主决策、民主管理。(责任单位：市工商联、市民政局)

(九)加强领导班子队伍建设。选优配强领导班子，严格按照“三强一好”

的标准选人用人。会长应由思想政治强、行业代表性强、参政议政能力强、社会信誉好并热爱商会工作的非公有制经济人士担任。秘书长应熟悉统战工作和经济工作,具有较强的综合协调和落实执行力。监事(长)应切实履行监督职责,商会负责人、理事和财务人员不得兼任监事(长)。监事(长)和秘书长均不得与会长来自同一单位。将商会人才培养纳入全市人才队伍建设规划,制定商会专业人才培训计划,提高商会工作人员专业化水平。(责任单位:市委统战部、市委组织部、市民政局、市人社局、市工商联)

(十)完善商会透明化管理制度。健全财务管理和信息公开制度,严格执行民间非营利组织会计制度和国家规定的财务管理制度,实行财务独立核算。商会会费收取使用、处置等应符合国家有关规定和商会章程程序。自觉实行信息公开,向会员公开年度工作报告、第三方机构出具的报告、会费收支情况以及其他有必要公开的信息,向社会公开登记事项、章程、组织机构、财务资产、接受捐赠、信用承诺、政府转移或委托事项、可提供服务事项及运行情况等,按价格部门要求公示各项收费的项目、依据、标准等,自觉接受会员和社会各界监督。(责任单位:市财政局、市民政局、市工商联)

(十一)激发商会活力。按照班子建设好、团结教育好、服务发展好、自律规范好的"四好"标准规范商会工作、提升可持续发展能力。壮大会员队伍,优化会员结构,注重进步性、代表性、广泛性相结合,不以资产规模设置入会门槛,扩大会员覆盖面。密切与各部门和社会组织的联系,通过联席会议机制等方式推动商会间的交流合作,为商会会员拓展更多服务渠道,创造更多发展机遇。(责任单位:市工商联、市民政局)

(十二)发挥企业家主体作用。调动会员参与商会事务的积极性,切实发挥企业家特别是会领导班子主体作用,鼓励会员领办承办大事要事,担当主角、扛起主责,并作为履职评价的重要内容。对履职较好的会员,应大力予以宣传表彰,并向上级工商联进行推荐,形成示范带动效应,提升商会凝聚力向心力。(责任单位:市委统战部、市工商联、市委宣传部)

五、加强和改进工商联的指导、引导和服务

(十三)进一步理顺关系。在党委和政府的领导下,异地商会和经济类综合性商会由工商联作为主管部门归口管理。鼓励符合条件的新组建的、脱钩的协会商会以团体会员加入工商联。工商联加强对镇江在外地商会的联系、服务。建立健全行业协会商会改革发展机制，解决工商联所属商会不脱钩等政策举措，工商联与所属商会的联系不断，党建工作力度不减，指导、引导和服务的职能不变，继续履行管理职责，确保商会正确的办会方向。(责任单位：市发改委、市民政局、市工商联、市委组织部、市委统战部)

(十四)履行指导、引导和服务职责。工商联作为推动商会改革发展的具体实施部门，切实履行主管单位职责。对商会会长、监事(长)、秘书长等班子成员人选进行任前考察、备案和履职考核，对会长人选开展综合评价。实施商会年度工作目标评价，组织会长述职活动，对先进集体和个人予以宣传褒奖，对不能正确履职的人选及时进行调整。制定商会日常管理办法，实行重要事项事前审批和报告制度。加强对商会的工作监督指导，协助有关部门查处违法违规行为。建立会领导和机关处室联系商会制度，常态化指导商会建设发展。建立商会退出机制，根据商会自身建设和作用发挥情况，实行动态管理。(责任单位：市委统战部、市工商联、市民政局)

(十五)加大商会培育组建力度。科学制定商会发展规划，持续加大在新兴产业、新兴业态、新经济领域中培育商会组织，使商会组织覆盖经济社会发展的各重点行业和领域。加大对有效承办政治引导、经济服务、诉求反映、权益维护、诚信自律、协同参与社会治理等职能方面专项工作的商会的支持力度。切实解决市、市(区)两级工商联实际困难和问题，为推进商会改革发展提供组织保障。(责任单位：市委统战部、市工商联、市委组织部、市编办、市财政局)

六、改进对商会的联系服务方式

(十六)支持商会依法登记。依照相关登记管理法规，加强对商会的登记审查、监督管理和执法检查，对符合条件的各级各类商会(含镇、街道商会，园区商会)给予登记。(责任单位：市民政局、市委统战部、市工商联)

(十七)落实相关部门的综合监管。加强对商会使用财政资金情况、执行财务管理制度、资产管理情况、纳税情况和非营利性业务开展和工作人员权益保障、收费及价格行为、金融账户和资金往来等行为和情况的监督、监测、指导。

行业管理部门要加强对商会的行业指导，履行好相关监管责任。(责任单位：市发改委、市财政局、市税务局、市审计局、市人社局、市地方金融监督管理局、各行业管理部门、市工商联)

(十八)完善扶持政策。完善和落实财税、金融等政策，支持工商联及商会承接政府转移事项、参与政府购买服务、依法进入公共服务行业和领域、承办专项工作。将商会纳入公共信息平台统一管理，共享必要的行业信息和数据。(责任单位：市委办公室、市政府办公室、市财政局)

(十九)建立健全部门沟通协调机制。发挥各部门的职能优势，加强资源整合、信息共享，促进围绕商会改革发展各方之间的相互联系和支持。建立日常信息共享机制，各部门共享数据、资料、政策。建立事前征求意见机制，各部门在出台涉及商会组织改革发展、管理等重要文件政策时，事先征求包括工商联在内的相关部门的意见建议。建立联合调研和互相参加重要活动机制，各部门召开事关商会建设发展的重要会议(活动)、组织调研时，视情邀请相关部门共同参与，密切日常互动交流。(责任单位：市委组织部、市委统战部、市发改委、市民政局、市工商联)

七、精心组织实施

商会改革发展事关加强党在非公有制经济领域的领导，事关非公有制经济健康发展和非公有制经济人士健康成长，涉及面广，政策性强，企业关注度高。各地区各有关部门要高度重视，积极谋划，精心组织，认真抓好贯彻落实，探索创新具体举措。各级党委统战部门要在党委统一领导和政府指导支持下，切实发挥统筹协调作用，主动加强与有关部门的联系与协作，推动解决重点难点问题。各级工商联要实际调查研究，对所属商会开展全面摸底和清理整顿，凡列入清理范围或限期整顿不达标的，依法向民政部门申请注销或予以解散。做好政策解读和舆论引导工作，及时总结推广好做法、好经验，有序推动各项改革任务落地落实，确保商会改革发展取得实效。

第三章 工作报告

一、镇江市工商业联合会第六次会员代表大会工作报告及决议

发挥优势求实创新
为实现新时期的历史任务而奋斗
——在镇江市工商业联合会第六届会员代表大会上的工作报告(节录)

陆汝纯

(1989年12月15日)

五年来的主要工作

一、加强自身建设,适应形势发展的需要

协助丹阳、句容恢复工商联组织。为适应改革、开放和建设社会主义商品经济新秩序的需要,经上级先后批准镇江丹阳县(后改为市)、句容县恢复工商联组织。经过积极筹备,在两地县委、县政府的重视和有关部门的大力支持下,丹阳、句容先后于1986年4月和1988年12月正式恢复工商联组织。

吸收部分新会员,使会员结构、领导班子结构开始发生新的变化。根据中共中央统战部关于工商联在大中城市开展吸收新会员试点工作的指示和省工商联1986年1月、1986年12月两次组织工作会议精神,在有关部门的密切配合下,于1987年10月第一批吸收43个新会员;在总结第一批吸收新会员工作的基础上,又于1989年8月吸收第二批新会员28个。截至1989年8月止,镇江共吸收新会员204个。其中企业会员152家,(包括国营企业56家、集体企业89家、“三资”企业7家),团体会员7个,个人会员45名。新会员的加入,不但为工商联带来新的活力,而且开始形成新老会员相结合的新格局,使工商联组织结构发生新的变化。

增加编制,充实力量,健全组织。经上级有关部门批准,镇江工商联的编制由原来的9人增加至19人,丹阳、句容恢复工商联先后给编制10人,市、县(市)

两级先后调进干部18人，充实力量。为适应工作需要，上届代表大会后，工商联与民建市委共同设立办公室、秘书科、业务科、组宣科；以后于1987年改为秘书处、业务处(与民建共同设立)、组宣处(单独设立)。1988年8月，经中共市级机关党委批准，市工商联成立党支部。

发扬自我教育的优良传统，努力提高思想认识。五年来，围绕党和国家的路线、方针、政策和各个时期的中心任务，和民建市委一起组织和推动会员认真学习。1985年，认真贯彻两会第二次常、执委会议关于认真学习和贯彻执行《中共中央关于经济体制改革的决定》的决议，组织部分有活动能力的老会员学习《决定》，通过学习，认识到经济体制改革的必要性、紧迫性，明确改革的方向、性质、任务和方针政策，澄清“发展个体经济会不会导致资本主义”等模糊认识。1987年春和今年4—6月，在首都北京和全国部分城市两次发生的学潮和动乱中，组织部分常、执委和新老会员，学习中央文件及《人民日报社论》，提高认识，明辨是非，为维护安定团结的局面尽一份力量。特别是今年6月以后，通过学习中共十三届四中全会公报和邓小平的几次重要讲话和江泽民在庆祝中华人民共和国成立四十周年大会上的讲话，对北京从动乱到反革命暴乱和全国一些城市动乱的性质、党中央采取的果断措施、对赵紫阳所犯错误的严重性和对他进行组织处理的必要性以及党中央人才人事调整的重大意义、对江泽民讲话中阐明的四个基本结论和十个重要问题等，统一思想，提高认识，明确方向，坚定信心，对党的十一届三中全会的路线、方针、政策，也加深理解。全联提出的“坚定不移跟党走，尽心竭力为四化”的行动纲领，经历历史的检验和这次严重政治斗争的考验。1987年10月以后，组织成员认真学习中共十三大政治报告，提高对社会主义初级阶段基本理论的认识，明确建设具有中国特色的社会主义的指导方针，从而增强信心，提高贯彻执行社会主义初级阶段基本路线的自觉性。

二、参政议政，发挥政治协商、民主监督的作用

参加中共镇江市委召开的民主协商会，就改革开放、“七五”计划、重大人事安排、沿海地区经济发展战略、社会主义精神文明建设以及人民生活中的重大问题，进行协商讨论，提出建议。会员中担任省、市、县(市)、区各级人大代表和政协委员的有34人，履行职责，提出提案和建议。1986年8、9月间，工商联与市民建共同组织10多位老商业工作者，进行座谈，并配合市政协财贸工作组对大西路和中山路商业网点的现状进行视察，共同写成《关于考察市区商业网点的情况报告》，提供城市建设决策参考。从1986年起连续几年，工商联与民建、农工会同市政协医卫组关于中药质量、饮片加工泡制、中药配方及价格进行调查，写出调查报告，引起市政府领导和有关部门的重视。还多次参与市政府组织的市场物价检查，并在城市规划、环境污染、工业布局、春节供应等方面，与有关部门共同进行专题调查，提出许多意见和建议。

三、与市民建密切合作，坚持开展咨询服务和工商专业培训工作

以省两会于1985年4月在苏州召开经济咨询服务工作座谈会为契机，在四个县成立的咨询服务组，健全咨询服务机构，扩大咨询队伍，提供信息服务。1986年初，对经济咨询服务公司变更登记为镇联贸易公司，以后于1988年5月又成立两会经济技术咨询服务部，几年来共完成咨询项目14个，参加人数达123人次。特别注重对革命老区、乡镇和县办企业的支援，如：协助茅山老区茅山镇小学校办工厂解决部分原材料；派员至官塘乡农机具厂驻厂咨询，帮助其改善企业管理、提高技术、引进产品；与市铸钢厂挂钩更名为镇江桥钢分厂，使该厂很快扭亏为盈；协助郊区二七大队创办年产1000吨的酱油厂，后又帮助该厂生产香腊，扩大生产，解决当地群众生活需要；1986年4月，帮助下蜀食品厂解决包装技术等问题；1987年4月，协助句容县供销社筹建造纸厂，取得较好的经济效益等等。发挥工商联组织在全国的网络优势，为振兴地方经济作出贡献，如：为镇江锚链厂搞5000吨钢材，协助大东造纸厂解决双长网造纸机原料600吨，协助麻油厂解决部分芝麻，协助石油公司解决部分石油，帮助丹阳强华纺织厂解决积压产品销售问题等等。1985年6月，开始创办《信息咨询》，到1989年10月止，共刊印17期，发至751单位，涉及28省300多市县。加强横向联系，提供信息服务。

为响应党中央“广开学路，多方办学”的号召，两会于1984年10月开办中华职业进修学校，1986年新建校会299.53平方米，修理教工办公用20平方米。遵照两会中央“扬长避短，拾遗补缺，稳步前进，讲求实效”的办学方针，从开始时的文化补习到进行就业前及在职职工的专业培训，三年制的营业员职高班，到1989年8月底，共开设45班，学员2000人次，已结业1400次。为提高职工素质作出一定贡献，收到良好的社会效益。1987年5月被评为市职工教育先进集体。

四、随着祖国统一事业的发展，“三胞”联谊工作迈出新步伐

五年来，按照“立足国内，面向海外”的方针，在学习贯彻党中央(86) 17号文件，开展多种形式的“三胞”联络活动。通过座谈会、节日联欢会、请去港澳及海外的人介绍情况等方式，广交朋友，联络感情。1985年6月接待香港裕华国货公司余连庆率领的GJ4488重点团一行26人，来镇参观访问；1987年10月接待香港观塘区工商业联合会副会长胡国祥为团长的访问团一行17人来镇观光。通过访问与交流，增进相互了解，加强同港澳工商社团的联系，产生良好的政治影响。此外，牵线搭桥，为镇江锚链厂与台湾中国钢铁厂交流产品资料。

五、开展各项经济活动，为会员服务，为振兴地方经济服务

发挥组织网络优势，组织会员参加横向联系与交流。1987年组织镇江搪瓷厂去山西大同参加名优产品展出技术扩散会；组织轻工机械厂、江奎电子有限公司参加全国工商联首届产品展览会。1988年3月、9月及今年8月三次组织部分(20家)新的企业会员参加华东六省一市工商联商品交易会，成交额共达167.9万元。此外，还先后为镇江铸钢厂联系参加上海经济区石油化工机械设备集团，帮助该厂联系落实废钢2400吨，解决部分生产原料；为镇江轻工机械厂联系参加上海经济区轻工机械集团。

自办经济实体，为活跃市场，安置待业青年，拓宽为企业会员服务的路子作出一定的努力。在1983年6月试办建联商店的基础上，以后又陆续创办镇联贸易公司(在1989年5月因调整经营范围而申请停业)，与常州、江阴工商联联办三联纸张开发公司。建联商店先后安置待业青年16人，先后被市政协、市劳动服务公司授予先进集体的光荣称号。近五年来，自办企业总营业额达到1930.3万元，实现利税87.17万元。

代表会员合法利益，反映他们的意见与要求，沟通会员企业与政府的联系。1988年初，与有关部门共同召开“三资”企业座谈会，了解投资环境和落实优惠政策等方面存在的问题，向政府反映。通过召开在治理整顿中企业遇到哪些困难和问题的专项座谈会及对私营经济、三资企业的专题调查，向上级组织及政府反映他们的意见与要求。丹阳工商联曾先后9次召开城乡企业新会员座谈会，300余名厂长、经理出席会议，了解他们在优惠政策落实、引购机械设备和原材料，企业产值和利润同步增长、蚕茧收购等方面存在的问题，并向丹阳市政府写书面报告。

继续做好为老会员服务的工作。近五年来，除协助党和政府继续做好落实私房、在查抄财物等政策遗留问题外，协助党和政府了解、联系、落实六十年代原工商业者下放未收回人员的定期生活费问题，“文革”期间下放原工商业者的工资补发问题，以及参加公私合营人员死亡后的家属生活定期补助问题等。

六、与市民建密切合作，推动两会妇委会为两个文明建设作贡献

五年来，两会妇委会配合政协妇幼组，在有关部门的支持下，做大量的工作。如举办儿童家长学校和“家庭教育”讲座，宣讲幼儿保健知识及科学喂养等，听讲人数达960多人次；向部分街道托儿所、幼儿园在六一儿童节时赠送玩具及食品，赴丹阳丹凤乡对41名儿童进行保健体检，受到社会的好评。1986年4月，组织人员对京口区49名少年犯的犯罪因素进行调查，并写成书面报告，受到有关部门的重视与赞扬。

七、老会员生活互助金工作和文史工作

镇江的工商界生活互助金在1978年12月解冻时金额为21098.26元，加上补发1966年三季度前生活互助金额(按定息10%计)为3471.93元，两项合计为24570.19元。截至1982年底结余14329.42元，至1986年底已全部用完。在省工商联的关怀和支持下，自1985年到今年6月底止，共拨款10900元(不含四县(市))。根据省工商联工商界生活互助金管理委员会1986年12月5日会议纪要第五条规定，对少数互助金结余不多或将用完的市、县工商联，如已办企业的，可在企业利润留成中适当提一部分。根据互助金使用的精神，镇江自1987年起到今年6月止，从自办企业利润留成中共拨款7000元，省、市两级共拨款17900元，加上1982年底结余部分和1983年来利息款2020.15元，国库券与利息496元，共计金额为34745.57元。自1983年至今年6月止，共补助退休人员、遗孀、慰问等1551人次，其中退休人员461人次，遗孀786人次，慰问157人次，其他147人次)，总金额为33907.10元，(其中包括1983年其他支出1000.30元)。截至今年6月底，尚结余838.47元，国库券600元。通过工商界生活互助金工作，为部会成员排忧解难，体现组织的关怀和温暖。

地方志中的工商联会志初稿已完成。五年来，收集和撰写工商史科约11.6万字，有的已被《镇江文史资料》《镇江日报》采用。

五年来的工作体会

一、工商联要紧紧依靠党的领导

二、努力学习，正确理解新时期工商联的性质、地位和作用，是我们做好工作的前提

三、加强团结，是搞好工作的重要保证

四、寓统战工作于经济工作之中，把开展为经济建设服务同参政议政、同对“三胞”开展经济交往与为祖国统一服务很好地结合起来

对今后工作的建议

一、学习和贯彻党的十三届四中、五中全会精神和邓小平、江泽民的重要讲话，切实加强思想政治工作

二、参政议政，更好地发挥政治协商、民主监督的作用

三、团结新老会员，发挥工商联的优势，为改革开放和振兴镇江经济服务

四、代表会员的合法利益，反映情况。协调关系，沟通会员与政府的联系

五、大力开展海外工商经济界人士，工商社团的联谊工作，为振兴中华和实现祖国统一服务

六、努力加强自身建设与改革，以适应形势发展的需要

七，继续做好妇女工作、文史工作、互助金的工作及其他各项会务工作，努力办好“老年之家”

镇江市工商业联合会第六届会员代表大会决议

镇江市工商业联合会第六届会员代表大会，于1989年12月14日至16日在镇江市召开。这次大会是在制止动乱和平息发生在北京的反革命暴乱取得决

定性胜利之后，举国上下正在认真学习江泽民在建国四十周年庆祝大会上的重要讲话和党的十三届四中、五中全会精神，坚决贯彻落实《中共中央关于进一步治理整顿和深化改革的决定》，我国的改革和建设进入一个新的历史发展阶段的关键时刻召开的。全体会议代表怀着高度的政治责任感和主人翁精神，围绕工商联在新形势下，如何坚定不移地执行治理整顿和深化改革的方针，如何配合党和政府努力实现国民经济持续、稳定、协调发展以及围绕会员所关心的重大问题，进行讨论，畅所欲言，各抒己见。整个会议充满民主和谐、团结奋进的气氛。

中共镇江市委副书记王云海代表市委、市政府到会祝贺并作重要讲话，肯定市工商联五年来对繁荣镇江经济、促进镇江工商经济发展作出贡献，并希望在镇江今后的改革开放和经济建设中，继续发挥工商联的人才和网络优势，参与镇江重大决策的协商、监督，利用同海外工商社团的联系，促进镇江外向型经济的发展等方面发挥更大的作用。王云海副书记的讲话，体现市委、市政府对工商联工作的关怀和重视，使全体代表倍感亲切，深鼓舞。

会议期间，全体代表认真学习中共十三届四中、五中全会精神；听取朱仁和关于省工商联“五大”会议精神的传达，听取并审议陆汝纯代表第五届执行委员会所作的工作报告。

大会认为，在过去的五年中，第五届执行委员会围绕改革开放的总方针，无论是在发挥工商联的统战性、经济性、民间性的职能方面，还是在促进各项会务工作的开展和努力加强工商联的自身建设等方面，都做大量的工作，取得较好的成绩。大会同时认为，工作报告所提出的关于今后工作的建议，是符合新形势对工商联工作要求的，是切实可行的。大会对第五届执委会五年来的工作，表示满意，并同意它的工作报告。与会代表，还对过去工作中存在的问题和今后的工作，提出许多中肯的批评意见和有益的建议。对于这些意见和建议，大会要求第六届执委会及其常委会认真研究，加以改进。

大会经过酝酿和民主协商，选举产生镇江市工商业联合会第六届执行委员会。第六届执行委员会第一次会议选举第六届执行委员会主任委员、副主任委员、秘书长和常务委员；推举第六届执行委员会主委级顾问、特约顾问、常委级顾问。大会向支持新老合作交替、主动让贤、扶助新人的老同志致以崇高的敬意！

大会号召全市各级工商联组织和全体会员，以中共十三届四中、五中全会公报和江泽民在建国四十周年庆祝大会上的重要讲话为指导，继续发扬与党风雨同舟、同心同德的光荣传统，满怀信心，振奋精神，在中共镇江市委和市政府的领导下，在省工商联的指导下，高举社会主义、爱国主义两面旗帜，围绕经济建设这一中心，坚持四项基本原则，坚持改革开放方针，珍惜和维护安定团结的政治局面，发扬自我教育的优良传统，努力加强自身建设，团结奋进，务实创新，为把工商联建设成为具有中国特色的对内对外商会，为振兴镇江、繁荣经济，为夺取治理整顿、深化改革的胜利和实现祖国和平统一大业而做出新的贡献！

二、镇江市工商业联合会第七次会员代表大会工作报告及决议

发挥统战组织和民间商会的双重作用
为建设有中国特色的社会主义事业而奋斗
——在镇江市工商业联合会第七届会员代表大会上的工作报告(节录)

朱仁和

(1993年11月11日)

一、四年工作的回顾

(一)贯彻中央15号文件，实现组织结构的初步调整

在贯彻落实中央15号文件中，按照省工商联的统一部署，工商联结合自身的实际，制订以“学好文件，统一思想，因地制宜，实事求是，平稳过渡，分步到位”为指导思想的工作规划，并从思想政治教育入手，组织、推动广大会员和驻会干部认真学习中央15号文件，学习邓小平建设有中国特色的社会主义理论，学习党的十四大精神，使全会上下认清形势，统一认识，明确任务，消除疑虑，振奋精神，增强机遇感、紧迫感和使命感，提高信心。

贯彻中央15号文件后，工商联新会员队伍壮大，非公有制经济成分已显著增加。四年来，全市(含四县〈市〉)各工商联组织共吸收新会员666户(名)，其中企业会员342户(国有企业会员126户，集体企业会员85户，非公有制企业会员131户)，个人会员316名(私营、“三胞”企业投资者12名，个体工商户234名，有关部门人员44名，其他26名)，团体会员8个。连同现有的原工商业者老会员835名，全市共有新老会员1501户(名)，一个以非公有制经济成分为会员主体的组织结构已初步建立。

在地方党委、政府的高度重视下，全市四县(市)级工商联组织已全部恢复和换届，会员网络趋于健全，并逐步向乡镇发展。经市委批准，中共镇江市工商业联合会党组已于92年2月设立，这为加强党的领导，贯彻党的方针政策，坚持正确的会务方向，发挥自身作用提供政治上和组织上的保证。

(二)认真履行政治协商和民主监督职责，参政议政

工商联坚持执行中国共产党领导的多党合作和政治协商制度，围绕深化改革，扩大开放、搞好经济建设和端正党风，严肃政纪，促进精神文明建设等方面，开展调研工作，发挥参政议政作用。在出席市委“双月座谈会”、列席市政府组成人员会议、参加市政府“对口联系座谈会”和市政协召开的各民主党派、工商联负责人协商会时，就镇江中心工作，负责地发表意见，提出建议。此外，工商联会员担任各级人大代表、政协委员的80位同志，在参政议政中全都本着肝胆相照、荣辱与共的精神，认真履行职责，坦诚地提出提案.为改革开放和发展经济献计献策。四年来，围绕如何深化流通领域改革、搞活大中型企业、加强商业网点建设、改善城市管理和促进非公有制经济健康发展等问题，工商联开展一系列调研活动，并在七届市政协及有关会议上相应提出《关于组建同业公会，加强行业管理的意见》《关于开发南门大街东片区为小商品市场的建议》《搞活流通，发展经济——关于搞活镇江商品流通工作的几点建议》《加强法制，综合治理，努力改善交通秩序的意见》、《继往开来，肩负起新的历史使命，引导和推动镇江非公有制经济健康发展》等专题发言与提案。先后组织撰写《集体提案是提高提案质量的有效途径》、《工商联开展调查研究工作的思考》和《论工商联在经济统战中的作用》等论文，提交全市统战系统理论研讨会进行交流。同时，多次参加市委、市政府组织的党风党纪大检查、税收财务物价大检查、城市卫生大检查和行风行规建设大检查，并派员受聘担任党风联络员与特邀监察员，努力发挥民主监督的职能作用。

（三）发挥自身的优势与作用，热心为经济建设服务

为切实帮助会员企业疏通经营渠道，拓宽购销途径，扩大业务成果，先后组织近百家工商企业参加历届“华东六省一市工商联商品交易会”和“上海工商联名、特、优商品展销会”“江汉平原商品物资交易会”“全国工商联会员企业名、特、优、新商品博览会”“哈尔滨冰雪节交易会”以及武汉、杭州、西安等地工商联主办的“会员企业商品展销会”等国内规模较大的商品交易活动，推动企业的商品销售。根据企业的困难和要求，主动与市经委、市纺工局、市电子工业局等部门联络和合作，共同为纺织系统的11家企业与电子系统的江奎公司多次组织举办产品展销会，在扩大地产品销售，及时处理积压产品，加速资金回笼，搞活商品流通上取得良好效果，受到社会和会员的称赞。另外，于92年春夏之交，组织21家企业，汇集百余种名优产品，在深圳“海上世界”举办为期60天的“92镇江名、特、优、新产品展示交易会”。

帮助会员企业排忧解难。私营企业镇江长虹通讯技术研究所与香港国际贸易有限公司进行中外合资项目洽谈后.在办理国内立项、审批手续遇到困难时，市工商联及时到政府有关部门，为其反映情况与要求，依据政策，协调关系，终于使该项目得到迅速落实，使镇江的私营企业中出现第一个与外商合资的企业——镇江凯声电讯技术有限公司；镇江麻纺厂是镇江纺织行业中一家亏损较严重的企业，为帮助其改善经营，扭转亏损局面，工商联组织力量开展调研活动，从宏观失控、原材料上涨、质量下降和未能把握市场动向等方面全面分析该厂亏损的原因，并通过调查报告提出几点扭亏措施，这些建议得到厂方和政府有关部门的首肯和重视。

工商联与市民建会共同创办的镇江市中华职业进修学校，经批准已于1991年11月更名为镇江市中华职业学校。该校自创办以来，坚持为社会服务、为企业输送合格人才的办学方向，结合工商企业对专业性适用人才的实际需要，狠抓教学，注重质量，运用定向培训与多种教育形式，相继开办幼师、营业

员等专业的全日制职高班和中短期职业培训班。已累计开设51班次，学员达2450人次，其中2000多人走上工作岗位，许多品学兼优的学员已成为企业的业务骨干和技术能手。该校为经济建设培养、造就人才的工作，一直深受社会和用人单位的欢迎与好评，92年又被市政府授予“先进集体”光荣称号，被市教育局正式列为有发证资格的学校。为加强学校管理，提高办学能力，鼓励学员钻研，还成立校董会，投资6万余元扩建校舍和设立“李友芳奖学基金”。

从适应改革需要和深化经济服务的根本目的出发，工商联于1991年4月在市有关部门支持下建立镇江市百货业同业公会。该会成立后，坚持为企业、为政府、为社会服务的宗旨，勤于开拓，重在务实，扩大服务领域，提高服务覆盖面，围绕沟通政企联系、协助行业管理、促进信息交流、推动企业购销、协调同行关系、增进企业协作、开展咨询培训、兴办经济实体等方面，扎扎实实地开展很多经济服务活动，为行业和企业的经济工作带来较好的社会效益和经济效益，被评为省级先进集体。

为活跃市场，服务经济，加快发展自办企业的步伐，创办“镇江市工商经济开发公司”，并与镇江纸箱厂合作，共同开办“镇江市商会俱乐部”，还支持百货业同业公会创建“镇江市百货行业经济服务部”。

（四）增进与“三胞”的交往，巩固和发展联络工作

四年来，工商联发挥民间团体的作用，加强与港澳台胞、国外侨胞中的工商社团及工商界人士的联络，协助企业引进资金和技术，推动镇江外经工作和统战工作的发展。市工商联先后热情接待来访的海外工商界人士9批37人次，其中包括香港鸿图行总经理刘汉良和王翠凤女士、香港中华总商会副会长何世柱、香港观塘工商业联合会永远名誉会长杨孙西和会长胡国祥、江苏省旅日大阪华侨同乡会名誉会长许朝坤等知名人士。90年4月，工商联六届二次执委会还增选胡国祥为副主委，加深发展同香港观塘工商联的友好关系。92年10月，应香港观塘工商业联合会的邀请，市工商联主委陆汝纯赴香港进行访问，看望一批工商界的老朋友，结交一批经济界的新同仁，并同包括香港、台湾、菲律宾和北京、江苏在内的国内外30家商会(工商业联合会)签订缔结友好商会的协议。

结合镇江举办的历次经贸洽谈会、商品交易会、“金山之光”艺术节、“三国名城”旅游观光活动等大型活动，工商联多次向海外“三胞”和工商界朋友寄发资料和邀请书，宣传国情，介绍镇江，邀请他们来镇江与会洽谈，观光考察，探亲访友，投资办企业，为促进镇江对外开放与经济贸易的发展出力。此外，还利用圣诞、新春、中秋、国庆等佳节之际，组织会员中的“三胞”亲友开展座谈、联欢活动，宣传党和国家的方针政策，介绍镇江改革开放的形势和经济建设的新成就，通过他们动员海外亲友为祖国的统一昌盛和发展家乡多作贡献。

在同海外工商社团及工商界人士联络交往中，市工商联很重视引介他们与镇江的工商企业发展经济合作，通过热心主动地工作，促成香港维京印刷有限公司与镇江纸箱厂合资创办我省纸箱行业首家合资企业——镇江京祥包装印刷有限公司的项目，为帮助企业利用外资，引进先进生产技术，发展外向型经济发挥出自身的作用。

在注重加强与国内兄弟工商联（商会）之间的友好交往活动中，先后接待30个市、县工商联的38次来访，巩固、发展同全国36个城市工商联组织建立的工作情况和工商信息的交流关系。四年来，工商联先后组团25次，赴7个省（市）的17个城市工商联进行走访，并同九江市工商联结成友好商会。

（五）深化老会员服务工作，搞好文史会史的编纂

工商联很关心和重视老会员的服务工作，围绕老会员的学习和生活，始终坚持从老年人的特点和兴趣出发，经常组织开展形式多样的讲座、参观、游览和文娱活动，使老会员老有所学、老有所乐。对经济确有困难的老会员及遗孀，从工商界生活互助金和自办企业的留利中拨出款项，给予定期或不定期的补助和节日慰问。四年里共补助、慰问569人次，累计发放2.6万余元。91年镇江遭遇百年未见的特大洪涝灾害后，工商联和各县（市）组织的负责同志还亲自分赴灾区，慰问受灾老会员46户，发放慰问救济款4千余元，使他们危难之时感受到党的恩泽和组织的温暖。

工商联的文史工作也取得较好的进展，参与编纂《纪念陆小波文集》，经搜集、整理出的工商史料中，已有20多篇先后刊入《镇江文史资料》。还同省市政协、省市统战部、省市工商联、民建等八个部门联合举办原省政协副主席、省工商联、民建副主委、市工商联、民建主委陆小波诞辰110周年的纪念活动。

二、适应新形势，肩负起新的历史重任

(一)经济体制改革的深化，需要工商联加以联系、协调、配合和服务

(二)对外开放的扩大，需要工商联加以推进、引介、参与和协作

(三)非公有制经济的存在和发展，需要工商联加以团结、帮助、引导和教育

三、扎实工作，为建设有中国特色社会主义事业作贡献

(一)加强思想政治工作，解放思想，坚定信心，始终不渝地走中国特色的社会主义道路

(二)完善自身建设，调整结构，增强实力，加紧建立适应新形势的会务机制

(三)坚持政治协商制度，量视调研，诚抒己见，参与设市社会主义民主政治的建设

(四)利用商会优势，勤于务实，热心服务，为市场经济的发展和镇江的崛起作贡献

(五)强化统一战线工作，广泛交友，增进联络，促进“一国两制”、和平统一祖国大业的实现

(六)继续做好老会员工作，重视发挥老会员的作用

镇江市工商业联合会第七届会员代表大会决议

镇江市工商业联合会第七届会员代表大会于1993年11月16日至18日在市工人文化宫举行。这次大会是在中国共产党十四届三中全会胜利举行、全国上下掀起学习《邓小平文选》第三卷的热潮、工商联组织正在贯彻落实党中央的有关文件与全国工商联七大会议精神的形势下召开的，是工商联历史上具有重要意义的一次盛会。

大会认真审议朱仁和代表第六届执行委员会所作的《工作报告》。一致认为，《工作报告》对过去四年的回顾是实事求是的；有关今后工作的思路与建议也是切实可行的。大会原则同意这个报告。

大会选举产生镇江市工商业联合会第七届执行委员会。第七届执行委员会第一次会议选举第七届执行委员会会长、副会长、秘书长和常务委员。

大会期间，与会代表怀着高度的责任感和历史使命感，围绕大会的各项议题，进行认真、热烈的讨论。一致认为作为中国共产党领导下的具有统一战线性质的人民团体和民间商会的工商联，面对新形势下的要求、任务、目标，适应形势，抓住机遇，以经济建设为中心，弘扬工商联爱国、敬业、守法的光荣传统，坚持团结、帮助、引导、教育的工作方针，加强工商联的自身改革和建设，大力强化服务意识，增加服务功能，扩大服务范围，提高服务质量，提高对会员的凝聚力与吸引力，在实践中丰富与完善工商联的职能，发挥党和政府联系非公有制经济代表人士的桥梁和助手作用，参政议政，为建设镇江，发展经济献计出力，开创工商联工作新局面，不辜负党和政府的厚望重托。

大会要求全市各级工商联组织和全体会员认真学习《邓小平文选》第三卷和党的十四大文献，贯彻《中共中央关于建立社会主义市场经济体制若干问题的决定》和全国统战工作会议精神，用邓小平建设有中国特色社会主义理论武装头脑，自觉坚持党的“一个中心、两个基本点”的基本路线，适应形势，解放思想，齐心协力，扎实工作，发挥工商联统战组织和民间商会的优势，为两个文明建设既快又好地发展而努力奋斗。

三、镇江市工商业联合会第八次会员代表大会工作报告及决议

同心同德、团结奋进
为开创工商联工作新局面而努力奋斗
——在镇江市工商业联合会第八次会员代表大会上的工作报告(节录)

朱仁和

(1997年7月29日)

一、七届以来面临的形势

市工商联七届工作是处在我国加快改革开放和现代化建设步伐，夺取有中国特色社会主义事业更大胜利的关键时期，我国各族人民紧密团结在以江泽民为核心的党中央周围，全面贯彻、认真落实邓小平视察南方重要谈话和党的

十四大精神，加大改革开放步伐，加速建立社会主义市场经济体制，促进国民经济和社会事业持续、快速、健康发展，成为全国工作的中心，在这个新形势下，中共中央根据建设有中国特色社会主义的基本理论与基本实践，重申党对非公有制经济的基本方针和政策，分析工商联的历史和现状，明确工商联是中国共产党领导下的统一战线性质的人民团体和民间商会的地位，肯定工商联作为党和政府联系非公有制经济人士的桥梁、政府管理非公有制经济的助手等方面的作用，提出新时期工商联的主要任务、职能和工作重点，赋予工商联通过“团结、帮助、引导、教育”工作，在非公有制经济代表人士中培养一支坚定跟党走的积极分子队伍，并带动整个非公有制经济沿着社会主义市场经济轨道更好发展的光荣历史使命。贯彻好中央(91)15号、省委(92)13号、市委(96)6号文件精神，努力适应会员主体变化的需要，适应建立和完善社会主义市场经济体制的需要，适应做好非公有制经济代表人士思想政治工作新任务的需要，坚持为改革开放和现代化建设服务的根本宗旨，坚持为国家服务、为社会服务、为会员服务的基本方向，创造性地开拓政务、会务、商务工作，实现工作重点转移，切实履行好政治团体和商会组织双重职能，加强工商联的自身建设，是新形势摆在我们面前的重要任务。

为更好地担负新时期党赋予工商联的历史任务，市工商联坚持解放思想，推进改革，克服困难，锐意进取，努力适应工商联工作职能和工作方法的转变，使工商联组织在社会主义市场经济体制形成和发展过程中，想全局，抓目标，干实事.发挥自己的优势和特点，把工商联“双重”任务落到实处，开创工商联工作的新局面。

正确认清形势，大力转变职能。努力提高非公有制经济是社会主义经济一个组成部分的思想认识，宣传非公有制经济的作用和贡献，为非公有制经济的发展创造适宜的舆论环境和适度的政策环境，从组织上适应、思想上跟上、工作上保证，措施上逐步到位等方面转变工商联职能，强化非公有制经济人士的工作，在他们中间培养一支骨干力量，并通过他们带动整个非公有制经济沿着社会主义市场经济轨道更好地发展，使工商联真正起到党和政府联系非公有制经济人士的桥梁作用和管理非公有制经济的助手作用。

努力适应形势，强化服务功能，抓住机遇，研究和探索民间商会的指导职能、服务职能、联系与协调的职能，在社会主义市场经济形成和发展过程中，做好民间商会工作，通过开拓新的工作思路，探索新的工作领域，充实新的工作内容，创造新的工作方法，增强服务意识、强化服务功能，拓宽服务领域，提高服务质量，履行工商联的职能，担负历史赋予工商联的使命。

积极把握形势，开拓新的局面，结合自身实际，抓住主要矛盾，针对薄弱环节，找准工作的突破口，及时调整工作思路，提出工作的规划和实施意见；正确把握工商联工作的政治方向，坚持统战性、经济性、民间性辩证统一观点，以统战性为主要属性，以经济性为主要载体，以民间性为主要特点，发挥工商联的政治优势和作用；建立适应工商联主要任务的工作运作机制，加速工商联职能调整、组织体系建设和经济服务工作的落实：确立“以参政议政为主体、以经济服务为根本、以对外联络为渠道、以民间方法为手段、以自身建设为基础、以思想工作为动力”指导思想，大胆实践，勇于探索，真抓实干，团结奋进、推动工商联政务、会务、商务等各方面工作迈上新的台阶。通过广大会员和各级工商联的努力，七届市工商联工作有长足发展，得到各级领导的肯定，首次被评为省工商联系统先进集体，为在新时期做好市工商联工作奠定良好的基础。

二、主要工作的回顾

（一）认真学习邓小平建设有中国特色社会主义理论，强化思想道德教育，广大会员政治觉悟日益提高

市工商联从维护改革、开放、稳定的大局出发，大力发挥党和政府联系非公有制经济代表人士的桥梁作用，切实贯彻“团结、帮助、引导、教育”的方针，始终把会员和驻会人员的政治理论学习与思想道德教育摆在工作的突出位置，密切结合非公有制经济人士的思想现状和建立积极分子队伍的实际要求，坚持以理论学习为先导，以思想建设为重点，以加强非公有制经济代表人士的社会公德、职业道德和家庭美德教育为目标，大力倡导社会主义精神文明，促进非公有制经济健康发展。认真组织新老会员、驻会干部和非公有制经济代表人士学习《邓小平文选》和党的十四届三中、四中、五中、六中全会精神、学习中央《关于国民经济和社会发展“九五”计划和2010年远景目标纲要的建议》，学习中央《关于加强社会主义精神文明建设若干重要问题的决议》学习党和国家领导人的重要讲话和时事政治，努力提高对党的方针、政策的理解和贯彻执行的自觉性，为在社会主义市场经济条件下促进非公有制经济健康发展，努力完成新时期工商联历史重任，工商联各级组织还有计划地安排学习社会主义市场经济知识和国家的有关政策法规，学习各级党委加强工商联工作的文件与指示，将思想政治教育与促进改革开放和经济建设，与贯彻中央(91)15号文件，做好工商联工作，与适应社会主义市场经济要求，为地方现代化建设事业作贡献紧密结合，做到思想教育与贯彻《爱国主义教育实施纲要》、与增强会员综合素质、与建立非公有制经济积极分子队伍和推进光彩事业同步进行。丹徒县等工商联通过举办报告会、座谈会、研讨会和组织培训、参观、考察等形式多样、主题鲜明、内容丰富的活动，组织政治教育，开展法制教育，抓好形象教育，使大家深刻领会邓小平建设有中国特色社会主义理论对于我国现代化建设事业的重要指导意义，正确认识到非公有制经济今天能成为国民经济的必要补充、自己事业能在短时期内取得较大成绩，完全得益于党和国家制定的符合我国国情的"共同发展多种经济成分"的方针和"允许一部分人先富起来"的政策，从而端正思想，提高认识，坚定信心，激发创业热情，自觉坚持党的基本路线，"爱国、敬业、守法"，"致富不忘国家、发财不忘社会"努力投身地方经济建设，为发展社会主义市场经济建功立业。由于市工商联各级组织强化思想政治建设，各地工商联都已分别建立起一支坚决拥护党的领导、能与党亲密合作的非公有制经济代表人士积极分子队伍，在巩固和发展爱国统一战线和社会主义现代化建设事业中发挥较好作用。

(二)为镇江经济建设和社会主义民主政治建设献计出力，参政议政的总体水平明显提高

1.参政议政力量日益增强。在市委的重视关心下，工商联界别的市政协委员、常委的数量有增加；一些非公有制经济代表性人士经工商联推荐进入各级政协组织；市工商联的会长被增选为市政协副主席；部分会领导还成为市参政议政协调组成员，并被市委、市政府有关部门聘为特约监督员，随着基层组织建设的快速发展，许多非公有制经济人士走上乡镇(街道)分会的领导岗位，使得工商联在政治协商、参政议政、民主监督方面的工作增强。据不完全统计，在省、市、县三级担任人大代表、政协委员的工商联会员已达88人，其中非公有制经济代表人士69人，市政协委员18人、常委5人。

2.集体提案成果显著。工商联以全市经济建设为中心，针对社会普遍关注的热点和非公有制企业发展中的有关问题，深入基层，掌握实情，广纳群言，在调研论证、集思广益的基础上，运用集体提案这一参政议政形式，反映社情民意，提出切题准、见解深、易于操作的提案，在市政协全委会议上作专题性发言，为双文明建设提出有远见、有价值、有份量的建议。七届以来，工商联提交的政协提案逐年递增，仅集体提案就达36件，提案的立案率和办复率均达100%。其中，《整顿收费、制止乱收费，减轻个体、私营企业负担》《对经济不发达的县乡，特别是对贫困地区优先优惠鼓励发展个体私营企业》、《建立职工解困基金》《加强机动出租车辆管理》和《抓住当前有利河势，不失时机地安排落实整治长江镇扬河段二期工程》等建议被党政部门采纳，有的还被写进市委的有关报告和市政府制定的《关于加快镇江个体私营经济发展意见》等文件;《培育民营经济巨人》《树光彩形象，创光彩业绩》和《积极引导，强化措施，促进镇江私营经济健康发展》等3件提案被市政协评为优秀提案。工商联领导在省政协八届四次全委会期间参与提出的《应加快建设镇扬长江大桥立项与开工》提案，得到省政府的高度重视，省交通厅领导为办理该提案曾专程来镇江听取工商联意见。

3.调查研究力度加大。重视参与政协、统战部门和省工商联组织的调研视察活动，紧密结合会务工作，调集力量，选择“热点”课题，增强调研力度，在全市工商联系统大兴调查研究之风，先后开展非公有制经济现状与综合实力、国有大中型企业产权制度改革与扭亏增盈、私营企业党团工妇组织建设、民营企业参与光彩事业、重点个私企业大户经营状况、工商联基层组织会员结构与分会创建运作情况等专项调研，已有十多篇调查材料和研讨文章在《中国工商》《江苏工商》《江苏统战》《镇江政协》和市政府《参阅材料》等刊物上发表。京口区工商联坚持贴近会员，强化调研工作，起草的《加快发展个体私营经济的若干意见》被区委区政府采纳，在全区施行，在一些城市工商联系统产生较大影响。

（三）建立健全工商联组织网络，基层分会建设和会员发展取得新进展

1.组织建设工作得到各地党委支持。基层组织建设工作面广量大，涉及方方面面，为卓有成效地开展工作，在县（市）区调研，在统战部门帮助协调有关方面关系的基础上，印发《工商联组织建设和会员发展意见》和《工商联乡镇（街道）分会工作意见》，得到省工商联认可，转发全省各地参阅。通过印发宣传提纲，形成组建舆论氛围，及时总结先行试点县（市）的经验，召开现场交流会，指导促进各地工商联的组织建设。引起党委、政府部门的普遍重视和支持，各县（市）区委相继批转工商联《关于加强基层组织建设的实施意见》，丹阳市委和润州区委还将建立工商联乡镇（街道）分会和发展会员列入党建目标管理的考核范围，不少乡镇党委将工商联分会视为当地重要政治团体，强化领导，从而有力地推动基层分会的建设，迅速壮大会员队伍，使全市工商联组织建设工作迈上新的台阶。

2.基层组织建设成绩斐然。本届期间，京口区、润州区工商联成立，县级工商联机构全部健全，丹阳市、丹徒县、京口区乡镇（街道）分会建设发展较快，全市已新建乡镇（街道）分会71个，约占乡镇（街道）总数73%；丹徒县、京口区100%完成分会组建工作，丹阳市还新建1个行业商会。经各地党委批准，县（市）区工商联及其所属分会均增挂商会牌子，全市基本形成市、县（市）区、乡镇（街道）三级组织体系和工作网络，并步入运转轨道，句容市下蜀镇、丹阳市司徒镇、丹徒县高桥镇、扬中市长旺镇等分会行使职能，坚持为会员、为社会、为政府服务，受到当地党委政府赞扬。

3.会员队伍迅速壮大。在基层组织快速发展的同时，工商联各级组织吸收一大批私营企业、“三胞”投资企业、民营乡镇企业、个体工商户中的代表性人士等非公有制经济成分新会员，年年超额完成省工商联下达的会员发展指标。截至96年底，全市工商联会员总数达4959户，其中非公有制会员为3165户、占会员总数的63.8%，已成为各级工商联会员队伍中的主导力量；与六届期末的1501户 相比，本届净增新会员3458户，增幅为330%。其中丹阳市现有会员1789户，比93年增加近5倍。经过教育和培养，市及各县（市）区工商联分别建

立起一支有实力、有影响、有代表性，政治思想端正、热心工商联工作，在两个文明建设中起带头作用的积极分子队伍，各乡镇(街道)分会和行业商会也在其周围团结一批非公有制经济代表人士。

4.行业组织建设稳步扎实。为协调工商联各级组织以及工商联与行业组织间的关系，制定《进一步明确工商联与其分会、行业组织之间有关问题的意见》、保障基层组织各项工作的有序运作，促进行业组织在"四自"方针下独立自主地开展会务活动，发挥其行业自律和经济服务的职能作用，推动行业组织试点工作的开展。在工商联指导帮助下，94年6月，市百货业同业公会顺利换届，并在近三年工作中取得较好成绩、先后被市政府评为先进社团，被省工商联和市老龄委评为先进集体。丹阳市工商联以专业市场为依托，以非公有制经济成分为主体会员，吸收省内外客商会员105户，率先建立江苏东方皮革商城皮革鞋业商会，为县级行业组织的建立创造经验。

(四)履行职能，引导帮助非公有制企业健康发展，各项服务工作走上轨道

1.经济服务职能逐步落实。认真学习宣传贯彻政府有关部门与工商联下发的有关文件精神，主动与市有关部门联系、配合，制定实施办法，切实做好非公有制经济代表人士专业技术职称的评审，出国出境手续初审，物价管理和消除无标商品生产等。近几年先后为33人评审初中高级职称，帮助8人办理出国出境手续，受到会员企业的好评。巩固中华职业学校的教学工作，努力改善办学条件，深化各项管理，每年都能向会员单位输送百余名具有国家劳动管理部门认可的初级技工。经市教委评审，中华职业学校和新建的京江商贸经济培训学校被分别评为市社会办学优秀单位和合格单位。

2.经济服务功能日趋增强。新建"镇江市商会法律服务部"，侧重受理非公有制经济成分的法律事务，调解一些民事矛盾和经济纠纷；创办"镇江市会计师事务所(工商联)业务部"，吸收一批会计顾问单位，立足会员，面向社会提供会计、审计等方面的财会服务，协助政府财税部门开展94—96年度财税物价大检查和财务年审工作；开办"镇江市商会京江商贸经济培训学校"，设立商业营销和星级宾馆服务等专业已向市内外用人单位共输送中、初级技工200多人：新设"镇江市商会基金"，并在县(市)区工商联推行会员互助储金和会员企业

资金存贷专户的试点，探索会员间资金余缺的调剂，累计融资500多万元，帮助会员企业解决生产经营中急需、小额、短期的资金周转困难。

3.经济服务领域扩大。组织会员企业参加94“金山之光”商品展销交流会、“中国商品经贸合作洽谈会”和“全国工商联会员企业商品展销会”等大型商贸交易活动，协议促销总额达5千多万元；推荐会员入选《中国知名民营企业家大辞典》和“江苏省商会首届民营企业会员综合指标五十强”；会同市科委等部门组织开展第一、二届评选“镇江市优秀民营科技型企业和优秀民营科技工作者”活动，各级工商联还在办照、征地、水电增容、申调税费、业务中介、商情传递、舆论宣传和外围关系协调等方面热心为非公有制企业服务，并在私营企业内开展组建工会试点和促进工贸、科研一体化发展方面，取得一定进展。

4.为老会员服务坚持不断。根据老会员具体情况，运用学习讲座、参观游览、走访慰问、联谊娱乐和为高龄老会员祝寿等多种形式，坚持组织老会员活动，密切同老会员的联系，强化为老会员服务工作，力所能及地帮助老会员解决实际困难，并组织老会员成立参政议政咨询组定期活动，使老会员老有所学，老有所乐，老有所养，老有所为。同时，认真做好老会员生活互助金的管理工作，几年来各级工商联组织共上门慰问老会员1214人次，发放慰问金6.675万元，使老会员感受到党和组织的温暖。

(五)发挥民间商会优势，拓展对外联络渠道，商务活动日趋活跃

1.与海外商会交往日渐密切。抓住港澳回归祖国的机遇，把外联工作的目光和重点投向港澳地区和东南亚国家、首批加入由工商界知名爱国人士发起的“海内外华人友好商会”先后与香港官塘工商业联合会、泰国中华总商会缔结友好商会，与香港黄大仙工商业联合会建立友会意向，并同香港新界、圣湾工商业联合会和澳门中华总商会新建联络关系。94年以来，组织县(市)区工商联领导和部分非公有制经济代表人士参加“海内外华人友好商会”历次年会和第三届世界华商大会、中德商会工作研讨会、中日高级经营者交流会、海峡两岸商会联谊会等重要活动，密切与海内外商会的联系，并相继引荐苏州、常州、南通、连云港市工商联和江西九江市总商会加入“华商会”，工商联现在已同境外20多家商会和60多位工商企业界知名人士建立正常的联络关系。

2. 自行组团出访获得成功。本届共组织5批60多名非公有制经济人士赴泰国、新加坡、马来西亚、香港、澳门等国家和地区开展经贸考察，受到境外华人商会的热情欢迎和接待，泰国《中华日报》《亚洲日报》《新中原报》和《世界日报》等较有影响的新闻媒介都作大篇幅的报道，帮助一些会员企业掌握海外商情，新辟经贸途径，找到商贸伙伴，确立合资合作项目。

（六）引导会员贯彻党的“共同富裕”方针，光彩事业活动初显成效

1. 光彩事业宣传组织工作逐步深化。围绕光彩事业舆论氛围的营造，印发《行动起来，积极投身光彩事业》宣传提纲，利用电台、电视台、报纸及内部《工作简讯》等媒体进行较为广泛的宣传；并通过各县(市)区工商联及其分会，组织会员骨干通过发倡议书和宣传典型人物的先进事迹，加以正面引导。为深化活动的开展，在政协会议上作专题发言，宣传光彩事业的意义和深远影响，呼吁社会各界关心支持光彩事业，激发会员爱国、爱乡、爱人民的热情，倡导全市非公有制经济人士以高尚的思想境界、无私的奉献行动参加这项利国利民的活动。为加强光彩事业组织工作，会同统战部主动与政府有关部门和贫困地区联系，了 解情况，研讨项目，制定方案，安排活动，做好协调和服务工作，并推选热心公益、扶贫济困、乐施善助的非公有制经济代表人士和会领导一道参加省、市两级“光彩事业促进会”，参与活动的组织工作。

2. 光彩事业推进获得初步成果。以扶贫助困为目标，先后组织开展“向茅山老区送温暖”、“向慈善事业献爱心”和“向地方公益性建设项目做贡献”等主题活动，两年来共为贫困地区免费培训机械加工、纺织挡车、电器装配、餐饮服务和汽车维修等技工380多人，其中30余人已成为致富能手和个体经营大户；为特困户子弟安排就业250多人次；通过8个项目的实施，实际投入资金171万元；各级工商联会员的扶贫、助学、慈善、支农捐款和支持当地建桥、修路等公益建设的赞助款合计达到316万元。镇江光彩事业的稳步发展，赢得党政部门的肯定和社会的赞誉，《江苏工商》《镇江日报》专门报道扬中等市工商联推进光彩事业活动的情况。

（七）强化自身建设，稳步发展会办经济实体，会务运作机制日臻完善

1. 工作机制进入良性运转。市委转发市委统战部和市工商联党组《关于进

一步加强工商联工作的请示》(镇发96号文件),对全市工商联各级组织贯彻中央(91)5号文件、努力发挥统战性人民团体和民间商会职能起到重要指导和帮助作用,有力地推动工商联工作的开展。工商联内外部工作环境明显改善,党的领导得到加强,一些县级工商联机关的人员编制、会务经费、办公用房和驻会干部得到落实;遵照中办(96)24号、省委办(96)22号和市委办(96)73号文件要求,县(市)区工商联今年4月中旬全部圆满完成提前换届工作。为加强市工商联机关建设,逐步完善处室工作职责和各项制度,坚持对驻会人员开展年度考核,开展与非公有制经济人士的定期定向联系,密切同县级工商联的工作沟通与交流,举办工商联驻会人员培训班,开展工作研讨、评比和表彰活动,使工商联工作在工作条件、工作制度和工作方法上得到加强和改善。

2.会办经济实体平稳发展。为壮大自身经济实力,采取"搞活自办企业经营,加强联办企业监管,谨慎吸收挂靠企业"办法,先后创办工商界爱国建设公司、工商经济开发公司、建联纺织品商店等6家会办实体,鼓励和推动县级工商联兴办实体,要求有条件的乡镇(街道)分会开展创建实体的试点、一些县(市)区工商联逐步有自己的经营企业和事业性服务机构,丹阳、丹徒、句容等地的部分分会还办起一些生产型、服务型和流通型的实体,增添为会员、为社会服务的手段与途径,取得一定的社会效益和经济效益。

三、对八届工作的建议

(一)加强教育培训,搞好思想政治建设,坚持为社会主义精神文明建设服务

(二)坚持政治协商制度,调查研究,提高参政议政水平

(三)壮大会员队伍、建立行业商会,扎扎实实地抓好组织建设

(四)健全经济服务体系,强化服务功能,拓展服务领域,促进镇江非公有制经济健康发展

(五)切实加强机关建设,为工商联工作再上新台阶提供可靠保证

镇江市工商业联合会第八次会员代表大会决议

镇江市工商业联合会第八次会员代表大会于1997年7月29日至30日召开。这次大会是在全国各族人民高举邓小平建设有中国特色社会主义理论的伟大

旗帜，在党中央的领导下，把改革开放和现代化建设事业全面推向新世纪，以新的业绩喜庆香港回归祖国和迎接党的十五大召开的重要时刻举行的，是市工商联一次意义重大、影响深远的盛会。

大会审议朱仁和代表第七届执行委员会作的《工作报告》。认为报告对七届工作的回顾是实事求是的，对新一届工作的建议是切合实际的，基本同意这个报告。

大会选举产生镇江市工商业联合会第八届执行委员会。第八届执行委员会第一次会议选举产生会长、副会长、秘书长和常务委员，推举名誉会长、顾问和特约顾问。

大会认为工商联作为中国共产党领导 下的具有统一战线性质的人民团体和民间商会，具有统战性、经济性、民间性的特点和政治团体、商会组织的“双重”功能，在发展我国社会主义市场经济和加强社会主义民主法制建设中发挥一定的作用。新时期党赋予工商联坚持以经济建设为中心，团结广大非公有制经济人士和引导非公有制经济健康发展的历史重任，为工商联工作指明方向。面对新世纪新要求，要适应形势，解放思想，再接再厉，始终不渝地坚持党的“一个中心、两个基本点”的基本路线，坚持团结、帮助、引导、教育的工作方针，发扬爱国、敬业、守法的光荣传统，加强工商联的自身建设，率领广大会员投身经济建设和社会事业，服务国家，奉献社会，造福人民，不辜负党和政府的重托和厚望。

大会号召，全市各级工商联组织和全体会员以邓小平建设有中国特色社会主义理论为指导，紧密团结在以江泽民为核心的党中央周围，在中共镇江市委领导下，振奋精神，同心协力，励精图治，扎实工作，推动非公有制经济快速健康地发展，为将镇江建设成社会主义现代化城市作贡献，以新的姿态和成绩迎接21世纪。

四、镇江市工商业联合会第九次会员代表大会工作报告

与时俱进 开拓进取
努力做好新时期工商联工作
——在镇江市工商业联合会第九次会员代表大会上的工作报告(节录)

陈 伟

(2002年4月10日)

八届工商联主要工作回顾

一、紧贴中心工作,提高参政议政质量

发挥人民政协组成单位和非公有制经济阶层政治代表作用,以推进镇江两个文明建设跨越发展为中心任务,以促进镇江非公有制经济快速健康发展为主要目标,以解决镇江社会生活中的热点问题为重要内容,参与政治协商、民主监督,从整体上提高工商联参政议政的工作质量。

1.调查研究力度明显加大。坚持将调查研究工作作为提高参政议政质量的关键问题摆上工商联政务工作重要位置,参加省政协对大型私营企业,省工商联对镇江3县(市)区25个不同类型和20个外向型私营企业、以及赴深圳、海口的调研或考察;参加市委对14个私营企业和赴苏州、昆山,市人大、市政府赴浙江省,市政协对全市私营个体经济,以及市委统战部组织的赴南通、常熟等调研考察活动。组织县(市)区工商联负责同志赴温州、宁波、绍兴的考察调研和有关同志对南京、扬州、盐城融资服务工作的学习调研,以及对全市私营企业文化建设典型的调研活动等。通过调查研究形成10余篇质量较高的私营企业现状及发展对策的调研报告或论文,并为推动私营个体经济发展先后与社科联等共同召开2次理论研讨会,其中,1998年有3篇论文分获一等奖和优秀奖,1999年有2篇获一等奖,5篇获二等奖。由于工商联调查研究成果突出,1999年被省工商联评为调研工作先进单位。

2.集体提案质量明显提高。坚持将政协提案工作作为工商联组织参政议政的重要体现,在深化调研工作基础上,广纳群言,集思广益,认真撰写、注重

质量，先后提交市政协四届历次会议集体提案48件，大会发言5件，均被立案办理，其中有4件被评为优秀提案。工商联撰写的《抢抓机遇，大胆推进，快速健康地发展镇江非公有制经济》和《关于对个私企业乱收费现象仍然严重，必须坚决制止的建议》等大会发言材料，以及建立信贷担保机构，开展融资服务和扩大社会保障覆盖面等提案，受到市政府领导重视，对于建立诚信担保公司、实行个私企业收费登记。推动私营企业从业人员参加社会保障等发挥较好作用。

3.参政议政成效明显增强。坚持将政治协商、民主监督工作作为发挥工商联政治优势、提高参政议政效果的重要途径，自1997年下半年以来，会领导参加市委“双月座谈会”20余次，参加市委统战部召开的情况通报会、座谈会、征求意见会60余次，并围绕市委、市政府中心工作，贴近非公有制经济和社会生活的热点问题，发表意见和建议。市工商联界别人大代表、政协委员，先后在贯彻中共十五届三中、四中全会精神，服务农业产业化和国企改革与发展召开的专门会议及市政协发展民营经济委员约谈会上，就适应全市社会生产力发展趋势和要求，推动实现“富民强市”等问题发表建设性意见；并在参加经济建设、城市建设、社会事业重大项目的视察和对公安、工商、国税、邮电等部门行风行纪监督评议活动中及时反映人民群众、特别是非公有制经济代表人士的意见和要求，为改进政府部门工作，营造经济发展大环境，推动树立良好城市形象作出努力。

二、开展“双思”活动，强化思想政治教育

1.重学习、树形象日趋深化。坚持将工商联的政治学习与服务党和政府中心工作相结合，与推动非公有制经济发展相结合，加深非公有制经济代表人士对党的路线、方针政策的理解，坚定在中国共产党领导下走有中国特色社会主义道路的信念，为巩固、发展爱国统一战线，推进社会主义现代化建设事业作贡献，工商联先后组织学习江泽民在纪念党的十一届三中全会二十周年大会上的讲话、“三个代表”重要思想和“双思”教育等重要指示，学习党的十五届三中、四中、五中、六中全会文件和《中华人民共和国宪法修正案》；认真贯彻全国、省、市统战工作会议精神；组织建国五十周年、建党八十周年和澳门回归等重要纪念活动的思想政治教育:开展声讨以美国为首的北约组织轰炸我驻南使馆和台湾当局鼓吹“两国论”,以及揭批“法轮功”等教育活动;对于提高非公有制经济代表人士的政治素质,推动工商联工作发挥较好作用.尤其是通过学习贯物江泽民“七一”重要讲话、中共镇江市第四次代表大会和省、市私管个体经济工作会议精神,极大地鼓舞和调动广大会员和非公有制经济人士做强做大企业,为实现“富民强市”目标作贡献的政治热情,“有中国特色社会主义事业建设者”的良好形象日益呈现在全市人民面前,到2001年底,市工商联会员被评为市劳动模范的有８人,市十大杰出青年1人,市私营企业杰出青年光彩之星10人,省优秀民营女企业家１人,省先进民营女企业家2人。

2.思发展、做奉献成效显著。认真贯彻江泽民关于开展“致富思源、富而思进”教育活动的重要指示,坚持将“双思”教育作为加强非公有制经济人士思想政治工作的重要内容和有效途径,通过组织非公有制经济代表人士“双思”教育座谈会、非公有制企业质量咨询服务、赴茅山老区扶贫助学、赴浙江绍兴和上海浦东学习考察、评选先进民营企业和先进个人、举办“双思”教育活动图片展、召开县(市)区教育活动情况交流会等活动,形成“双思”教育的强烈氛围;紧紧围绕立足提高认识、抓好思想素质教育,立足超越发展。抓好思进求进教育,立足共同富裕,抓好回报社会教育,注意培养典型,总结经验,推动“双思”教育活动的开展。广大非公有制经济人士发展企业不忘党和国家正确路线、方针政策的指引,不忘社会各界支持,坚持先富帮后富,走共同富裕道路,投身光彩事业,据不完全统计,截至2001年底全市非公有制经济人士已捐资5700余万元用于扶贫济困、兴教助学、抗洪赈灾、江堤达标、修桥铺路和小城镇建设等,吸纳安置下岗职工、大中专学生和退伍军人11000余名,启动三峡库区开发项目2个,涌现李龙根、朱国平、朱映华、许德富、陈多莉、吴爱华等一批用真情回报社会的非公有制经济代表人士。其中,1998 年全市非公有制经济人士和工商联组织捐资106万元和大量衣物,支持抗洪抢险、生产自救和重建家园,丹徒县工商联被评为全国工商联系统抗洪救灾先进单位。

3.创新业,迈大步形成热潮。坚持以非公有制经济人士中的人大代表、政协委员、工商联常执委为重点对象,以自我教育、自我提高为主要方法,以突出思进、求进为重要内容，引导非公有制经济人士紧密联系发展实际，认清形势，坚定信念，抓住机遇，开拓进取，努力实现市委市政府提出的“私营个体经济迈大步”发展目标，是工商联思想政治教育活动始终坚持的主题。通过开展“双思”教育，全市非公有制经济企业认真实践“三个代表”重要思想，掀起贯彻市四次党代会精神，思进求发展、争创新业绩的热潮，出现比产品更新快、市场份额大、增长速度快、发展潜力强的竞争势头，并呈现结对帮扶、协同发展的可喜景象。2001年，全市私营个体经济发展速度加快，总量规模迅速扩大，成为历史上发展最快的一年，当年新增私营企业2900家、新增个体工商户1.65万户，分别比上年增长48.5%和30.4%，充分显示思想政治工作转化为创业兴业热潮的丰硕成果。到2001年底，全市已有私营企业7400家，从业人员10万余人，注册资本32. 8亿元；个体工商户5.7万户，从业人员10.9万人，注册资金8亿元；其中，注册资本在500万元以上的私营企业已达168家，私营企业有限责任公司有4859家，科技型私营企业有103家。私营个体经济已成为镇江扩大经济总量、实现富民强市目标的重要力量。

三、认真履行职能，加大经济服务力度

1.融资服务稳步发展。以解决非公有制经济企业发展贷款担保为主要业务的市诚信担保公司，自1999年6月开业到2001年年底，已累计为私营企业办理担保业务364笔，金额达1.34927亿元，其中，2001年办理140笔，金额8084.5万元，比2000年增长49%，担保净余额3593.5万元。同时该公司资本金进入证券公司运作，已实现收益41.6万元。为适应非公有制经济快速发展需要，公司资本金已由原500万元扩大到1030万元，其中私营企业购股330万元.工商联还推进银企合作，参与金融单位向私营企业的授信和业务推介活动。

2.技术服务持续推进。与市质量技术监督局建立对口联系制度，召开全市非公有制企业质量技术监督工作联席会议，制订近两年度工作目标和主要任务，组织目标执行情况检查和表彰先进活动，推荐10家私营企业为省先进集体，3个部门为省先进单位，表彰市先进企业20家、先进单位6个；参与组织质量月知识竞赛和服务质量奖评比活动；开展质量技术培训和质量认证服务，帮助12家私营企业实现消灭无标生产目标，44家私营企业通过IS09000质量认证。

3. 信息服务力度加大。建立计算机培训中心，实施中华职业学校、京江商贸学校和下岗工人计算机培训；通过全省商会信息联网和加入国际互联网，提高与外界信息传递效率，并为全省工商联网络传递文件创造条件。应对我国加入世贸组织新情况，主办有关知识讲座，并会同国际商会、贸促会举办中国出口企业与电子贸易研讨会，协助美国赛孚信息技术有限公司举办“开辟出口新途径，帮你进入开放式国际采购系统”专题讲座；多次派员参加或参与组织省联和德国中小型企业联合会举办的ZGH培训班等，为帮助非公有制经济企业拓展网上国际销售柔道，扩大出口业务发挥较好作用。

4. 商贸服务日益拓展。安排3名私营企业家出席世界华商大会，参与“世界华商镇江行”有关组织工作；动员部分会员参加新加坡工业联合会投资洽谈、中德贸易座谈、德国北威州情况介绍会和企业管理与技巧培训等；协助完成全市私营企业温州大型招商活动前期准备工作和有关会务活动的联络安排工作；组织苏州高新技术成果展及交易会、昆明首届全国民营企业交易会和上海国际工业博览会的参展、参观活动；并组织近60人三次赴新马秦港澳考察商贸，并拜会泰国中华总商会等境外工商社团。1998年，工商联还与镇江新区管委会共同组织100位私营业主进行投资兴业恳谈活动，促成镇江三维塑料电器有限公司等企业进区生产。

5. 维权服务深化。主动协调政府和司法部门关系，及时帮助10余家会员企业解决不合理负担、涉税问题、公款诈骗和基层执法部门行政不作为等问题，保障这些企业生产经营活动的正常开展，此外，工商联还开展私营企业财会人员职称报考和证书发放工作，档案管理调研和实施规范管理企业推荐工作，对发展前景看好的私营企业帮助淡化家庭式管理模式，给予资金信贷、技术进步和制度创新等方面重点扶持。

四、确保会员质量，推进基层组织建设

1. 以吸收私营企业为主的会员队伍壮大。全市现有会员7324家，其中非公有制会员5458家，公有制企业等会员1262家，老会员604人；非公有制会员中，私营企业会员为1683家，占非公有制会员总数的30. 89%，占会员总数(除老会员外)的25%。私营企业入会工作的推进，较好地调整工商联的会员结构，逐步实现会员队伍从数量扩张到质量提高的转化。

2.以适应乡镇合并的基层商会运作逐步完善。随着乡镇行政区划调整，2001 年全市95个乡镇、街道已调整合并为67个。各县(市)区工商联主动加强与合并后的乡镇、街道党组织协商，以推进企业家办会为主，及时调整新的商会领导班子组成人员，较好地实现平稳过渡.为推进基层组织工作经常化、制度化、规范化，各乡镇街道认真贯彻1998年全市乡镇商会、街道分会工作交流研讨会精神，在坚持执行各地从实际出发制订的考核评比办法，开创基层组织工作新局面中进行卓有成效的探索，涌现勇于开拓、善于协调、勤于服务、乐于奉献的丁岗、司徒、华阳、八桥、和平、谏壁等工商联基层组织。

3.以推动行业发展的商会组建工作稳步推进。坚持适应社会主义市场经济发展需要，强化行业自律、管理和服务，完成市百货同业公会换届，县(市)区工商联组建皮革、皮鞋、眼镜、餐饮、美容、服装等行业商会9个，并推荐有关非公有制经济代表人士参加省工商联五金工具、美容、餐饮、纺织服装等行业商会组织。

4.以搞好代表人士队伍建设的基础工作日趋强化。全市建立会员数据库和244人的非公有制经济代表人士数据库，开展企业会员重新登记工作。担任县级工商联执委以上职务的非公有制经济代表人士有149人，工商联界别人士担任省、市、县级人大代表、政甘委员的约90人。

5.以体现党和政府关怀的老会员工作有序开展。重视老会员的学习、生活和活动，坚持老会员的学习制度和情况通报工作；开展元旦、国庆、中秋、重阳、春节的联谊和慰问；安排市区“四大”建设工程、江阴长江大桥、华西村和茅山、南山、南京红山公园等参观游览活动.八届以来，春节和夏季高温补助495人次，约4.5万元。

五、提高干部素质，搞好机关自身建设

1.机关干部队伍建设强化。按照市委建设“学习型”机关的要求，坚持将学习作为机关工作的首要任务，通过认真组织学习江泽民“七一”重要讲话和“三个代表”重要思想，学习中央十五届五中、六中全会和省、市党代会精神，安排学习党的路线、方针政策和国内外重大问题上级指示精神，系统学习全国、省、市统战工作会议精神和新时期统一战线理论，组织统一战线、党纪政纪等知识竞赛，增强机关的大局意识；顺应我国加入世贸组织新情况，把学习掌握世贸组织知识作为紧迫任务，组织入世有关问题的学习、培训，增强机关的接轨意识；坚持办公会议制度，强化处室协调合作，做到工作有计划、有安排、有检查，增强机关的运作机制；重视干部的培养和任用，坚持让能干事、肯干事、干好事的人得到最大发展空间，增强机关用人机制；机关干部与时俱进信念和创新精神增强，团结奋斗、埋头苦干、开拓进取的工作局面逐步形成。

2. 领导班子整体素质明显提高。2000年根据市委部署，市工商联领导班子和领导干部认真开展"三讲"教育和"三讲回头看"活动，增强政治信念、党性观念和解决自身问题的能力，较好地树立勤政为民、清正廉洁、团结务实的良好风气。坚持会长例会制度，认真贯彻会务工作民主集中制，营造互相尊重、互相信任、互相理解、互相支持的工作氛围。

3. 机关事务规范管理逐步完善。1998年工商联顺利实施"三定"方案并调整工作处室，修订完善机关规章制度，加强思想、作风和组织建设，较好地推动机关事务的规范管理，受到省工商联的好评和市委办公室、市政府办公室的表彰。逐步推进机关现代办公进程，实现部分县级工商联计算机信息联网和市工商联机关档案工作计算机管理，在部分机关干部中开展计算机和英语培训考核，较好地适应提高机关工作效率的需要。

对九届工商联工作的建议

今后五年，我国处于改革开放和经济建设新的重要发展时期，世界贸易组织的成功加入和中国共产党第十六次全国代表大会的即将召开，要求紧跟中央的战略部署，正确地把握机遇，从容应对挑战，以崭新的姿态迎接对外开放新阶段的到来，努力为推动国民经济持续健康快速发展做好新时期工商联的工作。要按照"三个代表"的要求，认真贯彻江泽民在纪念中国共产党成立八十周年大会上的重要讲话精神，以中共镇江市第四次代表大会提出的"争创一流业绩，实践跨越发展"为目标，坚持树立与时俱进观念，善于抢抓机遇，增强市场法则意识和工商联的运作能力，创造工商联工作的特色。开拓工南联工作的新局面，更好地为实现镇江两个文明建设的跨越发展作贡献。为此，对九届工商联工作提出如下建议：

(一)以邓小平理论和江泽民“三个代表”重要思想为指导，切实抓好“有中国特色社会主义事业建设者”的队伍建设

(二)坚持推动非公有制经济跨越发展，切实搞好参政议政工作

(三)努力提高组织工作质量，切实搞好工商联组织建设

(四)牢固树立与时俱进观念，切实搞好工商联的经济服务工作

(五)加强工商联机关建设，保障工商联任务的顺利完成

五、镇江市工商业联合会第十次会员代表大会工作报告

促进两率先建设新镇江
为民营经济更好更快发展作出新贡献
——在镇江市工商业联合会第十次会员代表大会上的工作报告(节录)

孙志安

(2007年3月6日)

九届主要工作回顾

镇江市工商业联合会第九届执委会自2002年4月履行职责至今，已近五年。五年来，镇江各项工作都取得辉煌成就，特别是民营经济，得到迅猛的发展。私营企业个数和个体工商户总数超过10万户，分别是前五年的3倍和1.7倍，注册资本金突破300亿元，民营经济增加值占全市GDP的比重超过53%，对财政收入贡献率超过45%，在技术创新、吸纳就业、社会贡献等方面发挥重要作用。

五年间，工商联被市委、市政府授予“2004年度服务民营经济先进集体”“2005年度镇连挂钩合作工作先进单位”，获得“全省各民主党派、工商联为经济建设服务先进集体”，被省工商联授予“经济服务工作先进单位”。连续三年获得全市统战工作创新奖。在市工商联的帮助下，有4家民企获得国家级火炬、星火计划，推荐44家民企获省级以上表彰，7家民企跻身全国民企500强行

列。

一、围绕参政议政抓调研，优化民营经济发展环境

1.深入民营企业，强化调查研究。五年来，先后开展“上规模民营企业情况调研”“私营企业抽样调查”等10余次问卷活动，对全市20多家年营业总收入超亿元民营企业、10余家规模型改制企业和1100多家中小型民营企业进行逐户走访。通过走访调研，着重掌握企业在投融资、技术创新、市场拓展等方面的第一手资料，为参政议政工作奠定较好基础。各辖市区及相关乡镇开展“融资担保机构的建设与发展”“贯彻落实民营经济政策情况”“引导民营企业参与新农村建设”等10个专题调研；连续两年编撰《镇江市民营经济发展形势分析报告》；就镇江醋业加快“原产地域保护产品”审批工作，专门向市委、市政府提出调研报告。这些报告以充实的内容，科学的分析.合理的建议，受到市委、市政府及有关部门的高度重视。全市各级工商联也参与调研工作，共完成62篇调研报告，其中丹阳市、句容市、丹徒区工商联所撰写的调研报告在全省工商联系统调研成果评选中分别获奖。

2.参政议政，优化政策环境。工商联通过市委“双月座谈会”、人大政协大会、各种专题会议和政协提案等多种渠道，参政议政，对全市民营经济的快速健康发展起到作用。在政协五届会议期间，工商联提交集体提案64件，其中涉及民营经济发展的提案50件，就加快产业集聚、发展现代家庭工业、参与新农村建设等方面做政协大会发言，得到市领导的肯定。在市委“双月座谈会”上，工商联提出要优化民营经济发展环境，推动市委、市政府关于民营经济发展若干意见的出台，及配套细则的制定。市委征求意见会上，工商联提出要进步强化民营经济宣传工作，推进民营企业30强的表彰活动。特别是为解决中小企业融资难，工商联连续两年提交有关促进融资担保发展的政协提案，并作政协大会专题发言，史书记、许市长也听取工商联意见，将加快融资担保体系建设纳入市委工作报告和市政府工作报告。镇江信用担保机构从5家发展到目前的15家，注册资本金从不足7000万元发展到去年的5. 25亿元，累计担保总额近20亿元。推进融资担保发展，工商联功不可没。各辖市区工商联也发挥参政议政职能，五年来，在各级政协会上共提交集体提案66件，上报社情民意35

条，为民普经济发展进言献策，政策环境优化。

3.加强宣传力度，营造发展氛围。一是为民营经济发展宣传造势。与镇江电视台合作，在“明天有约”专题节目中邀请金聚楼大酒店、豪威橱柜、诚信空调等民营企业家走进演播室，与观众面对面交流创业历程，营造创业氛围，激励和引导广大群众自主创业。2006年元月首次举办全市民营企业家迎春联谊会，邀请市领导和百位民营企业家欢聚一堂，共谋发展，取得较好成效。二是及时宣传贯彻民营经济发展政策。工商联利用“镇江市商会”网站，宣传省、市民营经济工作会议精神，选登鼓励民营经济发展的政策信息，并全文印发鼓励民营经济发展的政策性文件，分发全市骨干民营企业、基层商会的负责人。配合市民发办开展民营经济政策宣讲大会、民营经济政策落实检查大会等，近千家企业参与活动，受到企业普遍欢迎。润州区工商联将各级党委、政府关于加快民营经济发展的文件汇编成册下发，受到广大非公有制经济人士和有关领导的好评。三是认真开展申报推优工作。开展全国民营企业500强申报，全省民营企业纳税大户、吸纳就业先进单位推荐，以及“全市青年创业先锋评选”等一系列工作。大亚集团、大全集团、飞达工具、沃得机电、中电电气、焦化煤气、液压件厂等企业受到表彰，促进民营企业健康快速发展。

二、紧紧围绕市委、市政府中心工作，推动民营经济做强做大

1.发挥经济领域统战优势，强化海内外联系网络建设。工商联加强与境内外商会社团的沟通和联系，采用交流工作简讯、传递会务、商务信息等多种形式，与美国内陆帝国际商会、欧中交流协会、日本贸易振兴会、台湾省商业总会、高雄工业总会、香港贸易发展局等建立起繁密的合作关系。并与美洲、欧洲、亚洲和港澳台等30余家商会、社团建有联系通道，为加强对境外商会的联络交往打下良好的基础。

2.利用民间资本，有力推动国企改革。工商联围绕国有企业改革的两年攻坚目标，动员民营企业参。2003年承办“镇江市利用民资改组国有企业项目推介会”和“企业重组投融资租赁担保洽谈会”，邀请香港、上海、浙江等地120多家民营企业，参加投资总规模超过28亿元，涉及工业、建设、旅游等门类100个重组项目的洽谈，共有36个项目签约，成功引进九洲集团、红豆集团等投资10

多亿元的商贸广场、房地产开发等项目，在镇江引起热烈反响。省政协副主席、省工商联会长李仁和市委书记史和平等领导高度评价此次活动，专门会见十位民营企业家。工商联参与国企改革，展示工商联利用民间资本，为“两个率先”发挥作用。

3. 实施请进来，加大招商引资参与力度。一是发挥商会网络的优势。连续四年邀请百余名客商参加在沪、浙等地举办的民营经济投资恳谈会，其中东方希望集团董事长刘永行、均瑶集团董事长王均金等重点客商，市领导还专门做拜访，有力推进镇江的投资环境。协同新区招商局赶北京、福建等地开展招商活动，宣传镇江及新区的发展态势和发展环境。二是主动对接“大上海”。邀请上海徐汇、宝山、长宁、卢湾、虹口、浦东新区等商会及民营企业家来镇江考察，促进两地间的民营经济的合作。推动并遵请11个国家和地区驻沪领事馆和商会代表参加市政府在上海举办的“开放的镇江与经济国际化外交官恳谈会”。取得良好的效果。三是融入沿江大开发。邀请美国内陆帝国国际商会、荷兰贸易促进会、日本贸易振兴会等四国代表和邀请台湾同胞投资企业协会组织台商考察镇江投资环境：邀请苏宁建设集团、南京天地集团等省内知名企业来镇江考察，得到许津荣市长接见，取得良好的效果。全市各级工商联在招商中做到联动，各地相互支持、配合。市工商联、丹阳市工商联大力协助京口区、丹徒区工商联在台州邀请客商参与招商活动，共同完成招商任务，使得工商联参与招商引资活动有影响、有成效。

4. 组织企业走出去，参加境内外各类经贸活动。五年来，工商联共组织200多家企业，600多人次参加境内外各类经贸活动。一是走出国门加强海外经贸交流。先后组织企业赴台湾、香港参加商务交流，拜访台湾省商业会、高雄市工业总会、香港贸发局、香港中华总商会、香港中华厂商会、香港国际投资总商会等，参加香港贸发局主办的“中小企国际推广日”等活动并达成一定的经贸意向。二是参加外国驻华机构的经贸活动。组织百余家企业参加美、英、法、德等国家商会在我省举办的商贸信息发布会、经贸合作和商务洽谈活动，为民营企业掌握国际市场的供求商情与经贸趋势提供机会与渠道。三是跳出镇江寻求商机。组织企业赴浙江和苏锡常等民营经济发达地区考察：组织企业家参加上海、南京、长春、成都等地的经贸洽谈会：会同市发改委组织40多家民营企业连续三年参加苏北地区投资贸易洽谈会，促成中草药种植、电动车配件生产等1个多亿的合作项目签约，增强企业的竞争力。各级工商联也纷纷组织企业走出去，句容市、丹徒区、扬中市工商联组织企业赴台湾等地进行商务考察，丹阳市行业商会组织会员参加境外贸易展销会获得国际订单，开拓海外市场。

三、围绕服务立会抓重点，促进民营企业健康发展

1.引导企业科技创新，提高发展层次。组织民营企业家学习贯彻科技大会精神，促使企业成为科技创新的主体；邀请省工商联组织班子对大全集团、沃得机电、奥雷光电等企业就技术创新与成果转化情况调研，推动成为全市民营企业科技创新的典型；推进企业科技创新步伐，组织企业参与火炬、星火等科技项目申报，帮助液压件厂、飞亚轴承、彤明车灯3家企业获得国家级火炬计划项目，永新面粉获得国家级星火计划项目。这是市工商联历届以来首次帮助企业申报成功的国家级项目，取得较大社会反响。

2.做好培训服务，提高管理水平。组织企业参加全省扶持民营企业发展政策培训班，解析项目的申报、资金的申请等财政扶持民营企业发展的相关政策。组织企业参加北大、南大、上海交大等高校教授主讲的各类讲座、论坛，提升民营企业的现代经营理念。与市技术监督局合作，组织企业参加质量服务专题会议，为企业输送质量义务工程师。与北京光华学院镇江分院等单位紧密配合，邀请相关的专家学者，为企业家和管理人员免费举办企业管理专题讲座和电化教育远程培训，帮助民营企业提高竞争力。丹阳市工商联与扬州金方略、苏州帮德等单位合作，举办企业管理、财税知识等培训均收到较好效果。全市各级工商联系统共举办各类培训、讲座50余次，有2000多人参加，有力地促进企业管理水平的提高。

3.强化商会职能，拓展服务空间。五年来，工商联为150余家企业开展维权、融资、信息、仲裁等各类服务200余次。在工商联的协调下，有关部门给予民营企业的支持和帮助，我在这里要特别表示感谢。感谢工商、质检部门打击假冒伪劣产品，维护企业合法权益，帮助企业争创名牌、品牌，提高质量管理水平；感谢公安部门妥善处理相关案件，保障企业生产经营活动正常开展；感谢司法部门帮助民营企业合理解决合同纠纷；感谢税务、财政部门及时帮助企业落实优惠政策，减免相关费用，为企业发展提供资金支持；感谢科技部门帮助企业申报科技项目，推动企业自主创新。这些为会员企业提供的个案服务，推进企业的健康快速发展。全市各级工商联也拓展服务领域，丹徒区、句容市工商联组织银企座谈，推进银企合作，为企业融资服务；丹徒区工商联与质监局共同开展质量服务，确定区内50家民营企业作为重点服务对象；扬中市工商联创办扬中工商信息，句容市工商联与广告公司联办《句容商界》，全市工商联系统五年来共为会员企业提供政策信息、商业咨询、经贸信息近2000条，有力促进商会服务工作的开展。

四、鼓励非公经济人士为构建和谐社会作贡献

1.加强政治引导和思想教育，抓好非公经济人士队伍建设。非公经济人士是我国新的社会阶层，是中国特色社会主义建设者。会同市委统战部对百余名非公经济代表人士集中开展学习十六大精神、“爱国、敬业、诚信、守法、贡献”、“八荣八耻”等专题活动，较好地促进费非公经济人士的健康成长。经各级工商联推荐，有82人担任市、县级人大代表、政协委员等职务。他们就党和政府的大政方针参政议政。五年来，全市工商联界别政协委员提案数500余件，人大代表议案数160余件，树立非公经济人士的良好社会形象。去年底，飞达集团董事长朱国平被授予全国“优秀中国特色社会主义事业建设者”称号，并在人民大会堂发言，这是民营经济发展史上的光辉一页，也是对非公人士最高级别的表彰，起到表率和示范的作用。

2.稳步推进光彩事业，鼓励民营企业家履行社会责任。倡导非公经济人士投身光彩事业，带动更多的人共同富裕。五年来，全市光彩事业总捐赠金额8700多万元，全市民营企业安置农民工和下岗职工人数15000余人。其中，工商联共组织400多家企业参加8场大型综合招聘会，累计提供4000个就业岗位，切实推进就业工程；在抗击非典斗争中，涌现出红豆集团捐赠10万只医护口罩，企业家周东海个人捐资28万元，沪润度假山庄提供隔离场所，吴爱平、鄂秀萍等企业家捐款捐物的感人事迹；飞达集团与市光促会共同投资350万元，兴建飞达光彩小学，得到省委统战部的表彰；丹徒区辛丰镇商会发动企业捐款60万元兴办希望小学；句容市宁武化工厂、市碳素总等9家企业参加慈善捐款仪式。据不完全统计，民营企业向市慈善总会捐款总额超2000万元，认真履行社会责任。

3.开展企业文化建设，推动构建和谐企业。工商联和丹阳市、京口区工商联等分别召开企业文化建设经验交流会并编印有关文集。开展“双爱双评”“两争一树”等活动，推荐镇江船厂、韦岗铁矿、镇江四建集团等7家企业为省“双爱先进企业”，何晨冠、李光千、应军等12人为省“关爱员工优秀民营企业家”。开展企业文化建设成果展示活动，飞达集团）报和《中电人》报被评为“省民营企业内部优秀报刊”。与此同时，工商联还开展建立企业和谐劳动关系、参与区域经济共同发展等系列活动，使更多的民营企业家形成良好的财富观和价值观，在建设和谐企业，构建和谐社会中发挥不可代替的重要作用。

五、围绕行业商会抓突破，加强组织建设

1.发挥行业商会职能，创新服务平台。行业商会是协助政府加强行业管理，制定行业规划，协调行业内部关系，维护市场经济秩序的重要力量。加大行业商会的组建力度，五年来新组建行业商会24家，极大地发挥行业商会的作用。一是举办国际性展会，推动产业集群发展。丹阳眼镜商会协助建设国家级眼镜检测中心和中国眼镜博物馆，帮助制定国际眼镜检测标准和眼镜产业规划，为眼镜产业争取扶持政策，推进丹阳市成功申报“中国眼镜生产基地”，引进眼镜镀膜、配件等产业上下游的项目形成较为完整的产业链。2006年4月丹阳眼镜商会主办“丹阳国际眼镜新技术、新材料、新设备展览会”，展会共吸引100余家国内外企业参展，近1500位中外客商前来观展，韩国大丘眼镜商会还专门组团参加展览会。这是镇江第一次由行业商会主办的国际性展会，为商会如何有效推动产业集群的发展，更好地服务民营经济作有益的尝试。二是发挥组团优势，拓展服务空间。丹阳市汽车零部件商会组织会员赴西安招商，与北京理工、西安交大和哈工大等高校签订19个合作项目。2006年该行业商会在日本大阪举办“中国丹阳汽车零部件产业合作交流会”，20家会员企业和50家日本企业参加会议，就贸易项目合作，技术人才引进等方面与日本同行进行交流。眼镜商会组织会员参加美国、法国、意大利、上海等8个国际国内眼镜博览会，参展会员企业超过550多家次，特别是去年组团参展北京眼镜博览会引起社会广泛关注。京口区餐饮业商会组织会员企业到苏州、常州、宁波等地学习考察，组织数十家餐饮企业举办京口美食文化节受到消费名和会员企业的欢迎。三是加强行业自律，促进企业发展。扬中市服装业商会配合质检、工商等部门进行检查，成立防寒服分会，推动防寒服加工市场建设，从根本上杜绝“黑心棉”的使用。丹徒高资镇大理石雕行业商会配合政府建立大理石雕建材基地，帮助入园企业办理征地、证照等各项手续，被授予“省行业组织先进集体”。丹阳醋业商会强化企业食品安全、产品质量等有关法律法规培训，帮助企业维权，为会员企业挽回经济损失20余万元。句容市华阳镇服装商会成立中小企业信贷担保中心，为10家会员企业提供担保40余次，累计金额超400万元，促进企业与行业的健康发展。

2.加强机关自身建设，增强服务意识。一是加强学习，推进机关干部队伍建设。坚持把学习工作列为机关每月工作的首要任务，紧紧围绕“两率先、两步走”这一目标，立足工商联实际，倡导学习现代经济、法律、信息技术、民营经济发展政策等业务知识，提升每位干部的服务水平、业务才干和创新能力，形成一支想干事、会干事、能干事、顾大局、人缘好的干部队伍，为开创工商联工作新局面提供组织保证。二是树立服务理念，提高服务水平。将为会员企业服务、为非公经济人士服务、为基层商会服务，作为工商联的重要工作来抓。常年坚持会员走访联系制度，建立服务名录和服务工作台账；坚持服务与参政议政、促进发展、组织工作、队伍建设、机关工作五个结合。推动工作质量的全面提升；强化机关工作的服务意识，促进各项工作的有序开展和顺利完成。三是坚持目标管理，推动工作创新。根据全年的工作要求，围绕做好参政议政工作、服务市委市政府中心工作、做好民营经济的服务工作、全面提升工商联工作水平4项工作目标，明确年度主要任务的完成时间及责任处室进行目标分解，层层抓落实。建立考核表彰制度，五年来，大力表彰与时俱进、开拓创新的工商联先进集体和个人，奖励90个先进组织和优秀企业会员，24名先进工作者。丹阳市工商联被授予“服务民营经济工作先进单位”，句容市工商联被授予“扶残、助残先进集体”，得到当地市委、市政府的表彰，其他市、区工商联也受到上级部门表彰，得到广大会员企业和社会的好评。在全市工商联系统已形成奋发向上，积极进取的工作氛围。另外，市工商联还认真做好老会员工作，组织老会员的学习、走访慰问活动，共发放补助慰问款4万余元，完成原工商业者调资，落实市直30余名已故原工商业者无工作配偶的每月200元生活补助费。修缮如旧镇江商会，为服务会员企业搭建较好的平台，推进各项工作的顺利开展。

十届工作建议

今年既是实现市第五次党代会目标的起步年，又是全面达小康的冲刺年，也是构建和谐镇江的推进年。市委五届二次全会提出“坚持更好更快发展，向着全面达小康、建设新镇江目标奋进”的总体目标。新一届市工商联将按照市委、市政府的要求，认真履行职责，为民营经济更好更快发展多作贡献，总的指导思想：坚持邓小平理论和“三个代表”重要思想为指导，全面贯彻落实市委五届二次全会精神，紧紧围绕市委、市政府中心工作，以科学发展观统领全局，发挥工商联统战性、经济性、民间性的优势和作用，团结非公有制经济人士，促进民营经济更好更快发展，在“全面达小康，建设新镇江”的伟大征程中作出新的贡献。

一、建设一支宏大的非公经济人士队伍是工商联的重要使命

1.要树立社会主义荣辱观，努力做合格的社会主义建设者。

2.要引导民营企业履行社会责任，在构建和谐社会中起表率。

3.要倡导民营企业投身社会主义新农村建设，实现共同富裕。

二、落实科学发展观，为民营经济更好更快发展服务是工商联的重要抓手

1.要围绕中心工作，突出招商选资服务。

2.要落实科学发展观，为企业自主创新服务。

3.要加强行业商会建设，促进产业集聚。

三、履行参政议政职能是工商联的重要属性。

四、推进工作创优，加强自身设是工商联的重要保障。一是要加强学习，努力建设学习型、知识型的机关。要学政治、学业务、勤思考、善总结，提高政治思想水平，政策水平，业务水平，更好地为企业提供政策服务。二是要开展调查研究，创新工作思路。要转变工作作风，深入企业，开展多种形式的调查

研究，掌握企业所想、所需、所盼和所虑，为做好服务工作打下坚实的基础。三是要强化奉献意识，树立工商联干部的良好形象。

镇江市工商业联合会第十次会员代表大会决议

镇江市工商业联合会第十次会员代表大会于2007年3月6日举行。

会议认真学习市委领导的重要讲话，市委肯定市工商联第九次会员代表大会以来的工作，同时对工商联今后的工作提出新要求。会议要求全体会员一定要认真贯彻落实市委领导的讲话精神，在新的起点上推进更好更快的发展，为“全面达小康，建设新镇江”作出新的贡献。

会议认真听取柏新民所作的市工商联第十次会员代表大会筹备工作报告，代表们对筹备工作表示满意。会议同意孙志安代表市工商联第九届执行委员会所作的工作报告。

会议认为，市工商联第九次会员代表大会以来，执委会在市委、市政府的领导下，在省工商联、市委统战部的指导下，依靠广大非公经济人士，认真服务大局，履行职能，圆满完成九届大会确定的各项任务。报告对今后的工作建议是切实可行的，新一届执委会要认真组织实施。

会议选举产生市上商联第十届执委会领导班子，会议认为，十届执委会充满朝气和活力，在市委、市政府领导下，一定能够团结广大会员肩负起历史重任。

会议号召，在全体会员要高举邓小平理论和“三个代表”重要思想伟大旗帜，认真学习贯彻党的十六届六中全会、市委五届二次全会精神，全面落实科学发展观，以更加振奋的精神，更加昂扬的斗志，开拓创新、扎实工作，为促进民营经济更好更快发展，向着“全面达小康，建设新镇江”的目标奋进。

六、镇江市工商业联合会第十一次会员代表大会工作报告及决议

围绕中心工作推动科学发展
为率先基本实现现代化作出新贡献
——在镇江市工商业联合会第十一次会员代表大会上的工作报告(节录)

孙志安

(2012年6月21日)

十届工作回顾

一、在市委、市政府坚强领导下，工商联事业大发展

1.工商联地位提高。随着中共中央、国务院《关于加强和改进新形势下工商联工作的意见》文件颁发和全国性工作会议的召开，工商联事业进入新的发展阶段，站在新的历史起点上。中央16号文件阐述工商联在我国经济社会发展全局中的重要地位和作用，体现党中央、国务院对工商联工作的高度重视和亲切关怀，为工商联事业指明发展方向。为贯彻中央16号文件，我省制定下发《实施意见》(苏发〔2011〕3号)，并专门召开工商联工作会议，省委书记罗志军出席会议并讲话。全国和省级工商联会议的高规格召开，是一次工商联事业的大宣传，是一次工商联政治地位的大提高，对工商联干部和非公有制经济人士的鼓舞是巨大的，对提高工商联的社会地位是空前的。市委、市政府长期以来一直高度重视工商联工作。为贯彻落实中央16号文件，2011年市政府授予工商联为全市社会团体业务主管单位，解决长期困扰工商联事业发展的难题。增加工商联为成员单位，参与市协调劳动关系三方会议，为工商联在构建和谐劳动关系中发挥更大作用拓展空间。吸收工商联参加促进非公有制和中小企业发展工作的领导机构和协调机制，工商联作为市民营经济发展领导小组成员单位和创业工作联席会议成员，在促进民营经济健康发展上积极作为，提高工商联的社会地位。

2.工商联影响力提升。一是围绕投资促发展，参政议政谋跨越。针对镇江投资驱动不足的问题，通过每年的市政协大会发言，向市委、市政府提出围绕

投资促发展的一系列建议。在2008年初，工商联针对国务院《长三角产业发展指导意见》的出台，在投资方向上率先提出“镇江建设先进制造业国家基地”的大会发言。在2010年初，工商联针对金融危机导致民间投资增幅低于全社会投资的情况，在投资主体上提出“让民间投资成为可持续跨越发展的不竭动力”的大会发言，大力呼吁扩大民间投资的领域、改善民间投资的环境，推动镇江科学发展。在2011年初，工商联根据“十二五”开局之年是镇江处于“两个率先”发展关键阶段的实际情况，继续围绕投资提出“保持投资强度、给力跨越发展”的大会发言，大力呼吁全市经济工作重点仍需毫不动摇地继续加大投资力度，强势推进、决不放松。工商联就加强投资工作连续三年作大会发言，完全契合市委市政府的工作思路，强化全市投资工作氛围，固定资产投资增幅连续29个月位居全省第一，跨越态势日益强劲，极大地提振全市人民的发展信心。二是围绕“两铁”促发展，第一时间建诤言。2008年市委书记在全市干部大会上提出：京沪高速铁路和沪宁城际铁路，即“两铁”的建设和开通，将会给镇江带来什么样的机遇和挑战？为此，工商联第一时间邀请省委党校教授联合对这一课题开展调查研究，形成2.2万字的调研报告。2009年初，在市政协大会上首先作《沿铁经济发展战略思考》的大会发言，提出镇江要抓住“两铁”带来的产业发展机遇、城市拓展机遇、要素集聚机遇，利用“两铁”带来的资金流、信息流、人才流的支撑，推动镇江科学发展。将调研报告和大会发言送交市领导审阅，并交各部委办局和辖市区领导参阅。调研报告得到刘捍东、郭礼荣、张甫雄、冯士超等领导的亲笔批示鼓励，市政府办、市委研究室、市政府研究室、市发改委、市社科联等部门主动与我们联系，沟通交流“两铁”调研成果，极大地提升工商联的影响力，取得积极的社会反响。三是围绕环境促发展，改善融资献良策。一直都把优化民营经济的发展环境作为工商联的重要工作，高度关注民营经济发展中的热点、难点问题，并通过双月座谈会、政协常委会等各个场合对优化发展提出建议和意见。工商联长期关注和呼吁解决中小企业融资难问题，连续三年建言完善融资担保体系，全市担保行业净资产总额超过20亿元，在保责任余额超过60亿元。开展银企合作，工商联和工行、建行、江苏银行、邮储银行，以及华夏、民生、浦发等银行均建立良好的合作关系，通过搭建融资服务平台，开展银企对接会、金融产品推介会等有针对性的活动，改善中小企业融资难。协助民生银行开展“中小企业贷款券”融资服务，已有200多家中小企业从中受益。发挥行业商会熟悉行业、熟悉会员企业的优势，鼓励行业商会加强与金融机构的合作，通过各种金融产品为会员企业提供融资服务。市钢铁业商会与工行、交行等银行合作，率先在全省推出“互联保”业务，使会员企业信贷规模由原来的2亿，增加到近15亿元。钢铁业商会还自筹互助基金，解决会员企业资金需求，提高抗风险能力。市装饰建材商会和工商银行开办“银建宝”业务，实现企业和消费者的双赢。丹阳市老兵企业家商会会员企业投资1亿元成立担保公司，为中小企业开辟优惠便捷的融资渠道。全市各级工商联也从改善融资、治理乱收费、乱罚款，到提高部门服务水平和机关执行力，建言献策。随着市委市政府对经济发展环境的重视，镇江民营经济发展氛围有根本性的好转，为民营企业健康发展提供有力的条件。

3.工商联凝聚力增强。五年来，工商联会员企业和基层组织数量增加、质量提高，工商联的组织凝聚力增强。截至2011年底，全市工商联已有会员9500户，行业商会55家，基层商会106家。一是应对危机，提振企业发展信心。面对2009年金融危机，主动为民营企业编印《中央和省市保增长、促发展政策文件汇编》，邀请著名学者郎成平来镇江讲课，帮助民营企业提高应对危机的能力。联合40余家行业商会和113家常执委单位，向全市民营企业家发出《坚定信心保增长，勇担责任保就业》的倡议，提振企业发展信心。并连续两天在镇江日报用半版的篇幅，登载倡议书全文。号召全市民管企业坚定发展不动摇，落实科学发展观，在困境中求发展，勇担社会责任，在危机中不裁员、少裁员，在全市范围内取得广泛的影响。113 家发起单位没有发生1例劳资纠纷，在维护社会稳定，推动经济发展上发挥重要的作用。各辖市区也开展服务工作，丹阳市工商联组织企业参加国内外经贸洽谈会，帮助企业拓展市场；句容市成立人民检察院工商联服务室，为企业提供法律咨询服务；京口区、润州区工商联成立纳税人维权协会办事处，帮助企业掌握税收扶持政策；扬中市、丹徒区工商联加强和政府部门沟通联络，解决企业的实际困难；新区总商会拿出3000万元扶持资金，对创新创业人才入驻新区给予奖励，帮助企业吸引人才。通过市工商联的服务,镇江的绝大部分会员企业没有因金融危机而关门歇业,有效地帮助企业、行业应对危机。二是推进社区商会建设,基层组织完善。基层商会是工商联工作的组织基础和重要依托,而社区商会是具有中国特色的工商联基层组织。在市委统战部指导下,镇江率先创新开展社区商会建设工作,在京口区开展试点,相继建立起37家社区商会。联合市委统战部及时召开全市社区商会现场会,交流社区商会建设经验,推动社区商会建设在各辖市区全面展开。镇江社区商会工作处在全省前列,得到省工商联领导的高度重视和充分肯定。社区商会成立后,为全民创业搭建服务平台,为非公经济人士参与社区经济社会事务建立互动渠道,为建设和谐社区增添新的组织形式,得到企业、群众、社区、街道等各方面的满意和欢迎。三是强化服务职能,引导行业商会在更高层次上发挥作用。重点组织眼镜、钢贸等一批有条件的行业商会撰写行业发展报告,并首次将全市行业发展报告编印成册供有关部门参阅,为促进行业健康发展提供指导意见,为参政议政提供依据,为党委政府决策提供参考。指导行业商会开展行业统计、行业政策制定、行业标准制定、行业公共服务平台建设等工作。丹阳市眼镜商会成功申报"省级产业集群品牌培育基地",丹阳汽车零部件商会推动制定汽配行业标准,扬中市防寒服商会开展行业工资集体协商。市钢铁业商会创新服务手段,组织16家会员企业成立注册资本2000万元的"江苏钢茂投资发展有限公司",筹建钢贸大厦,创办桥梁钢结构、物流等实体,延伸钢贸产业链,推动企业转型升级。市餐饮服务行业协会、市锅盖面行业协会等作为团体会员加入市工商联,增挂商会牌子,更好地发挥服务职能。全市一大批行业商会在加强行业自律、促进行业发展等方面的作用日益突出,工商联组织的凝聚力和号召力增强。

二、认真履行工商联职能,民营经济大发展

1.民营经济总量快速扩张,贡献份额提升。五年来,全市各级工商联团结带领广大民营企业,推动转变发展方式,促进经济转型升级,为民营经济健康发展作出贡献。随着创建创业型城市活动开展以来,民管经济发展呈现"井喷"之势,全民创业热情高涨,新增私个注册资本、私营企业、个体工商户呈现爆发式增长,2010年三项指标增幅均位居全省第一。市工商联连续两年获"全市创业型城市建设工作先进集体”的光荣称号。截至2011年底，私营企业和个体工商户总数超过21万户，注册资本突破2500亿元，万人拥有个私注册资本居全省第三；民营经济就业人数占全市新增就业人数的90%以上，对居民收入增长的贡献率达30%；民营企业出口21.9亿美元，增长50.6%；民营经济税收增长32.6%，占全市比重62.2%；完成民间投资715亿元，占全市固定资产投资比重58.4%；民营经济实现增加值1370亿元，占全市GDP比重近60%。民营经济已成为扩大就业、改善民生、加快转型升级的重要力量。这些成绩凝聚着全市民营企业家的心血和汗水，也为民营经济更好更快发展奠定坚实的基础。

2.民营企业成为新兴产业发展的主力军。引导民营企业抢抓全球产业调整机遇，加大结构调整和产业升级力度，积极主动布局新能源、新材料、电子信息、航空航天、海洋工程等领域，强力推动战略性新兴产业发展。提出“让民营企业成为新兴产业发展的主力军”的建议，呼吁市委、市政府对民营企业发展新兴产业给予更多的政策倾斜，大力引进和发展创业投资、风险投资，推动新兴产业爆发式增长。去年，全市新增创投企业8家，对镇江新兴产业投资超过10亿元。在新兴产业发展中，无论从企业的数量、投资的比重，还是创新的能力等多个方面，民营企业都占据绝对主力。在新能源领域中，大全集团、中电电气跻身光伏行业第一方阵。在新材料领域，恒神碳纤维、精密合金、宁武化工、焦化集团等企业产品都填补国内空白。在电子信息、海洋工程、航空航天等领域，恒宝股份、镇江船厂、鼎胜铝业等批民营企业更是成为主角。去年新兴产业实现销售超1600亿元，增长55%，一大批民营企业对发展新兴产业正跃跃欲试、方兴未艾，民营企业正强力推动镇江的战略性新兴产业发展。

3.民营经济竞争能力显著增强。引导和推动民营企业加强科技创新、开展资本运作，帮助企业引才引智。和市经信委、科技局、商务局等部门建立工作会晤机制，搭建民营企业项目申报绿色通道，组织民营企业开展国家级火炬、星火计划、全联科学技术奖、江苏名牌等项目申报工作，帮助镇江船厂成功申报“全联科技创新企业奖”、大亚科技获“全国就业与社会保障先进民营企业”等国家级荣誉，提升民营企业核心竞争力。镇江民营企业规模壮大，沃得集团、中电电气、大全集团、飞达集团、天工集团、大亚科技等6家迈入百亿企业行列。

全市先后有大亚科技、鱼跃医疗、恒宝股份、中电光伏、沃得精机、宏达新材、天工国际、利华国际、大全新能源、唐邦机电、东方电热等10余家民营企业上市，通过上市实现转型升级，已成为民营企业的共识。民营企业科技水平明显提高，全年实现高新技术产业产值超过1280亿元，获省以上科技项目扶持资金80%以上为民营企业申报。民营企业拥有注册商标占全市的90%，产生一大批国家级、省级知名品牌和驰名商标。科技、质量、品牌等已逐步成为民营企业形象和实力的象征。

三、发挥主渠道作用，民营企业家队伍大发展

1.民营企业家成为优秀的中国特色社会主义事业建设者。做好非公有制经济人士的思想政治工作，是党中央、国务院赋予工商联的政治任务，是市工商联的重要职能和义不容辞的责任。按照中央16号文件的要求，相信企业家、尊重企业家、依靠企业家，与市委统战部联合召开全市非公经济人士思想政治工作经验交流会，引导民营企业家增强争做“优秀建设者”的光荣感，勇于承担“优秀建设者”的使命感，做新时期德才兼备的社会主义企业家。将思想政治工作与做好非公经济代表人士的政治推荐相结合，有近70位民营企业家当选市人大代表和市政协委员，朱国平、叶有伟等两位企业家当选全国人大代表，陆廷秀、马金芳、沈礼等三位企业家当选省人大代表，企业家黄星娣当选省政协委员.将思想政治工作与民营企业家的宣传表彰相结合，推荐潘正东、周东海、苏启善、郭琰、郦海星等5位企业家获全省“优秀中国特色社会主义事业建设者”称号，王伟耀、徐翔、郭琰、王禄宝等5位企业家获“镇江市人民奖章获得者”。与江苏电视台《苏商》栏目制作专题节目，在全省范围内宣传镇江汤龙保，郑志伟等企业家的创业事迹。为纪念我国改革开放30周年，搜集26位优秀企业家的先进事迹，编辑出版《九万里风鹏正举》报告文学集，塑造民营企业家成为优秀的中国特色社会主义事业建设者的崭新形象。民营企业家坚决拥护中国共产党的领导，坚定信心走中国特色社会主义道路，爱国、敬业、诚信、守法、贡献，努力践行社会主义核心价值观，受到社会各界的赞誉。在镇江民营企业家队伍中涌现出朱国平、王伟耀、叶有伟、应军、周东海、杜盛钢、朱小坤、唐敖齐等企业家扶危济困、善待员工、心系人民群众的优秀品质；展现出徐翔、苏启善、耿仲毅、郭琰、陆廷秀、鄂秀萍、郦海星、高庆文、施文进、吴光明、沈凯、陶运平、戚杰、曹光明、朱立荣、彭长生、孟家富等企业家开拓创新、创先争优、勇攀高峰的进取精神；呈现出潘正东、翟志高、冷青松、吕永忠、杨玲坤、吴荣生、徐益生、徐正、董晓助、万敏、谭荣生、康顺杰、王辉、杨钢等企业家义利兼质、共同富裕、创建和谐劳动关系的良好素质。这些优秀企业家对引导广大非公有制经济人士做合格的中国特色社会主义事业建设者，起到积极的示范作用，营造企业家健康成长的良好氛围。

2.民营企业家成为和谐社会建设的奠基石。坚持引导民营企业家在发展事业的同时，自觉履行社会责任，致富思源、回报社会。汶川地震发生后，组织民营企业家向灾区人民伸援手、献爱心。眼镜商会、汽车零部件商会、钢铁业商会、火锅餐饮商会等各行业商会和基层组织开展救灾捐助活动。沃得集团、飞达集团、建工集团、中电气等民营企业支持灾后重建工作。据不完全统计，民营企业共向汶川灾区捐赠款物总额近600万元，青海玉树地震发生后，宁式化工当日决定捐款50万元，盛业管件连夜加班赶制救灾帐篷，恒顺集团、韦岗铁矿、商业城和各行业商会等都捐款捐物。在舟曲特大泥石流救灾中，省交通工程集团连续奋战4昼夜赶制出两座钢桥支援灾区。句容市工商联、京口区工商联、丹徒区工商联募资捐款百余万元分别开展“慰烈工程”、“暖冬行动”和“援建新村镇”活动。还有更多的企业家参与扶贫帮困、捐资助学、吸纳就业等活动，根据镇江民营企业履行社会责任调研统计，五年来民营企业捐赠总额超1亿元。民营企业家自觉履行社会责任，赢得群众的赞誉、领导的褒奖、全社会的好评，树立民营企业家“大爱镇江”的良好形象，成为构建和谐社会的奠基石。

3.青年民营企业家成为经济社会发展的生力军。以服务青年企业家成长为宗旨，以培养造就一支勇于开拓、奋发有为的青年企业家队伍为目标，团结带领青年企业家争做科学发展的“生力军”、创业创新的“排头兵”、修身立德的“好楷模”、勇担责任的“好表率”。青年民营企业家队伍活跃在经济社会建设的各个领域，成为促进经济转型、转变发展方式、推动社会进步的一支重要力量。

一是综合素质全面提升。依托高校、党校等单位、分类实施专题化、短期化培训，加强青年企业家政治教育，增强政治把握能力；加快知识更新，增强经营管理能力；加强法规教育，增强政策应变能力，全面提升青年企业家素质。2011 年市工商联会同市委组织部等单位首次组织40余名青年企业家赴井冈山干部学院考察学习，加强党性教育，这是井冈山干部学院迎来的第一批青年民营企业家学习班，也是工商联加强青年企业家队伍建设的一次有益探索和尝试，取得较好的成效。二是组织归属感增强。企业家的成长需要全社会各方面的关心和支持，同样需要商会发挥作用。为搭建青年企业家学习、交流、联谊活动平台，对全市45岁以下的青年企业家和非公代表人士、工商联常执委企业家的子女情况进行调查摸底、形成数据库。经过近1年的筹备，2010年正式成立"青年民营企业家商会"，在全市取得较大的影响。青年民营企业家商会将立志办成企业家成长的摇篮，办成知识共享、互帮互利、共同进步的家园，办成促进创业、实现价值、打造合作共赢的平台，为镇江加快转型升级、推动科学发展、建设和谐社会作出重要的贡献。三是勇挑企业发展重任。青年企业家处在经济建设的第一线，已成为经济建设的生力军。屠余标、应珏等青年企业家注重企业创新技术和管理，提高核心竞争力：钱志军、潘骏等青年企业家放眼世界，开拓海外市场，提高企业外向度：冷祥生、何建、王斌、孙云等青年企业家推动企业从传统产业向新兴产业、现代服务业转变，加快产业转型升级：吴玉才、邹元顺、许紫琳、陶靠军等青年企业家加强企业文化建设，塑造企业品牌、企业信誉。广大青年企业家已经能用负起企业发展重任、立大志、干大事、成大业，五年来，工商联按照市委关于加强机关作风建设的要求，在党组的领导下陆续开展"学习实践科学发展观"、"对标找差、创先争优"等活动，将为会员企业服务、为非公经济人士服务、为基层商会服务，作为工商联的重要工作，对全年工作目标进行任务分解，层层抓落实，推动工作质量的全面提升.通过抓学习、强素质，抓考核、强职能，抓作风、争先进等措施，改进机关作风，提升履职能力，形成一支想干事、会干事，顾大局、人缘好的干部队伍，为开创工商联工作新局面提供组织保证。市工商联在指导全市非公经济组织开展学习实践活动中，确定11个企业联系点，将思想政治工作与学习实践活动紧密结合，取得较大成效，受到中组部的表彰和认可，得到中央指导组组长的肯定。另外，市工商联修缮如旧镇江商会，整理相关资料制作“百年商会历史图片陈列”，还认真做好老会员工作，组织对老会员的走访慰问活动，开展信息、融资、人才等服务，推进各项工作的顺利开展。

十一届工作建议

一、要在加快转型升级、促进民营经济健康发展上发挥更大作用

1. 引导民营企业发展新兴产业。

2. 引导民营企业提升改造传统产业。

二、要在构建和谐社会、促进民营企业家健康成长上发挥更大作用

1. 要开展中国特色社会主义理论体系学习教育。

2. 要引导民营企业自觉履行社会责任

3. 要培育壮大青年企业家队伍。

三、要在提升履职能力、推进镇江现代化建设上发挥更大作用

四、要在提升工作水平，加强工商联自身建设上发挥更大作用

1. 加强会员队伍建设。

2. 加强行业商会和基层商会建设。

3. 加强机关自身建设。

镇江市工商业联合会第十一次会员代表大会决议

镇江市工商业联合会第十一次会员代表大会于2012年6月21日举行。

会议认真学习省工商联和市委领导的重要讲话，省工商联和市委肯定市工商联第十次会员代表大会以来的工作，同时对工商联今后的工作提出新要求。会议要求全体会员一定要认真贯彻落实省、市领导的讲话精神，推动创先争优，加快转型升级，推进科学发展，为镇江率先基本实现现代化作出新的贡献。

会议认真听取朱保卫所作的市工商联第十一次会员代表大会筹备工作报告，代表们对筹备工作表示满意。

会议同意孙志安代表市工商联第十届执行委员会所作的工作报告。会议认为，市工商联第十次会员代表大会以来，执委会在市委、市政府的领导下，省工商联、市委统战部的指导下，依靠广大非公经济人士，认真服务大局，履行职

能，圆满完成十届大会确定的各项任务。报告对今后的工作建议是切实可行的，新一届执委会要认真组织实施。

会议选举产生市工商联第十一届执委会领导班子。会议认为，十一届执委会充满朝气和活力，一定能够团结广大会员圆满完成市委、市政府赋予的历史重任。

会议号召，全体会员要高举邓小平理论和“三个代表”重要思想伟大旗帜，认真学习贯彻党的十七届六中全会、市委六届二次全会精神，以中央16号文件、省委3号文件为指导，发扬与党风雨同舟的优良传统，坚持在思想上同心同德，在目标上同心同向，在行动上同心同行，为全面加快镇江现代化建设进程贡献力量，以优异成绩迎接党的十八大胜利召开。

七、镇江市工商业联合会第十二次会员代表大会工作报告及决议

凝心聚力　履职尽责
为镇江高水平全面建成小康社会努力奋斗
——在镇江市工商业联合会第十二次会员代表大会上的报告(节录)

卢 道 富

(2017年1月9日)

十一届工作回顾

一、工商联事业蓬勃发展

1.坚持统战性，非公领域党的领导得到新加强

发挥爱国统一战线中工商联的独特作用，党在非公领域的领导得到新加强。五年来，市工商联推动市委市政府出台《关于加强和改进新形势下工商联工作的实施意见》，从意义、目的、作用等方面促进工作提档升级，并出台具体方案，明确责任，细化分工，对工商联工作的全面展开具有里程碑意义。《实施意见》发布后产生系列积极效果，特别是被授予全市异地商会业务主管单位，解决长期困扰工商联事业发展的难题；吸收工商联参加促进非公有制和中小企

业发展工作的领导机构和协调机制，为促进民营经济健康发展争取主动权；增加工商联为协调劳动关系三方委员会成员单位，为民营企业构建和谐劳动关系赢得话语权。坚持党建促会建，成立“中共镇江市商会联合委员会”，确立以“党建促会建”的新思路，探索“商会+党支部”的新模式，建立市直商会党支部18个，党员271名，同时注重发挥商会党支部的战斗堡垒作用和党员民营企业家的先锋模范作用，实现党建工作“两覆盖”“四集中”。开展非公人士理想信念教育实践活动，在全国独创出“商道酬信”品牌，通过“五改五创新五个提升”的工作举措，坚定非公人士的“四信”理念，推动中国特色商会组织的“镇江实践”。组织开展“优秀中国特色社会主义事业建设者”评比表彰活动，对首届入选的30名民营企业家进行隆重表彰和广泛宣传，弘扬他们奋发向上的精神风貌，树立非公人士健康成长的榜样，以点带面，典型引路，带动镇江非公领域风尚向上向好。

五年来，全市民营企业家百舸争流，奋楫投入到建设“强富美高”新镇江的蓝图中，以“江苏省优秀中国特色社会主义事业建设者”徐翔、王伟耀为代表，全市民营企业家获各类奖项千余个，百余名企业家被推荐为“两代表一委员”，在推动非公经济健康发展的同时，努力提升自我，实现“两个健康”齐头并进，相得益彰。

2.坚持经济性，非公经济科学发展得到新促进

五年来，全市各级工商联团结带领广大民营企业，推动转变发展方式，促进经济转型升级，为民营经济健康发展作出贡献。

在参政议政上，围绕经济社会的热点难点建言献策，特别是就推进镇江民营经济转型升级展开专项调研，报告被市委采纳，出台《关于促进镇江民营经济升级发展政策意见(试行)》，为民营经济健康发展提供政策保障。在经济服务上，围绕中央及省市经济工作重心提供贴身服务，特别是在供给侧结构性改革、“大众创业、万众创新”、“331”计划和“金山英才”计划、低碳城市建设等工作中主动作为，有力推动经济社会科学发展。构建“亲”“清”新型政商关系，精心打造“一二三四”法务工作品牌，受到中央统战部的高度肯定，并在全国交流推广。以“一带一路”战略的实施为契机，促进“走出去”与“请进来”协调

发展，提升镇江非公经济的国际化水平，使企业和商会在对外经济交往中实现自我提升。

五年来，飞达集团、中电电气、沃得集团、天工集团、大全集团、大亚科技、建华建材等企业先后入选“中国民营企业500强”。预计2016年，镇江民营经济实现增加值超过2400亿元，增长10%左右，占全市GDP的比重超过63%；民间投资保持较快增长，完成投资1980亿元，增长18%，占全市固定资产投资的比重超过70%；民营企业完成出口额超34亿美元，对全市出口增长贡献率达110%；民营企业新增就业人员约占全市城镇新增就业人口的90%，民营经济已占据镇江经济的半壁江山，成为扩大就业、改善民生、加快转型升级的主力军。

3.坚持民间性，镇江特色商会组织得到新推动

发挥工商联民间总商会的作用，通过引导商会自我教育、自我发展、自我提升等，推动镇江特色商会组织发展。

推动商会组织建设。高度重视行业(异地)商会的组建工作，根据镇江行业特点、企业家结构等实际，与经信委、民政局等部门引导行业(异地)商协会的组建，商(协)会数量呈倍数增长。截至2016年12月底，全市工商联共有会员12357户(个)，较2011年底翻一番；共有各级各类商会组织177家，其中，市直商(协)会33家，扣除僵尸商协会，总数较2011年增加十余倍；成立镇江苏州商会，异地镇江商会实现零突破；会员中科技型、成长型、大中型企业比重加大，数量质量节节攀升；在此基础上，还顺应形势发展，将“镇江商会”更名为“镇江总商会”，体现民间性。创新商会管理模式，创建“商会+党支部”的市直商(协)会直属管理、异地商会归口管理、行业商会自律等“镇江模式”，特别是在全国率先发布“亲”“清”自律公约，出台《市直商(协)会管理办法》等，保证商会正确发展方向，促进商会自律。商会活力竞相迸发，全市工商联系统狠抓典型培育，并把树立典型作为激发商会活力的重要抓手，通过首创的示范商会创建工作、商会“十大亮点”评选等活动，以典型促提升，以示范作引领，商会潜能被全面激发，在党的领导下，民办、民管、民营的民间性质彰显。

五年来，以市青年民营家商会、市餐饮协会获评5A级商会为代表，市直商会中4A级以上商会占据近半壁江山，商会质量大幅提升；以创业精英联合会党支部成功创建五星级党支部为典型，各商(协)会斩获各类荣誉近500项，全市工商联系统呈现出活力迸发、社会协同作用显著增强、社会服务管理水平全面提升的良性发展态势。

二、履行职能成效显著

1.调查研究，参政议政成果丰硕

发挥工商联参政议政的主渠道作用，利用人大、政协、市委双月座谈会、市政府企业家圆桌会议等平台，建言献策。五年来组织引导非公人士、行业组织围绕经济社会发展的热点难点问题听取意见、调查研究，提交各级议案、提案400余件，调研报告近百篇，一批调研成果受到肯定，多个提案被重点督办或评为优秀提案，推动决策的民主化和科学化。

其中，提交《关于制定商会法的议案》到全国人大，为依法治会鼓与呼，现该议案内容已被全国人大法工委列入立法工作规划；在省政协常委会和联组讨论会上，分别围绕推动乡村旅游和军民融合进行发言，被《新华日报》报道；《把握机遇，积极应对宁镇扬同城化》的市政协大会发言被编入省政协大会书面交流材料；润州区工商联建议的将民营企业家培训统筹推进全区人才工作中，被区党代会纳入工作计划，有力地推动非公领域人才的培养工作等，五年来，全市工商联系统共有百余篇调研报告获省市奖项，调研成果转化率达95%以上，建言献策的活力逐步释放，舞台逐步扩大，效果日益凸显。

2.突出政治引导，实践活动亮点纷呈

坚持“十字”工作方针，探索非公人士思想政治工作的新途径，新方法，努力培养一支听党话，感党恩，有责任，敢担当的非公人士队伍。

创新作为，非公人士理想信念教育实践活动创成“商道酬信”工作品牌。根据中央统战部、全国工商联统一部署，扎实开展实践活动，同时紧扣主题，结合镇江实际，创造性地打造出“商道酬信”金字招牌，得到全国政协原副主席、工商联名誉主席黄孟复等全国及省市领导的肯定。期间涌现出一批先进典型，潘正东获“省十大诚信标兵”，孙广辉、沙国伟、林志汉、季忠银、谈建祥等获省第三届“百名诚信之星”，吕永忠、刘树安、吴光明、张玉宏、倪道宏、谭荣生等被授予“镇江市人民奖章”，8家会员企业获市首届十大“诚信标兵”称号等，全

市民营企业家践行“商道酬信”，推动“四信”理念在镇江开花结果。

主动作为，推进构建新型政商关系，赢得社会各界广泛赞誉。贯彻习近平总书记关于“亲”“清”新型政商关系的重要讲话精神，并结合非公人士理想信念教育实践活动、“两学一做”学习教育、“商道酬信”等，创新性地开展“政商新关系、亲清当模范”主题教育活动，为促进“两个健康”营造良好的发展环境和政治生态。活动中，市工商联在全国率先提出“五为五不为”的要求，发布“亲”“清”自律公约，开展以“亲”“清”为主题的书法美术创作及征文活动，创建“亲”“清”文化示范点等，推动构建新型政商关系在镇江持续升温。这些做法得到中央政治局委员、中央统战部孙春兰部长，全国工商联副主席黄荣，市委书记夏锦文等领导的肯定，并在全国交流推广；《人民政协报》《新华日报》《中华工商时报》等央、地媒体给予高度评价，受到社会各界的好评；上海、重庆、浙江、河北、大连等地来工商联取经，在全国引起强烈反响。

争相作为，履行社会责任成为镇江民营企业的共同追求。在市工商联的大力引导下，广大民营企业家政治素养增强，自觉自愿自发地承担起社会责任。在“百村万户新达标”“百企帮百村”和“同心工程”等行动中，通过帮助建设基础设施、定向采购等“造血”举措，将扶贫工作抓细抓实，特别是组织市青年民营企业家商会筹资300多万元实施“同心工程”实验区建设，被《新华日报》头版头条报道；大全集团、液压股份等企业顶住经济下行压力，承诺不裁员、不减福利待遇；总商会副会长郦海星获“感动镇江十大人物”等，各辖市区工商联、各商(协)会及民营企业关心弱势群体、关爱贫困学子、关注困难会员，在危难时刻伸出援助之手，五年来捐资三亿余元，展示非公人士的大爱情怀和责任担当。

3. 坚持在商言商，经济服务成效显著

市工商联坚持围绕中心、服务大局，围绕发展、服务会员，拓展经济服务的领域，搭建平台，构建机制，卓有成效。

聚焦创新推进转型升级。组织申报全国工商联科技进步奖，镇江船厂获一等奖，中靖新能源、正丹化工获二等奖，申报质量处于全国领先。推进军民融合，主动对接中国航空综合技术研究所，为镇江“民进军”攻克技术壁垒等提供技术支撑；镇江新区工商联成立全省第一个“军民融合产业联盟”，为镇江“民进军”整体突破先行先试积累经验。帮助民营企业对接“331”和“金山英才”计划，推动人才、项目和资本的有效对接。举办各类政策解读会、经济对接会数百场，为民营企业健康成长保驾护航。

聚力服务搭建服务平台。建立与政府部门的协调机制，特别是在信息沟通、意见表达、服务协调和合作互动上有突破，传递非公人士真声音，架起政府企业连心桥。在全国率先成立“镇江小微企业城市商业合作总社”“同心”律师服务团，建立“镇江市金山现代商务服务中心”等，注重平台作用的发挥，为工商联履职尽责夯实基础。此外，丹徒区工商联建立10家“维权服务站”，润州区工商联将基层商会秘书处设在经济服务中心，东北商会搭建账目疏财服务平台等，实现资源共享，互促互进。

聚集资源推动合作发展。做实区域合作，举办长三角民营经济合作会议，深化宁镇扬民营企业交流合作机制，搭建企业家合作共话平台；主动对接浙江清华长三院杭州分院，调研报告《嫁接“名校+名企”资源，升级创新创业园区》得到市领导肯定，并促进成果转化，成功组织高新区与其对接，仅两个月就有4个项目成功对接。拓宽对外联络，在全国率先设立“镇江市商会驻澳门联络处”，与美国芝加哥华联会、美国福建商业总会等30余家境外机构、商会、社团建立友好商会及交流合作关系，加速企业国际化进程。参与“一带一路”建设，举办“一带一路双引擎：城市与企业”专题研讨会，市内外200余名专家、企业家参加会议，国内20余家主流媒体予以报道，这不仅是工商联成功引导社会组织主动承接政府职能的创新之举，而且也宣传镇江在“一带一路”建设中所做的工作，为镇江在“一带一路”战略中有更大作为给予智力支持；赴泰国、柬埔寨、越南等地调研，带领民营企业拓展海外市场；与柬埔寨西哈努克港特区深度合作，并组织多批次企业家实地考察洽谈；丹阳市工商联依托行业商会，组织近千家会员赴韩国大邱等地参加经贸洽谈活动，在“走出去”上迈出坚定步伐。

4.合力夯实基础，组织建设全面提升

市工商联以全新的思路，创新的举措，扎实的工作，推进商会体系建设，调整会员结构，完善管理制度，狠抓示范引领，组织建设工作一改落后面貌，跃居全省先进行列。

坚持建管结合，组织基础夯实。五年来共发展会员近3000户(个)，新组建商(协)会近百家，其中市直商(协)会近30家，成功更名为“镇江市总商会”等，为工商联工作的开展夯实组织基础。优化会员结构，吸收各领域新进代表进入队伍，提升新兴产业、规模以上企业的比重，努力实现会员队伍“纵向延伸，横向拓展”。创新管理模式，在全国率先制定直属商(协)会管理办法，既使得工作开展有抓手，又保证正确的办会方向，同时又符合新的管理要求，探索出新时期商会工作的“镇江模式”。构建长效机制，建立健全联系点制度、市直商会工作例会制度、新任职培训制度等，推动管理长效化。注重上下联动，以“五好”县(市、区)工商联创建和年终考核的为主线，促进省市县三级联动，实现上下齐抓共管。

狠抓示范引领，培育组织工作亮点。首创示范商会创建工作，以典型促提升，以示范作引领，形成比学赶超的氛围，提升商会的工作水平。首创商会“十大亮点”评选活动，激励创新，打造品牌，提升商会影响力和认知度。此外，还会同有关部门组织开展省优秀民营企业(家)、中国女企业家、诚信之星等评比推荐表彰活动，共有百余名企业家受到各级各类表彰，起到典型引路、示范引领的效果。

注重作用发挥，谋求商会工作实效。根据镇江商会组织特点，总体布局，点面结合，促进其在服务经济、促进和谐、履行社会责任等方面发挥作用，突出表现在：丹阳市工商联通过眼镜商会承接首届眼镜文化节，扩大商会影响力，推广“丹阳眼镜”品牌；锅盖面协会征集宣传语，提升锅盖面知名度，弘扬地方文化；南通商会免费派送印有“商道酬信”字样的环保袋10万余件，推进绿色发展；家居装饰业商会成功打造“家博会”品牌，通过抱团取暖实现商会、企业共同发展；扬州商会评选“五为五不为”承诺践行带头人，构建“亲”“清”新型政商关系；安徽商会加强企业诚信体系建设，弘扬“新徽商”精神；泰州商会承办“同书文明语，争做文明人”书法大赛活动，为文明城市创建增光添彩；福建商会通过“家文化”凝聚合力等，全市行业(异地)商会活力迸发，影响巨大，在促进经济社会发展中起到独特作用。这些活动通过“十大亮点”等在媒体进行集中展示，使全社会对新时期商会工作有全面了解，赢得社会各界的好评，为此省工商联专门在镇江召开现场会向全省推广。

5.探索创新，协同管理作用独特

发挥商会独特的作用及优势，创新治理模式，协调多方关系，化解矛盾纠纷，维护合法权益，当好社会的“稳定器”“调节阀”。

构建三方协调机制。与市人力资源和社会保障局、市总工会组成三方协调委员会，共同研究解决重大劳动关系问题，五年来共召开协调会30余次，开展工资集体协商、和谐企业创建等活动50余次，推动镇江劳动关系和谐发展。引导非公企业创造就业岗位，推进工资集体协商，参加全市劳动关系和谐企业创建活动，促进企业劳资关系和谐稳定。

注重法律服务。贯彻“六五”普法计划，建立现代企业和商会管理体系，提升法律素养，实现企业、商会及行业的自律。开展“一二三四”特色法律服务，特别是编写的《以案说法——商会与企业法律风险防控案例评析》得到市委书记夏锦文亲笔作序，并被编入全市“七五”普法教材；推行商会法律顾问制度，在全国率先成立“同心”法律服务律师团，成立“同心”律师工作站11家，拥有律师30余名，为企业避免或挽回经济损失近6亿元，赢得赞誉；组织政法机关与商会、企业双走进，通过现身说法切实提高企业法务水平等，法务工作范围由传统的维权覆盖至普、用、守法全过程，此举受到全联、省联的高度肯定。

重视个案协调。加强政府部门与企业间的沟通互动，畅通企业诉求反馈渠道，开通个性化服务通道，对会员企业特别是小微企业遇到的疑难杂症，通过联合走访调研、座谈交流、圆桌会议等，对症下药，重点协调个案近百件。期间涌现出一批在全市乃至全省产生影响力的品牌和案例，丹阳市工商联七年磨一剑，帮助丹阳市眼镜商会成功申报“丹阳眼镜”集体商标；句容市工商联创出“进百家民企、促跨越发展”品牌，年均走访企业近百家，五年来共协调解决大小纠纷近300件；京口区工商联的“服务伴我行”活动被新华网等央媒报道；新区工商联的“差别服务，助推百企”活动帮助企业解决问题近百件等，各辖市区工商联积极作为、见招拆招，做到为政府分忧、企业解难。

三、自身建设加强

1.强化党的领导，推动党建会建互促互进

适应社会组织改革创新趋势，贯彻落实中央统战工作会议精神，成立“中共镇江市商会联合委员会”，牢固确立以“党建促会建”的工作思路，探索“商会+党支部”的工作模式，构建出具有自身特色的商会党建工作格局。一方面注重党建促会建，专题召开党支部书记学习会，及时传达中央及省市相关会议精神；帮助建章立制，规范支部活动；组织商会党支部与机关党支部互促共建，共同开展重走总书记路线、参观“同心”工程示范区、接受革命传统教育等，发挥党支部的战斗堡垒作用，为会建提供强有力的政治保障。另一方面注重会建促党建，在组建商会的过程中，特别是在推荐班子成员时，注重吸收具有党员身份的企业家加入，为商会成立党支部奠定基础；对条件成熟的，组建商会同时成立党支部，党建会建齐头并进；指导商会将日常工作与党支部活动互相穿插，做到两手抓、两不误。在市工商联的指导下，各市直商(协)会及党支部积极作为，实现党建会建的互促互进：市创业精英联合会党支部成功创建五星级党支部，成为镇江非公经济领域党建工作的先进典型；泰州商会党支部与烈士陵园共建爱国主义教育基地；家居装饰业商会与消费者协会共建友好党支部等，实现商会党建与会建的两兼顾、两促进。

2.突出制度建设，保证工作开展有章可循

建立健全各项规章制度，完善党组议事程序和规则，严格监督管理机制，促进工作的科学化、制度化和规范化。建立常执委会议制度，加强与常执委及会员企业的互动沟通，推动其成为助推工商联工作创新发展的重要力量。注重干部的教育培养，通过公务员培训班、在线学习系统、挂职锻炼、抽调工作等，提高干部的履职能力。树立正确用人导向，激励干部担当作为，建立健全干部培养、考核、激励机制，造就一支团结、创新、务实、敬业的干部队伍。做好非公人士安排，发挥非公有制经济人士综合评价体系的作用，树立“凡进必评”原则，优化非公人士队伍。

3.紧抓作风建设，落实全面从严治党各项要求

坚持以严的态度、实的举措，把全面从严治党落到实处。开展党的群众路

线教育实践活动、“三严三实”专题教育和“两学一做”学习教育，特别是两新组织“两学一做”学习教育等特色做法得到社会各界的肯定。清单化、项目化落实管党治党责任，通过“以单定责、按单履责、照单问责”深化党务公开工作。健全党组中心组学习机制，坚持读原著、学原文、悟原理，推动学习型党组织、学习型干部队伍建设。严格落实中央八项规定及省市委十项规定，动真碰硬进行整改，推进廉洁型机关建设。开展“效能革命”，调动干部的积极性，以践行五大发展理念为核心，优化服务方式，增强“四个意识”，促进“两个健康”，推动工作创新，提升履职效能，推进机关作风全面改善。

4.注重日常管理，保持良好的精神状态

打造宣传阵地，扩大覆盖面，创新宣传手段，建立微信公众平台，创办《商道》会刊，更新网站内容，开通工商联手机报等，牢牢把握正确舆论导向，发出主流声音，平台作用发挥。开展文化活动，举办书法美术创作、“中国梦”征文、南山健步行等活动，启动《镇江商会志》编撰工作，编印《同心•同兴》纪念画册，制作《逐浪扬帆竞风流》宣传片，建立机关“亲”“清”文化角等，提升机关及企业软实力，推进非公领域文化繁荣发展。举办重大活动，以工商联成立60周年、总商会成立110周年等为节点开展系列活动，此外还通过重阳节的“家风家训家教”活动、建党节走进老区、建军节走进军营、劳动节重走总书记视察路线等凝聚向心力。改善工作环境，整治机关作风，坚决治理“慵懒散”；建立容错机制，为敢于担当者担当；加强硬件改善，置换办公设备，创成省级三星档案室和3A数字化档案室等。

未来五年工商联工作新形势

一、深刻把握政治形势，坚定共同理想信念

党中央全面把握世情国情党情新变化，明确要“毫不动摇坚持和发展中国特色社会主义”，要解放思想、实事求是、与时俱进、求真务实，以一系列富有创见的新思想新观点升华党对经济社会发展规律的认识，是指导党和国家全部工作的强大思想武器，把中国特色社会主义规律的认识提高到新的水平。针对非公经济，习近平总书记在参加民建、工商联界委员联组讨论会上，提出要坚持“两个毫不动摇”，即必须要毫不动摇巩固和发展公有制经济，毫不动摇鼓励、

支持、引导非公有制经济发展；“三个没有变”即非公有制经济在我国经济社会发展中的地位和作用没有变，鼓励、支持、引导非公有制经济发展的方针政策没有变，致力于为非公有制经济发展营造良好环境和提供更多机会的方针政策没有变，并要求领导干部和广大非公人士要构建“亲”“清”新型政商关系。

非公有制经济人士是中国特色社会主义事业建设者，要认真贯彻党的十八大以来系列会议、习总书记系列讲话和中央、省市统战工作会议精神，学习领会精神实质，增强围绕中心、服务大局的责任意识，把思想和行动凝聚到中央决策部署上来，凝聚到坚持和发展中国特色社会主义上来，凝聚到统一战线工作中来。工商联要完善非公人士思想政治工作的方式方法，推进“亲”“清”新型政商关系的构建，增强针对性，谋求实效性；坚持团结、服务、引导、教育的方针，一手抓鼓励支持，一手抓教育引导，引导非公人士特别是年轻一代致富思源、富而思进，践行社会主义核心价值观；充分发挥工商联对商会组织的指导、引导、服务职能，确保商会发展的正确方向。

二、深刻把握经济形势，坚定科学发展信心

党的十八大以来，确立“2020年全面建成小康社会，是党确定的‘两个一百年’奋斗目标的第一个百年奋斗目标”，认为“‘十三五’时期是全面建成小康社会决胜阶段”，“要实现‘十三五’时期发展目标，破解发展难题，厚植发展优势，必须牢固树立并切实贯彻创新、协调、绿色、开放、共享的发展理念”。

未来五年，世界经济错综复杂，我国经济发展新常态的特征更加明显，江苏经济持续增长的资源环境约束加剧，物质要素投入边际效益递减，处于重要战略机遇期，加上江苏“两聚一高”新目标的提出，长三角城市群发展规划将正式实施，长江经济带发展向纵深推进，苏南自主创新示范区建设全面展开，宁镇扬同城化步伐加快，政府职能快速转变等，面对新形势、新情况、新要求，必须要牢固树立并切实贯彻创新、协调、绿色、开放、共享的发展理念。要深刻认识五大发展理念的基本内涵和实践要求，把握和用好民营经济发展重要战略机遇期，推动民营企业适应引领经济新常态，提高发展质量效益，加快转变发展方式，破解发展难题，实现平稳较快发展；要深刻认识创新是引领发展的第一动力，推动实体经济特别是制造业通过创新迈向中高端；要深刻认识协调是持续健康发展的内在要求，参与“一带一路”建设、长江经济带建设等重大发展战略；要深刻认识绿色是持续发展的必要条件，参与低碳城市和山水花园城市建设；要深刻认识开放是繁荣发展的必由之路，加快走出去步伐；要深刻认识共享是中国特色社会主义的本质要求，参与“百企帮百村”精准扶贫行动和光彩行动，切实履行社会责任，为实现共同富裕贡献力量。

三、深刻把握工商联工作形势，坚定两个健康主题

党中央强调要巩固和发展最广泛的爱国统一战线，明确统一战线是凝聚各方面力量，促进阶层等方面关系和谐，夺取中国特色社会主义新胜利的重要法宝，鼓励和引导新社会阶层人士为中国特色社会主义事业作出更大贡献。要积极构建“亲”“清”新型政商关系，深刻把握“亲”“清”内涵，为促进“两个健康”营造良好的发展环境和政治生态。要深刻领会统一战线和中国特色社会主义事业的精神实质，明大势、看大局，读原著、学原文、悟原理，结合工商联实际，带领广大民营企业家投入到高水平全面建成小康社会中去。要全面落实中央及省市关于加强和改进新形势下工商联工作的实施意见，并与时俱进赋予其新的时代内涵，自觉用文件精神武装头脑、指导实践、推动工作，自觉把“两个健康”工作主题融入到工作中去。要深入贯彻中央党的群团工作会议精神，深化商会改革，激发商会活力，明确目标、探索机制、发挥优势，发挥好工商联在行业协会商会改革发展中的促进作用，推动其当主角、唱大戏。要学习贯彻市第七次党代会及市七届二次全委会精神，围绕“坚持生态领先、推进特色发展”的总体目标，推进镇江高水平全面建成小康社会。

今后五年工作建议

今后五年镇江市工商联工作的指导思想和总体思路是：在镇江市委的领导下，高举中国特色社会主义伟大旗帜，以邓小平理论、“三个代表”重要思想、科学发展观为指导，贯彻党的十八大以来中央决策部署和习近平总书记系列重要讲话，特别是中央统战工作会议、习总书记参加政协民建工商联界联组会和视察江苏时重要讲话精神，全面落实市委各项部署，统筹推进“五位一体”总体布局，协调推进“四个全面”战略布局，适应引领经济发展新常态，落实“五大发展”，强化“五个职能”，促进“两个健康”，按照“两聚一高”和“生态领先、

特色发展”的要求，以深化商会改革为契机，开拓创新，砥砺作为，为镇江高质量实现“十三五”规划目标，高水平全面建成小康社会，加快建设“强富美高”的新镇江贡献智慧和力量。

一、强化政治引导，推动统战工作向商会全覆盖

1.在促进非公人士健康成长上迈出新步伐。

2.在促进民营企业自觉履行社会责任上迈上新台阶。

3.在商会党建工作上攀登新高度。

二、参政议政，引导有序参与政治生活

三、主动融入大局，推进经济社会发展

1.在平台作用发挥上再提升。

2.在机制完善上再提升。

3.在激发企业活力上再提升。在促进转型升级培育新动能上下功夫；在区域合作和对外开放上下功夫；在军民深度融合上下功夫。

四、加强自身建设，持续提升工商联、商会组织办会水平

1.优化组织结构扩大影响力。加大异地镇江商会组建力度；加大行业性商会组建力度；充分发挥镇、街道商会作用；深化工商联改革。

2.强化履职能力提升战斗力。

3.深化文化建设增强凝聚力。

镇江市工商业联合会第十二次会员代表大会决议

镇江市工商业联合会第十二次会员代表大会于2017年1月9日召开。

会议听取省人大常委会副主任、省工商联主席许仲梓和中共镇江市委书记夏锦文的重要讲话。会议认为，许仲梓主席和夏锦文书记对镇江市工商联第十一届执委会所做的工作给予肯定，对新一届领导机构提出殷切希望和明确要求，体现市委、市政府和省工商联对镇江工商联工作的高度重视、热忱关心和大力支持，对指导全市工商联工作具有十分重要的意义。会议要求全市各级工商联组织、商会和全体会员要认真学习贯彻落实省、市领导讲话精神，为开创工商联工作新局面，推进镇江经济社会发展再立新功。会议审议并通过卢道富

代表镇江市工商联第十一届执行委员会所作的工作报告，选举产生镇江市工商联第十二届执行委员会和镇江市总商会领导班子，表彰镇江市第二届优秀中国特色社会主义事业建设者，圆满完成大会各项议程。

会议认为，镇江市工商联十一次会员代表大会以来，面对复杂严峻的经济形势，在市委、市政府的正确领导下，在省工商联、市委统战部的指导支持下，贯彻党的十八大、十八届三中、四中、五中、六中全会以及习近平总书记系列重要讲话精神，坚持围绕中心，服务大局，努力促进非公有制经济健康发展和非公有制经济人士健康成长，为建设“强富美高”新镇江作出贡献，五年来，镇江市工商联真抓实干，攻坚克难，砥砺作为，务实进取，工商联事业蓬勃发展，履行职能成效显著，自身建设加强，凝聚力、号召力、影响力得到极大提升，实现省内创一流，全国有影响，圆满完成十一次会员代表大会确定的任务。

会议指出，“十三五”规划的蓝图已经绘就，全面建成小康社会决胜阶段的伟大进军已经开启，供给侧结构性改革的攻坚之战已经拉开，脱贫攻坚的冲锋号角已经吹响，未来五年，全市各级工商联要深刻把握国际、国内两个大局，国情、市情两个实际，政治、经济和工商联工作三个形势，全面做好稳增长、促改革、调结构、防风险各项工作，多进诤言，多谋良策、多出实招，坚定共同理想信念，坚定科学发展信心，坚定“两个健康”主题，努力谋求非公有制经济人士意愿和非公有制经济发展的最大公约数、最大同心圆，凝聚实现中华民族伟大复兴的正能量。

会议号召，全市各级工商联、商会和民营企业家，要以习总书记视察镇江重要讲话精神为强大动力，在市委的坚强领导下，自觉践行“五位一体”总体布局、“四个全面”战略部署和“五大发展”理念，适应引领经济发展新常态，强化“五个职能”，促进“两个健康”，以全面深化改革为契机，按照“两聚一高”和“生态领先、特色发展”的要求，不忘初心，继续前进，以更加昂扬的姿态，齐心协力干，攻坚克难干，开拓创新干，为镇江高质量实现“十三五”规划目标，高水平全面建成小康社会，加快建设“强富美高”的新镇江贡献智慧和力量。

第四章 文档碑记

第一节 文 档

镇东铁路计划——镇江商会之说帖

“铁道部为谋开发江北交通，以沟通江南，及盐垦区之货物运输，曾派技士林向荣，前往江都、泰兴、东台等县，实地履勘，计划兴筑镇东铁路，果能实现，与省会繁荣，有深切关系。”故将“镇江商会对于镇东铁路之说帖”辑录以下，记载镇江商会对镇东铁路的评说。

《镇江商会对于镇东铁路之说帖》

镇江商会应铁道部咨询，于二十四年二月认定敷设镇东铁路，足以繁荣镇江，拟具说帖如左。镇江古为京口重镇，今为江苏省会，其地居水陆之衝，有交通之利，工商各业，盛极一时，自英人要求通商，辟为租界，其地位之重要，直与京汉并驾齐驱，海关收税，年逾百万以上，乃自漕运改道，津浦通车，运输中心，遂随之转移近十余年，原有码头，因沙洲特涨，轮舟不能停靠，埠务陷于绝境，工商更是一落千丈，海关税收，遂减至四十万，或不足四十万。

居今日而欲言繁荣镇江计划，非敷筑镇东铁路联络江北交通，则其道无由，如其江北自阜东各县有铁路贯通，瓜洲以轮渡与镇江连接，则江北各县农产物，可以络绎运至镇江，一部分可以在镇江销售，大多数可以与京沪、杭甬、津浦联运。至销售于镇江者，镇江可以设多数工厂，即以江北新产之棉花一项，运输来镇，必可设置纱厂，其他米麦杂粮，亦得恢复往日市面，并得多设堆栈，以为积存之所。镇江土产，及京汉各地货物，亦均得由此路转运江北各县，且省府以镇江为中心之公路网计划，逐渐实施，如其镇东路亦以镇江为终点，非特可以收与京沪、津浦两路联运之效，而且与已成之各公路，亦得联络运输，凡从前江南各县特产，所绝对不易运至江北，及江北土产不易运到江南内地各县者，从此贸易往来，毫无阻梗，而各县旅客之来镇，转往各地者，皆有朝发夕至，不致再蹈风波之险，以现在各小轮逐日所载人数计之，日必三、四千人之多，此路之成，其营业当与沪宁并驾，岂惟镇江市面，可以恢复昔日之伟观，镇东铁路之发达，可操左券，其养路费必优裕而有余，即与之联络运输之铁路公路，亦获益不浅，而此路成功，亦足为省府极力开发江北之一助。

由是以言，镇江市面之荣枯，固有待于镇东铁路之成功，而镇东铁路营业之旺盛，亦必以镇江原有之交通优越地位，互相为用。总理云，镇江为契合黄河流域，与长江流域中间之连锁，而又以运河为南端，通中国最富饶之钱塘流域，故镇江一市，将来欲不成为商业中心，亦不可得也。

总理实业计划，定镇江为长江九埠之一，而遗训以技术设计之责，付之专家。现在省府迁设于此，不惜惨淡经营于繁荣省会之计，而扬子江水道整理委员会，于镇江新涨江滩，已有整个整理计划，镇地人士，于此整理计划未实施以前，先以疏浚内港与沪宁车站分工合作，以为恢复旧日码头之基本工作矣。

尤有足以证明者，镇江与江北在工商业上实有悠久良好之历史，即江北金融完全有赖于镇江之供给周转，近年镇江市面衰落，金融呆滞，江北各县亦深受影响，设使镇东铁路果能计日筑成，则江南江北之交通称便，货物运输往来敏捷，镇地金融，随之活泼，江北周转，亦得灵通，此在稍明江南江北形势，及深知工商业原理者，咸知镇江商业之衰落，为暂时的，而非求久的，果真江南江北之交通构成，自可蒸蒸日上，而江北各县之工商业，亦未有不一日千里者，所谓相得益彰，计无逾此矣。

第二节　碑　记

一、江南镇江府海防同知　为劫货殃商等事案奉

（马阿林提供）

钦命操抚部院李　具县为严禁假冒旗牌以肃江防以通商旅事　题奉

圣旨沿江船只假冒旗牌着督抚严拿参奏该部知道钦遵备准　兵部咨行□道仰厅督县勒石京口遵奉

闽浙南翔等处买卖纸布□募民船历经关税血汗千里艰苦万状船过苏州次及京口屡遭积棍李文张□□

治地若使出江货无南还乞天遵

旨早除隐患叩□追赃还货等情据此该本厅勘系地方劫变重情当经会同本府知府刘 粮捕通判魏□□□□

总督部院马 批开货随客便行止听之何物李文等敢买□□差构抢客货肆行无忌也民坐官久□□□□

□抚部院李 批开座船偕差扰害商民目无法纪仰镇江府厅官严提李文张元究拟速出示禁革报缴□□

巡抚部院周 批开强抢货物装载何异劫夺商贾实被荼□仰将船头李文尽法究税确招解报重惩以□□

常镇兵道胡 批开奸棍劫货病商目无三尺仰该厅会同镇江府并捕刑二厅严审究拟先给示禁约仍□□

为兔窟构官势为狐威惯赫经商久□行旅货从客便岂容众抢登舟利取交通何可擅科肥橐差官喜□□□

国脉之阏职魏阶不知将何底□也合拟站徒用儆积弊诈赃累累供系合肥势难追给张文元王德甫已经□

各部院 道奉批枷责刺配发棠邑驿站徒其逊犯张元王德甫等照提另结去后今复奉

总督部院姊准

刑科林 于本年正月初九日题为□□噬商大干法纪恳

旨严申律禁救商裕 国事本月十一日奉

圣旨这本内事情着该督抚严察具奏该部知道钦遵转行到底查申回奏等因□□着得座船奸党执械张旗假宦劫货□□□

严旨横肆强劫乃尔除已往姑照原招拟配外合再勒石禁饬以禁馀奸为此立□永为禁约敢有奸徒揽充船头水手及□□人等

旨病 国殃商强抢货物者许本厅立时咸明地方或该汛当月官兵擒拿赴府审□立治重典以凭申请

部院 司 道尽法 题参各宜警惕断不轻恕

束大超 程豫大 詹大观 张思元 夏允大 汪肇有 吴鼎兴

陆正和　赵敦益　汪鼎新　汪广茂　马元和　詹永泰　胡鲁源
黄　岳　詹月东　陆茂和　詹义生　詹时行　陆万水　金万全
纸布商人
陆　茂　陆正文　詹芳茂　王同和　张太原　詹□承　潘　超
詹谯受　李□祥　陈□和　詹　怡　詹有道　金齐泰　□□吉
□有源　罗泰生　汪万震　王正大　吴又新　汪□□　朱贞□
龙飞

顺治十一年元月日立

二、修复京江北五省会馆纪略
（马阿林提供）

庐州会馆　缪映湖　秦镜堂　创建于光绪二十三年正余驻防宝盖山得与诸同乡共襄其事前年冬交卸皖南镇篆以旧游江山之胜携眷小住诸同乡因久欠修理集资嘱余承其事并添建小楼上下各一间兹已告竣所有出入各款□石以昭诚信

计开
收金霭臣　洋伍拾元　收吴炳墀　洋五拾元
收高承德堂　洋叁拾元　收缪子勋　洋叁拾元
收秦鑑堂　洋式拾元　收静泉　洋式拾元
收通德堂　洋拾三元　收焦松亭　洋拾元
收陆如仙　洋拾元　收刘焕章　洋拾元
收吴礼卿　洋拾元　收张清堂　洋五元
收刘溥时　洋五元　收刘世德堂　洋式元
孙□三许应卿
收朱□□　洋拾元　收刘德胜　洋叁拾元
刘春□宣□
陈永才
收吴种德堂洋拾柒元式角九分收　洋式元

易堂

收旧传□价洋肆元

以上共收大洋五伯零壹元贰角九分

付修理瓦木工壹伯捌一工每工大洋式角式分二厘计洋四拾元壹角八分二厘

三、庐州会馆碑记

庐州会馆　缪映湖 秦镜堂 创建于光绪二十三年正余驻防宝盖山得与诸同乡共襄其事前年冬交卸皖南镇篆以旧游江山之胜携眷小住诸同乡因久欠修理集资嘱余承其事并添建小楼上下各一间兹已告竣所有出入各款□石以昭诚信

计开

收金霭臣　洋伍拾元　收吴炳墀　洋五拾元

收高承德堂　洋叁拾元　收缪子勋　洋叁拾元

收秦鑑堂　洋式拾元　收静泉　洋式拾元

收通德堂　洋拾三元　收焦松亭　洋拾元

收陆如仙　洋拾元　收刘焕章　洋拾元

收吴礼卿　洋拾元　收张清堂　洋五元

收刘溥时　洋五元　收刘世德堂　洋式元

孙□三许应卿

收朱□□　洋拾元　收刘德胜　洋叁拾元

刘春□宣□

陈永才

收吴种德堂　洋拾柒元式角九分收　洋式元

易堂

收旧传□价洋肆元

以上共收大洋五伯零壹元贰角九分

付修理瓦木工壹伯捌一工每工大洋式角式分二厘计洋四拾元壹角八分二厘

四、京江廣肇公所記

京江有廣肇公所，由來久矣，原居在運糧河之，廩兩府同人商斯土者，向以為會議之地，額之曰公所，明眾建也，系之曰：“廣肇”別郡屬也。問其經費所在，則斂取於進出口貨物，抽厘以佽助之，歲有贏餘，積而存之。有倡之者曰：今商業日盛，眾會日緐，此所幾曆春秋，丹青曼漶，且偏僻不近於市，湫隘不可以居，既有蓄貲，其遷之便，盍籌諸僉日善，於是改作之議决，而蔔地猶為定也。香山卓君翼堂好義急公，以其自置南馬路銀山坊稅地慨然售舊公所，並於其鄰價買唐氏房地，有所不足，復與留養堂永賃產地，合而廓之，而基以成。迺廩量，日力詳度費務，鳩工庀材，用蕆厥事，事告竣，為文以記之。夫泰西以商之國，有商必有會，會之在京城者官設之，其在各口岸者商自設之，遣公使駐領事以為保護，必使官與商聯其氣，商與商複聯其情。我朝商務振興，悉仿西法商部、商局，而外亦有商會之，會有董時，相提議劇談雄辯之輩，抳掔抵掌闢陳厥謀盍，合群智而智益廣，合群力而力益厚，此商界所以重公會也。若夫鄉黨鄰里之中，殷富者各本身資自竭其力，任其能命侶歗儔航海而齎遷異地，則自為公所，以聯群誼，嫛嫛旻旻，桑梓言恭，是亦議會中所宜有者。京江為萬商之淵，介於滬漢海舶之輸，運鷁如儵，如訴洄沿流絡繹不絕，鄉人久客於此，經商之道規畫悉周，而槩獲交齎之余，時復萃處一堂，互相咨度。雖舊廬猶在，因陋就簡，未可没刱者之本意，然更諸爽塏拓而廣之，具足見後起者之溢美，前人刱而仍因，因而實刱且愈以徵同業之興，生舉息蒸蒸日上，何其隆也。夫豈謂堂欘轍翥棼撩布翼，徒羡其岧嶢，倜儻豐麗博敞，皓皓旴旴，以為壯雙雲爾哉是役也。卓君翼堂總其成，郭君文典贊之，艱頳不辭，各盡義務，經營將兩載，動款逾萬金。經始於丙午年三月落成，于丁未年八月於是乎記。

總理：卓翼堂；協理：郭文典；董事：梁仲畏；值理：廣誠隆、德記、聯益堂、廣安祥、利記、李述溪、業安隆、永記、卓鑑秋、均昌泰、利和泰、邱偉臣、廣臨源、順昌泰。

光緒三十三年歲次丁未嘉平月　穀旦

第三节 碑 刻

一、镇江丝行碑刻(焦山碑林图片)

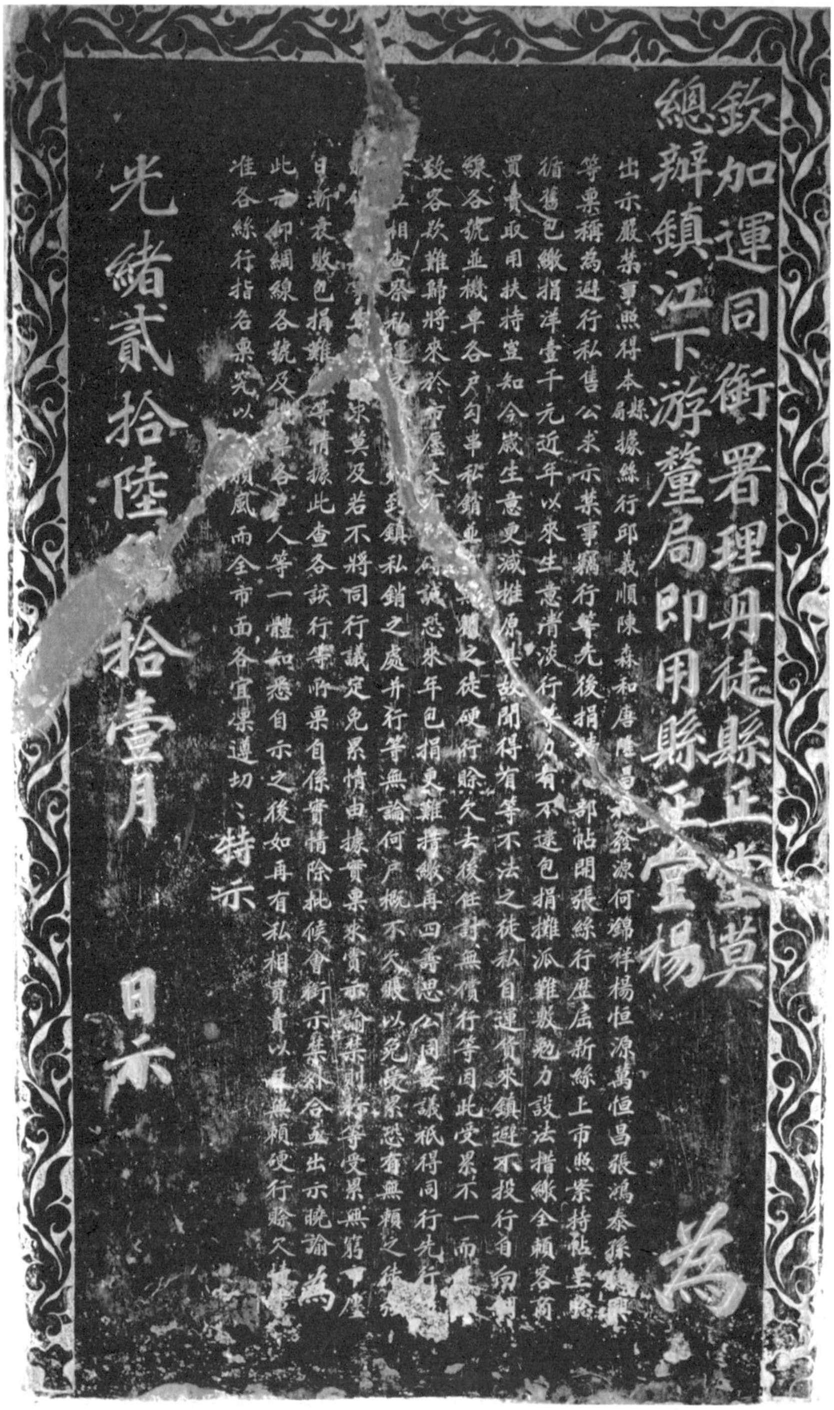

图6-1

奉賢縣調署丹徒縣正堂郭　為
森四品封職楊正興職員馬萬青何德炳邱純仁鄔柏齡五品藍翎
品封職徐國朝稟稱竊職等在西城內堰頭街一帶開設絲行生理迄年
□□□賴相□□業尚有數十餘家苦無公所之地每逢神誕並同行公議事件無所可棲以致上年
遂集同行妥議仿照浙省等處章程設立公所以備敬祀蠶神聚議事件之用各行東及同事客商人
等均願提釐職等是以先行等款購買磨刀巷內葉姓坐北朝南瓦住屋一所前後共計四進兩廂第二
進大廳東首門外另有披屋三間朝南大門一座出入通行無阻四址載明契紙共價得實價鎮平銀一
千四百二十五兩　當經投稅立戶恒善堂註冊承糧除祭神議事外凡有同行不幸之家無論東夥寡婦
孤兒按月酌給錢文所津貼之款皆由各行東夥照俘俸提釐俘俸大者多出小者少出客商每售洋百
元提釐一角不募外業之緣經手之人亦不提薪水按月所收各戶釐緣以及津貼各戶之欵與堂費一
切□□俱歸每月底同行眼同核算載明清賬以備稽查免予報銷現擬擇期開工翻蓋誠恐有□□
之輩在堂作踐阻撓善舉抑或客商未能一律咸知公求示諭擇吉開工而全善舉等情到縣據此除批
示外合行給示曉諭　為　此示仰該業東夥及客商人等一體知悉須知該職曹森等設立恒善堂公所
為祀神議事及撫卹孀孤起見事屬善舉務各遵照稟定章程提釐資助倘有無知之徒在堂作踐阻撓
善舉一經告發定即提　縣　嚴究決不姑寬各宜遵照毋違　特示
光緒叁拾貳年陸月十八　日示

图6-2

花翎三品銜 特授江蘇鎮江府正堂承 為

光緒叁拾貳年拾壹月 自示

图6-3

图6-4

二、镇江城内新立启善堂粥厂碑刻(焦山碑林图片)

图6-5

三、镇江冬赈局记李长雨视察记(焦山碑林图片)

图6-6

四、药业公所碑刻(窦启荣提供)

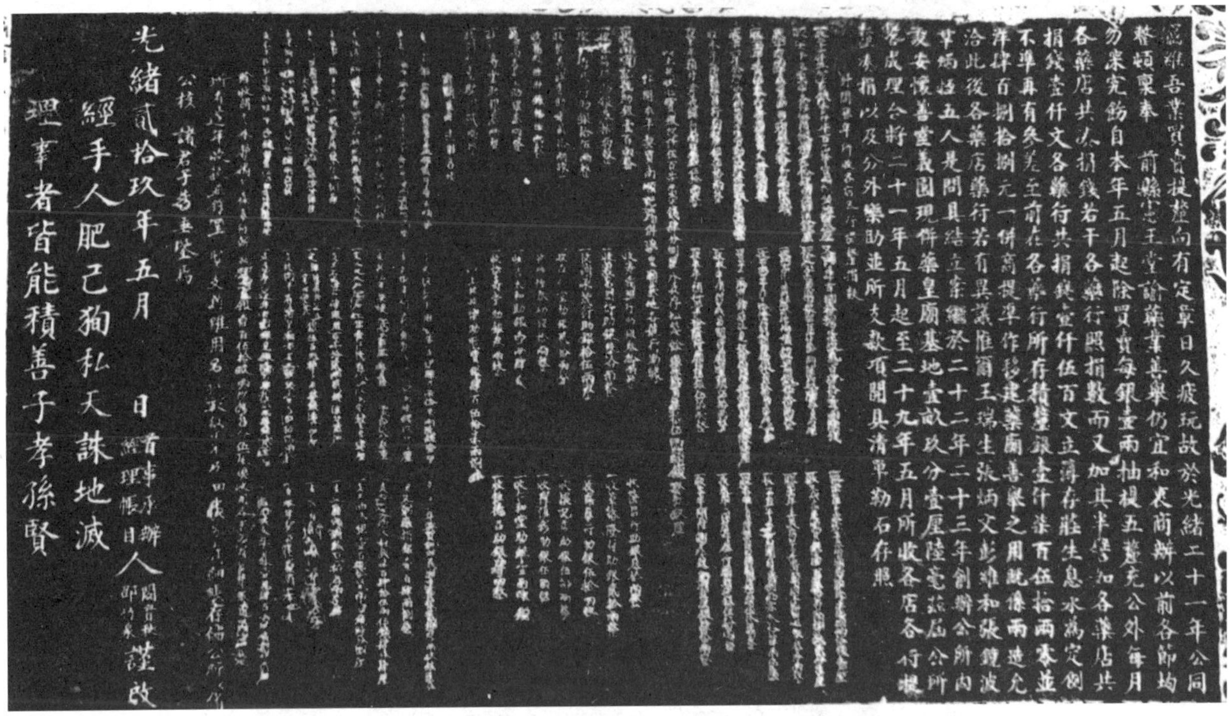

图6-7

图6-8

五、朱公善鱼纪念碑(焦山碑林博物馆提供)

朱公信魚紀念碑

鎮江商團體育會會長朱信魚先生紀念碑記

朱先生信魚蛟川之生佛甕城之福星也性剛直見義勇為僑寓京江歷有年所凡地方遇有糾紛先生輒出而排解鎮地兩次兵鬨 先生協同陸小波李皋宇魏小輔諸君竭力籌餉調停其間不遺餘力而禍竟以消弭地方人士以魯仲連目之至對於公益慈善如橋梁道路及災賑粥廠等經 先生提倡捐助而得以修補舉辦者不知凡幾若於商團則出力尤多同人等豈能已於言乎溯由民國初年地方創設商團體育會爾時劉公潤泉為會長經費支絀締造艱難 先生深明大義知商團之設立所以補助軍警之不逮慨捐巨款以維持之未幾劉公辭職地方公請 先生繼任會長經營擘畫成績蔚然商團得以持久商場賴以治安功誠偉矣 先生近以年老事繁加以全浙旅鎮同鄉會會長重任仔肩勢難兼顧堅辭商團會長一席同人僉以 先生之於商團關係至重雖攀留未遂然亦不忍與 先生完全脫離仍公推為本團董事藉資指導幸蒙慨允是 先生對於商團之熱心固仍孳孳不倦也同人等感何如之用綴數言以資紀念爰濡筆而為之記

中華民國十二年元旦 鎮江紳商學界暨商團全體公立 丹徒李漢强書丹

图6-9

第四节　旧时工商业者经营表示数字的符号

旧时表示数目的符号：从一到十依次写作〡、〢、〣、×、〥、〦、〧、〨、文、十。也叫草码。

旧时，镇江在商品买卖交易中，顾客与店主可讨价还价，店主和员工在商讨价格时，为不让在场的顾客知道价格底线，讲价格时通常使用暗语。**当铺业：**常用“由、中、人、工、大、王、夫、井、羊、非”，以每字上下左右露出字头笔画的多少表示一到十的数字。**棉布业：**一至九数字，用馅、枷、弦、罾、叉、招、巧、别、欠等代替。**药业：**通用“幼、色、铜、钟、盘、台、才、别、见、开”十字，隐指从一到十的十个数字。**粮行：**一至九数字，称“状、林、富、边、强、文、需、安、龙”。**南北货业：**常用“正、竺、春、罗、语、交、皂、穴、旭、针”十字指代从一到十的十个数字。**理发业：**常用“刘、月、弯、则、中、成、新、张、艾、足”十字。**钱庄业：**采用数词谐音办法隐指从一到十的数字，它们分别是：夜明珠、耳朵边、散花、狮子猫、乌梅果、隆冬、棋盘、斑毛、舅子、省油灯。**旧时茶行：**常用的代码暗语，将一叫列，二叫丑，三叫斜，四叫察，五叫碾，六叫涉，七叫跳，八叫靠，九叫落，十叫强，十一叫甘蓝，十五叫枯林等，比如，卖方要价落强靠，即九十八元，买方还价跳强斜，即七十三元，最后以跳强靠，即七十八元成交。**五金业：**五金业则十分特殊，普遍采用十种颜色表示数字：棕色隐指一，红色隐指二，橙色隐指三，黄色隐指四，绿色隐指五，蓝色隐指六，紫色隐指七，灰色隐指八，白色隐指九，黑色隐指十。如果要表示十以上的数字，则以十种颜色随意组合。如十六用黑蓝表示，二十用红黑表示，四十五用黄黑绿表示等。

附录

主要参考引用书目

贾子彝著《江苏省会辑要》(1936年出版)

镇江市地方志编纂委员会主编《镇江市志(1983—2005)》

镇江市教育局编志办公室编《镇江市教育志(1991—2010)》

何绍章 冯寿镜著《光绪丹徒县志》

李恩绶著 李丙荣续著《丹徒县志摭余》

民国《江苏水利局卷调查报告》

民国《江苏建设厅档案》

《镇江指南》(中华民国11年11月初版)

丹徒县县志编纂委员会编《丹徒县志》

京口区地方志编纂委员会编《京口区志》

镇江市润州区史志档案办公室编《润州区志》

镇江市工商联编《镇江市工商联简史(1949—1989)》

镇江市工商联编《同心同兴——镇江市工商联成立60周年工作回眸》

镇江市史志办编《镇江年鉴》(1992—2020)

镇江市政协文史委编《文史资料—1-55辑》

镇江市工商联编《镇江市工商联大事记》(2013—2020)

镇江市工商联六至十二次会员代表大会工作报告

镇江市档案馆、镇江市史志办、镇江市工商联档案资料等

后 记

18世纪英国杰出作家、批评家、社会活动家罗斯金说:“所有的书都可以分成两大类:只供一时所读之书,可供一切时代所读之书。”志书就是后一类书的典型代表。

在中国共产党成立百年的重要时间节点,我们编纂出版《镇江市工商业联合会 镇江市总商会志》,倍感自豪和骄傲。能够把具有115年历史的镇江商会和67年历史的镇江市工商业联合会编纂成志,更是责任和担当。期盼能够发挥以史为鉴、以史明志、以史育人作用,为创新开展新时代工商联工作明方向、聚力量。

经中共镇江市工商业联合会党组集体研究决定,志书编写工作于2016年5月正式启动,成立编纂委员会,聘请王礼刚、李德柱两位文史爱好者,与市工商联机关同志共同组成志书编写组,拟定编修大纲、制订工作计划、展开资料收集等工作。先后多次实地走访市史志办、市政协文化文史委、镇江市档案馆、镇江博物馆、南京第二历史档案馆,以及镇江市范围内清与民国时期工商遗存等,通过查阅资料、听取介绍、现场记录、内容比对等多种途径,收集100多万字的历史资料。

2018年7月,在讨论研究并征求市史志办意见的基础上,以修订的编写大纲为依据,对收集的资料进行分类整理,同时向镇江市工商联系统范围征集资料。2019年9月,根据任务分工,编写组人员开始志书编写工作,在编写过程中,经常就某个问题反复征求意见建议,力求志书内容客观真实、文字表述准确、结构相对完整。2020年4月,完成志书初审稿,并印发征求市、县两级工商联机关和各商协会的意见建议;7月,印发志书复审稿,征求市工商联系统、离任和已退休的工商联领导的意见;7月底,志书编委会组织召开专题研讨会,听取各级对志书编纂工作的意见建议,明确志稿修改工作要求。

在完成初审、复审工作的基础上，2021年6月我们向市史志办递交志书终审报告，市史志办组织8名专家对志稿进行审核；9月召开终审意见反馈会，根据专家意见，编写人员认真对志稿进行修改完善。11月，市史志办公室完成志稿验收工作。

本志共设六编二十五章，近50万字。阐述清末与民国时期镇江商会发展状况，重点叙述镇江市工商业联合会成立后，在各个时期镇江工商界人士响应党的号召，为镇江市的经济社会发展发挥的独特作用和工商联自身建设发展历程等。

志书编纂是一项宏大的系统工程。五年多来，编纂工作始终得到市委、市政府的关心厚爱，也得到市人大常委会办公室、市政协办公室、市委统战部、市史志办、市政协文化文史委、市档案馆、镇江博物馆、市教育局、市住建局云台和北固房管处、镇江焦山碑刻博物馆，以及市工商联系统各单位和广大民营企业家的鼎力支持，值此付梓之际，向他们表示衷心的感谢！

志书编纂涉及大量商界史料，由于历史原因，有些文档已经散失，无从查找，在编纂过程中作空缺处理。同时，由于我们编辑水平有限，书中肯定还有诸多不足之处，敬请谅解并多提宝贵意见。

本志编纂委员会

2021年12月

紧扣教育纲要

配套统编教材

便于课堂教学

扫描二维码
欣赏名家朗诵音频

ISBN 978-7-214-22388-3

中华优秀传统文化教育读本

三年级 上

总主编 严 军

江苏人民

根据中共中央办公厅、国务院办公厅《关于实施中华优秀传统文化传承发展工程的意见》以及教育部《完善中华优秀传统文化教育指导纲要》编写

中华优秀传统文化教育读本

三年级 上

总主编 严 军

根据中共中央办公厅、国务院办公厅《关于实施中华优秀传统文化传承发展工程的意见》以及教育部《完善中华优秀传统文化教育指导纲要》编写

中华优秀传统文化教育读本

三年级 上

总主编 严 军

中华优秀传统文化教育读本

三年级 上

总主编 严 军

江苏

紧扣教育纲要

配套统编教材

便于课堂教学

扫描二维码

欣赏名家朗诵音频

ISBN 978-7-214-22388-3